Pois não me envergonho do evangelho, porque é o poder de Deus para a salvação de todo aquele que crê.
(Rm 1:16, NAA)

Curso Compacto de

DIREITO PROCESSUAL DO TRABALHO

Aloisio Cristovam dos Santos Junior

Curso Compacto de

DIREITO PROCESSUAL DO TRABALHO

*Inclui capítulo sobre
o processo do trabalho
em tempos de pandemia
da Covid-19*

 © 2022, Editora Impetus Ltda.

Editora Impetus Ltda.
Rua Alexandre Moura, 51 – Gragoatá – Niterói – RJ
CEP: 24210-200 – Telefax: (21) 2621-7007

Conselho Editorial
Ana Paula Caldeira • Benjamin Cesar de Azevedo Costa
Celso Jorge Fernandes Belmiro • Ed Luiz Ferrari • Eugênio Rosa de Araújo
Fábio Zambitte Ibrahim • Fernanda Pontes Pimentel
Izequias Estevam dos Santos • Marcelo Leonardo Tavares
Renato Monteiro de Aquino • Rogério Greco
Vitor Marcelo Aranha Afonso Rodrigues • William Douglas

Projeto Gráfico: Editora Impetus Ltda.
Editoração Eletrônica: SBNigri Artes e Textos Ltda.
Capa: Bruno Pimentel Francisco
Revisão de Português: Carmem Becker
Impressão e encadernação: Editora e Gráfica Vozes Ltda.

Data do fechamento da edição: 17/01/2022

S237c

    Santos Junior, Aloisio Cristovam dos.
        Curso Compacto de Direito Processual do Trabalho / Aloisio Cristovam dos Santos Junior. – Niterói, RJ: Editora Impetus, 2022.
        444 p. : il. ; 17 x 24 cm.

        Inclui bibliografia e apêndices.
        ISBN: 978-65-86044-30-0

        1. Direito do trabalho. 2. Processos trabalhistas. I. Título.

        CDU 349.2

O autor é seu professor; respeite-o: não faça cópia ilegal.
TODOS OS DIREITOS RESERVADOS – É proibida a reprodução, salvo pequenos trechos, mencionando-se a fonte. A violação dos direitos autorais (Lei nº 9.610/1998) é crime (art. 184 do Código Penal). Depósito legal na Biblioteca Nacional, conforme Decreto nº 1.825, de 20/12/1907.
A **Editora Impetus** informa que quaisquer vícios do produto concernentes aos conceitos doutrinários, às concepções ideológicas, às referências, à originalidade e à atualização da obra são de total responsabilidade do autor/atualizador.

www.impetus.com.br

DEDICATÓRIA

*Ao único que pode livrar da morte a minha alma,
das lágrimas, os meus olhos, da queda, os meus pés
(Salmo 116:8). Soli Deo Gloria.*

A Lusineide, amada esposa, presente de Deus.

PREFÁCIO

Com imensa alegria e profundamente honrado recebi o convite para prefaciar a presente obra, cujo título é: **CURSO COMPACTO DE DIREITO PROCESSUAL DO TRABALHO.**

Trata-se de obra didática que é, segundo o autor, produto de aulas ministradas para alunos do Bacharelado em Direito, mas o leitor e a leitora logo verificarão que é muito mais que isso. Cuida-se, na verdade, de livro que é fruto de intensa atividade do magistério superior desenvolvida com muita pesquisa e dedicação de um professor comprometido em repassar seus conhecimentos jurídicos.

A obra é um autêntico curso de direito processual do trabalho, escrito com clareza, concisão e conteúdo que propiciam o pleno conhecimento da disciplina para os que estudam e operam esse importante ramo da ciência jurídica, uma vez que se propõe a analisar, metodologicamente, as fontes, as normas (valores, princípios e regras) e os principais institutos que fundamentam o processo laboral constitucionalizado.

Exatamente por isso que o autor, em nota introdutória, adverte que a obra se constitui como "um incentivo ao estudante ainda indeciso" sobre as suas escolhas profissionais no âmbito jurídico para que se junte "ao bom combate em prol da efetivação dos direitos sociais, isto é, para que perceba a importância do processo trabalhista e da Justiça do Trabalho para a pacificação de conflitos, especialmente num país marcado por tanta desigualdade social".

Eis, portanto, a grandiosa proposta desta obra didática: promover o diálogo das fontes do processo civil, do processo do trabalho e dos direitos fundamentais sociais em prol do aprimoramento da prestação jurisdicional adequada, justa e tempestiva.

Sobre o autor, **Aloisio Cristovam dos Santos Junior**, além de sua sólida formação acadêmica e profissional, com graduação em Direito pela Universidade Federal da Bahia, Mestre pela Mackenzie, Doutor pela PUC-RS, com sanduíche em Coimbra, Pós-Doutor pela Universidade de Salamanca e Juiz do Trabalho, destaco que se trata de uma pessoa humana formidável, de lhaneza, dedicação e inteligência raras com elevada sensibilidade social.

Tudo isso me autoriza a afirmar que a presente obra merecerá ampla acolhida da comunidade jurídica, porquanto oferece significativa contribuição teórica e prática para a interpretação e aplicação do direito processual do trabalho, razão pela qual parabenizo a editora e o autor pela inestimável colaboração em prol do fortalecimento da ciência jurídica em nosso País.

Boa leitura!

Carlos Henrique Bezerra Leite

Pós-Doutor em Democracia e Direitos Humanos pelo Ius Gentium Conimbrigae/Centro de Direitos Humanos da Faculdade de Direito da Universidade de Coimbra-Portugal. Doutor e Mestre em Direito (PUC/SP). Professor de Direitos Humanos Sociais e Metaindividuais e Direito Processual do Trabalho da Faculdade de Direito de Vitória – FDV (Doutorado, Mestrado e Graduação). Desembargador do TRT da 17ª Região/ES (aposentado). Advogado e Consultor Jurídico. Foi Professor Associado do Departamento de Direito da UFES por mais de vinte anos, lecionando direito material e processual do trabalho e direitos humanos. Professor convidado de diversas Escolas Judiciais da Justiça do Trabalho. Titular da Cadeira nº 44 da Academia Brasileira de Direito do Trabalho. Ex-Procurador Regional do Ministério Público do Trabalho/ES (aprovado em 1º lugar em nível nacional). Ex-Diretor da Escola Judicial do TRT/ES. Ex-Procurador do Município de Vitória – ES. Conferencista emérito. Autor de livros e artigos jurídicos.

www.professorbezerraleite.com.br
chbezerraleite@gmail.com
@chbezerraleite

AUTOR

ALOISIO CRISTOVAM DOS SANTOS JUNIOR

Pós-doutor em Direitos Humanos pela Universidade de Salamanca (USAL). Doutor em Direito pela Pontifícia Universidade Católica do Rio Grande do Sul (PUCRS). Mestre em Direito Político e Econômico pela Universidade Presbiteriana Mackenzie (UPM). Especialista em Direito Constitucional do Trabalho pela Universidade Federal da Bahia (UFBA), onde também obteve a sua graduação em Direito. Tem experiência profissional como docente nas áreas de Direito do Trabalho e Direito Processual do Trabalho. Cumpriu estágio de doutorado (Doutorado Sanduíche) na Universidade de Coimbra (UC) como bolsista do PDEE da CAPES/MEC. Juiz Titular de Vara do Trabalho (TRT da 5ª Região). Ex-Promotor de Justiça. Ex-Procurador do Estado da Bahia. É autor de diversos artigos e livros jurídicos, publicados no Brasil e na Espanha.

AGRADECIMENTOS

Ainda que se trate de uma obra modesta, escrevê-la foi uma tarefa árdua que não seria possível sem a decisiva ajuda de Deus e de minha família, bem como a colaboração e o incentivo de muitos amigos.

Acima de tudo, como não poderia deixar de fazê-lo, expresso a minha gratidão a Deus pelo dom da vida e por ter me concedido a saúde e a disciplina necessárias para concluir este trabalho.

Agradeço, também, a Lusineide, amada esposa, pela inspiração, amor, cuidado e encorajamento em todos os momentos; a meus filhos, Luiza e Lucas, pelo carinho e incentivo de sempre, e a meus pais, Aloisio (*in memorian*) e Lucy, a quem sempre serei devedor, não apenas por vir à luz, mas porque me ensinaram desde cedo a trilhar o caminho estreito.

Não posso deixar de registrar a minha mais elevada gratidão ao professor Carlos Henrique Bezerra Leite, luminar do Direito Processual do Trabalho, que alia o vasto conhecimento jurídico e a notória integridade científica às qualidades de ser humano gentil, altruísta e bem humorado. Ter o seu prefácio nesta despretensiosa obra é uma indescritível honra.

Expresso, ainda, o meu agradecimento a Carlos Francisco do Nascimento Neto, meu eficiente assistente, e a Daiana Santos, talentosa advogada, pela leitura do rascunho do livro e pelas relevantes críticas e sugestões que apresentaram.

Aproveito para prestar a minha homenagem aos laboriosos Juízes do Trabalho da 5ª Região, que têm combatido o bom combate pela defesa dos direitos sociais sem perder a fé, e aos servidores da 1ª Vara do Trabalho de Simões Filho, que nunca me negaram apoio.

Sou muito grato, também, pelo incentivo recebido de inúmeros amigos, dentre os quais Abílio Almeida dos Santos, Agenor Sampaio, Cristina Campos, Jairo Sento-Sé, João Crésio, Joel Roque do Nascimento, Josenildo Carvalho, Manoel Jorge Neto, Pedro Paulo Ramos, Rodrigues Pinto e Sérgio Novais Dias.

NOTA INTRODUTÓRIA

A presente obra é produto de aulas ministradas para alunos do Bacharelado em Direito. O público-alvo, portanto, é formado por estudantes de graduação, de modo que nos esforçamos para empregar uma linguagem clara e simples, ilustrando com exemplos práticos os conceitos apresentados. Pela mesma razão, optamos por não dar demasiada atenção às controvérsias doutrinárias que costumam tornar o saber jurídico menos acessível aos iniciantes. Neste sentido, as posições dos doutrinadores em questões polêmicas, quando consideramos essencial referi-las, foram apresentadas de forma sucinta. Ademais, desejando produzir um trabalho que fosse conciso na sua redação, evitamos, ao máximo, inserir citações diretas no texto. Há, por certo, algumas citações diretas, mas apenas aquelas que consideramos indispensáveis.

Trata-se aqui de um curso compacto, um compêndio. Imaginamos esta obra especialmente como um incentivo àquele estudante, ainda indeciso sobre as suas escolhas profissionais no âmbito jurídico, que avalie positivamente a possibilidade de juntar-se ao bom combate em prol da efetivação dos direitos sociais, isto é, para que perceba a importância do processo trabalhista e da Justiça do Trabalho para a pacificação de conflitos, especialmente num país marcado por tanta desigualdade social.

Trocando em miúdos, este *Curso Compacto de Direito Processo do Trabalho* nada mais é do que uma tentativa de trazer para o estudante de graduação uma visão panorâmica da disciplina e, assim, despertar-lhe o desejo de atuar na seara trabalhista e de conhecer com profundidade o Direito Processual do Trabalho.

A literatura jurídica trabalhista nacional é de extraordinária riqueza. Há trabalhos maravilhosos escritos por uma plêiade de juristas notáveis. Nomes como os de Bezerra Leite, Rodrigues Pinto, Sérgio Pinto Martins, Manoel Antônio Teixeira Filho, Mauro Schiavi, Wagner Giglio, Homero Batista, Enoque Ribeiro, Renato Saraiva, Francisco Jorge Neto, Jouberto Cavalcante, Gustavo Garcia, Ives Gandra Martins Filho, Augusto César Leite, Cláudio Brandão, José Cairo Junior, Amauri Mascaro, Tostes Malta, Ricardo Bittar, Rodolfo Pamplona, Tercio Souza, Leone Pereira, Guilherme Feliciano, Estêvão Mallet, Ísis de Almeida, Edilton Meireles, Guilherme Ludwig, Leonardo Borges, Sérgio Torres Teixeira e Thaís Aleluia, dentre outros, honram as letras jurídicas brasileiras. Prestamos-lhes a devida homenagem e encorajamos os leitores a que adquiram e leiam as suas obras a fim de que possam se aprofundar nos temas aqui abordados.

Enfim, o meu desejo é tão somente prover aos estudantes de Direito uma ferramenta bibliográfica que possa ajudá-los no início de sua caminhada acadêmica. Neste sentido é que esta obra deve ser lida. O tempo dirá se o objetivo pretendido foi alcançado.

SUMÁRIO

Capítulo 1   Conflitos Trabalhistas e Formas de Resolução 1

1.1   Autotutela 2

1.2   Autocomposição 2

1.3   Heterocomposição 2

    1.3.1   Arbitragem 2

    1.3.2   Jurisdição 3

1.4   Comissões de Conciliação Prévia 3

Capítulo 2   Direito Processual do Trabalho: Noções Básicas 5

2.1   Conceito 5

2.2   Jurisdição, Ação e Processo 6

2.3   Evolução Histórica 7

    2.3.1   No mundo 7

    2.3.2   No Brasil 8

        2.3.2.1   Primeira fase 8

        2.3.2.2   Segunda fase 9

        2.3.2.3   Terceira fase 10

2.4   Autonomia 10

2.5   Fontes 11

2.6   Princípios 14

    2.6.1   Princípio da Proteção 14

    2.6.2   Princípio da Razoável Duração do Processo (ou da Celeridade) 15

    2.6.3   Princípio da Gratuidade 15

    2.6.4   Princípio da Simplicidade 16

    2.6.5   Princípio da Oralidade 16

2.6.6	Princípio da Concentração dos Atos em Audiência	17
2.6.7	Princípio da Conciliação (ou da Conciliabilidade)	17
2.6.8	Princípio da normatização coletiva (poder normativo da Justiça do Trabalho)	18
2.6.9	Princípio do Dispositivo ou da Demanda (inércia da jurisdição)	18
2.6.10	Princípio Inquisitivo ou do Impulso Oficial	18
2.6.11	Princípio da Ultra ou da Extrapetição	19
2.6.12	Princípio da Intervenção Mínima do Judiciário na Apreciação de Normas Coletivas	19

2.7	Interpretação/Aplicação das Normas Processuais Trabalhistas	20
2.8	Integração das Normas Processuais Trabalhistas	22
2.9	Eficácia das Normas Processuais Trabalhistas no tempo e no Espaço	23

Capítulo 3 Organização do Judiciário Trabalhista e do Ministério Público do Trabalho **25**

3.1	Justiça do Trabalho	25
	3.1.1 Juízes e Varas do Trabalho	25
	3.1.2 Tribunais Regionais do Trabalho	26
	3.1.3 Tribunal Superior do Trabalho	27
	3.1.4 Juízes de Direito investidos de jurisdição trabalhista	27
	3.1.5 Garantias e vedações da magistratura	28
	3.1.6 Corregedoria-Geral e Corregedorias-Regionais do Trabalho	28
3.2	Ministério Público do Trabalho	31

Capítulo 4 Jurisdição e Competência do Judiciário Trabalhista **35**

4.1	Competência: definição e critérios de fixação.	35
	4.1.1 Incompetências absoluta e relativa. Prorrogação de competência...	36
4.2	Competência Material da Justiça do Trabalho	37
	4.2.1 Ações oriundas da relação de trabalho	37
	4.2.2 Ações que envolvam exercício do direito de greve	40
	4.2.3 Processos sindicais	41
	4.2.4 Mandados de segurança, *habeas corpus* e *habeas data*	41
	4.2.5 Conflitos de competência entre órgãos com jurisdição trabalhista .	42
	4.2.6 Indenização por danos morais e patrimoniais	42
	4.2.7 Penalidades administrativas impostas aos empregadores pelos órgãos de fiscalização das relações de trabalho	43
	4.2.8 Execução de contribuições previdenciárias	43
	4.2.9 Outras controvérsias decorrentes da relação de trabalho	43
4.3	Competência Territorial	44
	4.3.1 Regra geral: local da prestação de serviços	45
	4.3.2 Foro dos agentes e viajantes	46
	4.3.3 Empregador que desenvolva atividades em locais diversos	47
	4.3.4 Competência territorial nas ações civis públicas	47
	4.3.5 Foro de eleição	49

4.4	Empregados que Trabalham no Exterior. Competência Internacional	50
4.5	Competência em Razão da Pessoa	51
4.6	Competência em Razão da Função	51

Capítulo 5   **Partes E Procuradores**   **53**

5.1	Partes	53
5.2	Capacidade das Partes	54
	5.2.1 Representação e assistência das partes	55
	5.2.1.1 Representação e assistência das pessoas físicas	56
	5.2.1.2 Representação do empregado por sindicato	56
	5.2.1.3 Representação do empregado em audiência por outro empregado	57
	5.2.1.4 Representação do empregado na reclamatória plúrima e na ação de cumprimento	57
	5.2.1.5 Representação das pessoas jurídicas. Preposto	57
	5.2.1.6 Representação das pessoas jurídicas de direito público interno	59
	5.2.1.7 Representação de entes despersonalizados	59
5.3	Capacidade Postulatória (*Ius Postulandi*)	59
	5.3.1 Representação por advogado. Mandato tácito e expresso	60
	5.3.1.1 Mandato tácito ou apud acta	60
	5.3.1.2 Renúncia ao mandato	60
5.4	Deveres das Partes e de seus Procuradores. Ato Atentatório à Dignidade da Justiça e Litigância de Má-Fé	61
5.5	Assistência Judiciária e Justiça Gratuita	62
5.6	Litisconsórcio	67
	5.6.1 Conceito	67
	5.6.2 Classificação	67
5.7	Honorários advocatícios	69
5.8	Substituição Processual	71
5.9	Sucessão Processual e Habilitação	74
5.10	Intervenção de Terceiros	77
	5.10.1 Assistência	78
	5.10.2 Denunciação da lide	79
	5.10.3 Chamamento ao processo	81
	5.10.4 Incidente de desconsideração da personalidade jurídica	82
	5.10.5 *Amicus curiae*	85
	5.10.6 A modalidade de intervenção de terceiros prevista no art. 486, § 1º, da CLT. O *factum principis*	90

Capítulo 6   **Atos, Termos, Prazos e Nulidades Processuais**   **93**

6.1	Atos Processuais	93
	6.1.1 Conceito	93

	6.1.2	Classificação	93
	6.1.3	Comunicação dos atos processuais	94
		6.1.3.1 Cumprimento de atos processuais fora dos limites territoriais do órgão jurisdicional onde tramita o feito	94
		6.1.3.2 Formas de comunicação	95
	6.1.4	Publicidade	98
	6.1.5	Forma	99
6.2	Termos		101
6.3	Tempo e Lugar dos Atos Processuais		102
6.4	Prazos Processuais		103
	6.4.1	Contagem	103
	6.4.2	Classificação	105
	6.4.3	Suspensão e interrupção dos prazos	107
6.5	Nulidades Processuais		110
	6.5.1	Princípios que informam o sistema de nulidades no processo do trabalho	110
		6.5.1.1 Princípio da transcendência ou do prejuízo	110
		6.5.1.2 Princípio da preclusão ou da convalidação	111
		6.5.1.3 Princípio do aproveitamento dos atos processuais	114
		6.5.1.4 Princípio do interesse	115
	6.5.2	Extensão da nulidade processual	115

Capítulo 7   Procedimentos Comuns nos Dissídios Individuais ... 117

7.1	Processo e Procedimento: uma distinção necessária		117
7.2	Tipos de Procedimento no Processo do Trabalho		118
	7.2.1	Procedimento ordinário	119
	7.2.2	Procedimento sumário	119
	7.2.3	Procedimento sumaríssimo	120
7.3	Postulação do Autor (Reclamante)		125
	7.3.1	Requisitos da petição inicial	126
	7.3.2	Indeferimento da petição inicial	129
7.4	Distribuição		130
7.5	Perempção		133
7.6	Notificação Inicial (Citação)		134

Capítulo 8   Audiência ... 137

8.1	Comparecimento das Partes		138
8.2	Ausência das partes. Efeitos		140
	8.2.1	Ausência do reclamante. Arquivamento	140
	8.2.2	Ausência do reclamado. Revelia e confissão	141
	8.2.3	Ausência do reclamante ou do reclamado à audiência em continuação (audiência de instrução) – Pena de confissão	142
	8.2.4	Ausência de ambas as partes à audiência, simultaneamente	143

Capítulo 9   Respostas do Reclamado... **145**

9.1   Defesa (Contestação) 145

    9.1.1   Momento. Prazo 145

    9.1.2   Requisitos 146

    9.1.3   Matéria de defesa 147

        9.1.3.1   Preliminares (art. 337 do CPC) 147

            9.1.3.1.1   Inexistência ou nulidade da citação 147

            9.1.3.1.2   Incompetência absoluta 148

            9.1.3.1.3   Incorreção do valor da causa 149

            9.1.3.1.4   Inépcia da petição inicial 149

            9.1.3.1.5   Perempção 150

            9.1.3.1.6   Litispendência 150

            9.1.3.1.7   Coisa julgada 151

            9.1.3.1.8   Conexão 151

            9.1.3.1.9   Incapacidade da parte, defeito de representação ou falta de autorização 152

            9.1.3.1.10   Convenção de arbitragem 152

            9.1.3.1.11   Ausência de legitimidade ou de interesse processual 153

            9.1.3.1.12   Falta de caução ou de outra prestação que a lei exige como preliminar 154

            9.1.3.1.13   Indevida concessão do benefício de gratuidade de justiça 155

        9.1.3.2   Defesa de mérito 155

            9.1.3.2.1   Questões prejudiciais. Prescrição e decadência 155

            9.1.3.2.2   Defesa direta e indireta de mérito 156

            9.1.3.2.3   Alegações do réu (reclamado) depois da contestação 157

9.2   Exceções 157

    9.2.1   Exceção de incompetência 158

    9.2.2   Exceção de suspeição 159

9.3   Reconvenção 161

Capítulo 10   Instrução Probatória e Razões Finais **165**

10.1   Prova 165

    10.1.1   Objeto e finalidade 165

    10.1.2   Princípios 166

        10.1.2.1   Princípio da necessidade da prova 167

        10.1.2.2   Princípio da unidade (ou comunhão) da prova 167

        10.1.2.3   Princípio da lealdade ou probidade da prova 168

        10.1.2.4   Princípio da contradição 168

        10.1.2.5   Princípio da igualdade de oportunidades 169

        10.1.2.6   Princípio da legalidade 170

        10.1.2.7   Princípio da imediação 170

10.1.2.8	Princípio da obrigatoriedade da prova	171
10.1.3	Meios de provas	171
10.1.3.1	Confissão e efeitos	172
10.1.3.2	Interrogatório das partes	173
10.1.3.3	Testemunhas	175
10.1.3.3.1	Conceito	175
10.1.3.3.2	Quem pode depor como testemunha. Incapacidade, impedimento ou suspeição de testemunha	176
10.1.3.3.3	Número	177
10.1.3.3.4	Comparecimento. Casos em que a notificação será possível	177
10.1.3.3.5	Compromisso, contradita, escusa de depor	178
10.1.3.3.6	Inquirição da testemunha. Testemunha que não sabe falar português	179
10.1.3.4	Documentos	181
10.1.3.4.1	Noções gerais	181
10.1.3.4.2	Oportunidade de juntada	183
10.1.3.4.3	Exibição de documento	184
10.1.3.4.3.1	Documento em poder da parte contrária	184
10.1.3.4.3.2	Documento em poder de terceiros	185
10.1.3.4.4	Incidente de falsidade documental	185
10.1.3.5	Prova técnica. Perícia e prova técnica simplificada	187
10.1.3.5.1	Prova pericial	187
10.1.3.5.1.1	Perito: quem é e quem pode ser	189
10.1.3.5.1.2	Objeto, necessidade e viabilidade da prova pericial.	189
10.1.3.5.1.3	Procedimento da perícia	191
10.1.3.5.1.4	Da valoração da prova pericial pelo juiz	194
10.1.3.5.2	Prova técnica simplificada	194
10.1.3.6	Inspeção judicial	194
10.1.4	Prova emprestada	195
10.1.5	Prova eletrônica e/ou digital	196
10.1.6	Produção antecipada de prova	198
10.1.7	Ônus da prova	200
10.1.7.1	A quem incumbe. Distribuição dinâmica do ônus da prova	200
10.1.7.2	A distribuição do ônus de prova na jurisprudência trabalhista do TST	201
10.1.8	Ordem de produção da prova	202
10.2	Encerramento da Instrução e Razões Finais	203

Capítulo 11 Sentença nos Dissídios Individuais e Termo de Conciliação . 205

11.1 Pronunciamentos do Juiz 205

11.2 Sentença 206

    11.2.1 Espécies 206

    11.2.2 Elementos estruturais da sentença nos dissídios individuais 210

    11.2.3 Elementos substanciais da sentença nos dissídios individuais.
            Sentenças *citra*, *ultra* e *extra petita*. Sentenças condicionais 213

    11.2.4 Intimação da sentença 216

    11.2.5 Alteração da sentença pelo mesmo juiz que a proferiu: embargos
            de declaração, erros materiais e juízo de retratação 216

    11.2.6 Interpretação da sentença 217

    11.2.7 Efeitos primários e secundários da sentença. Hipoteca judiciária e
            protesto da sentença 218

    11.2.8 Coisa Julgada 220

    11.2.9 Remessa necessária 222

11.3 Conciliação 223

    11.3.1 Momentos 223

    11.3.2 Forma e conteúdo 224

    11.3.3 Eficácia do Termo de Conciliação perante as partes 224

    11.3.4 Custas processuais 225

11.4 Efeitos da Sentença e do Termo de Conciliação perante terceiros. INSS 225

Capítulo 12 Recursos no Processo do Trabalho (Parte Geral) 229

12.1 Princípios 229

    12.1.1 Princípio da voluntariedade 230

    12.1.2 Princípio da temporalidade 230

    12.1.3 Princípio da unirrecorribilidade (singularidade ou unicidade
            recursal) 230

    12.1.4 Princípio da adequação 230

    12.1.5 Princípio da fungibilidade 230

    12.1.6 Princípio da vedação ou proibição da *Reformatio in Pejus* 231

    12.1.7 Princípio da irrecorribilidade imediata das decisões interlocutórias 232

12.2 Efeitos dos Recursos 232

12.3 Normatização dos recursos 234

12.4 Pressupostos recursais 234

    12.4.1 Pressupostos extrínsecos 235

            12.4.1.1 Tempestividade 235

            12.4.1.2 Adequação 236

            12.4.1.3 Preparo 236

            12.4.1.4 Regularidade da representação 238

    12.4.2 Pressupostos extrínsecos 238

            12.4.2.1 Legitimidade 238

            12.4.2.2 Capacidade 239

            12.4.2.3 Interesse 240

Capítulo 13   Recursos Em Espécie **241**

13.1   Embargos Declaratórios 241

13.2   Recurso Ordinário 244

13.3   Recurso de Revista 246

13.4   Embargos no Tribunal Superior do Trabalho 251

     13.4.1   Embargos Infringentes (art. 894, I, *a*, CLT) 251

     13.4.2   Embargos de Divergência (art. 894, II, da CLT) 251

13.5   Agravo de Instrumento 253

13.6   Agravo de Petição 256

13.7   Agravo Regimental 257

13.8   Recurso Adesivo 259

13.9   Recurso Extraordinário 260

13.10 Reclamação ao Corregedor (Reclamação Correicional ou Correição Parcial) 263

13.11 Pedido de Revisão 264

Capítulo 14   Tutela Provisória no Direito Processual do Trabalho **267**

14.1. Tutela de Urgência 271

     14.1.1   Tutela de urgência antecipada requerida em caráter antecedente ... 274

     14.1.2   Tutela de urgência cautelar requerida em caráter antecedente 276

14.2   Tutela da Evidência 277

Capítulo 15   Execução Trabalhista **281**

15.1   Visão Geral 281

15.2   Conceito e estrutura 282

15.3   Aplicação Subsidiária da Lei de Execuções Fiscais e Supletiva e Subsidiária do CPC 282

15.4   Títulos Judiciais e Extrajudiciais 283

15.5   Legitimidade 284

     15.5.1   Ativa 284

     15.5.2   Passiva 285

15.6   Competência 285

15.7   Objeto 285

15.8   Execução Provisória e Execução Definitiva 286

     15.8.1   Execução provisória 286

     15.8.2   Execução definitiva 289

15.9   Liquidação da Sentença 290

     15.9.1   Liquidação por cálculo 291

     15.9.2   Liquidação por artigos 292

     15.9.3   Liquidação por arbitramento 293

15.10 Execução da obrigação de pagar quantia certa 294

15.10.1 Citação do executado 294

15.10.2 Penhora 295

15.10.2.1 Bens impenhoráveis 298

15.10.2.2 Penhora *on-line* – SISBAJUD e RENAJUD. Inscrição do executado em cadastros de inadimplentes 300

15.11 Meios Impugnativos na Execução 301

15.11.1 Embargos à execução 301

15.11.1.1 Legitimação 302

15.11.1.2 Pressuposto específico: garantia da execução 302

15.11.1.3 Prazo para oferecimento dos embargos e para a impugnação (resposta) do exequente 302

15.11.1.4 Forma 303

15.11.1.5 Matéria de Defesa 303

15.11.1.6 Procedimento 304

15.11.1.7 Parcelamento do débito do executado 305

15.11.2 Impugnação do credor exequente 306

15.11.3 Exceção de pré-executividade 307

15.12 Expropriação dos bens do devedor 309

15.12.1 Hasta pública (praça ou leilão) e arrematação 310

15.12.2 Adjudicação 312

15.12.3 Alienação por iniciativa particular 312

15.12.4 Remição 313

15.12.5 Impugnação à arrematação e à adjudicação 313

15.13 Expedição de certidão de crédito 314

15.14 A prescrição no curso da execução (prescrição intercorrente) 315

15.15 Fraude à execução 316

15.16 Execução de Obrigação de Fazer, de Não Fazer ou de Entregar Coisa 317

15.17 Execução de Título Extrajudicial 318

15.18 Execução contra a Fazenda Pública: Precatório e Requisição de Pequeno Valor (RPV) 318

Capítulo 16 Procedimentos Especiais Trabalhistas no Primeiro Grau 323

16.1 Inquérito para apuração de falta grave 323

16.2 Ação de Cumprimento 325

16.3 Processo de Jurisdição Voluntária para Homologação de Acordo Extrajudicial 327

Capítulo 17 Ações Cíveis Admitidas na Justiça do Trabalho 329

17.1 Ação de Consignação em Pagamento 329

17.2 Ação de Exigir Contas 332

17.3 Embargos de terceiro 335

17.4 Ações Possessórias 337

17.5. Ação Rescisória.. 340
    17.5.1. Objeto 340
    17.5.2. Cabimento... 341
    17.5.3. Competência.. 342
    17.5.4. Fundamentos de admissibilidade 343
    17.5.5. Juízo rescindente e juízo rescisório................................. 343
    17.5.6. Prazo para propositura 344
    17.5.7. Procedimento.. 345
    17.5.8. Recurso 346

17.6. Ação Civil Pública.. 346
    17.6.1. Competência material e territorial da Justiça do Trabalho............ 347
    17.6.2. Legitimidade... 347
    17.6.3. Interesses tutelados 349
    17.6.4. Objeto 352
    17.6.5. Substituição processual.. 352
    17.6.6. Condenação genérica e liquidação 352
    17.6.7. Coisa julgada e litispendência. Efeitos 352

17.7. Ação Monitória 354

Capítulo 18   Ações Constitucionais Admitidas na Justiça do Trabalho..... 357

18.1. Mandado de Segurança.. 357
    18.1.1. Prazo para impetração... 358
    18.1.2. Competência.. 358
    18.1.3. Direito líquido e certo... 359
    18.1.4. Autoridade coatora.. 361
    18.1.5. Petição inicial 361
    18.1.6. Providências iniciais e apreciação liminar do pedido........ 362
    18.1.7. Parecer do MP e decisão judicial.................................... 364
    18.1.8. Comunicação e cumprimento da decisão 364
    18.1.9. Peculiaridades do mandado de segurança coletivo 364
    18.1.10.Recurso cabível e reexame necessário 365

18.2. *Habeas Corpus* 366

18.3. *Habeas data*... 368

Capítulo 19   Dissídio Coletivo... 371

19.1. Conceito 371

19.2. Classificação 371

19.3. Comum acordo... 372

19.4. Competência 373

19.5. Instauração 373
    19.5.1. Partes... 373
    19.5.2. Prazo 375
    19.5.3. Condições da ação e/ou pressupostos processuais 375
    19.5.4. Procedimento.. 377

19.6.	Sentença Normativa	378
	19.6.1. Conteúdo	378
	19.6.2. Vigência	379
	19.6.3. Efeitos e coisa julgada	379
	19.6.4. Recursos	379
	19.6.5. Extensão da sentença normativa	380
	19.6.6 Revisão da sentença normativa	380
19.7.	Precedentes Normativos da Seção de Dissídios Coletivos do TST sobre Matéria Processual	380

Capítulo 20 Influxos da Jurisprudência no Processo Trabalhista **383**

20.1.	Sistema de Precedentes	385
20.2.	Incidente de resolução de demandas repetitivas	386
20.3.	Julgamento de recursos de revista e recursos extraordinários repetitivos	389
20.4.	Incidente de assunção de competência	391

Capítulo 21 O Processo do Trabalho em Tempos de Pandemia e a Realização de Audiências e Sessões por Meio de Teleconferência **395**

Apêndice Roteiro Do Procedimento Ordinário (Fluxograma) **405**

Referências Bibliográficas **407**

CONFLITOS TRABALHISTAS E FORMAS DE RESOLUÇÃO

1

As normas jurídicas servem para orientar a conduta humana de modo a assegurar a paz social. Contudo, quando os seus comandos são claramente desobedecidos ou quando há dúvida a respeito da sua interpretação é inevitável o surgimento de conflitos intersubjetivos, isto é, de antagonismos entre pessoas que buscam satisfazer interesses divergentes.

Assim é que, no âmbito das relações de trabalho, podem surgir conflitos individuais (com maior precisão terminológica, *interindividuais*) ou coletivos.

Os conflitos individuais ou interindividuais colocam em lados opostos as partes do contrato de trabalho (empregado e empregador) isoladamente consideradas, referindo-se normalmente às condições específicas da prestação de serviços ou a aspectos relacionados com as obrigações contratuais ajustadas. Os sujeitos do conflito são determinados, incluindo, de um lado, um ou mais empregados especificados e individualizados e, de outro lado, o empregador. Exemplos de conflito interindividual trabalhista:

(a) certo empregado pretende que o empregador remunere as horas extras que alega ter prestado e o empregador entende que estas não são devidas ou, mesmo sabendo que são devidas, recusa-se a pagá-las;

(b) o empregador pretende transferir o empregado para outra localidade e este não concorda com a decisão empresarial, entendendo que se trata de uma alteração contratual ilícita.

Os conflitos coletivos, por sua vez, colocam em campos opostos, de um lado, uma comunidade específica de trabalhadores, e de outro lado, empregadores ou tomadores de serviços, individualmente ou formando uma categoria econômica. O interesse em disputa é comum a todo o grupo de trabalhadores. Exemplos de conflito coletivo trabalhista:

(a) os metalúrgicos de São Bernardo do Campo, representados por seu sindicato profissional, reivindicam dos empregadores o reajuste do piso salarial da categoria, mas as indústrias metalúrgicas, representadas pelo sindicato patronal (econômico), recusam-se a concedê-lo;

(b) os trabalhadores de uma específica categoria profissional entram em greve por melhores condições de trabalho paralisando as suas atividades em uma ou mais empresas.

Os conflitos trabalhistas, sejam interindividuais ou coletivos, podem ser, em tese, solucionados por três vias: **autocomposição**, **heterocomposição** e **autotutela**.

Capítulo 1 • CONFLITOS TRABALHISTAS E FORMAS DE RESOLUÇÃO

1.1 AUTOTUTELA

A *autotutela* (também chamada de autodefesa) ocorre quando uma das partes em conflito busca por meio da coerção impor, unilateralmente, o seu interesse à outra parte. No campo das relações de trabalho são exemplos de autotutela a *greve* e o *locaute*. Todavia, enquanto a greve constitui direito fundamental social (art. 8º, CF), o locaute *(paralisação das atividades, por iniciativa do empregador, com o objetivo de frustrar negociação ou dificultar o atendimento de reivindicações dos respectivos empregados)* é expressamente vedado pelo art. 17 da Lei nº 7.783/89 (Lei de Greve).

1.2 AUTOCOMPOSIÇÃO

A *autocomposição* ocorre quando os sujeitos do conflito resolvem, eles próprios, as suas pendências, sem que seja necessária a intervenção de um terceiro com poder decisório, o que no âmbito trabalhista pode ocorrer:

(a) por meio da negociação coletiva da qual resultam convenções e acordos coletivos de trabalho, no caso dos conflitos coletivos; ou

(b) por meio de acordos firmados diretamente entre empregado e empregador no curso do pacto laboral ou de transações homologadas pelas Comissões de Conciliação Prévia ou pelos magistrados trabalhistas, no caso dos conflitos individuais.

A autocomposição pode ocorrer sem ajuda externa, mas pode também ocorrer com o auxílio da mediação. O mediador ajuda as partes a encontrarem a solução, aparando arestas, formulando propostas, fazendo sugestões, mas não impõe a solução do conflito, ou seja, não decide. A participação do mediador não descaracteriza a autocomposição. A mediação, a rigor, é mera técnica que visa a auxiliar a autocomposição.

A mediação pode ser feita pelas Comissões de Conciliação Prévia, pelo Ministério Público, por órgãos administrativos, pelo Judiciário e, eventualmente, por particulares que tenham alguma autoridade hierárquica ou moral sobre as partes. As tentativas de conciliação feitas pelos magistrados trabalhistas no âmbito dos processos judiciais são exemplos de mediação.

1.3 HETEROCOMPOSIÇÃO

A *heterocomposição* ocorre quando o conflito é solucionado por um terceiro, isto é, um agente exterior à contenda, que detém o poder de decidi-la no lugar das partes. É o que ocorre por meio da **Jurisdição** e da **Arbitragem**. Em ambos os casos, o terceiro não se limita, como o mediador, a ajudar as partes a encontrarem elas próprias a solução do conflito. Faz mais do que isso: decide o conflito em substituição à vontade das partes.

1.3.1 Arbitragem

A **arbitragem é regulada pela Lei nº 9.307/96.**

No âmbito das relações de trabalho, a arbitragem está prevista na Constituição Federal de 1988 (art. 114, §§ 1º e 2º), na **Lei nº 7.783/89** (Lei de Greve, art. 3º), na **Lei nº 10.101/2000** (Lei sobre Participação nos Lucros, art. 4º, inciso II) e na **CLT** (art. 507-A, incluído pela Lei nº 13.467/2017 – Reforma Trabalhista).

O árbitro é um terceiro escolhido pelas partes, ao qual compete decidir a controvérsia, impondo uma solução que os contendores se obrigaram a cumprir.

A arbitragem pode ser convencionada mediante cláusula compromissória (cláusula em que as partes se comprometem a submeter à arbitragem os eventuais litígios decorrentes de um específico contrato) **ou pelo compromisso arbitral** (um pacto por meio do qual as partes de um litígio em curso concordam em submetê-lo à arbitragem).

Como se supõe tenha ficado claro, a arbitragem não é forma de autocomposição, haja vista que, ainda que as partes escolham o árbitro, a decisão deste será impositiva, ou seja, não se trata de uma solução ajustada pelos próprios interessados.

A arbitragem na esfera trabalhista, sempre facultativa, estava restrita à solução de conflitos coletivos, conforme previsão do art. 114, §§ 1º e 2º, da CF. **Todavia, a partir da Lei nº 13.467/2017** (Reforma Trabalhista), que incluiu o art. 507-A na CLT, **será possível a pactuação de cláusula compromissória nos contratos individuais de trabalho cuja remuneração seja superior a duas vezes o limite máximo estabelecido para os benefícios do Regime Geral de Previdência Social,**[1] desde que por iniciativa do empregado ou mediante a sua concordância expressa.

1.3.2   Jurisdição

A heterocomposição dá-se, também, por meio da **Jurisdição**, palavra cuja origem etimológica vem da expressão latina *juris dicere* (dizer o direito), identificando **a função pela qual o Estado, aplicando o Direito ao caso concreto, soluciona os conflitos que lhe são submetidos, podendo usar meios coercitivos para fazer valer a sua decisão.** A jurisdição é garantida pelo direito de ação.

1.4   COMISSÕES DE CONCILIAÇÃO PRÉVIA

No âmbito da **autocomposição mediada**, faz-se mister uma especial referência às Comissões de Conciliação Prévia, que foram criadas com a edição da Lei nº 9.958/2000, que inseriu na CLT os arts. 625-A a 625-H e o art. 877-A, além de alterar a redação do art. 876.

Trata-se de órgãos de composição paritária, isto é, com igual número de representantes de empregados e de empregadores, cuja atribuição consiste em conciliar os conflitos individuais do trabalho. A sua criação não é obrigatória. Podem ser instituídas no âmbito das empresas (ou grupo de empresas) ou no dos sindicatos, mas sempre por meio de negociação coletiva, para a qual é indispensável a participação do sindicato profissional. Só serão criadas, assim, mediante instrumento normativo coletivo (**acordo coletivo**, podendo envolver uma ou mais empresas, ou **convenção coletiva**), que também disporá sobre o seu funcionamento.

---

1   A partir de R$ 14.174,44, portanto, considerando-se que o teto previdenciário vigente em 2022 é de R$ 7.087,22.

Os representantes e suplentes dos empregados são eleitos pelo voto secreto dos trabalhadores, têm mandato de um ano, permitida uma recondução, e gozam de estabilidade até um ano após o término do mandato (salvo falta grave). Já os representantes dos empregadores são indicados por estes e, ainda que sejam empregados, não gozam de estabilidade.

Outrora se discutia se a submissão da demanda à Comissão de Conciliação Prévia seria uma condição de ação ou pressuposto processual para o ajuizamento de reclamação trabalhista, o que implicaria em qualquer caso a extinção do processo sem julgamento do mérito. Contudo, o plenário do STF, por maioria, ao julgar medidas cautelares requeridas nas Ações Diretas de Inconstitucionalidade nº 2.139/DF e nº 2.160/DF, decidiu em 13.05.2009 que **a exigência de submissão prévia da demanda à Comissão viola o princípio da inafastabilidade da jurisdição (art. 5º, XXXV, CF), de modo que não mais é cabível a extinção do processo sem julgamento do mérito, entendimento que foi logo após seguido pelo TST.**

Nos termos do art. 625-E da CLT, o termo de quitação firmado na CCP possui eficácia liberatória geral quando não há ressalva de parcelas. De acordo com a literalidade do dispositivo, se o empregado, ao submeter a sua demanda à CCP, pretende que o empregador lhe pague valores a título de horas extras, adicional de insalubridade e indenização por dano moral e ambos conciliam deixando ressalvada no termo de quitação a indenização por dano moral, esta será a única parcela que poderá ser pleiteada e deferida numa eventual reclamação trabalhista ajuizada perante a Justiça do Trabalho. **Não havendo ressalva, mesmo parcelas que não constaram da pretensão apresentada pelo trabalhador à CCP seriam consideradas quitadas. Neste sentido, inclusive, sedimentou-se a jurisprudência do TST pela Subseção I Especializada em Dissídios Individuais.**

Todavia, o **Supremo Tribunal Federal**, ao julgar a ADI 2.237/DF, em 1º.08.2018, firmou o entendimento de que "**a interpretação sistemática das normas controvertidas nesta sede de controle abstrato conduz à compreensão de que a 'eficácia liberatória geral', prevista na regra do parágrafo único do art. 625-E da CLT, diz respeito aos valores discutidos em eventual procedimento conciliatório, não se transmudando em quitação geral e indiscriminada de verbas trabalhistas**". Por outras palavras, a quitação não abrange parcelas que não foram objeto da demanda apresentada pelo empregado à CCP. Trata-se de entendimento adotado pela mais elevada Corte do país em ação direta de inconstitucionalidade e, portanto, tem inegável caráter vinculante.

Registre-se, inclusive, que o TST já vinha entendendo que **as diferenças de complementação de aposentadoria em face dos reflexos das parcelas expressamente transacionadas mediante termo de acordo firmado na Comissão de Conciliação Prévia não são alcançadas pela eficácia liberatória contida no art. 625-E da CLT,** por considerar que não se trata aí de parcela de natureza trabalhista, mas de mero pleito conectado ao vínculo empregatício.

Por fim, **os termos de conciliação firmados perante as Comissões de Conciliação Prévia constituem títulos extrajudiciais que são executados na Justiça do Trabalho** (arts. 625-E, parágrafo único, e art. 876 da CLT).

DIREITO PROCESSUAL DO TRABALHO: NOÇÕES BÁSICAS

2

2.1 CONCEITO

Como vimos, os conflitos nem sempre são resolvidos pelas próprias partes (autocomposição). Por outro lado, a autotutela, na prática, tende mais a agravá-los do que a solucioná-los. A resolução dos conflitos, assim, precisará da intervenção de um terceiro com poder decisório. Contudo, nem sempre será juridicamente cabível submetê-los à arbitragem e, ademais, as partes podem não desejar essa forma de heterocomposição. A solução do conflito, então, será submetida ao Estado-Juiz, isto é, ao Poder Judiciário.

Mas como o Estado-Juiz exerce esse poder? Arbitrariamente, sem qualquer critério? Não. Ele terá que obedecer a critérios racionais e objetivos, veiculados por normas jurídicas, para que suas decisões tenham legitimidade e mereçam ser obedecidas. O conjunto dessas normas compõe o que chamamos de Direito Processual.

O conceito de Direito Processual é obtido basicamente a partir de três elementos: o seu conteúdo, a sua finalidade última e o modo pelo qual esta será atingida.

Qual o conteúdo do Direito Processual do Trabalho? Como qualquer ramo da ciência jurídica, **o seu conteúdo é formado por regras e princípios.**[1]

Qual a finalidade última do Direito Processual do Trabalho? **A solução de conflitos individuais e coletivos de trabalho.**

De que modo o Direito Processual do Trabalho atinge a sua finalidade última? **Disciplinando as atividades das partes, dos procuradores, dos magistrados e servidores da Justiça e dispondo sobre a organização e funcionamento do Judiciário Trabalhista.**

---

1   Parte considerável da doutrina jurídica nacional, seguindo os ensinamentos de Robert Alexy e Ronald Dworkin, considera que princípios e regras são normas jurídicas que se distinguem uma da outra principalmente pela forma com que se aplicam aos fatos. A lógica de aplicação da regra seria a do tudo ou nada, isto é, ou incide na hipótese ou não incide, de modo que quando duas regras se opõem mutuamente apenas uma delas prevalecerá. Já os princípios seriam aplicáveis em maior ou menor medida conforme o permitissem as possibilidades fáticas ou jurídicas, ou seja, a sua aplicabilidade comportaria graus, daí por que, quando dois princípios colidem, é possível que ambos sejam aplicados à mesma hipótese em graus diferentes (ALEXY, Robert. *Teoria dos Direitos Fundamentais*. Trad. Virgílio Afonso da Silva. São Paulo: Malheiros, 2008, p. 90). Não nos cabe nos limites do presente trabalho aprofundar o tema, conquanto muito relevante no campo da hermenêutica jurídica, em especial da hermenêutica aplicada aos direitos fundamentais. O assunto, inclusive, é de importância decisiva na distinção entre o positivismo e o pós-positivismo jurídico.

Capítulo 2 • DIREITO PROCESSUAL DO TRABALHO: NOÇÕES BÁSICAS

O Direito Processual do Trabalho, assim, pode ser definido como **um conjunto de regras e princípios que têm por finalidade a solução dos conflitos individuais e coletivos do trabalho, disciplinando as atividades das partes, procuradores, magistrados e servidores e dispondo sobre a organização e o funcionamento da Justiça.**

2.2 JURISDIÇÃO, AÇÃO E PROCESSO

Jurisdição, ação e processo constituem os alicerces da relação jurídica processual, de modo que a doutrina costuma designá-los de trilogia estrutural (ou estruturante) do Direito Processual.

Já se afirmou que a jurisdição constitui a função ou atividade pela qual o Estado, por intermédio do Poder Judiciário, aplica o direito aos casos concretos e, deste modo, soluciona os conflitos submetidos à sua apreciação. Trata-se, pois, de um poder-dever do Estado.

A jurisdição, como regra, somente atua quando provocada. Prevalece, no particular, o princípio do dispositivo ou da inércia da jurisdição.[2] Assim, se um juiz do trabalho, caminhando por uma rua, observa trabalhadores numa obra de construção civil prestando os seus serviços sem o uso dos equipamentos de proteção individual obrigatórios, não lhe cabe instaurar um processo trabalhista para compelir o empregador a cumprir as normas de segurança do trabalho.

Mas como a jurisdição é provocada? Por meio da ação, que consiste num direito público subjetivo a que o Estado-Juiz emita um pronunciamento capaz de solucionar a controvérsia, mesmo que esse pronunciamento seja desfavorável àquele que exercitou o direito de ação, pois este é autônomo em relação ao direito material cuja tutela judicial é requerida.

Ora, **o pronunciamento do juiz ou do tribunal, buscado por quem exercita o direito de ação, cria uma norma jurídica concreta que vai regular o conflito submetido à apreciação judicial e, deste modo, não pode resultar do mero arbítrio do julgador e nem de adivinhação ou qualquer outro método aleatório desprovido de racionalidade.**[3] O exercício da jurisdição deve obedecer a critérios racionais e objetivos. Neste sentido, o ordenamento jurídico estabelece um método, um sistema, que se pretende pautado pela racionalidade, objetividade e imparcialidade, o qual será utilizado pelo Judiciário com o objetivo de dar uma solução ao conflito. Isto é o processo.

Em síntese, o **direito de ação** suscita a atividade estatal da **jurisdição**, mas esta somente poderá ser exercitada por meio de um complexo de atos que constitui

---

2   Acerca dos princípios do Direito Processual do Trabalho, cf. adiante tópico 2.6.

3   A título de curiosidade, vale lembrar que no processo barbárico-germânico, durante a Idade Média, o juramento da parte e a ordália eram admitidos como meios de prova. A ordália (também conhecida como juízo de Deus) consistia em submeter o réu a torturas ou provas físicas com a intenção de se descobrir a verdade, a partir da crença de que Deus livraria o réu inocente do sofrimento. Sobre o assunto, vale conferir BARTLETT, Robert. *Trial by fire and water: the medieval judicial ordeal.* Oxford: Clarendon, 1986.

o **processo.**[4] O processo, deste modo, é um meio, um instrumento, e não um fim em si mesmo.

Por fim, **o processo também pode ser visto como uma relação jurídica,** cujos sujeitos principais são o autor (reclamante), o réu (reclamado) e o Estado-Juiz, tendo por objeto a prestação jurisdicional.

2.3 EVOLUÇÃO HISTÓRICA

Sobre a evolução histórica do Direito Processual do Trabalho, muitos a analisam partindo da história do próprio Direito do Trabalho. Faz mais sentido, contudo, que a história do Direito Processual do Trabalho seja contada a partir do momento em que passaram a existir órgãos ou, pelo menos, procedimentos estatais específicos destinados à solução dos conflitos de trabalho.

2.3.1 No mundo

Nos primórdios da Revolução Industrial, os conflitos surgidos entre os operários e os proprietários das fábricas, motivados pelas condições de trabalho degradantes às quais aqueles estavam submetidos, fizeram com que o Estado Liberal, para pôr fim ao risco de caos social, abandonasse a sua posição de inércia e passasse gradativamente a intervir nas relações de trabalho, criando normas de direito material que visavam à proteção do trabalhador.

O Estado Liberal também se defrontou com a necessidade de procurar fórmulas de resolução pacífica dos conflitos, buscando transferi-los do sempre arriscado âmbito da autodefesa para o da autocomposição. Assim, as primeiras normas processuais trabalhistas são aquelas que criam instituições com a função de conciliar as partes em conflito ou atribuem tal missão a instituições que já existiam, mas possuíam atribuições diversas. Um passo além será dado quando não apenas a função de conciliar conflitos trabalhistas, mas também a de julgá-los, será cometida a órgãos estatais.

O *Conseil de Prud'Hommes*[5]**, criado por Napoleão Bonaparte em 1806, é geralmente apontado como o primeiro órgão estatal com atribuição de julgar demandas trabalhistas,** não obstante nos seus primórdios possuísse apenas função extrajudicial. A sua competência inicialmente se restringia aos conflitos surgidos na indústria e no comércio, mas a partir de 1932 passou a incluir as demandas oriundas da agricultura. Até hoje os conflitos trabalhistas na França são julgados pelos *Conseils de Prud'Hommes*, cuja composição, desde 1848, é paritária, incluindo representantes dos empregadores e dos trabalhadores.

---

4   Na lição de Elpídio Donizetti, "mediante o direito de ação, provoca-se a jurisdição estatal, a qual, por sua vez, será exercida por meio daquele complexo de atos que é o processo" (DONIZETTI, Elpídio. *Curso de direito processual civil*. 24. ed. São Paulo: Atlas, 2021, p. 71).

5   Uma tradução próxima da literalidade seria "Conselho de Homens Prudentes", embora Prud'homme, na verdade, seja uma palavra do francês antigo, tendo a sua raiz no verbo latino *"prodesse"*, que significa "ser útil". Informação extraída do site <https://www.saisirprudhommes.com/fiches-prudhommes/prudhomme-definition-etymologie-histoire>. Acesso em: 29 jan. 2021.

Sistema muito parecido com o francês foi adotado na Itália com a instituição, em 1893, do **Collegio de Probiviri**, órgão de composição paritária criado para conciliar e julgar conflitos individuais de trabalho. Contudo, a Carta Del Lavoro aprovada pelo regime fascista em 1926, na Declaração número 10, devolveu ao Judiciário comum a competência para julgar as demandas trabalhistas e, por meio de um ato legislativo, o *Collegio de Probiviri* veio a ser abolido em 1928. Desde então, no sistema processual italiano, o juiz do trabalho integra a Justiça Comum, sendo que nos Tribunais ordinários há seções especializadas para a apreciação das demandas trabalhistas e previdenciárias.

Na Alemanha foram criados em 1808 os Tribunais Industriais, cujas decisões tinham força obrigatória para as partes, embora privilegiassem a conciliação. Nos conflitos coletivos, inclusive, atuavam quase que exclusivamente como órgãos de mediação. O procedimento nos tribunais industriais, a partir de 1923, passou a ser regulamentado pelo Ministro do Trabalho do Reich. Após a aprovação pelo III Reich da Carta do Trabalho, mais precisamente por meio de uma lei editada em 1934, **a Alemanha criou os Tribunais do Trabalho, organizando-os em três instâncias, com uma estrutura que guarda enorme semelhança com a da Justiça do Trabalho brasileira.** O modelo até hoje permanece praticamente o mesmo. Assim é que há na Alemanha os Tribunais do Trabalho distritais (*Arbeitsgerichte*), os Tribunais do Trabalho dos Estados (*Landesarbeitsgerichte*) e o Tribunal Federal do Trabalho (*Bundesarbeitsgericht*), valendo registrar que os dois primeiros tribunais pertencem aos *Länder* (Estados) e a última das Cortes referidas pertence à União (*Bund*).

2.3.2 No Brasil

Em geral, os autores costumam dividir a história do processo do trabalho no Brasil em três fases:

2.3.2.1 Primeira fase

Na primeira fase, que vai até a Revolução de 1930, competia à Justiça Comum julgar os conflitos trabalhistas, conquanto tenha havido tentativas isoladas para a criação de órgãos específicos para o julgamento e a conciliação dos conflitos trabalhistas.

Nem a Constituição do Império (1824) e nem a primeira Constituição Republicana (1891) faziam referência a qualquer órgão com jurisdição trabalhista, se bem que na vigência desta última tenham surgido as primeiras iniciativas para a criação de instâncias específicas para o julgamento das causas trabalhistas.

Nessa fase chegaram a ser criados pela Lei nº 1.637, de 5.11.1907, os **Conselhos Permanentes de Conciliação e Arbitragem,** que seriam constituídos no âmbito dos próprios sindicatos, os quais, contudo, não chegaram a funcionar. São dessa época, também, os **Tribunais Rurais de São Paulo,** criados pela Lei Estadual nº 1.869, de 10.10.1922, que tinham competência para decidir litígios decorrentes da interpretação e execução dos contratos de serviços agrícolas, no valor de até

500 mil-réis, e o **Conselho Nacional do Trabalho**, órgão consultivo dos poderes públicos nas áreas trabalhista e previdenciária, criado pelo Decreto nº 16.027, de 30 de abril de 1923.

2.3.2.2 Segunda fase

A segunda fase, com início a partir da Revolução de 1930, ano em que foram criados o Ministério do Trabalho, Indústria e Comércio e o Departamento Nacional do Trabalho, caracteriza-se pelo surgimento dos primeiros órgãos jurisdicionais do trabalho, os quais, porém, tinham natureza administrativa e poderes reduzidos. Tais órgãos eram:

(a) as **Comissões Mistas de Conciliação,** criadas pelo Decreto nº 21.396, de 12.5.1932, que possuíam competência conciliatória e arbitral para dirimir dissídios coletivos, cujas decisões, porém, tinham que ser executadas na Justiça Comum; e

(b) as **Juntas de Conciliação e Julgamento,** criadas pelo Decreto nº 22.132, de 25.11.1932 e modificadas pelo Decreto nº 24.742, de 14.7.1934, **cuja composição era colegiada e tripartite, com representação paritária dos trabalhadores e dos empregadores por meio dos chamados vogais,** modelo básico de primeira instância que vigorou na Justiça do Trabalho até a extinção da representação classista pela EC nº 24/99.

Também nessa fase o **Conselho Nacional do Trabalho** deixou de ser órgão meramente consultivo, tornando-se em 1934 órgão judicante.

A Constituição Federal de 1934 instituiu a Justiça do Trabalho, sem integrá-la ao Poder Judiciário, mas a sua instalação não chegou a acontecer durante a curta vigência daquela Carta.

A Constituição de 1937, sob cuja vigência a Justiça do Trabalho foi instalada, manteve-a na esfera administrativa.

O Decreto-Lei nº 1.237, de 2 de maio de 1939, dispôs sobre a organização da Justiça do Trabalho, atribuindo-lhe a função de regular os conflitos decorrentes das relações entre empregados e empregadores. A Justiça do Trabalho deveria, então, ser composta pelas **Juntas de Conciliação e Julgamento,** pelos **Conselhos Regionais do Trabalho** e pelo **Conselho Nacional do Trabalho.**

Contudo, a criação da Justiça do Trabalho, no plano fático, se deu mesmo no dia 1º de maio de 1941. A partir de então, a Justiça do Trabalho passou a ser órgão autônomo, com as decisões sendo executadas no próprio processo, sem necessidade de ingresso na Justiça Comum, e veio a existir o dissídio coletivo, com o objetivo de fixação de novas condições de trabalho. A composição da Justiça do Trabalho à época era assim: um *Conselho Nacional do Trabalho*, 8 (oito) *Conselhos Regionais do Trabalho* e 36 (trinta e seis) *Juntas de Conciliação e Julgamento*.

A CLT, criada pelo Decreto-Lei nº 5.452, de 1º de maio de 1943, inclusive, atribuiu ao Conselho Nacional do Trabalho a competência para estabelecer

Capítulo 2 • DIREITO PROCESSUAL DO TRABALHO: NOÇÕES BÁSICAS

prejulgados com força vinculante.[6] No entanto, as ações acidentárias não foram transferidas para a competência da Justiça do Trabalho. Continuaram sujeitas à Justiça Comum, onde permanecem até hoje.

2.3.2.3 Terceira fase

A terceira fase, que ainda está em curso, tem início a partir do momento em que a **Justiça do Trabalho passa a integrar o Poder Judiciário.**

No texto da **Constituição de 1946** a Justiça do Trabalho foi inserida no Poder Judiciário. Um pouco antes da promulgação da Constituição, porém, a Justiça do Trabalho já havia passado a integrar o Poder Judiciário, por meio do **Decreto-Lei nº 9.797, de 9 de setembro de 1946,** o qual, inclusive, assegurou aos seus integrantes as garantias inerentes à magistratura em geral: inamovibilidade, irredutibilidade de vencimentos e vitaliciedade no cargo. Na ocasião, o **Conselho Nacional do Trabalho** transformou-se no **Tribunal Superior do Trabalho (TST)** e os **Conselhos Regionais do Trabalho** converteram-se em **Tribunais Regionais do Trabalho.** A carreira dos **Juízes togados** foi, então, instituída e o mandato dos **vogais** passou a ser de três anos. O decreto referido já previa, inclusive, o denominado **Poder Normativo da Justiça do Trabalho.**

As Constituições de 1967 e 1969 (Emenda Constitucional nº 1, de 17 de outubro de 1969) **não trouxeram alteração significativa na estrutura e nem na competência da Justiça do Trabalho.** À época, vale ressaltar, as **relações de emprego com a União, autarquias e empresas públicas federais eram julgadas pela Justiça Federal Comum,** ao passo que **a Justiça do Trabalho se incumbia de julgar as relações de emprego com Estados, Municípios e suas autarquias ou empresas públicas** (os estatutários, é claro, estavam excluídos, pois sua relação com o poder público não é de emprego).

A Constituição de 1988 manteve a estrutura até então existente da Justiça do Trabalho, inclusive a representação classista. Os vogais passaram a ser chamados de juízes classistas. A Emenda Constitucional nº 24/99, contudo, extinguiu a representação classista na Justiça do Trabalho. **As Juntas de Conciliação e Julgamento deixaram de ser órgãos colegiados e se tornaram órgãos monocráticos, denominando-se Varas do Trabalho.**

2.4 AUTONOMIA

No contexto atual, em que se cultua a interdisciplinaridade do saber, falar em autonomia de um ramo da ciência jurídica soa arcaico. Contudo, como os manuais de Direito Processual do Trabalho e os currículos da disciplina nas faculdades costumam se referir ao assunto, algumas linhas lhe devem ser dedicadas.

No que concerne ao tema da autonomia do Direito Processual do Trabalho, duas correntes doutrinárias antagônicas se apresentam: os **monistas** e os **dualistas.**

---

6   Art. 902, § 1º, na sua redação original.

Os monistas sustentam que o Direito Processual do Trabalho é simples desdobramento do processo civil, não possuindo princípios e institutos próprios. Já os dualistas propõem a existência de autonomia do Direito Processual do Trabalho em relação ao Direito Processual Civil.

Atualmente, os estudiosos da disciplina são, em sua esmagadora maioria, dualistas, isto é, sustentam a autonomia do Direito Processual do Trabalho em relação ao Direito Processual Civil (ou ao Direito Processual não penal), fazendo-o com base em diversos argumentos, dentre os quais se podem destacar os seguintes:

a) o Processo do Trabalho compreende vasta matéria legislativa, possuindo título próprio na Consolidação das Leis do Trabalho, o qual confere ao Direito Processual Civil o papel de coadjuvante;

b) há princípios que são peculiares ao Direito Processual do Trabalho, como os princípios da proteção, da normatização coletiva e da conciliação;

c) o Direito Processual do Trabalho possui institutos próprios, como, por exemplo, o chamado poder normativo dos Tribunais do Trabalho;

d) a disciplina Direito Processual do Trabalho tem sido ofertada separadamente nas grades curriculares das faculdades de Direito, o que indica autonomia didática;

e) o processo do trabalho é manejado por uma Justiça especializada na resolução dos conflitos trabalhistas, algo que – é bom lembrar – existe não apenas no Brasil, mas, também, em outros países, como Alemanha, Reino Unido, Argentina, Chile e México;

f) são inúmeras as obras, tanto nacionais quanto estrangeiras, versando apenas sobre Direito Processual do Trabalho, o que revela autonomia doutrinária.

Contudo, ainda que se possa, nos termos acima, falar na sua autonomia em face do Direito Processual Civil, não se pode ignorar que, integrando o sistema processual, o Direito Processual do Trabalho tem que observar certa unidade metodológica comum aos demais ramos do Direito Processual.[7] Por outro lado, há que se ter em mente que há uma enorme proximidade do direito processual do trabalho com o direito material do trabalho, ao qual está umbilicalmente ligado, por conta dos fins sociais que compartilham e do princípio da proteção, que, segundo a melhor doutrina, é comum a ambos.

2.5 FONTES

Metaforicamente, a palavra "fonte" designa a origem de alguma coisa, de modo que quando falamos em fontes do Direito estamos nos referindo aos fatores sociais, econômicos e políticos que atuam na criação das normas jurídicas ou, então, aos modos pelos quais estas normas se manifestam e se tornam vinculantes, ou seja, dotadas da força necessária para dirigir o comportamento humano neste

---

7   Neste sentido, BEZERRA LEITE, Carlos Henrique. *Curso de direito processual do trabalho*. 19. ed. São Paulo: Saraiva Educação, 2021, p. 129.

ou naquele sentido. No primeiro caso, falamos de **fontes materiais**. No segundo caso, de **fontes formais**.

Como afirmamos, fontes materiais são os fatores sociais, políticos e econômicos que, isolados ou conjuntamente, tornam obrigatória ou, ao menos, recomendável a criação das normas jurídicas. As normas jurídicas, por seu turno, são veiculadas pelas fontes formais.

São **fontes formais do Direito Processual do Trabalho**: a **Constituição Federal**, a **Legislação**, os **Regimentos dos Tribunais**, a **Jurisprudência** e o **Costume**.

A Constituição traz no seu texto princípios e regras que norteiam o processo judicial e valem para todos os ramos do Judiciário. Destacam-se, a título de exemplo, os princípios do contraditório e da ampla defesa, bem como o do devido processo legal. Apresenta, também, regras que tratam da organização e da competência material da Justiça do Trabalho.

No tocante à **legislação**, é importante destacar que, nos termos do art. 22, I, da Constituição da República, compete privativamente à União legislar sobre Direito Processual, de modo que apenas as leis federais podem ser consideradas fontes formais desta disciplina jurídica. No particular, **as normas processuais trabalhistas estão sediadas principalmente na Consolidação das Leis do Trabalho,** que dedica o Título X ao "Processo Judiciário do Trabalho". Há, também, alguns diplomas legais esparsos, a exemplo da **Lei nº 5.548/70** e do **Decreto-Lei nº 779/69,** que veiculam normas processuais trabalhistas.

Por força do preceituado no art. 769 da CLT e no art. 15 do próprio Código de Processo Civil, **as regras do processo comum são supletiva e subsidiariamente aplicáveis ao processo do trabalho nos casos em que a legislação processual trabalhista seja omissa.** Em tal hipótese, a norma supletiva ou subsidiária somente será aplicada quando compatível com as normas processuais trabalhistas. Observando-se o mesmo critério de compatibilidade, **quando as normas celetistas que disciplinam a execução trabalhista forem omissas, aplicar-se-á subsidiariamente a Lei de Execuções Fiscais (Lei nº 6.830, de 22 de setembro de 1980) antes de se recorrer ao Código de Processo Civil.**

A elaboração pelos Tribunais dos regimentos, atos normativos internos que dispõem sobre a competência e o funcionamento dos respectivos órgãos jurisdicionais e administrativos, está autorizada pelo art. 96, I, da Constituição Federal, pressupondo sempre a observância das normas processuais editadas pelo legislador infraconstitucional e as garantias processuais asseguradas às partes pelo texto constitucional.

A jurisprudência, no sistema do *Civil Law,* ao qual nossa tradição jurídica está ligada, não tem historicamente a mesma relevância que no sistema do *Common Law,* onde os precedentes judiciais sempre tiveram força vinculante. Não obstante, com o passar dos anos esse quadro tem progressivamente mudado, de modo que mesmo no sistema jurídico do *Civil Law* o papel da jurisprudência como fonte formal do Direito vem ganhando força.

No caso brasileiro, **basta lembrar que a Emenda Constitucional nº 45/2004 criou a súmula vinculante, que veio a ser regulamentada pela Lei nº 11.417/2006, e, além disso, a legislação infraconstitucional tem incorporado gradativamente técnicas processuais que têm a finalidade de criar precedentes judiciais com força vinculante,** a exemplo da introdução da repercussão geral como pressuposto específico para a apreciação do recurso extraordinário (arts. 1.035 e 1.036 do CPC), do recurso especial repetitivo (art. 1.036 do CPC), da súmula impeditiva de recurso (art. 1.010 do CPC) e dos poderes do relator para julgar monocraticamente seguindo posicionamento jurisprudencial dominante (art. 932 do CPC). É correto dizer, inclusive, que **o atual Código de Processo Civil adota um sistema de precedentes vinculantes,** sobre o que se falará no último capítulo deste livro. Algumas das inovações citadas, vale registrar, foram introduzidas no sistema processual por meio de minirreformas, antes mesmo da edição do novo Código de Processo Civil.

Há que se registrar, porém, que **no campo do processo do trabalho a jurisprudência sempre teve um papel destacado, chegando ao ponto de muitas vezes contrariar frontalmente de preceitos legais que não foram revogados pelo legislador e nem foram declarados inconstitucionais pelo STF.** Um claro exemplo disso é a Súmula nº 425 do TST, que eliminou o *jus postulandi* das partes perante o TST. A súmula em questão contraria o art. 791, *caput*, da CLT, que permite aos empregados e empregadores acompanharem as suas reclamações perante a Justiça do Trabalho "até o final", o que claramente engloba todas as instâncias desse ramo do Judiciário.

Há muito tempo que as súmulas do TST e as orientações jurisprudenciais das Subsecções de Dissídios Individuais e da Seção de Dissídios Coletivos do TST funcionam, ao menos, como bússola que aponta a direção a ser seguida pelas instâncias inferiores, com caráter persuasivo, quando não são aplicadas praticamente como se fossem dotadas de força vinculante.

Quanto ao costume, trata-se de fonte formal de Direito que pressupõe a reiteração de determinada conduta e a convicção de sua obrigatoriedade. Não há que se confundir praxe com costume. A praxe, embora surgida de uma conduta reiterada, não tem força vinculante. Se vier a ter, torna-se costume.

No contexto do Direito Processual do Trabalho a doutrina usualmente aponta a apresentação da defesa escrita como exemplo de costume. Com efeito, mesmo nos tempos que precederam o Processo Judicial Eletrônico, a defesa do reclamado era admitida na forma escrita, embora o texto consolidado estabelecesse apenas a forma oral. É certo que apresentar a defesa por escrito não se tornou obrigatório, pois o reclamado ainda pode fazê-lo oralmente. Mas é possível dizer que a prática reiterada vincula o juiz, na medida em que este ficou obrigado a admiti-la. Há quem sustente, contudo, que não é possível admitir o costume como fonte formal do Direito Processual, haja vista que este ramo jurídico tem que se pautar estritamente pelo princípio da legalidade.

2.6 PRINCÍPIOS

Relacionando-se com o problema das fontes formais do direito processual trabalhista, mais precisamente quanto à sua intepretação e aplicação, um papel de extrema importância é desempenhado pelos princípios.

Os princípios que norteiam o processo do trabalho (muitos dos quais se referem ao direito processual em geral) podem ser extraídos, implícita ou explicitamente, da Constituição Federal, da legislação processual trabalhista e da legislação processual comum.

Não há consenso quanto ao número de princípios que informam o processo do trabalho. Cada doutrinador tem o seu próprio catálogo. Isso se deve em alguma medida ao fato de **que a palavra "princípio", mesmo quando referida a um ramo específico da ciência jurídica, não tem um único significado.**

Com efeito, **"princípio" pode identificar uma diretriz com função meramente hermenêutica ou uma norma jurídica, isto é, uma proposição que orienta o comportamento humano,** à semelhança das regras, das quais se distinguiriam pela lógica de aplicabilidade, na esteira do pensamento capitaneado por Robert Alexy, que tem sido majoritário na doutrina brasileira.[8] Nem todos os doutrinadores, porém, se ocupam de fazer tal distinção, daí por que muitos dos princípios apontados pela doutrina seriam, de acordo com o critério distintivo apontado, regras. Além disso, não é incomum que traços característicos ou peculiaridades do processo do trabalho sejam apresentados como se fossem princípios jurídicos.

Por outro lado, não há muitos princípios dos quais se possa dizer com segurança que são específicos do processo do trabalho. Por isso, o estudo da principiologia no processo do trabalho tem que incluir necessariamente os princípios que norteiam o processo em geral e muitos dos princípios que regem o Direito Processual Civil.

Deixando de lado as intermináveis querelas doutrinárias que envolvem a definição de princípio jurídico, abordar-se-á aqui uma variedade de princípios que normalmente frequentam os manuais de Processo do Trabalho e constituem uma compilação mais do que suficiente para os objetivos do presente estudo, que não tem a pretensão de ser exaustivo, mas panorâmico.

2.6.1 Princípio da Proteção

Na medida em que foi engenhado para dar efetividade ao Direito do Trabalho, **o processo do trabalho também é informado pelo princípio protetivo,** haja vista que, em última análise, as regras e procedimentos que estabelece tendem a assegurar a proteção e a tutela dos direitos dos trabalhadores.

A desigualdade socioeconômica existente no interior da relação de emprego também se manifesta na possibilidade de acesso à Justiça, daí por que as normas processuais devem compensar tal desequilíbrio instituindo formas jurídicas que garantam ao trabalhador uma igualdade processual real em face do empregador.

---

8   ALEXY, Robert. Ob. cit., p. 90. Nos limites do presente trabalho, que pretende ser panorâmico, não há espaço para a avaliação do mérito da distinção. Limitamo-nos, assim, a reiterar, como o fizemos na nota de rodapé número 1, que se trata de questão relevante no campo da hermenêutica jurídica e que merece um estudo aprofundado.

O princípio em questão, embora tenha sofrido alguma mitigação com o advento da Reforma Trabalhista, ainda pode ser observado em algumas regras processuais e em súmulas de jurisprudência dos tribunais trabalhistas. Por exemplo:

a) *a assistência judiciária, que inclui a prestação de serviços advocatícios e, por isso, não se confunde com a mera gratuidade judiciária, é fornecida ao empregado, mas não ao empregador;*

b) *a inversão do ônus de prova por meio de presunções favorece em regra ao trabalhador, nunca ou raramente o empregador;*

c) *o impulso processual de ofício (ex officio), isto é, sem que haja provocação das partes, é instituído para favorecer o empregado, já que o empregador, salvo raras exceções, figura como reclamado e não como reclamante;*

d) *a ausência das partes à audiência implica arquivamento dos autos para o reclamante (geralmente o empregado) e revelia e confissão para o reclamado (geralmente o empregador);*

f) *a competência territorial do processo do trabalho não é fixada pelo domicílio do réu (em regra o empregador), como no processo comum, e sim pelo local da prestação de serviços, o que facilita o acesso à Justiça ao empregado;*

g) *quando a reclamação trabalhista é julgada parcialmente procedente as custas processuais recaem apenas sobre o reclamado, geralmente, o empregador, e jamais sobre o reclamante.*

2.6.2 Princípio da Razoável Duração do Processo (ou da Celeridade)

O princípio em questão, desde a EC nº 45/2004, tem sede constitucional (art. 5º, LXXV) e é mais conhecido nos rincões processuais trabalhistas como **princípio da celeridade.** Conquanto seja um princípio que informe o processo em geral, no processo do trabalho ganha importância especial por causa da natureza alimentar dos créditos trabalhistas.

Tal princípio traduz a ideia de que o processo deve ter uma resolução rápida. Nas palavras de Rui Barbosa, "justiça atrasada não é justiça, senão injustiça qualificada e manifesta".[9] A celeridade, contudo, deve ser perseguida sem prejuízo da observância de outros princípios, como os da ampla defesa, do contraditório e do devido processo legal, que buscam garantir um julgamento justo.

A Consolidação das Leis do Trabalho sempre preceituou, antes mesmo de o princípio da celeridade conquistar *status* constitucional, que os juízes devem velar "pelo **andamento rápido das causas,** podendo determinar qualquer diligência necessária ao esclarecimento delas" (art. 765 da CLT).

2.6.3 Princípio da Gratuidade

Traduzindo manifestação do princípio da proteção, **o princípio em epígrafe propugna por facilitar o acesso ao Judiciário dos menos favorecidos, notadamente**

---

9   BARBOSA, Ruy. *Oração aos moços*. Brasília: Senado Federal, Conselho Editorial, 2019, p. 58.

os trabalhadores, permitindo-lhes que possam demandar sem arcar com as despesas processuais. Sofreu um duro golpe com o advento da reforma trabalhista, que ao mesmo tempo em que retirou algumas isenções legais que favoreciam o empregado, ampliou as possibilidades de concessão do benefício da gratuidade ao empregador. Todavia, embora em menor medida, ainda pode ser considerado como princípio que informa o processo do trabalho.

Sofreu um duro golpe com o advento da reforma trabalhista, que pretendeu retirar algumas isenções que favoreciam o empregado. Todavia, em sessão concluída no dia 20 de outubro de 2021, o STF, por maioria, julgou parcialmente procedente o pedido formulado na ADI 5.766, para declarar inconstitucionais os arts. 790-B, *caput* e § 4º, e 791-A, § 4º, da Consolidação das Leis do Trabalho (CLT), que impunham ao beneficiário da gratuidade judiciária o pagamento dos honorários advocatícios sucumbenciais e dos honorários periciais, permitindo, inclusive, que a cobrança incidisse sobre os créditos obtidos no próprio processo trabalhista em que o benefício foi concedido. Diante da decisão proferida pela Corte suprema, o princípio da gratuidade sobrevive.

Há que se observar, ainda, que não há a exigência de antecipação do pagamento de custas para o ajuizamento de uma reclamação, nem mesmo quando o autor é o empregador. É bem verdade que o § 3º do art. 844 da CLT prevê que o recolhimento das custas é condição para a propositura de nova demanda quando o reclamante, ainda que beneficiário da justiça gratuita, tenha sido condenado ao seu pagamento em razão de ter deixado a reclamação anterior ser arquivada por falta de comparecimento, sem comprovar, no prazo de quinze dias, que a ausência ocorreu por motivo legalmente justificável. Neste caso, porém, não se trata de antecipação de custas. As custas que deverão ser pagas referem-se à reclamação arquivada e não à nova reclamação.

Em suma, no que se refere ao trabalhador hipossuficiente, o processo trabalhista mantém-se, em regra, gratuito.

2.6.4 Princípio da Simplicidade

O processo do trabalho foi criado para ser manejado até mesmo por leigos, já que desde os seus primórdios o *jus postulandi* foi outorgado aos empregados e empregadores, não se limitando aos profissionais do Direito. Por outro lado, a necessidade de celeridade sempre foi um traço característico do processo do trabalho. **A conjugação desses dois fatores exigiu que o processo do trabalho se pautasse pela simplicidade,** que se manifesta de diversas maneiras, como por exemplo na **comunicação postal dos atos às partes,** na **nomeação de perito único e na inexistência de um momento específico para a avaliação dos bens na fase de execução.**

2.6.5 Princípio da Oralidade

Segundo o princípio em questão, **os atos processuais devem ser realizados preferencialmente na forma oral, em audiência.** Ao contrário do que ocorre no processo comum, onde as manifestações escritas preponderam, a linguagem falada ganha especial destaque no processo trabalhista.

A legislação processual trabalhista acolhe a reclamação oral e, conquanto na prática tenha prevalecido o contrário, a contestação é, em princípio, oral (CLT, art. 847). Por conta, ainda, desse princípio, as razões finais são apresentadas oralmente e a própria sentença, nos termos da CLT (art. 850), deveria ser proferida dessa forma.

No rito sumário, inclusive, nem mesmo há necessidade do registro na ata de audiência do resumo dos depoimentos, bastando que o juiz lance as suas conclusões sobre os fatos informados pelas testemunhas.

É importante advertir, porém, que na prática a intenção do legislador tem sido desprestigiada e a palavra escrita vem substituindo as manifestações orais em diversos momentos, por exemplo na apresentação da defesa, o que ficou ainda mais evidente após a implantação do processo judicial eletrônico e, mais recentemente, durante a pandemia de Covid-19. Ainda assim, vale referir alguns artigos da CLT que incorporam o princípio da oralidade:

> **Art. 847**. Não havendo acordo, o reclamado terá vinte minutos para aduzir sua defesa, após a leitura da reclamação, quando esta não for dispensada por ambas as partes
>
> **Art. 850**. Terminada a instrução, poderão as partes aduzir razões finais, em prazo não excedente de dez minutos para cada uma. Em seguida, o Juiz ou presidente renovará a proposta de conciliação, e, não se realizando esta, será proferida a decisão.

2.6.6 Princípio da Concentração dos Atos em Audiência

A ideia que esse princípio transmite é a de que, **na medida do possível, os atos do processo devem ser concentrados numa única audiência,** de modo que a cisão desse momento processual e, portanto, a suspensão para continuação em outro momento, somente deve ocorrer em situações excepcionais, a exemplo daquelas descritas no art. 825, parágrafo único, e nos arts. 849 e 852-C da CLT. Esta, pelo menos, foi a intenção do legislador celetista.

Os procedimentos processuais trabalhistas foram pensados para que, à exceção da postulação autoral, os atos processuais mais relevantes fossem praticados na audiência de conciliação e julgamento. Por isso, o comparecimento das partes à audiência é, em regra, obrigatório, pois ali é que a defesa é recebida, as tentativas de conciliação são empreendidas pelo juiz, os litigantes são interrogados e as testemunhas prestam o seu depoimento.

2.6.7 Princípio da Conciliação (ou da Conciliabilidade)

A judicialização do conflito trabalhista não deve constituir obstáculo à autocomposição. Ao contrário, no processo do trabalho o juiz não tem o seu papel limitado à instrução e julgamento dos processos que lhe são submetidos. Deve, também, atuar como mediador, buscando favorecer a resolução amigável do litígio. Quando as partes, com ou sem a mediação do juiz, resolvem o conflito por meio da transação, fazendo concessões recíprocas, a decisão que encontram é a que promove com maior eficiência a paz social.

No processo do trabalho, a tentativa de conciliação deve ser priorizada. A CLT, além de prever momentos obrigatórios para a tentativa da conciliação (arts. 846, 850, 852-E), **também preceitua que "os dissídios individuais ou coletivos submetidos à apreciação da Justiça do Trabalho serão sempre sujeitos à conciliação"** (art. 764, *caput*) **e que "os juízes e Tribunais do Trabalho empregarão sempre os seus bons ofícios e persuasão no sentido de uma solução conciliatória dos conflitos"** (art. 764, § 1º).

2.6.8 Princípio da normatização coletiva (poder normativo da Justiça do Trabalho)

O chamado princípio da normatização coletiva é peculiar ao Direito Processual Trabalhista e consiste na atribuição aos tribunais trabalhistas do poder de, julgando dissídios coletivos, ditar regras jurídicas assemelhadas às leis, ou seja, gerais, abstratas e impessoais, regulando situações *ad futurum*, isto é, que concretamente ainda não ocorreram. Por outras palavras, implica uma delegação ao Judiciário Trabalhista da competência para, no âmbito dos dissídios coletivos, criar ou modificar regras jurídicas dotadas de generalidade e abstração. Pode-se dizer que, no particular, a atividade do tribunal é mista, haja vista que, embora se apresente externamente com a forma de um procedimento judicial, traduz uma autêntica atuação legislativa.

Em suma, **o Poder Normativo é exercido pelos tribunais trabalhistas na resolução de conflitos coletivos de natureza econômica, quando poderão estabelecer normas e condições de trabalho novas.**

2.6.9 Princípio do Dispositivo ou da Demanda (inércia da jurisdição)

O princípio em apreço tem a sua mais perfeita tradução no disposto no art. 2º do Código de Processo Civil, que reza que **"nenhum juiz prestará a tutela jurisdicional senão quando a parte ou interessado a requerer".** É a expressão atual do aforismo latino *"ne procedat judex ex officio"*. Significa que **não cabe ao juiz, ainda que flagre alguma violação da legislação trabalhista, instaurar de ofício uma reclamação.** Por exemplo, ainda que o juiz, caminhando por uma rua, observe numa obra em construção que as normas trabalhistas relacionadas com o ambiente de trabalho estão sendo descumpridas (ausência de equipamentos de proteção individual etc.), nem por isso poderá instaurar, de ofício, uma reclamação trabalhista contra a construtora.

2.6.10 Princípio Inquisitivo ou do Impulso Oficial

O princípio inquisitivo contrapõe-se ao princípio dispositivo, na medida em que apregoa que, uma vez ajuizado o processo, o juiz o conduzirá até o final, mesmo que nenhuma das partes torne a se manifestar nos autos.

O princípio inquisitivo ou do impulso oficial propõe conciliar a duração razoável do processo com a busca da verdade real. Primeiro, porque não deixa que o andamento do processo fique à mercê do impulso das partes, que eventualmente podem estar desinteressadas no seu desfecho. Depois, porque confere ao juiz ampla liberdade para buscar a formação do seu convencimento, permitindo-lhe determinar e dirigir a produção da prova necessária para que os fatos postos pelas partes como fundamentos de suas pretensões sejam apurados.

Em virtude do princípio em exame é que o art. 765 da CLT dispõe que "os Juízos e Tribunais do Trabalho terão ampla liberdade na direção do processo e velarão pelo andamento rápido das causas, podendo determinar qualquer diligência necessária ao esclarecimento delas".

O art. 848 da Consolidação das Leis do Trabalho também é um exemplo de concretização desse princípio, ao estatuir que recebida a defesa, seguir-se-á a instrução do processo e o juiz do trabalho poderá *de ofício* interrogar os litigantes.

2.6.11 Princípio da Ultra ou da Extrapetição

Ora tratado como um único princípio, ora tratado como se referindo a dois princípios distintos, **o princípio em questão permite que o magistrado julgue fora ou além do pedido ou da causa de pedir, em situações excepcionais autorizadas pelo legislador.**

Com efeito, o juiz não pode, em regra, julgar além do pedido (***ultra petita***) e nem fora do pedido (***extra petita***). No entanto, há situações nas quais a lei autoriza que o juiz condene a reclamada em pedidos não contidos na petição inicial. Os exemplos mais citados pela doutrina são:

a) **o art. 467, da CLT, que permite ao juiz condenar a reclamada ao pagamento de um acréscimo de 50% sobre as verbas rescisórias incontroversas, caso estas não sejam pagas na primeira audiência em que comparecer o réu, ainda que sem pedido do autor;**

b) **o art. 496, da CLT, que estabelece que "quando a reintegração do empregado estável for desaconselhável, dado o grau de incompatibilidade resultante do dissídio, especialmente quando for o empregador pessoa física, o tribunal do trabalho poderá converter aquela obrigação em indenização".**

Há, ainda, a situação referida na Súmula nº 211 do TST, que prevê a inserção de juros e correção monetária mesmo quando não requeridos no pedido.

2.6.12 Princípio da Intervenção Mínima do Judiciário na Apreciação de Normas Coletivas

Princípio novo, surgido com o advento da Reforma Trabalhista, e de constitucionalidade duvidosa, tem a sua previsão no § 3º do art. 8º da CLT, o qual estabelece que **"no exame de convenção coletiva ou acordo coletivo de trabalho, a Justiça do Trabalho analisará exclusivamente a conformidade dos elementos essenciais do negócio jurídico, respeitado o disposto no art. 104 da Lei nº 10.406,** de 10 de janeiro de 2002 (Código Civil), e balizará sua atuação pelo princípio da intervenção mínima na autonomia da vontade coletiva".

A prevalência do negociado sobre o legislado não implica dizer que toda e qualquer negociação coletiva está liberada. As eventuais burlas à legislação trabalhista devem continuar a ser combatidas, mas a Justiça do Trabalho, consoante o princípio em questão, somente poderia analisar o instrumento negociado para perquirir se estão presentes os elementos essenciais do negócio jurídico, isto é:

a) a capacidade dos agentes;
b) a licitude, possibilidade ou determinabilidade do objeto; e
c) a adequação à forma prescrita ou não defesa em lei.

O novo dispositivo tem a clara intenção de restringir a atuação do Judiciário trabalhista, o que fica ainda mais nítido quando combinado com o art. 611-B da CLT, também incluído pela Lei nº 13.467/2017, que define o que seria objeto ilícito de convenção coletiva ou de acordo coletivo de trabalho.

Ora, o exame da licitude do objeto de um acordo ou convenção coletiva implicaria investigar se as disposições dos instrumentos coletivamente negociados guardam conformidade com a legislação infraconstitucional e, sobretudo, se respeitam os princípios constitucionais. Aí residiria a possibilidade de o Judiciário trabalhista, sem ofender o princípio recém-criado, adentrar o exame do conteúdo dos instrumentos normativos coletivos. Mas mesmo essa possibilidade foi obstruída pelo legislador.

2.7 INTERPRETAÇÃO/APLICAÇÃO DAS NORMAS PROCESSUAIS TRABALHISTAS

De início, é importante anotar que **a interpretação jurídica no contexto do Direito Processual do Trabalho não difere, nos seus métodos e nem em suas técnicas, da interpretação jurídica em geral.** Não obstante cada ramo jurídico tenha os seus princípios e regras próprios, isso não significa que os modos pelos quais tais normas são interpretadas sejam diferentes.

Não há na atualidade consenso sobre o que se deve entender por interpretação jurídica. A posição tradicional é a de que seria o meio de descortinar o sentido da norma jurídica para, assim, tornar possível a sua aplicação aos casos concretos. Há, porém, os que sustentam que a interpretação e a aplicação da norma jurídica seriam a mesma coisa, na medida em que a norma somente é criada quando aplicada ao caso concreto, ou seja, antes disso se pode falar em texto ou enunciado da norma, mas não na norma propriamente dita. A norma jurídica, então, seria o produto da interpretação e não o seu objeto.

A hermenêutica jurídica, que se ocupa da intepretação/aplicação das normas jurídicas tem experimentado um notável desenvolvimento a partir das últimas décadas do século passado. Não cabe nos limites deste trabalho desbravar as numerosas e intrincadas concepções doutrinárias relacionadas com a hermenêutica que disputam a hegemonia no discurso jurídico. É necessário, contudo, dar algumas pinceladas em torno das classificações e dos métodos de intepretação jurídica mais conhecidos.

Primeiro, é comum falar que **a interpretação, dependendo de quem a opere, pode ser autêntica, doutrinária e judicial. É autêntica quando provém do próprio legislador,** como no caso do art. 611-B da CLT, já citado, que interpreta o disposto no art. 104 do Código Civil, dentro do campo da negociação coletiva, definindo o que deve ser considerado objeto ilícito. Como as próprias denominações sugerem, a **interpretação doutrinária é aquela construída pelos doutrinadores do Direito,** isto é, pelos juristas, **enquanto a interpretação judicial decorre da atuação dos magistrados quando se pronunciam nos processos que lhes cabe apreciar.**

Diz-se, ademais, que **a interpretação pode ser declarativa, restritiva e extensiva.**

A interpretação declarativa ocorre quando não há descompasso entre o texto da norma e a situação que esta busca regular, de modo que é desnecessário ampliar ou restringir o sentido do texto para atingir o resultado pretendido pelo legislador. Por exemplo, o § 3º do art. 843 da CLT, que em si mesmo é também um exemplo de interpretação autêntica, referindo-se ao § 1º do mesmo artigo, diz que o preposto não precisa ser empregado da parte reclamada. O sentido é bastante claro e o que pretendeu o legislador é permitir que qualquer pessoa, seja ou não empregado do reclamado, possa atuar como preposto deste.

A interpretação restritiva, por sua vez, ocorre quanto se percebe que não há uma correspondência entre a intenção do legislador e o que diz o texto da norma, pois este diz mais do que o legislador pretendeu, de modo que se o texto não fosse restringido terminaria alcançando situações que não objetivava regular. Por exemplo, o inciso VI do art. 8º da Constituição Federal estabelece que "é obrigatória a participação dos sindicatos nas negociações coletivas de trabalho" e a partir de uma interpretação restritiva se entende que a palavra "sindicato" se refere apenas aos entes sindicais obreiros, não alcançando os sindicatos patronais.

A interpretação extensiva também revela um descompasso entre o texto da norma e a intenção do legislador, mas aqui o texto da norma disse menos do que deveria dizer para alcançar a situação que pretendia regular. Há, então, a necessidade de elastecer o sentido do texto, a fim de que a situação que o legislador pretendeu regular seja alcançada na sua totalidade. Por exemplo, o inciso VI do art. 8º da Constituição Federal, citado há pouco, ganha uma interpretação ampliativa quando estende o sentido da palavra "sindicato" para englobar os entes sindicais em qualquer grau, como as federações e as confederações.

Por fim, **independentemente da concepção hermenêutica escolhida** (por exemplo, confundindo-a ou não com a própria aplicação/criação da norma), a interpretação costuma seguir alguns métodos, dos quais os que desfrutam de maior consenso são o **gramatical,** o **lógico,** o **teleológico,** o **histórico** e o **sistemático.**

Vale salientar, porém, que os métodos não são excludentes entre si, sendo perfeitamente possível (e comum) sua utilização simultânea. Com efeito, o intérprete do Direito não pode se restringir a um único método, na medida em que os fatos da vida estão em constante mutação, exigindo muitas vezes soluções que não são obtidas com a utilização de somente um dos métodos.

O método gramatical, por vezes chamado de literal, atém-se estritamente ao texto da norma. Caso fosse aplicado ao inciso VI do art. 8º da Constituição Federal, ao qual temos nos referido, não seria possível a interpretação ampliativa e nem a extensiva. Apenas a declarativa.

A interpretação sistemática vai buscar no ordenamento jurídico outros textos normativos que, examinados em conjunto com o texto da norma a ser interpretada/aplicada, permitam capturar o sentido necessário para regular de modo eficiente a situação fática de que trata o legislador.

A interpretação lógica vai buscar extrair do texto um comando que cumpra as exigências de ordem lógica que nascem da necessidade de se atribuir racionalidade ao enunciado normativo, observando-se a intenção do legislador ao criá-lo e as circunstâncias sociais que influenciaram a sua edição. Exige, assim, uma dose de bom senso para saber quando se deve abandonar a interpretação declarativa e recorrer a uma interpretação restritiva ou ampliativa.

2.8 INTEGRAÇÃO DAS NORMAS PROCESSUAIS TRABALHISTAS

Não é incomum que o ordenamento jurídico careça de uma regra aplicável a uma situação conflituosa concreta e, dado que, nos termos do art. 140 do Código de Processo Civil,[10] o juiz não pode se eximir de dirimi-la com base na inexistência de norma jurídica, ele terá que, para fundamentar a sua decisão, se socorrer de algumas técnicas apontadas ora pelo próprio ordenamento jurídico, ora pela doutrina.

A integração das normas jurídicas consiste justamente na possibilidade dada ao juiz de preencher lacunas no ordenamento jurídico por meio da utilização de ferramentas de argumentação jurídica que lhe permitam decidir mesmo quando não há uma regra que se aplique expressamente ao caso concreto. Tais técnicas ou ferramentas podem ser visualizadas no art. 8º da CLT, o qual autoriza que os Juízes do Trabalho, na falta de disposições legais ou contratuais, decidirão, conforme o caso, pela **jurisprudência**, por **analogia**, por **equidade** e outros **princípios e normas gerais de direito**, principalmente do Direito do Trabalho, e, ainda, de acordo com **os usos e costumes** ou até mesmo com o **direito comparado**.

Não obstante o artigo referido esteja, na verdade, tratando da integração das normas de direito material do trabalho, as técnicas indicadas são as mesmas utilizadas para a integração do Direito Processual do Trabalho e, ademais, valem em sua maioria para os demais ramos do Direito, como se pode observar do art. 4º da Lei de Introdução às normas do Direito Brasileiro (LINDB).[11]

---

10   "Art. 140. O juiz não se exime de decidir sob a alegação de lacuna ou obscuridade do ordenamento jurídico."

11   "Art. 4º Quando a lei for omissa, o juiz decidirá o caso de acordo com a analogia, os costumes e os princípios gerais de direito."

Há que se lembrar, contudo, que o art. 769 da CLT preceitua que "nos casos omissos, o direito processual comum será fonte subsidiária do direito processual do trabalho, exceto naquilo em que for incompatível com as normas deste Título". Deste modo, na falta de uma regra específica de direito processual do trabalho versando sobre determinada situação, o intérprete recorrerá inicialmente às regras previstas no processo comum, isto é, no Código de Processo Civil. Somente se não houver regras do processo comum aplicáveis ao caso, é que se fará uso da jurisprudência, da analogia, da equidade, dos princípios gerais do direito, dos usos e costumes e do direito comparado.

Importa ressaltar, contudo, que **no caso da execução trabalhista, a subsidiariedade da Lei de Execuções Fiscais precede à do Código de Processo Civil.** Por outras palavras, se há uma omissão das regras processuais que disciplinam a execução dos títulos judiciais e extrajudiciais perante a Justiça do Trabalho, o intérprete primeiro tentará suprir a omissão recorrendo às regras estatuídas na Lei do Executivo Fiscal, antes de dirigir o seu olhar para o Código de Processo Civil.

Por fim, atentando para o fato de que o art. 15 do CPC prevê que as suas regras são aplicáveis supletiva e subsidiariamente aos processos trabalhistas, a doutrina distingue entre as figuras da aplicação subsidiária e da aplicação supletiva. Assim, **a aplicação subsidiária teria como função o preenchimento de uma lacuna, ou seja, teria lugar quando o texto consolidado não regulasse determinada matéria.** Por exemplo, a CLT é omissa quanto à tutela provisória da evidência, de modo que a aplicação do CPC teria, neste caso, natureza subsidiária. A **aplicação supletiva,** por sua vez, **teria como função a complementação normativa, isto é, teria lugar quando, embora o texto consolidado não fosse omisso em relação à matéria, o seu regramento estivesse incompleto.** Por exemplo, o regramento da execução trabalhista no texto consolidado é incompleto, de modo que a aplicação da Lei de Execuções Fiscais ou, eventualmente, do CPC, teria a natureza supletiva. Na prática, os tribunais trabalhistas não costumam distinguir as duas situações. No frigir dos ovos, ambas tratam de omissão, parcial ou total, na regulação de algum tema, sendo de pouco proveito prático a distinção.

2.9 EFICÁCIA DAS NORMAS PROCESSUAIS TRABALHISTAS NO TEMPO E NO ESPAÇO

Uma norma jurídica é eficaz quando está apta a produzir os seus efeitos jurídicos ou, por outras palavras, quando ela já pode ser efetivamente aplicada às situações concretas que visa a regular. A eficácia, portanto, nada mais é do que essa aptidão do texto normativo para produzir os efeitos jurídicos que prescreve.

A eficácia de uma norma jurídica pode ser limitada a um espaço geográfico específico ou a um período determinado. Por isso se fala em **eficácia espacial** e **eficácia temporal** das normas jurídicas.

Como afirmado anteriormente, o art. 22, I, da Constituição da República, atribui à União competência privativa para legislar sobre Direito Processual.

Assim, **a eficácia espacial das normas processuais trabalhistas não conhece limites dentro do território nacional, isto é, abrange todo o país.**

Importa salientar, ainda, que **a Lei de Introdução às normas do Direito Brasileiro (LINDB), veiculada pelo Decreto-Lei nº 4.657, de 4 de setembro de 1942, é o diploma legal que disciplina a aplicação das leis em geral,** de modo que, ao tratar da eficácia das normas jurídicas no tempo e no espaço, engloba tanto a legislação material quanto a legislação processual.

A LINDB estabelece que "salvo disposição contrária, a lei começa a vigorar em todo o país quarenta e cinco dias depois de oficialmente publicada" (art. 1º, *caput*) e que "não se destinando à vigência temporária, a lei terá vigor até que outra a modifique ou revogue (2º). Dispõe, ainda, que **"a Lei em vigor terá efeito imediato e geral, respeitados o ato jurídico perfeito, o direito adquirido e a coisa julgada"** (art. 6º). Tais dispositivos legais se aplicam às normas processuais trabalhistas.

Contudo, tratando-se da eficácia temporal das normas processuais, é indispensável fazer referência ao que dispõe o art. 14 do Código de Processo Civil, cuja aplicabilidade ao processo do trabalho é indiscutível, ainda mais que se trata de uma regra que pertence à teoria geral do processo. Segundo o referido dispositivo, **"a norma processual não retroagirá e será aplicável imediatamente aos processos em curso, respeitados os atos processuais praticados e as situações jurídicas consolidadas sob a vigência da norma revogada".**

Tem-se, assim, que **no Brasil prevalece o sistema do isolamento dos atos processuais, de modo que, entrando em vigor uma norma processual, os novos atos do processo serão praticados de acordo com a nova regra, mas os atos praticados sob a vigência da legislação revogada permanecerão válidos.** Por outras palavras, a norma processual não retroagirá. Os atos processuais praticados na vigência da norma antiga não serão prejudicados pela regra mais recente. Naturalmente, quando se trata de processo penal, por suas peculiaridades, será possível falar em retroação para beneficiar o réu, mas este tema não nos diz respeito.

Para uma melhor compreensão acerca da eficácia da norma processual trabalhista no tempo, podemos trazer um exemplo ilustrativo. Com as alterações feitas pela Lei nº 13.467/2017 (Reforma Trabalhista), a CLT passou a estatuir de forma clara que não mais é obrigatório que o preposto seja empregado do reclamado, não importando se este é empregador urbano, rural, doméstico, grande, pequena ou microempresa. A aplicação da pena de confissão ao reclamado decorrente do reconhecimento da revelia por ter apresentado preposto que não era empregado, sob a égide da norma processual anterior, permanece válida. A partir do instante em que as alterações introduzidas na CLT pela nova lei passaram a vigorar, porém, não mais será admissível reconhecer a revelia quando ocorrer a mesma situação fática, não importando que o processo tenha sido ajuizado quando ainda vigorava a legislação anterior, pois os atos processuais serão considerados isoladamente.

ORGANIZAÇÃO DO JUDICIÁRIO TRABALHISTA E DO MINISTÉRIO PÚBLICO DO TRABALHO

3

Por conta de sua dimensão continental e do seu enorme contingente populacional, o Brasil possui um sistema judiciário complexo, com diversos ramos e órgãos. Temos, ademais, o Poder Judiciário da União (Federal) e o Poder Judiciário dos Estados e do Distrito Federal. Com efeito, das unidades políticas que compõem nossa Federação apenas o Município não conta com Poder Judiciário.

O Poder Judiciário da União engloba a Justiça Federal, a Justiça Eleitoral, a Justiça Militar e a Justiça do Trabalho, sobre a qual trataremos a seguir.

Importa, ainda, destacar o papel do Ministério Público do Trabalho, ramo do Ministério Público da União que atua perante a Justiça do Trabalho.

3.1 JUSTIÇA DO TRABALHO

A Justiça do Trabalho integra o Poder Judiciário da União e é dividida por Regiões. Não há correspondência necessária entre Estados e Regiões. Conquanto a grande maioria das regiões esteja circunscrita a um Estado, há Regiões formadas por mais de um Estado e há um Estado, o de São Paulo, que comporta duas Regiões (a 2ª e a 15ª).

Nos termos do art. 111 da Constituição Federal, são órgãos da Justiça do Trabalho: o **Tribunal Superior do Trabalho, os Tribunais Regionais do Trabalho e os Juízes do Trabalho.**

3.1.1 Juízes e Varas do Trabalho

Os juízes do trabalho são magistrados de carreira, necessariamente graduados em Direito e aprovados em concurso público de provas e títulos, sendo-lhes exigido, ainda, que tenham exercido, ao menos, três anos de atividade jurídica (art. 93, I, CF). Ingressam na magistratura no cargo de juiz substituto. A promoção para juiz titular de Vara do Trabalho submete-se aos critérios de antiguidade ou de merecimento (art. 93, II, CF).

As Varas do Trabalho constituem a primeira instância ou primeiro grau da Justiça do Trabalho e são órgãos monocráticos sediados normalmente em cidades com importância econômica, sendo que a sua jurisdição pode abranger mais de um município. Nos termos do art. 1º da Lei nº 6.947, de 17 de setembro de 1981, a base territorial prevista para a sua jurisdição deve contar com mais de 24 mil empregados ou com o ajuizamento, no último triênio, de média igual ou superior a 240 reclamações anuais. Por outro lado, de acordo com o parágrafo único do mesmo dispositivo, nos centros urbanos onde já existem Varas, outras somente serão criadas quando cada uma das respectivas unidades exceder, seguidamente, 1.500 reclamações por ano.

A Vara do Trabalho conta com uma Secretaria, que é chefiada por um Diretor. Diretor de Secretaria constitui cargo de confiança cuja nomeação é da competência do Presidente do Tribunal Regional do Trabalho ao qual a respectiva Vara do Trabalho está vinculada. É praxe que a nomeação do Diretor de Secretaria recaia sobre servidor indicado pelo titular da respectiva Vara do Trabalho. Em alguns tribunais regionais, inclusive, tal praxe se acha normatizada no respectivo regimento interno.[1]

3.1.2   Tribunais Regionais do Trabalho

Os Tribunais Regionais do Trabalho são primordialmente cortes de apelação, isto é, **sua principal competência é a recursal**. Todavia, **também são dotados de competência originária** para o julgamento de algumas demandas, a exemplo dos dissídios coletivos, ações rescisórias e mandados de segurança.

Compõem-se de, no mínimo, sete juízes, sendo que **um quinto dos seus integrantes é formado por advogados com mais de dez anos de efetiva atividade profissional e membros do Ministério Público do Trabalho com mais de dez anos de efetivo exercício.** Os demais são juízes de carreira promovidos alternadamente pelos critérios de merecimento e de antiguidade. Atualmente, os regimentos dos tribunais costumam atribuir aos juízes de segundo grau a alcunha de desembargadores, assimilando a tradição do Poder Judiciário estadual, não obstante a nomenclatura referida para o cargo na Constituição da República continue a ser "juiz de Tribunal Regional do Trabalho" (art. 103-B, VIII).

O § 1º do art. 115 da Constituição da República prevê a instalação pelos Tribunais Regionais do Trabalho da justiça itinerante, com a realização de audiências e demais funções de atividade jurisdicional, nos limites territoriais da respectiva jurisdição, servindo-se de equipamentos públicos e comunitários. O § 2º do mesmo dispositivo constitucional, por sua vez, permite que os Tribunais Regionais do Trabalho funcionem descentralizadamente, constituindo Câmaras regionais, a fim de assegurar o pleno acesso do jurisdicionado à justiça em todas as fases do processo.

Há 24 Tribunais Regionais do Trabalho: **1ª Região** (Rio de Janeiro); **2ª Região** (São Paulo – capital e cidades adjacentes); **3ª Região** (Minas Gerais); **4ª Região** (Rio Grande do Sul); **5ª Região** (Bahia); **6ª Região** (Pernambuco); **7ª Região** (Ceará); **8ª Região** (Pará e Amapá); **9ª Região** (Paraná); **10ª Região** (Distrito Federal); **11ª Região** (Amazonas e Roraima); **12ª Região** (Santa Catarina); **13ª Região** (Paraíba); **14ª Região** (Rondônia e Acre); **15ª Região** (São Paulo – sediado em

---

1   Por exemplo, RITRT5, art. 93-A; RITRT15, art. 22, XI, *a*.

Campinas, compreendendo a parte do Estado de São Paulo que não é abrangida pela 2ª Região); **16ª Região** (Maranhão); **17ª Região** (Espírito Santo); **18ª Região** (Goiás); **19ª Região** (Alagoas); **20ª Região** (Sergipe); **21ª Região** (Rio Grande do Norte); **22ª Região** (Piauí); **23ª Região** (Mato Grosso); **24ª Região** (Mato Grosso do Sul).

3.1.3 Tribunal Superior do Trabalho

Com sede em Brasília e jurisdição em todo o território nacional (art. 690 da CLT), trata-se do mais elevado órgão da Justiça do Trabalho. Compõe-se, nos termos do art. 111-A da Constituição Federal, de **vinte e sete Ministros, escolhidos dentre brasileiros com mais de trinta e cinco anos e menos de sessenta e cinco anos, de notável saber jurídico e reputação ilibada, nomeados pelo Presidente da República após aprovação pela maioria absoluta do Senado Federal,** sendo que um quinto deles dentre advogados com mais de dez anos de efetiva atividade profissional e membros do Ministério Público do Trabalho com mais de dez anos de efetivo exercício. Os demais são escolhidos dentre juízes dos Tribunais Regionais do Trabalho, oriundos da magistratura da carreira, indicados pelo próprio Tribunal Superior do Trabalho.

Conforme prevê o seu Regimento Interno, são órgãos do Tribunal Superior do Trabalho: o Tribunal Pleno, o Órgão Especial, a Seção Especializada em Dissídios Coletivos, a Seção Especializada em Dissídios Individuais, dividida em duas subseções, e as turmas, cada uma delas constituída por 3 (três) ministros (arts. 65 e 73, RITST).

3.1.4 Juízes de Direito investidos de jurisdição trabalhista

O art. 112 da Constituição da República estatui que **"a lei criará varas da Justiça do Trabalho, podendo, nas comarcas não abrangidas por sua jurisdição, atribuí-la aos juízes de direito, com recurso para o respectivo Tribunal Regional do Trabalho".**

Nas localidades que não são abrangidas pela jurisdição de vara do trabalho, os juízes de Direito, magistrados da Justiça Estadual, estão investidos da jurisdição trabalhista, isto é, apreciam, conciliam, instruem e julgam as demandas trabalhistas como se juízes do trabalho fossem, aplicando o direito material do trabalho aos casos concretos e submetendo-se às regras e procedimentos processuais trabalhistas. No entanto, os Tribunais de Justiça Estaduais em hipótese alguma possuem competência trabalhista, daí por que os eventuais recursos contra as decisões dos juízes de direito com competência trabalhista são julgados pelo Tribunal Regional do Trabalho com jurisdição sobre a respectiva comarca.

Nos termos do entendimento cristalizado pelo STJ na sua Súmula nº 10, *"instalada a Junta de Conciliação e Julgamento, cessa a competência do Juiz de Direito em matéria trabalhista, inclusive para a execução das sentenças por ele proferidas".*

3.1.5 Garantias e vedações da magistratura

Como todos os demais juízes, **os magistrados do trabalho gozam,** nos termos do art. 95 da Constituição da República, **das seguintes garantias:** I – **vitaliciedade,** que, no primeiro grau, só será adquirida após dois anos de exercício, dependendo a perda do cargo, nesse período, de deliberação do tribunal a que o juiz estiver vinculado, e, nos demais casos, de sentença judicial transitada em julgado; II – **inamovibilidade,** salvo por motivo de interesse público, na forma do art. 93, VIII, da Constituição; III – **irredutibilidade de subsídio,** ressalvado o disposto nos arts. 37, X e XI, 39, § 4º, 150, II, 153, III, e 153, § 2º, I, da Constituição.

Por outro lado, o texto constitucional (art. 95, parágrafo único) veda aos juízes, incluindo por óbvio os magistrados trabalhistas: I – **exercer, ainda que em disponibilidade, outro cargo ou função, salvo uma de magistério;** II – **receber, a qualquer título ou pretexto, custas ou participação em processo;** III – **dedicar-se à atividade político-partidária.** IV – **receber, a qualquer título ou pretexto, auxílios ou contribuições de pessoas físicas, entidades públicas ou privadas,** ressalvadas as exceções previstas em lei; V – **exercer a advocacia no juízo ou tribunal do qual se afastou, antes de decorridos três anos do afastamento do cargo por aposentadoria ou exoneração.**

O período de três anos em que o juiz está impedido de exercer a advocacia no juízo ou tribunal do qual se afastou é costumeiramente chamado de **"quarentena".**

3.1.6 Corregedoria-Geral e Corregedorias-Regionais do Trabalho

Nos termos do art. 96, inciso I, alínea "b", da Constituição da República, compete privativamente aos Tribunais "organizar suas secretarias e serviços auxiliares e dos juízes que lhes forem vinculados, velando pelo exercício da **atividade correicional** respectiva".

Não obstante tenha como significado primário "ato ou efeito de corrigir" e, nesta acepção, confunda-se com a palavra "correção", o vocábulo "correição" na esfera pública e, em especial, no âmbito do Poder Judiciário, designa uma função de extrema relevância e que vai muito além do sentido original do termo.

A atividade correicional constitui um autêntico instrumento de controle interno no Judiciário e, no caso específico da Justiça do Trabalho, é exercida pela Corregedoria-Geral da Justiça do Trabalho, no âmbito do Tribunal Superior do Trabalho (TST), e pelas Corregedorias Regionais do Trabalho, no âmbito dos Tribunais Regionais do Trabalho (TRTs).

A Lei Complementar nº 35/79 (Lei Orgânica da Magistratura Nacional – Loman), também se refere à função correicional e, nos arts. 127 e 129, distingue-a da função disciplinar. No Judiciário Trabalhista, a atividade correicional tem expressa previsão nos arts. 682, XI, e 709, I e II e §§ 1º e 2º, da CLT.

O art. 709, I e II, da CLT atribui ao Corregedor-Geral da Justiça do Trabalho a competência para exercer funções de inspeção e correição permanente com relação aos Tribunais Regionais e seus Presidentes, bem como para decidir reclamações contra os atos atentatórios da boa ordem processual (*error in procedendo*) praticados pelos Tribunais Regionais e seus Presidentes, na falta de recurso específico.

Nos termos do seu próprio Regimento Interno (RICGJT), a Corregedoria-Geral da Justiça do Trabalho é "órgão do Tribunal Superior do Trabalho incumbido da fiscalização, disciplina e orientação da administração da Justiça do Trabalho sobre os Tribunais Regionais do Trabalho, seus Juízes e Serviços Judiciários" (art. 1º) e "será exercida por um Ministro do Tribunal Superior do Trabalho eleito na forma do Regimento Interno do TST" (art. 2º).

Ao Corregedor-Geral da Justiça do Trabalho incumbe as atribuições indicadas no art. 6º do já citado Regimento Interno da Corregedoria-Geral da Justiça do Trabalho (RICGJT), que são as seguintes:

I – exercer funções de inspeção permanente ou periódica, ordinária ou extraordinária, geral ou parcial sobre os serviços judiciários de segundo grau da Justiça do Trabalho;

II – decidir Correições Parciais contra atos atentatórios à boa ordem processual, praticados pelos Tribunais Regionais, seus Presidentes e Juízes, quando inexistir recurso processual específico;

III – processar e decidir Pedidos de Providência em matéria de atribuição da Corregedoria-Geral da Justiça do Trabalho;

IV – dirimir dúvidas apresentadas em Consultas formuladas pelos Tribunais Regionais do Trabalho, seus Órgãos ou seus integrantes;

V – expedir provimentos para disciplinar os procedimentos a serem adotados pelos órgãos da Justiça do Trabalho e consolidar as respectivas normas;

VI – elaborar o Regimento Interno da Corregedoria-Geral e modificá-lo, submetendo-o à aprovação do órgão competente do Tribunal Superior do Trabalho;

VII – organizar os serviços internos da Secretaria da Corregedoria-Geral;

VIII – exercer vigilância sobre o funcionamento dos Serviços Judiciários quanto à omissão de deveres e à prática de abusos;

IX – relatar aos órgãos competentes do Tribunal, submetendo à sua apreciação, se for o caso, fatos que se mostrem relevantes na administração da Justiça do Trabalho;

X – apresentar ao Órgão Especial, na última sessão do mês seguinte ao do término de cada ano de sua gestão, relatório circunstanciado das atividades da Corregedoria-Geral durante o ano findo;

XI – conhecer das representações relativas ao serviço Judiciário, determinando ou promovendo as diligências que se fizerem necessárias ou encaminhando-as ao Procurador-Geral do Trabalho e ao Presidente da Ordem dos Advogados, quando for o caso;

XII – expedir recomendações aos Tribunais Regionais do Trabalho, referentes à regularidade dos serviços Judiciários, inclusive sobre o serviço de plantão nos foros e a designação de Juízes para o seu atendimento nos feriados forenses;

XIII – realizar controle mensal estatístico processual do movimento Judiciário e da atuação jurisdicional dos Tribunais Regionais do Trabalho, por seus Órgãos e Juízes, na conformidade da regulamentação expedida por meio de Provimento da Corregedoria-Geral;

XIV – opinar, fundamentadamente, nos procedimentos relativos à convocação de Juízes para substituição no Tribunal Superior do Trabalho e na elaboração de listas tríplices de Juízes para nomeação em vaga de Ministro do Tribunal Superior do Trabalho, com base nos elementos de controle da Corregedoria-Geral;

XV – instruir, se for o caso, os Pedidos de Intervenção Federal e encaminhá-los ao Supremo Tribunal Federal;

XVI – supervisionar a aplicação do sistema BACEN JUD no âmbito da Justiça do Trabalho, inclusive deferir o cadastramento ou o descadastramento de conta única indicada para bloqueio;

XVII – requisitar, em objeto de serviço, mediante justificação escrita, passagens de transporte e diárias;

XVIII – examinar em correição autos, registros e documentos, determinando as providências cabíveis;

XIX – submeter à deliberação do Órgão Especial, as dúvidas quanto à aplicação deste Regimento;

XX – exercer outras atribuições que lhe sejam conferidas em lei ou contidas nas atribuições gerais da Corregedoria-Geral.

As Corregedorias Regionais do Trabalho, vinculadas a cada tribunal regional, têm atribuições similares às da Corregedoria-Geral da Justiça do Trabalho, ressalvando-se, contudo, o âmbito de sua atuação, uma vez que a sua atividade correicional será dirigida aos órgãos de primeiro grau, isto é, as Varas do Trabalho, suas Secretarias e os juízes do trabalho substitutos ou titulares de vara.

Assim, o Corregedor-Regional exercerá a correição ordinária nas Varas do Trabalho obrigatoriamente uma vez por ano, cabendo-lhe, também, realizar, de ofício ou a requerimento, correições extraordinárias ou inspeções naquelas unidades judiciárias sempre que necessário. Cabe a ele, ainda, conhecer das representações e reclamações relativas aos serviços Judiciários de primeiro grau, determinando ou promovendo as diligências que se fizerem necessárias e, de igual modo, decidir sobre reclamações contra os atos atentatórios da boa ordem processual (*error in procedendo*) praticados pelos juízes de primeiro grau.

As atribuições aqui citadas são meramente exemplificativas e os regimentos internos dos tribunais regionais costumam atribuir outras funções ao Corregedor-Regional, dentre as quais a de propor a instauração de procedimento disciplinar contra Juiz Titular de Vara do Trabalho, Juiz do Trabalho Substituto e servidores lotados nos órgãos de primeira instância. Vale destacar, contudo, que nos tribunais menores (por exemplo, o TRT da 20ª Região, sediado em Aracaju – SE) a função correicional é exercida pelo próprio Presidente e não existe o cargo de Corregedor-Regional.

3.2 MINISTÉRIO PÚBLICO DO TRABALHO

Na concisa e primorosa definição de Rosângela Lacerda, o Ministério Público do Trabalho "**é o ramo do Ministério Público da União ao qual incumbe a defesa da ordem jurídica, do regime democrático e dos interesses sociais e individuais indisponíveis no âmbito trabalhista**".[2]

Os órgãos que o compõem, nos termos do art. 85 da Lei Complementar nº 75/93, são os seguintes: **Procurador-Geral do Trabalho, Colégio de Procuradores do Trabalho, Conselho Superior do Ministério Público do Trabalho, Câmara de Coordenação e Revisão do Ministério Público do Trabalho, Corregedoria do Ministério Público do Trabalho, Subprocuradores-Gerais do Trabalho, Procuradores-Gerais do Trabalho** e, por fim, os **Procuradores do Trabalho**.

O início da carreira do Ministério Público do Trabalho se dá no cargo de Procurador do Trabalho. Pelos critérios de antiguidade ou merecimento o Procurador do Trabalho pode ser promovido ao cargo de Procurador Regional do Trabalho e, posteriormente, ao cargo de Subprocurador Geral do Trabalho.

Consoante previsto no art. 83 da Lei Complementar nº 75/93, **compete ao Ministério Público do Trabalho** o exercício das seguintes atribuições junto aos órgãos da Justiça do Trabalho:

I – promover as ações que lhe sejam atribuídas pela Constituição Federal e pelas leis trabalhistas;

II – manifestar-se em qualquer fase do processo trabalhista, acolhendo solicitação do juiz ou por sua iniciativa, quando entender existente interesse público que justifique a intervenção;

III – promover a ação civil pública no âmbito da Justiça do Trabalho, para defesa de interesses coletivos, quando desrespeitados os direitos sociais constitucionalmente garantidos;

IV – propor as ações cabíveis para declaração de nulidade de cláusula de contrato, acordo coletivo ou convenção coletiva que viole as liberdades individuais ou coletivas ou os direitos individuais indisponíveis dos trabalhadores;

V – propor as ações necessárias à defesa dos direitos e interesses dos menores, incapazes e índios, decorrentes das relações de trabalho;

---

2   LACERDA, Rosangela Rodrigues Dias de. Ministério Público do Trabalho. Enciclopédia jurídica da PUC-SP. Celso Fernandes Campilongo, Álvaro de Azevedo Gonzaga e André Luiz Freire (coords.). Tomo: Direito do Trabalho e Processo do Trabalho. Pedro Paulo Teixeira Manus e Suely Gitelman (coord. de tomo). São Paulo: Pontifícia Universidade Católica de São Paulo, 2017. Disponível em: <https://enciclopediajuridica. pucsp.br/verbete/389/edicao-1/ministerio-publico-do-trabalho>.

VI – recorrer das decisões da Justiça do Trabalho, quando entender necessário, tanto nos processos em que for parte, como naqueles em que oficiar como fiscal da lei, bem como pedir revisão dos Enunciados da Súmula de Jurisprudência do Tribunal Superior do Trabalho;

VII – funcionar nas sessões dos Tribunais Trabalhistas, manifestando-se verbalmente sobre a matéria em debate, sempre que entender necessário, sendo-lhe assegurado o direito de vista dos processos em julgamento, podendo solicitar as requisições e diligências que julgar convenientes;

VIII – instaurar instância em caso de greve, quando a defesa da ordem jurídica ou o interesse público assim o exigir;

IX – promover ou participar da instrução e conciliação em dissídios decorrentes da paralisação de serviços de qualquer natureza, oficiando obrigatoriamente nos processos, manifestando sua concordância ou discordância, em eventuais acordos firmados antes da homologação, resguardado o direito de recorrer em caso de violação à lei e à Constituição Federal;

X – promover mandado de injunção, quando a competência for da Justiça do Trabalho;

XI – atuar como árbitro, se assim for solicitado pelas partes, nos dissídios de competência da Justiça do Trabalho;

XII – requerer as diligências que julgar convenientes para o correto andamento dos processos e para a melhor solução das lides trabalhistas;

XIII – intervir obrigatoriamente em todos os feitos nos segundo e terceiro graus de jurisdição da Justiça do Trabalho, quando a parte for pessoa jurídica de Direito Público, Estado estrangeiro ou organismo internacional.

O **Ministério Público do Trabalho, embora indivisível, ramifica-se em 24 Procuradorias Regionais do Trabalho,** cada uma delas identificada de acordo com a referência numérica atribuída ao Tribunal Regional do Trabalho perante o qual atuam.[3] Deste modo, a Procuradoria Regional do Trabalho da 1ª Região atua perante o Tribunal Regional do Trabalho da 1ª Região, a Procuradoria Regional do Trabalho da 2ª Região atua perante o Tribunal Regional do Trabalho da 2ª Região e assim sucessivamente.

As **garantias e vedações atribuídas aos membros do Ministério Público** são as mesmas da Magistratura. Assim, **os membros do MPT gozam das seguintes garantias:** a) **vitaliciedade,** após dois anos de exercício, não podendo perder o cargo senão por sentença judicial transitada em julgado; b) **inamovibilidade,** salvo por motivo de interesse público, mediante decisão do órgão colegiado competente do Ministério Público, pelo voto da maioria absoluta de seus membros, assegurada ampla defesa; c) **irredutibilidade de subsídio,** fixado na forma do art. 39, § 4º, e ressalvado o disposto nos arts. 37, X e XI, 150, II, 153, III, 153, § 2º, I. Por outro

---

3   Cf. <https://www.prt5.mpt.mp.br/mpt-ba/memorial-prt5/menu-memorial-mpt>. Acesso em: 29 maio 2021.

lado, estão submetidos às seguintes vedações: a) **receber, a qualquer título e sob qualquer pretexto, honorários, percentagens ou custas processuais;** b) **exercer a advocacia;** c) **participar de sociedade comercial, na forma da lei;** d) **exercer, ainda que em disponibilidade, qualquer outra função pública, salvo uma de magistério;** e) **exercer atividade político-partidária;** f) **receber, a qualquer título ou pretexto, auxílios ou contribuições de pessoas físicas, entidades públicas ou privadas,** ressalvadas as exceções previstas em lei. De igual modo, **a quarentena** prevista no art. 95, parágrafo único, V, da Constituição, também se aplica aos membros do Ministério Público do Trabalho.

JURISDIÇÃO E COMPETÊNCIA DO JUDICIÁRIO TRABALHISTA

4

A palavra *jurisdição* (do latim *jurisdictio*, que significa **dizer o direito**) identifica, de modo geral, **a função ou atividade pela qual o Estado, por intermédio do Poder Judiciário, aplica o direito aos casos concretos e, deste modo, soluciona os conflitos submetidos à sua apreciação.** Como já afirmado em capítulo anterior, constitui método de heterocomposição dos conflitos individuais e coletivos do trabalho.

No mais estrito rigor técnico, a jurisdição é sempre contenciosa, vale dizer, vocacionada a dirimir conflitos. Não obstante, usa-se a expressão **jurisdição voluntária** para referir-se à atuação do Judiciário gerindo interesses privados, sem que exista um conflito de interesses a ser solucionado, tendo como finalidade conferir eficácia a certos negócios jurídicos. Neste caso, ante a ausência da lide, trata-se não de processo, mas de mero procedimento, cujos sujeitos são denominados interessados, e não partes.[1]

As regras gerais da chamada **jurisdição voluntária** acham-se previstas nos arts. 1.103 a 1.111 do CPC. O denominado **processo de homologação de acordo extrajudicial,** previsto nos arts. 855-B a 855-E da CLT, incluídos pela Lei nº 13.467/2017 (Reforma Trabalhista), **constitui exemplo típico de jurisdição voluntária** na Justiça do Trabalho.

A jurisdição é exercida pelos magistrados. No caso específico das demandas trabalhistas, pelos magistrados da Justiça do Trabalho (**Juízes do Trabalho, Desembargadores do Trabalho e Ministros do TST**).

4.1 COMPETÊNCIA: DEFINIÇÃO E CRITÉRIOS DE FIXAÇÃO.

Embora todo juiz em atividade possua jurisdição, isto é, o poder de dizer o direito nos casos concretos, não seria razoável, notadamente num país continental como o Brasil, exigir que um único magistrado pudesse apreciar, em todo o território nacional, todas as espécies de conflitos intersubjetivos suscetíveis de ocorrência na sociedade, independentemente de sua natureza, das pessoas neles envolvidas, das normas jurídicas aplicáveis aos casos submetidos à sua apreciação e da função a ser desempenhada nos respectivos processos. Faz-se necessário que

---

1   Cf. THEODORO JÚNIOR, Humberto. *Curso de direito processual civil - teoria geral do direito processual civil,* processo de conhecimento e procedimento comum, v. I. 58. ed. rev., atual. e ampl. Rio de Janeiro: Forense, 2017, p. 152.

a jurisdição seja repartida entre vários juízes, a fim de que a missão de aplicar o Direito seja desempenhada com maior celeridade e eficiência.

São diversos os critérios adotados para a repartição da jurisdição, como por exemplo a área geográfica dentro da qual o juiz atuará, o tipo de matéria que lhe caberá decidir etc. **Por conta da repartição, cada juiz fica com uma parcela da jurisdição, que se denomina competência.** Pode-se dizer, assim, que **competência é a parcela da jurisdição que cabe a cada juiz, de acordo com os critérios estabelecidos pela Constituição e pelas normas infraconstitucionais que versam sobre a organização judiciária.**

Os principais critérios utilizados para a repartição da Jurisdição são: **a matéria** a ser apreciada pelo magistrado, a **área geográfica** onde lhe cabe atuar, a **função** que pode desempenhar dentro do processo, **as pessoas** envolvidas no conflito e o **valor da causa.** Fala-se, assim, respectivamente, em **competência material, competência territorial, competência funcional, competência em razão das pessoas** e **competência em razão do valor da causa.** A competência em razão do valor da causa não se aplica à Justiça do Trabalho. A competência em razão da pessoa é de raríssima ocorrência, referindo-se tão somente ao julgamento de recursos ou remédios constitucionais contra atos de magistrados trabalhistas de segundo ou terceiro grau, de modo que é encontrada somente nos regimentos internos dos tribunais.

4.1.1 Incompetências absoluta e relativa. Prorrogação de competência

Uma importante distinção, por conta de seus reflexos práticos, é a que se faz entre **incompetência absoluta** e **incompetência relativa.**

A **incompetência absoluta** para a apreciação e julgamento de uma demanda **pode ser reconhecida de ofício** pelo magistrado, ou seja, independentemente de qualquer provocação. Além disso, é **improrrogável,** vale dizer, **o juiz que é incompetente absolutamente para julgar uma causa jamais virá a ser competente,** de modo que a sentença que prolatar poderá ser desconstituída por ação rescisória, nos termos do art. 966, II, do Código de Processo Civil.[2] Cumpre registrar, contudo, que o § 4º do art. 64 do mesmo diploma legal estabelece que *"salvo decisão judicial em sentido contrário, conservar-se-ão os efeitos de decisão judicial proferida pelo juízo incompetente até que outra seja proferida, se for o caso, pelo juízo competente".*

A **incompetência relativa,** ao contrário, **não pode ser declarada de ofício,** daí por que **o interessado deverá argui-la pelo meio e no momento processual adequado,** sob pena de que ocorra a **prorrogação de competência,** isto é, o **fenômeno processual pelo qual um magistrado que a princípio era incompetente para apreciar a demanda vem a se tornar competente.**

---

2 "Art. 966. A decisão de mérito, transitada em julgado, pode ser rescindida quando: [...] II - for proferida por juiz impedido ou por juízo absolutamente incompetente;"

A seguir, falaremos das competências material, territorial, funcional e pessoal no âmbito do processo do trabalho.

4.2 COMPETÊNCIA MATERIAL DA JUSTIÇA DO TRABALHO

A competência material da Justiça do Trabalho está delimitada pelo art. 114 da Constituição Federal, cuja redação, desde a Emenda Constitucional nº 45/2004, é a seguinte:

> **Art. 114.** Compete à Justiça do Trabalho processar e julgar:
>
> I – as ações oriundas da relação de trabalho, abrangidos os entes de direito público externo e da administração pública direta e indireta da União, dos Estados, do Distrito Federal e dos Municípios;
>
> II – as ações que envolvam exercício do direito de greve;
>
> III – as ações sobre representação sindical, entre sindicatos, entre sindicatos e trabalhadores, e entre sindicatos e empregadores;
>
> IV – os mandados de segurança, *habeas corpus* e *habeas data*, quando o ato questionado envolver matéria sujeita à sua jurisdição;
>
> V – os conflitos de competência entre órgãos com jurisdição trabalhista, ressalvado o disposto no art. 102, I, *a*;
>
> VI – as ações de indenização por dano moral ou patrimonial, decorrentes da relação de trabalho;
>
> VII – as ações relativas às penalidades administrativas impostas aos empregadores pelos órgãos de fiscalização das relações de trabalho;
>
> VIII – a execução, de ofício, das contribuições sociais previstas no art. 195, I, *a*, e II, e seus acréscimos legais, decorrentes das sentenças que proferir;
>
> IX – outras controvérsias decorrentes da relação de trabalho, na forma da lei.

4.2.1 Ações oriundas da relação de trabalho

De um modo geral, a doutrina e a jurisprudência trabalhista passaram a entender que a nova redação do art. 114 da Constituição da República, dada pela EC nº 45/2004, ampliou a competência da Justiça do Trabalho, que teria deixado de se limitar aos conflitos decorrentes da relação de emprego e vindo a incluir, também, os oriundos das demais relações de trabalho, a exemplo daquelas constituídas por contratos de prestação de serviços autônomos, bem como por outros contratos cujo objeto seja a prestação pessoal de trabalho. Costumou-se dizer, então, que a Justiça do Trabalho deixou de ser a Justiça do Emprego e passou realmente a ser uma Justiça do Trabalho.

Tal interpretação deriva da compreensão de que, como trabalho é todo esforço físico ou intelectual despendido pelo ser humano, a expressão "relação de trabalho" no texto constitucional corresponderia a toda e qualquer relação jurídica que tivesse por objeto a atividade prestada por uma pessoa física em proveito de outrem, seja este uma pessoa física, jurídica ou até mesmo um ente despersonalizado.

Com efeito, **o conceito de relação de trabalho é, a rigor, mais amplo que o de relação de emprego, cujo objeto é o trabalho pessoal subordinado, assalariado e não eventual**. Não obstante, historicamente a expressão "relação de trabalho" sempre foi utilizada como sinônimo de "relação de emprego", inclusive em textos legais, por um processo de ampliação de significado decorrente do fato de que a relação empregatícia sempre foi a mais importante relação de trabalho no sistema capitalista, tanto do ponto de vista social quanto do ponto de vista econômico.

O certo é que até a edição da EC nº 45/2004 não havia dúvida de que a competência material da Justiça do Trabalho se restringia aos conflitos decorrentes das relações de emprego, ressalvadas exceções pontuais fixadas em lei (trabalhador avulso, pequeno empreiteiro operário ou artífice etc.) e, a partir de então, a doutrina e a jurisprudência trabalhista passaram a entender que as demandas concernentes às relações de trabalho não empregatícias foram incluídas nessa competência.

Registre-se, porém, que nunca foi objeto de controvérsia que, **ao apreciar os conflitos decorrentes de relações que não têm caráter empregatício, a legislação material aplicável pela Justiça do Trabalho não seria a trabalhista.** Por exemplo, quando se tratasse de um autêntico representante comercial autônomo, aplicar-se-ia a Lei nº 4.886/65; quando se tratasse de contrato de empreitada, aplicar-se-ia o Código Civil.

Aparentemente, contudo, o Supremo Tribunal Federal não compartilha da visão ampliativa da competência da Justiça do Trabalho.

De início, **o Supremo Tribunal Federal, julgando Ação Direta de Inconstitucionalidade, decidiu que as demandas dos servidores públicos submetidos ao regime estatutário contra os entes públicos aos quais estão vinculados continuam sendo da competência da Justiça Comum,** muito embora a relação entre o servidor público e a Administração Pública corresponda a uma relação de trabalho, na medida em que o seu objeto é a prestação de serviços pessoais. Por conseguinte, a referência no inciso I do art. 114 da Constituição Federal à Administração Pública direta e indireta da União, dos Estados, do Distrito Federal e dos Municípios, no entender da Suprema Corte, somente vale em relação aos servidores submetidos ao regime celetista.

Na mesma linha, o STF tem decidido que **os conflitos decorrentes do Regime Especial de Direito Administrativo (REDA) escapam à competência material do Justiça do Trabalho, por se tratar de uma relação baseada num contrato administrativo.**

Recentemente, ao julgar o Recurso Extraordinário 655.283, interposto pela União, o plenário do STF, por maioria, fixou tese (tema 606 da repercussão geral) no sentido de que **"a natureza do ato de demissão de empregado público é constitucional-administrativa e não trabalhista, o que atrai a competência da

Justiça Comum para julgar a questão". Deste modo, para o STF, a competência para julgar a legalidade da dispensa ou da reintegração de empregados públicos em decorrência de sua aposentadoria é da Justiça Comum (Federal ou estadual).[3] Observe-se que o empregado público é regido pelas regras da CLT, ou seja, é parte numa relação de emprego. Ainda assim, o STF assimilou-o ao servidor estatutário a fim de afastar a competência da Justiça do Trabalho para julgar algumas espécies de conflitos que inequivocamente decorrem de relação de emprego.

Alguns meses antes, no julgamento do RE 606.003, **o STF já entendera que a Justiça do Trabalho nem mesmo tem competência para apreciar os litígios decorrentes do contrato de representação comercial, regido pela Lei nº 4.886/65,** os quais devem, então, ser julgados pela Justiça Comum. Nos termos do voto vitorioso, lavrado pelo Ministro Barroso, a relação existente entre o representante comercial e a empresa é uma "relação de trabalho" e não uma "relação de emprego" e, por isso, a competência para dirimir eventual conflito é da Justiça Comum, no que foi acompanhado pelos Ministros Alexandre de Moraes, Ricardo Lewandowski, Cármen Lúcia, Dias Toffoli e Luiz Fux. Após transcrever o art. 1º da Lei nº 4.886/65, o Ministro Barroso ressaltou em seu voto que, nos termos do dispositivo, **não existe vínculo de emprego entre o representante e o representado,** o que parece sugerir que comunga do entendimento de que a expressão "relação de trabalho" no inciso I do art. 114 da Constituição deve ser interpretada como "relação de emprego".[4]

Quanto aos entes de direito público externo (Estados estrangeiros e organizações regidas pelo Direito Internacional Público, a exemplo da ONU e da OMC), cumpre observar que a competência da Justiça do Trabalho deve ser entendida em termos, haja vista que são titulares de **imunidade de jurisdição** e **de execução.**

No particular, a Justiça do Trabalho terá de plano a **competência para reconhecer a imunidade de jurisdição,** que pode, inclusive, ser **declarada de ofício,** ainda que, citado, o ente de direito público externo não compareça à audiência. Contudo, **se comparece e concilia, a conciliação é válida,** embora o descumprimento pelo ente de direito público externo somente possa dar margem à execução trabalhista **caso haja renúncia expressa à imunidade de execução.**

Por óbvio, **se o ente público de direito externo,** comparecendo ou não à audiência, **argui a imunidade de jurisdição, esta deverá ser necessariamente reconhecida e haverá a extinção do processo sem julgamento do mérito.**

No plano hipotético, **se o ente público de direito externo comparece e renuncia à imunidade, o feito será instruído e julgado como qualquer outro.**

A ação em face do ente público de direito externo deverá, de qualquer modo, ser ajuizada perante a Vara do Trabalho ou juiz de Direito investido de jurisdição trabalhista.

---

3   Data de conclusão do julgamento: 16 de junho de 2021.

4   Data de conclusão do julgamento: 28 de setembro de 2020.

Por fim, o sentido da palavra "oriundas" no texto constitucional tem sido bastante controverso na prática. **Os tribunais trabalhistas têm admitido, por exemplo, a competência para apreciar e julgar ações nas quais familiares de um empregado falecido pleiteiam em face do ex-empregador o chamado "dano ricochete",** isto é, o dano moral resultante do fato de terem perdido o seu ente querido por culpa da empresa, não obstante autores e réus não tenham mantido relação alguma de trabalho e os reclamantes nem mesmo estejam atuando na condição de sucessores do falecido, mas sim em nome próprio.

Dentre as relações de trabalho, que não têm caráter empregatício, cujos conflitos já se incluíam na competência material da Justiça do Trabalho antes mesmo da edição da Emenda Constitucional nº 45/2004, encontram-se aquelas travadas entre os **trabalhadores portuários e os operadores portuários ou o Órgão Gestor de Mão de Obra – OGMO,** nos termos do § 3º do art. 643 da CLT, e os **contratos de empreitadas em que o empreiteiro seja operário ou artífice** (art. 652, III da CLT).

4.2.2 Ações que envolvam exercício do direito de greve

A Justiça do Trabalho, antes mesmo da EC nº 45/2000, já detinha competência para decidir sobre a abusividade da greve, conforme previsto no art. 8º da **Lei nº 7.783/89 (Lei de Greve),** *in verbis:*

> **Art. 8º** A Justiça do Trabalho, por iniciativa de qualquer das partes ou do Ministério Público do Trabalho, decidirá sobre a procedência, total ou parcial, ou improcedência das reivindicações, cumprindo ao Tribunal publicar, de imediato, o competente acórdão.

Contudo, com o advento da referida emenda constitucional, a competência foi significativamente elastecida, pois deixou de se limitar à avaliação da legalidade do movimento paredista e da procedência de suas reivindicações e passou a abranger as demais demandas decorrentes do exercício do direito de greve, como, por exemplo, eventuais **ações possessórias movidas pelo empregador (reintegração, manutenção de posse e interdito proibitório),** cuja competência anteriormente era atribuída à Justiça Comum. Neste sentido, o Supremo Tribunal Federal editou a Súmula Vinculante nº 23, segundo a qual **"a Justiça do Trabalho é competente para processar e julgar ação possessória ajuizada em decorrência do exercício do direito de greve pelos trabalhadores da iniciativa privada".**

Mas outras demandas que envolvem o direito de greve também são da competência da Justiça do Trabalho, a exemplo das ações coletivas ajuizadas pelos entes sindicais obreiros e patronais; ações de reparação de danos materiais e/ou morais resultantes da paralisação; ações visando à interdição ou cessação de atos que manifestam conduta antissindical, como a dispensa ou a punição de grevistas, contratação de substitutos e a proibição de acesso às dependências da empresa.

Há quem sustente, inclusive, que a competência da Justiça do Trabalho deve admitir processos de terceiros, estranhos às categorias profissional e econômica em conflito, cuja atividade tenha sido afetada pela greve, para obter ressarcimento dos prejuízos sofridos.[5]

4.2.3 Processos sindicais

Não obstante o inciso III do art. 114 refira-se expressamente a **sindicatos**, a jurisprudência trabalhista lhe tem dado uma interpretação extensiva, entendendo que a **expressão refere-se às organizações sindicais de qualquer grau (sindicato, federação e confederação)** e que a referência às partes nos conflitos é meramente exemplificativa, daí por que a competência da Justiça do Trabalho também inclui as demandas sobre **eleições sindicais (convocação, inscrição, impedimentos, votação, comunicação, posse, licenças etc.)**, que geralmente são ajuizadas por chapas eleitorais ou por candidatos em face do ente sindical ou de sua diretoria. Do mesmo modo, abrange **litígios internos referentes a associados, dirigentes, cobrança de contribuições** etc.

Não é possível entender que se trata aí de competência em razão das pessoas (no caso, os entes sindicais), pois o que determina a competência da Justiça do Trabalho é a natureza da lide, sintetizada pela expressão "representação sindical", ainda que o alcance desta tenha sido elastecido pela jurisprudência. Se a competência fosse em razão da pessoa e não em razão da matéria, a Justiça do Trabalho teria competência até mesmo para julgar o eventual pedido indenizatório visando à reparação de danos materiais decorrente de um acidente de trânsito envolvendo dois veículos pertencentes a sindicatos diversos, o que não nos parece razoável.

4.2.4 Mandados de segurança, *habeas corpus* e *habeas data*

A Justiça do Trabalho, a partir da promulgação da Emenda Constitucional nº 45/2000, tem constitucionalmente assegurada a competência para apreciar os três remédios constitucionais em epígrafe, toda vez que o ato atacado envolver matéria sujeita à sua jurisdição.

Antes mesmo da promulgação da referida emenda, a Justiça do Trabalho já se reconhecia competente para julgar Mandados de Segurança contra atos dos seus magistrados e de outras autoridades integrantes da instituição. Também julgava *habeas corpus* contra atos de seus juízes, o que ocorria em geral quando estes ordenavam a prisão do depositário infiel, o que não mais vem ocorrendo desde a ratificação pelo Brasil do Pacto de San José de Costa Rica e, em especial,

---

5   Por exemplo, o professor Mauro Schiavi destaca que "o inciso II não vincula as ações decorrentes da greve às controvérsias oriundas da relação de trabalho. Vale dizer, não restringe a competência para as ações movidas pelas partes que estão envolvidas na greve" (SCHIAVI, Mauro. *Manual de direito processual do trabalho:* de acordo com a Reforma Trabalhista – Lei nº 13.467/2017, IN nº 41/2018 do TST e a Lei da Liberdade Econômica – Lei nº 13.874/2019. 16. ed. São Paulo: LTr, 2020, p. 276).

da edição pelo STF da **Súmula Vinculante nº 25** que estabelece que "é ilícita a prisão civil de depositário infiel, qualquer que seja a modalidade do depósito".

No caso do **Mandado de Segurança,** a competência também alcança os **atos de autoridades administrativas encarregadas da fiscalização das relações de trabalho (por exemplo, a interdição ilegal de um estabelecimento motivada por eventual descumprimento de alguma norma trabalhista).**

O *habeas data,* remédio constitucional cujo objetivo é assegurar o conhecimento de informações relativas à pessoa do impetrante, constantes de registros ou bancos de dados de entidades governamentais ou de caráter público (art. 5º, LXXII, da Constituição da República), é de rara ocorrência na Justiça do Trabalho.

4.2.5 Conflitos de competência entre órgãos com jurisdição trabalhista

A Justiça do Trabalho tem competência para julgar os conflitos de competência entre órgãos com jurisdição trabalhista, incluindo-se aí os Juízes de Direito quando atuam investidos da jurisdição trabalhista, isto é, nas localidades que não são abrangidas pela jurisdição de alguma vara do trabalho.

Trata-se de uma competência exclusiva dos tribunais trabalhistas. Os juízes do trabalho de primeiro grau não a possuem. É que quem tem o poder de decidir um conflito de competência é sempre um órgão jurisdicional ao qual os órgãos conflitantes se subordinam. Assim, havendo um conflito entre varas subordinadas a um mesmo tribunal regional, esta Corte será competente para apreciá-lo. Se o conflito se dá entre dois tribunais regionais, o TST é que terá a competência para dirimi-lo. Se o conflito se der entre varas de trabalho pertencentes a tribunais regionais diferentes, a competência também será do TST.

O inciso V do art. 114 da Constituição Federal refere-se – desnecessariamente, no meu sentir – ao art. 102, I, *o,* para deixar claro que **não são da competência da Justiça do Trabalho e sim do Supremo Tribunal Federal:**

(a) **os conflitos de competência entre o Superior Tribunal de Justiça e quaisquer tribunais;**

(b) **entre Tribunais Superiores; ou**

(c) **entre estes e qualquer outro tribunal.**

4.2.6 Indenização por danos morais e patrimoniais

Mesmo antes do advento da Emenda Constitucional nº 45/2000, a Justiça do Trabalho já reconhecia a sua competência para apreciar e julgar as ações de indenização por danos morais e patrimoniais decorrentes da relação de emprego, **inclusive quando causados por acidente de trabalho.** A mudança constitucional serviu para lançar uma pá de cal numa controvérsia que existiu por muitos anos e que gerou muitos conflitos de competência entre a Justiça do Trabalho e a Justiça Comum, julgados pelo STJ.

Atenção

Não se deve confundir ações de indenização por danos morais e patrimoniais decorrentes de acidente de trabalho com as chamadas "ações acidentárias". As primeiras visam à reparação dos danos sofridos por culpa ou dolo do empregador, em face de quem são ajuizadas, sendo, como visto, da competência da Justiça do Trabalho.

As ações acidentárias, por sua vez, são movidas em face da autarquia previdenciária e visam à concessão ou a complementação de benefício previdenciário de natureza acidentária. A competência para a sua apreciação é da Justiça Comum, especificamente a Estadual.

4.2.7 Penalidades administrativas impostas aos empregadores pelos órgãos de fiscalização das relações de trabalho

Os órgãos fiscalizadores das relações de trabalho, por seus auditores-fiscais, podem aplicar penalidades administrativas às empresas que estejam descumprindo a legislação trabalhista. Essas penalidades, em geral, são de natureza pecuniária (multas), mas podem incluir embargo e interdição do estabelecimento empresarial.

Outrora, a competência para apreciar reivindicação do apenado visando à declaração da nulidade do auto de infração era da competência da Justiça Comum. Com a EC nº 45/2004, por se tratar de matéria trabalhista, cabe à Justiça do Trabalho apreciar e julgar tais demandas.

Como visto anteriormente, caso a penalidade imposta pelo órgão de fiscalização vulnere direito líquido e certo do empregador, este poderá se valer, inclusive, do mandado de segurança para atacar o ato administrativo praticado com ilegalidade ou abuso de poder.

4.2.8 Execução de contribuições previdenciárias

A competência em questão independe de provocação da autarquia previdenciária, isto é, escapa ao princípio dispositivo, na medida em que o procedimento executório deverá ser adotado de ofício. Entretanto, tal competência refere-se apenas e tão somente às contribuições previdenciárias decorrentes das sentenças que proferir, incluindo não apenas as sentenças condenatórias, mas as sentenças que homologam as conciliações ou as transações extrajudiciais.

O parágrafo único do art. 876 da CLT, com a redação dada pela Lei nº 13.467/ 2017 (Reforma Trabalhista), deixa claro que a competência da Justiça do Trabalho incide sobre as contribuições relativas ao objeto da condenação constante das sentenças que proferir e dos acordos que homologar.

4.2.9 Outras controvérsias decorrentes da relação de trabalho

O último inciso do art. 114 estabelece a competência material da Justiça do Trabalho para apreciar e julgar outras controvérsias decorrentes da relação de trabalho, desde que seja editada lei que o autorize. A sua inserção no dispositivo constitucional desafia a inteligência dos mais perspicazes juristas. Se a Justiça do Trabalho é competente para a totalidade das ações oriundas da relação de trabalho, qual o sentido lógico de se falar em outras controvérsias decorrentes da relação de trabalho? Somente há duas explicações possíveis: o inciso é absolutamente desnecessário ou, então, a expressão *relação de trabalho* no inciso I do art. 114 deve ser compreendida como *relação de emprego,* adotando-se, assim, um significado mais restrito, relativamente comum, inclusive em dispositivos da CLT.

A última explicação implicaria não reconhecer a ampliação da competência material da Justiça do Trabalho para incluir outras relações que não fossem de emprego, ressalvadas as demandas previstas nos incisos do mesmo artigo ou, então, nos termos do inciso IX, aquelas expressamente autorizadas por lei. Por esse motivo, trata-se de interpretação amplamente rejeitada pela doutrina e pela jurisprudência trabalhistas, não obstante coadunar-se com o princípio de hermenêutica que postula que a lei não contém dispositivos inúteis, uma vez que as tentativas de extrair uma explicação lógica para a inclusão do inciso IX têm se revelado bastante artificiosas. Aliás, como já se viu em item anterior, o STF tem mesmo se inclinado a entender que a expressão "relação de trabalho" no inciso I do art. 114 deve ser compreendida como "relação de emprego". Isso ficou bastante claro no voto vencedor do Min. Barroso no RE 606.003, ao qual nos referimos anteriormente.

4.3 COMPETÊNCIA TERRITORIAL

A competência territorial é definida pela área geográfica onde a jurisdição pode ser exercida. Como os órgãos de primeira instância da Justiça do Trabalho – as Varas do Trabalho – encontram-se sediados em diversos municípios do país e muitas vezes incluem na sua jurisdição diversas cidades, quem pretende ajuizar uma reclamação trabalhista deve primeiro perguntar para qual Vara do Trabalho deverá endereçá-la.

O Código de Processo Civil fixa-se no domicílio do réu como o critério preponderante da competência em razão do lugar, como se vê no seu art. 46,[6] partindo da premissa de que, como o autor já tem a faculdade de propor a ação quando entende que é oportuno, conceder-lhe também a prerrogativa de escolher o local de sua conveniência para ajuizá-la implicaria colocar obstáculos a que o réu exercitasse o seu direito de defesa sem maiores sacrifícios.

Já o legislador trabalhista, em vez de proteger o réu, buscou proteger a parte mais fraca ao estabelecer que a regra na competência territorial trabalhista é o local da prestação de serviços, partindo da pressuposição de que o empregado costuma trabalhar perto do local onde reside. A solução encontrada visou também a atender ao fato de que as provas necessárias à instrução do processo

---

6   "Art. 46. A ação fundada em direito pessoal ou em direito real sobre bens móveis será proposta, em regra, no foro de domicílio do réu."

costumam ser encontradas justamente no ambiente de trabalho. No caso específico, portanto, pouco importa que o trabalhador seja autor ou réu (reclamante ou reclamado).

Tratando-se de competência relativa, o reclamado deverá argui-la por meio do procedimento adequado, que se denomina **exceção** e sobre o qual se falará em outro momento.[7] Caso a incompetência não seja arguida, ocorrerá, como já se afirmou, o fenômeno processual denominado **prorrogação da competência**, isto é, a Vara do Trabalho para a qual a reclamação foi endereçada, originariamente incompetente, passa a ser competente para apreciar a demanda.

4.3.1 Regra geral: local da prestação de serviços

O art. 651 da CLT estabelece que **a competência** das Juntas de Conciliação e Julgamento (leia-se **Varas do Trabalho**) é **determinada pela localidade onde o empregado, reclamante ou reclamado, prestar serviços ao empregador, ainda que tenha sido contratado noutro local ou no estrangeiro.**

Se o empregado é reclamante ou reclamado, a ação trabalhista deve ser proposta no local da prestação de serviços, muito embora o serviço tenha sido contratado ou ajustado em outro local ou mesmo fora do país. O critério é um só: **a localidade onde o empregado trabalhou ou trabalha,** e não a localidade onde o serviço foi ajustado.

A escolha do legislador celetista aparentemente orientou-se no sentido de conciliar a facilitação do acesso do empregado ao Judiciário Trabalhista, já que como regra o trabalhador reside próximo ao local da prestação de serviços, com o fato de que as provas necessárias à instrução processual normalmente se encontram nas dependências da empresa.

Como a competência material da justiça do Trabalho, nos termos do art. 114 da Constituição da República, engloba casos em que as partes não estão na posição de empregado e empregador e nem mesmo há a reivindicação de relação de emprego, cabe discutir se a disciplina do art. 651 pode ser aplicada às demandas que não ocorrem entre empregado e empregador. No particular, duas soluções são possíveis: a aplicação subsidiária do Código de Processo Civil ou a aplicação analógica do próprio art. 651 consolidado às ações que não versam sobre relação de emprego.

Considerando-se que estamos diante de uma omissão do legislador processual trabalhista, devemos buscar supri-la, inicialmente, recorrendo às regras do processo comum, vale dizer, do Código de Processo Civil, diante do que preceitua o art. 769 da CLT.

Deste modo, nas ações que não decorrem da relação de emprego, é possível entender que:

(a) quando o reclamado for uma pessoa física, a competência territorial da Vara do Trabalho será fixada pelo lugar do domicílio do réu, nos termos

---

7   Cf. tópico 9.2.1.

do que preceitua o *caput* do art. 46 do CPC, cujo sentido é completado por seus parágrafos;

(b) quando o reclamado for uma pessoa jurídica, nos termos das alíneas *a, b, c* e *d do* inciso III, do art. 53 do CPC, é competente o foro do lugar: a) onde está a sede, para a ação em que for ré pessoa jurídica; b) onde se acha agência ou sucursal, quanto às obrigações que a pessoa jurídica contraiu; c) onde exerce suas atividades, para a ação em que for ré sociedade ou associação sem personalidade jurídica; d) onde a obrigação deve ser satisfeita, para a ação em que se lhe exigir o cumprimento.

(c) quando se tratar de ação de reparação de dano, o lugar do ato ou do fato fixará a competência da Vara do Trabalho, nos termos do inciso IV, *a*, do mesmo dispositivo legal, observando-se, porém, que há regras específicas para a hipótese de ação civil pública, que serão mencionadas em outro item.[8]

Entendo, contudo, que quando a parte autora é um trabalhador e, ainda que não seja empregado e nem reivindique tal condição, move ação trabalhista em face do tomador de serviços, as regras do CPC poderiam tornar impossível o seu acesso ao Judiciário trabalhista. No caso específico, é possível dizer que a aplicabilidade subsidiária do processo comum é incompatível com o caráter tutelar do Direito Processual do Trabalho, que deve ser reconhecido também em benefício de hipossuficientes que não detenham a condição de empregado. A aplicação do art. 651 da CLT à hipótese seria, no nosso sentir, a melhor solução.

4.3.2 Foro dos agentes e viajantes

O § 1º do art. 651 estabelece a primeira exceção à regra geral, dispondo que quando for parte de dissídio agente ou viajante comercial, a competência será da Vara do Trabalho da localidade em que a empresa tenha agência ou filial, desde que a ela o empregado esteja subordinado. Prevê, ainda, que na falta de uma agência ou filial da empresa à qual o empregado esteja subordinado, será competente a Vara da localização em que o empregado tenha domicílio ou a localidade mais próxima.

A exceção é justificada pelo fato de que os agentes ou viajantes prestam os seus serviços movimentando-se por diversas localidades, longe, portanto, das dependências físicas da empregadora. Para a incidência do preceito em questão não importa a denominação do cargo ou função. Basta que o empregado realize uma atividade de caráter comercial (por exemplo, venda ou prospecção de negócios) em localidades diversas, de modo que a sua presença nas dependências da empresa seja eventual. Pouco importa, também, a nomenclatura que a empregadora dê à unidade da empresa à qual o empregado esteja subordinado (filial, sucursal, agência etc.).

---

8 Cf. Tópico 4.3.4.

Um exemplo pode aclarar a hipótese. Se o empregado, residente em Indaiatuba, é um representante farmacêutico que trabalha viajando para os municípios de Ribeirão Preto, São José do Rio Preto, Taubaté e Campos do Jordão, mas está subordinado à filial de um laboratório farmacêutico em Campinas, para onde raramente se desloca, ainda assim a competência territorial será de uma das Varas do Trabalho da Cidade de Campinas. Contudo, se a sede do laboratório está situada em Porto Alegre, no Rio Grande do Sul, e ele não se subordina a filial alguma, reportando-se diretamente à sede, a competência territorial para apreciar a sua reclamação será da Vara do Trabalho de Indaiatuba.

4.3.3 Empregador que desenvolva atividades em locais diversos

O § 3º do art. 651 estabelece que "em se tratando de empregador que promova realização de atividades fora do lugar do contrato de trabalho, é assegurado ao empregado apresentar reclamação no foro da celebração do contrato ou no da prestação dos respectivos serviços".

Ao contrário da situação prevista no § 1º, que se justifica pelo fato de que o empregado se desloca para diversas localidades, enquanto o seu empregador continua na mesma localidade, aqui é o empregador que se locomove, desenvolvendo a sua atividade empresarial em diversos locais, a exemplo das atividades circenses, de modo que a circunstância de o empregado mudar o lugar do trabalho se deve ao fato de que ele necessita acompanhar a movimentação da empresa.

Atualmente, porém, a jurisprudência trabalhista tem aplicado o parágrafo 3º às situações em que o empregador tem, pelo menos, uma filial e o empregado é transferido da sede para a filial ou de uma filial para outra. De fato, a situação se amolda perfeitamente ao figurino estabelecido pelo parágrafo 3º, muito embora não pareça ter sido essa a intenção do legislador. Assim se o empregador é uma instituição bancária com diversas agências espalhadas pelo país, desde que o empregado seja contratado num local e trabalhe em outro, a regra do *caput* do art. 651 comporta a exceção do parágrafo 3º, sendo permitida ao obreiro a opção por qualquer dos dois.

4.3.4 Competência territorial nas ações civis públicas

Merece registro que, quanto à competência territorial para a apreciação das ações civis públicas, as regras contidas no art. 2º da Lei nº 7.347/85 e no art. 93 do Código de Defesa do Consumidor (CDC) são aplicadas na Justiça do trabalho. Deste modo, a extensão do dano é o critério mais relevante para a fixação da competência territorial. Neste sentido é a Orientação Jurisprudencial nº 130, da SBDI-2 do Tribunal Superior do Trabalho, cujo texto é reproduzido a seguir:

AÇÃO CIVIL PÚBLICA. COMPETÊNCIA. LOCAL DO DANO. LEI Nº 7.347/85, ART. 2º. CÓDIGO DE DEFESA DO CONSUMIDOR, ART. 93.

I – A competência para a Ação Civil Pública fixa-se pela extensão do dano.

II – Em caso de dano de abrangência regional, que atinja cidades sujeitas à jurisdição de mais de uma Vara do Trabalho, a competência será de qualquer das varas das localidades atingidas, ainda que vinculadas a Tribunais Regionais do Trabalho distintos.

III – Em caso de dano de abrangência suprarregional ou nacional, há competência concorrente para a Ação Civil Pública das Varas do Trabalho das sedes dos Tribunais Regionais do Trabalho.

IV – Estará prevento o juízo a que a primeira ação houver sido distribuída.

Com base no entendimento expresso na OJ em apreço, caso o dano a ser reparado tenha abrangência regional e extrapole os limites da jurisdição de uma Vara do Trabalho, haverá a competência concorrente de qualquer das Varas do Trabalho das localidades atingidas pelo dano, mesmo que vinculadas a tribunais regionais diferentes.

Atente-se para o fato de que a expressão "abrangência regional" no verbete II da OJ nº 130 não corresponde à região compreendida por um Tribunal Regional do Trabalho, se não sentido algum faria a atribuição de competência para qualquer das varas das localidades atingidas, ainda que vinculadas a Tribunais Regionais do Trabalho distintos.

Remetendo a OJ nº 130 ao disposto no art. 93, II, do Código de Defesa do Consumidor, que alude aos danos de âmbito nacional ou regional, a expressão se refere a uma região geográfica, que poderia ser identificada com as regiões metropolitanas ou com as cinco grandes regiões do país (Norte, Nordeste, Sul, Centro-Oeste, Sudeste, Noroeste). Todavia, na visão de Rizzatto Nunes, "o legislador consumerista, quando fez referência a região, certamente estava preocupado com um dano que se alastrasse por várias cidades",[9] o que permitiria que o conceito de região fosse flexibilizado até mesmo para alcançar cidades vizinhas que não pertencem a uma mesma região do país e nem fazem parte de uma mesma região metropolitana.

A partir do entendimento firmado no verbete II da OJ nº 130, se o dano, cuja reparação é buscada por meio da Ação Civil Pública, atinge os municípios vizinhos de Campos do Jordão, no Estado de São Paulo, e Camanducaia, no Estado de Minas Gerais, que fazem parte da mesma região do país (Sudeste), tanto será competente a Vara do Trabalho de Pindamonhangaba – SP (TRT15), que detém jurisdição sobre a cidade paulista, quanto qualquer das Varas do Trabalho de Pouso Alegre – MG (TRT3), que detêm jurisdição sobre a cidade mineira.

Se a noção de região fosse flexibilizada, como preconizado por Rizzatto Nunes, a mesma solução poderia ser dada a uma ação civil pública relacionada com um dano que atingisse os municípios vizinhos de Mucuri, no Estado da Bahia

---

9   NUNES, Rizzatto. *Comentários ao Código de Defesa do Consumidor*. 8. ed. rev., atual. e ampl. São Paulo: Saraiva, 2015, p. 962.

(Região Nordeste), e Pedro Canário, no Estado do Espírito Santo (Região Sudeste). Neste caso, a competência recairia, concomitantemente, sobre uma das Varas do Trabalho de Teixeira de Freitas – BA, cuja jurisdição inclui o município de Mucuri, e sobre a Vara do Trabalho de São Mateus – ES, cuja jurisdição inclui o município de Pedro Canário.

No entanto, o uso da expressão "suprarregional" no verbete III da OJ nº 130 sugere que a SBDI-2 do TST adota um conceito mais restrito de região, identificando-a com uma das grandes regiões geográficas do país (Norte, Nordeste, Sul, Centro-Oeste, Sudeste, Noroeste). Deste modo, o dano de abrangência suprarregional deverá ser entendido como aquele que extrapola os limites territoriais de uma das grandes regiões do Brasil, pois somente assim se justificaria a atribuição de competência concorrente às varas de trabalho localizadas nas sedes de Tribunais Regionais do Trabalho diversos. Explica-se: não há nenhum TRT com jurisdição sobre localidades pertencentes a mais de uma região nacional (Norte, Nordeste, Sul, Centro-Oeste, Sudeste, Noroeste).

Assim, com base no entendimento expresso pelo verbete III da OJ nº 130, se o dano que se pretende reparar tem abrangência suprarregional ou nacional, as Varas do Trabalho localizadas nas sedes dos Tribunais Regionais do Trabalho com jurisdição sobre localidades onde o dano ocorreu têm competência concorrente. Voltando, então, ao exemplo anteriormente citado, quando se tratar de um dano que atinja os municípios vizinhos de Mucuri, no Estado da Bahia (Região Nordeste) e Pedro Canário, no Estado do Espírito Santo (Região Sudeste), a respectiva ação civil pública deverá ser ajuizada perante as Varas do Trabalho de Salvador (sede do TRT da 5ª Região) ou de Vitória (sede do TRT da 17ª Região), que têm, neste caso, competência concorrente. Mais um exemplo: se o dano ocorre em cidades do Paraná e de Mato Grosso do Sul, portanto, em regiões diferentes, a ACP poderá ser proposta tanto nas Varas do Trabalho de Campo Grande – MS quanto nas de Curitiba – PR, cidades onde estão sediados, respectivamente, os Tribunais Regionais do Trabalho da 24ª e da 9ª Região.

4.3.5 Foro de eleição

O foro de eleição é aquele ajustado pelas partes quando firmam um contrato, compondo uma de suas cláusulas. Como regra, a doutrina e a jurisprudência trabalhista não o admitem, na medida em que a superioridade socioeconômica do empregador facilmente conduziria o empregado, disposto a quase tudo para obter o emprego, a aceitar a indicação de um foro que dificultaria ou impediria o seu acesso ao Judiciário. Hipoteticamente, um empregado contratado numa obra de construção civil para trabalhar no Rio Grande do Sul se sentiria compelido a aceitar que no seu contrato de trabalho constasse uma cláusula estabelecendo que eventuais reclamações trabalhistas tivessem que ser ajuizadas em Cruzeiro do Sul, no Estado do Acre, onde a empregadora ter a sua sede.

Não obstante, se o foro de eleição for mais favorável ao empregado – o que não é impossível que ocorra –, parece-me que não haveria por que rejeitá-lo. Isso poderia acontecer nas raras situações em que o candidato ao emprego desfruta de um enorme poder de negociação. Por exemplo, um empregado altamente especializado e disputado no mercado de trabalho poderia exigir que a sua contratação estivesse condicionada à eleição do seu domicílio como foro onde deverão ser dirimidas quaisquer pendências contratuais. Não vislumbro razão alguma, em casos como esses, para que o foro de eleição não seja aceito pela Justiça do Trabalho, na medida em que o princípio da proteção seria plenamente alcançado.

4.4 EMPREGADOS QUE TRABALHAM NO EXTERIOR. COMPETÊNCIA INTERNACIONAL

Conquanto inserido no art. 651 da CLT, o § 2º não trata propriamente de competência territorial. Apenas estabelece uma regra de competência internacional, assegurando que a Justiça do Trabalho do Brasil tem competência para apreciar a reclamação de empregado brasileiro que prestar serviços no exterior para uma agência ou filial de empresa que opere no Brasil, desde que não haja convenção internacional dispondo em contrário.

Como o dispositivo nada diz em sentido contrário, a empregadora não necessita ser uma empresa nacional, desde que opere no Brasil e aqui tenha contratado o trabalhador. Por outro lado, entende-se atualmente que o empregado estrangeiro residente no Brasil, para tal fim, equipara-se ao brasileiro, já que não há justificativa para a discriminação entre ambos, em face do disposto no art. 5º da Constituição Federal.[10]

> § 2º A competência das Juntas de Conciliação e Julgamento, estabelecida neste artigo, estende-se aos dissídios ocorridos em agência ou filial no estrangeiro, desde que o empregado seja brasileiro e não haja convenção internacional dispondo em contrário.

Cabe aqui o registro de que, outrora, por meio da Súmula nº 207, o TST expressava o entendimento de que a relação jurídica trabalhista seria regida pelas leis vigentes no país da prestação de serviço (princípio da *lex loci executionis*), e não por aquelas do local da contratação. Deste modo, a relação de emprego de um trabalhador brasileiro contratado para trabalhar no Iraque deveria observar as normas vigentes naquele país e não as brasileiras. Por exemplo, caso não houvesse no país onde os serviços eram executados legislação prevendo o pagamento de gratificação natalina, o trabalhador em questão não faria jus a tal verba.

---

10 A rigor, como o que está em jogo é o direito fundamental de acesso à justiça, essencial à concretização e preservação da dignidade humana, é possível sustentar que o § 2º do art. 651 da CLT se estende até mesmo a estrangeiros não residentes no Brasil, seguindo-se as lições de Ingo Sarlet, para quem "por força do princípio da universalidade, combinado com o princípio da dignidade da pessoa humana, todos os direitos que guardam relação direta com a dignidade da pessoa humana, no sentido de constituírem exigência desta mesma dignidade (isto é, direitos cuja violação e supressão implicam também violação da dignidade da pessoa humana), são necessariamente direitos de todos, brasileiros e estrangeiros, sejam eles residentes, ou não" (SARLET, Ingo Wolfgang, MARINONI; Luiz Guilherme; MITIDIERO, Daniel. *Curso de direito constitucional*. 7. ed. São Paulo: Saraiva Educação, 2018, p. 377-380).

Todavia, o cancelamento da Súmula nº 207 da TST pela Resolução nº 181/2012 sinalizou uma mudança na jurisprudência da mais alta Corte trabalhista do país. O entendimento que prevalece atualmente é o de que deve ser assegurada ao empregado brasileiro que trabalha no exterior a aplicação da legislação brasileira de proteção ao trabalho, sempre que ficar evidenciado que é mais favorável, nos termos do art. 3º, inciso II, da Lei nº 7.064/82.

4.5 COMPETÊNCIA EM RAZÃO DA PESSOA

Fixada em virtude da qualidade da parte que figura na relação jurídica processual, a competência em razão da pessoa é de raríssima ocorrência na Justiça do Trabalho.

Conquanto haja renomados doutrinadores que enxerguem a competência trabalhista em razão da pessoa desde o primeiro grau da Justiça do Trabalho,[11] entendemos que tal critério de fixação de competência somente ocorre em algumas poucas hipóteses previstas nos regimentos dos Tribunais Trabalhistas. Por exemplo, o art. 76, alínea *a*, do Regimento Interno do TST estatui que compete ao Órgão Especial, em matéria judiciária, julgar mandado de segurança impetrado contra atos do Presidente ou de qualquer ministro do Tribunal, ressalvada a competência das Seções Especializadas.[12]

O que determina a competência no dispositivo regimental citado não é o conteúdo do ato judicial, mas o fato de ter sido praticado por Presidente ou ministro do Tribunal. Isso significa, por exemplo, que pelo simples fato de o ato ser editado por um ministro, as turmas do TST não poderão apreciar o mandado de segurança impetrado para invalidar o ato praticado por ele. Conjugam-se, neste caso, portanto, a competência em razão da pessoa e a competência funcional.

4.6 COMPETÊNCIA EM RAZÃO DA FUNÇÃO

---

11 O professor Bezerra Leite associa o art. 114 da CF tanto à competência material quanto à competência em razão da pessoa e, deste modo, insere na segunda espécie de competência as ações em que figurarem como parte os trabalhadores tutelados pelo direito material do trabalho, bem como os sindicatos (inciso III), os entes de direito público externo (inciso I), os órgãos da Administração Pública Direta, Autárquica ou Fundacional da União, dos Estados, do Distrito Federal e dos Municípios na qualidade de empregadores (inciso I), a União, quando ajuizar ações relativas às penalidades administrativas impostas aos empregadores pelos órgãos de fiscalização das relações de trabalho (inciso VII), o INSS, quando promove a execução das contribuições previdenciárias (inciso VIII) e o MPT, na hipótese do § 3º do art. 114 da CF. Não nos parece, com a devida vênia, que as hipóteses citadas se insiram na competência em razão da pessoa, mas exclusivamente na competência material. Os conflitos sindicais, por exemplo, são da competência da JT em função da matéria trabalhista que envolvem. Tanto isso é verdade que eventual conflito entre o sindicato e uma pessoa qualquer (até mesmo outro sindicato) envolvendo matéria cível será resolvido pela Justiça Comum. Por exemplo, uma ação de indenização proposta por um sindicato contra outro sindicato, em razão de um veículo pertencente ao primeiro ter sido abalroado no trânsito por veículo pertencente ao último.

12 BRASIL. Tribunal Superior do Trabalho. Resolução Administrativa nº 1.937, de 20 de novembro de 2017. *Diário Eletrônico da Justiça do Trabalho*: caderno judiciário do Tribunal Superior do Trabalho, Brasília, DF, nº 2364, p. 1-48, 30 nov. 2017. Republicação 1.

A competência funcional limita a jurisdição fixando as atribuições dos órgãos jurisdicionais dentro da estrutura do Judiciário ou, num sentido mais restrito, dentro de um mesmo processo. Exemplificando a primeira situação, os tribunais podem ser divididos em turmas, seções e subseções. Cada um desses órgãos fracionários tem as suas atribuições definidas pelo regimento. As turmas podem julgar os recursos ordinários, as ações rescisórias, mas não podem julgar um mandado de segurança impetrado contra a mesa diretora do Tribunal. Exemplificando a segunda situação, num processo que tramita numa Vara do Trabalho o Juiz de primeira instância tem competência funcional para praticar todos os atos judiciais necessários à resolução do conflito e, inclusive, julgar os embargos de declaração de suas próprias decisões. Todavia, não lhe é permitido julgar o recurso ordinário da sentença que prolatou. A competência funcional, neste caso, será do órgão jurisdicional de segundo grau, isto é, o Tribunal Regional do Trabalho ao qual está vinculado.

A competência em razão da função está prevista nas leis processuais e nos regimentos dos tribunais trabalhistas.[13]

Os arts. 652 e 678 da CLT tratam, respectivamente, da competência funcional dos magistrados trabalhistas e dos Tribunais Regionais do Trabalho. Os regimentos internos editados pelos Tribunais Regionais do Trabalho também veiculam regras que fixam a competência funcional de seus órgãos internos. Por sua vez, a Lei nº 7.701/88 e a Resolução Administrativa TST nº 908/2002 (Regimento Interno) tratam da competência funcional no âmbito do TST.

Os regimentos internos dos tribunais trabalhistas costumam definir qual ou quais dos seus órgãos têm a atribuição de julgar os recursos ordinários, os dissídios coletivos, os mandados de segurança, as ações rescisórias etc.

A prerrogativa dos tribunais de limitar a jurisdição dos órgãos respectivos pelo critério funcional constitui uma competência residual prevista no art. 96, *a*, da Constituição Federal, que atribui privativamente aos tribunais "elaborar seus regimentos internos, com observância das normas de processo e das garantias processuais das partes, dispondo sobre a competência e o funcionamento dos respectivos órgãos jurisdicionais e administrativos".

---

13 Alguns autores, contudo, apontam uma hipótese de competência funcional que teria sido fixada diretamente pela Constituição Federal: a prevista no § 3º do art. 111-A, segundo o qual "compete ao Tribunal Superior do Trabalho processar e julgar, originariamente, a reclamação para a preservação de sua competência e garantia da autoridade de suas decisões". De acordo com esse entendimento, o exemplo, embora pareça referir-se a um critério material, seria na verdade funcional, na medida em que subtrai do Supremo Tribunal Federal o julgamento da reclamação, haja vista que nada impediria que tal atribuição fosse conferida àquela Corte.

PARTES E PROCURADORES

5

A relação jurídica processual compõe-se de, pelo menos, três sujeitos: o autor (reclamante), o réu (reclamado) e o juiz. O reclamante e o reclamado são sujeitos interessados, isto é, cada um deles busca um resultado que lhe seja favorável e, por conseguinte, desfavorável ao outro. O juiz é o sujeito imparcial, a quem cabe decidir a lide.

Há, porém, outros sujeitos que eventualmente podem intervir na relação jurídica processual, seja porque lhes cumpre auxiliar o juízo (peritos, tradutores, intérpretes, leiloeiros, além dos serventuários da justiça), seja porque têm um interesse jurídico na solução do processo e a legislação processual faculta ou obriga o seu ingresso na lide.

5.1 PARTES

As partes são **a pessoa que requer a prestação jurisdicional do Estado** e **a pessoa em face da qual tal prestação é requerida.** Tradicionalmente o primeiro é chamado de Autor e o segundo de Réu. São, como já afirmado, sujeitos interessados em uma resolução processual que lhes seja favorável.

No processo do trabalho, em razão de suas origens históricas, as palavras que designam o Autor e o Réu são, respectivamente, *Reclamante* e *Reclamado*. Tais denominações vêm do período anterior à instituição da Justiça do Trabalho, época em que os conflitos entre empregado e empregador recebiam, por parte do Estado, solução de caráter administrativo, por meio de órgãos vinculados ao Poder Executivo (especificamente ao Ministério do Trabalho).

Conquanto esta não tenha sido a intenção do legislador celetista, o uso das denominações *reclamante* e *reclamado* no processo do trabalho é também útil para destacar a sua autonomia em relação ao processo comum.

O termo **reclamação** é polissêmico e pode identificar:

(a) **a peça processual que inicia o processo trabalhista,** pela qual se invoca a prestação jurisdicional estatal, confundindo-se, quando escrita, com a petição inicial;

(b) **o processo em tramitação na Justiça do Trabalho** (por exemplo, reclamação número tal);

(c) **a ação trabalhista,** isto é, o direito de buscar perante a Justiça do Trabalho a tutela jurisdicional.

Outras denominações também costumam ser utilizadas na Justiça do Trabalho para designar as partes, de acordo com a especificidade da medida ju-

54 Capítulo 5 • PARTES E PROCURADORES

dicial pretendida ou com a fase em que o processo se encontra (por exemplo, **recorrente e recorrido, exequente e executado, agravante e agravado, excipiente e exceto, embargante e embargado, consignante e consignado, suscitante e suscitado**) ou mesmo em função da tentativa dos operadores do Direito, por razões estéticas, de evitar a repetição de palavras (**demandante e demandado, acionante e acionado** etc.).

5.2 CAPACIDADE DAS PARTES

Toda pessoa humana, também chamada de **pessoa natural ou física**, não importando qual a sua faixa etária ou a sua específica condição pessoal (inclusive eventual déficit de saúde) pode adquirir direitos e contrair obrigações e, assim, figurar como parte num processo judicial. Cuida-se aí da **capacidade jurídica, que se confunde com a própria personalidade,** iniciando-se no nascimento com vida, não obstante o nascituro, isto é, o ser humano já concebido que ainda não veio à luz, já tenha garantida alguma proteção jurídica. De igual modo, também as **pessoas jurídicas** podem ser parte, uma vez que têm a aptidão para adquirir direitos e contrair obrigações. Além das pessoas físicas e jurídicas, a legislação processual atribui a capacidade de ser parte a alguns **entes despersonalizados, a exemplo da massa falida, do espólio e do condomínio.**

Se **todas as pessoas físicas ou naturais têm a capacidade de ser parte**, nem todas têm capacidade para estar em Juízo. A **capacidade de estar em juízo, também denominada capacidade processual ou *ad processum*,** somente é outorgada pelo ordenamento jurídico às pessoas que possuem capacidade civil, isto é, aquelas que se encontrem no exercício de seus direitos (art. 70 do CPC). Trata-se aí de **capacidade de fato ou de gozo.** Quem não possui a **capacidade de fato ou de gozo** será **representado ou assistido em Juízo por seus pais, por tutor ou por curador,** na forma da lei (art. 71 do CPC).

Não possuem a capacidade de estar em juízo aqueles que, segundo os arts. 3º e 4º do Código Civil, são, respectivamente, absolutamente incapazes ou, pelo menos, incapazes relativamente a certos atos ou à maneira de os exercer.

São absolutamente incapazes de exercer pessoalmente os atos da vida civil os menores de dezesseis anos. Os atos praticados diretamente pelos absolutamente incapazes são **nulos** (art. 166, I, do Código Civil).

São **incapazes, relativamente a certos atos ou à maneira de os exercer,** os *maiores de dezesseis e menores de dezoito anos*, os *ébrios habituais*, os *viciados em tóxicos, aqueles que, por causa transitória ou permanente, não puderem exprimir sua vontade*, e os *pródigos*. Os atos praticados pelos relativamente incapazes sem a assistência dos pais, tutor ou curador são **anuláveis** (art. 171, I, do Código Civil).

Há que se lembrar aqui que a principal diferença entre **ato nulo** e **ato anulável** é que o primeiro não pode ser convalidado, ao passo que o segundo é convalidável. Por exemplo, uma procuração outorgada por alguém absolutamente incapaz a um advogado será nula e de modo algum tal ato será convalidado. No entanto, a procuração outorgada por um menor relativamente incapaz poderá vir a ser convalidada.

No Direito do Trabalho, mesmo antes do novo Código Civil, que reduziu de 21 para 18 anos a maioridade civil, os empregados já se tornavam plenamente capazes aos 18 anos.

Desde sempre, portanto, o empregado com 18 anos completos pode demandar e ser demandado na Justiça do Trabalho, assim como pode constituir advogado. Se tiver menos de 18 anos, porém, tem a capacidade de ser parte, mas não tem a capacidade processual. Com 16 anos completos e menos de 18 anos, o empregado será **assistido** por qualquer dos genitores ou por seu tutor.

Se o trabalhador não houver ainda completado 16 anos será **representado** (e não **assistido**) pelos pais ou tutor. O empregado pode obter a capacidade plena, mesmo antes de completar 18 anos, pela emancipação, cujas hipóteses estão previstas no parágrafo único do art. 5º do Código Civil (**por concessão dos pais, ou de um deles na falta do outro, mediante instrumento público,** independentemente de homologação judicial; por **sentença do juiz,** ouvido o tutor, se o menor tiver dezesseis anos completos; pelo **casamento;** pelo **exercício de emprego público efetivo;** pela **colação de grau em curso de ensino superior;** pelo **estabelecimento civil ou comercial,** ou pela **existência de relação de emprego, desde que, em função deles, o menor com dezesseis anos completos tenha economia própria**).

Nos termos do art. 793 da CLT, "a reclamação trabalhista do menor de 18 anos será feita por seus representantes legais e, na falta destes, pela **Procuradoria da Justiça do Trabalho,** pelo **sindicato,** pelo **Ministério Público Estadual** ou por **curador nomeado em juízo**".

5.2.1 Representação e assistência das partes

De início há que se registrar que a CLT nem sempre prima pela boa técnica quando trata das figuras da **representação** e da **assistência** (por exemplo, no art. 791, § 2º, menciona **assistência** por advogado, quando a rigor deveria dizê-lo **representação**). Isso não impede, contudo, que a doutrina e a jurisprudência trabalhista deixem bem nítida a distinção jurídica entre os dois institutos, com base no que preceituam a legislação civil e processual civil.

Representação e **Assistência** são duas figuras jurídicas que não se confundem. **Representar** significa fazer-se presente no lugar de alguém, praticando atos em nome e na defesa dos interesses dessa pessoa. Dito de outra forma, a **representação atribui a alguém o poder para agir em nome de outra pessoa, substituindo-a na manifestação de vontade.** O representante não é o titular do direito, mas está, por força da lei ou em virtude de convenção, habilitado a agir em nome e na defesa dos interesses deste. **Quem pratica o ato, portanto, é o representante.**

A representação pode ser **legal** ou **convencional.**

A **representação legal,** como o nome já identifica, decorre diretamente da lei. Como exemplo, podemos citar a representação das pessoas jurídicas de direito público (CPC, art. 75, I, II, III e IV) e a representação dos absolutamente incapazes por seus pais, tutor ou curador (art. 71 do CPC).

A **representação convencional,** por seu turno, deriva diretamente de uma convenção, isto é, um contrato ou outro qualquer instrumento decorrente da autonomia da vontade, podendo ser exemplificada pela representação das pessoas jurídicas de direito privado, que segundo o estatuto processual civil compete a quem os respectivos atos constitutivos designarem ou, não havendo essa designação, aos seus diretores (CPC, art. 75, VIII, 1ª parte).

Na **assistência,** ao contrário da representação, a participação do terceiro visa a auxiliar o titular do direito, mas não substitui a sua manifestação de vontade. O assistente auxilia o assistido, chancelando a sua manifestação de vontade, isto é, completa-a, mas não a substitui. **Quem pratica o ato é o assistido e não aquele que o assiste.**

Há diversas espécies de assistência. Podemos falar, por exemplo, em **assistência interventiva simples e litisconsorcial** (arts. 119-124 do CPC), **assistência judiciária** (art. 514, *b*, da CLT e art. 14 da Lei nº 5.584/70) e **assistência judicial dos relativamente incapazes** (art. 71 do CPC).

5.2.1.1 Representação e assistência das pessoas físicas

O incapaz é representado ou assistido por seus pais, tutores ou curadores, na forma da lei (art. 71 do CPC). Caso não tenha representante legal ou se os interesses deste colidirem com os daquele, o juiz dar-lhe-á **curador especial** (art. 72, I, do CPC), o mesmo ocorrendo com relação ao réu preso revel, bem como ao réu revel citado por edital ou com hora certa, enquanto não for constituído advogado (art. 72, II, do CPC).

Como os relativamente incapazes são assistidos e não representados, isso significa que **o assistente apenas supre a deficiência da declaração de vontade do assistido, sem substituí-la.** Por essa razão, o assistente não tem o poder de fazer acordo em nome do assistido. Pode **apenas ratificar a declaração de vontade do assistido ou negar-se a fazê-lo.** Assim, na assistência faz-se necessário que tanto o assistido quanto o assistente expressem a sua vontade, ao passo que na representação basta que o representante exprima a sua vontade em lugar do representado.

5.2.1.2 Representação do empregado por sindicato

Nos termos do art. 791, § 1º, c/c art. 513, *a*, ambos da CLT, os empregados e os empregadores poderão, nos dissídios individuais, fazer-se representar por intermédio do sindicato da categoria (profissional ou econômica) a que pertencem, independentemente de que sejam associados ou não à entidade sindical, haja vista que a Lei nº 5.584/70 derrogou, no particular, o primeiro dos dispositivos aqui citados.

A doutrina jurídico-trabalhista brasileira, por meio de nomes de expressão, a exemplo de Bezerra Leite, considera que, por força de sua equiparação constitucional com o empregado (CF, art. 7º, XXXIV), o trabalhador avulso também é beneficiado por essa representação.[1]

5.2.1.3 Representação do empregado em audiência por outro empregado

O § 2º do art. 843 da CLT estabelece que "se por doença ou qualquer outro motivo poderoso, devidamente comprovado, não for possível ao empregado comparecer pessoalmente, poderá fazer-se representar por outro empregado que pertença à mesma profissão, ou pelo seu sindicato". Conquanto provavelmente a intenção do legislador tenha sido a de permitir a continuação da audiência com a substituição do empregado ausente por um colega, a jurisprudência e a doutrina processual trabalhista, sensíveis ao fato de que o trabalhador representado poderia sofrer prejuízo irreparável caso isso ocorresse, adotaram o entendimento de que **essa representação tem apenas uma finalidade: demonstrar o motivo da ausência e, assim, evitar o arquivamento, de modo a permitir que a sessão seja adiada.**

5.2.1.4 Representação do empregado na reclamatória plúrima e na ação de cumprimento

O *caput do* art. 843 da CLT dispõe que "na audiência de julgamento deverão estar presentes o reclamante e o reclamado, independentemente do comparecimento de seus representantes salvo, nos casos de Reclamatórias Plúrimas ou Ações de Cumprimento, quando os empregados poderão fazer-se representar pelo Sindicato de sua categoria".

Na hipótese de *reclamatória plúrima*, isto é, **quando há um litisconsórcio ativo de empregados**, os juízes têm aceitado a chamada "comissão de representantes" dos litisconsortes. Se eles podem ser representados até mesmo por seu Sindicato, sem que estejam obrigados a comparecer pessoalmente, é razoável permitir que alguns dos próprios reclamantes estejam presentes representando os demais.

Já **na ação de cumprimento, o sindicato atua como substituto processual defendendo direito alheio**, independentemente da autorização dos substituídos. A rigor, portanto, a parte autora é o próprio ente sindical, de modo que não seria mesmo necessária a presença dos substituídos.

5.2.1.5 Representação das pessoas jurídicas. Preposto

Nos termos do art. 843 da CLT, o comparecimento das partes à audiência é obrigatório, ressalvadas as exceções apontadas no dispositivo.

Como regra, a pessoa jurídica deve ser representada judicialmente por quem os respectivos atos constitutivos designarem ou, não havendo essa designação, por seus diretores (art. 75, VII, do CPC). A pessoa jurídica estrangeira, por sua

---

1   LEITE, Carlos Henrique Bezerra. *Curso de direito processual do trabalho.* 19. ed. São Paulo: Saraiva Educação, 2021, p. 521.

vez, será representada pelo gerente, representante ou administrador de sua filial, agência ou sucursal aberta ou instalada no Brasil (art. 75, VII, do CPC). Registre-se, inclusive, que consoante o § 3º do mesmo artigo, "o gerente de filial ou agência presume-se autorizado pela pessoa jurídica estrangeira a receber citação para qualquer processo".

Contudo, o **§ 1º do art. 843 da CLT permite que o empregador seja representado pelo gerente, ou qualquer outro preposto que tenha conhecimento do fato, e cujas declarações obrigarão o preponente.** Como o dispositivo fala expressamente em empregador, a faculdade de se fazer representar por preposto não beneficia quem não seja empregador, atue no polo ativo ou passivo da reclamação trabalhista.

Antes do advento da Reforma Trabalhista a Súmula nº 377 do TST, na sua última redação, adotava o entendimento de que, exceto quanto à reclamação de empregado doméstico, ou contra micro ou pequeno empresário, o preposto deveria ser necessariamente empregado do reclamado.

Com a edição da Lei nº 13.467/2017 (Reforma Trabalhista), foi acrescido ao art. 843 da CLT o parágrafo 3º, estatuindo que **"o preposto a que se refere o § 1º deste artigo não precisa ser empregado da parte reclamada"**. Deste modo, não há mais diferença entre o tratamento dado ao empregador doméstico, ao micro ou pequeno empresário e aos demais empregadores. Todos poderão ser representados em audiência por preposto que não seja empregado. No caso do empregador doméstico, portanto, até mesmo o amigo, o vizinho, um parente qualquer da família ou um mero conhecido poderá atuar como seu preposto.

Vale registrar, contudo, que a recusa do preposto em responder ao que lhe for perguntado pelo juiz, ou mesmo o desconhecimento dos fatos, implicará na aplicação da pena de confissão ao reclamado, conforme jurisprudência dominante. Portanto, o empregador que se faz representar por preposto que desconhece os fatos assume enorme risco.

Por fim, a redação do § 3º do art. 843 da CLT não se mostra primorosa quando se refere ao § 1º, pois este assegura a representação por preposto ao **empregador** e não apenas ao **empregador que seja parte reclamada**. Ora, o empregador também pode figurar num processo trabalhista como reclamante, uma vez que não lhe é vedado ajuizar ação trabalhista em face de seu empregado. O Inquérito para Apuração de Falta Grave, inclusive, constitui espécie de reclamação que somente pode ser ajuizada pelo empregador.

Se, como diz o § 3º do art. 843 da CLT, o preposto não precisa ser empregado da parte reclamada, isso significa que quando o empregador for parte reclamante o preposto precisará ser empregado? Apesar da falta de primor da redação do dispositivo, cremos que a resposta é negativa. A exigência da condição de empregado do preposto jamais esteve prevista em lei, sendo fruto de construção jurisprudencial, consolidada na Súmula nº 377 do TST, que pretendia eliminar a profissionalização do preposto e o consequente desequilíbrio da relação processual,[2] mal que sempre esteve vinculado às reclamações movidas pelos trabalhadores e não aos excepcionalíssimos casos em que o empregador é o reclamante.

5.2.1.6 Representação das pessoas jurídicas de direito público interno

Nos termos do art. 75 do Código de Processo Civil, serão representados em juízo, ativa e passivamente: (I) a União, pela Advocacia-Geral da União, diretamente ou mediante órgão vinculado; (II) o Estado e o Distrito Federal, por seus procuradores; (III) o Município, por seu prefeito ou procurador; (IV) a autarquia e a fundação de direito público, por quem a lei do ente federado designar.

É importante registrar que os **órgãos legislativos (Câmaras, Assembleias, Senado, Congresso, Mesas etc.) e os Tribunais (inclusive de Contas) não possuem personalidade jurídica própria** (art. 41 do Código Civil), faltando-lhes, pois, a capacidade processual. Assim, carecem de legitimidade para figurar no polo passivo de reclamação trabalhista. **Respondem por tais órgãos as unidades políticas respectivas (União, Estado e Município)**, cuja representação se incumbe às pessoas indicadas no art. 75, I, II e III, do Código de Processo Civil. A legislação processual somente atribui capacidade processual a tais órgãos em caráter excepcional, quando se trata de impetração de mandado de segurança.

5.2.1.7 Representação de entes despersonalizados

Como visto, a lei outorga a certos entes despersonalizados a capacidade processual. Deste modo, nos termos do já mencionado art. 75 do CPC, **a massa falida** será representada pelo **administrador judicial; a herança jacente ou vacante,** por seu **curador; o espólio,** pelo **inventariante; o condomínio,** pelo **administrador ou síndico; a sociedade e a associação irregulares e outros entes organizados sem personalidade jurídica,** pela **pessoa a quem couber a administração de seus bens.**

5.3 CAPACIDADE POSTULATÓRIA (*IUS POSTULANDI*)

Tem capacidade postulatória (*ius postulandi*) aquele que pode praticar pessoal e diretamente os atos processuais. Enquanto no processo civil tal prerrogativa é conferida apenas aos advogados, no processo do trabalho os empregados e os empregadores também a possuem, conforme estabelecido pelo art. 791 da CLT, dispositivo que, segundo o entendimento do STF, não conflita com o art. 133 da CF e nem com o Estatuto dos Advogados.

Vale registrar, porém, que por meio da **Súmula nº 425**, o TST restringiu o *jus postulandi* dos empregados e dos empregadores **às Varas do Trabalho e aos Tribunais Regionais do Trabalho,** excluindo-o expressamente nos casos **de ação rescisória, ação cautelar, mandado de segurança e de recursos de competência do Tribunal Superior do Trabalho.**

---

2 SOUTO MAIOR, Jorge Luiz. *Direito processual do trabalho:* efetividade, acesso à justiça. Procedimento oral. São Paulo: LTr, 1998, p. 255.

5.3.1 Representação por advogado. Mandato tácito e expresso

Conquanto o *caput* do art. 791 da CLT lhes assegure o *ius postulandi*, **os empregados e empregadores poderão, nos dissídios individuais, fazer-se representar por intermédio de profissional do direito inscrito na Ordem dos Advogados do Brasil.** É o que faculta o § 1º do referido artigo. De igual modo, nos dissídios coletivos, conforme assegurado pelo parágrafo seguinte, os interessados também possuem a **faculdade** (não há, portanto, obrigatoriedade) de ser representados por advogado, se bem que o texto legal fale equivocadamente em "assistência" quando o correto seria usar a palavra "representação".

Se a parte for representada por advogado, deverá apresentar perante o Juízo o **instrumento de mandato**, ou seja, a **procuração**. Nos termos do art. 104 do CPC, **o advogado não será admitido a postular em juízo sem procuração, salvo para evitar preclusão, decadência ou prescrição, ou para praticar ato considerado urgente.** Em tais hipóteses o advogado deverá, independentemente de caução, exibir a procuração no prazo de 15 (quinze) dias, prorrogável por igual período por despacho do juiz, cumprindo registrar que o ato não ratificado será considerado ineficaz relativamente àquele em cujo nome foi praticado, respondendo o advogado pelas despesas e por perdas e danos, conforme estabelecido nos parágrafos 1º e 2º do referido artigo do CPC.

O mandato pode ser *ad judicia*, habilitando o advogado para o foro em geral, ou *ad judicia et extra*, que também outorga poderes ao advogado para representar as partes na esfera extrajudicial.

5.3.1.1 Mandato tácito ou apud acta

A jurisprudência tem admitido no processo do trabalho o **mandato tácito** e o **mandato *apud acta***, não costumando distinguir as duas figuras. Doutrinariamente, porém, **mandato tácito** é aquele que resulta de um conjunto de atos praticados pelo advogado em nome da parte ou de sua simples presença em audiência, mesmo sem procuração nos autos, e **mandato *apud acta*** é aquele em que o ato de nomeação do patrono pela parte fica registrado na ata de audiência e, portanto, somente será possível se o advogado comparecer perante o magistrado acompanhado da parte representada.

Em princípio, nessas duas espécies de mandato os poderes outorgados são apenas os da cláusula *ad judicia,* isto é, o advogado é habilitado a praticar todos os atos do processo, exceto receber citação, confessar, reconhecer a procedência do pedido, transigir, desistir, renunciar ao direito sobre o qual se funda a ação, receber, dar quitação, firmar compromisso e assinar declaração de hipossuficiência econômica, que devem constar de cláusula específica (art. 105 do CPC). Todavia, nada impede que os poderes especiais sejam registrados na ata de audiência, de modo a serem outorgados pelo **mandato *apud acta*.**

5.3.1.2 Renúncia ao mandato

Nos termos do art. 2º do Estatuto da Advocacia (Lei nº 8.906, de 4 de julho de 1994), o advogado é indispensável à administração da justiça e, no seu ministério privado, presta serviço público e exerce função social. No processo judicial, o advogado contribui, na postulação de decisão favorável ao seu constituinte, para a formação do convencimento do julgador. Os atos do advogado constituem múnus público. Isso não significa, por óbvio, que por estar representando o seu cliente a sua autonomia profissional lhe seja retirada, daí por que não lhe é vedado renunciar ao mandato.

Conforme preceituado no art. 112 do CPC, **o advogado poderá renunciar ao mandato a qualquer tempo, mas deverá provar, na forma prevista naquele diploma legal, que comunicou a renúncia ao mandante, a fim de que este possa nomear sucessor, isto é, outro profissional do direito para o substituir.** Todavia, o § 1º **do mesmo artigo impõe ao advogado renunciante que continue a representar o mandante, desde que necessário para lhe evitar prejuízo, durante os 10 (dez) dias seguintes à comunicação da renúncia.** A comunicação somente será dispensada, nos termos do § 2º do citado artigo, quando a procuração tiver sido outorgada a vários advogados e a parte continuar representada por outro, apesar da renúncia.

5.4 DEVERES DAS PARTES E DE SEUS PROCURADORES. ATO ATENTATÓRIO À DIGNIDADE DA JUSTIÇA E LITIGÂNCIA DE MÁ-FÉ

As partes e seu procuradores, bem como todos aqueles que de alguma forma participem do processo, devem pautar a sua conduta pela lealdade e boa-fé, cabendo-lhes, assim, cumprir os deveres listados no art. 77 do CPC, cuja aplicabilidade subsidiária ao processo do trabalho é muito bem-vinda. São eles: (I) **expor os fatos em juízo conforme a verdade; (II) não formular pretensão ou de apresentar defesa quando cientes de que são destituídas de fundamento; (III) não produzir provas e não praticar atos inúteis ou desnecessários à declaração ou à defesa do direito; (IV) cumprir com exatidão as decisões jurisdicionais, de natureza provisória ou final, e não criar embaraços à sua efetivação; (V) declinar, no primeiro momento que lhes couber falar nos autos, o endereço residencial ou profissional onde receberão intimações, atualizando essa informação sempre que ocorrer qualquer modificação temporária ou definitiva; (VI) não praticar inovação ilegal no estado de fato de bem ou direito litigioso; (VII) informar e manter atualizados seus dados cadastrais perante os órgãos do Poder Judiciário e, no caso do § 6º do art. 246 do CPC, da Administração Tributária, para recebimento de citações e intimações.**

Conforme previsto no estatuto processual civil, nas hipóteses dos incisos IV e VI, o juiz advertirá as partes e seu procuradores, bem como a qualquer outro que participe do processo, de que sua conduta poderá ser punida como ato atentatório à dignidade da justiça (art. 77, § 1º, do CPC) e, se a advertência for ignorada, o juiz deverá, sem prejuízo das sanções criminais, civis e processuais cabíveis, aplicar ao responsável multa de até vinte por cento do valor da causa, de acordo com a gravidade da conduta (art. 77, § 2º, do CPC).

Contudo, a aplicabilidade subsidiária dos §§ 1º e 2º do art. 77 do CPC encontra obstáculo no princípio de hermenêutica jurídica que repele a aplicação extensiva, subsidiária ou supletiva de preceito punitivo.

De qualquer modo, há atualmente na CLT dispositivos que preveem a responsabilidade por dano processual do reclamante, do reclamado ou do interveniente que atuem processualmente com deslealdade e má-fé. Trata-se dos arts. 793-A a 793-D, que compõem a Seção sob a rubrica "Da Responsabilidade por Dano Processual", incluída pela Lei nº 13.467/2017 (Reforma Trabalhista). Ressalte-se que as penalidades por litigância de má-fé já vinham sendo aplicadas ao processo do trabalho, antes mesmo de sua inclusão no texto consolidado, isto é, por meio da aplicação subsidiária do CPC, ao arrepio do princípio hermenêutico referido no parágrafo anterior.

Nos termos do art. 793-A da CLT, responde por perdas e danos aquele que litigar de má-fé como reclamante, reclamado ou interveniente.

Considera-se litigante de má-fé aquele que: (I) deduzir pretensão ou defesa contra texto expresso de lei ou fato incontroverso; (II) alterar a verdade dos fatos; (III) usar do processo para conseguir objetivo ilegal; (IV) opuser resistência injustificada ao andamento do processo; (V) proceder de modo temerário em qualquer incidente ou ato do processo; (VI) provocar incidente manifestamente infundado; (VII) interpuser recurso com intuito manifestamente protelatório (art. 793-B da CLT).

De ofício ou a requerimento, o juízo condenará o litigante de má-fé a pagar multa, que deverá ser superior a 1% (um por cento) e inferior a 10% (dez por cento) do valor corrigido da causa, a indenizar a parte contrária pelos prejuízos que esta sofreu e a arcar com os honorários advocatícios e com todas as despesas que efetuou (art. 793-C, *caput*, da CLT).

Quando forem dois ou mais os litigantes de má-fé, o juízo condenará cada um na proporção de seu respectivo interesse na causa ou solidariamente aqueles que se coligaram para lesar a parte contrária (art. 793-C, § 1º, da CLT).

Se o valor da causa for irrisório ou inestimável, a multa poderá ser fixada em até duas vezes o limite máximo dos benefícios do Regime Geral de Previdência Social (art. 793-C, § 2º, da CLT).

Por fim, o valor da indenização será fixado pelo juízo ou, caso não seja possível mensurá-lo, liquidado por arbitramento ou pelo procedimento comum, nos próprios autos (art. 793-C, § 3º, da CLT).

5.5 ASSISTÊNCIA JUDICIÁRIA E JUSTIÇA GRATUITA

O art. 14 da Lei Complementar nº 80/94 prevê que a Defensoria Pública da União também funcionará perante a Justiça do Trabalho. Não obstante, a atuação daquele órgão na área trabalhista é, ainda, precária, resumindo-se praticamente ao Distrito Federal, onde conta com 4 ofícios trabalhistas que atuam junto ao TRT da 10ª Região e ao Tribunal Superior do Trabalho.[3]

Contudo, a Lei Complementar nº 80/94 não revogou a Lei nº 5.584/70,[4] o que significa que, sem prejuízo do eventual crescimento da atuação trabalhista da Defensoria Pública da União, a assistência judiciária na Justiça do Trabalho continuará a ser prestada ao trabalhador pelo Sindicato que representa a sua categoria profissional.

Com efeito, a prestação da assistência judiciária ao trabalhador por seu sindicato profissional está prevista no art. 14 da Lei nº 5.584/70. O art. 18 da mesma lei, inclusive, enfatiza que a assistência judiciária beneficiará até mesmo os trabalhadores que não são associados ao sindicato, bastando, portanto, que pertençam à categoria profissional por ele representada. Não é lícito ao sindicato profissional, deste modo, negar assistência jurídica ao trabalhador pelo simples fato de este não ser sindicalizado e muito menos condicionar a prestação do serviço à filiação do obreiro à entidade.[5]

Não há que se confundir gratuidade judiciária com assistência judiciária. O benefício da gratuidade judiciária resume-se à isenção de custas e despesas processuais. A assistência judiciária é mais ampla, uma vez que inclui também a prestação de serviços advocatícios, vale dizer, garante que o beneficiário seja acompanhado em Juízo por profissional de direito legalmente habilitado. **Nada impede que o trabalhador seja patrocinado por advogado particular e goze dos benefícios da gratuidade judiciária,** desde que demonstre que não tem condições de arcar com as custas e demais despesas processuais sem prejuízo próprio ou de sua família.

Sob tal prisma, nem todo o beneficiário da gratuidade judiciária será beneficiário da assistência judiciária. Por exemplo, é certo que o benefício da gratuidade judiciária pode ser concedido ao empregador, mas, sob a égide da Lei nº 5.584/70, a assistência judiciária somente será prestada ao trabalhador. Além disso, é possível que um trabalhador compareça a Juízo assistido pelo sindicato profissional e venha a ter negada a gratuidade judiciária, caso não preencha as condições previstas em lei para a concessão do benefício. Por isso, o § 1º do art. 790 da CLT preceitua que "tratando-se de empregado que não tenha obtido o benefício da justiça gratuita, ou isenção de custas, o sindicato que houver intervindo no processo responderá solidariamente pelo pagamento das custas devidas".

---

3   Informação obtida no site <https://www.dpu.def.br/endereco-distrito-federal>. Acesso em: 28 jul. 2021.

4   Neste sentido, LEITE, Carlos Henrique Bezerra, ob. cit., p. 545.

5   É bem verdade que o art. 514, *b,* da CLT, desde a sua redação original, atribui ao sindicato o dever de "manter serviços de assistência judiciária para os associados", não se referindo especificamente a trabalhadores não associados, mas o dispositivo celetista, a partir da Lei nº 5.584/70, deve ser considerado derrogado (revogado parcialmente), no particular, interpretando-se que impõe ao sindicato o dever de instituir e manter o serviço em benefício de todos os trabalhadores que integram a categoria profissional por ele representada, inclusive os não associados. Com a extinção da contribuição sindical obrigatória, essa missão foi enormemente dificultada.

A Lei nº 5.584/70 estabelece no § 1º do art. 14 que "a assistência é devida a todo aquele que perceber salário igual ou inferior ao dobro do mínimo legal, ficando assegurado igual benefício ao trabalhador de maior salário, uma vez provado que sua situação econômica não lhe permite demandar, sem prejuízo do sustento próprio ou da família".

Não obstante, o § 3º do art. 790 dispõe que "**é facultado aos juízes, órgãos julgadores e presidentes dos tribunais do trabalho de qualquer instância conceder, a requerimento ou de ofício, o benefício da justiça gratuita, inclusive quanto a traslados e instrumentos, àqueles que perceberem salário igual ou inferior a 40% (40 por cento) do limite máximo dos benefícios do Regime Geral de Previdência Social**" e o parágrafo seguinte reza que "**o benefício da justiça gratuita será concedido à parte que comprovar insuficiência de recursos para o pagamento das custas do processo**".

Sem entrar na discussão sobre uma eventual inconstitucionalidade do § 3º do art. 790 da CLT, com a redação dada pela Lei nº 13.467/2017 (Reforma Trabalhista), cabe observar que o critério para estabelecer a condição de carência não mais se baseia no salário mínimo, mas no teto do benefício previdenciário. Mais complicada, ainda, é a referência, no parágrafo 4º, também introduzido pela Reforma Trabalhista, à necessidade de a parte comprovar a insuficiência de recursos, considerando-se que, desde a edição da Lei nº 7.115/83 (art. 1º), para a comprovação de pobreza bastaria que o interessado, de próprio punho, ou por procurador com poderes específicos, declarasse, sob as penas da lei, até mesmo na petição inicial, não ter condições de arcar com as custas e despesas processuais sem prejuízo do próprio sustento ou da sua família. Neste mesmo sentido, aliás, é a previsão do art. 4º da Lei nº 1.060/50, com a redação dada pela Lei nº 7.510/86.

Se bem que editada antes da Reforma Trabalhista, a **Súmula nº 463 do TST**, que não foi cancelada, consagra o entendimento de que "**a partir de 26.06.2017, para a concessão da assistência judiciária gratuita à pessoa natural, basta a declaração de hipossuficiência econômica firmada pela parte ou por seu advogado, desde que munido de procuração com poderes específicos para esse fim (art. 105 do CPC de 2015)**" (verbete I) e de que "**no caso de pessoa jurídica, não basta a mera declaração: é necessária a demonstração cabal de impossibilidade de a parte arcar com as despesas do processo**" (verbete II).

Há uma disparidade entre o conteúdo do benefício da gratuidade judiciária no Código de Processo Civil e nos textos sobre o assunto incorporados à CLT pela Reforma Trabalhista. A gratuidade judiciária no CPC é mais ampla, tornando inevitável a formação de uma doutrina sustentando a inconstitucionalidade do tratamento dado ao tema pela Reforma Trabalhista com base no argumento de que representaria um déficit de proteção ao trabalhador que busca acesso ao Poder Judiciário, vulnerando, assim, os princípios da isonomia e da proibição do retrocesso social. Tal visão doutrinária obteve significativa vitória no STF, que, por maioria, em sessão encerrada no dia 20/10/2021, julgou parcialmente procedente o pedido formulado na ADI 5.766, para declarar inconstitucionais os arts. 790-B, *caput* e § 4º, e 791-A, § 4º, da Consolidação das Leis do Trabalho (CLT).

A gratuidade judiciária, nos termos do Código de Processo Civil (§ 1º do art. 98) compreende: I – as taxas ou as custas judiciais; II – os selos postais; III – as despesas com publicação na imprensa oficial, dispensando-se a publicação em outros meios; IV – a indenização devida à testemunha que, quando empregada, receberá do empregador salário integral, como se em serviço estivesse; V – as despesas com a realização de exame de código genético – DNA e de outros exames considerados essenciais; VI – os honorários do advogado e do perito e a remuneração do intérprete ou do tradutor nomeado para apresentação de versão em português de documento redigido em língua estrangeira; VII – o custo com a elaboração de memória de cálculo, quando exigida para instauração da execução; VIII – os depósitos previstos em lei para interposição de recurso, para propositura de ação e para a prática de outros atos processuais inerentes ao exercício da ampla defesa e do contraditório; IX – os emolumentos devidos a notários ou registradores em decorrência da prática de registro, averbação ou qualquer outro ato notarial necessário à efetivação de decisão judicial ou à continuidade de processo judicial no qual o benefício tenha sido concedido.

O beneficiário da gratuidade judiciária na CLT (que utiliza preferencialmente a expressão **justiça gratuita**) não estaria isento dos honorários periciais quando sucumbente na pretensão objeto da perícia, acaso prevalecesse a redação do art. 790-B, inserido pela Reforma Trabalhista, que estabelece que **"a responsabilidade pelo pagamento dos honorários periciais é da parte sucumbente na pretensão objeto da perícia, ainda que beneficiária da justiça gratuita"**, muito embora o § 4º do mesmo artigo estipulasse que a União responderia pelo encargo caso o beneficiário da justiça gratuita não houvesse obtido em juízo créditos capazes de suportar tal despesa, no mesmo ou em outro processo.

Como já afirmamos, porém, ambos os dispositivos foram declarados inconstitucionais pelo STF quando do julgamento da ADI 5.766. Deste modo, não se poderá mais exigir do beneficiário da gratuidade judiciária o pagamento dos honorários periciais, que ficará, então, a cargo da União.

Por outro lado, a CLT passou a prever, com o advento da Lei nº 13.467/2017, uma hipótese em que o benefício da gratuidade judiciária não compreenderá a isenção do pagamento de custas, ao estabelecer, no art. 844, § 2º, que **se o reclamante der causa ao arquivamento da reclamação pelo não comparecimento à audiência, será condenado ao pagamento das custas, ainda que beneficiário da justiça gratuita, salvo se comprovar, no prazo de quinze dias, que a ausência ocorreu por motivo legalmente justificável.**

O tratamento dado pelo Estatuto Processual Civil à gratuidade judiciária, repita-se, era mais vantajoso para o seu beneficiário que o outorgado pela CLT (com as alterações promovidas pela Reforma Trabalhista) aos litigantes trabalhadores. No entanto, a decisão proferida pelo STF no julgamento da ADI 5.766

restabeleceu a posição privilegiada do trabalhador beneficiário da gratuidade judiciária no que se refere ao acesso à Justiça.

Registre-se que, no tocante aos honorários advocatícios de sucumbência, os dispositivos da reforma trabalhista declarados inconstitucionais pelo STF não diferiam substancialmente do preceituado no § 2º do art. 98 do CPC, que estatui que "a concessão de gratuidade não afasta a responsabilidade do beneficiário pelas despesas processuais e pelos honorários advocatícios decorrentes de sua sucumbência". Todavia, ao contrário do texto consolidado pós-reforma, o CPC não prevê que, mesmo persistindo o benefício da gratuidade judiciária, os créditos de natureza alimentar obtidos no mesmo processo ou em outro processo possam ser utilizados para pagamento da verba sucumbencial honorária.

É certo que a CLT, com a reforma trabalhista, trouxe expressamente a possibilidade de extinção de tal obrigação em favor do beneficiário da gratuidade judiciária, quando no art. 791-A, § 4º, estabeleceu que **"vencido o beneficiário da justiça gratuita, desde que não tenha obtido em juízo, ainda que em outro processo, créditos capazes de suportar a despesa, as obrigações decorrentes de sua sucumbência ficarão sob condição suspensiva de exigibilidade e somente poderão ser executadas se, nos dois anos subsequentes ao trânsito em julgado da decisão que as certificou, o credor demonstrar que deixou de existir a situação de insuficiência de recursos que justificou a concessão de gratuidade, extinguindo-se, passado esse prazo, tais obrigações do beneficiário".** No entanto, a expressão **"desde que não tenha obtido em juízo, ainda que em outro processo, créditos capazes de suportar a despesa"** poderia ser interpretada como se permitisse que o valor correspondente aos honorários sucumbenciais fosse deduzido de créditos de natureza alimentar obtidos no mesmo processo em que o benefício da justiça gratuita foi concedido. O dispositivo em questão, porém, foi considerado inconstitucional pelo STF no julgamento da ADI 5.766.

Ainda cabe discutir, entretanto, se é aplicável subsidiariamente ao processo do trabalho o § 3º do art. 98 do CPC, que estabelece que "vencido o beneficiário, as obrigações decorrentes de sua sucumbência ficarão sob condição suspensiva de exigibilidade e somente poderão ser executadas se, nos 5 (cinco) anos subsequentes ao trânsito em julgado da decisão que as certificou, o credor demonstrar que deixou de existir a situação de insuficiência de recursos que justificou a concessão de gratuidade, extinguindo-se, passado esse prazo, tais obrigações do beneficiário".

Por outras palavras, se no prazo de cinco anos o beneficiário da justiça gratuita enriquece (por exemplo, ganha na Mega-Sena ou se torna um empreendedor milionário), os honorários advocatícios de sucumbência poderão vir a ser cobrados pelo credor, que no caso é o advogado da outra parte?

Não nos parece que seja descabida a aplicabilidade subsidiária do referido preceito do CPC, cuja redação, é bom ressaltar, não se confunde com a do dispositivo da CLT declarado inconstitucional. Como dissemos, no texto celetista havia uma autorização implícita para a cobrança dos honorários de sucumbência sobre os créditos auferidos pelo beneficiário da gratuidade judiciária no mesmo processo ou em outros. No dispositivo do CPC, essa cobrança somente ocorrerá se a situação de insuficiência de recursos que justificou a concessão de gratuidade vier a desaparecer, o que implica o afastamento da condição de pobreza. Neste caso, não seria razoável negar ao credor dos honorários advocatícios de sucumbência, para o qual a verba também tem natureza alimentar, o recebimento de um crédito conquistado licitamente com o seu trabalho.

Vale observar que, nos termos do art. 819, § 2º, da CLT, a remuneração do intérprete também está compreendida na gratuidade judiciária se o sucumbente for o beneficiário.

Por outro lado, com a Reforma Trabalhista o benefício da gratuidade judiciária em favor do empregador teve o seu conteúdo ampliado, na medida em que o § 10 do art. 899 da CLT dispõe que **"são isentos do depósito recursal os beneficiários da justiça gratuita, as entidades filantrópicas e as empresas em recuperação judicial"**. Portanto, o depósito recursal também se compreende no benefício da Justiça Gratuita.

5.6 LITISCONSÓRCIO

5.6.1 Conceito

O litisconsórcio ocorre quando duas ou mais partes coexistem no polo ativo ou no polo passivo da ação ou em ambas as posições da relação jurídica processual. Por outras palavras, quando há uma pluralidade de autores (reclamantes) e/ou de réus (reclamados).

5.6.2 Classificação

São vários os critérios referidos pela doutrina para classificar o litisconsórcio.

Quanto à posição dos litisconsortes (art. 113, *caput,* do CPC), diz-se que pode ser **ativo, passivo** ou **misto**. É **ativo** quando apenas o polo ativo é plural, isto é, há vários autores litigando em face de um único réu; **passivo**, quando são vários os réus que são demandados por um único autor; **misto**, quando há vários réus e vários autores litigando entre si no mesmo processo.

No âmbito do processo do trabalho, o litisconsórcio ativo é também chamado de **reclamação plúrima**, tendo expressa previsão nos arts. 842 e 843 da CLT, *in verbis*.

> **Art. 842.** Sendo várias as reclamações e havendo identidade de matéria, poderão ser acumuladas num só processo, se se tratar de empregados da mesma empresa ou estabelecimento.
>
> **Art. 843.** Na audiência de julgamento deverão estar presentes o reclamante e o reclamado, independentemente do comparecimento de seus representantes salvo, nos casos de Reclamatórias Plúrimas ou Ações de Cumprimento, quando os empregados poderão fazer-se representar pelo Sindicato de sua categoria.

Quanto à obrigatoriedade de sua formação, o litisconsórcio pode ser **necessário** ou **facultativo**.

Nos termos do art. 114 do CPC, **"o litisconsórcio será necessário por disposição de lei ou quando, pela natureza da relação jurídica controvertida, a eficácia da sentença depender da citação de todos que devam ser litisconsortes".** Neste caso, a presença de todos os litisconsortes é absolutamente imprescindível para que a tutela jurisdicional seja prestada e constitui mesmo **pressuposto processual a ser observado sob pena de extinção do processo sem resolução do mérito,** de acordo com o que preceitua o art. 115, parágrafo único, c/c o art. 485, X, ambos do CPC.

Caso a parte autora não inclua todos os litisconsortes necessários no polo passivo da ação, o juiz deverá, nos termos do art. 115, parágrafo único, do CPC, ordenar-lhe que requeira a citação de todos que devem compor o litisconsórcio passivo, dentro do prazo que assinar, sob pena de extinção do processo. Adaptando tal regramento ao processo do trabalho, onde a citação é promovida automaticamente pela Secretaria da Vara independentemente de requerimento da parte autora, o juiz determinará que esta emende a petição inicial para incluir no polo passivo da reclamação todos os litisconsortes passivos, sob a mesma penalidade.

O exemplo clássico de litisconsórcio necessário no processo do trabalho é a ação anulatória de cláusula convencional proposta pelo Ministério Público do Trabalho. A parte autora terá que incluir no polo passivo todas as entidades sindicais que firmaram a convenção coletiva que traz a cláusula cuja anulação é pretendida.

O litisconsórcio facultativo é o mais comum. A cumulação das partes, nesse caso, não acontece por uma exigência legal ou por força da natureza jurídica da relação controvertida, mas sim por mera opção de quem ingressa com a demanda. Os exemplos mais corriqueiros no processo do trabalho são o da reclamação plúrima, em que diversos trabalhadores acionam a mesma empresa (litisconsórcio ativo), e o da reclamação movida por um trabalhador em face da ex-empregadora e da tomadora de serviços, conjuntamente, nos casos em que se busca a responsabilização subsidiária desta última (litisconsórcio passivo). A formação do litisconsórcio não é obrigatória, mas tão somente permitida, de modo que a reclamação pode ser validamente proposta por vários litigantes ou contra vários réus. **A denominada "reclamação plúrima" (arts. 842 e 843 da CLT), à qual nos referimos anteriormente, constitui hipótese de litisconsórcio ativo facultativo.** O CPC, por seu turno, trata do litisconsórcio facultativo no art. 113.

A formação do litisconsórcio facultativo ocorre no momento da propositura da ação. Isso porque se fosse admitida a formação superveniente o princípio do juiz natural seria vulnerado.

O parágrafo único do art. 113, § 1º, do CPC estabelece que o juiz poderá limitar o litisconsórcio facultativo quanto ao número de litigantes, quando este comprometer a rápida solução do litígio ou dificultar a defesa. Assim sendo, **o magistrado** trabalhista pode determinar a redução do número de litisconsortes numa determinada reclamação, evitando o assim chamado litisconsórcio multitudinário ou das multidões, quando perceber que o excessivo número de litigantes terminará por retardar o andamento processual e postergar a solução da lide. Por óbvio, somente poderá fazê-lo no litisconsórcio facultativo e jamais no litisconsórcio necessário.

Quanto ao regime de tratamento dos litisconsortes, diz-se que o litisconsórcio será unitário ou simples. Unitário, quando a decisão da causa, necessariamente, deve ser a mesma para todos os litisconsortes, como no exemplo já mencionado da ação anulatória de cláusula convencional proposta pelo Ministério Público do Trabalho em face dos entes sindicais convenentes; simples, quando a decisão puder ser diferente em relação aos litisconsortes. Exemplo: reclamações movidas contra ente público e contra empresa que lhe preste serviços.

5.7 HONORÁRIOS ADVOCATÍCIOS

Até a edição da Lei nº 13.467/2017 (Reforma Trabalhista), os honorários de sucumbência no âmbito do processo do trabalho eram, em regra, indevidos, excetuadas as situações previstas pela Súmula nº 291 do TST, cuja redação, alterada após a edição do CPC de 2015, passou a reconhecer o seu cabimento nas ações rescisórias, nas causas em que o ente sindical figurasse como substituto processual e nas lides que não derivassem da relação de emprego. Antes da alteração da referida Súmula, a condenação em honorários advocatícios ocorria tão somente no caso em que a parte trabalhadora estivesse assistida pelo sindicato profissional de sua categoria, quando concedida a assistência judiciaria nos termos da Lei nº 5.584/70. A justificativa para o não cabimento como regra dos honorários advocatícios de sucumbência no processo do trabalho sempre foi a atribuição aos empregados e empregadores da capacidade postulatória (*jus postulandi*), que torna facultativa a contratação de profissional do direito para representá-los.

Com o advento da Lei nº 13.467/2017 (Reforma Trabalhista), os honorários de sucumbência passaram a ser devidos em quaisquer espécies de causas que tramitem perante a Justiça do Trabalho, ante a introdução na CLT do art. 791-A, que conta com *caput* e cinco parágrafos versando sobre o tema.[6]

O *caput* do art. 791-A da CLT estabelece que "ao advogado, ainda que atue em causa própria, serão devidos honorários de sucumbência, fixados entre o mínimo de 5% (cinco por cento) e o máximo de 15% (quinze por cento) sobre o valor que resultar da liquidação da sentença, do proveito econômico obtido ou, não sendo possível mensurá-lo, sobre o valor atualizado da causa".

---

6 Acerca dos honorários advocatícios (e também periciais) na Justiça do Trabalho, vale conferir a magnífica obra de Danilo Gaspar e Fabiano Veiga (GASPAR, Danilo Gonçalves; VEIGA, Fabiano Aragão. *Manual da Justiça Gratuita e dos Honorários (Periciais e Advocatícios) na Justiça do Trabalho*: Teoria e Prática. Salvador: JusPodivm, 2020).

O § 1º do referido dispositivo deixa claro que os honorários de sucumbência **são devidos também nas ações contra a Fazenda Pública e nas ações em que a parte estiver assistida ou substituída pelo sindicato de sua categoria.**

O § 2º, reproduzindo o que a respeito consta do § 2º do art. 85 CPC, estabelece os **critérios que o juízo deverá observar quando da fixação dos honorários,** que são: **o grau de zelo do profissional; o lugar de prestação do serviço; a natureza e a importância da causa; o trabalho realizado pelo advogado e o tempo exigido para o seu serviço.**

O § 3º, por sua vez, estabelece que, **na hipótese de procedência parcial, o juízo arbitrará honorários de sucumbência recíproca, vedada a compensação entre os honorários.**

O § 5º do art. 791-A da CLT preceitua que são **devidos honorários de sucumbência na reconvenção.**

Em item anterior (5.5), **referimo-nos ao § 4º do indigitado artigo,** cuja inserção na CLT pelo advento da Reforma Trabalhista foi bastante criticada pela doutrina. O dispositivo, se interpretado literalmente, poderia permitir que o crédito obtido numa reclamação pelo trabalhador parcialmente sucumbente fosse integralmente utilizado para o pagamento dos honorários de sucumbência, o que, quando se toma em consideração o caráter alimentar dos créditos trabalhistas, representaria uma iniquidade. Contudo, em sessão encerrada no dia 20/10/2021, o STF, por maioria, julgou parcialmente procedente o pedido formulado na ADI 5.766, para declarar inconstitucional o art. 791-A, § 4º, da Consolidação das Leis do Trabalho (CLT), de modo que o beneficiário da gratuidade judiciária não mais terá que pagar os honorários advocatícios de sucumbência ainda que receba no mesmo processo ou em outro processo créditos cujo valor seja superior à verba honorária. Assim, somente será possível cobrar-lhe os honorários advocatícios de sucumbência caso efetivamente deixe de existir a situação de insuficiência de recursos que justificou a concessão de gratuidade, nos termos do disposto no art. 98, § 3º, do CPC, que estabelece que "vencido o beneficiário, as obrigações decorrentes de sua sucumbência ficarão sob condição suspensiva de exigibilidade e somente poderão ser executadas se, nos 5 (cinco) anos subsequentes ao trânsito em julgado da decisão que as certificou, o credor demonstrar que dei¬xou de existir a situação de insuficiência de recursos que justificou a concessão de gratuidade, extinguindo-se, passado esse prazo, tais obrigações do beneficiário".

Registre-se, por fim, que o art. 3º da Lei nº 13.725/2018 revogou expressamente o art. 16 da Lei nº 5.584/70, que dispunha que os honorários do advogado pagos pelo vencido reverteriam em favor do Sindicato assistente. A Lei nº 13.725/2018 incluiu no art. 22 da Lei nº 8.906/94 (Estatuto da Advocacia) o § 6º, prevendo que **os honorários assistenciais, isto é, aqueles fixados em ações coletivas propostas por entidades de classe em substituição processual, como é o caso dos sindicatos, são revertidos para o advogado e não mais para a entidade de classe que atua como substituto processual.**

5.8 SUBSTITUIÇÃO PROCESSUAL

Como regra, o ordenamento jurídico processual não permite que alguém compareça a Juízo para pleitear direito alheio em nome próprio, uma vez que a legitimidade para a causa é reconhecida apenas a quem é titular do direito material ou, pelo menos, pensa que o é. No entanto, excepcionalmente, quando há expressa autorização na Constituição ou na legislação infraconstitucional, faculta-se à parte, em nome próprio, defender judicialmente direito alheio. Isso é o que está estabelecido pelo art. 18 do CPC, ao dispor textualmente que "ninguém poderá pleitear, em nome próprio, direito alheio, salvo quando autorizado pelo ordenamento jurídico". Esse fenômeno é conhecido como **substituição processual**.

A substituição processual, portanto, ocorre quando a parte, autorizada pelo ordenamento jurídico, pleiteia direito alheio em nome próprio. Trata-se de **legitimidade extraordinária** ou **legitimação anômala**, permitindo ao substituto praticar todos os atos processuais, como a apresentação da petição inicial, a produção de provas, a interposição de recursos etc. Todavia, **não se permite ao substituto transigir, renunciar ou reconhecer a procedência do pedido**, haja vista que o direito material não lhe pertence, e sim ao sujeito que integra a lide, ou seja, ao substituído.

A substituição processual no âmbito do processo do trabalho é historicamente prerrogativa dos sindicatos e do Ministério Público do Trabalho. Contudo, a Defensoria Pública da União, como ensina Bezerra Leite, também possui "legitimidade concorrente e disjuntiva com o MPT e os sindicatos para promover ação civil pública no âmbito da Justiça do Trabalho em defesa dos direitos ou interesses metaindividuais dos trabalhadores".[7] Além disso, mais recentemente, com a edição da **Lei nº 13.806, de 10 de janeiro de 2019**, que acresceu o art. 88-A à Lei nº 5.764/71, abriu-se a possibilidade para que a cooperativa de trabalho atue como substituto processual perante esse ramo do Judiciário em defesa dos direitos coletivos de seus associados.

Antes da promulgação da atual Constituição da República, em 5 de setembro de 1988, a substituição processual pelo sindicato era limitada, restringindo-se às seguintes hipóteses:

a) a autorização para que promovesse reclamações trabalhistas postulando pagamento de adicional de insalubridade ou periculosidade em favor de grupos de associados, nos termos do art. 195, § 2º, da CLT;

b) a autorização para que promovesse ações de cumprimento promovidas pelo sindicato profissional em favor dos associados objetivando o pagamento de salários fixados por sentença normativa, nos termos do art. 872, parágrafo único da CLT;

---

7   LEITE, Carlos Henrique Bezerra. Ob. cit., p. 545. De acordo com o renomado mestre, a atribuição à DPU dessa legitimidade decorre da interpretação sistemática do art. 129, § 1º, da CF, do art. 5º, II, da Lei nº 7.347/85, do art. 4º, VII, da Lei Complementar nº 80/94 e do art. 81, III, do CDC.

Capítulo 5 • PARTES E PROCURADORES

c) a autorização para que promovesse ações trabalhistas em favor de todos os integrantes da categoria, objetivando o pagamento das correções automáticas dos salários, conforme previsão nas Leis nº 6.708/79 (art. 3º, § 2º) e nº 7.238/84 (art. 3º, § 2º).

A Constituição de 1988, porém, prevê no art. 8º, III, que cabe ao sindicato a defesa dos direitos e interesses coletivos ou individuais da categoria, inclusive em questões judiciais ou administrativas.

De início, alguns doutrinadores entenderam que o referido dispositivo constitucional havia outorgado ao sindicato ampla e ilimitada autorização para que atuasse como substituto processual dos integrantes da categoria, ao passo que outros lhe davam uma interpretação restritiva, sustentando que a substituição processual, ainda assim, demandava a edição de norma legal que a autorizasse.

A interpretação dada pelos próprios legisladores era certamente a restritiva. Só isso justifica o fato de que, mesmo após o advento da Constituição de 1988, foram editadas leis autorizando a substituição processual pelos sindicatos. A Lei nº 7.788/89, que tratava da política salarial, e que foi revogada no ano seguinte pela Lei nº 8.030/90, dispunha em seu art. 8º que, nos termos do art. 8º, III, da CF/88, as entidades sindicais poderiam atuar como substitutos processuais da categoria. A Lei nº 8.036/90, por seu turno, autorizou o sindicato profissional a demandar diretamente a empresa para obrigá-la a recolher o depósito dos valores devidos a título de FGTS. Já a Lei nº 8.073/90 estabeleceu no art. 3º, genericamente, que os sindicatos poderiam atuar como substitutos processuais dos integrantes da categoria.

O Tribunal Superior do Trabalho evoluiu da interpretação restritiva, veiculada pela antiga Súmula nº 310, para a interpretação que confere maior amplitude à atuação do sindicato como substituto processual. Por meio daquela súmula, o TST firmara o entendimento de que o art. 8º, III, da CF/88 não havia assegurado a substituição processual ampla e irrestrita aos sindicatos, de modo que os sindicatos somente poderiam atuar como substitutos processuais quando estivessem autorizados por lei, como ocorria com as *ações de cumprimento* (art. 872, parágrafo único, da CLT, c/c a Súmula nº 286 do TST), **as ações trabalhistas** buscando *a caracterização e a classificação da insalubridade ou periculosidade* e o *pagamento do respectivo adicional* (art. 195, § 2º, da CLT e OJ nº 121 da SDI-I/TST), *os mandados de segurança coletivos* (art. 5º, LXX, CF/88) e as **ações reivindicando** *aumentos e reajustes em face de aplicação de lei salarial* (art. 3º da Lei nº 8.073/90). Posteriormente, contudo, a jurisprudência do TST afastou-se da interpretação restritiva e **a Súmula nº 310 foi cancelada.**

Quando teve que se pronunciar sobre o tema, o **Supremo Tribunal Federal** concedeu interpretação ampliativa ao art. 8º, III, da Constituição da República, fortalecendo a atuação do sindicato profissional como substituto processual. Neste sentido, o acórdão proferido pela Corte Suprema no julgamento do Recurso Extraordinário 193.503/SP é paradigmático, merecendo transcrição a sua ementa:

PROCESSO CIVIL. SINDICATO. ART. 8º, III, DA CONSTITUIÇÃO FEDERAL. LEGITIMIDADE. SUBSTITUIÇÃO PROCESSUAL. DEFESA DE DIREITOS E INTERESSES COLETIVOS OU INDIVIDUAIS. RECURSO CONHECIDO E PROVIDO. O art. 8º, III, da Constituição Federal estabelece a legitimidade extraordinária dos sindicatos para defender em juízo os direitos e interesses coletivos ou individuais dos integrantes da categoria que representam. Essa legitimidade extraordinária é ampla, abrangendo a liquidação e a execução dos créditos reconhecidos aos trabalhadores. Por se tratar de típica hipótese de substituição processual, é desnecessária qualquer autorização dos substituídos. Recurso conhecido e provido (STF – RE 193.503/SP, Rel. Min. Carlos Velloso, Data de Julgamento: 12.06.2006, Tribunal Pleno, *DJe*-087, divulg. 23.08.2007 public. 24.08.2007, *DJ* 24.08.2007, p. 56, ement. v. 02286-05, p. 771).

Com base no entendimento firmado pela Suprema Corte, **o sindicato pode atuar tanto nas ações de conhecimento como na liquidação e nas execuções das sentenças trabalhistas, tendo legitimidade para defender quaisquer direitos de trabalhadores que decorram da relação empregatícia, sejam individuais ou coletivos.** Registre-se que esse entendimento vem sendo reiterado em outras decisões proferidas pelo STF.

Ao lado da legitimação extraordinária ampla do sindicato obreiro para defender os direitos da totalidade dos trabalhadores pertencentes à respectiva categoria profissional, **o Ministério Público do Trabalho também tem legitimidade para atuar como substituto processual quando propõe eventual ação civil pública visando à defesa de direitos individuais homogêneos,** isto é, aqueles de natureza individual e divisível, em que cada titular, querendo, pode buscar a reparação individual do dano.

Cabe ainda registrar que o art. 88-A da Lei nº 5.764, de 16 de dezembro de 1971, incluído pela Lei nº 13.806, de 10 de janeiro de 2019, **conferiu às cooperativas legitimidade extraordinária autônoma concorrente para agir como substituta processual em defesa dos direitos coletivos de seus associados quando a causa de pedir versar sobre atos de interesse direto dos associados que tenham relação com as operações de mercado da cooperativa.**

Não será impossível, portanto, que uma cooperativa de trabalho venha, em favor de trabalhadores associados, ajuizar ação perante a Justiça do Trabalho contra o tomador de serviços. Por exemplo, imaginemos uma cooperativa de médicos anestesistas que mantenha contrato de prestação de serviços com um hospital, cuja direção, motivada por alguma espécie de discriminação odiosa (religiosa, racial, étnica etc.), decida impedir que alguns dos cooperativados ingressem no estabelecimento para prestar os seus serviços. A Cooperativa, então, poderá, na condição de substituta processual, ingressar com ação trabalhista em favor dos médicos afetados pela decisão do Hospital. Por se tratar de conflito decorrente de

Capítulo 5 • PARTES E PROCURADORES

uma relação de trabalho, a matéria em questão será atribuída à competência da Justiça do Trabalho, desde, é claro, que seja mantido o entendimento dominante na doutrina e na jurisprudência trabalhista de que a expressão "relação de trabalho" no inciso I do art. 114 da Constituição da República não se limita à relação de emprego, a despeito da tendência contrária que o STF vem ultimamente adotando, sobre a qual já se falou no item 4.2.1.

Como regra, o substituto processual, como parte que é, pode praticar todos os atos processuais necessários à defesa dos interesses do substituído, inclusive desistir da ação. Frise-se, no entanto, que alguns atos que, por si sós, gerariam efeitos irreversíveis em desfavor do substituído, são vedados ao substituto, pela mera razão de não ser o titular do direito material cuja tutela busca em Juízo. Assim é que, como afirmado anteriormente, a **confissão**, a **renúncia** e o **reconhecimento da procedência do pedido não são permitidos ao substituto processual,**[8] o que se amolda perfeitamente ao princípio da irrenunciabilidade dos direitos trabalhistas. O substituído, ao contrário, por ser o titular do direito material, poderá acordar, transacionar ou renunciar, sem a necessidade de autorização ou de anuência do substituto.[9]

Em linhas gerais, **a substituição ampla traz muitos benefícios para os trabalhadores,** dentre os quais podemos enumerar:

a) diminui o número de ações individuais distribuídas à Justiça do Trabalho;
b) contribui para que os litígios trabalhistas tenham uma solução mais rápida;
c) possibilita que o trabalhador, por meio do seu sindicato de classe, tenha acesso ao Judiciário em busca de direitos provenientes do pacto laboral antes mesmo de ser desligado da empresa.

Além disso, quando exercitada em nome de todos os integrantes da categoria ou, ao menos, de uma pluralidade de trabalhadores, a substituição processual favorece a segurança jurídica, na medida em que evita que a Justiça do Trabalho profira decisões conflitantes sobre o mesmo tema.

5.9 SUCESSÃO PROCESSUAL E HABILITAÇÃO

A sucessão processual ocorre quando **uma das partes, no curso do processo, em virtude de ato *inter vivos* ou por motivo de seu falecimento (*causa mortis*), precisa ser substituída por outra pessoa ou por ente despersonalizado.** Distingue-se da substituição processual, fenômeno tratado no item anterior, pelo fato de que na sucessão uma pessoa ou ente despersonalizado passa a ocupar, com a relação processual ainda em desenvolvimento, o lugar de uma das partes originárias, tornando-se o titular da ação, quer seja no polo ativo, quer seja no passivo, ao passo que na substituição processual, o substituto já ingressa no processo pleiteando, em nome próprio, direito alheio. Ao contrário do subs-

---

8   Neste sentido, vale conferir GIGLIO, Wagner D. *Direito processual do trabalho.* 15. ed. São Paulo: Saraiva 2005, p. 139.

9   Neste sentido, JORGE NETO, Francisco Ferreira; CAVALCANTE, Jouberto de Quadros Pessoa. *Direito processual do trabalho.* 8. ed. São Paulo: Atlas, 2019, p. 429.

tituto, o sucessor, uma vez habilitado, atuará no processo em nome próprio e pleiteando direito próprio.

A sucessão processual tanto pode ocorrer em relação ao empregado quanto ao empregador, seja pessoa física ou jurídica.

Quando se trata de pessoa física, a sucessão processual da parte ocorre quando esta falece **no curso do processo.**

Se o empregado falece antes de ajuizar a ação, não há que se falar em sucessão processual. Neste caso, os próprios sucessores é que deverão apresentar a reclamação trabalhista. **A sucessão processual, repita-se, ocorre quando o processo já está em curso,** mesmo que não tenha havido, ainda, a triangulação processual.

Como regra, o ordenamento jurídico processual prevê que a parte falecida será sucedida pelo espólio, representado pelo inventariante. Na prática, contudo, como o obreiro é comumente uma pessoa com poucos recursos e desprovido de patrimônio, quando morre o inventário não chega a ser realizado. Neste caso, os dependentes habilitados perante a Previdência Social ou, na sua falta, os sucessores previstos na lei civil, deverão promover a sua habilitação incidental diretamente no processo, independentemente de inventário ou arrolamento, como se deduz do art. 1º da Lei nº 6.858/1980. Assim sendo, os dependentes previdenciários ou, eventualmente, os sucessores previstos na lei civil é que serão habilitados diretamente como sucessores processuais e não o espólio do trabalhador, o que, aliás, tem sido observado na praxe trabalhista.

Importa enfatizar que **os dependentes habilitados perante o INSS é que serão prioritariamente os beneficiários dos créditos trabalhistas deferidos na reclamação e não os sucessores previstos pela lei civil.** Por exemplo, se o obreiro falecido deixou esposa e três filhos e apenas a viúva e o filho caçula eram dependentes inscritos perante o INSS, os outros dois filhos, que seriam herdeiros segundo a lei civil, não farão jus a qualquer valor proveniente da reclamação trabalhista. Nesse caso, os créditos serão divididos entre a viúva e o filho caçula do obreiro (50% para cada). **Somente quando não houver dependentes inscritos perante a Previdência Social é que os sucessores indicados pela lei civil (herdeiros) serão habilitados.**

Vale lembrar que **os valores devidos aos menores ficarão depositados em caderneta de poupança, rendendo juros e correção monetária, e só lhe serão disponíveis quando completarem 18 (dezoito) anos, salvo autorização do juiz para aquisição de imóvel destinado à residência do menor e de sua família ou para dispêndio necessário à subsistência e educação do menor** (§ 1º, art. 1º, Lei nº 6.658/80).

As regras previstas nos arts. 687 a 692 do Código de Processo Civil regulam o procedimento relativo à sucessão processual da parte falecida. Em sua maioria, aplicam-se subsidiariamente às demandas que tramitam na Justiça do Trabalho. Mas há incompatibilidades com os princípios do direito processual do trabalho que afastam a incidência de algumas delas. Adaptando o regramento do CPC à realidade do processo do trabalho, podemos dizer que:

a) a habilitação pode ser requerida (I) pela parte, em relação aos sucessores do falecido e (II) pelos sucessores do falecido, em relação à parte (art. 688 do CPC);

b) o procedimento da habilitação ocorrerá nos autos do processo principal, na instância em que estiver, o qual deverá ser suspenso até que o pedido de habilitação seja decidido (art. 689 do CPC).

c) quando o juiz receber a petição deverá ordenar a notificação dos requeridos para que se pronunciem no prazo de 5 (cinco) dias (art. 690 do CPC).

d) a notificação somente será pessoal se a parte não tiver procurador constituído nos autos (parágrafo único do art. 690 do CPC).

e) o juiz deverá decidir o pedido de habilitação de imediato, salvo se este for impugnado e houver necessidade da produção de prova diversa da documental, quando então designará audiência de instrução (art. 691).

f) após a decisão do pedido de habilitação, o processo principal retomará o seu curso (art. 692).

Não obstante a legislação processual civil considere que a habilitação será decidida por **sentença** e que o pedido poderá ser **autuado em apartado** quando seja necessária a audiência de instrução (art. 691), parece-nos que **tais disposições não se aplicam às demandas trabalhistas, pois não se harmonizam com os princípios da celeridade e da simplicidade que norteiam o processo do trabalho.**

O pronunciamento judicial que decide o pedido de habilitação, no âmbito do processo do trabalho, será uma **decisão interlocutória**, da qual não cabe recurso imediato, de modo que **o processo principal não precisará aguardar o trânsito em julgado de uma sentença, o que poderia delongar enormemente a sua resolução, e nem precisará ser autuado em separado,** haja vista que na sistemática processual trabalhista, amiga da simplicidade, a regra é que **os incidentes sejam instruídos e decididos nos próprios autos da reclamação (por exemplo, a exceção de incompetência, o incidente de falsidade documental, o incidente de desconsideração da personalidade jurídica etc.).**

Pode ocorrer que o juiz tome conhecimento do falecimento da parte, sem que o interessado requeira a habilitação. Neste caso, nos termos do § 2º do art. 313 do CPC, o magistrado, de ofício, deve determinar a suspensão do processo e observar o seguinte:

(a) se o falecido for o réu (reclamado), ordenará a intimação do autor para que promova a citação do respectivo espólio, de quem for o sucessor ou, se for o caso, dos herdeiros, no prazo que designar, de no mínimo 2 (dois) e no máximo 6 (seis) meses;

(b) se o falecido for o autor (reclamante) e sendo transmissível o direito em litígio, determinará a intimação de seu espólio, de quem for o sucessor ou, se for o caso, dos herdeiros, pelos meios de divulgação que reputar mais adequados, para que manifestem interesse na sucessão processual e promovam a respectiva habilitação no prazo designado, sob pena de extinção do processo sem resolução de mérito.

Se a parte que falece é o empregador e deixar patrimônio e filhos menores, haverá a necessidade de inventário e, portanto, a habilitação não será imediata. O juiz deverá determinar a suspensão do processo até que seja nomeado o inventariante. Somente após a nomeação do inventariante e a habilitação incidental do espólio nos autos é que o processo poderá retornar ao seu curso normal (art. 313, I, c/c os arts. 687 a 692, todos do CPC).

Mas é bom lembrar que a morte do empregador, por si só, não implica extinção do contrato de trabalho, conforme previsto pelo art. 483, § 2º, da CLT, pois a atividade empresarial pode continuar a ser desenvolvida pelos herdeiros e, neste caso, o obreiro tem a opção de permanecer ou não no emprego.

Não é incomum que o empregador, reclamado, venha a falecer e os seus sucessores não demonstrem o menor interesse na habilitação, às vezes porque supõem que o andamento do processo vai gerar dívidas para o espólio. Neste caso, o empregado poderá requerer a habilitação dos sucessores do reclamado, de acordo com o que dispõe o art. 688, I, do CPC.

Tratando-se de empregador pessoa jurídica, é importante lembrar que, nos termos dos arts. 10 e 448 da CLT, as alterações na estrutura jurídica da empresa ou a mudança na sua propriedade não afetarão os contratos de trabalho dos respectivos empregados e nem os direitos por estes adquiridos. Pouco importa, portanto, se a mudança de titularidade decorre de fusão, incorporação, transformação, cisão, transferência de cotas ou qualquer outro meio. O novo titular da empresa, isto é, o sucessor empresarial, assumirá todos os direitos e deveres existentes, incluindo o seu lugar no polo dos processos trabalhistas em curso.

É claro, portanto, que se a sucessão de empresas vier a ocorrer antes do ajuizamento da reclamação pelo obreiro, a legitimidade para integrar o polo passivo da lide será da sucessora, não se cuidando aí de sucessão processual, pois o processo não está em curso. Todavia, se há um processo em curso, haverá mera alteração da titularidade passiva da ação, ou seja, a sucessora será integralmente responsável pelas dívidas trabalhistas que forem reconhecidas na reclamação que anteriormente eram da responsabilidade da empresa sucedida.

Há que se, observar, porém que se as alterações empresariais que configurem sucessão processual representarem uma tentativa de fraudar o credor trabalhista, a jurisprudência trabalhista é praticamente uníssona no sentido de que o juiz poderá, reconhecendo a fraude, responsabilizar solidariamente a sucedida e a sucessora, sendo que a primeira, inclusive, poderá vir a integrar o processo apenas na fase de execução.

5.10 INTERVENÇÃO DE TERCEIROS

Ainda no presente capítulo, convém tratar da intervenção de terceiros, fenômeno processual que ocorre quando uma pessoa (física ou jurídica) ou um ente

Capítulo 5 • PARTES E PROCURADORES

despersonalizado, que originariamente não figurou como Autor (Reclamante) ou como Réu (Reclamado), vem a ingressar no processo com o objetivo de defender os seus próprios interesses ou eventualmente os interesses das partes originárias da relação jurídica processual.

O interesse que justifica o ingresso *a posteriori* do terceiro terá que ser necessariamente jurídico. Não é bastante se tratar de interesse econômico, social ou político.

A matéria está regulada no Título III do Livro III do Código de Processo Civil (arts. 119 a 138), que prevê as seguintes modalidades de intervenção de terceiros: **Assistência, Denunciação da Lide, Chamamento ao Processo, Incidente de Desconsideração da Personalidade Jurídica** e *Amicus curiae*. O Incidente de Desconsideração da Personalidade Jurídica é o único que também conta com previsão expressa da CLT, em face da introdução do art. 855-A pela Lei nº 13.467/2017 (Reforma Trabalhista).

Há que se mencionar, ademais, a hipótese prevista no art. 486, § 1º, da CLT, que não se encaixa perfeitamente em nenhuma das modalidades de intervenção de terceiros elencadas no CPC, muito embora guarde certa proximidade com a denunciação da lide. O referido dispositivo estabelece que a pessoa jurídica de direito público responsável pela paralisação do trabalho deverá ser notificada para figurar no processo como **chamada à autoria**, quando o empregador invocar o *factum principis*.

5.10.1 Assistência

A assistência tem o seu regramento contido nos arts. 119 a 124 do Código de Processo Civil, cuja aplicação subsidiária ao processo do trabalho desfruta de consenso doutrinário e jurisprudencial. A Súmula nº 82 do TST, inclusive, deixa clara a sua admissibilidade no processo do trabalho, desde que demonstrado o interesse jurídico e não meramente econômico.

> **Súmula nº 82 do TST: ASSISTÊNCIA.** A intervenção assistencial, simples ou adesiva, só é admissível se demonstrado o interesse jurídico e não o meramente econômico.

A assistência ocorre quando um terceiro juridicamente interessado em que a sentença seja favorável a uma das partes intervém no processo para ajudá-la a sair vitoriosa (art. 119 do CPC) e **é cabível em qualquer procedimento e em todos os graus de jurisdição** (no caso da Justiça do Trabalho, portanto, perante as Varas do Trabalho, o TRT e o TST), sendo que **o assistente recebe o processo no estado em que este se encontre** (art. 119, § 1º, do CPC).

As partes terão vista do pedido do assistente e poderão impugná-lo no prazo de 15 dias e caso não o façam, a assistência será deferida, exceto se for caso de rejeição liminar (art. 120 do CPC). Se, na impugnação, qualquer das partes alegar que o requerente não tem interesse jurídico para intervir como assistente, o juiz decidirá o incidente, sem que seja necessária a suspensão do processo (art. 120, parágrafo único, do CPC).

A assistência poderá ser **simples** ou **litisconsorcial**.

O assistente simples atuará como auxiliar da parte principal, exercerá os mesmos poderes e sujeitar-se-á aos mesmos ônus processuais que o assistido (art. 121 do CPC), valendo ressaltar que se o assistido for revel ou, de qualquer outro modo, omisso, o assistente será considerado seu substituto processual (art. 121, parágrafo único, do CPC).

A assistência simples não impede que a parte principal, isto é, o assistido, reconheça a procedência do pedido, desista da ação, renuncie ao direito sobre o que se funda a ação ou transija sobre direitos controvertidos (art. 122 do CPC).

Por outro lado, quando a sentença no processo em que interveio transita em julgado, o assistente não poderá, em processo posterior, discutir o mérito da decisão, a menos que alegue e prove que:

a) pelo estado em que recebeu o processo ou pelas declarações e pelos atos do assistido foi impedido de produzir provas que poderiam influir na sentença;

b) desconhecia a existência de alegações ou de provas que o assistido não utilizou, por dolo ou culpa (art. 123 do CPC).

Por fim, o assistente será considerado **litisconsorte** da parte principal que assiste, isto é, será um **assistente litisconsorcial** e não simples, **quando a sentença influir na relação jurídica entre o assistente e o adversário do assistido** (art. 124 do CPC).

5.10.2 Denunciação da lide

A denunciação da lide é o meio pelo qual se convoca para integrar o processo, por iniciativa de uma das partes, o terceiro, que por força de lei ou de contrato é apontado como responsável final pelo cumprimento da obrigação assumida pelo denunciante, possibilitando, assim, que o **juiz se pronuncie não apenas sobre o conflito entre autor e réu, mas também sobre a responsabilidade do denunciado**. A sua principal finalidade, portanto, é evitar que o denunciante necessite, se vencido no processo, ajuizar ação regressiva em face do terceiro, que então figuraria como réu. Sob esse aspecto, a denunciação estaria de acordo com o princípio da economia processual.

Outrora o entendimento que prevalecia na doutrina e na jurisprudência trabalhista era que a denunciação da lide não cabia no processo trabalhista, haja vista que a relação entre denunciante e denunciado escapava à competência da Justiça do Trabalho e, para muitos, a admissibilidade dessa modalidade de intervenção de terceiros também conspirava contra a celeridade, que é tão prestigiada no processo do trabalho. A Orientação Jurisprudencial nº 227 da Subsecção I de Dissídios Individuais do TST (SBD1) consagrava esse entendimento.

Contudo, como a Emenda Constitucional nº 45/94 alterou a redação do art. 114 da Constituição da República e ampliou o leque de matérias cuja apreciação compete à Justiça do Trabalho, que não mais se limita aos conflitos decorrentes da relação de emprego, tornou-se perceptível que em alguns casos poderia ocorrer de a relação entre denunciante e denunciado se situar dentro da competência material da Justiça do Trabalho. Por isso, a referida OJ nº 227 foi cancelada.

Atualmente, portanto, tem-se entendido que **a denunciação da lide é cabível no processo do trabalho, mas desde que a relação entre denunciante e denunciado também se insira na competência da Justiça do Trabalho.** Ainda assim, são raríssimas as situações em que essa modalidade de intervenção de terceiros será admitida na Justiça do Trabalho.

O regramento da denunciação da lide consta dos arts. 125 a 129 do CPC.

A denunciação da lide poderá ser promovida por qualquer das partes, que neste caso será chamada de **denunciante**. O terceiro que será convocado pelo denunciante para intervir no processo será chamado de **denunciado** e deverá, necessariamente, preencher uma das duas condições previstas nos incisos I e II do art. 125 do CPC, isto é, deverá ser:

a) **alienante imediato, no processo relativo à coisa cujo domínio foi transferido ao denunciante, a fim de que possa exercer os direitos que lhe resultam da evicção; ou**

b) **alguém que está obrigado, por lei ou pelo contrato, a indenizar, em ação regressiva, o prejuízo de quem for vencido no processo.**

Salvo melhor juízo, não há como admitir a denunciação da lide no processo do trabalho na primeira hipótese, pois a relação jurídica que tem como objeto a transferência de domínio escapa à competência da Justiça do Trabalho, mesmo que se trate de alienação de patrimônio capaz de configurar sucessão empresarial. Uma cláusula contratual que estabeleça que a empresa sucedida será obrigada a pagar os créditos trabalhistas devidos pela sucessora não afastará a responsabilidade da sucedida, ainda que possa eventualmente repercutir no processo do trabalho, caso o magistrado trabalhista considere que no caso concreto houve uma fraude à execução. Mas, neste caso, a responsabilidade será solidária e alcançará ambas as empresas, não constituindo hipótese que autorize a denunciação da lide.

A segunda hipótese, porém, pode vir a ocorrer no processo do trabalho, embora também não seja frequente. Uma situação que, em tese, permite a denunciação da lide na Justiça do Trabalho é a da ação em que um sindicato cobre de uma empresa o recolhimento de uma contribuição que lhe é devida (lembrando que a contribuição sindical não mais é obrigatória) e a empresa aponte outro sindicato, em favor do qual efetuou o recolhimento, como responsável por indenizá-la pelo prejuízo que advenha do eventual reconhecimento de que o direito a receber à contribuição é do sindicato autor e não do sindicato denunciado. Neste sentido, a Quinta Turma do Tribunal Superior do Trabalho já decidiu:

> **O instituto da denunciação da lide é admissível para resguardar o denunciante do prejuízo advindo do alegado recolhimento da contribuição sindical a outro sindicato que não o autor, inserindo-se tal debate na**

competência da Justiça do Trabalho a justificar a excepcionalidade do seu cabimento" (RRAg-289-06.2016.5.07.0016, 5ª Turma, Rel. Min. Breno Medeiros, *DEJT* 14.08.2020).

O procedimento da denunciação da lide é relativamente simples. Apresentado o pedido (na petição inicial, se o denunciante for o autor; na contestação, se o denunciante for o réu), o denunciado será citado na forma e nos prazos previstos no art. 131 do CPC.

Se a denunciação for feita pelo autor, o denunciado poderá assumir a posição de litisconsorte do denunciante e acrescentar novos argumentos à petição inicial, de modo que a citação do réu para responder aos termos da ação deverá ser feita somente após o denunciado se manifestar nesse sentido (art. 127 do CPC).

Se a denunciação for feita pelo réu, pode ocorrer uma das seguintes hipóteses previstas nos incisos I, II e III do art. 128 do CPC:

a) **o denunciado contesta o pedido formulado pelo autor da ação e o processo prosseguirá tendo, na ação principal, em litisconsórcio passivo, denunciante e denunciado;**

b) **o denunciado é revel e, assim, o denunciante pode deixar de prosseguir com sua defesa, eventualmente oferecida, e abster-se de recorrer, restringindo sua atuação à ação regressiva.**

c) **o denunciado confessa os fatos alegados pelo autor na ação principal e, neste caso, o denunciante poderá prosseguir com sua defesa ou, aderindo a tal reconhecimento, pedir apenas a procedência da ação de regresso.**

Caso o pedido da ação principal seja julgado procedente, o autor poderá, se for o caso, requerer o cumprimento da sentença também contra o denunciado, nos limites da condenação que este sofrer na ação regressiva (art. 128, parágrafo único, do CPC).

Se o denunciante for vencido na ação principal, o juiz passará ao julgamento da denunciação da lide (art. 129 do CPC). **Se o denunciante for vencedor, porém, a ação de denunciação não terá o seu pedido examinado,** sem prejuízo da condenação do denunciante ao pagamento das verbas de sucumbência em favor do denunciado (art. 129, parágrafo único).

5.10.3 Chamamento ao processo

O chamamento ao processo, figura prevista nos arts. 130 a 132 do CPC, é o **meio pelo qual o réu (reclamado) pode trazer para o processo os coobrigados ou o devedor principal da obrigação cujo cumprimento lhe está sendo exigido.**

Diz o art. 130 do CPC, incisos I a III, que é admissível o chamamento ao processo:

a) do afiançado, na ação em que o fiador for réu;

b) dos demais fiadores, na ação proposta contra um ou alguns deles;

c) dos demais devedores solidários, quando o credor exigir de um ou de alguns o pagamento da dívida comum.

Há um consenso doutrinário e jurisprudencial no sentido de que as duas primeiras hipóteses que autorizam o chamamento ao processo não têm aplicabilidade na Justiça do Trabalho. Em tese, a terceira hipótese, relacionada com a solidariedade passiva, teria cabimento no processo do trabalho. Por exemplo, o reclamado, subempreiteiro, poderia chamar ao processo o empreiteiro principal na situação prevista no art. 455 da CLT.

Ocorre, contudo, que o TST vem entendendo que no processo do trabalho não cabe ao réu (reclamado) definir quem deve figurar no polo passivo da ação trabalhista, pois a inclusão de outros réus poderia atrasar a solução da causa e, deste modo, vulnerar o princípio da celeridade, que é tão precioso para o Direito Processual do Trabalho. Neste sentido, a Corte Superior, por sua 3ª Turma, decidiu:

> **A propósito do instituto denominado chamamento ao processo, esta Corte Superior vem entendendo que incumbe ao autor e não ao réu da ação definir o polo passivo da demanda, uma vez que a inclusão de outros réus poderia acarretar o atraso no prosseguimento do feito, causando, assim, uma violação do princípio da celeridade. Precedentes. Incide, pois, na espécie, o óbice da Súmula nº 333 do TST e do art. 896, § 7º, da CLT (AIRR-100182-14.2017.5.01.0432, 3ª Turma, Rel. Min. Alexandre de Souza Agra Belmonte, *DEJT* 25.09.2020).**

Outra razão também conspira contra a admissibilidade do chamamento ao processo na Justiça do Trabalho mesmo na hipótese prevista no inciso III do art. 130 do CPC: se a relação entre os codevedores não for uma relação de trabalho, a Justiça do Trabalho não terá competência material para apreciá-la.

O chamamento ao processo será requerido pelo reclamado na sua contestação e a citação deverá ser promovida no prazo de 30 (trinta) dias, sob pena de ficar sem efeito o chamamento, mas se o chamado residir em outra comarca, seção ou subseção judiciárias, ou em lugar incerto, o prazo será de 2 (dois) meses (art. 131, *caput* e parágrafo único, do CPC).

A sentença de procedência valerá como título executivo em favor do réu que satisfizer a dívida, a fim de que possa exigi-la, por inteiro, do devedor principal, ou, de cada um dos codevedores, a sua quota, na proporção que lhes tocar (art. 132 do CPC).

5.10.4 Incidente de desconsideração da personalidade jurídica

A desconsideração da personalidade jurídica é uma construção doutrinária e jurisprudencial que tem origem no Direito anglo-saxão, onde, apelidada de *disregard doctrine*, surgiu com a finalidade de possibilitar que todo aquele prejudicado pela utilização fraudulenta e abusiva da pessoa jurídica pudesse obter a reparação do dano sofrido quando o patrimônio da empresa não mais comportasse o ressarcimento integral. O pressuposto da desconsideração, no dizer de Fabio Ulhoa, "é a ocorrência de fraude perpetrada com uso da autonomia patrimonial da pessoa jurídica".[10]

A *disregard doctrine* foi trazida para o Brasil pelo professor Rubens Requião[11] e começou a ser aplicada pelos juízes, notadamente os que lidavam com as demandas comerciais, antes mesmo de sua positivação no Código de Defesa do Consumidor de 1990 (art. 28) e, sucessivamente, na Lei de Proteção ao Meio Ambiente (Lei nº 9.605/98, art. 4º), no Código Civil de 2002 (art. 50) e na Lei Antitruste (Lei nº 12.529/2011, art. 34). É um típico caso em que o legislador acompanhou a doutrina e a jurisprudência.

A doutrina da desconsideração da personalidade jurídica encontrou no processo do trabalho um terreno fértil para a sua aplicação, considerando-se que a gestão fraudulenta de empresas sempre foi um empecilho para que o trabalhador recebesse os seus créditos trabalhistas. Conquanto eventualmente fosse perceptível uma ou outra resistência na jurisprudência, a teoria foi largamente utilizada pelos juízes do trabalho na execução trabalhista, sem que houvesse, contudo, uma uniformidade procedimental, já que o incidente de desconsideração da personalidade jurídica só veio a ser introduzido no nosso ordenamento jurídico pelo Código de Processo Civil de 2015.

Fala-se atualmente em **desconsideração da personalidade jurídica direta e inversa**. A **direta,** mais comum, ocorre quando o sócio da pessoa jurídica é chamado para responder com os seus bens pelos débitos da sociedade empresarial que integra ou que já integrou. A **desconsideração inversa** ocorre quando o devedor é pessoa física, integra uma sociedade empresarial e esta é chamada para responder com o seu patrimônio pela dívida do seu sócio.

Com o advento da Lei nº 13.467/2017 (Reforma Trabalhista), foi introduzido na CLT o art. 855-A que dispõe que é aplicável ao processo do trabalho o incidente de desconsideração da personalidade jurídica previsto no Código de Processo Civil de 2015.

A desconsideração da personalidade jurídica, como visto, tem sido uma realidade na Justiça do Trabalho há décadas. No entanto, não havia consenso sobre o procedimento a ser adotado para que fosse declarada, de modo que, na prática, os juízes do trabalho, com um sentido prático muito aguçado para imprimir celeridade ao processo, adotavam procedimentos diversos, mas sempre com o objetivo de alcançar de forma rápida a efetividade da execução trabalhista. Como regra, não havia a necessidade de suscitar um incidente específico, haja vista que o juiz do trabalho na fase executória tomava a iniciativa de aplicar até mesmo de ofício a desconsideração da personalidade jurídica, sempre que constatada a insuficiência financeira da pessoa jurídica executada, muitas vezes presumindo

---

10 COELHO, Fábio Ulhoa. *Manual de direito comercial:* direito de empresa. 24. ed. São Paulo: Saraiva, 2012, p. 127.

11 REQUIÃO, Rubens. Abuso de direito e fraude, através da personalidade jurídica: disregard doctrine, *Revista dos Tribunais*, São Paulo, 1970.

a utilização fraudulenta ou abusiva da empresa pelo simples fato de não honrar com os créditos trabalhistas.

Agora, contudo, o juiz do trabalho deve seguir o procedimento previsto no Código de Processo Civil, adaptando-o, porém, à sistemática processual trabalhista, já que as soluções apresentadas pelas normas de direito processual comum nem sempre cumprem a missão de garantir o andamento célere dos processos, algo do qual a Justiça do Trabalho não pode abdicar em face do caráter alimentar dos créditos trabalhistas.

De início, vale lembrar que nem todo sócio pretérito da empresa executada pode ser responsabilizado pelo pagamento das obrigações trabalhistas quando da despersonalização da pessoa jurídica. Nos termos do art. 10-A da CLT, introduzido pela Lei nº 14.467/2017 (Reforma Trabalhista), "**o sócio retirante responde subsidiariamente pelas obrigações trabalhistas da sociedade relativas ao período em que figurou como sócio, somente em ações ajuizadas até dois anos depois de averbada a modificação do contrato, observada a seguinte ordem de preferência: I – a empresa devedora; II – os sócios atuais; e III – os sócios retirantes**", cabendo ressaltar, todavia, que o parágrafo único do mesmo artigo estabelece que "**o sócio retirante responderá solidariamente com os demais quando ficar comprovada fraude na alteração societária decorrente da modificação do contrato**".

O procedimento do incidente está disciplinado pelos arts. 133 a 137 do CPC, valendo ressaltar que tanto se aplica à desconsideração direta quanto à inversa (art. 133, § 2º, do CPC), mas sua recepção pelo processo do trabalho exige algumas adaptações, a fim de que seja compatibilizado com os princípios da celeridade e da proteção.

Em princípio, **o incidente de desconsideração da personalidade jurídica somente poderá ser instaurado a pedido da parte ou do Ministério Público, quando lhe couber intervir no processo** (art. 133 do CPC). **Ao juiz do trabalho, portanto, não seria possível de ofício declarar a desconsideração da personalidade jurídica, como era a praxe, e nem mesmo suscitar o incidente.** Mas, caso ele o faça, o ato judicial que em princípio seria nulo será facilmente convalidado com a simples manifestação do exequente concordando com a decisão, por exemplo, ao se manifestar sobre a eventual impugnação do sócio à sua inclusão no polo passivo da execução, impugnação esta que pode ser veiculada por meio de exceção de pré-executividade ou por meio de embargos à execução. Claro, seria possível, em tese, a impetração de mandado de segurança em face do ato judicial, mas não parece fácil a configuração de um direito líquido e certo numa questão tão controversa, mormente quando o ato é facilmente passível de convalidação.

O incidente de desconsideração é cabível em todas as fases do processo de conhecimento, no cumprimento de sentença e na execução fundada em título executivo extrajudicial (art. 134). Na prática processual do trabalho, o incidente ocorre com maior frequência na fase de execução, até porque suscitá-lo na fase de conhecimento, após o ajuizamento da reclamação, quando ainda não foi formado o título judicial, isto é, não foi prolatada a sentença, representaria atraso desnecessário do processo, ainda mais se o seu andamento tiver que ser suspenso, como previsto no § 3º do art. 134.

O § 2º do art. 134, por sua vez, prevê que **a instauração do incidente será dispensada se a desconsideração da personalidade jurídica for requerida na petição inicial**, quando, então, será citado o sócio ou a pessoa jurídica, **hipótese em que não haverá a suspensão do processo. Será a única hipótese em que o pedido de desconsideração na fase de conhecimento não representará uma delonga inútil para o processo. Neste caso, não haverá um incidente a ser instaurado.**

O § 3º do art. 134 dispõe que "a instauração do incidente suspenderá o processo, salvo na hipótese do § 2º", acima referido. A suspensão do processo, contudo, não parece se coadunar com os princípios da celeridade e da proteção, de modo que, embora admitido o incidente, é mais razoável que o feito siga o seu curso normal, inclusive permitindo ao juiz, em sede de tutela de urgência, que adotar medidas visando à expropriação de bens da pessoa jurídica, ainda que garantam apenas o pagamento parcial do débito trabalhista, caso venham a ser encontrados enquanto o incidente estiver pendente de decisão.

O § 4º preceitua que **"o requerimento deve demonstrar o preenchimento dos pressupostos legais específicos para desconsideração da personalidade jurídica"**, de modo que, no processo do trabalho, o requerente deve estar atento às limitações previstas no art. 10-A da CLT, sobre as quais já se falou.

Instaurado o incidente, o sócio ou a pessoa jurídica será citado para manifestar-se e requerer as provas cabíveis no prazo de 15 (quinze) dias (art. 135). Concluída a instrução, se necessária, o incidente será resolvido por **decisão interlocutória** (art. 136), da qual, portanto, **não cabe recurso no processo do trabalho.**

Se o pedido de desconsideração for acolhido, a alienação ou a oneração de bens, havida em fraude de execução, será ineficaz em relação ao requerente (art. 137).

5.10.5 *Amicus curiae*

A expressão latina *amicus curiae* significa literalmente "amigo da corte" e no âmbito processual designa uma **modalidade de intervenção de terceiros que tem como principal objetivo a democratização do debate em torno de matérias controversas submetidas à apreciação do Judiciário**[12] **que, por sua relevância, especificidade ou repercussão social, exijam uma discussão qualificada que leve em consideração as diferentes visões que compartilham o espaço público e são representadas por órgãos ou entidades com inegável interesse pelo desfecho do processo.** Neste sentido, é uma manifestação do assim chamado "processo cooperativo".

---

12 Sobre o papel democratizador do *amicus curiae*, cf. BUENO FILHO, Edgard Silveira. *Amicus curiae* - A democratização do debate nos processos de controle de constitucionalidade. Revista Diálogo Jurídico, nº 14, jun./ago., Salvador, 2002.

Como se pronunciou o plenário do TST, em magistral acórdão redigido pelo Ministro Augusto César Leite de Carvalho:

> O *amicus curiae* se insere no processo como um terceiro, motivado por um interesse maior que o das partes envolvidas inicialmente no processo para oferecer à Corte subsídios para o exame da questão controvertida. Daí por que, em sua acepção latina, o termo significa – amigo da corte –, e não das partes.
>
> A intervenção de terceiro na qualidade de *amicus curiae* tem como requisito básico a expectativa de que os interessados ampliem o debate de matérias relevantes para determinados segmentos sociais e/ou para a sociedade como um todo, apresentando informações, documentos, fatos ou elementos técnicos que auxiliem na formação do convencimento dos julgadores e lhes ofereçam novos subsídios para a entrega da prestação jurisdicional adequada. Ou seja, a função do *amicus curiae* é de levar aos magistrados elementos de fato e/ou de direito relevantes para o melhor equacionamento da matéria posta em Juízo (AgR-E-RR-148500-29.2004.5.09.0022, Tribunal Pleno, Rel. Min. Augusto César Leite de Carvalho, DEJT 16.09.2016).

A inserção do *amicus curiae* no ordenamento jurídico brasileiro é relativamente recente. Acredita-se que foi a Lei nº 6.385/76 que inaugurou essa figura processual no direito positivo brasileiro, ao prever a intervenção da Comissão de Valores Mobiliários nos processos que discutiam matéria de sua competência.

São apontados, também, como exemplos na legislação da figura do *amicus curiae*, (a) a intervenção do Conselho Administrativo de Defesa Econômica (Cade) nas ações relacionadas ao direito da concorrência, prevista pela Lei nº 8.884/94; (b) a intervenção da Ordem dos Advogados, por meio de seu Presidente, nos processos ou inquéritos em que fossem partes os advogados, prevista pela Lei nº 8.906/94 (Estatuto da OAB); (c) a intervenção do Instituto Nacional de Propriedade Industrial (INPI) nas ações de nulidade de registro de patente (art. 57), de desenho industrial (art. 118) e de marca (art. 175), autorizada pela Lei nº 9.279/96 (Lei de Propriedade Industrial).

Não obstante as referências legais citadas anteriormente, **o *amicus curiae* somente vem conquistar importância no cenário jurídico nacional a partir da promulgação da Lei nº 9.868/99, que dispõe sobre o processo e julgamento da Ação Direta de Inconstitucionalidade e da Ação Declaratória de Constitucionalidade perante o STF.**

O atual Código de Processo Civil regula o procedimento do *amicus curiae* no art. 138, cujo *caput* dispõe que "o juiz ou o relator, considerando a relevância da matéria, a especificidade do tema objeto da demanda ou a repercussão social da controvérsia, poderá, por decisão irrecorrível, de ofício ou a requerimento das partes ou de quem pretenda manifestar-se, solicitar ou admitir a participação de pessoa natural ou jurídica, órgão ou entidade especializada, com representatividade adequada, no prazo de 15 (quinze) dias de sua intimação".

Tal intervenção, nos termos do disposto no § 1º do dispositivo mencionado, não implica alteração de competência nem autoriza a interposição de recursos, ressalvadas a oposição de embargos de declaração e a hipótese do § 3º, que permite ao *amicus curiae* recorrer da decisão que julgar o incidente de resolução de demandas repetitivas.

O § 2º do artigo em questão estabelece que caberá ao juiz ou ao relator, na decisão que solicitar ou admitir a intervenção, definir os poderes do *amicus curiae*.

Desde que presente qualquer dos requisitos previstos no *caput* do art. 138, isto é, **a relevância da matéria, a especificidade do tema objeto da demanda ou a repercussão social da controvérsia**, a admissão do *amicus curiae* perante a Justiça do Trabalho é plenamente cabível, observando-se sempre que **a decisão neste sentido é monocrática**, daí por que não há como evitar certa dose de subjetivismo na apreciação de tais requisitos pelo juiz ou pelo relator. Conforme já decidiu o plenário do STF, "**a decisão que recusa pedido de habilitação de *amicus curiae* não compromete qualquer direito subjetivo, nem acarreta qualquer espécie de prejuízo ou de sucumbência ao requerente, circunstância por si só suficiente para justificar a jurisprudência do Tribunal, que nega legitimidade recursal ao preterido**".[13]

A admissão do *amicus curiae* na primeira instância da Justiça do Trabalho não tem sido comum, não obstante seja um instrumento útil para a democratização do debate jurídico em torno de questões levantadas por meio de ações civis públicas e, portanto, para a produção de decisões mais eficientes. A pouca simpatia dos juízes do trabalho de primeiro grau pelo instituto se deve possivelmente à interferência na celeridade do processo. Em geral, essa figura interventiva é mais utilizada perante as Cortes trabalhistas, isto é, o TST e os Tribunais Regionais do Trabalho.

O indeferimento da habilitação é mais frequente que o deferimento. Ademais, há uma nítida tendência, pelo menos no âmbito do TST, de não considerar que questões de natureza processual possam justificar a participação do *amicus curiae*, como se vê do acórdão cuja ementa é parcialmente reproduzida a seguir:

AGRAVO DE INSTRUMENTO. INTERVENÇÃO DE TERCEIRO. PEDIDO DE INGRESSO NA LIDE COMO *AMICUS CURIAE*. QUES-

---

13 BRASIL. SUPREMO TRIBUNAL FEDERAL. ADI 3.460 ED, Plenário, Rel. Min. Teori Zavascki, *DJe* 11.03.2015. No mesmo sentido, a Corte Especial do Superior Tribunal de Justiça, que decidiu no julgamento da Questão de Ordem no REsp 1.696.396/MT (1º.08.2018) que "a leitura do art. 138 do CPC/2015 não deixa dúvida de que a decisão unipessoal que verse sobre a admissibilidade do *amicus curiae* não é impugnável por agravo interno, seja porque o *caput* expressamente a coloca como uma decisão irrecorrível, seja porque o § 1º expressamente diz que a intervenção não autoriza a interposição de recursos, ressalvada a oposição de embargos de declaração ou a interposição de recurso contra a decisão que julgar o IRDR". Também o pleno do TST tem decidido no mesmo sentido (Ag-IAC-5639-31.2013.5.12.0051, Tribunal Pleno, Rel. Min. Luiz Philippe Vieira de Mello Filho, *DEJT* 20.09.2019).

TÃO MERAMENTE PROCESSUAL. INVIABILIDADE. A partir da vigência do Código de Processo Civil de 2015 a atuação do *amicus curiae*, anteriormente prevista somente em legislação especial, incorporou-se ao regramento processual geral. O *amicus curiae* é um terceiro interveniente, detentor de interesse institucional, que demonstra condições de contribuir de forma útil no enriquecimento e pluralização do debate para a formação do convencimento do magistrado. Nos termos do art. 138 do CPC o ingresso do *amicus curiae* pressupõe o preenchimento de pressupostos objetivos, consistentes na relevância da matéria, na especificidade do tema objeto da demanda e na repercussão social da controvérsia, bem como pressuposto subjetivo, relativo à representatividade adequada. No caso, a AABNB não comprova que sua atuação é útil e desejável para a solução do litígio, dada a ausência de informações técnicas ou jurídicas que efetivamente contribuam para o enriquecimento do debate. Também não procede o pedido de intervenção como assistente, uma vez que não evidenciada a existência de interesse jurídico. Ressalte-se que não há demonstração de que a decisão a ser proferida possa influir desfavoravelmente na situação jurídica da Associação requerente, projetando efeitos sobre a sua esfera de direito. Indeferidos os pedidos de ingresso na lide como *amicus curiae* e como assistente (AIRR-31100-52.1997.5.07.0003, 5ª Turma, Rel. Min. Joao Batista Brito Pereira, *DEJT* 28.04.2017).

No particular, merece registro que o Conselho Federal da OAB teve negado pela 8ª Turma do TST pedido para ingressar como *amicus curiae* em Agravo de Instrumento de Recurso de Revista que versava sobre honorários advocatícios, justamente por ter o relator considerado que a questão em discussão no agravo dizia respeito aos pressupostos de admissibilidade do Recurso de Revista no que se refere à preliminar de nulidade por negativa de concessão jurisdicional e, deste modo, teria caráter meramente processual (AIRR-10112-69.2019.5.03.0061, 8ª Turma, Rel. Min. Joao Batista Brito Pereira, *DEJT* 11.05.2020).

A título exemplificativo, merecem referência alguns casos em que o ingresso de *amicus curiae* foi admitido no âmbito do Tribunal Superior do Trabalho:

a) diversas entidades (sindicatos, hospitais e associações) foram admitidas como *amici curiae*[14] no julgamento pela Subseção I Especializada em Dissídios Individuais do Tribunal Superior do Trabalho do Incidente de Recursos de Revista Repetitivos nº TST-IRR-1325-18.2012.5.04.0013, no qual se discutia se o adicional de periculosidade seria devido ao trabalhador que, embora não operasse aparelho móvel de raios X, permanecesse no recinto exercendo suas atividades no momento da utilização do equipamento para a realização de exames radiológicos, em emergên-

---

14   Plural de *amicus curiae*.

cias, salas de internação, unidades de tratamento intensivo ou outros setores semelhantes existentes em estabelecimentos hospitalares;

b) a Ministra Kátia Magalhães Arruda, da 6ª Turma da Corte, deferiu a habilitação da Associação Brasileira de Shopping Centers – Abrasce como *amicus curiae*, em sede de Ação Civil Pública movida pelo Ministério Público do Trabalho da 9ª Região, cujo objeto era a condenação de um Shopping Center na obrigação de prover local apropriado onde as empregadas dos lojistas pudessem deixar sob vigilância e assistência seus filhos em fase de amamentação, durante o horário de trabalho (AIRR-127-80.2013.5.09.0009, 6ª Turma, Rel. Min. Augusto César Leite de Carvalho, *DEJT* 13.03.2015);

c) a Associação Brasileira de Cruzeiros Marítimos – Clia teve deferido o seu pedido de ingresso como *amicus curiae* em recurso de revista que discutia se a legislação aplicável à contratação no Brasil para labor em navio de cruzeiro internacional seria a brasileira, a do país da bandeira do navio ou a do domicílio da empresa (RR-130034-11.2015.5.13.0015, 6ª Turma, Rel. Des. Convocada Cilene Ferreira Amaro Santos, *DEJT* 24.05.2019).

Por fim, os embargos declaratórios não são o meio hábil para a veiculação do pedido de ingresso do *amicus curiae*, na medida em que a decisão sobre o tema para cuja discussão o requerente pretendia contribuir já fora prolatada. Com base nesse entendimento, o Ministro Alexandre de Souza Agra Belmonte rejeitou o ingresso como *amicus curiae* da Febraban e da CNI em processo no qual se discutia a determinação do fato gerador da contribuição previdenciária. Não é demais reproduzir aqui parte da ementa do acórdão em questão:

I – PEDIDO DA FEBRABAN EFETUADO NA VIGÊNCIA DO CPC DE 1973 PARA INGRESSO NO FEITO COMO *AMICUS CURIAE* COM CONSEQUENTE ENFRENTAMENTO DE SEUS EMBARGOS DE DECLARAÇÃO OPOSTOS ÀS FLS. 800-842. Pedido que se rejeita, haja vista a impossibilidade de admissão da intervenção de quem, representando instituições bancárias e que não integra a categoria econômica de empresa que industrializa e comercializa calçados em geral, busca tardiamente e por aclaratórios interferir numa decisão já proferida pelo Tribunal Pleno de uma Corte Superior, para defender interesses próprios de seus associados para casos futuros. A Febraban, efetivamente, não buscou ou apresentou, antes do julgamento, subsídios que pudessem auxiliar a Corte na decisão da questão, não sendo possível agora, por linhas transversas e mediante recurso impróprio e não previsto pelo Código de Processo Civil da ocasião, influir e mudar, no que lhe interessa, o resultado do julgamento. Pedido rejeitado.

II – PEDIDO DA CNI FORMULADO NA VIGÊNCIA DO CPC DE 1973 PARA INGRESSO NO FEITO COMO *AMICUS CURIAE* E (OU)

ASSISTENTE SIMPLES COM O ENFRENTAMENTO DE SEUS EMBARGOS DE DECLARAÇÃO OPOSTOS ÀS FLS. 918-925. Conforme mencionado no item anterior, verifica-se não ser possível admitir a intervenção, como *"AMICUS CURIAE"*, de quem busca tardiamente interferir numa decisão já proferida pelo Tribunal Pleno de uma Corte Superior, para defender, por meio de embargos de declaração, interesses próprios de seus associados para casos futuros. Ademais, se na vigência do CPC de 1973 já não era facultado ao *"amicus curiae"* o direito de recorrer, dado o seu objetivo de apresentar ao juiz apenas esclarecimentos úteis ao julgamento da lide, mantendo postura neutra, conforme precedentes do e. STF, na vigência do CPC de 2015, embora aqui inaplicável, os embargos de declaração pressupõem anterior intervenção do *"amicus curiae"* sobre a qual teria havido omissão, obscuridade ou contradição (ED-E-RR-1125-36.2010.5.06.0171, Tribunal Pleno, Rel. Min. Alexandre de Souza Agra Belmonte, *DEJT* 16.06.2016).

5.10.6 A modalidade de intervenção de terceiros prevista no art. 486, § 1º, da CLT. O *factum principis*

O art. 486 da CLT prevê no seu *caput* que, **"no caso de paralisação temporária ou definitiva do trabalho, motivada por ato de autoridade municipal, estadual ou federal, ou pela promulgação de lei ou resolução que impossibilite a continuação da atividade, prevalecerá o pagamento da indenização, que ficará a cargo do governo responsável"**.

O ato governamental que determina a paralisação do trabalho, seja de natureza administrativa, seja de natureza legislativa, se compreende naquilo que a doutrina trabalhista convencionou denominar fato do príncipe ou *factum principis,* expressão usada para identificar medidas gerais do poder público que repercutem nos contratos celebrados pelos administrados, provocando desequilíbrio econômico-financeiro em detrimento de alguma das partes.[15]

O §1º do art. 486 estabelece que a pessoa jurídica de direito público responsável pela paralisação do trabalho deverá ser notificada para figurar no processo como **chamada à autoria,** quando o empregador invocar o *factum principis*, alegação que se tornou recorrente na Justiça do Trabalho por causa dos decretos governamentais que, durante o estado de emergência ou de calamidade pública provocados pela pandemia de Covid-19, suspenderam o funcionamento de diversas atividades econômicas.

A expressão "chamado à autoria" era utilizada pelo CPC de 1939 para referir-se genericamente à intervenção de terceiros. A doutrina costuma associar a hipótese do *factum principis* à denunciação da lide. Sem dúvida, há semelhanças

---

15 Sobre o conceito de fato do príncipe, cf. DI PIETRO, Maria Sylvia Zanella. *Direito administrativo*. 33. ed. Rio de Janeiro: Forense, 2020, p. 293.

entre ambas. Todavia, a figura interventiva prevista no § 1º do art. 486 da CLT não se limita meramente a possibilitar que o Judiciário avalie se o ente público teria, por força de lei, a obrigação de indenizar em ação regressiva o empregador reclamado. Mais do que isso, o juiz deverá definir quem é o único devedor, se o poder público ou o empregador. Deste modo, sendo reconhecido o fato do príncipe, o empregador estará isento da dívida, que ficaria, assim, a cargo do governo responsável.

Há, porém, alguns problemas relacionados com a figura de intervenção de terceiros ora examinada. O maior deles é que a transferência da dívida trabalhista para o ente público, que goza do privilégio de ser executado por precatório, pode representar uma delonga no recebimento pelo trabalhador do seu crédito.

De qualquer modo, cumpre assinalar que o *factum principis* somente transfere para a responsabilidade estatal o pagamento da indenização, eximindo o empregador do pagamento da multa dos 40% ou da indenização do art. 478, CLT (para os não optantes anteriores à CF/88 e os portadores da estabilidade decenal), mas as demais verbas rescisórias permanecerão a cargo do empregador.[16]

O procedimento é simples. Invocando o empregador em sua defesa o fato do príncipe, caberá ao juiz do trabalho mandar notificar a pessoa de direito público apontada como responsável pela paralisação do trabalho para que, no prazo de 30 (trinta) dias, alegue o que entender devido.

Passando a pessoa jurídica de direito público a figurar no processo como litisconsorte do empregador, o processo seguirá, então, o seu curso, podendo ser adotados a partir daí os trâmites previstos para a denunciação da lide no CPC, ante a similaridade das situações. Há que se observar, porém, que se o juiz do trabalho, quando da prolação da sentença, decidir que o pagamento da indenização cabe ao ente público, ele deverá declarar que o empregador está isento da dívida.

Não cabe, nos limites do presente compêndio, que é de direito processual e não de direito material do trabalho, discutir com amplitude se a paralisação da atividade econômica no contexto da pandemia de Covid-19 configura a hipótese do fato do príncipe. Não nos furtamos, contudo, a expressar o nosso entendimento de que nem toda paralisação temporária ou definitiva do trabalho motivada por ato administrativo que impossibilite a continuação da atividade da empresa será capaz de atrair a responsabilidade do poder público pelo pagamento de indenização ao trabalhador. Faz-se necessário que a decisão governamental se dirija especificamente à empresa ou ao setor econômico que ela integra e resulte do poder discricionário da Administração Pública. Não consideramos, portanto, que se adequem à moldura do fato do príncipe as decisões que as autoridades públicas são obrigadas a tomar para resguardar a saúde pública, num contexto de pandemia, uma vez que são direcionadas a toda a atividade econômica e mesmo a atividades que não tem o caráter econômico (igrejas, acesso dos cidadãos às praias e

---

16   Neste sentido, JORGE NETO, Francisco Ferreira; CAVALCANTE, Jouberto de Quadros Pessoa. *Direito do trabalho*. 9. ed. São Paulo: Atlas, 2019.

Capítulo 5 • PARTES E PROCURADORES

parques públicos etc.). Neste sentido, inclusive, tem caminhado a jurisprudência trabalhista, como se exemplifica com os seguintes arestos:

ART. 486 DA CLT – FATO DO PRÍNCIPE – COVID-19 -INAPLICA-BILIDADE. "Não se aplica ao caso a teoria do fato do príncipe, pois as medidas adotadas pela Administração no âmbito da pandemia da Covid-19 foram de natureza emergencial e temporária, em benefício da saúde pública e da coletividade, diante de uma situação de reconhecida calamidade pública. A Administração Pública não determinou o encerramento da atividade da reclamada, mas apenas a suspensão temporária. Ademais, nos termos do art. 29 da Lei nº 14.020/2020, o art. 486 da CLT não se aplica no caso da paralisação das atividades em razão do novo coronavírus. Recurso da reclamada a que se nega provimento" (TRT da 2ª Região, Processo 1000594-85.2020.5.02.0043, Rel. Des. Karen Cristine Nomura Miyasaki, 1ª Turma, *DEJT* 13.11.2020).

FORÇA MAIOR. PANDEMIA DE CORONAVÍRUS. "Para a aplicação das disposições legais contidas no art. 486 da CLT, atinentes ao fato de príncipe, a doutrina estabelece a observância concomitante dos seguintes requisitos: a paralisação temporária ou definitiva de uma determinada atividade econômica escolhida pelo poder público; a presença de um interesse específico que beneficia a própria Administração; a edição de ato ou resolução administrativa ou mesmo de uma lei de efeito concreto; e a real impossibilidade de continuação da atividade econômica afetada. Não estando presentes todos estes requisitos, são devidas as verbas rescisórias em sua totalidade". (TRT da 2ª Região, Processo 1000813-93.2020.5.02.0271, Rel. Des. Maria de Lourdes Antônio, 17ª Turma, *DEJT* 18.03.2021).

Por fim, a sentença que condena o ente público ao pagamento da verba indenizatória em decorrência do fato do príncipe e, ao mesmo tempo, condena o empregador pelas demais verbas rescisórias, produz um efeito indesejado para a dinâmica processual trabalhista. Em tese, o mesmo título judicial será objeto de duas espécies de execução, o que tende a atrasar a satisfação dos créditos do trabalhador.

ATOS, TERMOS, PRAZOS E NULIDADES PROCESSUAIS

6

6.1 ATOS PROCESSUAIS

O processo, como visto, é um complexo, uma série de atos jurídicos. Esses atos jurídicos são identificados como atos processuais.

6.1.1 Conceito

Atos processuais são, numa definição sucinta, **os atos jurídicos que têm a aptidão para constituir, conservar, movimentar, modificar ou extinguir a relação jurídica processual.** Podem ser praticados pelas partes, pelo juiz ou pelos órgãos auxiliares da Justiça.

6.1.2 Classificação

Os atos processuais podem ser classificados:

a) **pelo critério subjetivo,** que leva em consideração o sujeito a quem cabe praticar o ato;

b) **pelo critério objetivo,** que leva em conta a finalidade do ato ou, por outras palavras, qual o efeito que a sua prática pretende produzir no processo.

O critério subjetivo, adotado pelo CPC, distingue entre **atos da parte** (art. 200 do CPC), **pronunciamentos do juiz** (art. 203 do CPC) e **atos dos órgãos auxiliares da justiça** (escrivão ou chefe de secretaria, nos termos do art. 206 do CPC). A título de exemplo, a apresentação de petição inicial e o oferecimento de defesa são atos das partes (reclamante e reclamado, respectivamente); os despachos, decisões interlocutórias e sentenças são atos (pronunciamentos) do juiz; a notificação inicial, nos termos do art. 841 da CLT, é um ato cuja prática incumbe ao diretor de secretaria, cargo outrora denominado de secretário,[1] ao passo que a citação do executado, consoante previsto no art. 880, § 2º, do mesmo estatuto, será feita pelos oficiais de justiça, antigamente conhecidos como oficiais de diligência.

O critério objetivo distingue entre:

a) **atos postulatórios,** por meio dos quais as partes solicitam um provimento jurisdicional (petição inicial e contestação, por exemplo);

---

1   Na hipótese de juiz de direito investido de jurisdição trabalhista, pelo escrivão do cartório. Ordinariamente, essa atribuição é delegada pelo diretor a outros servidores da Vara.

b) **atos de desenvolvimento,** que compreendem atos instrutórios (provas e alegações) e atos de ordenação (impulso, direção, formação);[2]

c) **atos de provimento,** que consistem em pronunciamentos decisórios do juiz (sentenças e decisões interlocutórias).

6.1.3 Comunicação dos atos processuais

Quando trata da comunicação dos atos processuais, a CLT é parcimoniosa, de modo que se torna necessário preencher as lacunas com a aplicação subsidiária do Código de Processo Civil, que regula a matéria nos arts. 236 a 275.

6.1.3.1 Cumprimento de atos processuais fora dos limites territoriais do órgão jurisdicional onde tramita o feito

Quando o ato processual tiver de ser praticado fora dos limites territoriais da unidade judiciária onde tramita o feito, deverá ser expedida carta para o juízo vinculado ao ato, ressalvadas as hipóteses previstas em lei, facultando-se também ao tribunal expedir carta para o juízo a ele vinculado determinando a prática de ato que deva ser realizado fora do local onde está sediado (art. 236 do CPC, §§ 1º e 2º).

As cartas são classificadas em quatro espécies (art. 237, I, II, III e IV):

a) **Carta de ordem,** que é **aquela expedida pelo tribunal determinando a um juízo a ele vinculado que pratique algum ato processual.** Por exemplo, nos termos do art. 866 da CLT, quando o dissídio coletivo ocorrer fora da sede do Tribunal, poderá o presidente, caso julgue conveniente, delegar ao juiz da Vara do Trabalho da localidade onde o conflito tem lugar, a realização de audiência de conciliação. Essa delegação deverá ser formalizada, portanto, por uma **carta de ordem;**

b) **Carta rogatória,** que **tem como destinatário um órgão jurisdicional estrangeiro ao qual é solicitada a prática de ato de cooperação jurídica internacional relacionado com processo que tramita perante o Judiciário brasileiro.** Por exemplo, se numa ação trabalhista, o reclamado não tem endereço no Brasil e o seu endereço no exterior é conhecido pela Vara do Trabalho, a notificação para que responda à reclamação deverá ser feita mediante carta rogatória. O procedimento, por ser em regra demorado, já que exige a intervenção de outros órgãos estatais e, eventualmente, a tradução de documentos (quando o país de destino não for de língua portuguesa), é pouco adotado pela Justiça do Trabalho. Quando há o conhecimento prévio do juízo de que o reclamado regressará em breve ao país (por exemplo, para passar as suas férias de verão), tem sido mais comum aguardar o seu retorno e determinar que a sua citação se faça por oficial de justiça. Outros tipos de atos podem ser cumpridos pelo

---

2 THEODORO JÚNIOR, Humberto, ob. cit., p. 611. Alguns doutrinadores separam os atos de desenvolvimento dos atos de instrução.

órgão jurisdicional estrangeiro por meio da **carta rogatória**, a exemplo da oitiva de testemunha. Cabe ao magistrado responsável pelo processo ser cauteloso ao apreciar pedido de expedição de carta rogatória, haja vista que pode se prestar a manobras procrastinatórias;

c) **Carta precatória, que é expedida para que órgão judicial brasileiro pratique ou determine o cumprimento, nos limites territoriais de sua jurisdição, de ato relativo a pedido de cooperação judiciária formulado por órgão judicial cujos limites territoriais de jurisdição sejam distintos.** Por exemplo, a citação de uma pessoa que resida em Gramado – RS e figure como executada num processo que tramita perante a Vara do Trabalho de Santo Amaro – BA, será feita por meio de carta precatória expedida por este juízo, que será designado como **vara deprecante**, a ser cumprida pelo órgão jurisdicional da serra gaúcha, que será designado como **vara deprecada**;

d) **Carta arbitral, que é expedida por juízo arbitral e tem como destinatário órgão do Poder Judiciário,** a fim de que este, dentro dos limites territoriais de sua jurisdição, pratique ou determine o cumprimento de ato relativo a pedido de cooperação judiciária, inclusive os que importem efetivação de tutela provisória.

O parágrafo único do art. 237 do CPC estabelece que "se o ato relativo a processo em curso na Justiça Federal ou em tribunal superior houver de ser praticado em local onde não haja vara federal, a carta poderá ser dirigida ao juízo estadual da respectiva comarca". Isso significa, na prática, que, se a localidade onde deva ser cumprido um ato processual específico não está sob a jurisdição de uma vara do trabalho, o juiz da vara do trabalho onde tramita o processo respectivo poderá expedir carta precatória dirigida ao juiz de direito, embora este integre a Justiça Estadual. Parece-nos, contudo, que, no processo trabalhista, a carta precatória poderia ser expedida mesmo que não houvesse o permissivo legal, haja vista que o juiz de direito já estaria investido da jurisdição trabalhista, conforme autorizado pelo art. 112 da Constituição da República.[3]

Os atos processuais, ademais, podem ser praticados por meio de videoconferência ou outro recurso tecnológico de transmissão de sons e imagens em tempo real (art. 236, § 3º, do CPC), expediente bastante utilizado nos tempos da pandemia da Covid-19. O uso da tecnologia digital (teleconferência, comunicação eletrônica) tende a reduzir a necessidade do uso da carta precatória e da carta rogatória.

6.1.3.2 Formas de comunicação

O CPC prevê duas formas de comunicação dos atos processuais: a **citação**, disciplinada nos arts. 238-259, e a **intimação**, disciplinada nos arts. 269-274.

---

3   Cf. tópico 3.1.4.

A **citação** é o ato pelo qual são convocados o réu, o executado ou o interessado para integrar a relação processual (art. 238 do CPC).

A **intimação** é o ato pelo qual se dá ciência a alguém dos atos e dos termos do processo (art. 269 do CPC).

A CLT, contudo, não distingue as duas figuras e usa de forma indiscriminada o termo "notificação" para identificar qualquer comunicação processual, usando excepcionalmente a palavra "citação" em dois momentos:

a) quando se refere ao ato judicial que determina ao executado que cumpra a decisão ou o acordo ou efetue o pagamento da dívida (arts. 880 e 883-A);

b) quando veda a convocação por edital do reclamado no procedimento sumaríssimo (art. 852-B, II).

Ressalvada a hipótese da citação para a execução, não há qualquer impropriedade técnica, no contexto da simplicidade que caracteriza o processo do trabalho, em que a palavra **notificação** seja adotada para designar todas e quaisquer comunicações processuais, de acordo com a opção terminológica claramente eleita pelo legislador trabalhista, muito embora seja comum, tanto na jurisprudência quanto na doutrina trabalhista, o uso dos termos previstos pelo CPC, o que, evidentemente, não causa prejuízo a ninguém.

A notificação inicial do reclamado, que corresponde no processo comum à citação, será feita em registro postal com franquia, mas se ele criar embaraços ao seu recebimento ou não for encontrado, far-se-á **a notificação por edital,** inserto no jornal oficial ou no que publicar o expediente forense, ou, na falta, afixado na sede da Vara ou Juízo. Isso é o que diz o § 1º do art. 841 da CLT.

No entanto, não há empecilho algum a que, antes de se recorrer à forma editalícia, seja o reclamado notificado (citado) por **oficial de justiça,** como previsto no CPC. Contudo, essa diligência deve ser adotada não em razão de omissão da CLT, como se poderia pensar, pois a previsão da notificação editalícia na situação em concreto é fruto de uma intenção deliberada do legislador trabalhista, até porque, em princípio, o texto consolidado reserva ao oficial de justiça papel limitado quase que exclusivamente à fase de execução. Não obstante, uma interpretação que não permitisse a notificação por oficial de justiça, neste caso, claramente vulneraria os princípios constitucionais do contraditório e da ampla defesa.

No processo comum, com a edição da Lei nº 14.195, de 26 de agosto de 2021, que alterou a redação do art. 246 do CPC, "a citação será feita preferencialmente por meio eletrônico, no prazo de até 2 (dois) dias úteis, contado da decisão que a determinar, por meio dos endereços eletrônicos indicados pelo citando no banco de dados do Poder Judiciário, conforme regulamento do Conselho Nacional de Justiça"[4]. Neste caso, considera-se dia do começo do prazo o quinto

---

4   Vale registrar que o art. 628-A da CLT, incluído pela Lei nº 14.261/2021, instituiu o Domicílio Eletrônico Trabalhista, regulamentado pelo Ministério do Trabalho e Previdência. No entanto, os incisos I e II do referido dispositivo restringem a sua utilização aos âmbitos dos processos administrativos e das ações fiscais, não se aplicando, portanto, às reclamações trabalhistas.

dia útil seguinte à confirmação, na forma prevista na mensagem de citação, do recebimento da citação (art. 231, IX, CPC).

Para viabilizar a citação eletrônica, o § 1º do art. 246 do CPC estabelece que "as empresas públicas e privadas são obrigadas a manter cadastro nos sistemas de processo em autos eletrônicos, para efeito de recebimento de citações e intimações, as quais serão efetuadas preferencialmente por esse meio", observando-se, porém, que, nos termos do § 5º do mesmo artigo, as microempresas e as pequenas empresas não estão sujeitas a tal exigência se possuírem endereço eletrônico cadastrado no sistema integrado da Rede Nacional para a Simplificação do Registro e da Legalização de Empresas e Negócios (Redesim).

A ausência de confirmação, em até 3 (três) dias úteis, contados do recebimento da citação eletrônica, implicará a realização da citação: I – pelo correio; II – por oficial de justiça; III – pelo escrivão ou chefe de secretaria, se o citando comparecer em cartório; IV – por edital (art. 246, § 1º-A, do CPC). Em suma, no processo comum, a citação será feita, em regra, por meio eletrônico. A citação pelo correio, outrora preferencial, somente será realizada quando a citação eletrônica não for efetivada.

Na primeira oportunidade de falar nos autos, o réu cujo recebimento da citação eletrônica não foi confirmado deverá apresentar justa causa para a ausência da confirmação (art. 246, § 1º-B, do CPC).

A novidade, no nosso sentir, poderá ser utilizada no processo do trabalho, mas não em caráter preferencial, porque o texto consolidado é claro ao estabelecer que, como regra, a notificação inicial na fase de conhecimento será postal e a citação do executado será por oficial de justiça. Contudo, não vislumbramos obstáculo a que, se o reclamado criar embaraços ao seu recebimento ou não for encontrado, em vez de se proceder à citação editalícia, prevista no § 1º do art. 841 da CLT, seja tentada a citação eletrônica, caso o reclamado esteja cadastrado no banco de dados do Poder Judiciário. A citação editalícia, neste caso, além de mais demorada, padeceria de nulidade, ao menos quando justificada pela não localização do reclamado, pois ficará caracterizado que há um endereço conhecido, ainda que eletrônico.

As demais notificações, quando endereçadas diretamente às partes, também serão feitas por via postal, excetuando-se a **citação do executado que,** como se vê no art. 880 da CLT, **será feita pelo oficial de justiça.**

A Súmula nº 16 do TST faz presumir recebida a notificação postal no prazo de 48 horas após sua postagem, cabendo ao interessado demonstrar que não foi notificado e, assim, afastar a presunção. Trata-se, portanto, de presunção *juris tantum*, ou seja, que admite prova em contrário.

A notificação, mesmo a inicial (citação), **não se rege pela pessoalidade** ou, dito de outro modo, **é impessoal,** de sorte que basta que o registro postal seja entregue no endereço do destinatário para que ela seja considerada válida. Por exemplo, a jurisprudência tem considerado válida a notificação recebida na

Capítulo 6 • ATOS, TERMOS, PRAZOS E NULIDADES PROCESSUAIS

sede da empresa reclamada por qualquer dos seus empregados, incluindo o zelador. Há casos em que foi considerada válida a notificação de empregado da administração do edifício ou, o que é menos comum, a notificação depositada em caixa postal. Mesmo quando a notificação é feita por oficial de justiça, não é necessário que seja pessoal, ressalvada a citação na execução, que deve ser feita na pessoa do devedor.[5]

6.1.4 Publicidade

A publicidade dos atos processuais é regra no ordenamento jurídico brasileiro, haja vista que a atividade jurisdicional deve ser transparente a fim de permitir à sociedade fiscalizá-la, como sói ocorrer em países democráticos. Assim, a CLT estabelece no art. 770 que **os atos processuais serão públicos, salvo quando o contrário determinar o interesse social.**

O princípio da publicidade, inclusive, está consagrado no inciso IX do art. 93 da Constituição da República, que dispõe que "todos os julgamentos dos órgãos do Poder Judiciário serão públicos, e fundamentadas todas as decisões, sob pena de nulidade, podendo a lei limitar a presença, em determinados atos, às próprias partes e a seus advogados, ou somente a estes, em casos nos quais a preservação do direito à intimidade do interessado no sigilo não prejudique o interesse público à informação".

Deduz-se dos dispositivos citados, portanto, que somente em caráter excepcional será admitido o segredo de justiça, para resguardar o direito à intimidade da parte ou para atender a interesse da própria sociedade. Embora o texto consolidado apenas se reporte ao interesse social, que transmite a ideia de algo que convém à coletividade, a preservação ao direito à intimidade também pode justificar o segredo de justiça, conforme previsto na Constituição.

O CPC também trata do assunto, prevendo no art. 189 que tramitarão sob segredo de justiça os processos: (I) em que o exija o interesse público ou social; (II) que versem sobre casamento, separação de corpos, divórcio, separação, união estável, filiação, alimentos e guarda de crianças e adolescentes; (III) em que constem dados protegidos pelo direito constitucional à intimidade; (IV) que versem sobre arbitragem, inclusive sobre cumprimento de carta arbitral, desde que a confidencialidade estipulada na arbitragem seja comprovada perante o juízo. A hipótese prevista no inciso II não diz respeito ao processo do trabalho. As hipóteses previstas nos incisos I e III se coadunam com o art. 770 da CLT e com o inciso IX do art. 93 da Constituição da República. Como os conflitos trabalhistas podem ser solucionados mediante arbitragem, possibilidade que foi ampliada a partir da Lei nº 13.467/2017, será possível a aplicação subsidiária do inciso IV do art. 189 do CPC, nos termos do art. 15 do mesmo estatuto.

---

5   PINTO, José Augusto Rodrigues. *Execução trabalhista:* estática, dinâmica, prática. 11. ed. São Paulo: LTr, 2006, p. 195.

Assim é que o segredo de justiça pode ser decretado pelo juiz do trabalho, a requerimento do interessado ou de ofício:

a) quando constatar que a publicidade ferirá o direito à intimidade da parte, por exemplo num processo em que se discute a ocorrência de assédio sexual ou a prática de ato de improbidade;

b) quando o interesse social justificar o sigilo, por exemplo num processo em que há dados ou informações cuja divulgação poderia colocar em risco a segurança ou a paz de uma comunidade:

c) quando a causa versar sobre arbitragem, inclusive sobre cumprimento de carta arbitral, desde que as partes tenham estipulado cláusula de confidencialidade, o que pode ocorrer, por exemplo, num conflito envolvendo um alto empregado e seu empregador, em que ambos estabelecem por cláusula compromissória ou por compromisso arbitral que os dados e informações financeiras relacionadas com o contrato de trabalho devem ser mantidos sob sigilo.

6.1.5 Forma

Sobre a forma dos atos processuais, a CLT é sucinta, de modo que a aplicação subsidiária do Código de Processo Civil é incontornável.

A CLT se limita a dizer que os atos e termos processuais poderão ser escritos a tinta, datilografados ou a carimbo (art. 771) e que quando devam ser assinados pelas partes interessadas e estas, por motivo justificado, não puderem fazê-lo, serão firmados a rogo, na presença de 2 (duas) testemunhas, sempre que não houver procurador legalmente constituído (art. 772).

O CPC dedica um capítulo inteiro, dividido em cinco seções, à forma dos atos processuais. Os artigos que compõem o capítulo são aplicáveis ao processo do trabalho, exceto quando guardam incompatibilidade com a sistemática processual trabalhista.

O art. 188 do CPC dispõe que "os atos e os termos processuais independem de forma determinada, salvo quando a lei expressamente a exigir, considerando-se válidos os que, realizados de outro modo, lhe preencham a finalidade essencial", o que está plenamente de acordo com o caráter instrumental do processo, independentemente de sua natureza (cível, trabalhista, administrativo etc.) e, ademais, harmoniza-se com a teoria de nulidades que vigora no processo do trabalho.

O § 1º do art. 189 do CPC estabelece que o direito de consultar os autos de processo que tramite em segredo de justiça e de pedir certidões de seus atos é restrito às partes e aos seus procuradores e o § 2º do mesmo art. estatui que "o terceiro que demonstrar interesse jurídico pode requerer ao juiz certidão do dispositivo da sentença". Ambos os dispositivos complementam o regramento contido na CLT, que estatui no art. 781, *caput*, que as partes poderão requerer certidões dos processos em curso ou arquivados, as quais serão lavradas pelos escrivães ou secretários, dispondo no parágrafo único do mesmo artigo que as certidões dos processos que correrem em segredo de justiça dependerão de despacho do juiz.

Capítulo 6 • ATOS, TERMOS, PRAZOS E NULIDADES PROCESSUAIS

O uso da língua portuguesa é obrigatório em todos os atos e termos processuais (art. 192, *caput*), sendo que "o documento redigido em língua estrangeira somente poderá ser juntado aos autos quando acompanhado de versão para a língua portuguesa tramitada por via diplomática ou pela autoridade central, ou firmada por tradutor juramentado" (art. 192, parágrafo único).

Nos termos do art. 193 do CPC, "os atos processuais podem ser total ou parcialmente digitais, de forma a permitir que sejam produzidos, comunicados, armazenados e validados por meio eletrônico, na forma da lei".

A partir da implantação do Processo Judicial Eletrônico (PJE), a forma digital é, atualmente, a regra. Vale registrar, então, que os sistemas de automação processual devem respeitar a publicidade dos atos, o acesso e a participação das partes e de seus procuradores, inclusive nas audiências e sessões de julgamento, observando sempre as garantias da disponibilidade, independência da plataforma computacional, acessibilidade e interoperabilidade dos sistemas, serviços, dados e informações que o Poder Judiciário administre no exercício de suas funções (art. 194 do CPC).

Há de se ressaltar, ainda, que "o registro de ato processual eletrônico deverá ser feito em padrões abertos, que atenderão aos requisitos de autenticidade, integridade, temporalidade, não repúdio, conservação e, nos casos que tramitem em segredo de justiça, confidencialidade, observada a infraestrutura de chaves públicas unificada nacionalmente, nos termos da lei" (art. 195 do CPC).

O Conselho Nacional de Justiça e, supletivamente, os tribunais, são órgãos competentes para regulamentar a prática e a comunicação oficial de atos processuais por meio eletrônico e velar pela compatibilidade dos sistemas, disciplinando a incorporação progressiva de novos avanços tecnológicos e editando, para esse fim, os atos que forem necessários, respeitadas as normas fundamentais deste Código (art. 196 do CPC).

Nos termos do art. 210 do CPC, ademais, "é lícito o uso da taquigrafia, da estenotipia ou de outro método idôneo em qualquer juízo ou tribunal".

Não se admitem, todavia, nos atos e termos processuais espaços em branco, salvo os que forem inutilizados, assim como entrelinhas, emendas ou rasuras, exceto quando expressamente ressalvadas (art. 211 do CPC), dispositivo que perde importância a partir da utilização do processo judicial eletrônico (PJE).

Sobre a forma dos atos processuais, podemos dizer, em síntese, que:

a) **o ato processual somente tem forma quando a lei exigir e, ainda assim, caso a forma legal não seja observada, nem por isso deixará de ser válido, desde que a sua finalidade seja atendida. Por isso, as comunicações via WhatsApp ou por qualquer outro aplicativo que permita a comprovação de que o destinatário a recebeu não serão tidas como inválidas. Até mesmo a citação do executado que, por expressa disposição da CLT, deverá ser feita por oficial de justiça, que portará o competente manda-**

do, vem sendo feita por outros meios, sem que a jurisprudência trabalhista reconheça a nulidade do ato;

b) os atos processuais deverão obrigatoriamente observar a língua portuguesa, de modo que documentos em língua estrangeira somente serão aceitos quando tenham versão no vernáculo validada pela autoridade pública ou diplomática competente ou acompanhados de tradução feita por tradutor juramentado;

c) os atos processuais podem ser parcialmente ou totalmente digitais, de forma a permitir que sejam produzidos, comunicados, armazenados e validados por meio eletrônico.

6.2 TERMOS

Termo é a redução à linguagem escrita, realizada por servidor do Judiciário, de um ato processual praticado oralmente ou, nas magistrais palavras de Bezerra Leite, é "a reprodução gráfica do ato processual".[6]

A CLT é bem sintética quando trata dos termos processuais, apenas dispondo que **poderão ser escritos a tinta, datilografados ou a carimbo** (art. 771), que **quando tiverem que ser assinados pelas partes interessadas, e estas, por motivo justificado, não puderem fazê-lo, serão firmados a rogo, na presença de 2 (duas) testemunhas, sempre que não houver procurador legalmente constituído** (art. 772) e que **quando forem relativos ao movimento dos processos constarão de simples notas, datadas e rubricadas pelos secretários ou escrivães** (art. 773). Deste modo, faz-se necessário convidar os dispositivos do CPC que versam sobre o tema para que, aplicados subsidiariamente ao processo do trabalho, supram as omissões do texto consolidado naquilo em que guardam compatibilidade com o sistema processual trabalhista.

Assim é que o art. 209 do CPC tem aplicabilidade parcial ao processo do trabalho, quando dispõe que "os atos e os termos do processo serão assinados pelas pessoas que neles intervierem, todavia, quando essas não puderem ou não quiserem firmá-los, o escrivão ou o chefe de secretaria certificará a ocorrência". Como visto, o art. 771 da CLT prevê que os atos e termos processuais sejam firmados a rogo, mas nada impede que o serventuário certifique a recusa à assinatura, pois a hipótese tratada pelo texto consolidado não vale para aqueles que se negam a assinar o termo e sim para aqueles que não podem fazê-lo por motivo justificado (não sabem escrever, sofrem de alguma lesão na mão etc.).

Os §§ 1º e 2º do art. 209 do CPC são muito relevantes e de indiscutível aplicabilidade à Justiça do Trabalho, que com muita prontidão abraçou o processo judicial eletrônico. Assim, "quando se tratar de processo total ou parcialmente documentado em autos eletrônicos, os atos processuais praticados na presença do juiz poderão ser produzidos e armazenados de modo integralmente digital em ar-

---

6   LEITE, Carlos Henrique Bezerra. *Curso de direito processual do trabalho*. 19. ed. São Paulo: Saraiva Educação, 2021, p. 461.

quivo eletrônico inviolável, na forma da lei, mediante registro em termo, que será assinado digitalmente pelo juiz e pelo escrivão ou chefe de secretaria, bem como pelos advogados das partes" (art. 209, § 1º, do CPC), hipótese em que eventuais contradições na transcrição deverão ser suscitadas oralmente no momento de realização do ato, sob pena de preclusão, devendo o juiz decidir de plano e ordenar o registro, no termo, da alegação e da decisão (art. 209, § 2º, do CPC).

6.3 TEMPO E LUGAR DOS ATOS PROCESSUAIS

Os atos processuais realizar-se-ão nos dias úteis das 6 (seis) às 20 (vinte) horas (art. 770, *caput*, da CLT), mas **a penhora poderá realizar-se em domingo ou dia feriado, mediante autorização expressa do juiz** (art. 770, parágrafo único, da CLT).

O § 1º do art. 212 do CPC, aplicável subsidiariamente ao processo do trabalho, dispõe que **"serão concluídos após as 20 (vinte) horas os atos iniciados antes, quando o adiamento prejudicar a diligência ou causar grave dano"**. O § 2º do mesmo artigo, por sua vez, prevê que **as citações, intimações e penhoras poderão realizar-se no período de férias forenses, onde as houver, e nos feriados ou dias úteis fora do horário estabelecido neste artigo,** observado o disposto no art. 5º, inciso XI, da Constituição Federal, **independentemente de autorização judicial.**

A aplicação subsidiária do § 2º do art. 212 do CPC, pelo menos na sua integralidade, encontra obstáculo no parágrafo único do art. 770 da CLT, que permite que a penhora se realize em domingos os feriados **somente por autorização judicial expressa.** Duas interpretações são possíveis: (1ª) a de que o § 2º do art. 212 do CPC se aplica no processo do trabalho às citações e intimações, mas não se aplica à penhora ou (2ª) a de que somente a penhora pode ser feita nos domingos e feriados e, mesmo assim, por autorização judicial expressa, haja vista que se trata de uma exceção à regra geral de que os atos processuais deverão ser realizados nos dias úteis e, deste modo, não houve omissão do legislador processual trabalhista, mas a clara intenção de abrir exceção somente à penhora.

Parece-nos, contudo, que a primeira interpretação é mais consentânea com o espírito de celeridade que anima o processo do trabalho. Com efeito, pode ser necessário que a notificação (citação ou intimação) seja realizada em domingos ou feriados. Por exemplo, imaginemos que o oficial de justiça, portando o mandado de citação, tome conhecimento que o devedor partirá de mudança para o exterior na madrugada da segunda-feira, de modo que somente será possível citá-lo no domingo. A busca pela celeridade e efetividade da prestação jurisdicional justifica que a diligência citatória seja realizada pelo oficial de justiça independentemente de autorização judicial. Entendemos, portanto, que o § 2º do art. 212 do CPC se aplica no processo do trabalho às citações e intimações, que, deste modo, não dependerão de autorização judicial para que sejam realizadas em domingos e feriados. Quanto à penhora, contudo, a sua realização nesses dias continuará dependendo de autorização judicial expressa, por força do contido no art. 770, parágrafo único, da CLT.

Cabe destacar que "**quando o ato tiver de ser praticado por meio de petição em autos não eletrônicos, essa deverá ser protocolada no horário de funciona-mento do fórum ou tribunal, conforme o disposto na lei de organização judiciária local**" (§ 3º do art. 212 do CPC). No entanto, **o ato processual eletrônico pode ser praticado em qualquer horário até as 24 (vinte e quatro) horas do último dia do prazo** (art. 213), observando-se que **o horário vigente no juízo perante o qual o ato deve ser praticado é que será considerado para fins de atendimento do prazo.** Deste modo, se o processo tramita numa das Varas do Trabalho de Rio Branco, no Acre, o horário que deve ser respeitado é o daquele Estado, onde por conta do fuso horário há uma diferença de duas horas a menos em comparação com o horário oficial do Brasil (horário de Brasília).

Por fim, **as audiências dos órgãos da Justiça do Trabalho serão realizadas na sede do Juízo ou Tribunal em dias úteis previamente fixados, entre 8 (oito) e 18 (dezoito) horas,** não podendo ultrapassar 5 (cinco) horas seguidas, salvo quando houver matéria urgente (art. 813, CLT, *caput*), mas em casos especiais poderá ser designado outro local para a realização das audiências, mediante edital afixado na sede do Juízo ou Tribunal, com a antecedência mínima de 24 (vinte e quatro) horas (art. 813, § 1º, CLT).

6.4 PRAZOS PROCESSUAIS

O processo não foi desenhado para se perpetuar no tempo, até porque, nas palavras sábias de Rui Barbosa, "a justiça atrasada não é justiça; senão injustiça qualificada e manifesta".[7] Por isso, **os atos processuais devem ser praticados den-tro de certos intervalos temporais denominados prazos, os quais são estabelecidos ora pela legislação constitucional ou infraconstitucional, ora pelos regimentos dos tribunais, ora pela autoridade judicial.**

O princípio constitucional da duração razoável do processo não teria razão de existir se os sujeitos do processo pudessem decidir, de acordo com sua conve-niência, quando deveriam praticar os atos processuais a seu cargo. Assim, nem mesmo a autoridade judicial escapa do dever de cumprir os prazos legalmente estabelecidos para que emita os seus pronunciamentos nos autos.

6.4.1 Contagem

A contagem dos prazos no processo do trabalho é feita de acordo com o que preceituam os arts. 774 e 775 da CLT, aplicando-se, contudo, as regras supletivas dos arts. 218 a 232 do CPC que não sejam incompatíveis com os princípios do processo do trabalho.

Deste modo, salvo disposição em contrário, **os prazos processuais contam--se, conforme o caso, a partir da data em que for feita pessoalmente, ou recebida**

---

7   BARBOSA, Ruy. *Oração aos moços*. Brasília: Senado Federal, Conselho Editorial, 2019.

a notificação, daquela em que for publicado o edital no jornal oficial ou no que publicar o expediente da Justiça do Trabalho, ou, ainda, daquela em que for afixado o edital na sede da Vara, Juízo ou Tribunal (art. 774 da CLT).

Desde a edição da Lei nº 13.467/2017, que alterou a redação do art. 775 da CLT, **os prazos processuais trabalhistas, à semelhança dos prazos processuais cíveis, *serão contados em dias úteis*, com exclusão do dia do começo e inclusão do dia do vencimento.** Complementando o dispositivo em questão, com a aplicação subsidiária das regras do processo comum, há que se observar que, de acordo com o art. 224 do CPC, "os dias do começo e do vencimento do prazo serão protraídos para o primeiro dia útil seguinte, se coincidirem com o dia em que o expediente forense for encerrado antes ou iniciado depois da hora normal ou houver indisponibilidade da comunicação eletrônica" (§ 1º) e "considera-se como data de publicação o primeiro dia útil seguinte ao da disponibilização da informação no *Diário da Justiça eletrônico*" (§ 2º), mas "a contagem do prazo terá início no primeiro dia útil que seguir ao da publicação" (§ 3º).

O art. 223 do CPC, que se aplica aos **prazos próprios, isto é, àqueles que têm como destinatários as partes,** estatui que "decorrido o prazo, extingue-se o direito de praticar ou de emendar o ato processual, independentemente de declaração judicial" (*caput*). No entanto, assegura-se à parte provar que não praticou ou emendou o ato processual por justa causa e, neste caso, o juiz deverá assinar-lhe prazo para que o faça (§ 2º). Para tanto, considera-se justa causa "o evento alheio à vontade da parte e que a impediu de praticar o ato por si ou por mandatário" (§ 1º).

Nos termos do § 1º do art. 775 da CLT, introduzido pela Lei nº 13.467/2017 (Reforma Trabalhista), **os prazos podem ser prorrogados, pelo tempo estritamente necessário, em duas situações: quando o juízo entender necessário ou em virtude de força maior, devidamente comprovada.** Ademais, o § 2º do mesmo artigo faculta ao juízo "dilatar os prazos processuais e alterar a ordem de produção dos meios de prova, adequando-os às necessidades do conflito de modo a conferir maior efetividade à tutela do direito", dispositivo que confere um amplo poder ao juiz e dá mesmo margem a alguma discricionariedade judicial, mas foi pensado para ser aplicado apenas a conflitos que, por sua especial natureza, necessitam de alterações ou até de inversões na ordem procedimental para garantir que a tutela judicial buscada se torne mais efetiva.

É importante aqui diferenciar entre o **início do prazo e o início da contagem do prazo. O início do prazo** se dá quando o interessado toma conhecimento ou ciência do ato processual realizado ou que tenha de realizar. Já o **início da contagem do prazo** se dá no primeiro dia útil seguinte ao início do prazo. Por exemplo, se o reclamado recebe a notificação (intimação) de sentença que lhe condena ao pagamento de verbas trabalhistas numa sexta-feira, este é o **dia do início do prazo.** No entanto, o **dia de início da contagem do prazo** será na segunda-feira seguinte, se dia útil, ou no primeiro dia útil imediatamente posterior. A Súmula nº

1 do TST, inclusive, consagra o entendimento de que *"quando a intimação tiver lugar na sexta-feira, ou a publicação com efeito de intimação for feita nesse dia, o prazo judicial será contado da segunda-feira imediata, inclusive, salvo se não houver expediente, caso em que fluirá no dia útil que se seguir"*.

Contudo, **quando a notificação é feita no sábado, o entendimento cristalizado pelo TST na Súmula nº 262 é o de que o início do prazo se dará no primeiro dia útil imediato e a contagem, no subsequente.** Nesse caso, utilizando o mesmo exemplo anterior, se o reclamado é notificado no sábado, o **dia do início do prazo** será na segunda, se dia útil, e o **dia de início da contagem do prazo** será na terça--feira, se dia útil, ou no primeiro dia útil imediatamente posterior.

6.4.2 Classificação

Os prazos são classificados segundo critérios diversos, dos quais os mais comuns são a origem, a natureza e o destinatário.

Segundo o critério da **origem,** os prazos podem ser:

a) **legais,** quando estabelecidos por lei, a exemplo do prazo previsto para que a parte sucumbente interponha recurso ordinário de sentença prolatada em reclamação trabalhista;

b) **judiciais,** quando estabelecidos pela autoridade judicial, a exemplo do prazo para que o perito apresente o seu laudo (art. 3º da Lei nº 5.548/70 e art. 852-H, § 4º, da CLT);

c) **convencionais,** quando ajustado pelas partes, em comum acordo, cujo exemplo clássico é o da suspensão do processo, nos termos do art. 313, II, do CPC, cabendo observar, contudo, que esta não poderá ultrapassar seis meses (art. 313, § 4º, CPC).

Segundo o critério da **natureza,** os prazos processuais podem ser:

a) *dilatórios,* também denominados *prorrogáveis,* são os que podem ser prorrogados ou dilatados pela autoridade judicial, valendo ressaltar que não se pode prorrogar prazo que já se consumou, sobre o qual se operou a preclusão, mas apenas prazo que está correndo.

b) *peremptórios,* também chamados de prazos *fatais* ou *improrrogáveis,* são os que, por sua origem em normas de ordem pública, não podem ser prorrogados ou dilatados pelo juiz e nem ser objeto de convenção das partes.

Cabe aqui uma observação. O art. 775 da CLT, já referido no item anterior, permite a relativização até mesmo dos prazos peremptórios, na medida em que faculta ao juiz **a prorrogação de qualquer prazo,** quando julgar necessário (§ 1º, I), ou a sua dilatação para adequá-los às necessidades do conflito de modo a conferir maior efetividade à tutela do direito (§ 2º). Aliás, a amplitude da expressão "quando julgar necessário", constante do § 1º, torna excessiva a referência à dilatação dos prazos no § 2º, porque parece claro que a adequação às necessidades do conflito está remetida ao prudente arbítrio do juiz, pois cabe somente a ele aferir se o conflito possui alguma peculiaridade que recomende que os prazos processuais sejam elastecidos e que a ordem de produção dos meios de prova seja alterada. Trata-se, no meu sentir, de uma autorização legal da qual o juiz deve se valer de modo parcimonioso, ante o notório risco de causar prejuízo às garantias processuais das partes e, em especial, de vulnerar o princípio da imparcialidade da jurisdição.

No particular, a autorização outorgada pela CLT ao juiz do Trabalho, por sua amplitude, faz com que seja desnecessária a aplicação subsidiária da faculdade contida no *caput* do art. 222 do CPC, que dispõe que "na comarca, seção ou subseção judiciária onde for difícil o transporte, o juiz poderá prorrogar os prazos por até 2 (dois) meses". É que, ocorrendo tal situação, bastará ao juiz do trabalho decidir pela prorrogação, pelo tempo estritamente necessário, que poderá, inclusive, exceder ao limite de dois meses, simplesmente pelo fato de tê-la julgado necessária diante do motivo indicado, como poderia fazê-lo por qualquer outro motivo que considerasse justo. Por essa razão, também perde importância a previsão no § 2º do art. 222 de que, em caso de calamidade pública, o limite de dois meses previsto no *caput* para prorrogação de prazos poderá ser excedido, pois fica claro que a tarefa de avaliar qual o "tempo estritamente necessário" para a prática de um ato estará submetida ao prudente arbítrio do juiz do trabalho.

Conforme sejam os seus destinatários, os prazos podem ser *próprios* ou *impróprios.*

Os *prazos próprios* são impostos a quem é parte no processo. Neste caso, o descumprimento do prazo acarreta o fenômeno da preclusão, isto é, o prazo não será mais reaberto para que a parte que deixou de praticar o ato processual possa realizá-lo validamente. **Os prazos próprios, geralmente, são legais ou judiciais,** merecendo destacar que, **caso não haja previsão legal ou fixação pelo juiz, o prazo para que a parte pratique ato processual será de cinco dias,** aplicando-se subsidiariamente ao processo do trabalho a regra contida no § 3º do art. 218 do CPC.[8]

Cabe anotar que **"a parte poderá renunciar ao prazo estabelecido exclusivamente em seu favor, desde que o faça de maneira expressa"** (art. 225 do CPC).

Ainda sobre os prazos próprios, é importante salientar que, nos termos do art. 183 do CPC, **"a União, os Estados, o Distrito Federal, os Municípios e suas respectivas autarquias e fundações de direito público gozarão de prazo em dobro para todas as suas manifestações processuais, cuja contagem terá início a partir da intimação pessoal".** No CPC revogado, o prazo para contestar era em quádruplo, razão pela qual no processo do trabalho **o interstício mínimo entre a data do recebimento da notificação inicial (citação) e o da audiência foi fixado em vinte dias (DL nº 779/69, art. 1º, II),** o que se mantém inalterado.

O prazo dos entes públicos para interpor qualquer recurso será dobrado (DL nº 779/69, art. 19, III), **assim como para as demais manifestações, ante a aplicação subsidiária do art. 183 do CPC.** Assim, se o prazo para qualquer

---

8 Art. 218, "§ 3º Inexistindo preceito legal ou prazo determinado pelo juiz, será de 5 (cinco) dias o prazo para a prática de ato processual a cargo da parte".

parte praticar ato processual, quando não houver previsão legal ou estipulação judicial, for de cinco dias, a Fazenda Pública terá dez dias. **O Ministério Público do Trabalho, de igual modo, também gozará de prazo em dobro para manifestar-se nos autos, nada importando que atue como parte autora ou como fiscal da lei** *(custos legis),* **nos termos do art. 180 do CPC, aplicado subsidiariamente ao processo do trabalho.**

O disposto no **art. 229 do CPC, que assegura aos litisconsortes que tiverem diferentes procuradores, de escritórios de advocacia distintos, prazos contados em dobro para todas as suas manifestações,** regra que era veiculada no CPC revogado pelo **art. 191, não tem aplicabilidade na Justiça do trabalho,** haja vista que contraria o princípio da celeridade, cuja ênfase no processo do trabalho é maior que no processo comum, por conta de que os créditos em disputa são, em regra, de natureza alimentar. Neste sentido, inclusive a SBDI-1 do TST editou a OJ nº 310, *in verbis:*

> **LITISCONSORTES. PROCURADORES DISTINTOS. PRAZO EM DOBRO. ART. 191 DO CPC. INAPLICÁVEL AO PROCESSO DO TRABALHO** (*DJU* 11.8.2003). **A regra contida no art. 191 do CPC e inaplicável ao processo do trabalho, em decorrência da sua incompatibilidade com o princípio da celeridade inerente ao processo trabalhista.**

Os *prazos impróprios* **têm como destinatários os juízes e os servidores do Poder Judiciário.** São assim chamados porque o seu descumprimento não opera o fenômeno da preclusão. Dito por outras palavras, **o ato processual praticado com o descumprimento dos prazos impróprios não deixa de ser menos válido do que aquele praticado com o seu cumprimento.**

Nos termos da alínea *d* do art. 658 da CLT, cumpre ao juiz despachar e praticar todos os atos decorrentes de suas funções, dentro dos prazos estabelecidos (por lei, fica subentendido). Aplica-se subsidiariamente ao processo do trabalho o disposto no art. 226 do CPC, segundo o qual **o juiz proferirá: (I) os despachos no prazo de 5 (cinco) dias; (II) as decisões interlocutórias no prazo de 10 (dez) dias; (III) as sentenças no prazo de 30 (trinta) dias.**

Há alguns prazos estabelecidos expressamente pela CLT tendo como destinatários os servidores. Assim, o prazo que lhes é designado para remeter cópia da petição inicial ao reclamado (art. 841 da CLT) e para juntar o termo de audiência aos autos (§2º do art. 851 da CLT) será de 48 horas.

Os juízes e servidores que descumprirem reiteradamente e sem justificativa os prazos processuais que lhes são destinados estão sujeitos a sanções de ordem disciplinar, mas o ato praticado com desobediência ao prazo será totalmente válido.

6.4.3 Suspensão e interrupção dos prazos

De início, é **importante distinguir entre suspensão e interrupção de prazos processuais. A suspensão** paralisa temporariamente o curso do prazo processual, de modo que a sua contagem prosseguirá após o término da pausa. Por outras palavras, o prazo volta a ser contado a partir do momento em que foi pausado. Assim, se um prazo de oito dias é suspenso no terceiro dia, quando a pausa terminar reiniciará a sua contagem exatamente a partir do terceiro dia, de modo que restarão seis dias para o término do prazo (do 3º ao 8º dia). Já **a interrupção** implica a quebra da contagem do prazo fazendo com que tenha de recomeçar desde o início. No mesmo exemplo citado, caso houvesse interrupção, quando esta terminasse o prazo voltaria a contar a partir do primeiro dia, e não do terceiro dia.

Não se vê no texto consolidado uma sistematização de regras atinentes à suspensão e interrupção dos prazos processuais. No entanto, **o art. 775-A da CLT,** que reproduz o texto do art. 220 do CPC e foi incluído pela Lei nº 13.545/2017, determina que **o curso dos prazos processuais será suspenso nos dias compreendidos entre 20 de dezembro e 20 de janeiro, inclusive,** e, ademais, estabelece no seu § 2º que **durante a suspensão do prazo não se realizarão audiências nem sessões de julgamento.** A título de exemplo, caso o dia de início da contagem do prazo para a interposição do recurso ordinário seja 17 de dezembro e os dias 18 e 19 sejam úteis, o prazo será paralisado no dia 20/12. No dia 21/01, se dia útil, a contagem do prazo será reiniciada de onde parou, ou seja, a partir do 4º dia.

Especificamente quanto à **interrupção de prazo,** há apenas a menção do § 3º do art. 897-A, que dispõe que **"os embargos de declaração interrompem o prazo para interposição de outros recursos, por qualquer das partes, salvo quando intempestivos, irregular a representação da parte ou ausente a sua assinatura".** Tratando-se de interrupção, como se viu, **o prazo para a interposição de outros recursos será integralmente devolvido, ou seja, voltará à estaca zero.**

Por conta da escassez de regras sobre a suspensão e a interrupção de prazos processuais, há omissões da legislação processual trabalhista que são supridas pela aplicabilidade subsidiária das regras previstas no CPC que versam sobre o assunto.

Registre-se, por outro lado, que **a Lei nº 5.010, de 30.05.1966, cuja aplicabilidade à Justiça do Trabalho é reconhecida pela doutrina e pela jurisprudência trabalhista,** prevê que, **além dos feriados fixados em lei, são feriados na Justiça Federal e nos Tribunais Superiores:**

a) **os dias compreendidos entre 20 de dezembro e 6 de janeiro, inclusive;**

b) **os dias da Semana Santa, compreendidos entre a quarta-feira e o domingo de Páscoa;**

c) **os dias de segunda e terça-feira de Carnaval;**

d) **os dias 11 de agosto, 1º e 2 de novembro e 8 de dezembro** (art. 62, I, II, III e IV).

Não há, como poderia parecer à primeira vista, antinomia entre o inciso I do art. 62 da Lei nº 5.010/66 e o art. 775-A da CLT. O recesso de final do ano continua a ser nos dias compreendidos entre 20 de dezembro e 6 de janeiro, de modo que o Judiciário reabrirá as suas portas no dia 7 de janeiro de cada ano, ou no primeiro dia útil subsequente, e os serviços Judiciários serão prestados normalmente, ressalvando-se tão somente que os prazos continuarão suspensos até o dia 20 de janeiro, inclusive, período no qual não se realizarão audiências nem sessões de julgamento (art. 775-A da CLT). No entanto, como **recesso forense não se confunde com férias coletivas**, os juízes, os membros do Ministério Público, da Defensoria Pública e da Advocacia Pública e os auxiliares da Justiça exercerão suas atribuições durante o período em questão, ressalvadas as férias individuais e os feriados instituídos por lei (art. 775-A, § 1º, CPC).

Nem sempre foi consensual se o recesso forense seria causa de suspensão ou de interrupção do prazo processual, de modo que houve a necessidade de o TST pacificar a controvérsia editando a **Súmula nº 262, cujo verbete II** (com a redação dada pela Resolução TST nº 129/2005) consagra o entendimento de que "**o recesso forense e as férias coletivas dos ministros do Tribunal Superior do Trabalho suspendem os prazos recursais**".

O § 1º do art. 775-A da CLT **vai ao encontro** do art. 93, XII, da CF, com a redação dada pela EC nº 45/2004, que pôs fim às férias coletivas nos juízos e tribunais de segundo grau.[9] No entanto, o texto constitucional em momento algum determina a extinção do "recesso forense" previsto na Lei nº 5.010/66. Apenas fez desaparecer as férias coletivas dos magistrados e, como visto, as duas figuras se distinguem.

Um dispositivo do CPC cuja aplicabilidade ao processo do trabalho não parece gerar dúvidas é o art. 221, cujo *caput* prevê que **o curso do prazo será suspenso por obstáculo criado em detrimento da parte ou ocorrendo qualquer das hipóteses de suspensão do processo previstas no art. 313 do estatuto processual, devendo o prazo ser restituído por tempo igual ao que faltava para sua complementação.** De igual modo, o parágrafo único do mesmo artigo tem cabimento na Justiça do Trabalho, quando **prevê a suspensão dos prazos durante a execução de programa instituído pelo Poder Judiciário para promover a autocomposição (exemplo: Semana da Conciliação)**, incumbindo aos tribunais especificar, com antecedência, a duração dos trabalhos.

Por fim, não obstante o uso do fac-símile tenha praticamente desaparecido por conta dos meios eletrônicos mais rápidos e eficazes disponíveis atualmente, sobretudo após a implantação do PJE, fica o registro de que o TST consagrou na **Súmula nº 387** o entendimento de que "**a contagem do quinquídio para apresentação dos originais de recurso interposto por intermédio de fac-símile começa a fluir do dia subsequente ao término do prazo recursal, nos termos do art. 2º da Lei nº 9.800, de 26.05.1999, e não do dia seguinte à interposição do recurso, se esta se deu antes do termo final do prazo**" (verbete II) e "**não se tratando a juntada dos originais de ato que dependa de notificação, pois a parte, ao interpor o recurso, já tem ciência de seu ônus processual, não se aplica a regra do art. 224 do CPC de 2015 (art. 184 do CPC de 1973) quanto ao *dies a quo*, podendo coincidir com sábado, domingo ou feriado**" (verbete III).

---

9   O dispositivo constitucional, ademais, determina o funcionamento ininterrupto desses órgãos judiciários por meio de "juízes em plantão permanente".

6.5 NULIDADES PROCESSUAIS

Simplicidade procedimental não é sinônimo de informalidade. A ideia de processo pressupõe necessariamente a existência de formas prescritas em lei para a prática dos atos jurídicos pelos sujeitos processuais. Mesmo no âmbito do processo do trabalho, portanto, os atos processuais sujeitam-se a alguma formalidade. Mas há sempre que ter em mente que, independentemente de que se trate de processo trabalhista ou comum, os atos processuais são informados pelo princípio instrumentalidade. O processo como um todo, aliás, tem caráter instrumental e, por isso, se diz que é o instrumento da jurisdição.

Assim é que não há qualquer dúvida quanto à aplicabilidade ao processo do trabalho do contido nos arts. 188 e 276 do CPC.O primeiro deles estabelece que *"os atos e os termos processuais independem de forma determinada, salvo quando a lei expressamente a exigir, considerando-se válidos os que, realizados de outro modo, lhe preencham a finalidade essencial"* e o segundo que *"quando a lei prescrever determinada forma, sem cominação de nulidade, o juiz considerará válido o ato se, realizado de outro modo, lhe alcançar a finalidade"*.

Diz-se, não obstante, que no processo comum, mesmo após a edição do novo CPC, o sistema de nulidades processuais ainda apresenta menor flexibilidade que o instituído pela CLT, que leva às últimas consequências a instrumentalidade do processo na busca por atingir a tão almejada celeridade justificada pela natureza alimentar dos créditos trabalhistas.

As nulidades processuais na Justiça do Trabalho são disciplinadas pelos arts. 794 a 798 da CLT, cumprindo-se, contudo, a aplicação subsidiária das regras do CPC, quando compatíveis com o processo trabalhista, bem como a adequação aos ditames da Constituição da República.

6.5.1 Princípios que informam o sistema de nulidades no processo do trabalho

É corrente falar-se que os dispositivos referidos (**arts. 794 a 798 da CLT)** trazem os princípios que norteiam o sistema de nulidades do processo do trabalho. Não obstante fosse tecnicamente mais adequado dizer que tais dispositivos expressam regras e não princípios, acompanharemos a terminologia usada pela doutrina e pela jurisprudência dos tribunais trabalhistas, considerando-se que o presente trabalho visa a simplificar e não a tornar mais complexo o estudo do Direito Processual do Trabalho. Seguindo essa lógica, estes são os princípios veiculados pelos artigos citados:

6.5.1.1 Princípio da transcendência ou do prejuízo

Provavelmente o mais relevante e mais citado no âmbito da teoria de nulidades processuais que vigora no processo do trabalho, o princípio (ou regra) em questão é previsto no art. 794 da CLT, o qual estabelece que **"nos processos sujeitos à apreciação da Justiça do Trabalho só haverá nulidade quando resultar dos atos inquinados manifesto prejuízo às partes litigantes"**.

Isso significa que, por mais estranha que tenha sido a forma pela qual o ato processual foi praticado, mesmo em flagrante desrespeito ao que determina a lei processual, não será pronunciada a nulidade de um ato que não cause prejuízo manifesto a qualquer das partes. Há um aforismo (máxima) francês que condensa bem a ideia: *pas de nullité sans grief* (em tradução quase literal, "**não há nulidade sem prejuízo**").

A título de exemplo, a notificação inicial (citação) é um ato formal absolutamente indispensável para que o processo trabalhista seja iniciado. Sem que seja realizada, a relação jurídica processual não se forma validamente e nem é possível falar no cumprimento do princípio constitucional do contraditório. No entanto, para usar uma ilustração bem insólita, se a citação do reclamado for feita ao seu cão labrador por um oficial de justiça totalmente bêbado, que confundiu o animal doméstico (senciente, como preferem os estudiosos do direito animal) como reclamado, mas este, observando de longe a hilária cena, nem por isso deixa de comparecer à audiência e oferecer defesa, não haverá por que ser pronunciada a nulidade da citação, haja vista que não houve manifesto prejuízo à parte destinatária da citação. De igual modo, utilizando o mesmo exemplo, se o juiz considerasse válida a citação e declarasse revel o reclamado, mas julgasse a reclamação improcedente por veicular um pedido absolutamente jejuno de amparo jurídico (por exemplo, pleito de reintegração com base na estabilidade decenal de quem só ingressou no mercado de trabalho após a atual Constituição da República), não haveria qualquer prejuízo para o revel e, portanto, não seria necessário pronunciar a nulidade da citação.

A regra insculpida no art. 794 da CLT guarda total compatibilidade com o preceituado no art. 282, § 2º, do Código de Processo Civil, que prevê hipótese em que fica bem nítido que, a despeito da ocorrência do vício processual, não haverá prejuízo manifesto à parte que se beneficiaria da declaração da nulidade. Nos termos do dispositivo em questão, "**quando puder decidir o mérito a favor da parte a quem aproveite a decretação da nulidade, o juiz não a pronunciará nem mandará repetir o ato ou suprir-lhe a falta**".

Há mais a dizer. O prejuízo que justifica a declaração de nulidade tem que ser de caráter processual, isto é, tem que afetar de algum modo a defesa da parte. Deste modo, se o ato processual equivocadamente praticado pelo juiz, em desacordo com a forma legal, consiste na produção de uma prova desnecessária (por exemplo, ouvir uma parte ou uma testemunha sobre tema incontroverso), o tempo perdido não chega a constituir um prejuízo processual, na medida em que não afeta e nem cerceia o direito da parte à ampla defesa e ao contraditório.

6.5.1.2 Princípio da preclusão ou da convalidação

O princípio em epígrafe está traduzido no art. 795 da CLT, segundo o qual *"as nulidades não serão declaradas senão mediante provocação das partes, as quais deverão argui-las à primeira vez em que tiverem de falar em audiência ou nos autos"*.

Capítulo 6 • ATOS, TERMOS, PRAZOS E NULIDADES PROCESSUAIS

A ideia expressa pelo princípio da convalidação é que o ato eivado de nulidade, por não preencher a forma legal, será convalidado se a parte a quem ele prejudica não arguir o vício no momento processual adequado. A nulidade de um ato processual viciado somente será declarada, portanto, se a parte prejudicada a apontar. Caso contrário, aplica-se o ditado popular português: Inês é morta.[10]

O § 1º do art. 795 estabelece como única exceção a hipótese de **incompetência de foro, que nesse caso deve ser interpretada como incompetência material da Justiça do Trabalho.** É que a expressão "incompetência de foro" costuma referir-se na linguagem técnica processual à incompetência territorial, cuja natureza é relativa, ou seja, permite o fenômeno da prorrogação da competência, sobre o qual já se falou, de modo que os atos praticados pela autoridade judicial seriam válidos e, portanto, não haveria que se falar em nulidade. Assim, **conforme a doutrina e a jurisprudência trabalhista unânimes, a palavra "foro" aí é sinônimo de "Judiciário trabalhista", servindo para distinguir o "foro trabalhista" do foro cível, criminal, militar etc.** Um exemplo intencionalmente exagerado seria o de uma ação de divórcio que ingressasse por equívoco na Justiça do Trabalho e algum ato processual fosse praticado pelo magistrado trabalhista. Não haveria a necessidade de provocação do réu para que o ato processual fosse declarado nulo. Exemplo menos exagerado seria o de uma ação previdenciária, isto é, em face do INSS, pleiteando a conversão de um benefício comum em acidentário, no qual, declarada a revelia da autarquia previdenciária, o juiz do trabalho proferisse sentença julgando o mérito. A sentença seria nula, independentemente de provocação do INSS.

O art. 795 da CLT diz na sua parte final que o momento próprio para que as partes arguam a nulidade é a primeira vez em que tiverem de falar em audiência ou nos autos. Nas sábias palavras de Rodrigues Pinto:

> É preciso notar que o texto legal trata esse momento sob duas expressões: "na audiência" e "nos autos". A distinção presta tributo à oralidade do procedimento trabalhista, que produz a concentração de atos na audiência. Mas demonstra reconhecer que alguns deles, ou ao menos o conhecimento de que foram praticados, podem dar-se fora da audiência.[11]

---

10 O curioso ditado tem a sua origem na célebre e fatídica história de amor entre Inês de Castro e Dom Pedro, que viria a ser Rei de Portugal. O príncipe fora forçado por seu pai, D. Alfonso IV, a casar-se com Constança, mas amava Inês, dama de companhia de sua esposa. Num momento em que D. Pedro saíra para caçar, Inês foi degolada por ordem de D. Alfonso. Pedro ficou completamente desolado, mas vingou-se dos assassinos, arrancando-lhes o coração com as mãos. Cinco anos após a morte de Inês, D. Pedro agora rei, mandou coroá-la rainha, jurando que houvera se casado secretamente com ela. Na ocasião o corpo de Inês foi colocado no trono, com uma coroa sobre sua cabeça e a corte foi obrigada a beijar a mão do cadáver. Vem daí o ditado. Agora não adianta mais nada, pois Inês é morta. A história é narrada por Camões em *Os Lusíadas*.

11 PINTO, José Augusto Rodrigues. *Processo trabalhista de conhecimento*. 7. ed. São Paulo: LTr, 2005, p. 288.

Contudo, na prática processual trabalhista tem havido certa confusão na interpretação do texto em questão, especialmente quando o ato processual apontado como nulo é praticado em audiência, sendo comum que o advogado da parte prejudicada peça a palavra e manifeste de logo o seu "protesto", referindo-se expressamente à nulidade do ato. Esta tem sido uma praxe processual tolerada por muitos juízes.

Deve ser dito, no entanto, que a expressão "tiverem de falar" identifica na verdade o momento em que a manifestação da parte é obrigatória, sob pena de que se opere o fenômeno da preclusão. Deste modo, **o momento para se arguir a nulidade em audiência é aquele em que o juiz concede a palavra à parte.** Não ocorrendo essa convocação do juiz, a primeira oportunidade para falar em audiência, após o recebimento da defesa, será por ocasião das razões finais. Por exemplo, se o juiz dispensa a produção de prova oral, por considerá-la desnecessária à formação do seu convencimento, sem ouvir qualquer das partes, o momento próprio para que as partes arguam eventual nulidade será o da apresentação das razões finais. No entanto, cuidando-se de arguição de nulidade por meio de manifestação escrita nos autos, isto é, fora de audiência, o momento próprio será aquele em que o juiz dá vista dos autos à parte para que se manifeste.

Por fim, **arguição de nulidade não se confunde com o mero "protesto".** Aliás, o uso da expressão parece que se tornou ainda mais frequente a partir da disseminação de filmes e séries televisivas norte-americanas que reproduzem cenas de julgamentos nos tribunais dos Estados Unidos. O **protesto manifestado numa audiência trabalhista, contudo, é meramente uma expressão de inconformismo que não traz qualquer repercussão ao processo se não for acompanhada da arguição de nulidade processual.**

Consoante relevante doutrina, é cabível no processo do trabalho a aplicação subsidiária do parágrafo único do art. 278 do CPC, de modo que a preclusão não se aplica às nulidades que o juiz deva decretar de ofício e nem prevalece quando a parte provar legítimo impedimento. Neste sentido, sustenta Bezerra Leite que as hipóteses previstas nos arts. 233, § 1º, 485, § 3º, 337, § 5º, 342, II, e 507 do CPC/73 seriam de nulidade absoluta e, portanto, passíveis de declaração de ofício pelo juiz do trabalho.[12]

Entendo, contudo, que na sistemática processual trabalhista **a distinção entre nulidade absoluta e relativa não tem relevância para a declaração da nulidade.** O sistema de nulidades processuais trabalhista orienta-se por outros critérios. O que determina se o juiz deve ou não prenunciar a nulidade é a **existência de prejuízo manifesto** e a **arguição do vício,** ressalvando-se o caso da incompetência de foro (material).

Fora desses casos, somente atos processuais praticados em manifesta ofensa aos princípios constitucionais da ampla defesa e do contraditório e cujo vício

---

12 LEITE, Carlos Henrique Bezerra. *Curso de direito processual do trabalho.* 19. ed. São Paulo: Saraiva Educação, 2021, p. 495.

Capítulo 6 • ATOS, TERMOS, PRAZOS E NULIDADES PROCESSUAIS

nem mesmo permita que a relação jurídica processual seja considerada válida (ou, para alguns, existente) devem ser declarados de ofício pelo juiz do trabalho, isto é, sem que haja provocação da parte prejudicada. Um exemplo disso é justamente o caso da citação por edital requerida dolosamente pela parte autora, hipótese que, inclusive, está prevista no art. 258 do atual CPC, que corresponde ao art. 233 do CPC revogado, e é referida pelo mestre Bezerra Leite.

A anulação, em tal hipótese, não decorreria da aplicação subsidiária do CPC, mas sim do simples fato de que o ato citatório válido é indispensável à constituição válida do processo e a sua ausência contraria frontalmente o princípio do contraditório. Por conta disso, os juízes do trabalho, quando tomam conhecimento do vício de citação, costumam anular o processo mesmo que esteja na fase de execução. Mas, mesmo neste caso, se o reclamado toma conhecimento do processo e se defende, a inexistência de prejuízo será obstáculo ao pronunciamento da nulidade por ausência de citação válida, o que serve para demonstrar que a distinção entre nulidade absoluta e relativa não é relevante na seara processual trabalhista, pois a noção de nulidade absoluta corresponderia justamente a um vício insanável, o que, em tese, somente será cabível na situação referida no § 1º do art. 795 da CLT.

Caso se queira, todavia, dar importância à distinção entre atos nulos (eivados de nulidade absoluta) e anuláveis (eivados de nulidade relativa), somente o ato processual realizado por juiz absolutamente incompetente se enquadrará na primeira categoria, mas vale mencionar que o atual CPC também flexibiliza tal espécie de nulidade, quando no § 4º do art. 64 estabelece que **"salvo decisão judicial em sentido contrário, conservar-se-ão os efeitos de decisão proferida pelo juízo incompetente até que outra seja proferida, se for o caso, pelo juízo competente"**. Não nos parece, contudo, que **tal disposição se aplique a pronunciamentos do magistrado trabalhista que se afastem da competência material da Justiça do Trabalho** e se enquadrem na situação mencionada equivocadamente como "incompetência de foro" no § 1º do art. 795 da CLT. Por exemplo, um divórcio homologado pelo juiz do trabalho traz um defeito impossível de ser sanado, que pode ser declarado de ofício e a sentença, neste caso, não conservará efeito algum.

6.5.1.3 Princípio do aproveitamento dos atos processuais

Tal princípio, expresso na alínea *a* do art. 796 da CLT, estabelece que **a nulidade não será pronunciada quando for possível suprir-se a falta ou repetir-se o ato.** Por outras palavras, toda vez que for possível ao juiz determinar o suprimento da falta ou mandar que o ato seja repetido, não declarará a nulidade do ato, atendendo, assim, ao princípio da economia processual.

A título de exemplo, suponha-se que o perito judicial junte aos autos o laudo técnico e, fique constatado que os quesitos apresentados por uma das partes não foram por ele respondidos. Caso a parte prejudicada argua a nulidade, o juiz não declarará a nulidade da prova técnica, bastando-lhe determinar que o perito responda aos quesitos e, deste modo, complemente o laudo que padece do vício da omissão.

Numa outra situação exemplificativa, o juiz poderá eventualmente determinar que o perito médico torne a examinar o empregado, sem declarar a nulidade da perícia, quando constatado que o expert apenas procedeu ao exame relacionado com uma das duas doenças ocupacionais apontadas pelo obreiro.

A repetição integral de um ato processual, porém, parece intuir que o ato anterior foi considerado nulo, pois a necessidade de que fosse novamente realizado na sua inteireza indica que não foi sequer parcialmente aproveitado, o que parece contradizer o chamado princípio dos atos processuais. Deste modo, parece mais adequado entender que a repetição do ato se dará para possibilitar que ele seja complementado e não para substituí-lo. Seria, por exemplo, a repetição do interrogatório de uma das partes com o objetivo de fazer uma pergunta que fora indeferida no interrogatório anterior.

6.5.1.4 Princípio do interesse

O princípio do interesse decorre do princípio processual da boa-fé e presta homenagem à antiga máxima jurídica segundo a qual não é dado a ninguém alegar em seu benefício a própria torpeza (no latim, *nemo auditur propriam turpitudinem allegans*). Está previsto na alínea *b* do art. 796 da CLT, que preceitua que "*a nulidade não será pronunciada* **quando arguida por quem lhe tiver dado causa**". O exemplo mais citado pela doutrina é o do oferecimento de exceção de suspeição fundada na inimizade figadal do juiz com a parte, quando a animosidade que a causou foi deliberadamente provocada pelo excipiente com o objetivo de, acolhida a exceção, retirar das mãos daquele magistrado o julgamento do processo.

6.5.2 Extensão da nulidade processual

Conforme prevê o art. 797 da CLT, "**o juiz ou Tribunal que pronunciar a nulidade declarará os atos a que ela se estende**". O artigo subsequente, por sua vez, estatui que "**a nulidade do ato não prejudicará senão os posteriores que dele dependam ou sejam consequência**".

O disposto no art. 797 viabiliza o cumprimento do preceituado no art. 798. **O juiz ou tribunal que pronuncia a nulidade processual deve declarar quais os atos contaminados pelo vício justamente para evitar que atos que não sofreram qualquer mácula sejam desnecessariamente invalidados, com prejuízo à economia e à celeridade processuais.**

Há, é claro, nulidades cuja ocorrência torna o processo inválido desde o seu início, por exemplo uma citação editalícia dolosamente requerida por uma parte que conhecia o endereço do reclamado, mas alegou falsamente que este estava em local ignorado. Neste caso, a nulidade contaminará todos os atos subsequentes do processo, inclusive a sentença, caso tenha sido prolatada. Por isso, quando o juiz declarar nula a citação deverá também dizer que são nulos todos os atos posteriores.

Contudo, não se anulará integralmente o processo se for possível o aproveitamento de atos anteriores ou mesmo de atos posteriores que não guardam relação de dependência com o ato declarado nulo. Por exemplo, uma nulidade na prova pericial pode não repercutir na prova testemunhal e vice-versa. Nesse caso, o juiz, ao declarar nula a prova pericial, deverá deixar claro que a nulidade não se estende à colheita da prova oral.

PROCEDIMENTOS COMUNS NOS DISSÍDIOS INDIVIDUAIS

7

7.1 PROCESSO E PROCEDIMENTO: UMA DISTINÇÃO NECESSÁRIA

Processo e procedimento são noções que interagem entre si, mas não devem ser confundidas.

Para Calmon de Passos, "a noção de processo é eminentemente teleológica, finalística, voltada para o resultado a ser obtido" e "a noção de procedimento, ao invés, é eminentemente formal".[1] Traduzindo essa ideia, Bezerra Leite afirma que o processo se constitui de "um conjunto de atos processuais que vão se sucedendo de forma coordenada dentro da relação processual, até atingir a coisa julgada" e "o procedimento, ou rito, é a forma, o modo, a maneira como os atos processuais vão se projetando e se desenvolvendo dentro da relação jurídica processual".[2] Procedimento e processo, então, podem ser vistos como duas faces de uma mesma realidade. O procedimento nada mais é que a forma de manifestação do processo, fenômeno que somente tem relevância quando considerado a partir da sua finalidade.[3]

Os doutrinadores costumam, ainda, enfatizar o caráter dinâmico do procedimento em contraposição à feição estática do processo. Neste sentido, Rodrigues Pinto sustenta que "o processo é um conjunto de atos logicamente ordenados, em posição de repouso, enquanto o procedimento mostra esse mesmo conjunto de atos em movimento para a prestação jurisdicional".[4] Em outro momento, o mestre baiano enfatiza ainda mais a ideia de movimento quando diz que "o processo é um *sistema estático,* o procedimento é a *aplicação dinâmica* desse sistema, em consequência da provocação da *função jurisdicional*".[5]

Com efeito, o processo, metaforicamente, é como uma viagem rodoviária bem planejada que tem como ponto de partida o exercício do direito de ação e como destino final o pronunciamento definitivo do Judiciário, marchando sempre

---

1 CALMON DE PASSOS, José Joaquim. *Inovações no código de processo civil:* exegese e análise sistemática, das Leis nº 8.898, de 26.06.1994, liquidação da sentença por cálculo, 8.950, recursos, 8.951, ação de consignação em pagamento e usucapião, 8.952, processo de conhecimento e cautelar, e 8.953, processo de execução de 13.12.1994. Rio de Janeiro, Forense, 1995, p. 3.

2 LEITE, Carlos Henrique Bezerra, ob. cit., p. 434.

3 MARINONI, Luiz Guilherme; ARENHART, Sérgio Cruz; MITIDIERO, Daniel. *Curso de processo civil:* teoria do processo civil. 6. ed. São Paulo: Ed. RT, 2021. v. 1, p. 456-457.

4 PINTO, J.A. Rodrigues, ob. cit., p. 39.

5 *Idem.*

Capítulo 7 • PROCEDIMENTOS COMUNS NOS DISSÍDIOS INDIVIDUAIS

para a frente, cumprindo necessariamente um itinerário que contempla uma série de atos jurídicos que se denominam atos processuais.

Utilizando a mesma linguagem metafórica, o procedimento corresponde à forma como a viagem é realizada, que compreende, por exemplo, o veículo utilizado (ônibus, automóvel, motocicleta ou bicicleta) e as paradas que devem ser feitas durante o trajeto. Tudo isso em conjunto dita o ritmo da viagem. A viagem é o **processo**; o veículo e as paradas constituem **o procedimento**. O **direito processual** é a estrada.

7.2   TIPOS DE PROCEDIMENTO NO PROCESSO DO TRABALHO

O processo do trabalho, observando sempre o princípio da simplicidade, não se preocupa em classificar as espécies de procedimentos e catalogá-los em capítulos ou seções específicas. Basta dizer que a expressão "procedimento ordinário" ou "rito ordinário" não está mencionada em lugar algum na CLT. Muito menos será possível encontrar no texto consolidado a categoria "procedimentos especiais", à qual o CPC dedica um dos seus títulos. Isso não impede que muitos doutrinadores importem as categorias do processo comum com a finalidade de organizar didaticamente o Direito Processual do Trabalho, muito embora as tentativas de amoldar o processo do trabalho às categorias do processo comum nem sempre sejam bem-sucedidas.

Diante dos objetivos modestos do presente trabalho, não se porá demasiada ênfase nas classificações doutrinárias. O que importa aqui são as espécies legais. O máximo de condescendência com a tendência doutrinária de assimilação das categorias do processo comum será:

(a) **chamar de** *ordinário* **o procedimento mais antigo e mais genérico utilizado nos dissídios individuais para distingui-lo do rito de alçada (procedimento sumário) e do procedimento sumaríssimo;**

(b) **nominar os demais procedimentos de** *especiais* **com o objetivo de distingui-los dos três principais ritos previstos na legislação trabalhista para a generalidade dos dissídios individuais.**

Os três ritos referidos (ordinário, sumário e sumaríssimo) são tratados por alguns doutrinadores como espécies do **procedimento comum trabalhista.** A expressão "procedimento comum", contudo, é encontrada uma única vez na CLT (art. 793-C, § 3º, introduzido pela Lei nº 13.467/2017), **referindo-se à liquidação por artigos,** que recebeu no novo CPC a nomenclatura de **liquidação pelo procedimento comum,** denominação que veio a ser reproduzida no novo dispositivo celetista, sem que fosse observado que a modalidade está sediada no texto consolidado sob a denominação antiga (art. 879 da CLT).

Assim é que se pode identificar na CLT e na Lei nº 5.548/70 a existência de três procedimentos ou ritos principais que têm aplicabilidade aos dissídios individuais: o *ordinário,* o *sumário* e o *sumaríssimo*. Podemos igualmente reconhecer que há dois outros procedimentos previstos no texto consolidado que, embora se apliquem aos dissídios individuais, se diferenciam em alguns aspectos dos três ritos citados: o **inquérito judicial para apuração de falta grave** e a **ação de cumprimento**, os quais, por isso, costumam receber na doutrina o apelido de *procedimentos especiais*. A categoria de procedimentos especiais deve incluir, também, o denominado "**processo de jurisdição voluntária para homologação de acordo extrajudicial**" criado pela Lei nº 13.467/2017 (Reforma Trabalhista).

Além dos procedimentos acima citados, vinculados aos conflitos individuais, a CLT prevê um procedimento específico para a apreciação e julgamento dos dissídios coletivos pelos tribunais trabalhistas, o qual, contudo, será objeto de outro capítulo. O *dissídio coletivo* é também reconhecido pela doutrina como procedimento especial trabalhista.

7.2.1 Procedimento ordinário

Dos procedimentos tidos pela doutrina como comuns, o **ordinário é o mais usual e encontra-se regulado do art. 837 ao art. 852 da CLT.** Até o início dos anos 70 era o único dos três que existia.

As regras que regulam o procedimento ordinário também se aplicam aos demais procedimentos dedicados aos dissídios individuais (sumário, sumaríssimo, ação de cumprimento, inquérito para apuração de falta grave) na ausência de regras que lhes sejam peculiares.

De um modo geral, portanto, o que importa é estar atento para os aspectos distintivos dos demais procedimentos. As regras gerais aplicáveis são as do procedimento ordinário, sempre que não haja uma disposição que seja especificamente inerente a cada um dos demais. O procedimento ordinário, portanto, será a base de tudo que será tratado neste e nos capítulos seguintes. Quando uma regra for específica para outros ritos, essa circunstância receberá o devido destaque.

7.2.2 Procedimento sumário

O **procedimento sumário**, também denominado **rito ou dissídio de alçada**, foi instituído pela Lei nº 5.584/70 para **as causas com valor de até dois salários mínimos (considerada a data do ajuizamento da reclamação).** O limite em questão corresponde à alçada que não pode ser ultrapassada para que uma causa seja submetida a esse procedimento.

Já se sustentou que o rito sumário não teria sido recepcionado pela Constituição de 1988, seja por não permitir o duplo grau de jurisdição, seja pela vinculação da alçada ao salário mínimo. A rigor, porém, o duplo grau de jurisdição não se trata propriamente de um princípio constitucional (ou se o é, certamente não tem caráter absoluto), na medida em que a própria Constituição Federal prevê hipóteses em que não haverá instâncias superiores para reapreciar as decisões proferidas pelos tribunais em ações de sua competência originária.[6] O segundo

---

6   Por exemplo, nos casos em que o Presidente da República for julgado pelo plenário do STF pela imputação da prática de crime comum.

Capítulo 7 • PROCEDIMENTOS COMUNS NOS DISSÍDIOS INDIVIDUAIS

argumento foi superado pela Súmula nº 356 do TST,[7] cuja edição em 2003, muito tempo após a promulgação da atual Carta Magna, conduz à conclusão de que a Corte não considera inconstitucional o rito sumário.

Houve também quem dissesse que, depois do rito sumaríssimo, o rito sumário teria deixado de existir, sendo tacitamente revogado. Não é este, contudo, o entendimento dominante, nem na doutrina e nem na jurisprudência, sendo suficiente dizer que a espécie procedimental está catalogada no sistema do PJE, o que indica que **os ritos sumário e sumaríssimo coexistem.**

Ao lado do limite fixado pelo valor da causa (**até dois salários mínimos**), as principais características dos dissídios de alçada ou, por outras palavras, do rito sumário, são as relacionadas a seguir.

a) **As sentenças prolatadas nas reclamações submetidas ao procedimento sumário não admitem recurso vertical, exceto se versarem sobre matéria constitucional, nos termos do § 4º do art. 2º da Lei nº 5.584/70.**

Não obstante o dispositivo em questão use a expressão "nenhum recurso", é intuitivo que se refere apenas aos recursos verticais, pois não seria razoável a vedação da admissibilidade de embargos de declaração, haja vista que cuidam de recurso horizontal cujo objetivo é apenas o de suprir vícios formais do julgado.

b) **O resumo dos depoimentos será dispensado, bastando que conste da ata a conclusão do juiz quanto à matéria de fato, nos termos do § 4º do art. 2º da Lei nº 5.584/70.**

Na época em que o rito sumário foi instituído, a dispensa do resumo dos depoimentos representava um ganho de tempo, pois as atas e termos de depoimento eram lavrados em máquinas datilográficas. Hoje essa peculiaridade do rito sumário tem pouca relevância.

Vale registrar que a qualidade dos litigantes não repercute na admissibilidade do rito sumário. **O dissídio de alçada tanto pode ser ajuizado em face de particulares quanto de pessoas jurídicas de direito público.** Assim, **ao contrário do que ocorre com o rito sumaríssimo, a União, os Estados, o Distrito Federal e os Municípios, bem como suas autarquias e fundações públicas, não estão excluídos do rito sumário.** Difere também do rito sumaríssimo porque **a notificação inicial (citação) por edital não é vedada no rito sumário.**

No mais, as regras do procedimento ordinário se aplicam ao rito de alçada, inclusive quanto ao número máximo de testemunhas, que é de 3 (três) por parte.

7.2.3 Procedimento sumaríssimo

O procedimento sumaríssimo está regulado nos arts. 852-A a 852-I da CLT, dispositivos que foram introduzidos no texto consolidado pela Lei nº 9.957/2000, e aplica-se aos *dissídios individuais* **cujo valor não exceda a 40 salários mínimos (art. 852-A da CLT).** O procedimento foi criado, assim, no ano de 2000, com o

---

7 Súmula nº 356 do TST: O art. 2º, § 4º, da Lei nº 5.584, de 26.06.1970, foi recepcionado pela CF/88, sendo lícita a fixação do valor da alçada com base no salário mínimo.

objetivo de imprimir celeridade às causas de pequeno valor, mesma intenção presente na criação do rito sumário 30 anos antes.

Conquanto o art. 852-A não fixe um limite mínimo de valor para que um dissídio individual seja submetido ao procedimento sumaríssimo, desde que se considere que o rito sumário continua a existir, a conclusão a que se chega é a de que **o sumaríssimo somente se aplica às causas que tenham valor que supere os 2 salários mínimos, mas não exceda a 40 salários mínimos. Deste modo, se a causa tem valor de 2 salários mínimos ou menos o rito será o sumário; se a causa tiver valor acima de 40 salários mínimos, o rito será o ordinário.**

Quando o autor atribuísse à causa valor inferior a 40 salários mínimos, mas o pedido não indicasse o valor correspondente, a jurisprudência acenava com duas possibilidades:

a) **extinção do processo, arquivando-se a reclamação por inadequação do rito processual;**

b) **conversão do rito para o ordinário.**

Ocorre, porém, que atualmente ambos os ritos exigem a indicação do valor de cada pedido, não fazendo mais sentido a conversão do rito. Por economia processual, parece-nos que o mais recomendável não é que o juiz decrete de logo o arquivamento da reclamação, como manda o § 1º do art. 852-B, mas conceda à parte autora o prazo de 15 dias para que emende ou complete a inicial, aplicando subsidiariamente o disposto no art. 321 do CPC, somente extinguindo o processo sem apreciação meritória se a parte autora não o fizer.

É imprescindível salientar que **o rito sumaríssimo não se aplica às causas em que é parte a Administração Pública direta, autárquica e fundacional** (art. 852-A, parágrafo único), mas não é demais lembrar que as empresas públicas e sociedades de economia mista não se incluem nessa proibição. Assim sendo, nenhum obstáculo haverá para que as reclamações contra a Petrobras, o Banco do Brasil e a Caixa Econômica Federal, por exemplo, tramitem pelo rito sumaríssimo. Nem mesmo a Empresa Brasileira de Correios e Telégrafos (ECT), que goza das prerrogativas processuais da Fazenda Pública por força do art. 12 do Decreto-Lei nº 509/69, escapa de ser demandada em reclamação submetida ao rito sumaríssimo, nos termos da jurisprudência iterativa do TST.[8]

---

8   AGRAVO DE INSTRUMENTO EM RECURSO DE REVISTA. ACÓRDÃO PUBLICADO NA VIGÊNCIA DA LEI Nº 13.015/2014. RITO SUMARÍSSIMO. ART. 896, § 9º, DA CLT. IMPROPRIEDADE DO RITO SUMARÍSSIMO. É entendimento desta Corte Superior, que dentre os privilégios concedidos à Fazenda Pública e estendidos à ECT não está compreendida a não sujeição ao procedimento sumaríssimo de que trata o parágrafo único do art. 852-A da CLT, que exclui tão somente as demandas em que é parte a Administração Pública direta, autárquica e fundacional. Precedentes. Incidem, portanto, a Súmula nº 333 desta Corte como óbice ao prosseguimento da revista, a pretexto da alegada ofensa aos dispositivos apontados. RESPONSABILIDADE SUBSIDIÁRIA. Extrai-se que o Regional considerou que a terceirização é ilícita, registrando que nestes casos, "a responsabilidade da tomadora torna-se objetiva, estabelecendo-se independentemente da existência de culpa in vigilando ou in contraindo". Diante dessa realidade fática insuscetível de reexame, acresça-se que não é necessária a comprovação da culpa in vigilando quando retratada nos autos a existência de ilicitude na terceirização. Pontue-se, ainda, que esse entendimento não desrespeita

Capítulo 7 • PROCEDIMENTOS COMUNS NOS DISSÍDIOS INDIVIDUAIS

A intenção do legislador de buscar a celeridade está bem nítida na previsão do art. 852-C, de que **"as demandas sujeitas a rito sumaríssimo serão instruídas e julgadas em audiência única"**. A proibição de que a audiência seja adiada constitui imperativo legal, mas o texto consolidado prevê, pelo menos, **três exceções:**

a) **quando o juiz considera impossível a uma das partes se manifestar sobre documentos juntados pela outra** (o que pode ser justificado, a título de exemplo, por sua quantidade ou complexidade), hipótese prevista no § 1º do art. 852-H;

b) **quando o juiz defere intimação de testemunha que, comprovadamente convidada, deixar de comparecer** (§ 1º do art. 852-H);

c) **quando o juiz deferir prova técnica, isto é, perícia** (§ 4º do art. 852-H).

Além da limitação do valor da causa, da inaplicabilidade à Fazenda Pública e da instrução e julgamento em única audiência, acerca do que já falamos, o rito sumaríssimo apresenta as seguintes características:

a) **o pedido deverá ser certo ou determinado e indicará o valor correspondente** (art. 852- B, I);

Tal exigência, com o advento da Lei nº 13.467/2017 (Reforma Trabalhista), não mais pode ser vista como peculiaridade do rito sumaríssimo, desde quando foi trazida, com palavras semelhantes, para o rito ordinário, como requisito da petição inicial (reclamação escrita).

b) **não se fará citação por edital** (art. 852- B, II);

A vedação à citação por edital não gera qualquer problema quando o autor, antes de ajuizar a reclamação, já sabe que o reclamado está em local incerto ou ignorado. Neste caso, se o reclamante ajuíza demanda pelo rito sumaríssimo e pede de logo a citação por edital, aplica-se o disposto no § 1º do art. 852-B. Deste modo, a reclamação será arquivada, isto é, extinta sem julgamento do mérito.

Contudo, se somente após o ajuizamento da reclamação pelo rito sumaríssimo e da frustração da tentativa de notificação inicial (citação) é que fica claro para o autor que o reclamado está em local incerto ou desconhecido, **dois caminhos são, em tese, possíveis ao juiz: (1º) prolatar sentença extinguindo o processo sem julgamento do mérito, para que possa ser ajuizada nova reclamação pelo rito ordinário, ou (2º) determinar a conversão do rito para o ordinário a fim de**

---

a Súmula Vinculante nº 10 do excelso STF, que trata da reserva de plenário, tampouco a decisão proferida na ADC nº 16, pois não se está declarando a inconstitucionalidade do art. 71, § 1º, da Lei das Licitações, mas apenas definindo seu alcance. Tal como proferida a v. decisão está em sintonia com a iterativa, notória e atual jurisprudência deste Colendo Tribunal Superior, que vem reiteradamente mantendo decisões que reputam a Empresa Brasileira de Correios e Telégrafos – EBCT responsável pelas verbas trabalhistas inadimplidas, quando demonstrada na decisão judicial a terceirização ilícita. JUROS DE MORA. Inviável o prosseguimento do recurso, uma vez que calcado exclusivamente em alegação de ofensa a dispositivos de lei, contrariedade à Orientação Jurisprudencial, bem como na configuração de divergência jurisprudencial, não preenchendo, pois, nenhum dos requisitos do art. 896, §9º, da CLT. Agravo de instrumento não provido" (AIRR-2297-02.2013.5.03.0103, 8ª Turma, Rel. Des. Convocado Breno Medeiros, *DEJT* 18.12.2015).

que seja possível no mesmo feito a citação editalícia do reclamado. Esta última hipótese parece ser mais consentânea com os princípios da celeridade e da economia processual, mas **o juiz somente deve determinar a conversão quando houver pedido do autor**, pois fazê-lo de ofício quebra a necessária imparcialidade da jurisdição, somente encontrando justificativa quando a parte autora está desacompanhada de advogado.

c) **o número de testemunhas, por parte, está limitado a 2 (dois)** (art. 852-H, § 2º);

Nos dissídios sujeitos ao procedimento ordinário e ao procedimento sumário, permite-se a oitiva, por cada parte, de até 3 (três) testemunhas. **No procedimento sumaríssimo, em nome da celeridade processual, o número máximo de testemunhas é reduzido para 2 (dois), por parte.**

d) **os incidentes e exceções que possam interferir no prosseguimento da audiência e do processo deverão ser decididos de plano pelo juiz e as demais questões serão decididas na sentença** (art. 852-G);

Essa é a regra. Mas certamente há incidentes que o juiz não poderá decidir de plano, por dependerem da prova de um fato cuja ocorrência não pode ser verificada de imediato. Por exemplo, se o reclamado juntou aos autos no dia da audiência um recibo rescisório supostamente assinado pelo reclamante e este impugna o documento sob a alegação de que a assinatura não é sua, pode ser necessária a suspensão da audiência para a realização de perícia grafotécnica. Em situações semelhantes, o juiz estará escusado de decidir o incidente de plano.

e) **o juiz dirigirá o processo com liberdade para determinar as provas a serem produzidas, considerado o ônus probatório de cada litigante, podendo limitar ou excluir as que considerar excessivas, impertinentes ou protelatórias, bem como para apreciá-las e dar especial valor às regras de experiência comum ou técnica** (art. 852-D);

Não é muito fácil compreender o que o legislador quis dizer quando introduziu esse artigo na disciplina do procedimento sumaríssimo. Afinal, **dirigir o processo com liberdade para determinar as provas a serem produzidas, considerar o ônus probatório de cada litigante** e **limitar ou excluir as provas que considerar desnecessárias** são prerrogativas inerentes à atividade do magistrado na busca pela formação de seu convencimento, traduzindo na prática aquilo que se convencionou chamar de *princípio do livre convencimento motivado do juiz*. Isso vale, a nosso sentir, para qualquer espécie de procedimento.

As regras da experiência comum ou técnica já são normalmente observadas pelo juiz quando aprecia a prova em qualquer procedimento judicial, na medida em que estão integradas à sua pré-compreensão. O juiz é um sujeito imparcial, mas não é neutro. Ele se aproxima dos fatos e do direito discutidos no processo trazendo a sua pré-compreensão, que será posta à prova por meio da dialética processual para que ele possa, então, chegar ao horizonte da interpretação adequada. A pré-compreensão jamais deverá ser o critério definitivo para que o juiz tome a sua decisão, mas seria ingenuidade acreditar que a experiência comum e/ou técnica que a formam não têm qualquer influência no processo decisório.

O que o texto em questão faz, porém, é impor ao juiz o dever de *"dar especial valor"* às **regras de experiência comum ou técnica na apreciação das provas**. Não lhe concede uma permissão. Ordena que o faça. É um daqueles dispositivos cujo cumprimento ou descumprimento dificilmente será constatado por terceiros, porque somente o juiz saberá quais regras da experiência comum ou técnica repercutiram no seu convencimento em torno da prova, mas pelo menos impõe, caso ele se valha de uma regra de experiência comum ou técnica pouco conhecida, a apresentação de uma justificativa, isto é, que ele explique o conhecimento obtido na sua experiência de vida ou na experiência decorrente da sua própria atuação profissional que teve influência na admissibilidade ou inadmissibilidade de uma prova para a formação de seu convencimento.

Tentaremos, conquanto saibamos que é tarefa perigosa, trazer um exemplo prático. O autor trabalhou como juiz numa localidade onde, pela sua experiência comum (diálogos com os moradores) ou técnica (prova produzida em diversas reclamações), sabia que era excepcionalíssimo que os empregadores domésticos pagassem o salário mínimo aos seus empregados e mesmo formalizassem a contratação por meio da assinatura da CTPS. A notícia que circulava era a de que só mesmo os promotores e juízes que residiam na cidade pagavam a seus empregados domésticos salário mínimo (ainda bem...).

Suponha-se que chega à Vara do Trabalho daquela localidade uma reclamação de uma trabalhadora doméstica pleiteando as parcelas rescisórias, a multa do art. 477 da CLT pelo atraso no pagamento das rescisórias, a diferença salarial pela não percepção do salário mínimo durante todos os cinco anos do contrato de trabalho e o FGTS de todo o período trabalhado acrescido da multa de 40%. O reclamado, então, ao se defender, junta aos autos um recibo rescisório assinado pela reclamante onde consta, além do pagamento das parcelas rescisórias com base no salário mínimo, o pagamento da multa do art. 477, o pagamento dos valores referentes às diferenças salariais, do FGTS e da multa de 40%, totalizando uma quantia bastante elevada. É fato incontroverso que a CTPS nem mesmo foi assinada. A reclamante nega que tenha recebido qualquer quantia. O juiz, ao avaliar o documento, baseando-se na sua experiência comum e técnica, deverá afastar o seu valor probante, até porque o § 1º do art. 852-I, também incluído no regramento do procedimento sumaríssimo, diz que "o juízo adotará em cada caso a decisão que reputar mais justa e equânime, atendendo aos fins sociais da lei e as exigências do bem comum". No máximo, a fim de evitar nulidade processual, deverá permitir ao reclamado que tente provar por outros meios documentais que pagou o valor indicado no documento (depósito bancário etc.). Mas é de se perguntar: Ele não faria o mesmo se o procedimento fosse o ordinário?

f) o juiz não precisa fazer relatório na sentença (art. 852-I);

A sentença, como veremos, tem três partes: **relatório, fundamentos e dispositivo (conclusão)**. Para simplificar a atividade do juiz na prolação da sentença e encurtar o tempo, o texto consolidado permite ao juiz que não faça o relatório. Claro que poderá fazê-lo, se não quiser se valer dessa faculdade.

g) **o recurso ordinário terá uma tramitação diferenciada, mais célere (art. 895, § 1º, da CLT).**

A tramitação do recurso ordinário interposto da sentença que julga reclamação submetida ao rito sumaríssimo também segue a mesma preocupação com a celeridade. Por isso, assim que recebido no Tribunal ele será imediatamente distribuído e o relator deverá liberá-lo no prazo máximo de dez dias, cabendo à Secretaria do Tribunal ou Turma colocá-lo imediatamente em pauta para julgamento, sem revisor. Por outro lado, o parecer do procurador do trabalho presente ao julgamento, caso entenda necessária a manifestação do Ministério Público, deverá ser feito oralmente, com registro na certidão. Além disso, o recurso ordinário terá acórdão consistente unicamente na certidão de julgamento, com a indicação suficiente do processo e parte dispositiva, e das razões de decidir do voto prevalente. Por fim, se a sentença for confirmada pelos próprios fundamentos, a certidão de julgamento, registrando tal circunstância, servirá de acórdão.

h) **as hipóteses de utilização do Recurso de Revista são mais restritas (art. 896, § 9º, da CLT).**

Quanto à admissibilidade do Recurso de Revista, as possibilidades de utilização no procedimento sumaríssimo são menores que no procedimento ordinário. De fato, nas causas sujeitas ao procedimento sumaríssimo, somente será admitido recurso de revista por contrariedade à súmula de jurisprudência uniforme do Tribunal Superior do Trabalho ou à súmula vinculante do Supremo Tribunal Federal e por violação direta da Constituição Federal.

7.3 POSTULAÇÃO DO AUTOR (RECLAMANTE)

De início, vale registrar que, no tocante à fase postulatória, as regras que regulam os dissídios individuais submetidos ao procedimento ordinário são, de modo geral, as mesmas que se aplicam à ação de cumprimento e aos dissídios de alçada. **Até mesmo o procedimento sumaríssimo adota as regras concernentes à fase postulatória previstas para o procedimento ordinário.** Aliás, não é demais mencionar que o procedimento ordinário, no particular, aproximou-se do sumaríssimo a partir da Lei nº 13.367/2017 (Reforma Trabalhista) ao incluir a exigência de indicação do valor do pedido.

Como se verá em outro momento, o **inquérito para apuração de falta grave tem algumas peculiaridades que tornam inaplicáveis algumas regras concernentes à fase postulatória comuns aos demais dissídios individuais.** Mas muitas das normas que regulam a fase postulatória do procedimento ordinário continuam a incidir sobre o inquérito judicial.

Capítulo 7 • PROCEDIMENTOS COMUNS NOS DISSÍDIOS INDIVIDUAIS

A fase postulatória estabelece as fronteiras objetivas e subjetivas do processo, isto é, os limites que não podem ser ignorados pelo Estado-Juiz. Por outras palavras, a matéria a ser apreciada pelo juiz e os sujeitos que sofrerão os efeitos da sentença (em regra, autor e réu) são identificados na fase postulatória.

O ato processual que melhor traduz a fase postulatória é a petição inicial. Ali, o autor (reclamante) aponta os direitos que supostamente possui, os quais são determinantes para a fixação dos limites objetivos da lide, que deverão ser observados pelo juiz na direção do processo e nos seus pronunciamentos, inclusive e especialmente a sentença.

Não obstante, entende-se que **a defesa do réu (reclamante) também se compreende na fase postulatória, pois ali há um "ato de requerer" cujo objetivo é o reconhecimento da improcedência ou da inviabilidade processual do pedido do autor (reclamante). A rigor, portanto, os limites objetivos da lide são fixados pela conjugação entre a petição inicial e a contestação ou, usando a linguagem do texto consolidado, entre a reclamação e a defesa.**

Neste momento, porém, abordaremos apenas a petição inicial e deixaremos a postulação do réu (reclamado) para outro capítulo.

7.3.1 Requisitos da petição inicial

O texto original da CLT em momento algum trazia a expressão "petição inicial". Na verdade, os dois dispositivos celetistas que usam a expressão foram introduzidos recentemente, o último deles com o advento da Reforma Trabalhista (art. 844, § 4º, III e art. 897, § 5º, I).

Afora os dois dispositivos referidos, a CLT, quando se refere à postulação do reclamante, usa **o termo "reclamação",** palavra que tem no Direito Processual do Trabalho ao menos quatro sentidos. Pode identificar-se com a **ação trabalhista**[9] ("Fulano tem o direito de ajuizar reclamação em face de Sicrano"), com os **autos do processo trabalhista** (reclamação número 0000000-00.2021.0.00.0000), com a **reclamação correicional prevista nos regimentos dos tribunais** e com a **petição inicial,** sendo esta última acepção a que nos interessa neste quadrante.

A criatividade dos operadores do Direito é ilimitada para a criação de expressões sinônimas da petição inicial. Fala-se em *petitória, prefacial, vestibular, peça exordial, peça introdutória, peça isagógica, peça inaugural, peça pórtica, peça de ingresso etc.* A palavra *reclamatória* é usualmente utilizada no âmbito do processo trabalhista.

A CLT, como afirmado, refere-se à postulação do autor usando o termo **"reclamação",** distinguindo a verbal da escrita.

Se for verbal, a reclamação será reduzida a termo, em duas vias datadas e assinadas pelo escrivão ou secretário, observados, no que couber, os requisitos da

---

9 Por exemplo, no texto do art. 455 da CLT, que dispõe: "Nos contratos de subempreitada responderá o subempreiteiro pelas obrigações derivadas do contrato de trabalho que celebrar, cabendo, todavia, aos empregados, o direito de reclamação contra o empreiteiro principal pelo inadimplemento daquelas obrigações por parte do primeiro".

reclamação escrita (art. 840, § 1º), sobre os quais falaremos a seguir. De antemão, contudo, podemos dizer que **não é cabível na reclamação verbal exigir-se a indicação do valor do pedido.** É que a reclamação verbal, como regra, é feita por quem é leigo, que não está assistido por profissional do Direito e, portanto, não tem a capacidade técnica para fazer tal cálculo.

A reclamação escrita (petição inicial), nos termos do art. 840, § 1º, da CLT, deve preencher os seguintes requisitos:

a) **designação do juízo;**
b) **qualificação das partes;**
c) **breve exposição dos fatos dos quais resultou o dissídio;**
d) **o pedido, que deverá ser certo, determinado e com indicação de seu valor;**
e) **data;**
f) **assinatura.**

Observa-se, de logo, que o texto consolidado se distancia em alguns aspectos do art. 319 do Código de Processo Civil, que também trata dos requisitos da petição inicial, *in verbis:*

> **Art. 319.** A petição inicial indicará:
>
> I – o juízo a que é dirigida;
>
> II – os nomes, os prenomes, o estado civil, a existência de união estável, a profissão, o número de inscrição no Cadastro de Pessoas Físicas ou no Cadastro Nacional da Pessoa Jurídica, o endereço eletrônico, o domicílio e a residência do autor e do réu;
>
> III – o fato e os fundamentos jurídicos do pedido;
>
> IV – o pedido com as suas especificações;
>
> V – o valor da causa;
>
> VI – as provas com que o autor pretende demonstrar a verdade dos fatos alegados;
>
> VII – a opção do autor pela realização ou não de audiência de conciliação ou de mediação.

O conjunto de requisitos para a apresentação da reclamação escrita (petição inicial) perante a Justiça do Trabalho é propositadamente menor, por conta da simplicidade que vigora no processo trabalhista. Não há como considerar que o texto consolidado foi omisso na fixação dos requisitos e, deste modo, é incabível, como regra, a aplicação subsidiária do CPC.

Apenas a qualificação das partes, que é um requisito comum aos dois diplomas legais, pode ser enriquecida com as indicações trazidas pelo CPC. Deste modo, pode-se exigir do reclamante (autor) que indique, na qualificação, os nomes, os prenomes, o estado civil, a existência de união estável, a profissão, o número de inscrição no Cadastro de Pessoas Físicas ou no Cadastro Nacional da Pessoa Jurídica, o endereço eletrônico, o domicílio e a residência do autor e do réu, o que já é observado naturalmente e consta de normas editadas pelos tribunais trabalhistas. Evitando-se, porém, impor dificuldade insuperável ao acesso do trabalhador à Justiça do Trabalho, a qualificação incompleta não deve ser causa de extinção processual, se os elementos indicados forem suficientes para a identificação e localização da parte reclamada. No mais, os requisitos que devem ser cumpridos pela reclamação escrita (petição inicial) são somente os estabelecidos pelo texto consolidado.

Assim, não se pode exigir do autor (reclamante) que apresente os fundamentos jurídicos do pedido, até porque ele pode exercitar pessoalmente o *jus postulandi*, não se fazendo representar por advogado. E quanto aos fatos, o § 1º do art. 840 da CLT exige apenas *uma breve exposição.*

Não se exige no texto consolidado, ademais, que o reclamante (autor) indique as provas com que pretende demonstrar a verdade dos fatos alegados. O juiz do trabalho, com a sua ampla liberdade para conduzir o processo em busca da verdade real, com fundamento no art. 765 da CLT[10] e no princípio inquisitivo, **poderá, de ofício, determinar a produção de qualquer prova que julgue necessária ou obrigatória, independentemente da indicação da parte autora.** Por exemplo, mesmo que não haja a sua indicação na petição inicial, a prova técnica será obrigatoriamente realizada quando for necessária, por imposição legal, como na hipótese do pedido de adicional de insalubridade (art. 195, CLT), ou quando o juiz não reunir condições para avaliar a existência de determinado fato sem a ajuda de alguém que detenha conhecimentos especializados.

A indicação da opção pela realização ou não de audiência de conciliação ou de mediação, prevista no CPC, também não constitui requisito da reclamação trabalhista. As tentativas de conciliação são obrigatórias em todos os procedimentos trabalhistas, mesmo nos dissídios coletivos. Os procedimentos trabalhistas atinentes aos dissídios individuais, ademais, não exigem a realização de audiência específica para a conciliação ou mediação, de modo que a sua designação conspira contra a celeridade processual, até mesmo porque o juiz do trabalho está obrigado a empregar "os seus bons ofícios e persuasão no sentido de uma solução conciliatória dos conflitos" (art. 764, § 1º, da CLT).

Por fim, o § 1º do art. 840 da CLT **requer que o pedido seja certo e determinado e indique o valor correspondente.**

Nas palavras de Felipe Bernardes, "certeza significa que o pedido deve ser explícita e claramente afirmado" e "determinação quer dizer que, quando se tratar de bem da vida quantificável, deve ser indicada a quantidade pretendida".[11]

A referência à certeza do pedido tem a ver com a vedação ao pedido genérico, que somente será admitido em casos excepcionais previstos em lei.

Dentre as situações excepcionais que autorizam a apresentação de pedido genérico indicadas no art. 324, § 1º, do CPC, duas são inquestionavelmente aplicáveis ao processo do trabalho. Nos termos do referido dispositivo legal, o pedido

---

10 Os Juízes e Tribunais do Trabalho terão ampla liberdade na direção do processo e velarão pelo andamento rápido das causas, podendo determinar qualquer diligência necessária ao esclarecimento delas.

11 BERNARDES, Felipe. *Manual de processo do trabalho.* 3. ed. Salvador: JusPodivm, 2021, p. 222.

genérico será admitido quando não for possível determinar, desde logo, as consequências do ato ou do fato (inciso I) ou quando a determinação do objeto ou do valor da condenação depender de ato que deva ser praticado pelo réu (inciso II). O pedido de indenização por danos materiais decorrentes de gastos hospitalares que ainda estão sendo efetuados quando da propositura da ação ilustra a primeira hipótese, adaptando-se aqui exemplo apresentado por Felipe Bernardes, que também ilustra a segunda hipótese referindo-se a uma ação de exigir contas, alusiva a prêmios ou comissões supostamente não pagos, ajuizada pelo trabalhador contra o seu empregador.[12]

A **indicação do valor do pedido** tem relevância para a definição do procedimento ao qual a reclamação será submetida (ordinário, sumário ou sumaríssimo).

Por fim, registre-se que, **nos termos do § 2º do art. 322 do CPC, "a interpretação do pedido considerará o conjunto da postulação e observará o princípio da boa-fé".** O CPC atual abandonou o dogma, preconizado pelo estatuto revogado, de que os pedidos deveriam ser interpretados restritivamente, cuja aplicabilidade ao processo do trabalho sempre foi objeto de controvérsia.

No âmbito do processo do trabalho, é muito frequente que as reclamações apresentem múltiplos pedidos, contendo a petição inicial na sua parte final um rol com letras ou números que identificam cada pedido formulado. Eventualmente, pode ocorrer que o reclamante deixe de incluir algum pedido no rol, embora o tenha formulado anteriormente na parte da petição inicial em que apresenta os fatos e fundamentos da sua postulação. Cuida-se aí daquilo que a doutrina tem denominado **pedido heterotópico,** que não deve ser confundido com ausência de pedido.[13] Seguindo-se o critério interpretativo previsto no § 2º do art. 322 do CPC, não vislumbramos razão para que seja negada a apreciação do pedido heterotópico.

7.3.2 Indeferimento da petição inicial

Ante a omissão do texto consolidado, **as regras previstas nos arts. 320 e 321 do CPC têm aplicabilidade ao processo do trabalho.**

Deste modo, **a reclamação escrita (petição inicial),** além de atender aos requisitos previstos no § 1º do art. 840 da CLT, **deverá ser instruída com os documentos indispensáveis à propositura da ação,** como determina o art. 320 do CPC.

No entanto, se o juiz do trabalho constata que a reclamação escrita (petição inicial) não preenche os requisitos do § 1º do art. 840 da CLT, não está acompanhada de documento indispensável à propositura da ação trabalhista (reclamação) ou, então, que apresenta defeitos e irregularidades que podem dificultar o julgamento de mérito, **deverá indicar com precisão o que deve ser corrigido ou completado e determinar que o autor, no prazo de 15 (quinze) dias, a emende ou a complete, nos termos do *caput* do art. 321 do CPC.**

---

12 *Idem*, p. 222.
13 *Ibidem*, p. 223.

O juiz do trabalho somente deverá indeferir a reclamação escrita (petição inicial), extinguindo o feito sem apreciação meritória (art. 485, I, do CPC), **quando o reclamante (autor) não cumprir no prazo legal a diligência determinada**, isto é, não corrigir o defeito ou a irregularidade apontada pelo julgador (art. 321, parágrafo único, do CPC). Aliás, vale registrar que o art. 317 do CPC prevê que, em qualquer caso, "**antes de proferir decisão sem resolução de mérito, o juiz deverá conceder à parte oportunidade para, se possível, corrigir o vício**".

Tais regras vão ao encontro do **princípio da economia processual**, do qual partilham o processo comum e o processo do trabalho, embora neste, por causa dos fins sociais que persegue, deva ser ainda mais enfatizado. Neste sentido, a **Súmula nº 263 do Tribunal Superior do Trabalho**:

> **Salvo nas hipóteses do art. 330 do CPC de 2015 (art. 295 do CPC de 1973), o indeferimento da petição inicial, por encontrar-se desacompanhada de documento indispensável à propositura da ação ou não preencher outro requisito legal, somente é cabível se, após intimada para suprir a irregularidade em 15 (quinze) dias, mediante indicação precisa do que deve ser corrigido ou completado, a parte não o fizer (art. 321 do CPC de 2015).**

7.4 DISTRIBUIÇÃO

Nas localidades em que há somente uma Vara do Trabalho, esta logicamente receberá todas as reclamações trabalhistas submetidas à sua jurisdição. Quando, todavia, houver mais de uma Vara do Trabalho numa mesma localidade, isto é, varas que compartilham da mesma jurisdição, faz-se necessário que as reclamações sejam distribuídas entre elas da forma mais equânime possível. A razão para isso é evitar que haja vara com número elevado de processos coexistindo com outra que tenha um número reduzido de processos, o que interfere na qualidade e na celeridade da prestação jurisdicional da unidade judiciária com maior carga de trabalho. Por outras palavras, a distribuição evita a sobrecarga de uma vara em relação às demais. Além disso, a ausência de distribuição permitiria ao demandante escolher previamente o juiz que decidirá a sua causa, o que implica, de certo modo, violação ao princípio do juiz natural, podendo eventualmente atentar contra a garantia de imparcialidade das decisões (e não dos juízes, registre-se). Explica-se: sabendo de antemão que os juízes das diversas varas têm entendimento diferente em torno do tema sobre o qual versa a sua reclamação, o demandante simplesmente escolheria o juiz cujo posicionamento jurídico lhe parecesse mais favorável.

Há que se registrar, contudo, que a palavra "distribuição", assim como o verbo "distribuir", tem sido usada, inclusive pelo legislador, para referir-se ao simples ato de enviar a petição inicial eletrônica para o sistema do Processo Judicial Eletrônica (PJE), independentemente de que na localidade haja uma ou mais

Varas do Trabalho. Neste sentido é que o art. 10 da Lei nº 11.419/2006 (Lei da Informatização do Processo Judicial) dispõe que "**a distribuição da petição inicial e a juntada da contestação, dos recursos e das petições em geral**, todos em formato digital, nos autos de processo eletrônico, podem ser feitas diretamente pelos advogados públicos e privados, sem necessidade da intervenção do cartório ou secretaria judicial, situação em que a autuação deverá se dar de forma automática, fornecendo-se recibo eletrônico de protocolo" e o art. 15 do mesmo diploma legal preceitua que "salvo impossibilidade que comprometa o acesso à Justiça, a parte deverá informar, ao **distribuir** a petição inicial de qualquer ação judicial, o número no cadastro de pessoas físicas ou jurídicas, conforme o caso, perante a Secretaria da Receita Federal".

Antes da implantação do processo judicial eletrônico, a distribuição das reclamações se submetia às regras contidas nos arts. 783 a 788 da CLT, que previam a função de distribuidor e impunham: que as reclamações fossem registradas em livro próprio, rubricado em todas as folhas (art. 784); que o distribuidor fornecesse ao interessado um recibo (art. 785); que a reclamação verbal fosse distribuída antes de sua redução a termo (art. 786, *caput*); que distribuída a reclamação verbal, o reclamante, salvo motivo de força maior, se apresentasse no prazo de 5 dias ao cartório ou à secretaria, para reduzi-la a termo, sob pena de incorrer em perempção (art. 786, parágrafo único); que a reclamação escrita fosse formulada em 2 vias (art. 787), e que a reclamação fosse remetida pelo distribuidor à Junta ou Juízo competente, acompanhada do bilhete de distribuição (art. 788).

Tais dispositivos, por óbvio, remontam a um tempo em que os autos do processo eram físicos, isto é, de papel, e não se aplicam ao processo judicial eletrônico (PJE), cujas peculiaridades exigem a adoção de regras próprias que se adequem às necessidades da informatização processual.

A distribuição, no PJE, submete-se às regras sobre o assunto contidas na Lei nº 11.419/ 2006, que dispõe sobre a informatização do processo judicial e se aplica indistintamente aos processos civil, penal e trabalhista, em todos os graus de jurisdição (art. 1º, § 1º), e também às disposições previstas no atual Código de Processo Civil, neste caso por força da aplicação subsidiária ao processo do trabalho, observando-se sempre o critério da compatibilidade.

Assim é que o art. 10 da Lei nº 11.419/2006 dispõe:

> **Art. 10.** A distribuição da petição inicial e a juntada da contestação, dos recursos e das petições em geral, todos em formato digital, nos autos de processo eletrônico, podem ser feitas diretamente pelos advogados públicos e privados, sem necessidade da intervenção do cartório ou secretaria judicial, situação em que a autuação deverá se dar de forma automática, fornecendo-se recibo eletrônico de protocolo.

A figura do distribuidor, portanto, não mais existe. A distribuição é feita diretamente pelos advogados, sem que seja necessária a intervenção da Secretaria

da Vara do Trabalho. Deste modo, a autuação se dá de forma automática e o sistema gerará um recibo eletrônico de protocolo.

A mesma lei, no art. 15, exige que a parte autora, salvo impossibilidade que comprometa o acesso à Justiça, informe, ao distribuir a reclamação escrita, o número no cadastro de pessoas físicas ou jurídicas, conforme o caso, perante a Secretaria da Receita Federal, exigência que, como já se viu, também se inclui nos dados que devem constar da qualificação das partes, conforme previsto no inciso II do art. 319 do CPC. A exigência, como se vê, não pode comprometer o acesso à Justiça, o que, no caso do processo do trabalho, talvez nem precisasse da ressalva legal. É da índole do espírito protetivo que anima o processo do trabalho, em virtude da sua finalidade social, garantir ao máximo o acesso do trabalhador hipossuficiente à Justiça.

O art. 285 do CPC, por sua vez, prevê no seu *caput* que a distribuição será alternada e aleatória, obedecendo-se rigorosa igualdade, e no seu parágrafo único que "a lista de distribuição deverá ser publicada no *Diário de Justiça*".

Eventualmente, quando a reclamação que está sendo ajuizada mantém relação com outra que já está em tramitação, **a distribuição será feita por dependência,** de modo que a nova e a antiga reclamação fiquem submetidas à apreciação do mesmo juízo (vara).

A distribuição por dependência também ocorre quando reclamação idêntica foi anteriormente extinta sem julgamento do mérito, medida de política judiciária que busca evitar que a parte autora escolha o juiz que deverá apreciar a sua reclamação, o que poderia ocorrer se ele desistisse da reclamação que foi distribuída para o juízo indesejado e fizesse nova ou novas tentativas de ajuizamento até que o processo fosse distribuído para o juízo de sua preferência. Como visto, o reclamante poderia ser levado a adotar tal conduta por conhecer de antemão o entendimento jurídico dos juízes das diversas varas em torno do tema sobre o qual versa a sua demanda.

As reclamações deverão ser distribuídas por dependência nas hipóteses previstas nos incisos do art. 286 do CPC, que são as seguintes:

a) **quando se relacionarem, por conexão ou continência, com outra já ajuizada;**

b) **quando, tendo sido extinto o processo sem resolução de mérito, for reiterado o pedido,** ainda que em litisconsórcio com outros autores ou que sejam parcialmente alterados os réus da demanda;

c) **quando houver ajuizamento de ações nos termos do art. 55, § 3º, ao juízo prevento,** isto é, quando são reunidos para julgamento conjunto os processos que possam gerar risco de prolação de decisões conflitantes ou contraditórias caso decididos separadamente, mesmo que não haja conexão entre eles.

Ainda sobre a distribuição, o CPC preceitua que **"o juiz, de ofício ou a requerimento do interessado, corrigirá o erro ou compensará a falta de distribuição"** (art. 288) e que **a distribuição poderá ser fiscalizada pela parte, por seu procurador, pelo Ministério Público e pela Defensoria Pública** (art. 289).

Alguns dispositivos previstos no CPC são claramente incompatíveis com o processo do trabalho, a exemplo do art. 290, que prevê o cancelamento da distribuição do feito se a parte, intimada na pessoa de seu advogado, não realizar o pagamento das custas e despesas de ingresso em 15 dias. A tramitação do processo do trabalho não exige o prévio pagamento de custas e despesas de ingresso. É certo que o § 3º do art. 844 da CLT prevê que o pagamento pelo reclamante das custas correspondentes à reclamação que foi arquivada por sua ausência injustificada à audiência é condição para a propositura de nova demanda. No entanto, a hipótese é diversa da prevista no art. 290 do CPC, que não se refere às custas de um processo anterior.

7.5 PEREMPÇÃO

A palavra *perempção* **não se encontra no texto consolidado,** tendo sido tomada de empréstimo ao processo comum para designar um fenômeno que é, em alguma medida, comum a ambos os ramos processuais. **Há, contudo, sensíveis diferenças entre a situação que se convencionou denominar perempção no processo civil e as duas situações que, no processo do trabalho, a doutrina identifica com a mesma nomenclatura.**

De um modo geral, é possível dizer que **perempção é uma penalidade aplicada à parte autora que consiste na perda do direito de ação com o mesmo objeto (pedido) e contra o mesmo réu (reclamado), quando por sua inércia dá causa à extinção ou ao abortamento de processo idêntico anteriormente ajuizado.**

No processo civil, a perempção ocorre quando o autor dá causa, por três vezes, à extinção do processo pelo fundamento previsto no inciso III do art. 485 (inércia do autor).

Acompanhando a doutrina e a jurisprudência, podemos dizer que **o fenômeno da perempção na Justiça do Trabalho ocorre em duas situações: a primeira** está prevista no 731 da CLT, **aplicando-se àquele que, tendo apresentado reclamação verbal, não comparece no prazo de cinco dias, salvo motivo de força maior, para que seja reduzida a termo; a segunda hipótese** está prevista no art. 732 da CLT, **aplicando-se ao reclamante que, por 2 (duas) vezes seguidas dá causa ao arquivamento da reclamação por faltar à audiência (entenda-se, inaugural).** Em ambas as situações, o reclamante terá interditado o direito de ação com o mesmo pedido e em face do mesmo reclamado pelo prazo de 6 (seis) meses, conforme prevê o art. 731.

É importante destacar que **a jurisprudência trabalhista tem reconhecido a constitucionalidade da perempção,** não obstante haja vozes importantes na doutrina que sustentam que ela violaria o art. 5º, XXXV, da Constituição Federal (princípio da inafastabilidade da jurisdição). Mas persistem dúvidas quanto ao alcance da penalidade.

Entendemos que por se tratar o art. 731 de um preceito de caráter punitivo, a sua interpretação deverá ser restritiva, ainda mais quando tem como destinatário o trabalhador. Portanto, **o reclamante somente perde o direito de repetir ação idêntica, isto é, com os mesmos pedidos e em face do mesmo reclamado, mas não perderá o direito de ajuizar reclamação em face de outros reclamados ou mesmo de postular outros direitos perante o mesmo reclamado.** Há, inclusive, quem defenda que a penalidade somente poderá ser aplicada caso a parte interessada, isto é, o reclamado, requeira a instauração de um procedimento incidental quando estiver se defendendo na reclamação movida dentro do prazo de seis meses, no qual, por força do art. 731 da CLT, o reclamante estaria com o direito de ação suspenso.

Por fim, percebe-se que **há uma gritante diferença entre a perempção no processo do trabalho e a perempção no processo comum. A perempção trabalhista não é definitiva, mas provisória, pois tem a duração de 6 (seis) meses. Já a perempção cível é definitiva, nos termos do art. 486, § 3º, do CPC.**

7.6 NOTIFICAÇÃO INICIAL (CITAÇÃO)

Diz o art. 841 da CLT que "recebida e protocolada a reclamação, o escrivão ou secretário, dentro de 48 (quarenta e oito) horas, remeterá a segunda via da petição, ou do termo, ao reclamado, notificando-o ao mesmo tempo, para comparecer à audiência do julgamento, que será a primeira desimpedida, depois de 5 (cinco) dias".

A notificação inicial (citação) na fase cognitiva do processo trabalhista, como se vê, não é para que o reclamado responda aos termos da ação, como ocorre no processo comum, mas sim para que compareça à audiência, quando a sua defesa escrita será recebida ou a sua defesa oral será apresentada.

Por óbvio, o dispositivo em questão não tem aplicabilidade na sua inteireza ao PJE. A petição inicial eletrônica não precisa ser enviada em duas vias, já que a sua leitura estará disponibilizada ao reclamado assim que ele acessar o sistema.

No processo eletrônico, todas as notificações, inclusive da Fazenda Pública, serão feitas por meio eletrônico (art. 9º, *caput*, Lei nº 11.419/2006), mas **quando, por motivo técnico, for inviável o uso do meio eletrônico para a realização da notificação, ela poderá ser praticada segundo as regras ordinárias, digitalizando-se o documento físico, que deverá ser posteriormente destruído** (art. 9º, § 2º, da Lei nº 11.419/2006).

O art. 841 da CLT traz uma regra de extrema relevância ao dispor que **entre o recebimento da notificação inicial (citação) e a realização da audiência deve haver um intervalo temporal mínimo de cinco dias, propiciando assim ao reclamado tempo necessário à preparação de sua defesa,** por exemplo, para contratar advogado, organizar a documentação que vai juntar aos autos, convidar as suas testemunhas etc.

Conquanto a palavra *interstício*, em si mesma, tenha apenas o significado de intervalo, na praxe processual trabalhista quando se diz que uma audiência foi adiada por falta de interstício já se sabe que a causa do adiamento foi justamente o descumprimento do prazo mínimo que deve existir entre o recebimento da notificação pelo reclamado e a realização da audiência.

Quando figuram como reclamados a **União, os Estados, o Distrito Federal, os Municípios e as autarquias ou fundações de direito público federais, estaduais ou municipais que não explorem atividade econômica, o interstício mínimo entre a data do recebimento da notificação inicial (citação) e o da audiência é de vinte dias,** por força do disposto no art. 1º, II, do Decreto-Lei nº 779/69.

Observe-se que, nos termos do dispositivo referido, uma autarquia ou fundação que explore atividade econômica, mesmo qualificada como pessoa jurídica de direito público, não fará jus ao prazo privilegiado.

Por outro lado, mesmo não se tratando de fundação e nem de autarquia, a **Empresa Brasileira de Correios e Telégrafos,** que como toda empresa pública é pessoa jurídica de direito privado, **equipara-se à Fazenda Pública,** por não explorar atividade econômica, e, deste modo, goza do mesmo prazo privilegiado, nos termos do art. 12 do Decreto-Lei nº 509/69. **O privilégio, ademais, tem sido estendido a quaisquer empresas públicas que não explorem atividade econômica, sejam federais, estaduais ou municipais, conforme jurisprudência dominante no TST.**

No tocante às **sociedades de economia mista,** o Supremo Tribunal Federal, ao julgar o Recurso Extraordinário nº 599.628, com repercussão geral (tema 253), fixou a tese de que "**os privilégios da Fazenda Pública são inextensíveis às sociedades de economia que executam atividades em regime de concorrência ou que têm como objetivo distribuir lucros aos seus acionistas**". Como a sociedade de economia mista, em geral, reúne tais características, a regra é que as prerrogativas processuais da Fazenda Pública não favoreçam essa espécie de empresas estatais. Contudo, excepcionalmente, quando as sociedades de economia mistas prestam serviço público em caráter de exclusividade, de natureza não concorrencial, e sem a finalidade de distribuição de lucros, o TST lhes tem reconhecido as prerrogativas processuais da Fazenda Pública.

AUDIÊNCIA

8

Audiência é uma palavra cuja origem etimológica remonta ao verbo latino *audire*, que significa ouvir. **No Direito Processual designa o momento em que as partes e/ou seus representantes comparecem perante o juiz para serem ouvidos e, eventualmente, produzirem a sua prova oral.**

Caracterizado pela oralidade, o processo do trabalho atribui enorme importância à audiência. No texto consolidado, aliás, a audiência é essencial e inerente a todos os procedimentos trabalhistas, tanto nos dissídios individuais quanto nos dissídios coletivos. Uma das justificativas para isso, talvez a mais importante, reside no fato de que o processo do trabalho é informado pelo princípio da conciliabilidade e a mediação do juiz contribui para que o dissídio seja resolvido amigavelmente, o que implica também, em última análise, o atendimento ao princípio da celeridade, haja vista que a conciliação é a forma mais rápida de solucionar o dissídio.

Não obstante, o Corregedor-Geral da Justiça do Trabalho editou a Recomendação CGJT nº 02/2013 a fim de que **nos processos ajuizados contra os entes incluídos na definição legal de Fazenda Pública não se designe audiência inicial e que tais reclamados sejam citados para apresentar defesa escrita, sob pena de revelia e confissão,** a menos que qualquer das partes manifeste interesse na celebração de acordo. **Trata-se, porém, de uma exceção, que se encontra justificada pelas dificuldades enfrentadas pela advocacia pública para fazer frente a elevado número de audiências iniciais em razão de quadro de pessoal insuficiente.** Ademais, embora os juízes de primeiro grau façam bem em acatá-la, uma recomendação não é norma vinculante.

A audiência apresenta-se como um ato processual complexo, na medida em que vários atos processuais podem ocorrer durante a sua realização.

Registre-se que, tecnicamente, **a audiência é uma só e, por essa razão, é que a Consolidação das Leis do Trabalho, no art. 843, denomina-a "audiência de julgamento".** A rigor, portanto, não haveria que se falar em audiência inaugural ou inicial, em audiência de instrução ou em audiência de julgamento (prolação de sentença). Por isso, é comum que, quando a audiência é fragmentada, o segundo momento seja chamado de "audiência em continuação".

Ocorre que a simplicidade do processo do trabalho não encoraja esse tipo de preciosismo, de modo que mesmo nas súmulas da jurisprudência e nos atos normativos editados pelos tribunais é comum a referência a audiências inaugurais ou iniciais e a audiências de instrução. Com maior rigor técnico, as eventuais partições da audiência poderiam ser denominadas sessões, de modo que teríamos a sessão inaugural e a sessão de instrução. Todavia, a palavra *sessão* normalmente é utilizada com outro sentido, que também lhe é próprio, de designar o conjunto de julgamentos realizados por órgãos dos tribunais que componham uma única pauta.

As audiências são públicas e devem ser realizadas na sede do Juízo ou Tribunal em dias úteis previamente fixados, entre 8 e 18 horas, não podendo ultrapassar 5 horas seguidas, salvo quando houver matéria urgente (art. 813 da CLT). Excepcionalmente, permite-se que as audiências sejam realizadas em outro local, desde que sua designação seja feita mediante edital afixado na sede do Juízo ou Tribunal, com a antecedência mínima de 24 horas (art. 813, § 1º). Isso pode ocorrer, por exemplo, quando o prédio da vara ou do tribunal sofre uma inundação ou um incêndio.

Não há consenso se o limite de 5 horas se refere a uma audiência em particular ou à pauta de audiência, na medida em que a palavra *audiência* também é usada neste último sentido e se sabe que a medida visa a preservar a saúde do magistrado e do servidor que secretaria os trabalhos.

O certo é que à hora marcada, o juiz declarará aberta a audiência, sendo feita pelo secretário ou escrivão a chamada (pregão, no jargão trabalhista) das partes, testemunhas e demais pessoas que devam comparecer (art. 815).

Não há tolerância para atraso das partes. Neste sentido, a Orientação Jurisprudencial nº 245 da SBDI-1 do TST.[1] Mas, nos termos do parágrafo único do art. 815, há tolerância de 15 minutos para o atraso do juiz. **Se, até 15 minutos após a hora marcada, o juiz não houver comparecido, os presentes poderão retirar-se. Contudo, a autorização para que se retirem apenas vale se o juiz não houver comparecido ao local da audiência.** Se ele estiver presente, não importando se está realizando outra audiência, despachando ou executando qualquer outra tarefa, as partes não estão autorizadas a retirar-se. É comum, aliás, que a demora numa audiência anterior termine por fazer com que as partes esperem por tempo muito superior a 15 minutos para que sua audiência comece a acontecer. A situação não é agradável, há de se convir, mas não autoriza a retirada das partes.

8.1 COMPARECIMENTO DAS PARTES

A presença do reclamante e do reclamado na audiência, como regra, é obrigatória, independentemente do eventual comparecimento de advogados que tenham contratado para representá-los. Como já observado, no caso de dissídios entre empregados e empregadores, a representação por advogado é facultativa, porquanto as partes possuem capacidade postulatória (*ius postulandi*). **Nas Reclamatórias Plúrimas ou Ações de Cumprimento, entretanto, permite-se que os empregados sejam representados pelo sindicato da categoria** (art. 843 da CLT), de modo que não será necessário que compareçam pessoalmente à audiência.

---

1   OJ-SDI1-245 REVELIA. ATRASO. AUDIÊNCIA (inserida em 20.06.2001). Inexiste previsão legal tolerando atraso no horário de comparecimento da parte na audiência.

O empregador pode ser representado pelo gerente ou por qualquer outro preposto que tenha conhecimento do fato, e cujas declarações obrigarão o preponente (art. 843, parágrafo único). **O preposto, com o advento da Lei nº 13.467/2017, que acrescentou o § 3º ao art. 843 da CLT, não precisa ser empregado da parte reclamada.**

A condição de preposto, porém, deve ser comprovada mediante qualquer documento que o vincule à parte reclamada. O mais usual é a chamada carta de preposição, que não se trata, porém, de documento essencial. Basta um documento que comprove, ainda que por presunção, a condição de preposto. Por exemplo, **quando a reclamação é de empregado doméstico, qualquer membro da família do representado pode comparecer em seu lugar.** Neste caso, o simples documento de identidade que demonstra o laço de parentesco com o empregador doméstico faz presumir a condição de preposto daquele que comparece dizendo-se representante do empregador.[2] Não sendo o preposto integrante da família do empregador doméstico, a prova de sua condição deverá ser feita por algum documento específico (contrato de trabalho, se empregado do reclamado; carta de preposição etc.).

Excluídas as hipóteses de ação de cumprimento e de reclamação plúrima, portanto, o empregado deve comparecer à audiência pessoalmente, não lhe sendo permitido ser representado, exceto se a sua ausência for causada por doença ou qualquer outro motivo poderoso, devidamente comprovado, caso em que poderá se fazer representar por outro empregado que pertença à mesma profissão, ou pelo seu sindicato" (art. 843, § 2º, da CLT). Contudo, **é consenso na doutrina e na jurisprudência que a finalidade dessa representação é meramente para evitar que a reclamação seja arquivada, possibilitando o adiamento da audiência para uma data em que o reclamante possa comparecer.** Na prática, se qualquer parente, amigo ou mesmo o advogado do reclamante comparece e comprova perante o juiz que a ausência deste é justificada (atestado médico, por exemplo), a finalidade do dispositivo será atingida, pois o juiz não deverá arquivar a reclamação e sim adiar a audiência.

Sobre o uso de atestado médico para comprovar a ausência em audiência, o TST editou **a Súmula nº 122, que consagra o entendimento de que o documento somente deve ser aceito se declarar, expressamente, a impossibilidade de locomoção no dia da audiência.** Ainda que a súmula faça referência apenas à ausência do reclamado e à impossibilidade de se afastar a revelia quando o atestado não preenche tal condição, a exigência deve ser aplicada também ao reclamante, sob pena de violação ao princípio da imparcialidade da jurisdição. Registre-se, inclusive, que o trabalhador tanto pode ser reclamante quanto reclamado, não havendo justificativa razoável para o tratamento diferenciado.

---

2   O entendimento consagrado pela Súmula nº 377 do TST ("Exceto quanto à reclamação de empregado doméstico, ou contra micro ou pequeno empresário, o preposto deve ser necessariamente empregado do reclamado"), portanto, não mais deve ser aplicado, ainda que não tenha sido formalmente cancelada a referida súmula.

Capítulo 8 • AUDIÊNCIA

Já indicamos anteriormente a quem cabe comparecer representando as pessoas jurídicas de direito público (*vide* item 5.2.1.6), mas ainda é necessário dizer que, no que se refere estritamente ao comparecimento em audiência, **não há nenhuma proibição legal a que o ente público seja representado por preposto, embora a questão seja problemática, haja vista que quem detém os poderes para confessar, transigir, conciliar, desistir, renunciar etc., é o seu representante jurídico designado no CPC** (art. 75) **e na Constituição Federal** (arts. 131 e 132).

8.2 AUSÊNCIA DAS PARTES. EFEITOS

8.2.1 Ausência do reclamante. Arquivamento

Se o reclamante não comparece à audiência ou não é representado, nas situações excepcionais em que a sua presença é dispensada (art. 843, parte final), **a reclamação será arquivada,** conforme preceitua o art. 844 da CLT.

Há que se compreender, porém, que o art. 844 pressupõe a audiência única, pois o processo do trabalho desde os seus primórdios é informado pelo princípio da celeridade, tendo sido desenhado para que tal ato processual, como regra, não fosse adiado. No entanto, quando a audiência é fracionada, o que se tornou uma praxe na maioria das varas, a ausência que atrai a penalidade do arquivamento é aquela que se verifica no seu momento inaugural ou, com mais precisão, no momento anterior ao recebimento da defesa, uma vez que, como é pacífico na jurisprudência trabalhista desde a edição da *Súmula nº 9 do TST,* "a ausência do **reclamante, quando adiada a instrução após contestada a ação em audiência, não importa arquivamento do processo**".

A palavra *arquivamento*, que remonta a uma época em que a Justiça do Trabalho era uma instância administrativa, **identifica no processo do trabalho modalidade de extinção do feito sem julgamento do mérito.**

O § 2º do art. 844 prevê que **o arquivamento implicará condenação do reclamante ao pagamento das custas, mesmo quando beneficiário da justiça gratuita, salvo se comprovar, no prazo de quinze dias, que a ausência ocorreu por motivo legalmente justificável** e o § 3º do mesmo artigo **preceitua que o pagamento das custas será condição para a propositura de nova demanda.** O § 2º foi declarado constitucional pelo STF quando do julgamento da ADI 5.766. Quanto ao § 3º, porém, a constitucionalidade ainda não foi objeto da apreciação do STF, mas já há inúmeras decisões judiciais que, entendendo que o dispositivo vulnera o princípio constitucional da inafastabilidade da jurisdição, removem a exigência do pagamento de custas para a propositura da nova reclamação quando o reclamante é beneficiário da gratuidade judiciária.

Por outro lado, **não há um consenso sobre o que seria motivo legalmente justificável para afastar a obrigatoriedade do pagamento de custas,** pois não parece que coincidam com os mesmos motivos "poderosos" indicados no § 2º do art. 843 da CLT, que afastariam o arquivamento e permitiriam o adiamento da audiência.

De qualquer modo, o § 1º do art. 844 da CLT abre a possibilidade para que o juiz adie a audiência (mais precisamente, designe nova audiência) ocorrendo motivo que julgue relevante por dificultar o comparecimento de qualquer das partes, a exemplo de uma greve nos transportes públicos ou um temporal.

8.2.2 Ausência do reclamado. Revelia e confissão

Se o reclamado não comparece à audiência, quando devidamente notificado (citado), será declarada a sua revelia e confissão quanto à matéria de fato (art. 844 da CLT). A observação feita no item anterior também se aplica à situação em apreço. A referência aqui é ao momento da audiência em que a defesa do reclamado deverá ser apresentada oralmente ou, se escrita, deverá ser recebida nos seus integrais efeitos, mesmo que tenha sido inserida anteriormente no PJE.

A revelia no processo do trabalho se configura com o não comparecimento do reclamado à audiência, pois, como visto, ele não é citado meramente para apresentar defesa, mas principalmente para comparecer à audiência, que é o momento processual em que poderá apresentar a sua defesa oral ou, caso a apresente na forma escrita, como tem sido a praxe, será esta recebida pelo juiz na sua íntegra. **Não é revel o reclamado que não apresenta defesa, mas sim o que não comparece à audiência, ainda que tenha apresentado a sua defesa no sistema do PJE.**

Vale lembrar, porém, que **nos processos ajuizados contra os entes incluídos na definição legal de Fazenda Pública, se forem citados para apresentar defesa escrita, sem a designação de audiência inicial,** nos termos da Recomendação CGJT nº 02/2013 do Corregedor-Geral da Justiça do Trabalho, **a revelia se configurará com a não apresentação tempestiva da contestação.**

A **Súmula nº 122 do Tribunal Superior do Trabalho,** já referida, consagra o entendimento de que, **para elidir a revelia, o atestado médico deve declarar de forma expressa a impossibilidade de locomoção do empregador ou preposto no dia da audiência.**

A revelia não produz a confissão quanto à matéria de fato em algumas situações descritas nos incisos do § 4º do art. 844 da CLT, incluído pela Lei nº 13.467/2017 (Reforma Trabalhista):

a) **quando há mais de um reclamado e um deles, que comparece à audiência e, portanto, não é revel, contesta a ação.** Por exemplo, a reclamação é movida contra a tomadora e a prestadora de serviços e, embora uma das empresas não compareça à audiência, a outra contesta os fatos alegados contra a revel;

b) **quando o dissídio versa sobre direitos indisponíveis.** Por exemplo, o empregador ingressa com reclamação contra o seu empregado para que seja reconhecida a renúncia do obreiro aos recolhimentos mensais de FGTS com base em acordo individual celebrado entre ambos;[3]

---

3 Há que se lembrar que nem sempre o reclamante é o trabalhador. Às vezes a reclamação é movida contra o trabalhador.

Capítulo 8 • AUDIÊNCIA

c) **quando a petição inicial não estiver acompanhada de documento que a lei considere indispensável à prova do ato.** Por exemplo, o pedido é de salário-família e não foi juntada a certidão de nascimento do filho ou, então, o pedido é fundado em norma coletiva que não foi juntada com a inicial;

d) **as alegações de fato formuladas pelo reclamante forem inverossímeis ou estiverem em contradição com prova constante dos autos.** Exemplo de alegação inverossímil: o reclamante alega que durante os últimos dez anos trabalhou como ajudante de carga e descarga 22 horas por dia, em todos os dias da semana, sem folga e sem férias, mesmo sendo casado e tendo se tornado pai de cinco filhos durante todo o período. Exemplo de alegação que está em contradição com prova nos autos: o reclamante alega que nunca recebeu o adicional de periculosidade, mas ele próprio ou o reclamado revel trouxe aos autos os holerites que comprovam o pagamento regular de tal verba.

Nos termos do § 5º do art. 844 da CLT, também incluído pela Lei nº 13.467/2017 (Reforma Trabalhista) **"ainda que ausente o reclamado, presente o advogado na audiência, serão aceitos a contestação e os documentos eventualmente apresentados"**. Isso não significa que a revelia e a confissão ficta deixarão de existir, pois o *caput* do art. 844 não foi revogado. Significa duas coisas:

a) **que os documentos manterão, em princípio, o seu valor probante, salvo se em razão da impugnação apresentada pelo reclamante ficar comprovado que não são autênticos na forma ou no conteúdo;** e

b) **que o juiz poderá apreciar as alegações do reclamado que não se refiram à matéria de fato, a exemplo de preliminares processuais e questões meramente de direito.**

Por fim, é importante ressaltar que **a revelia e a confissão também se aplicam às pessoas jurídicas de direito público.** O texto consolidado não as excepciona e nenhuma outra norma legal o faz. As prerrogativas da Fazenda Pública já estão descritas na lei e, por representarem, em tese, uma diferença de tratamento que não se coaduna com o princípio da imparcialidade das partes, não podem ser ampliadas. Assim é que, nos termos da **Orientação Jurisprudencial nº 152 da SBDI-I do TST, "pessoa jurídica de direito público sujeita-se à revelia prevista no art. 844 da CLT"**.

8.2.3 Ausência do reclamante ou do reclamado à audiência em continuação (audiência de instrução) – Pena de confissão

Após recebida ou oferecida a contestação pelo reclamado não há mais que se falar em arquivamento ou revelia. O eventual adiamento da audiência para outra data acarretará, contudo, **a aplicação da pena de confissão à parte que, expressamente intimada com aquela cominação, não comparecer à audiência em prosseguimento, na qual deveria depor,** nos termos do entendimento cristalizado pela *Súmula nº 74 do TST.*

Contudo, a mesma súmula expressa o entendimento de que **a prova pré-constituída nos autos pode ser levada em conta para confronto com a confissão ficta, não implicando cerceamento de defesa o indeferimento de provas posteriores,** deixando claro, ademais, que **a vedação à produção de prova posterior pela parte confessa somente a ela se aplica, não afetando o exercício, pelo magistrado, do poder/dever de conduzir o processo.**

Registre-se, ademais, que como **não há que se falar em confissão recíproca, a pena de confissão somente é cabível quando uma das partes não comparece.** Se ambas as partes não comparecem, não há que se falar em confissão, como veremos no item a seguir.

8.2.4 Ausência de ambas as partes à audiência, simultaneamente

Ausentes ambas as partes à audiência, caso a defesa ainda não tenha sido recebida na sua integralidade, a reclamação será arquivada.

Se não houve arquivamento e a defesa já foi recebida, tratando-se, então, da audiência em continuação (audiência de instrução), o juiz deverá concluir o processo e julgá-lo conforme o seu estado, baseando-se na distribuição do ônus de prova. Por exemplo, imaginemos uma reclamação trabalhista em que o empregado postula indenização por danos morais por ter sofrido assédio sexual de seu superior e a empresa reclamada alega que o obreiro foi despedido por justa causa em virtude de ter cometido ato de improbidade. Se o fato alegado pelo reclamante foi negado pela empresa, o obreiro não terá conseguido se desincumbir do seu ônus de prova. Por outro lado, a agressão física imputada ao autor, cujo ônus de prova competia à reclamada, também não terá sido provada.

RESPOSTAS DO RECLAMADO

9

O reclamado, tomando conhecimento por meio da notificação inicial (citação) que lhe é movida uma reclamação trabalhista, poderá responder a ela de três modos: oferecendo **defesa (contestação)**, opondo **exceção** ou, ainda, apresentando **reconvenção**.

Conquanto a palavra **defesa** eventualmente seja usada em sentido amplo para referir-se ao conjunto das respostas disponíveis ao réu (reclamado) em face da reclamação trabalhista, **no seu sentido restrito corresponde à peça denominada no processo comum "contestação".**

Na verdade, **até o advento da Lei nº 12.275/2010**, que promoveu alterações na redação do § 5º do art. 897 da CLT, versando sobre a formação do agravo de instrumento, **a palavra *contestação* ainda não havia sido usada pelo texto consolidado para designar a defesa do reclamado.** A identificação entre contestação e defesa se tornou ainda mais nítida com as alterações no texto consolidado trazidas pela Lei nº 13.467/2019 (Reforma Trabalhista).

Feitas tais observações, falaremos a seguir sobre cada um dos modos pelos quais se reveste a resposta do reclamado, observando-se que **a palavra *defesa* será utilizada aqui no sentido restrito, como sinônimo de contestação.**

9.1 DEFESA (CONTESTAÇÃO)

9.1.1 Momento. Prazo

Nos termos do *caput* do art. 847, a **defesa do reclamado** será apresentada em audiência, dispondo o reclamado de **20 minutos** para fazê-lo **verbalmente**.

Em princípio, portanto, a contestação é oral e o seu prazo é contado em minutos. Contudo, o parágrafo único do art. 847 **faculta ao reclamado apresentar defesa escrita pelo sistema de processo judicial eletrônico até a audiência.**

A regra virou exceção, o que aliás já ocorria antes mesmo da implantação do PJE, quando os reclamados, por seus patronos, costumavam apresentar a defesa na forma escrita, o que, por não causar qualquer nulidade processual, veio a se tornar praxe.

A contestação é, sem dúvida, a principal forma de resposta que o reclamado pode dar à reclamação, na medida em que é por intermédio dela que as alegações de fato e de direito que constituem o mérito da demanda podem ser impugnadas.

9.1.2 Requisitos

Ao contrário do que ocorre com a petição inicial, a elaboração ou apresentação da contestação não requer o cumprimento de requisitos específicos, de modo que ao reclamado se permite a maior liberdade no exercício do seu direito de defesa. Não obstante, uma contestação para ser bem-sucedida deve obedecer a, pelo menos, duas regras, às quais a doutrina costuma denominar princípios, que são extraídas do art. 336 do CPC, que diz textualmente que "**incumbe ao réu alegar, na contestação, toda a matéria de defesa, expondo as razões de fato e de direito com que impugna o pedido do autor e especificando as provas que pretende produzir**". São elas:

a) **regra (ou princípio) da impugnação especificada,** que traduz a ideia de que é vedado ao reclamado produzir uma defesa genérica, sem impugnar, individual e especificamente, todos os pedidos formulados pelo reclamante, sob pena de que os fatos não impugnados se presumam verdadeiros (confissão ficta). Por exemplo, o reclamante alega que trabalhava das 08:00h às 19:00h, com uma hora de intervalo, e que fazia em cada jornada duas horas extras sem receber o pagamento respectivo. O reclamado limita-se a dizer na contestação que sempre cumpriu as obrigações trabalhistas a seu cargo e, inclusive, nada deve a título de horas extras. No tocante às horas extras pleiteadas, o reclamado apresentou defesa genérica e, por conta disso, a jornada de trabalho alegada pelo reclamante presume-se verdadeira, ou seja, ocorre no particular a confissão ficta do empregador;

b) **regra (ou princípio) da eventualidade ou da preclusão,** que **impõe ao reclamado que apresente na contestação toda a matéria de defesa, não deixando para momento posterior alegações de fato e de direito que lhe cabiam fazer na oportunidade, sob pena de preclusão,** isto é, de que não mais o possa fazer validamente. **Por outras palavras, não é possível contestar por etapas.** Vamos a um exemplo. O reclamado está tão confiante na prescrição absoluta da ação trabalhista, por saber que a extinção do contrato de trabalho ocorreu há mais de dois anos, que não impugna os pedidos formulados pelo reclamante de verbas rescisórias e de horas extras. Limita-se a arguir a prescrição, que é uma prejudicial de mérito. Ocorre que no interregno entre a ruptura do contrato de trabalho e o ajuizamento da reclamação contestada houve uma reclamação anterior que fora arquivada, cuja existência o reclamado ignorava por não ter sido notificado. Ora, nos termos do entendimento cristalizado pela Súmula nº 268 do TST,[1] a reclamação arquivada interrompe o biênio prescricional. A prescrição será afastada e, por não ter o reclamado se acautelado e impugnado os pedidos do autor, não mais poderá fazê-lo, de modo que sofrerá a pena de confissão em face da matéria fática não impugnada.

---

1   Súmula nº 268/TST - "A ação trabalhista, ainda que arquivada, interrompe a prescrição somente em relação aos pedidos idênticos".

9.1.3 Matéria de defesa

Por conta da regra (ou princípio) da preclusão, já vimos **que toda a matéria de defesa tem de ser alegada na contestação**. A matéria de defesa pode referir-se a questões processuais prévias, que impedem que o juiz aprecie o pedido do autor (reclamante), ou podem referir-se ao próprio mérito da demanda (*meritum causae*), que, na lição de Dinamarco, é "aquilo que alguém vem a Juízo pedir, postular, exigir".[2]

As questões processuais prévias, no processo comum, são levantadas como preliminares na contestação, o que em regra também ocorre no processo do trabalho, excetuando-se a incompetência relativa que, como se verá em momento oportuno, deverá ser arguida mediante exceção em momento anterior à apresentação da defesa.

9.1.3.1 Preliminares (art. 337 do CPC)

Preliminares são alegações que versam sobre questões processuais e devem ser apresentadas pelo réu (reclamado) antes de discutir o mérito da causa. O acolhimento de uma preliminar poderá acarretar **a extinção do feito sem resolução do mérito, a sua remessa para um outro juízo** ou, eventualmente, **a sua reunião a outro processo.** Num único caso, o da impugnação ao benefício da gratuidade judiciária, a preliminar não produzirá algum desses efeitos.

O certo é que, antes de contestar a matéria que compõe o mérito da reclamação, o reclamado deverá, atendendo ao princípio da eventualidade ou preclusão, arguir as preliminares que eventualmente sejam cabíveis no caso concreto.

As questões processuais que devem ser discutidas por meio de preliminar são aquelas indicadas nos incisos do art. 337 do CPC. Nem todas, porém, são passíveis de alegação no processo do trabalho. **A preliminar de incompetência relativa não se aplica às reclamações trabalhistas e nem a exigência de caução.**

Há que se ressaltar, ademais, que, nos termos do § 5º do referido artigo, **o juiz pode conhecer de ofício as preliminares listadas, salvo a convenção de arbitragem e a incompetência relativa,** observando-se, como dissemos, que esta última matéria não é veiculada no processo do trabalho por meio de preliminar, mas por meio de exceção.

Importante apresentar uma rápida noção das preliminares que podem ser arguidas pelo reclamado ao contestar uma reclamação trabalhista.

9.1.3.1.1 Inexistência ou nulidade da citação

A notificação inicial (citação) no processo trabalhista é feita por via postal e não é regida pelo princípio da pessoalidade, de modo que sendo recebida no endereço do reclamado é considerada válida. Ainda assim, há situações em que poderá ser inexistente ou nula. Uma situação que exemplifica a inexistência é

---

2   DINAMARCO, Cândido Rangel. *Fundamentos do processo civil moderno*. 5. ed. São Paulo: Malheiros Editores, 2010, p. 322.

quando a notificação é entregue a pessoa homônima do reclamado. Um exemplo de nulidade de citação é quando se realiza por edital, com base na falsa alegação pelo reclamante de que a reclamada se encontraria em local ignorado, quando era do seu conhecimento que a empresa mudara a sua sede para outro endereço.

Tendo tomado ciência, por qualquer modo, de que está sendo demandado, mesmo não tendo sido notificado validamente, o reclamado poderá arguir tal preliminar na contestação. O seu comparecimento à audiência, de última hora, não sana necessariamente a irregularidade (defeito ou inexistência da citação), haja vista que não haverá prova de que foi cumprido o interstício de 5 dias entre a citação inicial e a audiência (art. 841 da CLT) e nem de que o reclamado teve acesso ao texto da reclamação na íntegra, com todos os documentos que a acompanham. Não obstante, caso o reclamado, julgando-se preparado para fazê-lo, opte por apresentar a sua contestação, instruída com os documentos necessários, e não argua a preliminar, a irregularidade tem-se como sanada, por força do princípio (regra, na verdade) da convalidação. O reclamado poderá, ainda, comparecer em Juízo apenas para informar a irregularidade, cumprindo ao magistrado, neste caso, suspender a audiência e devolver o prazo para a apresentação da defesa.

A nulidade ou inexistência de citação provoca a anulação do processo e pode ser pronunciada pelo juiz em qualquer momento processual, até mesmo no curso da execução, nos termos do art. 525, § 1º, I, do CPC, cuja aplicabilidade subsidiária ao processo do trabalho não é objeto de controvérsia.

Vale destacar aqui que a **Súmula nº 16 do TST consagra o entendimento de que, 48 horas depois de sua** *postagem,* **se presume recebida a notificação, constituindo ônus de prova do destinatário o seu não recebimento ou a entrega após o decurso desse prazo.** Os tempos em que a Súmula nº 16 foi editada eram outros, quando os Correios eram um modelo de eficiência e os índices de violência eram muito baixos, de modo que os carteiros podiam entregar a correspondência em qualquer lugar, sem preocupação com o risco de dano à sua integridade física. A súmula, contudo, vem sendo mantida desde a sua edição.

9.1.3.1.2 Incompetência absoluta

Como afirmado, a incompetência relativa, que no processo do trabalho é ordinariamente a territorial, não pode ser alegada no processo do trabalho mediante preliminar, pois a CLT prevê um procedimento específico para a sua arguição (exceção), anterior ao momento do oferecimento da contestação. Não há no caso, portanto, omissão da CLT e nem compatibilidade da preliminar com o processo do trabalho.

Todavia, **tratando-se de incompetência absoluta, a arguição mediante preliminar é aplicável ao processo do trabalho.** Por exemplo, quando um servidor público estatutário reclama contra o ente público, trata-se aí de incompetência material, cuja natureza é absoluta, e, portanto, deve ser arguida mediante preliminar. Uma vez acolhida a preliminar, porém, o processo não será extinto, mas remetido ao juízo competente. No exemplo citado, caso se trate de servidor público federal, a competência será da Justiça Federal; caso se trate de servidor público estadual ou municipal, a competência será da Justiça Estadual.

9.1.3.1.3 Incorreção do valor da causa

O reclamado poderá, também, alegar mediante preliminar que o valor da causa indicado pelo autor está incorreto. **A impugnação ao valor da causa, como regra, tem como objetivo questionar a adequação do rito escolhido pelo reclamante.** Por exemplo, o reclamante escolheu o rito ordinário, mas o valor da causa indicado na exordial foi exagerado, haja vista que a soma correta dos valores correspondentes a cada parcela postulada não alcançaria 40 salários mínimos.

Vale registrar que a Lei nº 5.548/70 prevê que qualquer das partes pode impugnar o valor da causa, quando este é fixado pelo juiz, o que ocorreria quando o reclamante não o tivesse indicado ou o pedido fosse de valor indeterminado (uma obrigação de fazer, por exemplo). Hoje, todavia, quando a reclamação é submetida ao rito sumaríssimo ou ao ordinário não mais é possível falar em fixação de valor da causa (alçada) pelo juiz, pois em ambos os casos o reclamante está obrigado a atribuir valor aos pedidos.

Na verdade, o próprio sistema PJE impõe ao reclamante que informe o valor da causa em todos os procedimentos relativos aos dissídios individuais. Em tese, contudo, ainda é possível a aplicabilidade do disposto na Lei nº 5.548/70 quando o valor atribuído à causa na petição inicial for igual ou inferior a dois salários mínimos e o rito escolhido não houver sido o sumário.

Se a celeuma envolve a adequação da reclamação ao rito sumaríssimo ou ao rito ordinário, hipóteses em que a indicação do valor da causa é obrigatória, o juiz não poderá suprir a sua ausência e nem fixar valor de alçada, o que somente faria sentido se a discussão recaísse sobre a adequação ou inadequação da reclamação ao rito sumário (rito de alçada). Não sendo este o caso, portanto, a impugnação ao valor da causa deverá ser veiculada mesmo por meio de preliminar.

Tal preliminar, como regra, não implicará a imediata extinção do processo sem julgamento do mérito, devendo o juiz, em atenção ao princípio da economia processual, determinar que o reclamante faça a correção do valor da causa, sob essa cominação. É que, nos termos do art. 317 do CPC, que é perfeitamente compatível com a simplicidade do processo do trabalho e com o princípio da economia processual, **"antes de proferir decisão sem resolução de mérito, o juiz deverá conceder à parte oportunidade para, se possível, corrigir o vício".**

9.1.3.1.4 Inépcia da petição inicial

A preliminar de inépcia da petição inicial, figura prevista no inciso I do art. 330 do CPC, pode ser arguida nas situações indicadas no parágrafo único do mesmo artigo. Tais dispositivos são aplicáveis ao processo do trabalho com visível parcimônia. Basta dizer que a figura da inépcia somente faz sentido no processo do trabalho quando a reclamação é escrita e apresentada por advogado. Com efeito, não se pode exigir do trabalhador leigo, usualmente o reclamante, mesmo

Capítulo 9 • RESPOSTAS DO RECLAMADO

quando apresente a sua reclamação por escrito, que saiba utilizar com eficiência técnica a linguagem apropriada para narrar os fatos e formular os seus pedidos, a menos que ele seja também profissional do Direito.

Nos termos do parágrafo único do art. 330 do CPC, **a petição inicial é inepta** quando:

a) **lhe faltar pedido ou causa de pedir;**

b) **o pedido for indeterminado, ressalvadas as hipóteses legais em que se permite o pedido genérico;**

c) **da narração dos fatos não decorrer logicamente a conclusão;**

d) **contiver pedidos incompatíveis entre si.**

É bastante raro na Justiça do Trabalho que uma petição inicial seja considerada totalmente inepta. Mais frequente é que haja pedidos ineptos no seu bojo. **Se o juiz acolhe a preliminar de inépcia da petição inicial, a reclamação é extinta sem julgamento do mérito. Se o juiz declara a inépcia de um pedido, somente este será extinto sem apreciação meritória e os demais pedidos serão meritoriamente julgados.**

Todavia, como já dissemos, é plenamente aplicável ao processo do trabalho o disposto no art. 317 do CPC. Deste modo, **quando o juiz perceber que a petição inicial é totalmente inepta, deverá conceder ao reclamante a oportunidade para, se possível, corrigir o vício. Somente quando o reclamante não atender à determinação judicial é que o juiz do trabalho deverá proferir decisão extinguindo o processo sem resolução de mérito.**

9.1.3.1.5 Perempção

Sobre o fenômeno processual da perempção já falamos anteriormente, de modo que remetemos o leitor para o item 7.5 deste livro. Aqui basta registrar que **a sua arguição pelo reclamado deve ser objeto de preliminar, cujo acolhimento resultará na extinção do processo sem julgamento do mérito, somente sendo possível ao reclamante ajuizar nova reclamação quando houver completado o prazo de seis meses durante o qual o seu direito de ação, com o mesmo pedido e em face do mesmo reclamado, está interditado.**

9.1.3.1.6 Litispendência

A figura processual da **litispendência ocorre, nos termos do § 3º do art. 337 do CPC, quando se repete ação que está em curso. Por outras palavras, o reclamante formula na nova reclamação o mesmo pedido, com a mesma causa de pedir, que consta de ação anterior, ainda em curso, contra o mesmo reclamado. Pouco importa qual a instância ou grau de jurisdição em que se encontra, se não houve ainda o trânsito em julgado da decisão que resolveu o seu mérito, o processo anterior está em curso e a hipótese é de litispendência.**

Acolhida a preliminar de litispendência, os pedidos repetidos serão extintos sem resolução do mérito, com fundamento no art. 485, V, do CPC. Assim como ocorre com a preliminar de inépcia, a preliminar de litispendência pode atingir apenas um ou alguns dos pedidos formulados na petição inicial e não toda a reclamação. Deste modo, se o juiz acolhe a preliminar de litispendência em relação a um pedido, deverá extingui-lo sem resolução de mérito. Os demais pedidos, porém, não serão afetados.

9.1.3.1.7 Coisa julgada

A definição da figura processual da coisa julgada é semelhante à da litispendência, da qual difere apenas pelo fato de que a ação anteriormente ajuizada tem sentença que transitou em julgado. Há assim coisa julgada quando se repete ação que já foi decidida por sentença transitada em julgado (art. 337, § 4º, do CPC). O desfecho processual é o mesmo da litispendência e, de igual modo, pode referir-se apenas a um ou a alguns pedidos da exordial. Acolhida a preliminar, os pedidos reproduzidos serão extintos sem julgamento do mérito (com fundamento no art. 485, V, do CPC), solução que pode também recair sobre toda a reclamação, caso a litispendência ocorra em relação à totalidade dos pedidos.

9.1.3.1.8 Conexão

Nos termos do art. 55 do CPC, duas ou mais ações são conexas quando lhes for comum o pedido ou a causa de pedir. A preliminar de conexão evita que duas ou mais ações, entre as mesmas partes e com o mesmo pedido ou causa de pedir, tenham decisões conflitantes. Por exemplo, o reclamante, formalmente consultor autônomo da empresa reclamada, requer numa reclamação o reconhecimento de vínculo empregatício com o pagamento do FGTS devido durante todo o pacto reivindicado e em outra reclamação contra a mesma empresa postula o pagamento das férias não gozadas durante o alegado pacto laboral. Embora os pedidos sejam distintos, a causa de pedir (a existência de contrato de trabalho) é comum a ambas as reclamações. Caso não seja acolhida a preliminar da conexão, há o risco de que cada reclamação seja julgada por um juiz diferente, de modo que um deles poderia reconhecer a existência de contrato de emprego e o outro não. As decisões seriam conflitantes, o que conspira contra a autoridade das decisões judiciais e contra a racionalidade do sistema de justiça.

Quando as reclamações são conexas, devem ser reunidas para que seja proferida uma única sentença, o que somente não ocorrerá se numa delas a sentença já houver sido prolatada (art. 55, § 1º, do CPC). Acolhida a preliminar de conexão, o processo não será extinto, mas sim reunido ao processo que lhe é conexo, observando-se que, caso os processos tramitem em juízos diferentes, a reunião dos autos deverá se dar no juízo prevento, que é aquele cuja reclamação foi registrada ou distribuída em primeiro lugar (art. 59 do CPC).

Há um caso especial de conexão que está previsto no art. 56 do CPC e é chamado de continência. Ocorre quando houver entre duas ou mais ações identidade quanto às partes e à causa de pedir, mas o pedido de uma, por ser mais amplo, abrange o das demais.

Na hipótese de continência, nos termos do art. 57 do CPC, se a ação continente tiver sido proposta anteriormente, será proferida no processo relativo à ação contida sentença sem resolução de mérito; caso contrário, as ações serão necessariamente reunidas. Ilustremos com um exemplo. Na reclamação mais antiga, o reclamante pede o pagamento de férias simples e proporcionais indenizadas, gratificação natalina proporcional e indenização por dano moral decorrente de acidente de trabalho. Na reclamação mais nova pede apenas o pagamento das férias simples e proporcionais indenizadas. A primeira reclamação é a continente e a segunda, a ação contida. Neste caso, a segunda reclamação será extinta sem julgamento do mérito, acolhendo-se a preliminar de conexão ou, especificamente, de continência. Se a ordem de propositura das reclamações fosse inversa, isto é, a ação contida fosse ajuizada antes, as ações deveriam ser reunidas no juízo prevento.

9.1.3.1.9 Incapacidade da parte, defeito de representação ou falta de autorização

Embora todas as pessoas tenham capacidade para ser parte, nem todas possuem capacidade processual, que é necessária para que alguém possa ajuizar reclamação. Se o reclamante não possui capacidade processual, ele deverá estar representado ou assistido, conforme, respectivamente, seja absolutamente incapaz ou relativamente incapaz. Se ele, sendo incapaz processualmente, ajuíza uma reclamação e não está regularmente representado ou assistido, há um obstáculo processual à validade do processo, que pode ser arguido por meio da preliminar de incapacidade da parte.

É possível, também, que a petição inicial tenha sido firmada por advogado e não se fez acompanhar do instrumento de mandato (procuração) devidamente assinado pelo reclamante. Há aí um defeito de representação, que também pode ser objeto de preliminar.

A falta de autorização, todavia, é de raríssima ocorrência no processo trabalhista. É um defeito que fica restrito a situações muito excepcionais, como a exigência de assembleia geral para que seja autorizada a instauração de dissídio coletivo, conforme prevê o art. 859 da CLT.

9.1.3.1.10 Convenção de arbitragem

Com a inclusão do art. 507-A na CLT pela Lei nº 13.467/2017 (Reforma Trabalhista), a arbitragem poderá ser convencionada por meio de cláusula compromissória nos contratos individuais de trabalho cuja remuneração seja superior a duas vezes o limite máximo estabelecido para os benefícios do Regime Geral de Previdência Social, desde que por iniciativa do empregado ou mediante a sua concordância expressa.

Caso o reclamante e o reclamado tenham pactuado a arbitragem, nos termos da permissão legal, o eventual conflito decorrente da execução do contrato de trabalho deverá ser levado à apreciação do órgão arbitral, que pode ser uma pessoa física ou uma instituição de arbitragem, e não ao Judiciário. Deste modo, o reclamado poderá arguir em preliminar da contestação a existência de convenção de arbitragem com o objetivo de subtrair o conflito da apreciação da Justiça do Trabalho. Se a preliminar for acolhida, o juiz deverá extinguir o processo sem resolução do mérito, a teor do disposto no art. 485, VII, do CPC.

9.1.3.1.11 Ausência de legitimidade ou de interesse processual

Nos termos do art. 17 do CPC, **para postular em juízo é necessário ter interesse e legitimidade.** Trata-se de requisitos que, ao lado da possibilidade jurídica do pedido, foram historicamente denominados "condições da ação" e a sua falta tornava o autor (reclamante) carecedor de ação. Atualmente, considera-se que a possibilidade jurídica do pedido se integra ao mérito da causa e as categorias "condições da ação" e "carência de ação" não foram contempladas pelo novo Código de Processo Civil, de modo que para boa parte da doutrina processualista, não mais existem.

Não obstante, **a ilegitimidade ativa ou passiva** *ad causam* **e a falta de interesse de agir do autor (reclamante) devem ser veiculadas por meio de preliminar,** seja integrando-se aos pressupostos processuais, como sustenta boa parte da doutrina construída após a edição do CPC de 2015,[3] seja como condição de ação, como defende a doutrina clássica.[4]

De início, é importante destacar que **a processualística brasileira homenageia a teoria da asserção, que impõe que a legitimidade das partes e o interesse de agir sejam aferidos em abstrato, com base nos fatos veiculados na petição inicial.** Nas palavras de Elpídio Donizetti:

> A teoria da asserção assenta-se no fundamento de que a legitimidade e o interesse processual são verificados apenas pelas afirmações ou assertivas deduzidas pelo autor na petição inicial (ou, no caso de reconvenção, pelo réu). Para tal mister, deve o juiz analisar preliminarmente a causa, admitindo as assertivas da parte autora como verdadeiras. Nada impede que, depois de reputados presentes esses requisitos, eventualmente, verifique-se que o direito alegado na inicial não existia, o que implicará a extinção do processo com resolução do mérito, mais precisamente com a improcedência do pedido do autor; não será, como se vê, hipótese de extinção sem resolução do mérito.[5]

Assim, **o autor é parte legítima quando é ou supõe ser o titular da pretensão submetida ao Judiciário, isto é, o credor da obrigação que é exigida do reclamado. O réu (reclamado), por seu turno, é parte legítima quando apontado como aquele que deve cumprir as obrigações exigidas judicialmente pelo autor (reclamante).**

---

3 Neste sentido, DIDIER JR., Fredie. *Curso de direito processual civil*: introdução ao direito processual civil, parte geral e processo do conhecimento. 21. ed. Salvador: JusPodivm, 2019, p. 403.

4 THEODORO JÚNIOR, Humberto, ob. cit., p. 196-199.

5 Ob. cit., p. 144.

É bastante comum, na Justiça do Trabalho, que o reclamado, ao negar a existência de vínculo de emprego, comece por apresentar preliminar de ilegitimidade tanto ativa quanto passiva, sob a alegação de que não sendo empregador, não seria parte legítima para figurar no polo passivo da reclamação e, de igual modo, faltaria ao reclamante a legitimidade ativa por não ser empregado. Em tais casos, contudo, a discussão sobre a existência ou não da relação jurídica de emprego adentra o mérito da causa, de modo que a preliminar de ilegitimidade deve ser rejeitada.

O interesse de agir, por sua vez, diz respeito à necessidade ou utilidade da tutela jurisdicional buscada pelo autor (autor) e à adequação do procedimento por ele escolhido para a obtenção de tal tutela. Se a intervenção do Judiciário é desnecessária para que a pretensão do autor (reclamante) seja satisfeita, falta-lhe o interesse de agir. Por exemplo, o inquérito para apuração de falta grave constitui procedimento necessário para a ruptura do contrato de trabalho de empregados portadores de algumas espécies de estabilidade quando incorrem nas justas causas elencadas no art. 482 da CLT. Não é necessário o ajuizamento do inquérito para que o empregador consiga extinguir o contrato de trabalho de uma empregada gestante que cometeu justa causa, pois esse tipo de estabilidade não está contemplado nas espécies que exigem a utilização desse procedimento judicial. Se a empresa ajuíza inquérito para apuração de falta grave em face de uma empregada que é portadora apenas da estabilidade-gestante, o interesse de agir estará ausente, pois a empregadora poderia simplesmente despedir a empregada por justa causa, uma vez que não é legalmente exigível a propositura de ação judicial para o desfazimento do seu contrato de trabalho.

Acolhida a preliminar de ilegitimidade ou a preliminar de falta de interesse de agir, o processo deverá ser extinto sem resolução de mérito (art. 485, VI, do CPC).

9.1.3.1.12 Falta de caução ou de outra prestação que a lei exige como preliminar

Nos processos de conhecimento que tramitam na Justiça do Trabalho de primeiro grau não há demanda alguma cujo ajuizamento exija prévia caução.

Contudo, no âmbito dos tribunais trabalhistas, há um procedimento de cognição cuja apreciação pressupõe uma prestação pecuniária. Com efeito, **o depósito prévio de 20% (vinte por cento) do valor da causa (até o limite de mil salários mínimos) é exigido para o ajuizamento da ação rescisória** (art. 836 da CLT, c/c art. 968, § 2º, do CPC), **demanda cuja competência originária é dos tribunais trabalhistas.** A falta do depósito prévio, inclusive, é causa para o indeferimento da petição inicial.

Se a petição inicial não foi indeferida antes da oportunidade processual para que o réu apresente a sua defesa, cabe-lhe na contestação arguir como preliminar a ausência dessa prestação. Uma vez acolhida a preliminar, a petição inicial será indeferida e o processo extinto sem resolução do mérito.

9.1.3.1.13 Indevida concessão do benefício de gratuidade de justiça

O momento para que o reclamado se insurja contra a concessão da gratuidade de justiça ao reclamante é o da contestação, por meio de preliminar. Não obstante, ao contrário do que ocorre no processo comum, o juiz do trabalho pode deixar para apreciar o requerimento de gratuidade judiciária após o recebimento da defesa, como costuma ocorrer frequentemente. Usualmente a concessão da gratuidade judiciária é concedida quando da prolação da sentença e eventualmente quando da admissibilidade do recurso ordinário. Na prática, o juiz somente defere a gratuidade judiciária em momento anterior à sentença quando necessário para a produção de alguma prova que gere despesas processuais, o que ocorria, por exemplo, com a perícia, quando não era legalmente vedado exigir o adiantamento de parte das despesas (os chamados honorários provisionais ou provisórios).

De qualquer modo, seja impugnando a concessão do benefício da justiça gratuita já deferida pelo juízo, seja se insurgindo contra o pedido de gratuidade que ainda não foi apreciado, o momento oportuno para o reclamado manifestar a sua contrariedade é o da contestação. Trata-se de uma preliminar que não produz a extinção do processo sem julgamento do mérito e nem a remessa dos autos para outro juízo. O seu efeito é somente afastar a isenção do reclamante do pagamento das despesas processuais. O juiz pode revogar a concessão da gratuidade judiciária até mesmo de ofício, se houver elementos nos autos que lhe permitam concluir que a parte que a requereu tem condições financeiras para arcar com as despesas do processo.

9.1.3.2 Defesa de mérito

9.1.3.2.1 Questões prejudiciais. Prescrição e decadência

O mérito da causa pode envolver uma série de questões que guardam entre si uma relação lógica de antecedência e consequência, de modo que o exame de uma prejudicará o exame da outra. A doutrina refere-se, assim, às chamadas **questões prejudiciais que, embora integrem o mérito, têm que ser decididas antes de se passar ao exame do pedido propriamente dito.** Por exemplo, não se pode reconhecer direito à indenização por dano moral decorrente do acidente de trabalho, sem que antes se reconheça a ocorrência do evento acidentário. Não se pode, ainda, reconhecer o direito a verbas rescisórias, numa reclamação onde se discute a existência de vínculo de emprego, sem decidir previamente se o reclamante era ou não empregado do reclamado.

Algumas questões prejudiciais são de fato, como nos exemplos acima, e outras são de direito. Dentre as últimas, merecem destaque a prescrição e a decadência.

Em princípio, a prescrição deverá ser arguida como uma prejudicial do mérito, na contestação, muito embora a jurisprudência admita que o reclamado o faça até nas contrarrazões do recurso ordinário.

A regra que permite ao juiz pronunciar de ofício a prescrição, prevista no art. 487, II, do CPC, não se aplica à Justiça do Trabalho, haja vista que o referido dispositivo legal, diante do caráter alimentar dos créditos trabalhistas, é incompatível com princípios que norteiam o Direito do Trabalho, dentre os quais o da proteção e o da valorização do trabalho e do emprego. A jurisprudência do TST é claramente neste sentido. A Súmula nº 153 da Corte, inclusive, consagra o entendimento de que **"não se conhece de prescrição não arguida na instância ordinária"**.

Contudo, nos termos do § 2º do art. 11-A da CLT, incluído pela Lei nº 13.467/2017 (Reforma Trabalhista), a **prescrição intercorrente, isto é, aquela que ocorre quando o exequente deixa, no prazo de dois anos, de cumprir determinação judicial no curso da execução,** tanto pode ser requerida quanto declarada de ofício em qualquer grau de jurisdição.

Quanto à **decadência, o momento oportuno para argui-la também é o da contestação.** O caso mais notório de decadência no processo do trabalho é o prazo de 30 dias, contados da data da suspensão do empregado estável, para que o empregador possa ajuizar o inquérito para apuração de falta grave (art. 853 da CLT).

9.1.3.2.2 Defesa direta e indireta de mérito

Por meio da defesa de mérito, o réu (reclamado) postula ao juízo a rejeição da pretensão do autor (reclamante) ou, por outras palavras, que o pedido formulado na reclamação seja julgado improcedente.

A defesa de mérito pode ser direta ou indireta.

A defesa de mérito é direta quando o réu (reclamado) nega a existência do fato constitutivo alegado pelo autor (reclamante) ou nega que o fato alegado produza o efeito jurídico pretendido pelo autor.

Fato constitutivo é aquele que faz surgir o direito postulado na reclamação e, em geral, refere-se a um ato que o réu (reclamado) teria praticado ou deixado de praticar, afrontando em qualquer caso o ordenamento jurídico e causando prejuízo ao autor (reclamante).

Tomemos como exemplo uma reclamação em que o autor pleiteia reparação por danos morais e materiais decorrentes de um acidente do trabalho que teria sido causado por negligência da empresa. O fato constitutivo, neste caso, é o acidente de trabalho. Se o reclamado alega em sua defesa que o acidente de trabalho não ocorreu, temos aí uma defesa direta por meio da negação do fato constitutivo.

Vejamos outro exemplo: o autor (reclamante) postula o pagamento de aviso prévio indenizado por ter sido dispensado antes do término do contrato firmado por prazo determinado. Neste caso, o fato constitutivo, a extinção do contrato de trabalho, não é negado pelo réu (reclamado), mas este nega o efeito jurídico pretendido pelo autor (reclamante) sustentando que, em se tratando de rescisão antecipada de contrato a termo, o empregado dispensado não tem direito ao aviso prévio indenizado e sim à indenização prevista no art. 479 da CLT. Temos aí uma defesa direta de mérito em que não é negado o fato constitutivo, mas sim a consequência jurídica que o autor pretende extrair dele.

A **defesa de mérito é indireta** quando o reclamado não nega a existência do fato constitutivo alegado na reclamação e nem mesmo que abstratamente o fato produza o efeito jurídico pretendido pelo autor, mas **opõe outros fatos, que são impeditivos, modificativos ou extintivos do direito do autor (reclamante).**

O fato impeditivo, como o nome já diz, é o que impede que o fato constitutivo possa produzir o efeito que ordinariamente produziria. Por exemplo, a identidade de funções constitui fato constitutivo do direito à equiparação salarial. Já a diferença de tempo de função entre reclamante e paradigma superior a dois anos seria, nos termos da jurisprudência trabalhista, fato impeditivo do direito à isonomia salarial.

O fato modificativo é o que alterou a relação jurídica apontada na reclamação como fato constitutivo de direito, de um modo tal que não mais será possível reconhecer que o autor (reclamante) faça jus àquilo que pede. Por exemplo, o pedido está fundado numa relação de trabalho com um ente público que validamente deixou de ser empregatícia e se tornou estatutária.

O fato extintivo é aquele que fulmina a pretensão do autor. Por exemplo, o autor afirma que não recebeu o valor correspondente à multa rescisória do FGTS e o reclamado afirma que efetuou o pagamento, juntando aos autos a prova da quitação. A prescrição e a decadência, sobre a qual falamos anteriormente, sem prejuízo da sua feição de questão prejudicial de mérito (que diz respeito muito mais à ordem lógica de sua arguição), também constituem fato extintivo do direito do autor (reclamante).

Importante aqui destacar que **a distinção entre defesa direta ou indireta de mérito não é mera filigrana doutrinária sem efeito prático.** Ao contrário, repercute diretamente nas regras de distribuição do ônus da prova, conforme veremos mais tarde no item deste trabalho dedicado ao assunto.

9.1.3.2.3 Alegações do réu (reclamado) depois da contestação

Em regra, sendo a contestação informada pelo princípio da preclusão, não é lícito ao réu (reclamado) apresentar novas alegações após sua apresentação. Contudo, o art. 342 do CPC traz três exceções, não havendo maiores dissensões quanto à sua aplicabilidade ao processo do trabalho. Assim é que **depois da contestação, o réu (reclamado) pode deduzir novas alegações quando:**

a) relativas a direito ou a fato superveniente;
b) competir ao juiz conhecer delas de ofício;
c) por expressa autorização legal, puderem ser formuladas em qualquer tempo e grau de jurisdição.

9.2 EXCEÇÕES

A palavra *exceção* no processo do trabalho designa determinada forma de defesa processual que tem por objetivo subtrair uma demanda da apreciação de um magistrado ou de um órgão jurisdicional, com fundamento na incompetência relativa do juízo ou na ausência, real ou presumida, da imparcialidade do juiz.

Outrora, o processo civil também conhecia a figura da exceção, mas o atual CPC não mais a prevê. Agora, a incompetência relativa é, no processo comum, arguida por meio de preliminar, e não por meio de exceção, ao passo que a suspeição e o impedimento são alegados por mera petição à qual o CPC não atribui tal nomenclatura.

No entanto, as exceções persistem no processo do trabalho, que contempla duas espécies: a **exceção de suspeição** e a **exceção de incompetência**. Ambas têm caráter suspensivo, conforme previsto no art. 799 da CLT, que diz textualmente: "Nas causas da jurisdição da Justiça do Trabalho, somente podem ser opostas, **com suspensão do feito**, as exceções de suspeição ou incompetência" (destacamos).

9.2.1 Exceção de incompetência

A incompetência que pode ser arguida mediante exceção é a incompetência relativa que, no caso dos dissídios individuais, identifica-se com a incompetência territorial, cujo regramento está previsto no art. 800 da CLT.

Nos termos do *caput* do art. 800 do texto consolidado, **a exceção de incompetência territorial deverá ser apresentada no prazo de cinco dias a contar da notificação (citação), antes da audiência e em peça que sinalize a existência desta exceção.**

Protocolada a petição, o processo será suspenso e não deverá ser realizada a audiência inaugural (art. 800, § 1º). Os autos serão imediatamente conclusos ao juiz, que intimará o reclamante e, se existentes, os litisconsortes, para manifestação no prazo comum de cinco dias (art. 800, § 2º).

Caso entenda que se faz necessária a produção de prova oral, o juízo designará audiência, mas neste caso o excipiente (reclamado) terá assegurado o direito de ser ouvido e de produzir a prova testemunhal do fato alegado na exceção, mediante carta precatória, no juízo que indicou como competente (§ 3º). A medida visa nitidamente a evitar que o reclamado tenha que arcar com os gastos do seu deslocamento e de suas testemunhas até a sede do juízo perante o qual a reclamação foi apresentada, o que num país continental como o nosso revela uma preocupação razoável do legislador. Consoante previsto no art. 4º do Provimento CGJT nº 01, de 16 de março de 2021, inclusive, tal prova oral poderá ser produzida por meio de videoconferência.

Assim que for decidida a exceção de incompetência territorial, o processo retomará seu curso, com a designação de audiência, a apresentação de defesa e a instrução processual perante o juízo competente, que poderá ser aquele perante o qual a reclamação foi apresentada ou aquele indicado pelo excipiente (§ 4º).

A decisão que julga a exceção de incompetência, por ter caráter interlocutório, é em regra irrecorrível no processo do trabalho. Não obstante, com o louvável objetivo de facilitar o acesso ao Judiciário do reclamante, que mais frequentemente é o hipossuficiente, o TST decidiu, numa clara atuação legiferante, incluir na **Súmula nº 214** a regra de que é **cabível o recurso ordinário quando,**

ao acolher a exceção de incompetência territorial, o juiz determinar a remessa dos autos para vara que pertença a tribunal regional distinto daquele ao qual está vinculado.[6]

9.2.2 Exceção de suspeição

A CLT não distingue suspeição de impedimento, de modo que tanto as causas objetivas quanto as subjetivas que afetam a parcialidade do juiz são compreendidas na palavra *suspeição*. Por outras palavras, aquilo que para o CPC seria impedimento, o texto consolidado também chama de suspeição.

Em princípio, nos termos do art. 801 da CLT, **o juiz deve dar-se por suspeito ou pode ser recusado por suspeição se for inimigo pessoal, amigo íntimo, parente consanguíneo ou afim de qualquer das partes ou, ainda, quando tiver interesse particular na causa.**

Curiosamente, o texto consolidado não prevê suspeição do juiz por manter relação de amizade, inimizade ou parentesco com os advogados das partes. Não nos parece que tenha havido propriamente uma omissão do legislador, mas **a jurisprudência trabalhista tem entendido – e pensamos que é salutar que seja assim – que as causas de suspeição e impedimento previstas nos arts. 144 e 145 do CPC devem ser, também, aplicadas ao processo do trabalho.**[7] Com efeito, as causas de suspeição previstas no texto consolidado são insuficientes para retratar todas as situações que, em tese, podem afetar a imparcialidade do juiz, além do que é vital preservar a imagem do Judiciário.

O regramento da exceção de suspeição no texto consolidado é parcimonioso e foi instituído num tempo em que o órgão jurisdicional de primeiro grau na Justiça do Trabalho era colegiado, ou seja, a Junta de Conciliação e Julgamento. Por isso, nos termos do art. 802, apresentada a exceção de suspeição, o juiz ou Tribunal designaria audiência dentro de 48 (quarenta e oito) horas, para instrução e julgamento da exceção, de modo que no caso de exceção de suspeição contra qualquer dos juízes da Junta de Conciliação (havia um togado e dois classistas), os juízes remanescentes é que a julgariam.

Depois que o órgão de primeira instância da Justiça do Trabalho tornou-se monocrático, parece-nos que deixou de fazer sentido a aplicação do art. 802 do

---

6   *Súmula nº 214 do TST:* DECISÃO INTERLOCUTÓRIA. IRRECORRIBILIDADE. Na Justiça do Trabalho, nos termos do art. 893, § 1º, da CLT, as decisões interlocutórias não ensejam recurso imediato, salvo nas hipóteses de decisão: a) de Tribunal Regional do Trabalho contrária à Súmula ou Orientação Jurisprudencial do Tribunal Superior do Trabalho; b) suscetível de impugnação mediante recurso para o mesmo Tribunal; c) *que acolhe exceção de incompetência territorial, com a remessa dos autos para Tribunal Regional distinto daquele a que se vincula o juízo excepcionado, consoante o disposto no art. 799, § 2º, da CLT* (destacamos).

7   O regramento sucinto da CLT coincide, em linhas gerais, com o regramento constante do CPC de 1939, que também só previa a exceção de suspeição, compreendendo tanto as causas subjetivas que comprometeriam a parcialidade do juiz quanto as objetivas, e também não previa que o parentesco ou a relação de amizade ou inimizade com advogado pudesse gerar a suspeição. Como o CPC posterior, de 1973, passou a distinguir as figuras da suspeição e do impedimento, distinção mantida no CPC de 2015, a incluir a relação com o advogado entre as causas de que afetam a imparcialidade do juiz, a jurisprudência trabalhista resolveu, no particular, aderir à sistemática do processo comum.

Capítulo 9 • RESPOSTAS DO RECLAMADO

texto consolidado, uma vez que é inapropriado que um juiz seja responsável por julgar a exceção de suspeição oposta contra si mesmo. Assim, entendemos que devem ser aplicadas as regras do CPC que versam sobre a alegação de suspeição e de impedimento (ainda que o termo *exceção* ali não mais seja utilizado), bem como as regras complementares eventualmente previstas nos regimentos dos tribunais trabalhistas.

Não obstante, a matéria não é pacífica. A jurisprudência do TRT da 2ª Região, por exemplo, é no sentido da aplicabilidade do art. 802 da CLT, de modo que caberia ao próprio juiz acatar ou rejeitar a exceção de suspeição oposta contra si. O art. 113 do Regimento Interno daquele tribunal, aliás, dispõe expressamente que "a exceção de suspeição ou de impedimento oposta ao juiz de primeiro grau será por ele decidida, podendo a parte interessada pedir a revisão quando do recurso que couber da decisão final". Inegavelmente, tal entendimento atende melhor ao princípio da celeridade, mas é igualmente certo que confere menor importância ao princípio da imparcialidade da jurisdição e traz consigo um risco desnecessário à preservação da imagem da Justiça do Trabalho. Outros tribunais regionais preveem nos seus regimentos a aplicação das regras do CPC, atribuindo o julgamento da exceção de suspeição à competência de algum de seus órgãos fracionários.[8]

No CPC, as regras pertinentes à exceção de suspeição/impedimento estão previstas no art. 146, mas sua adaptação ao processo do trabalho é necessária, porque nem todas são compatíveis com os princípios que vigoram na Justiça do Trabalho.

Lembramos, mais uma vez, que **no processo do trabalho constitui preciosismo distinguir entre suspeição e impedimento.** Todas as causas descritas no art. 802 da CLT e nos arts. 144 e 145 do CPC estão incluídas no termo *suspeição*, de modo que a expressão "exceção de suspeição" pode e deve ser utilizada para designar tal incidente, o que é claro não impede que profissionais do Direito prefiram nominar a sua peça de exceção de impedimento quando tem como fundamento qualquer das causas de natureza objetiva previstas no art. 144 da CPC.

Seguindo-se o disposto no art. 146 do CPC, **o prazo para apresentar a exceção de suspeição será de 15 dias a partir do conhecimento do fato. A parte deverá apresentar a exceção de suspeição por meio de petição específica dirigida ao juiz do processo, na qual indicará o fundamento da recusa, podendo instruí-la com documentos em que se fundar a alegação. Caso o juiz, ao receber a exceção, reconheça a suspeição, deverá imediatamente ordenar a remessa dos autos a seu substituto, conforme previsto nas normas do Tribunal ao qual está vinculado. Caso não reconheça a suspeição, o juiz recusado deverá, no prazo de 15 (quinze) dias, apresentar suas razões, acompanhadas de documentos, ordenando a remessa do incidente ao tribunal.**

---

8   Por exemplo, TRT1, TRT5, TRT15.

Quanto ao rol de testemunhas, a falta de indicação na exceção ou nas razões do juiz recusado não deverá impedir que sejam ouvidas, no nosso entender, porque nos procedimentos trabalhistas o ordinário é que a parte possa levá-las à audiência sem que precise indicar os seus nomes com antecedência.

Ademais, **no processo do trabalho, por força do que dispõe o art. 799 da CLT, a exceção necessariamente terá efeito suspensivo,** não se aplicando o disposto no § 2º do art. 146 do CPC, que permite ao relator declarar se a recebe com ou sem efeito suspensivo.

Não obstante tenha caráter suspensivo, a tutela de urgência poderá ser requerida ao substituto do juiz recusado, que deverá, então, apreciá-la.

Verificando que a exceção de suspeição é improcedente, o tribunal deverá rejeitá-la (§ 4º). Caso a acolha, isto é, julgue procedente, o tribunal remeterá os autos ao substituto do juiz recusado. O juiz recusado, contudo, poderá recorrer da decisão. Não nos parece seja aplicável no processo do trabalho a condenação do juiz em custas, uma vez que não é possível a aplicação extensiva de preceito de caráter punitivo e não há no texto consolidado a estipulação de custas para o procedimento de exceção.

Reconhecida a suspeição, o tribunal fixará o momento a partir do qual o magistrado não poderia ter atuado (§ 6º) e, assim, decretará a nulidade dos atos do juiz, se praticados quando já presente o motivo da suspeição (§ 7º).

Como ocorre com a exceção de incompetência, **não cabe recurso imediato das decisões proferidas na exceção de suspeição (art. 799, § 2º, da CLT).**

Na verdade, em nenhuma das exceções a decisão proferida desafiará recurso, ressalvando-se tão somente a hipótese prevista na Súmula nº 214 do TST, sobre a qual já falamos, em que nitidamente a Corte trabalhista agiu como legislador.

É verdade que o texto consolidado também **ressalva da irrecorribilidade as decisões proferidas nas exceções que sejam terminativas do feito na Justiça do Trabalho.** Isto, porém, jamais ocorrerá na exceção de suspeição e nem mesmo na exceção de incompetência, uma vez que esta versa sobre incompetência relativa. Em ambas as hipóteses, os autos são remetidos para outro juiz ou órgão jurisdicional, mas o feito seguirá o seu curso na Justiça do Trabalho, isto é, não haverá uma decisão terminativa. A ressalva somente existe porque outrora, sob a vigência do CPC de 1939, a incompetência absoluta também poderia ser arguida mediante exceção, o que não ocorre desde a vigência do CPC de 1973.

9.3 RECONVENÇÃO

O surgimento da palavra *reconvenção* **no texto consolidado é recente.** Ela aparece pela primeira vez no § 5º do art. 791-A, introduzido pela Lei nº 13.467/2017 (Reforma Trabalhista), que preceitua que "**são devidos honorários de sucumbência na reconvenção**". Contudo, há décadas que o cabimento da reconvenção no processo do trabalho deixou de ser objeto de discussão na doutrina e na jurisprudência trabalhistas.

Trata-se a reconvenção de uma ação proposta pelo réu (reclamado) contra o autor (reclamante) nos mesmos autos da reclamação em que figura como demandado. Não é, a rigor, um meio de defesa, mas sim um contra-ataque que deve ser apresentado junto com a contestação.

No processo do trabalho, **a maior incidência de reconvenção é na ação de consignação em pagamento, quando quem figura como autor (Consignante) é o empregador e como reclamado (Consignado[9]) é o trabalhador.** Curiosamente, no processo civil a admissibilidade da reconvenção nesse procedimento especial foi durante muito tempo controversa, ainda que não houvesse expressa vedação legal, e mesmo que a jurisprudência tenha passado a permiti-la, são raras as situações em que a reconvenção será necessária na Ação de Consignação em Pagamento, na medida em que, na maioria das vezes, o réu poderá obter na contestação o mesmo proveito que teria por meio da reconvenção.

No atual CPC, as regras sobre reconvenção estão localizadas no art. 343, cujo *caput* dispõe que **"na contestação, é lícito ao réu propor reconvenção para manifestar pretensão própria, conexa com a ação principal ou com o fundamento da defesa".**

A admissibilidade da reconvenção, portanto, pressupõe a conexão com a ação principal ou com o fundamento da defesa. Por exemplo, o autor (reclamante) apresenta reclamação dizendo-se despedido injustamente. O réu (reclamado), ao contestar, sustenta que a despedida foi por justa causa, porquanto o empregado teria cometido ato de improbidade e subtraído da tesouraria da empresa uma quantia maior que a soma das parcelas rescisórias que ainda seriam devidas ao obreiro. O réu (reclamado) poderá, também, por meio da reconvenção, pleitear a restituição do valor que o autor (reclamante) lhe deve, uma vez que há aí uma conexão com o fundamento da defesa. Não obstante o processo ganhe uma maior complexidade, já que a instrução deverá versar tanto sobre a matéria constante da petição inicial (reclamação escrita) quanto da reconvenção (ação proposta pelo reclamado), o princípio da economia processual será observado, uma vez que não haverá dois processos distintos, mas apenas um.

Outrora, a reconvenção constituía uma peça autônoma, separada da contestação, mas como se extrai do *caput* do art. 343 do CPC, deverá agora integrar a peça contestatória como um dos seus tópicos, observando-se, porém, que é lícito ao réu (reclamado) propor a reconvenção sem oferecer contestação (art. 343, § 6º, do CPC).

Se o autor (reclamante) for substituto processual (o sindicato, numa ação de cumprimento, por exemplo), o reconvinte deverá afirmar ser titular de direito em

---

9   Para o Desembargador Raymundo Pinto, "o réu, nas ações de consignação em pagamento, deve ser chamado de *consignado*", observando-se o paralelismo com a terminação das outras denominações atribuídas ao réu, a exemplo de requerido, acionado, reclamado e demandado (PINTO, Raymundo Antonio Carneiro. *Guia prático de linguagem forense*. São Paulo: LTr, 2004, p. 30). O termo *consignatário*, a rigor, identificaria quem é parte num contrato de consignação, embora muitas vezes seja usado para identificar a parte ré na ação de consignação.

face do substituído, e a reconvenção deverá ser proposta em face do autor (reclamante), também na qualidade de substituto processual (art. 343, § 5º, do CPC).

A reconvenção deve obedecer aos mesmos requisitos da petição inicial (reclamação escrita) indicados no art. 840, § 1º, da CLT.

Proposta a reconvenção, o autor (reconvindo) deverá ser notificado, na pessoa do advogado, para responder aos seus termos no prazo de 15 dias (art. 343, § 1º, do CPC).

Mesmo que o autor (reclamante) desista da reclamação principal ou esta seja extinta sem resolução de mérito, o processo prosseguirá quanto à reconvenção (art. 343, § 2º, do CPC).

Ademais, a reconvenção pode ser proposta contra o autor e terceiro (art. 343, § 3º, do CPC) e, inclusive, pelo réu (reclamado) em litisconsórcio com terceiro (art. 343, § 4º, do CPC).

Nos termos do § 5º do art. 791-A, incluído pela Lei nº 13.467/2017 (Reforma Trabalhista), "são devidos honorários de sucumbência na reconvenção", o que também ocorre no processo comum (art. 85, § 1º, do CPC).

INSTRUÇÃO PROBATÓRIA E RAZÕES FINAIS

10

10.1 PROVA

10.1.1 Objeto e finalidade

Quando alguém comparece ao Judiciário para apresentar sua postulação, seja ajuizando uma reclamação, seja exercitando o seu direito de defesa, afirma fatos dos quais pretende retirar efeitos jurídicos que lhe sejam favoráveis. A veracidade dos fatos necessita, muitas vezes, ser demonstrada, haja vista que a mera alegação na petição inicial ou na defesa é insuficiente para produzir no magistrado a convicção de que efetivamente ocorreram conforme narrado pelas partes. Por essa razão, o art. 369 do CPC preceitua que "**as partes têm o direito de empregar todos os meios legais, bem como os moralmente legítimos, ainda que não especificados neste Código, para provar a verdade dos fatos em que se funda o pedido ou a defesa e influir eficazmente na convicção do juiz**".

No âmbito do Direito Processual, a palavra *prova* identifica justamente o meio pelo qual as partes buscam demonstrar a veracidade de um fato. **Todavia, nem todo fato necessita de prova. Apenas os fatos que no contexto do processo sejam relevantes, pertinentes e controvertidos.**

Fato relevante é aquele capaz de repercutir no resultado do processo. **Fato pertinente** é aquele que se situa dentro dos limites objetivos da lide. **Fato controvertido** é aquele cuja ocorrência é alvo de disputa, ou seja, não é admitido como verdadeiro pela parte contrária àquela que o alega.

Nos termos do art. 374 do CPC, **não necessitam de prova:**

a) os **fatos notórios,** que são aqueles que se presumem do conhecimento geral;

b) os **fatos afirmados por uma parte e confessados pela parte contrária,** que são os que deixam de ser controvertidos em razão de confissão expressa;

c) os **fatos admitidos no processo como incontroversos,** que tanto podem ser os expressamente confessados (sobrepondo-se à hipótese anterior) quanto os que não foram impugnados, isto é, aqueles alcançados pela confissão ficta;

d) os **fatos em cujo favor milita presunção legal de existência ou validade,** isto é, os que são tidos como verdadeiros não por uma presunção que admite prova em contrário (*juris tantum)*, mas por uma presunção que não admite prova em contrário (*jure et de jure*).

Capítulo 10 • INSTRUÇÃO PROBATÓRIA E RAZÕES FINAIS

Podemos sublinhar, portanto, que, como regra, prova-se o fato, e não o direito. O juiz presumivelmente conhece o direito (*iuria novit curia*). O que ele necessita conhecer são os fatos. Todavia, sendo o Brasil um país muito extenso, com regiões que adotam costumes variados e com uma quantidade enorme de Unidades Federativas que têm o poder de fazer leis, não seria razoável exigir do juiz o conhecimento de todo o ordenamento jurídico produzido no território nacional, daí por que se presume que tenha o conhecimento apenas da legislação federal. Deste modo, excepcionalmente, **a parte que invocar em seu favor direito municipal, estadual, estrangeiro ou consuetudinário deverá provar a sua existência** (art. 376 do CPC).

Entendemos, também, que a parte que invoque em seu favor norma coletiva (acordo ou convenção coletiva de trabalho) deverá provar a sua existência juntando aos autos o respectivo instrumento, sob pena de não ver reconhecido qualquer direito nela fundamentado, muito embora seja igualmente possível indeferir a postulação com base na ausência de documento indispensável à sua apreciação.

A finalidade da prova não é outra que não a de convencer o juiz ou, nas palavras que constam do art. 369, já citado, "influir eficazmente na convicção do juiz".

10.1.2 Princípios

Há princípios processuais que se relacionam intimamente com a produção e a valoração da prova. A doutrina cita com muita frequência o ***princípio do livre convencimento motivado do juiz***, que pode ser extraído do art. 371 do CPC, *in verbis:*

> **Art. 371.** O juiz apreciará a prova constante dos autos, independentemente do sujeito que a tiver promovido, e indicará na decisão as razões da formação de seu convencimento.

O texto legal em apreço, ao contrário do artigo correspondente no CPC de 1973, não trouxe a palavra "livremente" após o uso do verbo apreciar. Mas isso não significa que o ***princípio do livre convencimento motivado do juiz*** tenha deixado de existir. O juiz, ao valorar a prova, continua sendo livre, mas esta liberdade não é e jamais foi absoluta, pois todas as decisões judiciais têm que ser fundamentadas, sob pena de nulidade, conforme determinado pelo inciso IX do art. 93 da CF. Tal garantia constitucional, na verdade, ganhou densificação com o atual CPC, que no art. 489, § 1º, estabelece critérios mínimos para que uma decisão seja considerada fundamentada.

Os limites à liberdade do juiz ficaram mais nítidos também a partir do que preceitua o art. 927 do CPC, que manda que os juízes observem certas decisões das instâncias superiores com caráter vinculante. Aparentemente o dispositivo reduz em alguma medida a liberdade dos juízes de instâncias inferiores, mas há que se observar que na prática as decisões dos tribunais superiores com caráter vinculante têm força semelhante à da norma legal e ninguém de bom senso jamais sustentou que o juiz teria ampla liberdade para ignorar as leis.

Por outro lado, uma coisa é, por uma questão de política judicial e com o objetivo de garantir uma maior segurança jurídica aos jurisdicionados, aclarar os limites da liberdade do juiz na apreciação da prova e até reduzi-los um pouco, e outra coisa é dizer que o juiz não é mais livre para apreciar a prova dos autos. A liberdade para a formação do seu convencimento quanto aos fatos e aos direitos em disputa o juiz continua a preservar, mas deverá indicar com mais precisão as razões pelas quais chegou àquela compreensão, não lhe sendo lícito fazer referências genéricas a princípios que, em tese, tanto poderiam favorecer o autor (reclamante) quanto o réu (reclamado).

O professor Manoel Antônio Teixeira Filho, num trabalho que se tornou um clássico sobre a temática da prova na Justiça do Trabalho,[1] aponta alguns princípios que norteiam a produção e a valoração da prova. Acompanhando o magistério do nobre professor, falaremos aqui sobre eles.

10.1.2.1 Princípio da necessidade da prova

Objeto da prova, já dissemos, são os fatos pertinentes, relevantes e controversos. Antes de admitir ou autorizar a produção de uma prova, o juiz deve se perguntar: É necessária? O princípio em questão traduz a ideia de que a prova só deve ser produzida para demonstrar a verdade ou ocorrência de um fato que reúna as três características mencionadas. Se a prova é desnecessária, a sua produção apenas produz o efeito indesejado de fazer com que o processo ande mais devagar, isto é, descumpre o princípio da celeridade.

Um exemplo ilustra bem. De acordo com o entendimento consagrado pela Súmula nº 39 do TST, os empregados que operam em bomba de gasolina têm direito ao adicional de periculosidade. Assim, incontroverso que o empregado de posto de combustível exerce a função de frentista, não haverá necessidade de que seja produzida prova pericial para a constatação de que trabalha sob condições de periculosidade. Não obstante, se for negado pelo posto de combustível o exercício da função de frentista, será necessário que o empregado produza prova oral ou documental que confirme o fato. A mera alegação na petição inicial ou na defesa jamais será admitida como suficiente para formar no magistrado a convicção da ocorrência de um fato controverso, sob pena de ficar caracterizada a parcialidade do julgador ou, no mínimo, a falta de objetividade e/ou racionalidade da decisão. Aí reside a necessidade da prova.

10.1.2.2 Princípio da unidade (ou comunhão) da prova

De acordo com o princípio em questão, **as provas produzidas nos autos formam um conjunto que deve ser valorado na sua totalidade, pois sempre há entre elas uma relação, que pode ser, por exemplo, de exclusão, de causa e consequência, dentre outras possibilidades.** Por outras palavras, não é lícito ao juiz tratar o

---

1 TEIXEIRA FILHO, Manoel Antônio. *A prova no processo do trabalho*. 11. ed. (de acordo com o novo CPC). São Paulo: LTr, 2017.

conjunto probatório produzido nos autos (prova documental, prova oral, prova pericial) como um cardápio no qual, a seu bel-prazer, pode selecionar a prova que deve valorar e desconsiderar previamente aquelas que não são do seu agrado.

O conjunto probatório deve ser valorado no seu todo. Isso não significa que o juiz deve considerar que todas as provas têm idêntico valor, até porque seria ilógico. Para o juiz, valorar a prova é justamente apreciar a importância que ela teve na formação do seu convencimento, de modo que é possível que uma prova não tenha sido capaz de influenciar a decisão do juiz, mas não porque ele a afastou previamente, sem valorá-la, e sim porque ao fazê-lo ele chegou à conclusão de que carecia de idoneidade. Quando o juiz profere uma decisão sem valorar a totalidade do conjunto probatório, fica evidente, na melhor das hipóteses, um decisionismo desarrazoado e, na pior das hipóteses, falta de isenção, ou seja, parcialidade do julgador.

10.1.2.3 Princípio da lealdade ou probidade da prova

A rigor, **o princípio em questão é um corolário do princípio da lealdade processual, que por sua vez deriva do princípio da boa-fé, uma das pedras fundamentais do Direito**. A prova deve pautar-se pela eticidade tanto no seu objeto quanto na sua produção. Por um lado, a prova deve ter como objeto a busca da verdade real, isto é, deve reportar-se a um fato verídico, isto é, que ocorreu. Exemplificando, "inventar" um fato que não ocorreu e que poderá ser objeto de uma confissão ficta, de modo que uma prova legítima o validaria, é uma conduta que fere o princípio da lealdade ou probidade da prova. Por outro lado, a prova deve ser produzida de modo honesto, leal. Em suma, os fins e os meios de prova devem ser éticos. Eticidade significa também que os fins não justificam os meios, de modo que vulnera o princípio em questão produzir um testemunho falso para provar um fato verdadeiro.

Todos os sujeitos processuais (juiz, partes, advogados etc.) devem, em tese, colaborar para que a busca da verdade real seja levada a bom termo. A observância do princípio da lealdade ou probidade da prova nem sempre é uma realidade no curso dos processos trabalhistas, como ocorre também em processos submetidos a outros ramos do Judiciário. Todavia, quando eventualmente há transgressão ao princípio, o juiz do trabalho tem à sua disposição um instrumento que serve justamente para coibi-la: a aplicação de multa por litigância de má-fé, conforme dispõe o art. 793-C da CLT, incluído pela Lei nº 13.467, de 2017 (Reforma Trabalhista).

10.1.2.4 Princípio da contradição

O princípio da contradição nada mais é do que a aplicação dos princípios do contraditório e da ampla defesa, insculpidos no art. 5º, LV, da Constituição da República, à seara da produção e valoração da prova. Significa, grosso modo, que nenhuma prova deverá ser produzida por uma parte sem que se permita à parte contrária impugná-la e, deste modo, tentar destruir ou minimizar a sua aptidão para influir no convencimento do julgador.

A formação do convencimento do julgador é de ordinário o produto de uma dialética que se revela não apenas no campo argumentativo, mas igualmente no campo da construção do conjunto probatório. Assim, se uma parte produz prova documental, a parte contrária deverá ter vista dos documentos para que possa se manifestar sobre eles. Se uma parte produz prova testemunhal, a adversa terá o direito de contraditar a testemunha apresentada, bem como o de apresentar as suas próprias testemunhas. Por outras palavras, compreendem-se no princípio da contradição tanto a impugnação de uma prova produzida pela parte adversa quanto a oportunidade de produzir prova que venha a se contrapor àquela.

O princípio da contradição se manifesta na possibilidade de impugnar prova que favoreça à parte contrária, ainda quando não tenha sido diretamente produzida por ela, a exemplo da prova pericial. Há também no princípio em questão um componente de transparência, pois não se admite que a prova seja sigilosa. O processo pode ser sigiloso em relação a pessoas estranhas à relação processual. Mas a prova produzida nos autos sempre será transparente para os sujeitos processuais. A prova produzida com a inobservância do princípio da contradição padece de nulidade.

10.1.2.5 Princípio da igualdade de oportunidades

Corolário do princípio da isonomia e da imparcialidade da jurisdição, o princípio traduz a ideia de que as partes devem ser tratadas igualmente no que diz respeito à oportunidade de produzir a prova desejada. Conforme leciona Manoel Antonio Teixeira Filho, "aos litigantes se deve conceder a mesma oportunidade para requererem a produção de provas, ou para produzi-las, sob pena de infringência dessa garantia conduzir, virtualmente, à nulidade do processo, por restrição do direito de defesa".[2]

No processo do trabalho, há a peculiaridade de que, por força do desequilíbrio socioeconômico entra as partes e do princípio de proteção que visa a corrigi-lo, eventualmente o princípio da igualdade de oportunidades será cumprido com a quebra da igualdade formal. Por exemplo, há situações em que o encargo probatório seria, em regra, do trabalhador, mas diante da impossibilidade ou da excessiva dificuldade para que ele possa fazê-lo, o juiz inverte o ônus da prova e, assim, assegura a igualdade material de oportunidades. O § 1º do art. 818 da CLT, introduzido pela Lei nº 13.467/2017 (Reforma Trabalhista), prevê essa hipótese e, conquanto o dispositivo não distinga entre empregado e empregador, no âmbito do processo do trabalho será muito difícil que a inversão favoreça o empregador, na medida em que é incomum que a parte mais forte enfrente mais obstáculo para a produção da prova que o hipossuficiente.

---

2 TEIXEIRA FILHO, Manoel Antônio. Ob. cit., p. 63-64.

10.1.2.6 Princípio da legalidade

Considerando que todos os meios legais de prova, assim como os moralmente legítimos, mesmo que não especificados na legislação processual, são admissíveis no processo do trabalho, nos termos do art. 369 do CPC, subsidiariamente aplicável, é lógico que **o princípio da legalidade não significa que os meios de prova permitidos às partes têm que estar previstos expressamente na lei, ressalvadas as raras situações em que o legislador dispôs que determinado ato ou fato somente poderá ser provado por um meio específico.** Significa, ao contrário, que **as partes podem empregar todos os meios que não sejam expressamente vedados por lei ou, então, moralmente ilegítimos.** Sob tal aspecto, o princípio da legalidade dá cumprimento ao preceituado pelo art. 5º, LVI, da Constituição Federal, que veda as provas obtidas por meios ilícitos. Um exemplo de prova ilícita é uma gravação de uma conversa obtida de forma fraudulenta por alguém que não seja um dos interlocutores.[3]

No entanto, a relevância do princípio da legalidade não diz apenas com a licitude ou moralidade do meio de obtenção da prova, mas tem a ver com a observância de certas exigências impostas pelo legislador para que a prova seja aceita como válida dentro do processo, a exemplo do tempo, do lugar e da adequação.

A prova poderá eventualmente ser obtida licitamente, mas nem por isso será válida para a formação do convencimento do julgador e, portanto, apta a ser por ele valorada positivamente:

a) **quando não foi trazida aos autos no momento oportuno** (por exemplo, um documento que sempre esteve em poder da parte e ela negligentemente não junta aos autos na fase de conhecimento da reclamação, deixando para apresentá-lo em sede de recurso ordinário, contrariando o entendimento consagrado pela Súmula nº 8 do TST);

b) **quando não foi produzida no local correto** (por exemplo, a prova pericial visando à aferição de condições de insalubridade feita em local diverso de onde o empregado trabalhava não será válida); ou

c) **quando não corresponde à prova que o legislador considera adequada para certo fato** (por exemplo, o depoimento de testemunha é inservível para a prova das condições insalubres, uma vez que, nos termos do art. 185 da CLT, o meio adequado é a perícia).

10.1.2.7 Princípio da imediação

O princípio da imediação traduz a ideia de que a produção da prova oral depende necessariamente da aproximação sensorial do juiz, que tomará o interrogatório das partes e colherá os depoimentos das testemunhas em audiência.

---

3 O Supremo Tribunal Federal tem entendimento firmado no sentido de que a gravação de conversa por um dos interlocutores, a fim de repelir conduta ilícita do outro, não se enquadra na vedação prevista no art. 5º, LVI, da Constituição Federal.

O art. 361 do CPC sintetiza tal princípio quando diz literalmente que "as provas orais serão produzidas em audiência". Ainda que não haja um dispositivo com redação similar no texto consolidado, nem por isso seria plausível postular que no processo do trabalho é admissível a produção de prova oral fora da audiência, como ocorre em alguns sistemas processuais estrangeiros. Aliás, o princípio da imediação sempre foi reverenciado pelo processo do trabalho.

A eventual realização de audiência telepresencial, muito utilizada durante a pandemia do Covid-19, não contraria o princípio da imediação, pois a tecnologia de áudio e vídeo permite ao juiz, mesmo que não esteja no mesmo local onde a parte ou a testemunha se encontre, a proximidade sensorial necessária para perceber nos olhos, na voz, nos gestos e nos movimentos de quem está sendo ouvido, os mesmos sinais que costuma enxergar quando dividem o mesmo espaço físico.

10.1.2.8 Princípio da obrigatoriedade da prova

O princípio da obrigatoriedade da prova não é direcionado às partes. Primeiro, porque não se pode confundir ônus ou encargo probatório com obrigação jurídica. Segundo, porque se as partes fossem obrigadas a produzir provas, o princípio em apreço seria redundante, pois o princípio da necessidade já traria consigo a mesma ideia, na medida em que a prova obrigatória é a prova necessária para demonstrar um fato pertinente, relevante e controverso.

Por isso, de acordo com o ensino do professor Manoel Antônio Teixeira Filho, **o princípio da obrigatoriedade da prova é direcionado ao juiz, vinculando-o a que profira a sua decisão com base nas provas produzidas no processo. A prova não somente é necessária para a formação do convencimento do julgador, mas também para conferir fundamento racional à decisão e, portanto, legitimá-la socialmente.**[4] Por outras palavras, o livre convencimento do juiz tem que ser devidamente motivado e isso somente é possível em presença do conjunto probatório produzido nos autos. O juiz não poderá desprezar o acervo probatório processual porque, digamos, escutou a prima da vizinha de sua tia dizer que os fatos ocorreram de forma diferente do que revela o conjunto probatório, por mais que a sua interlocutora mereça confiança e credibilidade. O que não está nos autos não está no mundo.

10.1.3 Meios de provas

Os meios de prova no processo do trabalho são os mesmos do processo comum: os legais e os moralmente legítimos (art. 369 do CPC). Em linhas gerais, os meios de prova indicados no CPC e no texto consolidado são coincidentes. Há divergência doutrinária, contudo, quanto à oitiva das partes (O interrogatório e o depoimento pessoal coexistem ou são figuras distintas, cada um deles se restringindo ao específico ramo processual?). Ademais, o texto consolidado não

---

4   TEIXEIRA FILHO, Manoel Antônio. Ob. cit., p. 66-67.

Capítulo 10 • INSTRUÇÃO PROBATÓRIA E RAZÕES FINAIS

prevê a inspeção judicial e apresenta algumas omissões que reclamam a aplicação subsidiária do CPC.

10.1.3.1 Confissão e efeitos

Confissão é a admissão por uma parte da verdade de fato contrário ao seu interesse e favorável à parte adversária, como se extrai do art. 389 do CPC. Nos termos do mesmo dispositivo, **a confissão é judicial ou extrajudicial, conforme seja feita em juízo ou não.**

A confissão judicial pode ser espontânea ou provocada (art. 390, *caput*, CPC). **A espontânea pode ser feita pela própria parte ou por representante com poder especial,** nos termos do § 1º do art. 390, CPC. **A confissão provocada, por seu turno, seria a obtida no interrogatório** (ou depoimento pessoal, conforme veremos no item posterior). Trata-se de uma distinção doutrinária cuja necessidade de figurar no texto legal é discutível, na medida em que os efeitos da confissão para a resolução do processo, seja ela provocada, seja ela espontânea, são os mesmos.

Nos termos do art. 391, *caput*, do CPC, "**a confissão judicial faz prova contra o confitente, não prejudicando, todavia, os litisconsortes**". Pode-se dizer que a regra em questão está alinhada com outras regras processuais que visam à proteção da parte cujo litisconsorte, por negligência ou intencionalmente, deseje prejudicá-la. Este também foi o dispositivo que inspirou o disposto no art. § 4º do art. 844 da CLT, incluído pela Lei nº 13.467/2017 (Reforma Trabalhista), que reproduz o art. 345 do CPC, preceituando que, se houver pluralidade de réus e algum deles contestar a ação, a revelia não produzirá a confissão ficta.

No processo do trabalho, **a confissão extrajudicial do obreiro deve ser recebida com muita cautela, porque a superioridade socioeconômica do empregador pode viciar a vontade do hipossuficiente.** De qualquer modo, consoante prevê o art. 394 do CPC, "a confissão extrajudicial, quando feita oralmente, só terá eficácia nos casos em que a lei não exija prova literal". Há certos fatos para os quais o texto consolidado exige prova literal, como no caso do art. 464, que reza que "o pagamento do salário deverá ser efetuado contra recibo, assinado pelo empregado; em se tratando de analfabeto, mediante sua impressão digital, ou, não sendo esta possível, a seu rogo". Nesta hipótese, parece-nos que a confissão de pagamento somente deve ser admitida quando feita perante o juiz. Não caberá confissão extrajudicial.

Por fim, diz o art. 395 que "**a confissão é, em regra, indivisível, não podendo a parte que a quiser invocar como prova aceitá-la no tópico que a beneficiar e rejeitá-la no que lhe for desfavorável, porém cindir-se-á quando o confitente a ela aduzir fatos novos, capazes de constituir fundamento de defesa de direito material ou de reconvenção**".

Um exemplo que ilustra a indivisibilidade da confissão é o seguinte: o reclamado não junta aos autos recibo e nem comprovante de depósito bancário que são, em regra, os meios de prova de quitação do salário e de verbas rescisórias. Ainda assim, o reclamante confessa que recebeu os valores respectivos, em espécie, após o ajuizamento da reclamação. Não pode o reclamado aceitar apenas a confissão do reclamante na parte em que ele admite o pagamento e rejeitá-la na parte em que ele denunciou a mora, isto é, o atraso.

Como exemplo de confissão que pode ser cindida, temos a seguinte situação: o reclamante, ao qual o reclamado imputa a justa causa de ofensa física ao gerente da empresa, após negar o fato, termina por confessar que agrediu fisicamente o superior, mas afirma que agiu em legítima defesa. A confissão do reclamante poderá ser cindida, de modo que a reclamada não é obrigada a aceitar a afirmação de que a ofensa física perpetrada contra o seu gerente ocorreu conforme informado pelo obreiro, haja vista que este aduziu fato novo (excludente de ilicitude) capaz de constituir fundamento de defesa de direito material.

Por fim, merece registro que, **embora inexista uma vedação legal expressa, não é possível ao sindicato profissional e ao Ministério Público do Trabalho, nas ações coletivas, confessar.** É que nas ações coletivas, o MPT e o sindicato profissional atuam na condição de substitutos processuais, não participando da relação jurídica de direito material. Ademais, no caso específico do Ministério Público do Trabalho, a confissão é sempre impossível, seja qual for o procedimento, na medida em que o procurador sempre atua como órgão, ou seja, ente despersonalizado que figura no processo como sujeito formal e especial.[5]

Nas palavras de Giuseppe Chiovenda, "dizer que o substituto processual é parte não implica dizer que ele possa realizar todas as atividades de parte", pois "pode haver atividades de parte a que a lei somente atribua importância desde que emanem daquele que é titular da relação substancial (juramento, confissão, renúncia aos atos, renúncia à ação, reconhecimento da ação), ou daquele que é representante ou órgão do titular".[6]

10.1.3.2 Interrogatório das partes

Nos termos do art. 848 da CLT, **"não havendo acordo, seguir-se-á a instrução do processo, podendo o juiz _ex officio_ interrogar os litigantes".**

O interrogatório do litigante é meio para a obtenção de confissão, isto é, da admissão por uma parte da veracidade dos fatos alegados pela parte contrária. Ainda assim, o texto consolidado não o apresenta como um dever do juiz, mas como uma faculdade. A linguagem é clara. O juiz pode, de ofício, interrogar os litigantes.

Parece bem nítido que o legislador trabalhista, provavelmente com a intenção de conferir maior celeridade ao processo, optou por deixar ao prudente arbítrio do juiz a decisão sobre a necessidade do interrogatório e não reconhecer a nenhum dos litigantes o direito de ouvir a parte contrária. Deste modo, o interrogatório das partes previsto no texto consolidado não se confunde com o depoimento pessoal previsto no CPC. O depoimento pessoal no processo comum,

---

5   Neste sentido, SANTOS, Ronaldo Lima dos. Notas sobre a impossibilidade de depoimento pessoal de membro do Ministério Público nas ações coletivas. _Rev. Fac. Direito UFMG_, Belo Horizonte, nº 58, p. 291-310, jan./jun. 2011.

6   CHIOVENDA, Giuseppe _apud_ BARROS DIAS, Francisco. _Instituições de direito processual civil_, v. II. São Paulo: Saraiva, 1965, p. 254.

como regra, é requerido pela parte contrária, sem prejuízo do poder do juiz de ordená-lo de ofício (art. 385, CPC). Aliás, a doutrina processualista civil costuma designar como interrogatório o depoimento pessoal colhido de ofício pelo juiz.

O texto consolidado estabeleceu um regramento próprio para a audiência de instrução ou, mais precisamente, para a produção da prova oral, não prevendo o depoimento pessoal nos moldes estabelecidos pelo CPC. Para o legislador celetista, interrogatório dos litigantes e depoimento das partes são expressões sinônimas (cf. art. 819 da CLT), referindo-se a um meio de prova cuja utilização é faculdade e não dever do juiz do trabalho. O interrogatório, como já afirmado, tem a finalidade precípua de obter a confissão. O esclarecimento dos fatos, que costuma ser apontado como outra finalidade, é um objetivo secundário.

Não obstante, a doutrina, no que vem sendo acompanhada pela jurisprudência trabalhista, fugindo ao intento do legislador celetista, ainda que com a boa intenção de favorecer a busca da verdade real, tem procurado estabelecer distinção entre as duas figuras, mas não para afirmar a inaplicabilidade do depoimento pessoal modelado pelo CPC na Justiça do Trabalho, e sim para apontar uma suposta omissão que atrairia a sua aplicação subsidiária ao processo trabalhista. As regras do CPC, deste modo, seriam complementares às regras celetistas.

Argumenta-se que o litigante teria o direito, constitucional e legalmente assegurado, de tentar obter a confissão da parte contrária, mediante a oitiva de seu depoimento, e até mesmo que a Súmula nº 74 do TST estaria se referindo ao depoimento pessoal e não ao interrogatório, quando diz no verbete I: "**Aplica-se a confissão à parte que, expressamente intimada com aquela cominação, não comparecer à audiência em prosseguimento, na qual deveria depor**". O verbete, porém, consta da redação original da súmula, que foi editada muito antes da Constituição da República de 1988 e, além disso, nada faz crer que o art. 819 da CLT, que menciona o depoimento das partes, não esteja se referindo ao interrogatório. Por acaso, a parte que não fala a língua nacional somente precisa de intérprete quando presta depoimento pessoal, mas não quando é interrogada pelo juiz?

Particularmente, não vislumbramos nem omissão nem compatibilidade e consideramos frágeis os argumentos em favor do reconhecimento de que no processo do trabalho, além do interrogatório, temos o depoimento pessoal, ou mesmo o de que ambos deveriam ter o mesmo tratamento. Curvamo-nos, porém, por razões de ordem prática à jurisprudência dos tribunais. **Para os objetivos deste livro basta dizer que a jurisprudência do TST e das cortes regionais é claramente no sentido de declarar a nulidade do processo por cerceamento de defesa quando uma das partes (em geral, a reclamada) pede para que o juiz ouça a outra (na maior parte dos casos, o reclamante) e o juiz indefere o pedido.** O leitor deve estar, portanto, atento à direção da jurisprudência.

O não comparecimento da parte à audiência em que deveria ser interrogada atrai contra si a aplicação da confissão, desde que tenha sido previamente cientificada de que deveria comparecer para depor sob tal cominação (Súmula nº 74 do

TST, verbete I). De igual modo, o seu silêncio ou a recusa a responder às perguntas do juiz implicará confissão ficta.

É importante destacar que **o representante ou o preposto da empresa deve obrigatoriamente ter conhecimento dos fatos.**[7] Deste modo, o simples desconhecimento já atrai a aplicação da pena de confissão, consoante a jurisprudência trabalhista dominante, inclusive no TST.

Nos termos do art. 819, *caput*, da CLT, **se a parte que deverá ser interrogada (assim como ocorre com a testemunha) não souber falar o português, o seu depoimento será feito por meio de intérprete nomeado pelo juiz,** o que também sucederá quando se tratar de surdo-mudo ou de mudo que não saiba escrever (art. 819, § 1º), observando-se que as despesas decorrentes da utilização do intérprete correrão por conta da parte sucumbente, salvo se beneficiária de justiça gratuita (art. 819, § 2º).

Por fim, **há fatos sobre os quais a parte não é obrigada a depor, consoante disposto no art. 388 do CPC.** Assim é que, por conta do princípio constitucional da não autoincriminação (art. 5º, LXIII), a parte está exonerada de depor sobre **fatos criminosos ou torpes que lhe sejam imputados.** Ademais, não se pode exigir à parte que deponha sobre **fatos a cujo respeito, por estado ou profissão, deva guardar sigilo,** sobre **fatos acerca dos quais não possa responder sem desonra própria, de seu cônjuge, de seu companheiro ou de parente em grau sucessível** e, por fim, sobre **fatos que coloquem em perigo a vida do depoente ou de seu cônjuge, de seu companheiro ou de parente em grau sucessível.**

10.1.3.3 Testemunhas

10.1.3.3.1 Conceito

Quando, numa conversa qualquer, referindo-se a algum evento, alguém esbraveja: "eu sou testemunha", o sentimento que transmite ao seu interlocutor é o de que está confirmando a veracidade do ocorrido. Todo mundo, portanto, tem uma ideia do que seja uma testemunha: uma pessoa que tomou conhecimento da ocorrência de algum fato e está apta, assim, a falar sobre ele. No particular, o senso comum não está em descompasso com a noção jurídica.

No Direito Processual, incluindo-se obviamente o trabalhista, **testemunha é justamente a pessoa física, civilmente capaz, que, diante da autoridade judicial, depõe sobre fatos dos quais tenha conhecimento.** A testemunha, portanto, reúne, ao menos, as seguintes características:

a) **trata-se de pessoa física;**
b) **é estranha ao processo;**
(c) **conhece fatos que são discutidos na demanda;**
(d) **está civilmente capacitada para depor.**

---

7 O que não significa que esse conhecimento tenha que ser necessariamente direto, como no caso da testemunha. O preposto pode ter conhecimento dos fatos com base na informação de terceiros, como as que lhe foram fornecidas pelo próprio dono da empresa, pelo gerente do setor de pessoal etc., mesmo que não tenha presenciado os fatos.

10.1.3.3.2 Quem pode depor como testemunha. Incapacidade, impedimento ou suspeição de testemunha

A teor do disposto no art. 447 do CPC, **podem depor como testemunha todas as pessoas, exceto as incapazes, impedidas ou suspeitas.**

Incapazes são:

a) o interdito por enfermidade ou deficiência mental;

b) o que, acometido por enfermidade ou retardamento mental, ao tempo em que ocorreram os fatos, não podia discerni-los, ou, ao tempo em que deve depor, não está habilitado a transmitir as percepções;

c) o que tiver menos de 16 (dezesseis) anos de idade;

d) o cego e o surdo, quando a ciência do fato depender dos sentidos que lhes faltam (art. 447, § 1º, do CPC).

O texto consolidado não distingue entre testemunha impedida e suspeita. Ademais, é bastante sucinto quando trata do assunto, limitando-se a dizer que "**a testemunha que for parente até o terceiro grau civil, amigo íntimo ou inimigo de qualquer das partes, não prestará compromisso, e seu depoimento valerá como simples informação**" (art. 829).

O CPC estabelece a distinção entre suspeição e impedimento, figuras que pressupõem, respectivamente, a existência de causa subjetiva ou de causa objetiva capaz de comprometer a isenção de ânimo da testemunha. Além disso, acrescenta situações, não previstas no texto consolidado, que fazem presumir o comprometimento da fidelidade do depoimento.

Nos termos do CPC são **impedidos:**

a) **o cônjuge, o companheiro, o ascendente e o descendente em qualquer grau e o colateral, até o terceiro grau, de alguma das partes, por consanguinidade ou afinidade,** salvo se o exigir o interesse público ou, tratando-se de causa relativa ao estado da pessoa, não se puder obter de outro modo a prova que o juiz repute necessária ao julgamento do mérito;

b) **o que é parte na causa;**

c) **o que intervém em nome de uma parte, como o tutor, o representante legal da pessoa jurídica, o juiz, o advogado e outros que assistam ou tenham assistido as partes** (art. 447, § 2º, CPC).

Por outro lado, o CPC considera **suspeitos:**

a) **o inimigo da parte ou o seu amigo íntimo;**

b) **o que tiver interesse no litígio** (art. 447, § 3º, do CPC).

As duas hipóteses de suspeição estão previstas no texto consolidado, de modo que não há, no particular, necessidade de se recorrer ao CPC.

No que toca à suspeição, é importante destacar, ainda, que a **Súmula nº 357 do TST** consagra o entendimento de que "**não torna suspeita a testemunha o simples fato de estar litigando ou de ter litigado contra o mesmo empregador**".

Quanto às hipóteses que o CPC chama de "impedimento", a jurisprudência trabalhista tem entendido que as situações ali previstas ausentes no texto consolidado são plenamente aplicáveis ao processo do trabalho. Tal orientação é sensata, embora pareça um excesso de zelo do legislador processual civil dispor expressamente que quem é parte na causa está impedida de testemunhar, o que nos parece desnecessário.

Há que se registrar, contudo, que, **caso considere necessário, o juiz poderá admitir o depoimento das testemunhas menores, impedidas ou suspeitas, conforme autorizado pelo § 4º do art. 447 do CPC.** Não obstante o parágrafo seguinte disponha que tais depoimentos serão prestados independentemente de compromisso e que o juiz lhes atribuirá o valor que possam merecer, **o texto consolidado não é omisso quanto ao valor probante do depoimento das testemunhas impedidas e suspeitas. Ao contrário, o art. 829 da CLT é taxativo. O depoimento delas valerá como simples informação.** Deste modo, o juiz do trabalho somente poderá conferir valor maior que o de simples informação ao depoimento do incapaz, mas não ao da testemunha impedida ou suspeita.

10.1.3.3.3 Número

Três é o número máximo de testemunhas que cada parte pode indicar no processo trabalhista, excetuando-se o procedimento sumaríssimo, que permite a indicação de, no máximo, 2 (duas) testemunhas por parte, e o inquérito para a apuração de falta grave, procedimento especial no qual cada parte poderá indicar até 6 (seis) testemunhas.

O juiz, contudo, motivado pela busca da verdade real, pode convocar para depor número ilimitado de testemunhas, desde que considere que sua oitiva é necessária à formação do seu convencimento, inclusive as chamadas testemunhas referidas, isto é, pessoas que foram citadas no interrogatório das partes ou no depoimento de alguma testemunha. É um poder, contudo, que deve ser exercitado moderadamente, em situações pontuais e de modo fundamentado pelo juiz, sob pena de ficar caracterizada a quebra do princípio da imparcialidade, haja vista que o ônus da prova compete às partes.

É importante destacar que, no caso de reclamação plúrima, isto é, **no litisconsórcio ativo facultativo, o número máximo de testemunhas valerá para o conjunto dos reclamantes, haja vista que cada um deles poderia ter apresentado isoladamente a sua reclamação.** Se preferiu reunir-se a outros reclamantes, interpreta-se que desistiu de ouvir o número máximo de testemunhas que lhe seria permitido indicar caso houvesse ajuizado uma reclamação individual.

Quando vários são os reclamados num único processo (litisconsórcio passivo), cada um terá direito a indicar o número máximo de testemunhas, pois a sua reunião no polo passivo da reclamação não foi uma escolha deles, daí por que não se pode interpretar que desejaram limitar o seu direito processual à produção de prova testemunhal.

10.1.3.3.4 Comparecimento. Casos em que a notificação será possível

O comparecimento da testemunha à audiência trabalhista independe, como regra, de notificação. **A parte que pretender ouvir testemunha deverá convidá-la** e conduzi-la à audiência (art. 825 da CLT). Excepcionalmente, **quando, embora devidamente convidada, a testemunha não se faz presente na audiência, o juiz poderá, de ofício ou a requerimento da parte, intimá-la a que compareça e, inclusive, determinar sua condução coercitiva (no antigo jargão jurídico,** *condução debaixo de vara)*, sem prejuízo da multa prevista no art. 730 da CLT, que se aplica àqueles que, sem motivo justificado, se recusam a depor como testemunhas (art. 825, parágrafo único, da CLT).

No procedimento sumaríssimo, a intimação da testemunha está condicionada, nos termos do § 3º do art. 852-H da CLT, à prova do convite prévio, que pode ser feita por diversas maneiras, desde a tradicional carta postal com aviso de recebimento (AR) até à reprodução de correspondência eletrônica, de conversas pelo WhatsApp ou por qualquer outro meio tecnológico que garanta confiabilidade à afirmação de que a testemunha foi realmente convidada.

As testemunhas serão inquiridas após o interrogatório das partes (ou após a sua dispensa pelo juiz) separada e sucessivamente. Primeiro, as testemunhas do autor (reclamante); depois, as testemunhas do réu (reclamado). **O juiz deve providenciar para que uma testemunha não ouça o depoimento das outras** (art. 456 do CPC).

Não obstante, **o juiz poderá inverter a ordem de produção da prova testemunhal e ouvir primeiro as testemunhas do reclamado, mas apenas se as partes concordarem** (art. 456, parágrafo único, do CPC).

A inversão da produção da prova testemunhal (que não deve ser confundida com a inversão do ônus de prova) é, muitas vezes, salutar para a celeridade processual, em especial quando o encargo probatório pertence somente ao réu (reclamado). Esta circunstância pode ocorrer normalmente, isto é, de acordo com as regras de distribuição de prova tradicionalmente aceitas, mas também pode ocorrer em razão de o juiz ter decidido fundamentadamente inverter o ônus da prova e atribuí-la ao réu (reclamado), quando a princípio incumbia ao autor (reclamante).

Sempre houve quem sustentasse que, nestes casos, o juiz poderia ouvir primeiro as testemunhas do reclamado, sem que fosse necessária a concordância das partes, mas essa possibilidade é altamente discutível ante os termos do dispositivo em apreço, que nos parece aplicável subsidiariamente ao processo trabalhista. O texto consolidado é omisso quanto ao assunto, de modo que a defesa da inaplicabilidade do parágrafo único do art. 456 do CPC teria que partir da premissa – difícil de sustentar – de que exigir a concordância das partes é incompatível com o processo do trabalho.

10.1.3.3.5 Compromisso, contradita, escusa de depor

Tendo comparecido à sede do Juízo onde ocorrerá a audiência, a testemunha será chamada (apregoada, no jargão jurídico) **pelo secretário**[8] **e, antes que o**

---

8   Ou pelo escrivão, quando a audiência for realizada por juiz de direito investido de jurisdição trabalhista.

seu depoimento comece, **será qualificada,** ou seja, indicará nome, nacionalidade, profissão, idade, residência, e, quando empregada, o tempo de serviço prestado ao empregador, ficando sujeita, em caso de falsidade, às leis penais (art. 828 da CLT). **Os dados da qualificação serão registrados na ata e o juiz deverá, ainda, perguntar à testemunha se ela tem relação de parentesco, inimizade capital, amizade íntima com qualquer das partes ou, ainda, se tem interesse no objeto do processo** (art. 457, *caput*, do CPC, c/c art. 829 da CLT).

O momento da qualificação da testemunha é o legalmente adequado para que a parte interessada possa contraditá-la, arguindo-lhe a incapacidade, o impedimento ou a suspeição, e também para que prove a contradita por meio de documentos ou com a utilização de prova oral, caso a testemunha contraditada negue os fatos que lhe são imputados. Se os fatos que fundamentam a contradita forem confessados ou provados, o juiz dispensará a testemunha ou **poderá ouvi-la como mero informante** (arts. 828 e 829 da CLT c/c art. 457, § 2º, do CPC).

A testemunha pode escusar-se de depor alegando os motivos previstos no CPC (art. 457, § 3º, do CPC). Neste caso, o juiz decidirá de plano ouvindo as partes.

A escusa de depor pode fundamentar-se num dos motivos previstos no **art. 448 do CPC, que desobriga a testemunha de depor sobre fatos:**

a) **que lhe acarretem grave dano, bem como ao seu cônjuge ou companheiro e aos seus parentes consanguíneos ou afins, em linha reta ou colateral, até o terceiro grau;**

b) **a cujo respeito, por estado ou profissão, deva guardar sigilo.**

A primeira situação pode ocorrer, por exemplo, quando alguém é chamado para depor como testemunha sobre um fato que, se for obrigado a revelar, implicará o reconhecimento de que cometeu ato ilícito[9] ou imoral em razão do qual sofrerá dano grave à sua imagem ou mesmo à sua liberdade física (prisão). A segunda hipótese é a de um sacerdote que, em razão da confissão auricular, tenha conhecimento do fato controvertido no processo, ou a de um advogado que obteve conhecimento do fato de maneira sigilosa em razão de relação profissional mantida com seu cliente.[10] O dever de sigilo também é prescrito no código de ética de outras profissões, a exemplo do psicólogo e do médico.

10.1.3.3.6 Inquirição da testemunha. Testemunha que não sabe falar português

Não sendo a testemunha incapaz, suspeita ou impedida, o juiz tomará o seu compromisso de dizer a verdade do que souber e lhe for perguntado, advertindo-o

---

9   A isenção para depor, nessa hipótese, decorre do princípio da não autoincriminação (art. 5º, LXIII, da CF).

10 Nos termos do art. 7º, XIX, do Estatuto da Advocacia (Lei nº 8.906/94), o advogado tem direito a "recusar--se a depor como testemunha em processo no qual funcionou ou deva funcionar, ou sobre fato relacionado com pessoa de quem seja ou foi advogado, mesmo quando autorizado ou solicitado pelo constituinte, bem como sobre fato que constitua sigilo profissional". Ademais, nos termos do mesmo estatuto, comete infração disciplinar o advogado que violar, sem justa causa, sigilo profissional (art. 34, VII).

de que incorre em sanção penal aquele que faz afirmação falsa, cala ou oculta a verdade (art. 458, parágrafo único, do CPC).[11]

Além da responsabilidade penal, **a testemunha que intencionalmente alterar a verdade dos fatos ou omitir fatos essenciais ao julgamento da causa estará sujeita à aplicação da multa prevista no art. 793-C da CLT**, que é a mesma prevista para o litigante de má-fé (art. 793-D, *caput*). A execução da multa aplicada à testemunha, inclusive, dar-se-á nos mesmos autos do processo em que ela prestou o seu depoimento (art. 793-D, parágrafo único).

Nos termos do art. 819, *caput*, da CLT, **se a testemunha não souber falar a língua nacional o seu depoimento será feito por meio de intérprete nomeado pelo juiz, o que também ocorrerá quando se tratar de surdo-mudo ou de mudo que não saiba escrever** (art. 819, § 1º), observando-se que **as despesas decorrentes da utilização do intérprete correrão por conta da parte sucumbente, salvo se beneficiária de justiça gratuita** (art. 819, § 2º).

As partes e testemunhas serão inquiridas pelo juiz, podendo ser reinquiridas, por seu intermédio, a requerimento das partes, seus representantes ou advogados (art. 820 da CLT). Na prática, o juiz começa formulando à testemunha as perguntas que julga indispensáveis à formação do seu convencimento e concede às partes ou aos seus advogados, caso estejam acompanhadas de profissional do Direito, a oportunidade para que também formulem as suas perguntas.

No particular, **o disposto no art. 459 do CPC aplica-se parcialmente ao processo do trabalho.** Assim, após as perguntas do juiz, as partes inquirirão a testemunha, por intermédio do magistrado, sendo que a parte que começa a perguntar é aquela que indicou o testigo.

O juiz não admitirá perguntas que puderem induzir a resposta, que não tiverem relação com as questões de fato objeto da atividade probatória ou que importarem repetição de outra pergunta já respondida. Por outras palavras, o juiz filtrará as perguntas, indeferindo aquelas que versem sobre fatos que não sejam pertinentes, relevantes e controversos ou que tenham um vício na sua elaboração (por exemplo, as perguntas indutivas, que já trazem a resposta na sua formulação, do tipo: é verdade que...?) e as que são mera repetição de pergunta já respondida.

O art. 459 do CPC não se aplica ao processo do trabalho, contudo, quando prevê que as perguntas serão formuladas pelas partes diretamente à testemunha, pois não há, neste caso, omissão do texto consolidado. O art. 820 da CLT dispõe que as testemunhas podem ser reinquiridas a requerimento das partes, seus representantes ou advogados, **por intermédio do juiz.**

Naturalmente, a prerrogativa que o juiz tem de formular as perguntas que julgar necessárias à formação do seu convencimento não sofre limite preclusivo. **O juiz poderá inquirir a testemunha tanto antes quanto depois do momento**

---

11 O crime de falso testemunho ou perjúrio está tipificado no art. 342 do Código Penal, e tem cominadas as penas de reclusão, de 2 (dois) a 4 (quatro) anos, e multa. As condutas ali tipificadas são "fazer afirmação falsa", "negar" ou "calar a verdade".

da inquirição a requerimento das partes (chamada pelo texto consolidado de reinquirição).

O juiz deve zelar para que as testemunhas sejam tratadas com urbanidade, não fazendo e nem permitindo que lhes façam perguntas ou considerações impertinentes, capciosas ou vexatórias.

Quando o juiz indeferir alguma pergunta, deverá determinar a sua transcrição no termo, se a parte que teve a sua pergunta indeferida assim o requerer.

Nos termos do art. 460 do CPC, de aplicação subsidiária, o depoimento poderá ser documentado por meio de gravação.

Por outro lado, diz o § 1º do artigo que, quando digitado ou registrado por taquigrafia, estenotipia ou outro método idôneo de documentação, o depoimento será assinado pelo juiz, pelo depoente e pelos procuradores. Trata-se, porém, de hipótese que não se aplica aos autos eletrônicos, de modo que com a implantação do PJE tende a desaparecer. Caso haja recurso em processo cujos autos não sejam eletrônicos, o depoimento somente será digitado quando for impossível o envio de sua documentação eletrônica. Tratando-se de autos eletrônicos, contudo, observar-se-á o disposto no CPC e na legislação específica sobre a prática eletrônica de atos processuais.

A fim de facilitar a presença das testemunhas à audiência, o art. 822 da CLT assegura que elas não poderão sofrer qualquer desconto pelas faltas ao serviço decorrentes do seu comparecimento para depor.

Contudo, caso a testemunha seja servidor público civil ou militar, e tiver de depor em hora de serviço, o juiz deverá requisitar o seu comparecimento à audiência designada ao chefe da repartição (art. 823 da CLT).

Por fim, o parágrafo único do art. 828 da CLT reza que os depoimentos das testemunhas serão resumidos, por ocasião da audiência, pelo secretário ou funcionário para esse fim designado, devendo a súmula ser assinada pelo juiz e pelos depoentes. Com a implantação do PJE (Processo Judicial Eletrônico), a prática não tem sido essa, pois a ata de audiência tem sido assinada digitalmente apenas pelo juiz. Demais disso, a documentação do depoimento por meio de gravação (vídeo, por exemplo) desobriga que se proceda ao resumo dos depoimentos.

10.1.3.4 Documentos

10.1.3.4.1 Noções gerais

Documento, dito resumidamente, nada mais é que uma representação física ou digital de fatos e, portanto, pode adotar múltiplas formas, como escritos, desenhos, filmes, fotografias, arquivos eletrônicos de texto, vídeo e áudio etc. Serve, assim, para trazer à memória eventos naturais ou ações humanas.

Os documentos podem ser públicos ou particulares.

O documento público é aquele produzido por agente estatal no exercício da sua função pública.

O documento particular, por sua vez, é produto da atividade privada.

Quando público, o documento faz prova não só da sua formação, mas também dos fatos que o escrivão, o chefe de secretaria, o tabelião ou o servidor declarar que ocorreram em sua presença (art. 405 do CPC).

Os documentos públicos pode ser classificados como judiciais, quando produzidos no âmbito do **Poder Judiciário** (por exemplo, certidões lavradas por servidores da Justiça do Trabalho); **extrajudiciais, quando produzidos pelos ofícios ou cartórios extrajudiciais** (por exemplo, escrituras, matrículas imobiliárias e procurações públicas); **administrativos, quando são produzidos por quaisquer outras repartições ou órgãos públicos, inclusive o Ministério Público** (por exemplo, a certidão de débito tributário expedida pela Receita Federal, o TAC celebrado pelo Ministério Público do Trabalho).

A prova documental pode versar sobre fatos de qualquer natureza. Há, ademais, fatos que, em princípio, somente podem ser comprovados por documentos, conquanto excepcionalmente a confissão possa suprir a sua falta. Alguns exemplos podem ser apontados:

a) o pedido de demissão do empregado estável só será válido quando feito com a assistência do respectivo sindicato e, se não o houver, perante autoridade local competente do Ministério do Trabalho e Previdência Social ou da Justiça do Trabalho (art. 500 da CLT);

b) a prova de pagamento de salário deve ser realizada por meio de recibo assinado pelo empregado ou por comprovante de depósito em conta bancária (art. 464 da CLT);

c) a prova do contrato de trabalho é, por excelência, a anotação na CTPS.

Quanto ao aspecto processual, o texto consolidado é extremamente lacônico quando se refere à prova documental. No seu Título X (Do processo judiciário do trabalho), registram-se apenas quatro artigos dispersos que tratam do assunto:

a) O art. 787, que dispõe que **a reclamação escrita deverá ser formulada em 2 (duas) vias e desde logo acompanhada dos documentos em que se fundar;**

b) O art. 830, que dispõe que **o documento em cópia oferecido para prova poderá ser declarado autêntico pelo próprio advogado, sob sua responsabilidade pessoal,** e prevê, ainda, o que deverá ocorrer quando for impugnada a autenticidade da cópia;

c) O § 5º do art. 844, que dispõe que **caso o reclamado seja revel, mas o seu advogado compareça à audiência, os documentos eventualmente apresentados com a contestação devem ser aceitos;**

d) O § 1º do art. 852-H, que tratando especificamente do procedimento sumaríssimo dispõe que "**sobre os documentos apresentados por uma das partes manifestar-se-á imediatamente a parte contrária, sem interrupção da audiência,** salvo absoluta impossibilidade, a critério do juiz".

Diante da omissão do legislador processual trabalhista, há um vasto campo para a aplicação na Justiça do Trabalho das regras do CPC referentes à prova documental.

10.1.3.4.2 Oportunidade de juntada

Como vimos, o art. 787 da CLT preceitua que **a reclamação deve estar desde logo acompanhada dos documentos em que se fundar.** Embora não haja no texto consolidado referência expressa ao momento em que os documentos deverão ser juntados pelo réu (reclamado), como o art. 845 diz que **as partes "comparecerão à audiência acompanhados das suas testemunhas, apresentando, nessa ocasião, as demais provas"**, subentende-se que até a audiência em que a contestação é recebida será permitida a juntada dos documentos, o que se harmoniza com o art. 434 do CPC que dispõe que **"incumbe à parte instruir a petição inicial ou a contestação com os documentos destinados a provar suas alegações".**

Considerando-se que o processo não foi desenhado para se perpetuar no tempo e nem para se tornar uma barafunda probatória e, ainda, que os documentos, como regra, preexistem ao ajuizamento da reclamação, somente em circunstâncias excepcionais é que deveria ser permitido ao autor (reclamante) juntar documentos após a petição inicial e ao réu (reclamado) após oferecida a contestação. Assim é que, com base no Código de Processo Civil, **permite-se às partes a juntada de documentos após aqueles momentos processuais apenas:**

a) **quando forem documentos novos**, isto é, destinados a fazer prova de fatos ocorridos depois dos articulados ou quando a sua juntada seja necessária para contrapô-los aos documentos produzidos nos autos pela parte contrária (contraprova) (art. 435, *caput*);

b) **quando os documentos se tornaram conhecidos, acessíveis ou disponíveis posteriormente**, cabendo, porém, à parte que os produzir comprovar o motivo que a impediu de juntá-los anteriormente.

Na prática, contudo, a jurisprudência trabalhista, inclusive no TST, é extremamente tolerante quanto à admissibilidade da prova documental, concedendo ao art. 845 da CLT uma interpretação generosa, a ponto de **permitir a juntada de documentos até o encerramento da instrução.**[12]

---

12 Observe-se o seguinte aresto: "AGRAVO DE INSTRUMENTO DO RECLAMANTE. RECURSO DE REVISTA SOB A ÉGIDE DA LEI N. 13.015/2014. REJEIÇÃO DOS DOCUMENTOS JUNTADOS ANTES DO ENCERRAMENTO DA INSTRUÇÃO. REQUISITOS DO ART. 896, § 1º-A, DA CLT ATENDIDOS. Ante possível violação do art. 845 da CLT, nos termos exigidos no art. 896 da CLT, dá-se provimento ao agravo de instrumento para determinar o processamento do recurso de revista. RECURSO DE REVISTA. APELO SOB A ÉGIDE DA LEI N. 13.015/2014. REQUISITOS DO ARTIGO 896, § 1º-A, DA CLT ATENDIDOS. REJEIÇÃO DOS DOCUMENTOS JUNTADOS ANTES DO ENCERRAMENTO DA INSTRUÇÃO. No processo do trabalho, admite-se a juntada de documentos destinados à produção de provas até o encerramento da instrução, tendo em vista a disciplina constante do art. 845 da CLT, a qual estabelece que as partes comparecerão à audiência com suas testemunhas, apresentando, nessa oportunidade, as demais provas, nas quais se inclui a prova documental, dado que a finalidade da instrução é, precisamente, reunir todos os elementos de prova, em busca da verdade real. Assim, em face do permissivo legal, que viabiliza aos litigantes a apresentação de provas na audiência, há de se entender que a lei abre possibilidade às partes de, durante a fase instrutória, trazer as provas que lhes podem favorecer. Recurso de revista conhecido e provido" (RR-140-77.2015.5.05.0023, 6ª Turma, Rel. Min. Augusto Cesar Leite de Carvalho, *DEJT* 18.09.2020).

10.1.3.4.3 Exibição de documento

Eventualmente, a parte a quem interessa a juntada de um documento ao processo não o tem em seu poder. O documento pode estar em poder da parte contrária ou mesmo de terceiros, isto é, de sujeitos que não figuram na relação processual, de modo que será necessário que o juiz determine a sua exibição.

10.1.3.4.3.1 Documento em poder da parte contrária

Caberá à parte interessada, neste caso, pedir ao juiz que ordene que a outra parte exiba o documento ou a coisa que se acha em seu poder (art. 397 do CPC). O pedido formulado pela parte conterá:

I – a descrição, tão completa quanto possível, do documento ou da coisa, ou das categorias de documentos ou de coisas buscados;

II – a finalidade da prova, com indicação dos fatos que se relacionam com o documento ou com a coisa, ou com suas categorias;

III – as circunstâncias em que se funda o requerente para afirmar que o documento ou a coisa existe, ainda que a referência seja a categoria de documentos ou de coisas, e se acha em poder da parte contrária.

O requerido terá o prazo de 5 (cinco) dias subsequentes à sua intimação para dar a sua resposta (art. 398). Caso o requerido afirme que não possui o documento ou a coisa, o juiz permitirá que o requerente prove, por qualquer meio, que a declaração não corresponde à verdade (parágrafo único).

A recusa à apresentação do documento não será admitida pelo juiz quando:

a) o requerido tiver a obrigação legal de o exibir;

b) quando o requerido já tenha se referido ao documento ou à coisa, nos autos, com o intuito de usá-lo como prova; (c) quando o documento, por seu conteúdo, for comum às partes (art. 399 do CPC).

O juiz, ao decidir o pedido de exibição do documento, admitirá como verdadeiros os fatos que, por meio dele, a parte pretendia provar se:

a) o requerido não efetuar a exibição nem fizer nenhuma declaração no prazo de cinco dias subsequentes à sua intimação;

b) a recusa for considerada ilegítima (art. 400, I e II, CPC).

Caso necessário, o juiz poderá adotar medidas indutivas, coercitivas, mandamentais ou sub-rogatórias para que o documento seja exibido (art. 400, parágrafo único, do CPC).

Nos casos previstos no art. 404 do CPC a parte estará escusada de exibir, em juízo, o documento ou a coisa. A escusa será admitida se (I) o documento é concernente a negócios da própria vida da família; (II) sua apresentação puder violar dever de honra; (III) sua publicidade redundar em desonra própria ou de seus parentes consanguíneos ou afins até o terceiro grau, ou lhes representar perigo de ação penal; (IV) sua exibição acarretar a divulgação de fatos a cujo respeito, por estado ou profissão, deva guardar segredo; (V) subsistirem outros motivos graves que, segundo o prudente arbítrio do juiz, justifiquem a recusa da exibição; (VI) houver disposição legal que justifique a recusa da exibição.

Se tais motivos disserem respeito a apenas uma parcela do documento, dispõe o parágrafo único do art. 404 do CPC que "a parte ou o terceiro exibirá a outra parcela na secretaria, para que dela seja extraída cópia reprográfica, de tudo sendo lavrado auto circunstanciado".

10.1.3.4.3.2 Documento em poder de terceiros

Quando o documento ou a coisa estiver em poder de terceiro, o juiz não determinará de logo a sua exibição. Primeiro, ordenará a citação do terceiro para responder no prazo de 15 (quinze) dias (art. 401 do CPC).

Negando o terceiro a obrigação de exibir ou a posse do documento ou da coisa, o juiz designará audiência especial, tomando-lhe o depoimento, bem como o das partes e, se necessário, o de testemunhas, e em seguida proferirá decisão (art. 402 do CPC).

Caso o terceiro, sem justo motivo, se recuse a exibir o documento, o juiz ordenar-lhe-á que proceda ao respectivo depósito em cartório ou em outro lugar designado, no prazo de 5 (cinco) dias, impondo ao requerente que o ressarça pelas despesas que tiver (art. 403 do CPC).

Se o terceiro descumprir a ordem, o juiz expedirá mandado de apreensão, requisitando, se necessário, força policial, sem prejuízo da responsabilidade por crime de desobediência, pagamento de multa e outras medidas indutivas, coercitivas, mandamentais ou sub-rogatórias necessárias para assegurar a efetivação da decisão (art. 403, parágrafo único, do CPC).

Assim como ocorre no caso da parte a quem se requer a exibição do documento, o terceiro também estará escusado de exibi-lo em juízo nos casos indicados no art. 404 do CPC, isto é, se (I) o documento é concernente a negócios da própria vida da família; (II) sua apresentação puder violar dever de honra; (III) sua publicidade redundar em desonra própria ou de seus parentes consanguíneos ou afins até o terceiro grau, ou lhes representar perigo de ação penal; (IV) sua exibição acarretar a divulgação de fatos a cujo respeito, por estado ou profissão, deva guardar segredo; (V) subsistirem outros motivos graves que, segundo o prudente arbítrio do juiz, justifiquem a recusa da exibição; (VI) houver disposição legal que justifique a recusa da exibição.

De igual modo, se tais motivos disserem respeito a apenas uma parcela do documento, o terceiro exibirá a outra parcela na Secretaria, para que dela seja extraída cópia reprográfica, de tudo sendo lavrado auto circunstanciado (art. 404, parágrafo único, do CPC).

10.1.3.4.4 Incidente de falsidade documental

Um documento pode ser falso porque o seu conteúdo não corresponde à verdade, isto é, o fato nele registrado não aconteceu realmente. Mas pode ser falso por ter sido adulterado na sua confecção ou reprodução, de modo que padece de um irremediável vício formal. No primeiro caso, falamos de falsidade ideológica ou material. No segundo, falamos de falsidade formal.

A falsidade ideológica pode ser apontada por meio de mera impugnação da parte interessada, sem que haja necessidade da instauração de um incidente processual visando a afastar o valor probante do documento. A regular instrução do processo revelará se o fato indicado no documento é verdadeiro ou não.

Todavia, **quando se trata de falsidade formal, é necessário que a parte interessada suscite o incidente respectivo a fim de que o juiz declare que o documento é falso** e, assim, o seu valor probante seja afastado.

A fé do documento público ou particular cessa quando é declarada judicialmente a sua falsidade. Falsidade consiste em:

a) formar documento não verdadeiro; ou

b) alterar documento verdadeiro (art. 427 do CPC).

Quando se tratar de documento particular, contudo, se a sua autenticidade for impugnada, a sua fé cessará até que seja comprovado que é verdadeiro, ou seja, antes mesmo de que seja declarada judicialmente a sua falsidade. O mesmo ocorrerá quando, tendo sido assinado em branco, o seu conteúdo for impugnado sob a alegação de ter sido preenchido abusivamente (art. 428 do CPC). O documento, portanto, perde a fé provisoriamente, pois poderá recobrá-la caso fique comprovada a sua veracidade. Caso isso não ocorra, a cessação da fé se torna definitiva.

O abuso no preenchimento ocorre quando "**aquele que recebeu documento assinado com texto não escrito no todo ou em parte formá-lo ou completá-lo por si ou por meio de outrem, violando o pacto feito com o signatário**" (art. 428, parágrafo único, do CPC).

Não é demais anotar que, nos termos do art. 429 do CPC, **quando se tratar de falsidade de documento ou de preenchimento abusivo, o ônus da prova incumbe à parte que a arguir. Todavia, quando se tratar de impugnação da autenticidade, o ônus da prova incumbe à parte que produziu o documento.** Por exemplo, se o reclamado junta aos autos recibo rescisório assinado pelo reclamante e este argui a falsidade do documento sob a alegação de que os dados ali constantes foram formalmente adulterados, o ônus de provar a falsidade documental pertence ao reclamante. No entanto, se o reclamado junta um recibo rescisório supostamente assinado pelo reclamante e este nega que a assinatura seja de seu próprio punho, o ônus de provar a autenticidade do documento pesa sobre o reclamado.

A falsidade deve ser suscitada na contestação, na manifestação sobre os documentos juntados com a contestação (a figura da réplica, mencionada no CPC, não existe no processo do trabalho) **ou no prazo de 15 (quinze) dias, contado a partir da intimação da juntada do documento aos autos** (art. 430 do CPC).

A parte arguirá a falsidade expondo os motivos em que funda a sua pretensão e os meios com que provará o alegado (art. 431 do CPC). Depois de ouvida a outra parte no prazo de 15 (quinze) dias, será realizado o exame pericial (art. 432 do CPC).

Nos termos do parágrafo único do art. 430 do CPC, **a falsidade será resolvida como questão incidental, isto é, por meio de uma decisão interlocutória.** Não obstante, **a parte pode requerer que a arguição de falsidade documental seja decidida como questão principal, recebendo o mesmo tratamento de uma ação declaratória ajuizada nos termos do inciso II do art. 19 do CPC. Neste caso, o juiz não precisará proferir uma decisão interlocutória e deixará para declarar a autenticidade ou a falsidade do documento na parte dispositiva da sentença.** Assim, a coisa julgada recairá também sobre a questão, de modo que a declaração de falsidade ou de autenticidade do documento valerá em qualquer âmbito no qual este poderia ser utilizado, seja público ou privado.

Não se procederá ao exame pericial se a parte que produziu o documento concordar em retirá-lo (art. 432, parágrafo único, do CPC). Neste caso, o documento é simplesmente removido e não mais servirá de prova nos autos.

10.1.3.5 Prova técnica. Perícia e prova técnica simplificada

Alguns fatos não podem ser demonstrados por meio de prova oral e nem mesmo por mera prova documental, pois a sua constatação deverá ser feita por alguém que tenha um conhecimento técnico especializado. Por exemplo, a existência de condições insalubres ou perigosas somente poderá ser verificada por meio de profissional habilitado em segurança do trabalho (engenheiro ou médico do trabalho), conforme prevê o art. 195 da CLT.[13] De igual modo, a existência de doença ocupacional apenas pode ser constatada por profissional da medicina.

10.1.3.5.1 Prova pericial

O art. 156 do Código de Processo Civil dispõe que "**o juiz será assistido por perito quando a prova do fato depender de conhecimento técnico ou científico**".

A prova pericial, usualmente chamada de prova técnica, é justamente a que incide sobre fatos cuja verificação requer a atuação de um profissional com conhecimento técnico específico. São várias as situações que demandam a utilização de prova pericial. Embora na Justiça do Trabalho a prova pericial mais frequente recaia sobre as condições de insalubridade e de periculosidade no ambiente de trabalho e sobre a doença ocupacional, não é incomum o uso da perícia grafotécnica ou contábil.

No tocante à insalubridade ou à periculosidade, o *caput* do art. 195 estabelece que a sua caracterização e classificação segundo as normas do Ministério do Trabalho serão feitas através de perícia a cargo de Médico do Trabalho ou Engenheiro do Trabalho. O § 2º do mesmo artigo, por sua vez, dispõe que, arguida em juízo a periculosidade ou a insalubridade, seja por empregado, seja por sindicato em favor de grupo de associado, o juiz designará perito habilitado e, onde não houver, requisitará perícia ao órgão competente do Ministério do Trabalho.

---

13   Ressalvando-se, contudo, o entendimento firmado pela Súmula nº 39 do TST a respeito dos que trabalham em bombas de postos de combustíveis.

O juiz, contudo, buscando formar o seu convencimento em torno da verdade real, poderá determinar de ofício a realização da perícia, como é possível extrair do final do § 3º do mesmo artigo e do disposto no art. 765 da CLT.

Quanto à doença ocupacional, não há dúvida de que somente pode ser constatada por profissional médico. Isso não significa, porém, que a produção de prova pericial seja obrigatória. Diferentemente da prova técnica para aferir a existência de agentes insalubres ou periculosos no ambiente de trabalho (art. 195 da CLT), a realização da perícia é dispensável quando há, nos autos, documentos médicos cujo valor probante seja incontroverso e que, por si sós, sejam suficientes para atestar ou afastar o reconhecimento da doença ocupacional.

No que se refere aos aspectos procedimentais relacionados com a perícia, o texto consolidado é sucinto, lacônico mesmo.

A Reforma Trabalhista empreendida por meio da Lei nº 13.467/2017, fiel à intenção de dificultar o acesso do trabalhador à Justiça do Trabalho, limitou-se a incluir na CLT algumas poucas regras versando exclusivamente sobre a responsabilidade pelo pagamento dos honorários periciais.

A Lei nº 5.584/70, diploma legal que também veicula normas processuais trabalhistas, dedica um único artigo à prova pericial (art. 3º), no qual estabelece que **os exames periciais serão realizados por perito único designado pelo juiz, que fixará o prazo para entrega do laudo, e que cada parte poderá indicar um assistente, cujo laudo terá que ser apresentado no mesmo prazo assinado para o perito, sob pena de ser desentranhado dos autos.**[14]

Diante do quadro apresentado, há amplo espaço para a aplicabilidade na Justiça do Trabalho das regras do processo comum, logicamente quando compatíveis com os princípios e as regras do processo trabalhista.

Observe-se, de logo, que o art. 790-B da CLT (incluído pela Lei nº 13.467/2017), no seu § 3º, **veda que o juízo exija adiantamento de valores para realização de perícias.** Assim sendo, é incompatível com o processo do trabalho a exigência de que o perito apresente proposta de honorários, que consta do art. 465, § 2º, I, do CPC. As regras previstas nos §§ 3º, 4º e 5º do mesmo artigo, pela mesma razão, são inaplicáveis na Justiça do Trabalho. Nada impede – é recomendável, na verdade – que o juiz reduza os honorários quando a perícia for inconclusiva ou deficiente, mas se não for fixado de antemão o valor dos honorários, como costuma ocorrer na Justiça do Trabalho, o juiz fará a redução tomando como base o valor que usualmente arbitra quando a perícia não padece desses defeitos.

---

14 Registre-se, porém, que, embora o legislador processual trabalhista empregue indistintamente o vocábulo *laudo* para designar tanto a peça pericial apresentada pelo perito nomeado pelo juiz quanto a apresentada pelo assistente, a palavra *parecer* é tecnicamente mais adequada para referir-se ao trabalho deste último, seguindo-se a linguagem utilizada pelo Código de Processo Civil, que leva em consideração que o assistente, ao contrário do perito do Juízo, vincula-se à parte que o indicou e, portanto, tende a emitir uma opinião que destacará os aspectos da perícia favoráveis a quem o contratou, até porque não está obrigado a destacar os pontos da perícia que forem desfavoráveis ao seu cliente.

10.1.3.5.1.1 Perito: quem é e quem pode ser

O profissional que aspire atuar como perito em processo judicial necessita estar previamente inscrito em cadastro mantido pelo Tribunal ao qual o juiz estiver vinculado (art. 156, § 1º, do CPC). Ademais, a manutenção do perito no cadastro estará condicionada às avaliações e reavaliações que os tribunais periodicamente deverão fazer, considerando a sua formação profissional, a atualização do seu conhecimento e a sua experiência (art. 156, § 3º, do CPC).

No Código de Processo Civil anterior, o juiz tinha total liberdade para escolher o perito, pois não havia a exigência de inscrição prévia em cadastro. Hoje ele deverá escolher o perito dentre os profissionais previamente cadastrados. Não obstante, caso na localidade onde exerça a jurisdição não haja profissional inscrito no cadastro do Tribunal, o juiz poderá escolher livremente o perito, mas a escolha deverá, logicamente, recair sobre profissional ou órgão técnico ou científico comprovadamente detentor do conhecimento necessário à realização da perícia (art. 156, § 5º, do CPC).

Nos termos do art. 478 do CPC, **se o exame tiver por objeto a autenticidade ou a falsidade de documento ou for de natureza médico-legal, o perito será escolhido, de preferência, entre os técnicos dos estabelecimentos oficiais especializados, a cujos diretores o juiz autorizará a remessa dos autos, bem como do material sujeito a exame.**

10.1.3.5.1.2 Objeto, necessidade e viabilidade da prova pericial

Nos termos do art. 464 do CPC, **a prova pericial consiste em exame, vistoria ou avaliação.**[15] Em tese, as três modalidades de perícia podem ser utilizadas no processo do trabalho, mas a vistoria e a avaliação são pouco comuns. Quanto à avaliação, o ordinário, quando necessária, é que o juiz se utilize do oficial de justiça, que na Justiça do Trabalho cumula tal mister com a atividade de avaliador.

O juiz não está obrigado a deferir a perícia. Poderá indeferi-la caso julgue desnecessária ou quando a sua realização for impraticável, sem que se possa falar em nulidade por cerceamento de defesa (art. 464, § 1º, I a III, do CPC).

A perícia será desnecessária:

a) **quando a prova do fato não exija especial conhecimento técnico;** ou

b) **quando outras provas produzidas são suficientes para a formação do convencimento do julgador sobre o fato técnico.**

Um exemplo da primeira hipótese: a alegação de justa causa por ofensa verbal não precisa de prova técnica para que seja provada, pois trata-se de um fato cuja existência pode ser demonstrada pela prova oral ou por arquivos de imagem

---

15 No dizer de Elpídio Donizetti: "Exame é a inspeção realizada por perito para cientificar-se acerca da existência de algum fato ou circunstância que interesse à solução do litígio. O exame pode ter por objeto coisas móveis, semoventes, livros comerciais, documentos e papéis em geral, e até mesmo pessoas (exame de DNA em ação de investigação de paternidade, por exemplo). Vistoria é o exame que recai exclusivamente sobre bem imóvel. Avaliação, por sua vez, é a perícia destinada a verificar o valor de determinado bem, direito ou obrigação" (ob. cit., p. 541).

e de áudio. Um exemplo da segunda hipótese: o labor em condições de periculosidade de um trabalhador que opera bomba de combustível e cuja função foi impugnada pelo reclamado. Ainda que a periculosidade ordinariamente exija a realização de prova pericial, se houver prova nos autos de que o empregado era de fato frentista de posto de combustível, o juiz pode indeferir a perícia, diante do entendimento consagrado pela Súmula nº 39 do TST que a considera desnecessária nesse caso. A realização da perícia, portanto, serviria apenas para delongar o processo. Outro exemplo da segunda hipótese seria a hipótese em que as partes houvessem juntado aos autos laudos técnicos particulares que fossem suficientes para trazer a convicção do julgador quanto ao fato técnico objeto da prova.

A perícia poderá ser impraticável em diversas situações. Como preleciona Elpídio Donizetti, "a impossibilidade pode ocorrer quando tiver desaparecido o objeto, quando ele se revelar física ou juridicamente inacessível ou quando a verificação do fato a ser provado depender de recursos – científicos, por exemplo – que ainda não estejam disponíveis".[16]

Certamente a causa mais comum que torna a perícia impraticável no processo trabalhista é o encerramento das atividades da empresa com a retirada dos equipamentos que seriam objeto do exame pericial, mas é também possível pensar em situações em que, embora não seja materialmente impossível realizá-la, o alto custo financeiro ou as dificuldades logísticas a tornam impraticável. Uma situação exagerada, mas talvez por isso didática, poderia servir como exemplo: imaginemos uma perícia a ser feita em instalações militares de um país longínquo onde o empregado brasileiro, contratado no Brasil por uma multinacional prestadora de serviços, houvera laborado. A impraticabilidade residiria no fato de que a realização da perícia exigiria a expedição de carta rogatória, teria que contar com uma improvável autorização das autoridades militares estrangeiras e as despesas com o deslocamento das partes, dos advogados e dos assistentes técnicos seriam impagáveis, ainda mais se o empregado fosse beneficiário da gratuidade judiciária.

Quando for impraticável, a perícia será indeferida pelo juiz, que, contudo, poderá se valer de outros meios de prova, especialmente a documental. As partes, neste caso, podem apresentar documentos emitidos pelos órgãos de fiscalização das relações de trabalho, cópias de laudos periciais ou de pareceres técnicos produzidos em outros processos etc. Neste sentido, inclusive, é a Orientação Jurisprudencial nº 278 da SDI-I do Tribunal Superior do Trabalho, *in verbis*:

OJ-SDI1-278 ADICIONAL DE INSALUBRIDADE. PERÍCIA. LOCAL DE TRABALHO DESATIVADO.
A realização de perícia é obrigatória para a verificação de insalubridade. Quando não for possível sua realização, como em caso de fechamento da empresa, poderá o julgador utilizar-se de outros meios de prova.

---

16   Ob. cit., p. 542.

10.1.3.5.1.3 Procedimento da perícia

Em linhas gerais, o procedimento para a produção da prova pericial cumpre as seguintes etapas:

(1º) Nomeação do perito. Perícia Consensual

Deferindo a perícia ou determinando-a de ofício, o juiz nomeará um perito e fixará de imediato o prazo para que este apresente o laudo (art. 465 do CPC e art. 3º da Lei nº 5.584/70). Não há, portanto, um prazo legal. O juiz é que decide qual o prazo mais adequado para que o perito apresente o laudo, considerando a natureza da perícia, o local onde será feita e as dificuldades técnicas ou logísticas envolvidas na diligência, dentre outras circunstâncias. É dispensável a assinatura pelo perito de termo de compromisso. Como se trata de auxiliar da Justiça, a nomeação, por si só, já o obriga a cumprir escrupulosamente, no prazo que lhe designar o juiz, o encargo que lhe foi cometido (arts. 466, *caput*, e 157 do CPC).

Não obstante, nos termos do art. 157 do CPC, o perito poderá escusar-se do encargo alegando motivo legítimo, desde que apresente a escusa no prazo de 15 (quinze) dias, contado da intimação, da suspeição ou do impedimento supervenientes, sob pena de renúncia ao direito a alegá-la.

Há, também, a possibilidade de que as partes, de comum acordo, escolham o perito, indicando-o mediante requerimento, desde que elas sejam plenamente capazes e que a causa possa ser resolvida por autocomposição (art. 471). É a chamada **perícia consensual**. Se bem que não venha sendo adotada comumente na Justiça do Trabalho, não nos parece que seja incompatível com o espírito do processo trabalhista, mas é de se questionar se há omissão do legislador processual trabalhista que justifique a aplicação subsidiária do CPC, na medida em que o art. 3º da Lei nº 5.584/70 estabelece que "os exames periciais serão realizados por perito único **designado pelo juiz**, que fixará o prazo para entrega do laudo" (destacamos).

Caso se entenda que a aceitação pelo juiz do perito escolhido pelas partes é equivalente à designação, será possível a aplicação da perícia consensual no processo do trabalho, mas o § 3º do art. 471 do CPC dispõe que "a perícia consensual substitui, para todos os efeitos, a que seria realizada por perito nomeado pelo juiz", o que transmite a ideia de que o perito escolhido pelas partes e o perito designado pelo juiz são duas figuras distintas.

Registre-se que "as partes, ao escolher o perito, já devem indicar os respectivos assistentes técnicos para acompanhar a realização da perícia, que se realizará em data e local previamente anunciados" (art. 471, § 1º), de modo que quem decide a data e o local da perícia consensual são as próprias partes.

(2º) Arguição de impedimento ou suspeição do perito, apresentação de quesitos e indicação de assistente técnico

Nos termos do § 1º do art. 465 do CPC, uma vez intimadas da nomeação do perito as **partes terão 15 (quinze) dias para:**

a) arguir o impedimento ou a suspeição do perito, se for o caso;

b) indicar assistente técnico;

c) apresentar quesitos.

Mesmo não integrando o quadro dos servidores públicos do Judiciário, o perito é considerado um auxiliar da Justiça, ao lado do diretor de secretaria, do oficial de justiça, do depositário, do intérprete e do tradutor, dentre outros sujeitos que podem atuar no processo (art. 149 do CPC). Por conta disso, a sua atuação tem que ser pautada pela imparcialidade. Não é por outra razão que **os motivos de impedimento e de suspeição do magistrado também se aplicam ao perito** (art. 148, II, do CPC). A arguição do impedimento ou da suspeição pela parte interessada deverá ser feita por meio de petição fundamentada e devidamente instruída e, ao recebê-la, o juiz mandará processar o incidente em separado e sem suspensão do processo, ouvindo o perito nomeado no prazo de 15 (quinze) dias e facultando a produção de prova, caso seja necessária (art. 148, §§ 1º e 2º, do CPC).

De acordo com o parágrafo único do art. 3º da Lei nº 5.584/70, **cada parte poderá indicar um assistente. Os assistentes técnicos são de confiança da parte e não estão sujeitos a impedimento ou suspeição** (art. 466, § 1º, do CPC).

(3º) Diligência pericial

A diligência pericial, em breves palavras, consiste no conjunto de atos praticados pelo perito durante o exame, a vistoria ou a avaliação que recai sobre a pessoa, a coisa ou o local que constitua o objeto da prova técnica. A diligência, portanto, representa o momento em que o perito tem o contato direto com o objeto da perícia, colhe as suas impressões e chega às suas conclusões. O art. 3º da Lei nº 5.584/70 refere-se à diligência como "exame pericial".

As partes terão ciência da data e do local designados pelo juiz ou indicados pelo perito para ter início a produção da prova (art. 474 do CPC).

Conforme preceituado no art. 473, § 3º, do CPC, **durante a diligência, o perito e os assistentes técnicos podem valer-se de todos os meios necessários ao fiel desempenho de sua missão,** ouvindo testemunhas, obtendo informações, solicitando documentos que estejam em poder da parte, de terceiros ou em repartições públicas, bem como instruir o laudo com planilhas, mapas, plantas, desenhos, fotografias ou outros elementos necessários ao esclarecimento do objeto da perícia.

Ademais, **as partes poderão apresentar quesitos suplementares durante a diligência, que poderão ser respondidos pelo perito previamente ou na audiência de instrução e julgamento** (art. 469 do CPC), **ressalvando-se que o juiz não está obrigado a ouvir o perito em audiência, conquanto, caso julgue necessário, possa fazê-lo de ofício ou a requerimento das partes.** Logicamente, o juiz, por ser o destinatário da prova, pode indeferir quesitos impertinentes, bem como também formular os quesitos que entender necessários ao esclarecimento da causa (art. 470, do CPC).

(4º) Entrega do laudo e do eventual parecer do assistente técnico

O perito deverá entregar o laudo no prazo assinado pelo juiz. No mesmo prazo, o assistente técnico juntará aos autos o seu parecer, sob pena de ser desentranhado dos autos (parágrafo único do art. 3º da Lei nº 5.584/70).

O laudo pericial, por ser uma peça científica, deve seguir uma estrutura lógica. Por isso **alguns elementos não podem faltar no seu conteúdo:**

a) **a exposição do objeto da perícia;**

b) **a análise técnica ou científica realizada pelo perito;**

c) **a indicação do método utilizado,** com o esclarecimento e a demonstração de que é predominantemente aceito pelos especialistas da área do conhecimento da qual se originou;

d) **resposta conclusiva a todos os quesitos apresentados pelo juiz, pelas partes e pelo órgão do Ministério Público** (art. 473, *caput* e incisos).

Ademais, o perito deve apresentar no laudo sua fundamentação em linguagem simples e com coerência lógica, indicando como alcançou suas conclusões (art. 473, § 1º, do CPC). Por fim, o perito deve ter consciência de que **não pode ultrapassar os limites de sua designação e nem emitir opiniões pessoais que excedam o exame técnico ou científico do objeto da perícia** (art. 473, § 2º, do CPC).

(5º) Manifestação das partes sobre o laudo

As partes serão intimadas para, querendo, manifestar-se sobre o laudo do perito do Juízo no prazo comum de 15 (quinze) dias (art. 477, § 1º, do CPC).

O § 3º do art. 477 do CPC dispõe que "se ainda houver necessidade de esclarecimentos, a parte requererá ao juiz que mande intimar o perito ou o assistente técnico a comparecer à audiência de instrução e julgamento, formulando, desde logo, as perguntas, sob forma de quesitos". Não obstante, o mais comum na Justiça do Trabalho é que tais quesitos, chamados indistintamente de **suplementares, complementares** ou **explicativos** na praxe trabalhista, sejam respondidos pelo perito por escrito, cabendo salientar que **a parte não tem um direito processual a que o perito ou o assistente técnico seja ouvido em audiência,** sendo faculdade do juiz convocá-lo ou não ao ato, se julgar necessário à formação de seu convencimento. **Se o juiz decidir pela convocação do perito ou do assistente técnico, o profissional deverá ser intimado por meio eletrônico, com pelo menos 10 (dez) dias de antecedência da audiência** (art. 477 § 4º, do CPC).

(6º) Pagamento dos honorários periciais

Nos termos do art. 790-B, *caput*, da CLT (incluído pela Lei nº 13.467/2017), o pagamento dos honorários periciais será responsabilidade da parte sucumbente na pretensão objeto da perícia. Até aí nada demais. Todavia, o dispositivo prescreve também que, mesmo quando beneficiária da justiça gratuita, a parte sucumbente não será isenta de tal despesa processual, o que é de constitucionalidade duvidosa, na medida em que dificulta o acesso do hipossuficiente à Justiça, concedendo-lhe um tratamento mais gravoso que aquele previsto para o sucumbente no CPC. Há, porém, uma exceção, prevista no § 4º do artigo em questão: caso o beneficiário da justiça gratuita não tenha obtido em juízo créditos capazes de suportar a despesa, ainda que em outro processo, a União responderá pelo encargo.

O juiz fixará o valor dos honorários periciais, mas deverá respeitar o limite máximo estabelecido pelo Conselho Superior da Justiça do Trabalho (art. 790-B, § 1º). Também **é permitido ao juiz deferir parcelamento dos honorários periciais quando a parte responsável pelo pagamento o requerer** (art. 790-B, § 2º).

10.1.3.5.1.4 Da valoração da prova pericial pelo juiz

O juiz não está subordinado às conclusões do laudo. O seu convencimento acerca do fato litigioso objeto da perícia poderá divergir do entendimento esposado pelo perito. Sob tal prisma, a prova pericial é apenas um dos componentes do conjunto probatório a ser considerado pelo juiz na formação do seu convencimento.

Não obstante, um juiz não pode afastar as conclusões do laudo pericial arbitrariamente. Deverá fazê-lo de modo fundamentado, indicando os motivos pelos quais não considerou a peça técnica idônea para formar o seu convencimento no sentido apontado pelo perito. Isso significa, inclusive, que o juiz deverá demonstrar que há outros elementos no acervo probatório capazes, por sua credibilidade e/ou por seu valor técnico, de afastar as conclusões do laudo pericial.

10.1.3.5.2 Prova técnica simplificada

O CPC prevê, além da perícia, a produção de prova técnica simplificada. Como o § 2º do art. 464 dispõe que "de ofício ou a requerimento das partes, o juiz poderá, **em substituição à perícia,** determinar a produção de prova técnica simplificada, quando o ponto controvertido for de menor complexidade", há que se entender que, na visão do legislador processual, uma coisa é a perícia, outra coisa é a prova técnica simplificada. Ambas são modalidades de prova técnica e versam sobre o mesmo objeto: fatos que exigem conhecimento técnico especializado.

Nos termos do § 3º do art. 464 do CPC, "**a prova técnica simplificada consistirá apenas na inquirição de especialista, pelo juiz, sobre ponto controvertido da causa que demande especial conhecimento científico ou técnico**".

10.1.3.6 Inspeção judicial

A inspeção judicial é um meio de prova que consiste na inspeção de pessoas ou coisas diretamente pelo juiz, *in loco,* ou seja, no lugar onde se encontram. Somente se justifica, nos termos do art. 483 do CPC, quando:

a) **o juiz julgar necessário para a melhor verificação ou interpretação dos fatos que deva observar;**

b) **a coisa não puder ser apresentada em juízo sem consideráveis despesas ou graves dificuldades;**

c) **determinar a reconstituição dos fatos.**

A inspeção judicial é um poder conferido ao juiz visando a subsidiá-lo na formação do seu convencimento. O juiz não está obrigado a realizá-la, como se deduz do disposto no art. 481 do CPC.

De fato, o art. 481 do CPC diz que "o juiz, de ofício ou a requerimento da parte, **pode**, em qualquer fase do processo, inspecionar pessoas ou coisas, a fim de se esclarecer sobre fato que interesse à decisão da causa" (destacamos). A expressão "pode", neste caso, é translúcida.

O juiz poderá considerar desnecessária a sua presença física no local onde está a coisa ou a pessoa que seria inspecionada, caso entenda, por exemplo, que a prova pericial é suficiente. Não é incomum que, em vez de realizar a inspeção, o juiz simplesmente determine ao oficial de justiça, sob a sua orientação, que faça uma vistoria ou exame no local e lavre um termo circunstanciado, considerando essa diligência suficiente para a formação do seu convencimento.

Se o juiz decidir realizar a inspeção, ele poderá contar com a assistência de um ou mais peritos (art. 482 do CPC) e as partes terão sempre o direito a assistir ao ato, prestando esclarecimentos e fazendo observações que considerem de interesse para a causa (art. 483, parágrafo único, do CPC). Por outras palavras, **as partes não têm direito a que o juiz realize a inspeção, mas se ele decidir realizá-la elas têm direito a acompanhá-lo na diligência.** Entendemos que, mesmo quando não se cuide de uma inspeção judicial propriamente dita, ou seja, o juiz apenas determine ao oficial de justiça a realização de uma vistoria ou exame, a participação das partes na diligência deve ser assegurada, garantindo-se-lhes, assim, a ampla defesa.

Por outro lado, nos termos do art. 379, II, do CPC, "**preservado o direito de não produzir prova contra si própria, incumbe à parte colaborar com o juízo na realização de inspeção judicial que for considerada necessária**".

Concluída a diligência, **o juiz mandará lavrar auto circunstanciado, mencionando nele tudo quanto for útil ao julgamento da causa** (art. 484 do CPC) e o auto poderá ser instruído com desenho, gráfico ou fotografia (art. 484, parágrafo único, do CPC).

10.1.4 Prova emprestada

Como regra, as provas que o juiz deve valorar para solucionar a lide submetida à sua apreciação são as produzidas no respectivo processo. Não obstante, o art. 372 do CPC permite a chamada "prova emprestada", ou seja, que o juiz admita a utilização de prova produzida em outro processo, atribuindo-lhe o valor que considerar adequado, observado o contraditório. A jurisprudência do TST tem se posicionado claramente no sentido de considerar válida a utilização de prova emprestada, desde que constatada a identidade dos fatos.

Toda e qualquer espécie de prova pode ser emprestada de um processo para outro, inclusive a prova oral. Há, inclusive, julgados que admitem o empréstimo da prova ainda quando as partes do processo atual não integraram o processo no qual foi ela produzida. O que é imprescindível, contudo, para que a prova emprestada seja aceita é o respeito ao contraditório. Assim, se o juiz admite que um laudo pericial seja tomado de empréstimo de outro processo, deverá permitir que a parte contrária à que trouxe o documento aos autos possa impugná-lo.

Por fim, **em virtude do *princípio do livre convencimento motivado do juiz,* nada impede que a prova emprestada influa de modo mais eficaz na formação do convencimento do juiz que a própria prova produzida nos autos.** No entanto, o juiz terá que apresentar fundamentadamente as razões pelas quais afastou uma prova produzida nos autos, sob sua supervisão, em detrimento de outra que foi colhida num processo diferente cuja instrução pode nem ter sido conduzida por ele. Por exemplo, o juiz pode entender que o laudo pericial produzido em outro processo é cientificamente superior ao que foi produzido nos autos do processo em julgamento, mas terá que dizer o porquê dessa valoração.

10.1.5 Prova eletrônica e/ou digital

Embora a prova eletrônica e/ou digital esteja inserida no contexto da prova documental, por suas peculiaridades e pela importância que vem adquirindo no processo judicial, inclusive o trabalhista, merece tratamento à parte.

As modernas tecnologias de informação e de comunicação, que se tornam a cada dia mais invasivas, interferindo nos nossos hábitos, entrando sem pedir licença nos nossos lares e dominando os espaços públicos que frequentamos, notadamente o ambiente de trabalho,[17] cria a possibilidade de que certos atos ou fatos sejam passiveis de demonstração por meios eletrônicos ou digitais. Haverá mesmo situações em que a prova eletrônica e/ou digital será a única que permitirá ao juiz o acesso à verdade real.

Advirta-se, de logo, que, embora as expressões "prova eletrônica" e "prova digital" sejam costumeiramente utilizadas como se tivessem o mesmo significado, o conceito de prova eletrônica é mais amplo que o de prova digital. A prova eletrônica pode ser analógica ou digital. Com efeito, "um documento eletrônico é acessível e interpretável por meio de um equipamento eletrônico, podendo ser registrado e codificado em forma analógica ou em dígitos binários".[18] O documento digital, por sua vez, é justamente aquele codificado em dígitos binários, cujo acesso se dá por meio de sistema informático. Assim, toda prova digital é, também, prova eletrônica, mas nem toda prova eletrônica será digital.

De qualquer modo, **a despeito da inexistência de uma regulação legal que trate especificamente da prova digital ou eletrônica, não há, em princípio, qualquer obstáculo jurídico à sua admissibilidade no processo do trabalho,** na medida em que o art. 369 do CPC, de inegável aplicação subsidiária às lides laborais, permite que as partes empreguem todos os meios legais, bem como os moralmente legítimos, ainda que não especificados em lei, com o objetivo de provar a verdade

---

17   Cf. a respeito do tema o excelente trabalho de RAMOS, Armando Dias. *A prova digital em processo penal: o correio eletrônico.* Lisboa: Chiado Editora, 2014.

18   Informação disponível no site <https://www.estadovirtual.com.br/documento-digital-e-eletronico>. Acesso em: 17 jul. 2021.

dos fatos em que se funda o pedido ou a defesa e influir eficazmente na convicção do juiz.

É necessário tão somente que o juiz seja cuidadoso não apenas na valoração do conteúdo da prova, mas também na aferição de sua autenticidade e da lisura na sua produção, evitando, deste modo, chancelar a utilização no processo de provas digitais ou eletrônicas que foram obtidas ao arrepio do princípio da legalidade ou que sejam moralmente ilegítimas.

Por outras palavras, **todos e quaisquer meios técnicos digitais ou eletrônicos de documentação e de reprodução podem ser admitidos no processo trabalhista, bastando apenas que:**

a) **ofereçam as devidas garantias de autenticidade;**

b) **não vulnerem o princípio da legalidade (o que pode ocorrer, por exemplo, quando há regra legal que a considere ilícita); e**

c) **sejam moralmente legítimas.**

Há casos em que a admissibilidade da prova digital ou eletrônica no processo demandará a intervenção de um perito em informática ou em tecnologia de informação com o fito de se verificar a sua autenticidade ou mesmo se o conteúdo apresentado corresponde aos dados armazenados. O recolhimento dos dados ou informações produzidos por meio eletrônico ou digital requer, geralmente, conhecimentos especializados que escapam ao domínio técnico do juiz. Por exemplo, a extração de dados referentes ao algoritmo de aplicativo pertencente a uma empresa reclamada somente poderá ser obtida por meio de perícia.

Há que se registrar, contudo, que a perícia somente será necessária quando houver controvérsia quanto à autenticidade e ao conteúdo dos dados e informações obtidos por meio da prova digital ou eletrônica que foram trazidos aos autos pela parte interessada. Se a discussão envolve apenas a interpretação dos dados ou das informações, que são aceitos como válidos pelas partes em litígio, não será necessária a realização de perícia.

A recepção da prova digital e/ou eletrônica no processo trabalhista por vezes é uma questão que se resolve de forma muito simples, não diferindo da produção e da valoração da prova documental tradicional. A título de ilustração, o *print* de conversas mantidas por meio do correio eletrônico e aplicativos de rede social (WhatsApp, Facebook, Instagram etc.) tem sido muito utilizado no processo do trabalho como meio de prova. Normalmente, o litigante simplesmente junta aos autos o *print* que reproduz o texto ou a foto postada na mídia social, que no seu entender provaria determinado fato. A parte contrária, por sua vez, pode negar a autenticidade da imagem juntada aos autos, o que eventualmente implicará a necessidade de prova pericial tendo por objeto o dispositivo que veiculou o material, ou pode não questionar a autenticidade da prova, mas sustentar que é inservível para demonstrar a verdade dos fatos alegados por sua *ex adversa*. Neste caso, a tarefa do juiz, como ocorreria em face de qualquer documento colacionado aos autos, será examiná-lo à luz das demais provas produzidas nos autos e, de acordo com o seu livre convencimento, aferir se os fatos ocorreram como alegado pela parte que produziu a referida prova.

De qualquer modo, o juiz tem que ser bastante cauteloso na admissibilidade do *print* como prova válida. Primeiro, porque o *print* é uma foto que pode ser adulterada, suscetível a modificações imperceptíveis a olho nu e, como ingressa nos autos por meio de um arquivo no formato PDF, que não apresenta os metadados, nem mesmo permitirá que um perito constate a autenticidade da imagem reproduzida. Segundo, quando se trata de uma conversa feita por meio de aplicativo, a parte nem sempre junta *prints* que revelam todo o teor da conversa, trazendo aos autos apenas as partes que lhe são favoráveis e que eventualmente foram retiradas do seu contexto. Assim, faltará à prova a integridade necessária para que seja considerada válida. Terceiro, a internet está repleta de ferramentas capazes de construir imagens de conversas falsas idênticas àquelas feitas por meio dos aplicativos de mensagens.

10.1.6 Produção antecipada de prova

Há situações em que se faz necessário que a prova de fatos concernentes a um processo seja produzida antes mesmo do ajuizamento da ação respectiva. Isto é o que se chama de produção antecipada da prova e, nos termos do art. 381 do CPC, poderá ocorrer nos seguintes casos:

a) **quando há o fundado receio de que venha a tornar-se impossível ou muito difícil a verificação de certos fatos na pendência da ação.** Exemplos: prova pericial para verificar insalubridade ou periculosidade numa fábrica cujo fechamento tem data marcada; depoimento de testemunha que é doente terminal.

b) **quando a prova a ser produzida seja suscetível de viabilizar a autocomposição ou outro meio adequado de solução de conflito.** Exemplo: uma empresa e um sindicato profissional, em meio a uma negociação coletiva, divergem sobre o grau de insalubridade no setor X da empresa. A empresa, que, por força de acordos coletivos, sempre paga a título de adicional de insalubridade o dobro do percentual legal previsto para cada grau, afirma que houve uma redução no grau de insalubridade no setor X, em virtude do uso de novas tecnologias e da modernização dos equipamentos de proteção individual. O sindicato informa à empresa que não assinará o novo acordo coletivo com a redução do percentual do adicional de insalubridade dos trabalhadores do setor X de 40% para 20%, a menos que fique provada a diminuição do grau de insalubridade do setor X de médio para mínimo. A empresa, então, poderá pleitear em juízo a produção antecipada de prova pericial, cujo resultado seria capaz de viabilizar a autocomposição;

c) **quando o prévio conhecimento dos fatos possa justificar ou evitar o ajuizamento de ação.** Exemplo: um sindicato profissional recebeu uma denúncia de que certa unidade fabril foi contaminada por uma substância química desconhecida e que os seus empregados teriam sido expostos a uma doença incurável, fato negado pela empresa, que informou que a substância vazada é inofensiva à saúde humana. Não tendo certeza quanto à espécie de substância vazada e nem quanto à existência de risco à saúde, fatos cuja constatação exige conhecimentos especializados, o sindicato, para não correr o risco de ajuizar uma ação coletiva temerária, poderá pedir ao Juízo a produção antecipada de prova pericial. Assim, se a prova técnica confirmar o que foi informado pela empresa, o sindicato evitará o ajuizamento da ação coletiva.

O foro competente para a produção antecipada da prova no processo do trabalho será, em regra, o previsto no art. 651 da CLT. Não se aplica à Justiça do Trabalho o disposto no art. 381, § 2º, do CPC, pois a competência territorial trabalhista é fixada primordialmente para facilitar o acesso do trabalhador à Justiça.

A produção antecipada da prova não previne a competência do juízo para a ação que venha a ser proposta, nos termos do § 3º do art. 381 do CPC. Deste modo, a reclamação trabalhista que se aproveitará da prova produzida antecipadamente perante a 1ª Vara do Trabalho de Salvador poderá ser distribuída para qualquer uma das 39 Varas do Trabalho da capital baiana.

Consoante o disposto no § 5º do art. 381 do CPC, **a produção antecipada de prova aplica-se também àquele que pretender justificar a existência de algum fato ou relação jurídica para simples documento e sem caráter contencioso, que exporá, em petição circunstanciada, a sua intenção.** É, por exemplo, a hipótese de um trabalhador que pretende justificar a existência de uma relação de emprego que não foi formalmente registrada na CTPS com a finalidade de futuramente averbar o tempo de serviço perante o órgão público onde está prestes a ingressar após ter sido aprovado em concurso público.

O procedimento da produção antecipada de prova é simples. O requerente apresentará petição expondo as razões que justificam a necessidade de antecipação da prova e mencionará com precisão os fatos sobre os quais a prova deverá recair (art. 382 do CPC). O juiz, então, determinará, haja ou não requerimento da parte neste sentido, a citação de interessados na produção da prova ou no fato a ser provado, exceto se inexistente o caráter contencioso (art. 382, § 1º, do CPC).

O juiz não se pronunciará sobre a ocorrência ou a inocorrência do fato, nem sobre as respectivas consequências jurídicas (art. 382, § 2º, do CPC), isto é, não fará a valoração da prova, apenas ordenará e conduzirá a sua produção. A tarefa de valorar a prova ficará a cargo do juiz da eventual ação (reclamação) na qual a prova produzida antecipadamente for utilizada.

Os interessados poderão requerer a produção de qualquer prova no mesmo procedimento, desde que relacionada ao mesmo fato, salvo se a sua produção conjunta acarretar excessiva demora (art. 382, § 3º, do CPC).

Por fim, é importante destacar que **o procedimento da produção antecipada de prova não admite defesa ou recurso, exceto contra decisão que indeferir**

Capítulo 10 • INSTRUÇÃO PROBATÓRIA E RAZÕES FINAIS

totalmente a produção da prova pleiteada pelo requerente originário, conforme estatuído pelo art. 382, § 4º, do CPC.

10.1.7 Ônus da prova

Ônus da prova, na lição de Fredie Didier, é "o encargo que se atribui a um sujeito para demonstração de determinadas alegações de fato".[19] Como o seu cumprimento não pode ser exigido, o ônus de prova não deve ser considerado um dever. A "pena" para quem não se desincumbe do ônus de prova é tão somente não conseguir provar o fato alegado. Nada mais.

Embora o juiz possa, de ofício, determinar a realização das provas necessárias à formação do seu convencimento (art. 765 da CLT e art. 370 do CPC), o ônus de prova recai mesmo é sobre as partes.

10.1.7.1 A quem incumbe. Distribuição dinâmica do ônus da prova

A distribuição do ônus da prova é matéria de crucial relevância para que o processo seja julgado no mérito. Nem sempre se trata de um tema bem compreendido e o equívoco quanto à correta distribuição do ônus da prova pode causar prejuízos irremediáveis às partes.

O art. 818 da Consolidação das Leis do Trabalho, com a redação que lhe foi dada pela Lei nº 13.467/2017 (Reforma Trabalhista), reproduzindo texto que consta do CPC, diz que **o ônus da prova incumbe: (I) ao reclamante, quanto ao fato constitutivo de seu direito; e (II) ao reclamado, quanto à existência de fato impeditivo, modificativo ou extintivo do direito do reclamante.**

Já dissemos em outro momento o que seriam os **fatos constitutivos** e os **fatos impeditivos, modificativos ou extintivos** do direito do reclamante (tópico 9.1.3.2.2). Mas podemos aqui acrescentar novos exemplos. **O labor em feriados é fato constitutivo do direito do reclamante,** cabendo-lhe, portanto, o ônus de prová-lo. **O pagamento das parcelas rescisórias,** por sua vez, **é fato extintivo do direito do reclamante** e, portanto, o ônus de prová-lo cabe ao reclamado. **O pedido de demissão é fato impeditivo do direito do reclamante** e, portanto, o ônus da prova incumbe ao reclamado. **A existência de um acordo firmado entre as partes para parcelamento do pagamento de um prêmio, que não permitiria que o reclamante pleiteasse o pagamento imediato do valor total da vantagem, é um fato modificativo** cujo ônus compete ao reclamado.[20]

Entretanto, de acordo com o § 1º do art. 818 da CLT,[21] **as regras de distribuição do ônus de prova acima mencionadas podem ser alteradas pelo juiz,** nos casos previstos em lei ou diante de peculiaridades da causa relacionadas à impos-

---

19 DIDIER JR., Fredie. A distribuição legal, jurisdicional e convencional do ônus da prova no novo código de processo civil brasileiro. *Revista Direito Mackenzie*, v. 11, nº 2, 2017, p. 129-155, p 131. Disponível em <http://editorarevistas.mackenzie.br/index.php/rmd/article/view/11050/6823>. Acesso em: 2 ago. 2021.

20 Exemplo apresentado por Tostes Malta em obra clássica (MALTA, Christovão Piragibe Tostes. *Prática do processo trabalhista*. 33. ed. São Paulo: LTr, 2005, p. 331).

21 Introduzido pela Lei nº 13.467/2017 (Reforma Trabalhista), que reproduziu texto que consta do CPC.

sibilidade ou à excessiva dificuldade do cumprimento do encargo probatório por alguma das partes ou mesmo por causa da maior facilidade de obtenção da prova do fato contrário.

A inversão do ônus da prova vem sendo adotada pelos juízes do trabalho (e mesmo pela Justiça Comum) desde o século passado, inclusive com o uso de aportes doutrinários inspirados pelo Código de Defesa do Consumidor. Agora, a doutrina diz que o Código de Processo Civil (e, na sua esteira, a CLT) adotou a chamada **teoria da distribuição dinâmica do ônus da prova**, cujo resultado prático, a nosso sentir, será o mesmo, embora aparentemente sejam duas figuras dogmáticas distintas.[22]

Se o juiz entender necessária a alteração do ônus da prova deverá determiná-la por meio de decisão fundamentada, dando à parte a oportunidade de se desincumbir do ônus que lhe foi atribuído e que, a princípio, não lhe pertencia. Tal decisão deverá ser proferida antes da audiência de instrução, que deverá ser adiada, caso a parte o requeira, a fim de que possa provar os fatos por qualquer meio em direito admitido (art. 818, §§ 1º e 2º, da CLT).

Por fim, nos termos do § 3º do art. 818 da CLT, **a alteração do ônus da prova pelo juiz não poderá gerar situação que torne impossível ou excessivamente difícil à parte desincumbir-se do encargo.**

10.1.7.2 A distribuição do ônus de prova na jurisprudência trabalhista do TST

Diante do fato de que nem sempre é fácil determinar a quem pertence o ônus da prova no caso concreto, pois há situações que geram dúvida razoável, bem como considerando que em alguns casos a prova poderá ser tida como diabólica, em especial quando o seu ônus for atribuído ao hipossuficiente, a jurisprudência do TST consolidou alguns entendimentos (ou mesmo construiu regras) visando a pacificar a interpretação em torno da distribuição do ônus da prova em hipóteses específicas. A seguir, reproduzimos as súmulas do TST que tratam da distribuição do ônus de prova, descartados dos respectivos textos os eventuais verbetes que não se refiram ao tema.

SUM-6 EQUIPARAÇÃO SALARIAL. ART. 461 DA CLT.
VIII – É do empregador o ônus da prova do fato impeditivo, modificativo ou extintivo da equiparação salarial.

---

22 Não obstante, a doutrina processualista costuma alertar que distribuição dinâmica do ônus da prova não se confunde com inversão do ônus da prova. Afirma-se que somente se poderia falar em inversão se o ônus fosse estabelecido prévia e abstratamente, o que não aconteceria com a técnica da distribuição dinâmica, que se dá somente no caso concreto. É o que sustenta Eduardo Cambi. Segundo diz o ilustre processualista, "o magistrado continuaria sendo o gestor da prova, agora com poderes ainda maiores, porquanto, ao invés de partir do modelo clássico (CPC/73, art. 333), para depois inverter o *onus probandi* (CDC, art. 6º, VIII), cabe verificar, no caso concreto, quem está em melhores condições de produzir a prova e, destarte, distribuir este ônus entre as partes (NCPC, art. 373, § 1º)" (CAMBI, Eduardo. Teoria das cargas probatórias dinâmicas (distribuição dinâmica do ônus da prova) - Exegese do art. 373, §§ 1.º e 2.º do NCPC. *Revista de Processo*, v. 246, ago. 2015).

SUM-16 NOTIFICAÇÃO

Presume-se recebida a notificação 48 (quarenta e oito) horas depois de sua postagem. O seu não recebimento ou a entrega após o decurso desse prazo constitui ônus de prova do destinatário.

SUM-212 DESPEDIMENTO. ÔNUS DA PROVA

O ônus de provar o término do contrato de trabalho, quando negados a prestação de serviço e o despedimento, é do empregador, pois o princípio da continuidade da relação de emprego constitui presunção favorável ao empregado.

SUM-338 JORNADA DE TRABALHO. REGISTRO. ÔNUS DA PROVA

I – É ônus do empregador que conta com mais de 10 (dez) empregados o registro da jornada de trabalho na forma do art. 74, § 2º, da CLT. A não apresentação injustificada dos controles de frequência gera presunção relativa de veracidade da jornada de trabalho, a qual pode ser elidida por prova em contrário.
[...]
III – Os cartões de ponto que demonstram horários de entrada e saída uniformes são inválidos como meio de prova, invertendo-se o ônus da prova, relativo às horas extras, que passa a ser do empregador, prevalecendo a jornada da inicial se dele não se desincumbir.

SUM-460 VALE-TRANSPORTE. ÔNUS DA PROVA

É do empregador o ônus de comprovar que o empregado não satisfaz os requisitos indispensáveis para a concessão do vale-transporte ou não pretenda fazer uso do benefício.

SUM-461 FGTS. DIFERENÇAS. RECOLHIMENTO. ÔNUS DA PROVA

É do empregador o ônus da prova em relação à regularidade dos depósitos do FGTS, pois o pagamento é fato extintivo do direito do autor (art. 373, II, do CPC de 2015).

10.1.8 Ordem de produção da prova

Como os documentos, em regra, são apresentados com a petição inicial e com a contestação, é possível afirmar que, pelo menos do ponto de vista lógico, na ordem de produção de provas vem primeiro a prova documental.

Por outro lado, tanto no CPC quanto na CLT parece nítido que, **como regra, a produção da prova pericial, com a juntada aos autos do laudo do perito e dos pareceres dos assistentes técnico e a oportunidade para que as partes apresentem suas impugnações, deve anteceder à colheita da prova oral na audiência de instrução.** Tanto isso é verdade que ambos os textos legais preveem que os peritos e assistentes técnicos poderão ser convocados à audiência para prestar esclarecimentos em torno do trabalho realizado.

Quando se trata especificamente da produção de prova oral, o art. 361 do CPC prevê a seguinte ordem preferencial: (1º) esclarecimentos dos peritos e dos assistentes técnicos; (2º) depoimento pessoal do reclamante e, em seguida, do reclamado; (3º) inquirição das testemunhas do reclamante e do reclamado. **O texto consolidado, por sua vez, apresenta uma sequência diferente. Primeiro, o interrogatório das partes (art. 848, *caput*, da CLT) e, depois, das testemunhas, dos peritos e dos assistentes técnicos, se houver (art. 848, § 2º).**

Conclui-se, portanto, que a ordem normal de produção da prova no processo de trabalho é a seguinte:

1º) **PROVA DOCUMENTAL;**
2º) **PROVA PERICIAL;**
3º) **PROVA ORAL** (interrogatório das partes, inquirição das testemunhas, dos peritos e dos assistentes técnicos).

Ocorre, contudo, que o art. 139, § 6º, do CPC, aplicável subsidiariamente ao processo do trabalho, prevê que incumbe ao juiz "**alterar a ordem de produção dos meios de prova, adequando-os às necessidades do conflito de modo a conferir maior efetividade à tutela do direito**". Implícito está que a decisão judicial neste sentido deverá ser fundamentada, como se exige de todo pronunciamento judicial, mormente quando dotado do potencial de trazer prejuízo às partes. Mas é uma prerrogativa judicial que se justifica, também, para evitar atos processuais desnecessários. Por exemplo, suponha-se que o reclamante alegue que sofreu acidente de trabalho típico e que, em razão disso, tem limitações físicas e emocionais que lhe causaram danos morais e materiais. Se o reclamado nega que o acidente de trabalho tenha ocorrido, não faz sentido realizar a prova pericial médica antes da prova oral, pois caso não fique comprovada a existência do evento acidentário, a prova pericial médica será inútil para o processo. Neste caso, o melhor é que a prova oral seja produzida antes da prova pericial.

10.2 ENCERRAMENTO DA INSTRUÇÃO E RAZÕES FINAIS

Nos termos do art. 850 da CLT, "**terminada a instrução, poderão as partes aduzir razões finais, em prazo não excedente de 10 (dez) minutos para cada uma**". Embora não esteja explícito no texto consolidado a ordem de apresentação das razões finais, a praxe é de que primeiro serão aduzidas pelo autor (reclamante) e depois pelo réu (reclamado).

Não há na CLT previsão de apresentação das razões finais escritas, que o CPC de 1973 denominava memoriais, terminologia que não foi adotada pelo atual estatuto processual civil. Contudo, **não há por que negar ao juiz do trabalho a faculdade para que, de ofício ou a requerimento das partes, determine que as razões finais sejam apresentadas por escrito, desde que considere que a causa apresenta questões complexas de fato ou de direito** (art. 364, § 2º).

Trata-se, contudo, de uma faculdade do juiz (mesmo no processo civil) e, considerando-se a importância do princípio da celeridade no processo do trabalho e a inexistência de direito da parte à apresentação das razões finais na forma escrita, não nos parece que o juiz do trabalho esteja obrigado a fixar o prazo previsto pelo CPC de 15 dias. Pela mesma razão e, observando também que o processo judicial eletrônico permite às partes a consulta aos autos a qualquer momento, entendemos que o prazo a ser fixado pelo juiz poderá ser comum. Até porque **o texto consolidado não identifica razões finais com debate oral**, como faz o CPC, e por isso nem mesmo se preocupou em estabelecer qual das partes fará primeiro a sua apresentação.

Na prática, as razões finais servem mesmo é para que cada parte pontue aquilo que considera que lhe foi favorável na instrução probatória ou para que argua eventual nulidade processual. A oportunidade para apresentá-las, contudo, nem sempre é bem aproveitada. É muito comum que as razões finais sejam meramente reiterativas ou remissivas, isto é, as partes se limitem a reiterar as suas manifestações anteriores e às vezes isso se faz com o uso de uma única palavra em resposta à indagação do juiz. **– Razões finais, doutor? – Reiterativas.**

SENTENÇA NOS DISSÍDIOS INDIVIDUAIS E TERMO DE CONCILIAÇÃO

11

Nos termos do art. 850 da CLT, após as partes terem a oportunidade de apresentar razões finais, "**o juiz ou presidente renovará a proposta de conciliação, e não se realizando esta, será proferida a decisão**".[1]

Por outras palavras, uma vez encerrada a instrução processual e tendo sido concedida às partes a oportunidade para aduzir razões finais, caso a conciliação, que o juiz por lei está novamente obrigado a propor, não aconteça, ele terá que proferir a sentença.

11.1 PRONUNCIAMENTOS DO JUIZ

Os atos processuais praticados pelo juiz adotam geralmente a forma de pronunciamentos. Por isso, o Livro IV do CPC, ao dispor no seu Capítulo I sobre as formas dos atos processuais, distingue "Atos das Partes" (Seção III)", "Atos do Escrivão ou do Chefe de Secretaria" (Seção V) e "Pronunciamentos do Juiz" (Seção IV).

Os pronunciamentos do juiz são de três espécies: **sentenças, decisões interlocutórias e despachos** (art. 203 do CPC).

Sentença é o pronunciamento por meio do qual o juiz, com ou sem resolução do mérito, põe fim à fase cognitiva do processo submetido à sua apreciação monocrática, ou extingue a execução (art. 203, § 1º, do CPC). A CLT ora usa a palavra *sentença*, ora usa a palavra *decisão* para referir-se à espécie.

Decisão interlocutória é todo pronunciamento judicial de natureza decisória que não se enquadre na definição legal de sentença (art. 203, § 1º, do CPC). O pronunciamento do juiz que rejeita a exceção de incompetência territorial e o que julga procedente ou improcedente uma arguição de falsidade documental são exemplos de decisões interlocutórias, porque não põem fim à fase cognitiva, já que se limitam a solucionar questões incidentais, e nem se destinam à extinção da execução.

Despachos são todos os demais pronunciamentos do juiz praticados no processo, de ofício ou a requerimento da parte (art. 203, § 1º, do CPC). Exemplos: quando o juiz determina que a parte deposite na Secretaria da Vara os originais de documen-

---

1   O uso da palavra *presidente* tornou-se inadequado a partir do momento em que a primeira instância da Justiça do Trabalho passou a ser um órgão monocrático (Vara do Trabalho). Além disso, o texto consolidado usa a palavra genérica *decisão* para se referir à sentença.

11.2 SENTENÇA

O mais importante pronunciamento do juiz no processo é a sentença. Afinal, quem ajuíza uma ação busca mesmo é obter uma sentença que seja favorável à sua pretensão. De igual modo, quem é chamado para responder a uma ação buscará justamente uma sentença que rejeite a pretensão do autor (reclamante).

11.2.1 Espécies

As sentenças podem ser classificadas segundo diversos critérios.

Importa destacar de início a clássica distinção entre sentenças definitivas e terminativas, que leva em consideração a existência ou não da apreciação do mérito processual.

A sentença *definitiva* é aquela que resolve o mérito da ação. Todo aquele que propõe uma ação busca obter uma sentença definitiva, isto é, que aprecie a sua pretensão e a acolha. A sentença definitiva, portanto, é a que traduz mais fielmente a missão do Judiciário de resolver os conflitos que lhe são submetidos e, deste modo, assegurar a paz social. Um exemplo de sentença definitiva, ou seja, que resolve o mérito, é aquela em que o juiz julga procedentes ou improcedentes os pedidos do reclamante em face do reclamado.

As hipóteses de sentenças que resolvem o mérito e, portanto, são definitivas, encontram-se elencadas no art. 487 do CPC. Nos termos do referido artigo, **haverá resolução de mérito quando o juiz:**

a) **acolher ou rejeitar o pedido formulado na ação ou na reconvenção;**

b) **decidir, de ofício ou a requerimento, sobre a ocorrência de decadência ou prescrição;**

c) **homologar o reconhecimento da procedência do pedido formulado na ação ou na reconvenção, a transação ou a renúncia à pretensão formulada na ação ou na reconvenção.**

A sentença *terminativa*, por sua vez, põe fim ao processo sem resolver o seu mérito. São exemplos de sentenças terminativas listadas no art. 485 do CPC:[2]

---

2   Art. 485. O juiz não resolverá o mérito quando:

I – indeferir a petição inicial;

II – o processo ficar parado durante mais de 1 (um) ano por negligência das partes;

III – por não promover os atos e as diligências que lhe incumbir, o autor abandonar a causa por mais de 30 (trinta) dias;

IV – verificar a ausência de pressupostos de constituição e de desenvolvimento válido e regular do processo;

V – reconhecer a existência de perempção, de litispendência ou de coisa julgada;

VI – verificar ausência de legitimidade ou de interesse processual;

VII – acolher a alegação de existência de convenção de arbitragem ou quando o juízo arbitral reconhecer sua competência;

VIII – homologar a desistência da ação;

IX – em caso de morte da parte, a ação for considerada intransmissível por disposição legal; e

X – nos demais casos prescritos neste Código.

a) a que indefere a petição inicial;

b) acolhe a preliminar de ilegitimidade da parte;

c) a que acolhe a preliminar de inépcia da inicial;

d) a que homologa o pedido de desistência de uma reclamação;

e) a que reconhece a existência de perempção, de litispendência ou de coisa julgada.

No âmbito do processo do trabalho, **o arquivamento em razão do não comparecimento do reclamante à audiência** (art. 844 da CLT) constitui espécie de sentença terminativa.

Os incisos do já citado art. 485 do CPC apontam, ainda, outras hipóteses de sentenças terminativas, mas não nos parece que aquelas previstas no inciso II **(quando o processo ficar parado durante mais de 1 (um) ano por negligência das partes)** e III **(quando, por não promover os atos e as diligências que lhe incumbir, o autor abandonar a causa por mais de trinta dias)** tenham aplicabilidade ao processo do trabalho. A uma, porque não se coadunam com a simplicidade e a índole protetiva do Direito Processual do Trabalho, que versa sobre demandas em que uma das partes é o trabalhador hipossuficiente e nas quais tanto o empregado quanto o empregador podem exercitar pessoalmente o *jus postulandi*, vale dizer, podem residir em juízo desacompanhados de advogado. A duas, porque a extinção do feito em ambos os casos não deixa de ser uma punição pela incúria da parte (no segundo caso, da parte autora, que em regra é o trabalhador) e a aplicabilidade subsidiária de preceito punitivo vulnera princípios basilares de hermenêutica jurídica. A três, porque, em virtude da força do princípio inquisitivo no Direito Processual do Trabalho (cf., por exemplo, art. 765 da CLT) é praticamente impossível conceber uma situação em que o andamento do processo fique indefinidamente à mercê do comportamento de ambas as partes.

De qualquer modo, caso se entenda que os incisos II e III do art. 485 do CPC são aplicáveis ao processo do trabalho, o magistrado trabalhista deverá, antes de extinguir o processo, sob pena de nulidade da sentença, determinar a intimação pessoal das partes, a fim de que, em cinco dias, demonstrem o interesse no prosseguimento do processo (art. 485, § 1º, do CPC). Nas palavras de Fred Didier, "esta providência justifica-se como uma forma de alerta às partes sobre eventual negligência dos seus advogados",[3] o que vale no processo do trabalho quando as partes não estão exercitando pessoalmente o *jus postulandi*.

Outra classificação tradicional, que se refere apenas à sentença definitiva, isto é, àquela que resolve meritoriamente o processo, toma em consideração a natureza jurídica do provimento judicial ou, como prefere Gustavo Garcia, os efeitos preponderantes da sentença.[4] Sob tal prisma, as sentenças podem ser *de-*

---

3 DIDIER JR., Fredie. *Curso de direito processual civil*: introdução ao direito processual civil, parte geral e processo do conhecimento. 21. ed. Salvador: JusPodivm, 2019, p. 826.

4 GARCIA, Gustavo Filipe Barbosa. *Curso de direito processual do trabalho*. 8. ed. Rio de Janeiro: Forense, 2019, p. 552-553.

claratórias, constitutivas e condenatórias, conquanto mais recentemente a doutrina inclua na mesma classificação as espécies *sentença mandamental* e *sentença executiva* lato sensu.

Usualmente, **o critério classificatório em questão guarda correspondência com a natureza da pretensão formulada pelo autor** (reclamante). Deste modo, uma ação declaratória produzirá uma sentença declaratória; uma ação constitutiva produzirá uma sentença constitutiva e assim por diante. Isso, contudo, não ocorre em 100% dos casos.

Tal classificação parte de uma tipologia ideal. Isso significa que uma sentença pode eventualmente compartilhar duas ou mais dessas características ao mesmo tempo. Por exemplo, **pode ser simultaneamente declaratória e constitutiva** ou **constitutiva e condenatória.** Em certo sentido, toda sentença definitiva é também declaratória, uma vez que para constituir uma relação jurídica ou condenar uma parte ao cumprimento de alguma prestação, terá previamente que se manifestar sobre as normas jurídicas aplicáveis ao caso concreto, o que implica declarar se os fatos comprovados no processo produzem ou não os efeitos jurídicos desejados pelas partes.

A sentença simplesmente *declaratória* **é aquela que se limita a declarar a existência, a inexistência ou o modo de ser de uma relação jurídica, ou a autenticidade ou falsidade de documento** (art. 19 do CPC). Um exemplo de sentença declaratória é a que se limita a declarar a existência de vínculo empregatício, o que pode ocorrer, por exemplo, quando este é o único pedido formulado pelo autor, que deseja utilizar o tempo de serviço reconhecido para fins previdenciários.

Merece registro, porém, que mesmo quando a ação não tenha apenas a natureza declaratória, **toda sentença que julga improcedente a pretensão do autor (reclamante) é declaratória, já que termina por declarar a inexistência do direito reivindicado em Juízo.** Trata-se, segundo a doutrina, de "sentença declaratória negativa".[5]

A sentença *constitutiva* **é aquela que tem o efeito de criar, alterar ou extinguir um estado ou uma relação jurídica.** A sentença que julga procedente o inquérito para apuração de falta grave tem a natureza constitutiva, uma vez que extingue o contrato de trabalho do empregado estável. De igual modo, a sentença normativa, isto é, aquela que é proferida no dissídio coletivo, pois cria regras jurídicas que vinculam as categorias profissional e econômica envolvidas de um modo semelhante às normas criadas pelo legislador. Essas regras podem ser novas, isto é, criar uma relação jurídica que não existia, mas podem, também, ampliar o conteúdo de uma norma coletiva anterior, o que implica alteração de uma relação jurídica.

A sentença *condenatória* **é aquela que determina que o réu (reclamado ou, eventualmente, o reclamante-reconvindo) cumpra uma prestação que pode**

---

5   Na lição de Elpídio Donizetti, "independentemente da natureza da ação, qualquer sentença que julga improcedente o pedido é denominada 'declaratória negativa', uma vez que nesse caso a sentença tão somente declara a inexistência do direito pleiteado" (ob. cit., p. 567)

consistir numa obrigação de dar, de fazer ou de não fazer. É o tipo mais frequente de sentença no processo do trabalho. São exemplos:

a) a sentença que condena o ex-empregador ao pagamento de verbas rescisórias (obrigação de dar);

b) a sentença que condena o empregador a reintegrar empregado estável (obrigação de fazer);

c) a sentença que condena o empregador a não transferir o empregado para outro local de trabalho (obrigação de não fazer).

As sentenças mandamentais e as executivas *lato sensu*, embora doutrinariamente sejam apresentadas como espécies que se distinguem das sentenças *declaratórias, constitutivas* e *condenatórias*, podem ser também identificadas como subespécies destas últimas.[6] Ambas condenam o vencido ao cumprimento de uma obrigação. Neste sentido, portanto, não há como dizer que não sejam condenatórias. Costumava-se distinguir a sentença condenatória das suas coirmãs sentença mandamental e sentença executiva, dentre outros argumentos, com base no fato de que a primeira possuiria apenas eficácia executiva, ou seja, permitiria ao vencedor a abertura futura de um processo de execução, ao passo que nas outras duas o provimento jurisdicional seria efetivado sem a necessidade de iniciativa do autor. Contudo, no atual sistema processual, no qual a execução do título judicial é uma fase processual e não uma ação autônoma, o argumento não faz muito sentido, a menos que o critério distintivo se reduza à permissão ou vedação a que o cumprimento ou execução da sentença se faça de ofício.

Quanto à distinção entre sentenças mandamentais e sentenças executivas *lato sensu*, costuma-se dizer que a tutela mandamental age sobre a vontade da parte sucumbente, ao passo que a tutela executiva *lato sensu* agiria sobre o seu patrimônio.

Na sentença mandamental a condenação se expressa por meio de uma ordem, isto é, o juiz ordena ao vencido que cumpra determinada obrigação de fazer ou de não fazer, cominando-lhe uma penalidade que visa a constrangê-lo psicologicamente a obedecer ao comando sentencial. Por exemplo, tem caráter mandamental a sentença que condena o ex-empregador a que, em determinado prazo, confeccione e entregue ao trabalhador despedido o perfil profissiográfico previdenciário, sob pena de pagamento de **astreintes**, isto é, de multa diária.

A sentença executiva *lato sensu* também condena o vencido à prestação de uma obrigação, mas se esta não for espontaneamente satisfeita, o próprio Judiciário substituirá a conduta do devedor, determinando de ofício as medidas necessárias para que o comando sentencial seja efetivado na prática.[7] Na espécie, segundo a lição de Fredie Didier, "o Poder Judiciário prescinde da colaboração do executado para a efetivação da prestação devida; há uma substituição da conduta

---

6   Neste sentido, SANTOS, Enoque Ribeiro dos; HAJEL FILHO, Ricardo Antonio Bittar. *Curso de direito processual do trabalho*. 4. ed. São Paulo: Atlas, 2020, p. 520.

7   Sobre o tema, cf. GARCIA, Gustavo Filipe Barbosa, ob. cit., p. 549-543.

do devedor pela conduta do Estado-juiz".[8] Um exemplo, no âmbito processual trabalhista, seria a condenação a que o empregador promova na carteira de trabalho do autor as anotações pertinentes ao contrato de trabalho do empregado. Caso a empresa não o faça, o juiz simplesmente determinará que a Secretaria da Vara promova as anotações respectivas (art. 39, § 1º, da CLT), sem que seja necessária qualquer provocação do obreiro.

Registre-se, porém, que a própria existência da categoria **sentença executiva** *lato sensu* (sem que a doutrina se refira a uma sentença executiva *stricto sensu*) e a própria definição da espécie são objeto de controvérsia. Distinguir entre sentença mandamental e sentença executiva *lato sensu* não chega a ser uma tarefa árdua. A distinção entre sentença condenatória e sentença executiva *lato sensu* num contexto em que a execução ou cumprimento da sentença é um mero desdobramento processual, todavia, constitui uma missão hercúlea, a menos que se entenda que se funda na possibilidade ou não de cumprimento ou execução de ofício, o que se dará em qualquer caso nos mesmos autos em que o título judicial foi criado.

De qualquer modo, tudo o que se disse aqui serve apenas como referência superficial em torno do tema. Entendemos que **a classificação trinária (meramente declaratória, constitutiva e condenatória)** é suficiente para abarcar todas as sentenças definitivas, tendo pouca ou nenhuma relevância prática o acréscimo das categorias **sentença mandamental** e **sentença executiva** *lato sensu*.

11.2.2 Elementos estruturais da sentença nos dissídios individuais

Nos termos do art. 832 da CLT, **a sentença ("decisão") deverá conter o nome das partes, o resumo do pedido e da defesa, a apreciação das provas, os fundamentos e a respectiva conclusão.** Além disso, **sempre que julgar procedente o pedido, determinará o prazo e as condições para o seu cumprimento.** A sentença deverá, ainda, **mencionar as custas que devam ser pagas pela parte vencida.** Por outro lado, sejam condenatórias ou apenas homologatórias, **as sentenças devem indicar a natureza jurídica das parcelas constantes da condenação ou do acordo homologado e, inclusive, o limite de responsabilidade de cada parte pelo recolhimento da contribuição previdenciária, se for o caso** (§ 3º do art. 832 da CLT).

O CPC, por sua vez, estatui no seu art. 489 que os elementos essenciais da sentença são *o relatório, os fundamentos* e o *dispositivo*.

Do ponto de vista prático, as diferenças entre o texto consolidado e o texto constante do CPC são insignificantes, embora este último seja tecnicamente mais apurado.

De acordo com o CPC, **o relatório conterá os nomes das partes, a identificação do caso, com a suma do pedido e da contestação, e o registro das principais ocorrências havidas no andamento do processo.** O relatório compreende, portanto, o nome das partes e o resumo do pedido e da defesa, elementos mencionados

---

8   DIDIER JR., Fredie. *Curso de direito processual civil*: introdução ao direito processual civil, parte geral e processo do conhecimento. 21. ed. Salvador: JusPodivm, 2019, p. 356.

no *caput* do art. 832 da CLT. **No procedimento sumaríssimo, o relatório é dispensado,** bastando que o juiz resuma os fatos relevantes ocorridos em audiência, quando for mencionar os seus elementos de convicção (art. 852-I, *caput*, da CLT).

Os fundamentos são a parte da sentença na qual o juiz analisa as questões de fato e de direito. Englobam aquilo que o *caput* do art. 832 da CLT identifica como "apreciação das provas" e "fundamentos". Os fundamentos da decisão expressam a razão de decidir (*ratio decidendi)* do julgador, que é indispensável para que as partes possam exercer o seu direito constitucional à ampla defesa, que inclui a utilização dos recursos disponibilizados pelo sistema processual. Por isso, nos termos do art. 93, IX, da Constituição da República, todas as decisões devem ser fundamentadas, sob pena de nulidade.

A importância dos fundamentos da decisão num sistema processual que atribui força vinculante a precedentes judiciais é enorme. A correta identificação da *ratio decidendi* é que permite determinar se um padrão decisório deverá ser obrigatoriamente repetido em casos futuros. Por outras palavras, a força vinculante do precedente num determinado caso concreto dependerá da identidade com o caso anterior, o que somente é possível de aferir a partir da razão de decidir.

O § 1º do art. 489 do CPC, que tem a clara intenção de combater o decisionismo judicial desarrazoado, traz nos seus incisos **hipóteses de decisões judiciais que não se consideram fundamentadas:**

I. a que se limita à indicação, à reprodução ou à paráfrase de ato normativo, sem explicar sua relação com a causa ou a questão decidida. Por exemplo, uma sentença que indefere o pedido de condenação subsidiária de uma empresa estatal "nos termos do art. 71 da Lei nº 8.666/93", sem explicar por que o dispositivo incidiria na hipótese;

II. a que emprega conceitos jurídicos indeterminados, sem explicar o motivo concreto de sua incidência no caso. Por exemplo, uma sentença que, com fundamento apenas na função social da empresa, condena o reclamado na obrigação de reintegrar ao emprego trabalhador que não goza de estabilidade, mas não explica por que razão a função social da empresa afastaria o direito potestativo de despedir um empregado não estável, que é reconhecido pela jurisprudência dominante ao empregador;

III. A que invoca motivos que se prestariam a justificar qualquer outra decisão. Por exemplo, uma sentença que condena o empregador ao pagamento de determinado benefício previsto em Convenção Coletiva do Trabalho simplesmente sustentando que a autonomia negocial coletiva é muito importante e deve ser prestigiada, sem observar que a interpretação da cláusula normativa é controversa, ante a dubiedade do seu texto, de modo que a sua aplicabilidade ou não ao contrato de trabalho dependeria do exame do respectivo conteúdo normativo;

IV. a que não enfrenta todos os argumentos deduzidos no processo capazes de, em tese, infirmar a conclusão adotada pelo julgador. Por exemplo, uma sentença que acolhe a arguição de prescrição bienal sem enfrentar a alegação do reclamante de que o prazo prescricional fora interrompido por ação trabalhista arquivada;

V. a que se limita a invocar precedente ou enunciado de súmula, sem identificar seus fundamentos determinantes nem demonstrar que o caso sob julgamento se ajusta àqueles fundamentos. Por exemplo, uma sentença proferida numa reclamação movida em face de uma empresa prestadora de serviços e do Município, que condena subsidiariamente o ente público tomador dos serviços, invocando a Súmula nº 330 do TST, sem identificar se ficou evidenciada a sua conduta culposa no cumprimento das obrigações da Lei nº 8.666/93;

VI. a que deixa de seguir enunciado de súmula, jurisprudência ou precedente invocado pela parte, sem demonstrar a existência de distinção no caso em julgamento ou a superação do entendimento. Por exemplo, uma sentença que indefere indenização pela não concessão do vale-transporte, por considerar que o empregado não conseguiu comprovar que satisfazia os requisitos indispensáveis para a concessão do vale-transporte, afastando a incidência da Súmula nº 460 do TST, sem demonstrar que o entendimento cristalizado pelo TST foi superado por entendimento jurisprudencial posterior (*overrruling)* ou, ao menos, que há uma distinção no caso concreto (*distinguishing*) que justifica a atribuição do ônus da prova ao empregado.

O § 2º do art. 489 do CPC, complementando de uma forma positiva o sentido do parágrafo anterior, impõe ao juiz que, **havendo colisão entre normas, justifique o objeto e os critérios gerais da ponderação efetuada, enunciando as razões que autorizam a interferência na norma afastada e as premissas fáticas que fundamentam a conclusão.** Trata-se de regra que tem especial importância no âmbito da dogmática dos direitos fundamentais, sobretudo a partir da compreensão de sua dimensão objetiva. Enfim, **não basta ao juiz ponderar. Ele tem também que demonstrar como a ponderação foi realizada.**

O **dispositivo** (que o texto consolidado prefere chamar de **conclusão**) é, **conforme definição do CPC, a parte da sentença em que o juiz resolve as questões principais que lhe foram submetidas pelas partes.** Trata-se justamente da parte da sentença que faz coisa julgada, como se pode deduzir, por exclusão, do disposto no art. 504 do CPC. Se o relatório tem caráter informativo e se as razões de decidir não fazem coisa julgada, somente o dispositivo é que fará a coisa julgada. **Uma sentença sem o dispositivo nem mesmo é uma sentença nula. Pior que isso: é uma sentença inexistente.**

Na Justiça do Trabalho, considerando-se que comumente as reclamações costumam apresentar uma multiplicidade de pedidos, tem sido comum a utilização pelos juízes do chamado **dispositivo indireto, que é quando a conclusão da sentença não traz de forma individualizada cada prestação a ser cumprida pelo** vencido, fazendo remissão às parcelas deferidas nos fundamentos da decisão, o que não gera nulidade alguma, segundo a iterativa, notória e atual jurisprudência do Tribunal Superior do Trabalho.[9]

11.2.3 Elementos substanciais da sentença nos dissídios individuais. Sentenças *citra, ultra* e *extra petita*. Sentenças condicionais

Nos termos do art. 490 do CPC, "**o juiz resolverá o mérito acolhendo ou rejeitando, no todo ou em parte, os pedidos formulados pelas partes**". O dispositivo enfatiza uma ideia que já estava expressa no art. 141 do diploma processual, que estabelece que "**o juiz deverá decidir o mérito nos limites propostos pelas partes, sendo-lhe vedado conhecer de questões não suscitadas a cujo respeito a lei exige iniciativa da parte**". Ambos os dispositivos consagram o que a doutrina denomina **princípio da adstrição** ou **da congruência entre a sentença e os pedidos das partes**.

A sentença não pode ficar além e nem aquém dos limites objetivos da lide traçados pelas partes. Os fatos e os pedidos que devem ser apreciados na sentença são justamente aqueles suscitados pelas partes nos autos do processo.

Como regra, a petição inicial e a contestação é que fixam os limites objetivos da lide. Não obstante, pode surgir, depois da propositura da ação, algum fato constitutivo, modificativo ou extintivo de direito que não foi levantado pelas partes, mas que necessariamente influi no julgamento do mérito e, neste caso, caberá ao juiz tomá-lo em consideração, de ofício ou a requerimento da parte, quando for proferir a decisão (art. 493, *caput*, CPC). Se o fato novo for constatado pelo juiz de ofício, as partes deverão ser ouvidas sobre ele antes que o juiz profira a sua decisão (art. 493, parágrafo único, do CPC).

Há também os pedidos implícitos, ou seja, aqueles que por força de lei integram as postulações das partes, ainda que não tenham sido expressamente indicados na petição inicial ou na contestação. Os juros legais, a correção monetária e as verbas sucumbenciais (custas, honorários periciais e advocatícios) são exemplos de pedidos implícitos. No que toca aos juros de mora e à correção monetária, inclusive, a **Súmula nº 211 do TST**, editada na década de 80 do século passado, consagra o entendimento de que "**os juros de mora e a correção monetária incluem-se na liquidação, ainda que omisso o pedido inicial ou a condenação**".

A respeito dos pedidos implícitos, o art. 491 do CPC prevê expressamente que a sentença deve definir o **índice de correção monetária** e a **taxa de juros**, ainda quando formulado pedido genérico.

---

9   Neste sentido, observe-se o seguinte excerto de acórdão proferido pela 8ª Turma do TST no Recurso de Revista TST-RR-54500- 92.2002.5.01.0066: "Não é nula a sentença que contém dispositivo indireto, isto é, que faz remissão, na parte dispositiva, aos termos da fundamentação, pois, consoante obrigatório o art. 794 da CLT, só haverá nulidade quando resultar dos atos inquinados manifesto prejuízo às partes litigantes. Além disso, não se pode perder de vista os princípios da simplicidade, celeridade, duração razoável do processo e da instrumentalidade das formas" [...] (TST-RR-54500- 92.2002.5.01.0066, Ac. 8ª Turma, Rel. Min. Dora Maria da Costa, *DEJT* 2.3.2012).

Ao juiz é vedado proferir decisão de natureza diversa da pedida, bem como condenar a parte em quantidade superior ou em objeto diverso do que lhe foi demandado, conforme preceitua o art. 492 do CPC.

O legislador claramente não desejou que **decisão de natureza diversa da pedida** fosse confundida com **condenação em objeto diverso do que foi demandado**, mas a tarefa de distingui-las não parece fácil.

Supõe-se que no primeiro caso o acento recai sobre a **natureza da decisão** e não sobre o **pedido**. Sendo assim, a **decisão de natureza diversa da pedida** é aquela em que o provimento jurisdicional não corresponde, na sua natureza, ao que foi postulado pelo autor (reclamante) ou mesmo pelo réu (reclamado), já que este também apresenta uma postulação, ainda mais quando reconvém ou apresenta pedido contraposto.

Ora, já foi dito que as sentenças definitivas podem ser declaratórias, constitutivas ou condenatórias (não obstante parte da doutrina reconheça, também, como espécies autônomas as sentenças mandamentais e as executivas *lato sensu*, sobre o que já se falou anteriormente). Pois bem. Se o provimento judicial buscado pela parte é uma sentença meramente declaratória, o juiz não poderá proferir em seu favor uma sentença condenatória. Este seria um exemplo de sentença de natureza diversa da pedida.

Quando o juiz condena a parte em objeto diverso do que lhe foi demandado tem-se a chamada sentença *extra petita*. O autor (reclamante) – ou mesmo o réu (reclamado) – pede ao juiz que a parte contrária seja condenada a satisfazer uma prestação X e o juiz condena o vencido a satisfazer uma prestação Y, que não foi pedida. Um exemplo de uma sentença *extra petita* é aquela em que o reclamante pleiteia apenas o adicional de insalubridade e o juiz lhe defere o adicional de periculosidade. De igual modo, trata-se de sentença *extra petita* aquela em que o juiz condena o reclamado numa obrigação de dar quando o pedido formulado pelo autor (reclamante) é uma obrigação de fazer. Por exemplo, o reclamante formula pedido para que o reclamado lhe pague indenização substitutiva pela não entrega da comunicação de dispensa que o habilitaria ao recebimento do seguro-desemprego. O juiz, sem que haja pedido neste sentido, condena o reclamado na obrigação de entregar o documento.

Contudo, **a proibição a que o juiz condene a parte em objeto diverso do que lhe foi demandado não se aplica no processo do trabalho à hipótese em que o próprio texto consolidado faculta ao juiz converter a obrigação de fazer (reintegrar) em obrigação de indenizar** (art. 496 do CLT).

Quando o juiz condena a parte em quantidade superior à que lhe foi demandada, tem-se a sentença *ultra petita*. Ocorre, por exemplo, quando o autor pede o pagamento de duas horas extras por dia e o juiz condena o reclamado a pagar três horas extras diárias. Outro exemplo é o da sentença na qual o juiz condena o reclamado ao pagamento de adicional de insalubridade em grau máximo (40%), quando o autor (reclamante) foi específico ao pedir o adicional de insalubridade em grau médio (20%).

O art. 492 do CPC não se refere expressamente à sentença *citra petita* ou *infra petita*, isto é, **a que omite a apreciação de algum pedido formulado pelas partes**. Todavia, não se permite ao juiz que deixe de apreciar na sentença qualquer pedido e nem mesmo qualquer alegação concernente à causa de pedir que, em tese, seja apta a influir no resultado da demanda. Por exemplo, o autor (reclamante) pede indenização por danos morais, adicional de insalubridade e horas extras, mas a sentença proferida pelo juiz não julgou o pedido de indenização por danos morais. Outro exemplo: o reclamado alega que a pretensão autoral à indenização por danos morais e materiais decorrentes de acidente de trabalho está fulminada pela prescrição absoluta e, mesmo que não estivesse, deveria ser rejeitada pelo Juízo porque o evento acidentário não ocorreu e a sentença, no entanto, se omite quanto à arguição da prescrição, muito embora tenha indeferido o pedido do reclamante com base na inexistência do fato.

A sentença *citra petita* ou *infra petita* pode ser corrigida pelo próprio juiz por meio dos embargos de declaração. Caso isso não ocorra, o tribunal, apreciando recurso ordinário, deverá determinar ao juiz de primeiro grau que complete a sentença ou, se a causa já estiver em condições de ser inteiramente apreciada, julgar desde logo o pedido não apreciado na instância inferior (art. 1.013, § 3º, III, CPC).

Em suma, todas as questões levantadas pelas partes que sejam relevantes para o deslinde do processo devem ser apreciadas pelo juiz, salvo quando a apreciação de uma delas for prejudicial à apreciação de outras que a ela estejam ligadas por uma relação de alternatividade ou acessoriedade. Por exemplo, se o juiz acolhe a arguição de prescrição bienal, não estará mais obrigado a apreciar as demais questões relacionadas ao mérito de cada um dos pedidos formulados pelo autor (reclamante).

É importante registrar, contudo, que não se trata de impor ao juiz o dever de examinar todos os argumentos apresentados pelas partes, até mesmo porque há argumentos que, uma vez aceitos, prejudicarão a apreciação de outros e há argumentos que, de tão desarrazoados e desimportantes para o deslinde do processo, não merecem apreciação. Os argumentos deduzidos pelas partes que o juiz obrigatoriamente deve enfrentar são apenas aqueles que, em tese, seriam capazes de infirmar a conclusão que o juiz vier a adotar (art. 489, § 1º, IV, do CPC).

Por fim, **a decisão deve ser certa, ainda que resolva relação jurídica condicional, como determina o parágrafo único do art. 492 do CPC.** A relação jurídica até pode ser condicional, mas a sentença terá que ser certa. Um exemplo de sentença condicional ou incerta seria a que condenasse o reclamado ao pagamento de valores devidos a título de FGTS caso fosse comprovada na liquidação a existência de débito. Se há um pedido de diferença ou de complementação de FGTS, a sentença deverá declarar de logo se a dívida existe ou não. O montante devido até pode

Capítulo 11 • SENTENÇA NOS DISSÍDIOS INDIVIDUAIS E TERMO DE CONCILIAÇÃO

ser incerto e depender de uma liquidação futura, mas a sentença deve ser certa quanto à existência ou não do débito.

11.2.4 Intimação da sentença

O processo trabalhista foi desenhado para que a sentença fosse proferida oralmente em audiência, logo após a apresentação das razões finais e a renovação da proposta conciliatória. Por isso, nos termos do art. 852 da CLT, os litigantes serão notificados da sentença, pessoalmente, ou por seu representante, na própria audiência, sendo que, no caso de revelia, a notificação do reclamado far-se-á por via postal ou, eventualmente, por edital, caso crie embaraços ao seu recebimento ou se encontre em local incerto e não sabido.

Ocorre, contudo, que a escassez de tempo provocada pelo grande volume de processos e, consequentemente, de audiências na Justiça do Trabalho, acabou por tornar corriqueiro que o juiz realize o julgamento do processo em momento posterior, designando uma sessão (audiência em continuação) apenas para proferir a sentença. Neste caso, as partes deverão ser intimadas para que compareçam à nova sessão e possam tomar ciência da decisão. Comparecendo ou não à sessão de audiência em que a sentença é publicada, as partes serão consideradas intimadas naquele momento, consoante o entendimento cristalizado pela Súmula nº 197 do TST, segundo o qual "**o prazo para recurso da parte que, intimada, não comparecer à audiência em prosseguimento para a prolação da sentença conta-se de sua publicação**". Há que se observar, porém, que se o magistrado não juntar a sentença aos autos no prazo de 48 horas, contados da data da audiência de julgamento, as partes deverão ser intimadas e somente com o recebimento da intimação é que será iniciado o prazo recursal, nos termos do entendimento consagrado pela Súmula nº 30 do TST.[10]

Ultimamente tem sido muito frequente que os juízes, em vez de designar audiência para publicação da sentença, simplesmente juntem a decisão aos autos. Conquanto a prática não esteja prevista no texto consolidado, desde que as partes sejam intimadas regularmente da sentença, não poderão invocar qualquer prejuízo e, deste modo, não há que se falar em nulidade processual. Afinal, o direito de recorrer lhes estará assegurado a partir do recebimento da intimação.

11.2.5 Alteração da sentença pelo mesmo juiz que a proferiu: embargos de declaração, erros materiais e juízo de retratação

Como regra, uma vez publicada a sentença, não mais será possível ao juiz que a prolatou alterá-la. O texto consolidado e o CPC, porém, estabelecem exceções.

O art. 833 da CLT dispõe que, "existindo na decisão evidentes erros ou enganos de escrita, de datilografia ou de cálculo, poderão os mesmos, antes da

---

10   Quando não juntada a ata ao processo em 48 horas, contadas da audiência de julgamento (art. 851, § 2º, da CLT), o prazo para recurso será contado da data em que a parte receber a intimação da sentença.

execução, ser corrigidos, *ex officio*, ou a requerimento dos interessados ou da Procuradoria da Justiça do Trabalho".

Por outro lado, o art. 897-A da CLT, introduzido mais recentemente no texto consolidado, prevê duas exceções.

(1º) **O juiz poderá alterar a sentença ao julgar embargos de declaração, nos casos em que se verifique omissão e contradição no julgado** (art. 897-A, *caput*, da CLT). Poderá, inclusive, emprestar aos embargos efeito modificativo, vale dizer, inverter a sucumbência. Por exemplo, reconhecer a improcedência, em sede de embargos declaratórios, de pedido que na sentença original fora julgado procedente.

(2º) **Os erros materiais verificados na sentença poderão ser corrigidos de ofício ou a requerimento de qualquer das partes** (art. 897-A, § 1º, da CLT). O CPC tem dispositivo semelhante (art. 494, I), referindo-se, porém, não a erros materiais, genericamente, mas a **inexatidões materiais** e **erros de cálculo.** Entendemos que "erros materiais" é uma expressão genérica que engloba ambos os vícios. Não obstante, caso se considere que esta expressão não engloba os erros de cálculo, a correção destes já está autorizada pelo art. 833 da CLT.

Há, contudo, outra possibilidade de alteração da sentença pelo mesmo juiz que a proferiu. Trata-se daquela referida no art. 485, § 7º, do CPC, que confere ao juiz o prazo de cinco dias para retratar-se de sentença que não apreciou o mérito da ação, quando dela foi interposta apelação. Alertando-se apenas para o fato de que a apelação cível corresponde no processo do trabalho ao recurso ordinário, a regra em questão aparentemente não é incompatível com o processo do trabalho, até porque parece atender ao princípio da economia processual. Por exemplo, admitindo-se a aplicabilidade ao processo do trabalho da regra em apreço, o juiz que proferiu uma sentença indeferindo a petição inicial por inépcia poderia retratar-se e substituir a sua decisão por outra que apreciasse o mérito da reclamação.

11.2.6 Interpretação da sentença

Nos termos do § 3º do art. 489 do CPC, **a decisão judicial deve ser interpretada a partir da conjugação de todos os seus elementos e em conformidade com o princípio da boa-fé.**

Adaptando uma frase que Eros Grau aplica ao texto constitucional e foi popularizada em obra clássica versando sobre hermenêutica,[11] **não se interpreta a sentença em tiras, aos pedaços.** Por outras palavras, os fundamentos e as conclusões da sentença não são interpretados isoladamente, mas em seu conjunto.

Ademais, o princípio da boa-fé deve ser o principal vetor da interpretação da sentença e prepondera, inclusive, sobre o princípio da proteção. O princípio da

---

11   GRAU, Eros Roberto. *Ensaio e discurso sobre a interpretação/aplicação do direito.* 3. ed. São Paulo: Malheiros, 2005.

boa-fé, embora se manifeste sob diversas roupagens nos diferentes ramos jurídicos, é uma pedra fundamental do Direito. É inconcebível um sistema jurídico que não se baseie no princípio da boa-fé.

11.2.7 Efeitos primários e secundários da sentença. Hipoteca judiciária e protesto da sentença.

O principal efeito da sentença de mérito é o de solucionar o conflito, criando uma norma com força de lei para incidir sobre o caso concreto submetido à apreciação do juiz. Não é por outra razão que o art. 503 do CPC dispõe que "a decisão que julgar total ou parcialmente o mérito tem força de lei nos limites da questão principal expressamente decidida".

Não obstante esteja em regra associada ao julgamento da questão principal debatida no processo, **a força de lei também se estende à resolução de questão prejudicial, decidida expressa e incidentemente no processo,** quando:

a) **dessa resolução depender o julgamento do mérito;**

b) **a seu respeito tiver havido contraditório prévio e efetivo, não se aplicando no caso de revelia; e**

c) **o juízo tiver competência em razão da matéria e da pessoa para resolvê-la como questão principal.**

Isto é o que preconiza o § 1º do art. 503 do CPC.

Sob tal prisma, a decisão que acolhe ou rejeita a arguição de falsidade documental do termo rescisório, da qual depende o deferimento ou não das parcelas rescisórias, terá a mesma força de lei da decisão da questão principal, vale dizer, do pronunciamento que reconhece ou que nega a existência do débito do reclamado. A outorga da força de lei ao julgamento da questão prejudicial na situação prevista não se aplicará, porém, quando houver no processo restrições probatórias ou limitações à cognição que impeçam o aprofundamento da análise da questão prejudicial (art. 503, § 2º, CPC).

Pode-se dizer, em linhas gerais, que os efeitos da sentença de mérito guardam correspondência com a natureza do provimento jurisdicional buscado pelas partes, sempre lembrando que, ao postular a rejeição da pretensão autoral, o que o reclamado busca é a obtenção de uma sentença declaratória negativa. Nesse diapasão, a sentença produzirá primariamente um ou mais desses efeitos:

a) **a declaração da existência de uma relação jurídica ou da falsidade de um documento;**

b) **a criação, a alteração ou extinção de um estado ou de uma relação jurídica; ou**

c) **a condenação do vencido ao cumprimento de uma obrigação em favor da parte vencedora.**

Trocando em miúdos, **a eficácia da sentença meritória será** *declaratória,* *constitutiva* **ou** *condenatória.*

Contudo, é possível apontar, também, **efeitos secundários ou anexos, que acompanham a decisão que condena o réu ao pagamento de prestação consistente em dinheiro e a decisão que determina a conversão de prestação de fazer, de não fazer ou de dar coisa em prestação pecuniária.**

Um desses efeitos secundários está indicado no art. 495 do CPC: **tais decisões valerão como título constitutivo de hipoteca judiciária.** A jurisprudência trabalhista, inclusive do TST, considera que **a hipoteca judiciária, tal como prevista no CPC, é perfeitamente compatível com o processo do trabalho,** na medida em que se trata de instituto que previne a ocorrência de execuções frustradas, harmonizando-se, desse modo, com a celeridade e com a eficiência buscadas pela Justiça do Trabalho.

A hipoteca judiciária consiste num direito real de garantia que institui um gravame sobre o patrimônio do vencido (reclamado ou reconvindo), concedendo ao vencedor (reclamante ou reconvinte) o direito de preferência sobre os valores que forem apurados numa eventual alienação dos bens do devedor.

Segundo prevê o art. 495, § 2º, do CPC, **a hipoteca judiciária independe de declaração expressa do juiz ou de demonstração de urgência, podendo ser realizada pela parte interessada mediante apresentação de cópia da sentença perante o cartório de registro imobiliário.** Uma vez realizada a hipoteca, a parte credora terá o prazo de até 15 (quinze) dias para informá-la ao juízo da causa, devendo o juiz determinar que a outra parte seja intimada para tomar ciência do ato (art. 495, § 3º, do CPC).

Se a decisão judicial que impôs o pagamento de quantia vier a ser reformada ou invalidada, a parte que realizou a hipoteca responderá, independentemente de culpa (responsabilidade objetiva, portanto), pelos danos sofridos pela parte contrária em razão da constituição da garantia, devendo o valor da indenização ser liquidado e executado nos próprios autos (art. 495, § 5º, do CPC).

Trata-se de um expediente pouco utilizado pelos credores trabalhistas, seja pelo desconhecimento do instituto, seja porque o benefício auferido pela parte que constitui a hipoteca judiciária nem sempre compensa os riscos a que se expõe diante da possibilidade de reforma ou invalidação da sentença.

Se bem que compatível com o processo do trabalho, como já afirmado, a constituição da hipoteca judiciária se revelará, na maioria dos casos, pouco prática, ao menos quando se tratar de sentença proferida em reclamação trabalhista que tenha como partes o empregado e o empregador. Isso ocorre porque o crédito trabalhista tem preferência sobre qualquer outro, inclusive o tributário, de modo que a sentença que reconhece a dívida do empregador, por si só, já grava o patrimônio da empresa (e eventualmente o patrimônio pessoal do sócio) com uma espécie de direito de sequela, pelo qual o reclamante poderá perseguir os bens do devedor onde quer que estejam. Deste modo, os riscos da constituição da hipoteca judiciária poderão não valer a pena.

Por outro lado, o CPC prevê, no seu art. 517, que **a decisão judicial transitada em julgado poderá ser levada a protesto.** Tal possibilidade, que naturalmente se refere à decisão alcançada pela coisa julgada material, isto é, que julgou o mérito da demanda, é incontroversamente aplicável às decisões trabalhistas, sobretudo após a introdução do art. 883-A da CLT pela Lei nº 13.467/2017 (Reforma Trabalhista).

O art. 883-A da CLT estabelece que "a decisão judicial transitada em julgado somente poderá ser levada a protesto, gerar inscrição do nome do executado em órgãos de proteção ao crédito ou no Banco Nacional de Devedores Trabalhistas (BNDT), nos termos da lei, depois de transcorrido o prazo de quarenta e cinco dias a contar da citação do executado, se não houver garantia do juízo".

Para efetivar o protesto, incumbe ao exequente apresentar ao cartório respectivo a certidão de teor da decisão (art. 517, § 1º, CPC), que deverá ser fornecida pela Justiça do Trabalho no prazo de 3 (três) dias e indicará o nome e a qualificação do exequente e do executado, o número do processo, o valor da dívida e a data de decurso do prazo para pagamento voluntário (art. 517, § 2º, CPC).

Há que se registrar, ainda, que o executado que tiver proposto ação rescisória para impugnar a decisão exequenda pode requerer, a suas expensas e sob sua responsabilidade, a anotação da propositura da ação à margem do título protestado (art. 517, § 3º, CPC). A requerimento do executado, o protesto será cancelado por determinação do juiz, mediante ofício a ser expedido ao cartório, no prazo de 3 (três) dias, contado da data de protocolo do requerimento, desde que comprovada a satisfação integral da obrigação (art. 517, § 4º, CPC).

A sentença terminativa, isto é, a que não julga o mérito, é menos ambiciosa quanto aos seus efeitos, pois não repercute na relação jurídica de direito material entre as partes e nem soluciona o conflito, permitindo, em muitas ocasiões, inclusive, que a pretensão autoral seja rediscutida em outro processo.

11.2.8 Coisa Julgada

Há uma importante distinção doutrinária entre **coisa julgada formal** e **coisa julgada material.**

A coisa julgada formal identifica tão somente a situação de uma sentença da qual não mais caiba recurso.

Por outras palavras, faz coisa julgada formal toda a sentença que não mais pode ser objeto de recurso, em relação à qual, portanto, operou-se a preclusão em uma das suas modalidades:

a) **temporal,** quando o prazo para o recurso se esgotou sem que houvesse a sua interposição;

b) **consumativa,** quando o recurso foi interposto no prazo, porém não foi admitido, por desatender a algum outro pressuposto recursal intrínseco ou extrínseco, ou, sendo admitido, teve o seu provimento negado pela instância superior;

c) **lógica,** quando a parte praticou algum ato incompatível com a intenção de recorrer.

Por exemplo, notificado da sentença que o condena apenas a anotar o contrato de trabalho na CTPS do reclamante, o reclamado imediatamente pede ao juiz que notifique o trabalhador para que entregue o documento à empresa a fim de que esta possa promover a devida anotação. Opera-se, assim, a preclusão lógica, de modo que a empresa não poderá mais recorrer da sentença, mesmo que o prazo para a interposição do recurso não tenha sido esgotado.

Os conceitos de coisa julgada formal e coisa julgada material não são antagônicos ou excludentes entre si. Toda sentença que faz coisa julgada material também faz coisa julgada formal, ou seja, a coisa julgada material vem necessariamente acompanhada da coisa julgada formal. A coisa julgada formal e a material se formam no mesmo momento: quando não mais é cabível o recurso da decisão.

Todavia, **nem toda a sentença que faz coisa julgada formal faz coisa julgada material.**

A coisa julgada material historicamente tem sido apresentada pela doutrina como **efeito ou eficácia da sentença**,[12] como **qualidade dos efeitos da sentença**[13] ou como uma **situação jurídica do dispositivo da sentença**.[14] Controvérsias à parte, *habemus legem*. O legislador processual civil de 2015 teve a preocupação de conceituar a **coisa julgada material**, identificando-a como "a autoridade que torna imutável e indiscutível a decisão de mérito não mais sujeita a recurso" (art. 502 do CPC).[15]

A referência do legislador à coisa julgada material justifica-se pelo fato de que, ao contrário da formal, a sua eficácia não está restrita aos limites do processo extinto. A coisa julgada material é a coisa julgada por excelência, pois impede que o mérito da ação seja novamente discutido em outro processo.

A rigor, quem propõe uma reclamação (ação trabalhista) quer obter do Judiciário uma decisão que examine o mérito da demanda e solucione o conflito de forma definitiva. A **coisa julgada material** é a que alcança tal objetivo, pois torna a sentença intocável não apenas dentro do processo em que foi proferida (**preclusão endoprocessual**), mas também fora dele (**preclusão extraprocessual**).[16]

Nos termos do art. 506 do CPC, já referido anteriormente, "**a sentença faz coisa julgada às partes entre as quais é dada, não prejudicando terceiros**". A coisa julgada, portanto, respeita necessariamente tais limites subjetivos.

---

12 Neste sentido, ASSIS, Araken de. *Doutrina e prática do processo civil contemporâneo*. São Paulo: RT, 2001, p.243.

13 Neste sentido, LIEBMAN, Enrico Tullio (*Eficácia e autoridade da sentença e outros escritos sobre coisa julgada*. Tradução de Alfredo Buzaid e Benvindo Aires, tradução dos textos posteriores à edição de 1945 com notas relativas ao direito brasileiro vigente de Ada Pellegrini Grinover. Rio de Janeiro: Editora Forense, 2007, 4. ed., p. 6), que é acompanhado entre outros por SANTOS, Moacyr Amaral (*Primeiras linhas de direito processual civil*. 21 ed. São Paulo, Saraiva, 2003, p. 20).

14 Neste sentido, TESHEINER, José Maria Rosa (*Elementos para uma teoria geral do processo*. São Paulo: Saraiva, 1993, p. 182) e BARBOSA MOREIRA, José Carlos (*Eficácia da sentença e autoridade de coisa julgada*. Ajuris, Porto Alegre, 28:15-31)

15 Expressão em latim que se traduz por "temos uma lei".

16 Cf. DONIZETTI, Elpídio, ob. cit., p. 583.

Capítulo 11 • SENTENÇA NOS DISSÍDIOS INDIVIDUAIS E TERMO DE CONCILIAÇÃO

A **coisa julgada material** também está sujeita a limites objetivos. Ela incide apenas sobre o dispositivo da sentença e, eventualmente, sobre o julgamento de questões prejudiciais, nos termos do § 1º do art. 503 do CPC. **Não alcança, porém, (a) os motivos, ainda que importantes para determinar o alcance da parte dispositiva da sentença e nem (b) a verdade dos fatos, estabelecida como fundamento da sentença** (art. 504 do CPC).

Por outro lado, **em caráter excepcionalíssimo, será possível ao juiz, sem que se considere desrespeitada a coisa julgada material, decidir novamente as questões já decididas relativas à mesma lide, quando, tratando-se de relação jurídica de trato continuado, sobreveio modificação no estado de fato ou de direito, caso em que poderá a parte pedir a revisão do que foi estatuído na sentença, bem como em outros casos expressamente prescritos em lei** (art. 505 do CPC).

Por fim, importa registrar que, nos termos do art. 508 do CPC, transitada em julgado a decisão de mérito, isto é, formada a coisa julgada material, considerar-se-ão deduzidas e repelidas todas as alegações e as defesas que a parte poderia opor tanto ao acolhimento quanto à rejeição do pedido.

11.2.9 Remessa necessária

Há sentenças cuja eficácia está condicionada à sua reapreciação pela instância superior ou, mais especificamente, pelo Tribunal ao qual está vinculado o juízo que prolatou a decisão. Diz-se, assim, que tais sentenças estão sujeitas ao duplo grau de jurisdição, independentemente de que sejam ou não impugnadas mediante recurso.

Nos termos do art. 496 do CPC c/c o art. 1º do Decreto-Lei nº 779/69, a sentença que está sujeita à **remessa necessária** (também conhecida como **remessa *ex officio***) é aquela:

a) **proferida contra a União, os Estados, o Distrito Federal, os Municípios e as autarquias ou fundações de direito público federais, estaduais ou municipais que não explorem atividade econômica;**[17] ou

b) que **julgar procedentes, no todo ou em parte, os embargos à execução fiscal,** desde que, em ambos os casos, **a condenação ou o proveito econômico obtido na causa seja de valor certo e líquido igual ou superior a:**

I) 1.000 (mil) salários mínimos para a União e as respectivas autarquias e fundações de direito público;

II) 500 (quinhentos) salários mínimos para os Estados, o Distrito Federal, as respectivas autarquias e fundações de direito público e os Municípios que constituam capitais dos Estados;

---

17 O Decreto-Lei nº 779/69 trata dos privilégios processuais da União, dos Estados, do Distrito Federal, dos Municípios e das autarquias ou fundações de direito público federais, estaduais ou municipais *que não explorem atividade econômica* (destaquei). Trata-se de uma norma processual trabalhista típica e, pelo princípio da especificidade, prevalece sobre as regras do processo comum. Portanto, a limitação da remessa necessária às autarquias e fundações que não explorem atividade econômica deve prevalecer.

III) 100 (cem) salários mínimos para todos os demais Municípios e respectivas autarquias e fundações de direito público.

Os parâmetros acima devem considerar o valor da condenação imposta na fase de conhecimento, independentemente do montante que for apurado em liquidação de sentença.

Ainda que preenchidos os requisitos anteriores, **não haverá remessa necessária quando a sentença estiver fundada em: I – súmula de tribunal superior; II – acórdão proferido pelo Supremo Tribunal Federal ou pelo Superior Tribunal de Justiça em julgamento de recursos repetitivos; III – entendimento firmado em incidente de resolução de demandas repetitivas ou de assunção de competência; IV – entendimento coincidente com orientação vinculante firmada no âmbito administrativo do próprio ente público, consolidada em manifestação, parecer ou súmula administrativa.**

Preenchidos os requisitos legais para a remessa necessária, o juiz aguardará o prazo legal para a interposição do recurso ordinário e, tendo havido ou não o apelo, ordenará a remessa dos autos ao tribunal. Se não o fizer, o Presidente do Tribunal poderá avocá-los. Em qualquer caso, isto é, remetidos pelo juiz ou avocados os autos pelo Presidente, o tribunal deverá julgar a remessa necessária como se estivesse apreciando um recurso voluntário. A sentença somente terá eficácia se, no julgamento da remessa necessária, for confirmada pelo Tribunal, total ou parcialmente.

11.3 CONCILIAÇÃO

11.3.1 Momentos

A conciliabilidade é um princípio que goza de enorme prestígio no processo do trabalho, a ponto de o legislador impor ao magistrado o dever de atuar fortemente para que as partes resolvam de forma amigável o dissídio. Basta referir que, situado logo no início do título X, dedicado ao Processo Judiciário do Trabalho, o § 1º do art. 764 da CLT preceitua que "**os juízes e Tribunais do Trabalho empregarão sempre os seus bons ofícios e persuasão no sentido de uma solução conciliatória dos conflitos**".

Na estrutura legal do procedimento ordinário, inclusive, a tentativa de conciliação é obrigatória em dois momentos: antes da entrega ou da leitura da defesa (art. 846 da CLT) e **depois da oportunidade para apresentação das razões finais** (art. 850 da CLT), valendo lembrar, mais uma vez, que, excetuadas as peculiaridades dos demais procedimentos relativos aos dissídios individuais, as regras do procedimento ordinário lhes são aplicáveis.

O procedimento sumaríssimo tem, no particular, um regramento próprio, mas também prevê uma tentativa inicial de conciliação logo após aberta a audiência. Com efeito, nos termos do art. 852-E da CLT, "aberta a sessão, o juiz esclarecerá as partes presentes sobre as vantagens da conciliação e usará os meios adequados de persuasão para a solução conciliatória do litígio, em qualquer fase da audiência". Não há, porém, nos dispositivos da CLT que tratam especificamente do procedi-

Capítulo 11 • SENTENÇA NOS DISSÍDIOS INDIVIDUAIS E TERMO DE CONCILIAÇÃO

mento sumaríssimo referência alguma à obrigatoriedade da renovação da proposta de conciliação após as razões finais, o que, é claro, não impede que o juiz a faça.

Outrora a jurisprudência tendia a considerar nulo o processo em que a última tentativa de conciliação não fosse feita, conquanto relevasse a ausência da tentativa inicial, sob o argumento de que a segunda tentativa supriria a ausência da primeira. Contudo, a jurisprudência atual e notória do TST é no sentido de que nem mesmo a ausência da segunda proposta conciliatória acarreta, por si só, nulidade processual, salvo se for demonstrado pela parte interessada efetivo prejuízo, uma vez que a lei autoriza que as partes celebrem acordo em qualquer fase do processo.

11.3.2 Forma e conteúdo

Chegando as partes a um acordo, será lavrado termo de conciliação, o qual, consoante o disposto no art. 846, § 1º, da CLT, deve ser assinado pelo juiz e pelos litigantes. Não obstante, desde a implantação do PJE a assinatura das partes não tem sido exigida. Por razões técnicas apenas o juiz assina o termo, o que não causa qualquer prejuízo aos litigantes porque ele é elaborado e digitado na presença e com a participação dos litigantes e de seus advogados (caso estejam assistidos por tais profissionais).

No termo de conciliação constarão as obrigações de cada litigante, o prazo e as condições para seu cumprimento. Dentre as condições que devem ser ali indicadas poderá ser estabelecida a de ficar a parte que não cumprir o acordo obrigada a satisfazer integralmente o pedido ou pagar uma indenização convencionada (ou multa), sem prejuízo do cumprimento do acordo (art. 846, § 2º, da CLT). A inclusão de multa traduz a chamada "cláusula penal".

As partes acordantes devem, também, discriminar a natureza das parcelas objeto da conciliação, por força do contido no § 3º do art. 832 da CLT, que estabelece que as sentenças homologatórias deverão sempre indicar a natureza jurídica das parcelas constantes do acordo homologado, inclusive o limite de responsabilidade de cada parte pelo recolhimento da contribuição previdenciária, se for o caso. É que, nos termos do § 1º do art. 43 da Lei nº 8.212/91 (Lei da Seguridade Social), nos acordos homologados em que não figurarem, discriminadamente, as parcelas legais relativas às contribuições sociais, estas incidirão sobre o valor total do acordo homologado. Neste sentido, inclusive, é a Orientação Jurisprudencial nº 368 da SBDI-1 do TST, que consagra o entendimento de que "é devida a incidência das contribuições para a Previdência Social sobre o valor total do acordo homologado em juízo, independentemente do reconhecimento de vínculo de emprego, desde que não haja discriminação das parcelas sujeitas à incidência da contribuição previdenciária, conforme parágrafo único do art. 43 da Lei nº 8.212, de 24.07.1991, e do art. 195, I, "a", da CF/88".

11.3.3 Eficácia do Termo de Conciliação perante as partes

O termo de conciliação valerá como decisão irrecorrível, salvo para a Previdência Social quanto às contribuições que lhe forem devidas (art. 831, parágrafo único, da CLT). Por outras palavras, o termo de conciliação terá perante as partes acordantes a mesma eficácia que uma sentença de mérito que transitou em julgado. Na linguagem do CPC, podemos dizer que o processo é extinto com resolução do mérito em face da transação (art. 487, III, "b", do CPC).

A equiparação do termo de conciliação à sentença transitada em julgado no processo do trabalho também persiste no tocante ao remédio processual que deve ser utilizado para impugná-la, pois a **Súmula nº 259 do TST**, cristaliza o entendimento de que "**só por ação rescisória é impugnável o termo de conciliação previsto no parágrafo único do art. 831 da CLT**".

11.3.4 Custas processuais

Em geral, as partes acordam também quanto à responsabilidade pelo pagamento das custas processuais, sendo o mais comum a sua atribuição ao empregador, que em geral tem mais capacidade econômica para suportar a despesa. Não obstante, nos termos do § 2º do art. 90 do CPC, se as partes conciliantes esquecerem de dispor a respeito das despesas processuais, estas serão divididas igualmente.

Por outro lado, nos termos do § 3º do mesmo artigo, ocorrendo a conciliação antes da sentença, as partes ficam dispensadas do pagamento das custas processuais remanescentes, se houver. Considerando que não há antecipação de custas processuais na Justiça do Trabalho, parece razoável concluir que o juiz do trabalho poderá dispensar o pagamento do valor das custas que seriam devidas ao final do processo, até mesmo porque todo e qualquer incentivo à prática da conciliação, atendendo ao espírito que anima o Direito Processual do Trabalho, é bem-vindo.

11.4 EFEITOS DA SENTENÇA E DO TERMO DE CONCILIAÇÃO PERANTE TERCEIROS. INSS

Nos termos do art. 506 do CPC, "a sentença faz coisa julgada às partes entre as quais é dada, não prejudicando terceiros". O terceiro, isto é, aquele que não foi parte no processo, não poderá ser prejudicado pela sentença.

A transação, seja judicial, seja extrajudicial, segue a mesma lógica. Produz efeitos somente perante as pessoas que dela participaram, não prejudicando terceiros. Por isso, quando há litisconsórcio passivo e apenas uma das empresas reclamadas assume a dívida, a outra não está obrigada a aceder aos termos do acordo, caso entenda que os termos ajustados pela litisconsorte lhe são prejudiciais.

Reflexamente, porém, uma sentença ou um acordo judicial poderá gerar direito ou impor obrigação a terceiros. É o que ocorre, por exemplo, com o sócio da empresa reclamada, que embora não tenha sido incluído na fase de conhecimento (cognição) do processo, poderá vir a responder com o seu patrimônio pela dívida constante do título judicial na fase executória em virtude do incidente de desconsideração da pessoa jurídica (IDPJ). Trata-se da **eficácia reflexa da sentença de mérito**.

Por outro lado, se é certo que o termo de conciliação tem perante as partes a eficácia de uma sentença meritória (portanto, definitiva) que transitou em julgado, o mesmo não ocorre em relação à União Federal quando se trata da cobrança das contribuições sociais devidas ao INSS. A Procuradoria-Geral Federal, que representa a União na cobrança das contribuições previdenciárias apuradas em processos trabalhistas, poderá interpor recurso ordinário quando entender que o valor devido a tal título é superior ao que foi fixado no acordo, o que pode ocorrer, por exemplo, quando alguma parcela de natureza remuneratória não foi incluída na base de cálculo do tributo. Por outras palavras, **a Previdência Social poderá interpor recurso ordinário especificamente para buscar as contribuições que lhe seriam devidas e que, por qualquer razão, deixaram de ser incluídas no acordo homologado judicialmente, mas entre as partes o acordo continua válido e eficaz.**

Consoante o disposto no § 3º do art. 832 da CLT, "as decisões cognitivas ou homologatórias deverão sempre indicar a natureza jurídica das parcelas constantes da condenação ou do acordo homologado, inclusive o limite de responsabilidade de cada parte pelo recolhimento da contribuição previdenciária, se for o caso".

Por outro lado, o **§ 3º-A do art. 832 da CLT**, incluído pela Lei nº 13.876, de 2019, prevê que, salvo na hipótese de o pedido da ação limitar-se expressamente ao reconhecimento de verbas de natureza exclusivamente indenizatória, **a fixação da base de cálculo da contribuição previdenciária na sentença e no termo de conciliação não poderá ser inferior** (I) **ao salário mínimo,** para as competências que integram o vínculo empregatício reconhecido na decisão cognitiva ou homologatória; ou (II) **à diferença entre a remuneração reconhecida como devida na decisão cognitiva ou homologatória e a efetivamente paga pelo empregador,** cujo valor total referente a cada competência não será inferior ao salário mínimo. O **§ 3º-B,** adicionado pelo mesmo diploma legal, estabelece que **caso haja piso salarial da categoria definido por acordo ou convenção coletiva de trabalho, o seu valor deverá ser utilizado como base de cálculo para os fins do parágrafo anterior.** Há nos novos dispositivos o objetivo claro de aumentar a arrecadação das contribuições previdenciárias apuradas nos processos trabalhistas.

A exigência de que o acordo inclua necessariamente parcela a título de remuneração, isto é, algum valor que constitua base de cálculo para a cobrança de contribuição previdenciária, bastando que qualquer verba remuneratória seja postulada (mesmo R$ 1,00), para além de esdrúxula, pode implicar claramente a cobrança de tributo sem fato gerador, o que até numa análise superficial gera dúvida quanto à constitucionalidade do dispositivo.

As contribuições previdenciárias constituem tributo que tem como fato gerador o pagamento de verba de natureza remuneratória. Supondo que o reclamante pleiteie na sua petição inicial apenas duas parcelas, saldo de salário no valor de R$ 100,00 e indenização por dano moral no valor de R$ 10.000,00, caso os litigantes cheguem a um acordo no valor de R$ 2.000,00, terá que haver, por força do dispositivo legal citado, o recolhimento de contribuições previdenciárias calculadas, ao menos, sobre um salário mínimo (em 2021, R$ 1.100,00). O tributo, portanto, será cobrado sobre valores que não eram devidos a título de remuneração, na medida em que o salário mínimo é bem superior a R$ 100,00, valor que corresponde à única parcela remuneratória. Por outras palavras, o resultado será a cobrança de tributo sobre verbas que não poderiam compor o seu fato gerador. Além disso, não se pode ignorar que o pretenso dono da parcela que está sendo objeto da transação é o empregado, que possui um direito inalienável a renunciá-la, se assim o desejar, ainda mais se o direito à verba em questão é controverso nos autos.

Em suma, a constitucionalidade das regras constantes dos §§ 3º-A e 3º-B do art. 832 da CLT é duvidosa. No mínimo, há duas situações que, se verificadas no caso concreto, colidirão com o texto constitucional. Se o juiz indefere as parcelas de natureza remuneratória e somente condena o reclamado ao pagamento de parcelas indenizatórias ou se, na transação, o credor renuncia às parcelas remuneratórias pleiteadas e a avença recai apenas sobre parcelas indenizatórias, fixar qualquer valor a título de contribuição previdenciária implicará exigir-lhe o pagamento sem que tenha ocorrido qualquer dos fatos geradores indicados no art. 195 da Constituição da República. Representa, em síntese, **contribuição sem salário-contribuição.**

Obviamente que a situação não é a mesma quando a sentença cognitiva já foi proferida e transitada em julgado. Neste caso, como o reclamante teve reconhecido judicialmente o direito a parcelas remuneratórias, a eventual renúncia ao seu recebimento por meio de um acordo não poderá prejudicar terceiro, no caso a autarquia previdenciária. Prevalecerá, então, o disposto no § 6º do art. 832 da CLT, segundo o qual "**o acordo celebrado após o trânsito em julgado da sentença ou após a elaboração dos cálculos de liquidação de sentença não prejudicará os créditos da União**".

Registre-se, porém, que o disposto no § 6º do art. 832 da CLT foi relativizado pela Orientação Jurisprudencial nº 376 da SBDI-1 do TST que consagra o entendimento de que "**é devida a contribuição previdenciária sobre o valor do acordo celebrado e homologado após o trânsito em julgado de decisão judicial, respeitada a proporcionalidade de valores entre as parcelas de natureza salarial e indenizatória deferidas na decisão condenatória e as parcelas objeto do acordo**". A prevalecer tal entendimento, se a sentença transitada em julgado condenou o reclamado ao pagamento de R$ 100.000,00, sendo que R$ 30.000,00 a título de parcelas salariais e R$ 70.000,00 a título de parcelas indenizatórias, o eventual acordo a ser celebrado pelas partes deverá respeitar a proporção 30/70. Por exemplo, se o valor da transação for R$ 60.000,00, ao menos a quantia de R$ 18.000,00 deverá ser considerada remuneratória, incidindo sobre ela a contribuição previdenciária.[18]

---

18   Sobre o tema, a Advocacia-Geral da União, órgão ao qual incumbe a cobrança e execução das contribuições previdenciárias, editou duas Súmulas. A Súmula nº 67, de 3 de dezembro de 2012, adota o entendimento de que "na Reclamação Trabalhista, até o trânsito em julgado, as partes são livres para discriminar a natureza das verbas objeto do acordo judicial para efeito do cálculo da contribuição previdenciária, mesmo que tais valores não correspondam aos pedidos ou à proporção das verbas salariais constantes da petição inicial". A Súmula nº 74, de 31 de março de 2014, adota o entendimento de que "na Reclamação Trabalhista, quando o acordo for celebrado e homologado após o trânsito em julgado, a contribuição previdenciária incidirá sobre o valor do ajuste, respeitada a proporcionalidade das parcelas de natureza salarial e indenizatória deferidas na decisão condenatória".

RECURSOS NO PROCESSO DO TRABALHO (PARTE GERAL)

12

A palavra *recurso*, cuja origem etimológica remonta ao vocábulo latino *recursus*, que transmite a ideia de repetição e de retorno (correr de novo), identifica **um instituto processual cuja existência tem como fundamentos racionais a necessidade psicológica do sucumbente e a falibilidade humana.**

A **necessidade psicológica do sucumbente** tem a ver com o inconformismo natural do ser humano, que não costuma aceitar a primeira opinião que lhe seja desfavorável. Por exemplo, não é comum que alguém aceite o primeiro diagnóstico médico que confirme a existência de uma doença grave, ainda mais se for informado de que não há cura para o mal, ou seja, se for desenganado pelo profissional de saúde. A tendência é que o paciente procure uma segunda opinião. Dá-se o mesmo com o litigante que toma ciência de uma sentença que rejeita a sua postulação.

A **falibilidade humana,** por seu turno, tem a ver com a garantia de maior segurança no julgamento, permitindo a correção de eventual injustiça perpetrada pelo julgador. O juiz não é infalível. A possibilidade sempre presente de *error in procedendo* (**vício formal no procedimento**) ou de *error in iudicando* (**vício no conteúdo da decisão**) recomenda que haja no sistema jurídico processual um instrumento que permita um novo olhar sobre o processo, eventualmente corrigindo a decisão, seja no seu aspecto formal, seja no seu aspecto substancial. Este instrumento é o que se denomina recurso.

12.1 PRINCÍPIOS

O sistema recursal trabalhista, conforme apontam os estudiosos, compartilha os mesmos princípios que orientam o sistema recursal do processo comum, aos quais acrescenta, porém, o **princípio da irrecorribilidade imediata das decisões interlocutórias.** Assim, sem caráter exaustivo, podemos apresentar a seguinte lista de princípios que, segundo a boa doutrina, informam o sistema recursal trabalhista:

a) princípio da **voluntariedade;**
b) princípio da **temporalidade;**
c) princípio da **unirrecorribilidade;**
d) princípio da **adequação;**
e) princípio da **fungibilidade;**
f) princípio da **proibição da *reformatio in pejus*;**
g) princípio da **irrecorribilidade imediata das decisões interlocutórias.**

12.1.1 Princípio da voluntariedade

Inserindo-se no sistema recursal como uma manifestação do princípio dispositivo ou da demanda (art. 2º do CPC), **o princípio da voluntariedade traduz a ideia de que recorrer de uma decisão judicial é uma faculdade, e não uma imposição legal.** Assim, o Judiciário não reapreciará a decisão sem que o interessado manifeste tal desejo por meio do recurso. A denominada **remessa necessária**, sobre a qual já se falou, outrora impropriamente denominada recurso de ofício, não é tecnicamente um recurso, mas uma condição de eficácia das sentenças proferidas contra a Fazenda Pública em algumas situações legalmente previstas.

12.1.2 Princípio da temporalidade

A eficácia e o cumprimento da decisão judicial não podem naturalmente ficar à mercê da parte vencida, o que ocorreria se lhe fosse dado o direito de recorrer a qualquer tempo, de acordo com a sua conveniência. Assim, **a admissibilidade de um recurso depende de que sua apresentação se dê dentro do prazo previsto nas regras legais ou regimentais.**

Os recursos previstos na CLT, como regra, deverão ser interpostos no prazo de oito dias a contar do momento em que a parte é intimada da decisão. Se o prazo para a interposição de um recurso não é observado, opera-se a perda do direito de recorrer, tratando-se aí da chamada **preclusão temporal**.

12.1.3 Princípio da unirrecorribilidade (singularidade ou unicidade recursal)

Para cada pronunciamento judicial recorrível, somente será possível um recurso vertical, isto é, um recurso capaz de suscitar o reexame da causa por uma instância superior. Por outras palavras, a interposição de mais de um recurso vertical contra a mesma decisão é vedada pelo ordenamento jurídico processual. Não será possível, por exemplo, interpor da mesma sentença dois recursos ordinários.

Os embargos de declaração são recurso horizontal, apreciado pelo mesmo órgão que prolatou a decisão embargada, daí por que a sua coexistência com o recurso vertical não contraria o princípio da unirrecorribilidade, que diz respeito tão somente aos recursos verticais.

12.1.4 Princípio da adequação

O recurso a ser manejado pelo interessado deve ser o adequado, ou seja, aquele que, por imposição legal ou regimental, aplica-se à decisão que se pretende impugnar. Por exemplo, o recurso adequado para obter o reexame pela instância superior da sentença do juiz do trabalho que julga os embargos à execução é o agravo de petição.

12.1.5 Princípio da fungibilidade

Mitigando o princípio da adequação, **o princípio da fungibilidade permite que, quando não se tratar de má-fé e nem de erro crasso (grosseiro, absurdo), o juiz receba o recurso inadequado como se fosse o adequado.**

Diante da excepcionalidade do permissivo, para que o princípio da fungibilidade se aplique é necessário que haja dúvida razoável quanto ao recurso cabível na situação concreta e, ademais, que o recurso inadequado tenha sido interposto dentro do prazo legal ou regimental previsto para o manejo do recurso adequado.

Diz-se, portanto, que **são três os requisitos para que o princípio da fungibilidade seja aplicado ao caso concreto:**

a) **dúvida razoável;**
b) **inexistência de erro grosseiro;**
c) **obediência ao prazo previsto para o recurso adequado.**

Alguns Tribunais Regionais do Trabalho, em virtude da simplicidade do processo do trabalho e da atribuição do *ius postulandi* às partes, são muito receptivos à aplicação do princípio da fungibilidade, adotando uma concepção elástica de dúvida razoável, o que reduz as hipóteses de erro grosseiro. Não é incomum, por exemplo, encontrar acórdãos regionais que recebem recurso ordinário como se fosse agravo de instrumento[1] ou de petição[2] ou que recebem agravo de petição como se fosse recurso ordinário.[3] Perante o TST, onde o *ius postulandi* das partes não tem lugar (Súmula nº 425), não há o mesmo nível de tolerância.

12.1.6 Princípio da vedação ou proibição da *Reformatio in Pejus*

A parte recorrente não poderá, em razão do seu recurso, obter uma nova decisão que agrave a sua sucumbência, isto é, que piore a sua situação. Sua situação será melhorada ou, pelo menos, ficará do mesmo jeito que estava antes de interpor o recurso. Impõe-se, assim, um limite objetivo ao reexame da causa pela instância recursal, que no jargão jurídico é também denominada juízo ou instância *ad quem*, **expressão latina que significa "para quem" e, assim, refere-se ao órgão judicial destinatário do recurso.**

Somente poderá advir uma piora na situação do recorrente se também houver recurso de outra parte. Quando ambas as partes recorrem, a piora da situação de cada uma delas decorrerá não do recurso que interpôs, mas do recurso interposto pela outra parte.

Um exemplo de *reformatio in pejus* seria um acórdão que, julgando recurso do reclamado, sem que houvesse recurso da outra parte, amplia o valor da indenização por danos morais fixado pelo juízo ou instância *a quo* (**expressão latina que significa "do qual" e, assim, refere-se ao órgão judicial de onde se origina a decisão combatida por meio do recurso**).

Em tese, o princípio em questão também se aplica ao recurso horizontal (embargos de declaração), mas há situações em que é virtualmente impossível corrigir a omissão ou a contradição sem causar prejuízo ao embargante. Por isso, como já decidiu o STJ, "o princípio da proibição da *reformatio in pejus* não inibe que,

---

1 Cf. Processo nº 0010250-54.2020.5.03.0173 (ROT), do TRT da 3ª Região.
2 Cf. Processos nº 0011857-07.2013.5.01.0205 (AIRO) e nº 0009001-62.2018.5.05.0018 (AIRO), dos Tribunais Regionais do Trabalho da 1ª e da 5ª Região, respectivamente.
3 Cf. Processo nº 0020420-90.2019.5.04.0303 (RORSum), do TRT da 4ª Região.

Capítulo 12 • RECURSOS NO PROCESSO DO TRABALHO [PARTE GERAL]

acolhendo embargos de declaração, o órgão julgador supra a omissão ou elimine a contradição em sentido contrário aos interesses do embargante" (STJ – EREsp 845.220, Rel. Min. Herman Benjamin, DJ 16.02.2011).

Por fim, vale ressaltar que o princípio da proibição da *reformatio in pejus* também se aplica à remessa necessária, ainda que não a tenhamos como modalidade recursal. Isso significa que o ente público que sucumbiu na instância inferior não poderá ter a sua situação piorada quando do reexame, por força da remessa necessária, da decisão condenatória.

12.1.7 Princípio da irrecorribilidade imediata das decisões interlocutórias

As decisões interlocutórias, nos termos do § 1º do art. 893 da CLT, **não são imediatamente impugnáveis por meio de recurso na Justiça do Trabalho.** Diferentemente do processo civil, que admite o agravo de instrumento com tal finalidade, a apreciação do merecimento das decisões interlocutórias somente será admitida no recurso da decisão definitiva. Por exemplo, a decisão que, julgando o incidente de arguição de falsidade documental, declara falso ou verdadeiro um documento, somente poderá ser combatida quando da interposição do recurso ordinário da sentença proferida nos autos da respectiva reclamação trabalhista.

Há, entretanto, **de acordo com a Súmula nº 214 do TST, três hipóteses de decisão interlocutória que escapam ao princípio e admitem a interposição de recurso imediato:**

a) **a decisão de Tribunal Regional do Trabalho contrária à Súmula ou Orientação Jurisprudencial do Tribunal Superior do Trabalho;**

b) **a decisão suscetível de impugnação mediante recurso para o mesmo Tribunal;**

c) **a decisão que acolhe exceção de incompetência territorial, com a remessa dos autos para Tribunal Regional distinto daquele a que se vincula o juízo excepcionado,** consoante o disposto no art. 799, § 2º, da CLT.

12.2 EFEITOS DOS RECURSOS

Diz-se sempre que **os principais efeitos do recurso são o devolutivo e o suspensivo.**

O **efeito devolutivo** é inerente a todo e qualquer recurso. Significa que todas as questões discutidas no processo que sejam objeto do recurso serão devolvidas (isto é, transferidas) à apreciação do órgão jurisdicional incumbido de julgá-lo.

O **efeito suspensivo** significa que, uma vez interposto o recurso, a eficácia da decisão fica temporariamente paralisada, vale dizer, ela não poderá ser executada enquanto pendente de recurso.

No processo do trabalho, **os recursos são, em regra, recebidos apenas no efeito devolutivo,** permitindo-se a execução até a penhora (art. 899, *caput*, e art. 893, § 2º, CLT). Contudo, os embargos de declaração têm necessariamente efeito suspensivo. Por outras palavras, **quando se trata de recurso vertical manejado no processo trabalhista, o efeito suspensivo é a exceção**. O recurso horizontal (embargos de declaração), por sua vez, sempre será acompanhado do efeito suspensivo.

Atenção

Excepcionalmente, pode ser concedido efeito suspensivo ao recurso vertical trabalhista, quando o recorrente tem deferido pedido formulado neste sentido em sede de tutela de urgência. Além disso há a exceção prevista no art. 2º-B da Lei nº 9.494/97, que se aplica ao recurso ordinário interposto de sentenças contra a Fazenda Pública, sobre a qual se falará no item referente ao recurso ordinário.

A doutrina também se refere a outros efeitos:

a) **translativo,** que significa que, mesmo quando não tenham sido trazidas expressamente pelo recurso, **as questões de ordem pública, que deveriam ser conhecidas de ofício pelo juiz e em relação às quais a preclusão não ocorre, são também remetidas à apreciação da instância recursal.** As questões de ordem pública são todas aquelas listadas no art. 337 do CPC, excetuando-se a convenção de arbitragem e a incompetência relativa. No reexame necessário (que não é propriamente um recurso, mas tem processamento semelhante) **o efeito translativo e o efeito devolutivo se confundem,** na medida em que a instância superior também irá apreciar as questões de mérito da decisão, independentemente de qualquer manifestação do sucumbente (ente público);

b) **substitutivo,** que significa que **a decisão proferida pelo Tribunal no julgamento do mérito do recurso substituirá a decisão recorrida.** Na literalidade do art. 1.008 do Código de Processo Civil, "o julgamento proferido pelo tribunal substituirá a decisão impugnada no que tiver sido objeto de recurso";

c) **extensivo,** que significa que, **na hipótese de litisconsórcio necessário unitário, basta que um dos litisconsortes recorra para que todos eles sejam beneficiados com o eventual resultado favorável do recurso.** Conforme a redação do art. 1.005 do CPC, "o recurso interposto por um dos litisconsortes a todos aproveita, salvo se distintos ou opostos os seus interesses". Vale lembrar que quando os interesses dos litisconsortes são distintos ou opostos o litisconsórcio necessário não tem caráter unitário. Por isso é que se diz que o efeito extensivo é próprio do recurso interposto de decisão proferida nos autos de processo em que há litisconsórcio unitário;

d) **regressivo:** é o **efeito específico de alguns recursos que, por disposição legal, permitem ao juiz que proferiu a decisão recorrida reapreciá-la e, assim, exercitar o chamado juízo de retratação.** Tradicionalmente, o **efeito regressivo** acompanha o **agravo de instrumento** e o **agravo regimental.** Todavia, aceitando-se a aplicabilidade do disposto no § 7º do art. 485 do CPC ao processo do trabalho, é possível reconhecer em caráter excepcio-

234 Capítulo 12 • RECURSOS NO PROCESSO DO TRABALHO [PARTE GERAL]

nal o **efeito regressivo do recurso ordinário,** permitindo-se que, no prazo de cinco dias de sua interposição, o juiz possa retratar-se de sentença que não apreciou o mérito da ação.

12.3 NORMATIZAÇÃO DOS RECURSOS

As regras aplicáveis ao sistema recursal trabalhista estão inseridas no Capítulo VI do Título X da CLT (arts. 893/891). Sendo omisso o texto consolidado, as disposições do CPC serão aplicadas supletiva e subsidiariamente ao processo do trabalho, desde que não haja incompatibilidade com os princípios processuais trabalhistas.

Os Regimentos dos Tribunais do Trabalho também veiculam princípios e regras processuais trabalhistas. Por uma questão de hierarquia, todas as normas aplicadas ao processo do trabalho têm de estar em conformidade com a Constituição da República, que também traz princípios e regras que incidem diretamente sobre o processo do trabalho, a exemplo da fixação de sua competência material (art. 114 da CF).

12.4 PRESSUPOSTOS RECURSAIS

A lei prevê que a admissibilidade do recurso está condicionada ao cumprimento de alguns requisitos aos quais a doutrina majoritária e alguns textos legais denominam pressupostos recursais. Alguns são de natureza objetiva, outros de natureza subjetiva. Alguns referem-se a aspectos extrínsecos do recurso e outros a aspectos intrínsecos. Basta que um dos pressupostos não seja atendido para que seja negado o seguimento do recurso. Têm os pressupostos, assim, no âmbito recursal, o caráter de questões prejudiciais, isto é, que antecedem ao exame do mérito do recurso.[4]

As duas principais classificações reportadas pela doutrina distinguem entre pressupostos objetivos e subjetivos e entre pressupostos intrínsecos e extrínsecos. Embora a doutrina costume assimilar os pressupostos objetivos aos extrínsecos e os pressupostos subjetivos aos intrínsecos, trata-se de classificações construídas a partir de critérios diferentes.

A classificação que distingue entre pressupostos objetivos e subjetivos considera a existência ou não de uma relação de pertinência entre o requisito de admissibilidade recursal e a pessoa (sujeito) que interpõe o recurso. Por outras palavras, se o requisito de admissibilidade do recurso traduz exigência que se relaciona com o sujeito que recorre, tem-se um pressuposto subjetivo. Se não, tem-se um pressuposto objetivo.

---

4   "O mérito do recurso é a pretensão recursal, que pode ser a de invalidação, reforma, integração ou esclarecimento (esse último exclusivo dos embargos de declaração). A causa de pedir recursal e o respectivo pedido recursal compõem o mérito do recurso" (DIDIER JR., Fredie; CUNHA, Leonardo José Carneiro da. *Curso de direito processual civil:* o processo civil nos tribunais, recursos, ações de competência originária de tribunal e querela nullitatis, incidentes de competência originária de tribunal. 13. ed. reform. Salvador: JusPodivm, 2016. v. 3, p. 134).

Por ser referida expressamente no texto consolidado (arts. 896-A, § 6º, e 894, § 3º, II, da CLT) e na jurisprudência consolidada do TST (Súmula nº 353), adotaremos aqui a classificação que distingue entre pressupostos extrínsecos e intrínsecos.

Os pressupostos intrínsecos são aqueles requisitos cuja presença é necessária para que se reconheça a existência do próprio direito de recorrer, ao passo que **os pressupostos extrínsecos são requisitos relacionados com o modo pelo qual o recurso deve ser apresentado, isto é, com a sua validade,** de sorte que o seu descumprimento não implica a negação, em abstrato, do direito de recorrer, mas sim a inadmissibilidade do recebimento do recurso nas condições em que foi apresentado.

12.4.1 Pressupostos extrínsecos

Os pressupostos extrínsecos de admissibilidade do recurso doutrinariamente incontroversos são a **tempestividade,** a **adequação,** o **preparo** e a **regularidade da representação.**[5]

12.4.1.1 Tempestividade

O recurso deve ser apresentado dentro do prazo fixado pela lei ou pelo regimento do tribunal.

O texto consolidado fixou **o prazo de 8 (oito) dias para a interposição dos principais recursos trabalhistas** (recurso ordinário, recurso de revista, agravo de instrumento, agravo de petição, recurso adesivo) e o de **cinco dias para a apresentação dos embargos declaratórios.**

A Lei nº 5.584/70 estipula, no § 2º do art. 2º, o prazo de 48 horas para a apresentação do recurso apelidado de **pedido de revisão.**

O prazo para a interposição de recurso extraordinário perante o Supremo Tribunal Federal é de 15 dias (art. 1.003, § 5º, do CPC).

O prazo para a interposição do agravo regimental será fixado pelo Regimento Interno de cada tribunal, assim como ocorre com eventuais recursos criados por meio desse expediente normativo. No entanto, os tribunais trabalhistas têm padronizado tal prazo em 8 (oito) dias.

O prazo para que a União, os Estados, o Distrito Federal, os Municípios e suas respectivas autarquias e fundações de direito público interponham qualquer recurso será dobrado (DL nº 779/69, art. 19, III, e art. 183, do CPC). De igual modo, **o Ministério Público do Trabalho, quer atue como parte, quer atue como fiscal da ordem jurídica *(custos legis),* terá o prazo dobrado para recorrer,** uma vez que o art. 180 do CPC, aplicado subsidiariamente ao processo do trabalho, não distingue entre as duas formas de atuação ministerial.

O recurso apresentado fora do prazo é intempestivo e, assim, terá o seu prosseguimento negado.

---

5 Há renomados doutrinadores que acrescentam à lista a recorribilidade do pronunciamento judicial e a inexistência de fato extintivo ou impeditivo de recorrer. Por exemplo, Gustavo Garcia (*Curso de direito processual do trabalho.* 8. ed. Rio de Janeiro: Forense, 2019, p. 618) e Bezerra Leite (ob. cit., p. 972).

12.4.1.2 Adequação

Como já falamos ao tratar do princípio da adequação, **o recurso a ser utilizado pelo interessado para impugnar a decisão que o tornou sucumbente deverá ser aquele especificamente indicado pela lei ou pelo regimento do tribunal.** Por exemplo, o recurso adequado para obter o reexame da sentença do juiz do trabalho que julga uma reclamação trabalhista, seja com resolução do mérito, seja sem resolução do mérito, é o recurso ordinário, que será apreciado pelo TRT ao qual o magistrado está vinculado.

Por outras palavras, **o recurso adequado será aquele apontado pela lei ou pelo regimento dos tribunais como apropriado para a impugnação da decisão, e não outro.** Não obstante, o princípio da fungibilidade, sobre o qual já nos referimos, mitiga o pressuposto da adequação, permitindo que um recurso inadequado seja recebido como se fosse o adequado desde que haja dúvida razoável, inexistência de erro grosseiro e cumprimento do prazo previsto para a interposição do recurso correto.

12.4.1.3 Preparo

A palavra *preparo* **na linguagem processual traduz a exigência do pagamento das custas e de outras despesas processuais como condição para que o recurso seja recebido.**

No processo do trabalho, a aceitação da maioria dos recursos cabíveis nos dissídios individuais depende do prévio pagamento das custas pelo vencido. Como regra, **para que tenha o seu recurso admitido, o vencido, reclamante ou reclamado, deve pagar as custas que lhe foram impostas na decisão recorrida, salvo quando beneficiário da gratuidade judiciária.** As custas deverão ser pagas pelo vencido e comprovado o recolhimento dentro do prazo recursal, nos termos do § 1º do art. 789.

Por sua vez, **o reclamado que pretenda interpor recurso, deverá, além de pagar as custas, depositar previamente o valor da condenação até o limite fixado no § 1º do art. 899 da CLT,** observando-se que, diante da extinção dos salários mínimos regionais, o valor correspondente ao limite em questão é anualmente atualizado pelo TST. Trata-se do chamado **depósito recursal,** que é exigível, em sede de dissídios individuais, para a interposição de **recurso ordinário (inclusive adesivo), recurso de revista, embargos no TST, recurso extraordinário e agravo de instrumento** (art. 899, § 7º, da CLT).

Assim como ocorre com as custas, o depósito recursal deverá ser feito dentro do prazo do recurso. **O recurso sem preparo,** isto é, sem o pagamento de custas e/ou o depósito recursal, quando exigíveis, é **considerado** <u>deserto</u>. Por outras palavras, **a** <u>deserção</u>, na linguagem processual, é o mesmo que <u>falta de preparo</u>.

Os beneficiários da justiça gratuita tanto são isentos das custas quanto do depósito recursal (arts. 790, § 4º, e 899, § 10, da CLT).

A União, os Estados, o Distrito Federal, os Municípios, as autarquias e fundações públicas e o Ministério Público do Trabalho, à semelhança dos beneficiários de justiça gratuita, são isentos do pagamento de custas (art. 790-A da CLT), mas tal isenção não alcança as entidades fiscalizadoras do exercício profissional

(OAB, CREMEB, CRECI, CREA etc.), embora tenham a natureza jurídica autárquica (art. 790-A, parágrafo único, da CLT).

Nos termos do art. 1º, IV, do Decreto-Lei nº 779, de 21 de agosto de 1969, **a dispensa do depósito recursal** constitui privilégio da **União, dos Estados, do Distrito Federal, dos Municípios e das autarquias ou fundações de direito público federais, estaduais ou municipais que não explorem atividade econômica.**

A massa falida está isenta tanto do pagamento de custas quanto do depósito recursal, de conformidade com o entendimento consagrado pela Súmula nº 86 do TST.

As entidades filantrópicas e as empresas em recuperação judicial são isentas do depósito recursal, nos termos do § 10 do art. 899 da CLT, mas não há dispositivo legal que as isente do pagamento de custas, de modo que tal isenção somente será possível se lhes for reconhecido o benefício da gratuidade judiciária.

O valor do depósito recursal será reduzido pela metade para **entidades sem fins lucrativos, empregadores domésticos, microempreendedores individuais, microempresas e empresas de pequeno porte** (art. 899, § 9º, da CLT).

Importante, portanto, **não confundir o tratamento dado às entidades filantrópicas com aquele dado às entidades sem fins lucrativos.** As **entidades filantrópicas** gozam de **isenção do depósito recursal,** mas não estão isentas do pagamento das custas. As **entidades sem fins lucrativos** têm em seu benefício **a redução à metade do valor do depósito recursal,** embora também não estejam isentas do pagamento de custas. Ambas as espécies de entidades, porém, podem se beneficiar da isenção de custas se lhes for concedida a gratuidade judiciária. Neste caso, as entidades sem fins lucrativos ficarão, também, isentas do depósito recursal, ou seja, não terão que pagar nem mesmo o valor reduzido à metade.

O depósito recursal será feito em conta vinculada ao Juízo e corrigido com os mesmos sumários da poupança (art. 899, § 4º, da CLT), mas o recorrente poderá substituir o depósito recursal por fiança bancária ou seguro garantia judicial (art. 899, § 11, da CLT).

Atenção

Não é rigorosamente exato dizer que o depósito recursal é imposto somente ao empregador, pois, nos termos do art. 2º da Instrução Normativa nº 27/2005 do TST, que dispõe sobre normas procedimentais aplicáveis ao processo do trabalho em decorrência da ampliação da competência da Justiça do Trabalho pela Emenda Constitucional nº 45/2004, ele será sempre exigível como requisito extrínseco do recurso quando houver condenação em pecúnia. Poderá ser devido, por exemplo, pela empresa que é condenada a pagar comissões inadimplidas ao representante comercial autônomo que lhe presta serviços. Há julgados, inclusive, que consideram que o depósito recursal é exigível do empregado, desde que tenha sido condenado ao pagamento de pecúnia e não seja beneficiário da gratuidade judiciária, em ações que tenham decorrido da ampliação da competência da Justiça do Trabalho determinada pela EC nº 45/2004. Isso poderia ocorrer, por exemplo, quando o empregado, numa ação monitória, é condenado a devolver parte do valor despendido por seu empregador no patrocínio de curso de capacitação acadêmico-profissional.

12.4.1.4 Regularidade da representação

O recurso somente pode ser firmado por quem tem capacidade postulatória (*jus postulandi*), que na Justiça do Trabalho é outorgada até mesmo ao empregado e ao empregador que figurem como partes numa reclamação trabalhista, com as limitações ditadas pela Súmula nº 425 do TST.

No entanto, **se a parte contrata um advogado para representá-la, é necessário comprovar a regularidade da representação**, isto é, exige-se que o profissional de Direito, regularmente inscrito na OAB, ao qual foi outorgado o mandato, junte o instrumento respectivo (procuração) aos autos até o momento da interposição do recurso.

A **Súmula nº 383 do TST** consolida o entendimento de que **o recurso firmado por advogado sem procuração juntada aos autos até o momento da sua interposição, salvo mandato tácito, é inadmissível,** admitindo, porém, que o **advogado,** nas hipóteses previstas no art. 104 do CPC,[6] **independentemente de intimação, exiba a procuração no prazo de 5 (cinco) dias após a interposição do recurso, prazo este que poderá ser prorrogado por igual período mediante despacho do juiz, sob pena de que o ato praticado (apresentação da procuração) seja considerado ineficaz e o recurso não seja conhecido.**

A **Súmula nº 383** também firmou o posicionamento do TST no sentido de que, **quando a irregularidade de representação da parte é verificada em fase recursal, em procuração ou substabelecimento já constante dos autos, o relator ou o órgão competente para julgamento do recurso designará prazo de 5 (cinco) dias para que seja sanado o vício e, descumprida a determinação, o relator não conhecerá do recurso, se a providência couber ao recorrente** (art. 76, § 2º, I, do CPC).

12.4.2 Pressupostos extrínsecos

Os **pressupostos intrínsecos de admissibilidade** usualmente apontados pela doutrina são a **legitimidade,** a **capacidade** e o **interesse** (lesividade, como preferem alguns estudiosos).

12.4.2.1 Legitimidade

Proferida a decisão, quem pode impugná-la mediante recurso? Essa é justamente a indagação à qual o pressuposto da legitimidade responde.

Nos termos do art. 996 do CPC, **são legitimados para o recurso a parte vencida, o terceiro prejudicado e o Ministério Público.**[7]

---

6 "Art. 104. O advogado não será admitido a postular em juízo sem procuração, salvo para evitar preclusão, decadência ou prescrição, ou para praticar ato considerado urgente.

§ 1º Nas hipóteses previstas no caput, o advogado deverá, independentemente de caução, exibir a procuração no prazo de 15 (quinze) dias, prorrogável por igual período por despacho do juiz.

§ 2º O ato não ratificado será considerado ineficaz relativamente àquele em cujo nome foi praticado, respondendo o advogado pelas despesas e por perdas e danos."

7 Alguns autores referem-se em separado à legitimidade do litisconsorte, do assistente, dos herdeiros e dos sucessores. Todavia, o litisconsorte, os herdeiros e os sucessores figuram ou figurarão no processo na condição de partes, daí por que já se encontram alcançados pela expressão "parte vencida". Quanto

A **parte vencida** (conceito que se estende ao **litisconsorte, ao assistente, aos herdeiros e aos sucessores**), também denominada **sucumbente, é aquela que vê, em seu desfavor, a postulação da parte contrária acolhida, total ou parcialmente, pelo juízo.** Não se pode esquecer aqui que **a Previdência Social também é considerada parte,** no que diz respeito à cobrança das contribuições sociais que lhe são devidas, chamadas de contribuições previdenciárias.

O terceiro prejudicado é aquele que, não integrando a relação processual, isto é, não sendo parte, sofrerá dano em razão da decisão proferida pelo juízo. Cabe-lhe demonstrar que há uma possibilidade concreta de que a decisão afete direito cuja titularidade afirme possuir. Por exemplo, um advogado pode ter reconhecida a sua legitimidade como terceiro prejudicado para, em nome próprio, interpor recurso pleiteando que lhe sejam deferidos os honorários advocatícios de sucumbência negados na decisão recorrida.[8]

O Ministério Público do Trabalho tem legitimidade para recorrer quer atue como parte, quer atue como fiscal da ordem jurídica (*custos legis*).

A **remessa necessária,** como já afirmado, não tem o caráter de recurso, tratando-se tão somente de condição de eficácia da sentença prolatada contra entes públicos em certas hipóteses legalmente previstas, posição que ficou mais evidente, ainda, no CPC de 2015. Por isso, **a antiga discussão em torno da suposta legitimidade do próprio juiz para recorrer de ofício de suas decisões não faz mais o menor sentido.** Aliás, a ideia de que na remessa necessária o juiz que prolatou a sentença estaria recorrendo da própria decisão sempre teve um quê de teratológica.

12.4.2.2 Capacidade

A legitimidade para recorrer não será suficiente para que o recurso interposto seja recebido, se, no momento da interposição, faltar ao recorrente a plena capacidade processual. Isso pode ocorrer por diversas razões. Por exemplo, quando

---

ao assistente, *idem* se for litisconsorcial. Se não o for poderá ser considerado um terceiro interessado. Os três legitimados do art. 996 do CPC, portanto, compreendem inequivocamente a totalidade dos sujeitos que podem recorrer.

8 Cf. neste sentido o seguinte aresto do TST: "(...) LEGITIMIDADE RECURSAL DO ADVOGADO. HONORÁRIOS ADVOCATÍCIOS. A princípio, necessário verificar-se a legitimidade recursal do recorrente. Na hipótese, o advogado do reclamado, em nome próprio e na condição de terceiro interessado, interpõe recurso de revista postulando o deferimento de honorários advocatícios de sucumbência. Dispõe o Código de Processo Civil que o recurso pode ser interposto pelo terceiro prejudicado, sendo necessário, todavia, que demonstre a possibilidade de a decisão sobre a relação jurídica submetida à apreciação judicial atingir direito de que se afirme titular. No mais, o § 14 do art. 85 do CPC assevera que: 'Os honorários constituem direito do advogado e têm natureza alimentar, com os mesmos privilégios dos créditos oriundos da legislação do trabalho, sendo vedada a compensação em caso de sucumbência parcial'. Por sua vez, o art. 23 da Lei nº 8.906/94 confere ao advogado o direito autônomo para executar a sentença na parte referente aos honorários de sucumbência. Nesse cenário, considerando que o advogado é o maior interessado no recebimento dos honorários, deve-se reconhecer sua legitimidade para recorrer em nome próprio, buscando a fixação ou majoração dos honorários advocatícios de sucumbência, consoante dispõe o art. 23 da Lei nº 8.906/94. (...)" (RR-1001227-71.2019.5.02.0386, 2ª Turma, Rel. Min. Maria Helena Mallmann, *DEJT* 18.12.2020).

o recorrente é um menor de 18 anos que sucedeu ao seu genitor falecido durante o curso do processo ou quando sobreveio ao recorrente uma enfermidade ou deficiência mental que o tornou incapaz. O que se disse a respeito da capacidade processual vale aqui. O menor de 18 anos, salvo se emancipado, será representado ou assistido (neste último caso, se já houver completado 16 anos) por seus **pais** ou por **tutor**. Outras espécies de incapacidade exigem a representação por meio de **curador.**

12.4.2.3 Interesse

Assim como somente poderá ajuizar uma ação quem tenha interesse processual ou interesse de agir, **a apresentação de recurso exige que o legitimado a interpô-lo também possua interesse para recorrer.**

Falta a quem saiu vencedor na sentença o interesse de recorrer. Somente tem interesse de recorrer aquele que sucumbiu, isto é, que foi vencido, total ou parcialmente, mesmo quando a sucumbência se refira apenas a uma questão prejudicial ou a uma preliminar processual, sem que tenha sofrido qualquer derrota na apreciação mais profunda do mérito. A título de exemplo, o reclamado argui a prescrição bienal e, usando do princípio da eventualidade, impugna todos os pedidos formulados pelo reclamante. O juiz na sentença rejeita a arguição de prescrição bienal (questão prejudicial de mérito), mas julga improcedentes todos os pedidos veiculados pela reclamação e, assim, o reclamado sai vitorioso na demanda. Não obstante, o interesse de recorrer do reclamado se justifica, uma vez que estará sujeito ao risco de ver a decisão do juiz revertida pelo tribunal quanto à improcedência dos pedidos caso o reclamante venha a interpor recurso, sem que a instância superior possa reformar a sentença no tópico referente à prescrição. Isso vale, também, quando a sentença rejeita uma preliminar de inépcia da inicial ou de coisa julgada (questões processuais), mas, ainda assim, o reclamado é vitorioso no mérito.

RECURSOS EM ESPÉCIE

13

A CLT prevê as seguintes espécies recursais: **Embargos de Declaração, Recurso Ordinário, Recurso de Revista, Embargos ao TST, Agravo de Instrumento e Agravo de Petição.** A Lei nº 5.548/70 prevê o recurso chamado de **pedido de revisão.** Outros recursos são previstos nos regimentos dos tribunais trabalhistas, **a exemplo da reclamação correicional e do agravo regimental.**

13.1 EMBARGOS DECLARATÓRIOS

A natureza dos embargos declaratórios tem sido historicamente objeto de discussão na doutrina. No particular, porém, podemos mais uma vez dizer: *habemus legem.* **A CLT prevê os embargos de declaração no capítulo dedicado aos recursos** (Capítulo VI do Título X). Semelhantemente, **o CPC inclui os embargos de declaração no título correspondente aos recursos e, mais do que isso, insere-os expressamente na lista dos recursos cabíveis no processo comum** (art. 994, IV, do CPC).

A natureza dos embargos de declaração, portanto, é a de recurso, conquanto se distinga das outras espécies pela peculiaridade de ser julgado pelo próprio órgão jurisdicional que proferiu a decisão (por isso se costuma denominá-los **recurso horizontal**) e, também, por conta de sua específica finalidade.

No processo do trabalho, **os embargos de declaração têm previsão no art. 897-A da CLT e visam à correção de omissão e contradição no julgado e de manifesto equívoco no exame dos pressupostos extrínsecos do recurso.** Tendo regramento no texto consolidado, a aplicabilidade subsidiária do CPC somente se justifica para suprir algumas poucas omissões.

O parágrafo único do art. 1.022 do CPC explicita quando a decisão judicial deve ser considerada omissa e não vislumbramos incompatibilidade entre o que está ali disposto e os princípios e regras do processo do trabalho. Nos termos do dispositivo em questão, **considera-se omissa a decisão que:**

a) **deixa de se manifestar sobre tese firmada em julgamento de casos repetitivos ou em incidente de assunção de competência aplicável ao caso sob julgamento;**

b) **incorra em qualquer das condutas descritas no art. 489, § 1º, do CPC, que caracterizam uma decisão desfundamentada,** sobre as quais nos referimos no item 11.2.2 deste trabalho.

O art. 897-A da CLT estabelece que **os embargos de declaração são cabíveis de sentença ou acórdão,** ao passo que **o CPC estabelece que serão cabíveis de qualquer decisão judicial.**

Capítulo 13 • RECURSOS EM ESPÉCIE

Seria até possível entender que as hipóteses de decisões em relação às quais os embargos declaratórios são cabíveis no processo do trabalho são mais restritas, invocando o princípio da celeridade processual, de modo que não haveria omissão no texto consolidado. Todavia, é inegável que uma decisão interlocutória, que em princípio não é recorrível de imediato no processo do trabalho, pode ser de tal forma omissa ou trazer uma contradição interna tão grave que reclame a correção, até mesmo de ofício, pelo juiz que a prolatou. Por exemplo, uma decisão numa arguição de falsidade documental na qual o juiz diga nos seus fundamentos que a perícia demonstrou a autenticidade do documento e, na conclusão, julga procedente o incidente e nega validade ao documento.

Não nos parece razoável, portanto, negar a possibilidade de apresentação de embargos declaratórios de decisões outras que não a sentença e o acórdão, porque a suposta reverência ao princípio da celeridade, além de colidir com o princípio da eficiência e referendar uma injustiça, como no exemplo citado, trará consigo o risco da delonga do processo ante a eventual interposição de recurso ordinário que talvez não fosse necessária.

O prazo para a apresentação dos embargos de declaração é de cinco dias e o seu julgamento deverá ocorrer na primeira audiência ou sessão subsequente à sua apresentação. No juízo de primeiro grau tem sido frequente que a decisão dos Embargos de Declaração seja juntada aos autos por escrito, sem a designação de audiência, notificando-se as partes para que dela tenham ciência, o que não traz qualquer prejuízo para os litigantes e, portanto, não gera nulidade alguma.

A decisão que julga os embargos de declaração pode ter efeito modificativo. Por outras palavras, é possível que ocorra uma inversão da sucumbência, isto é, que a parte derrotada parcial ou integralmente na sentença embargada venha a se tornar vencedora quando do julgamento dos embargos de declaração ou, ao contrário, que a parte vencedora passe à condição de vencida.

Contudo, **o eventual efeito modificativo dos embargos de declaração somente poderá ocorrer em virtude da correção de vício na decisão embargada e desde que ouvida a parte contrária, no prazo de 5 (cinco) dias,** conforme disposto no § 2º do art. 897-A.[1] A concessão de efeito modificativo aos embargos de declaração sem a oitiva da parte contrária acarreta a nulidade da decisão. Todavia, não será nula, por falta de oitiva da parte contrária à embargante, a decisão que nega efeito modificativo aos embargos.

Diferentemente do CPC, **o texto consolidado não apresenta a obscuridade e o erro material da decisão como hipóteses de cabimento dos embargos de declaração,** o que aparentemente foi uma opção do legislador trabalhista e, portanto, não configura propriamente omissão da CLT.

---

1   O efeito modificativo já era admitido antes mesmo da inclusão no texto consolidado do art. 897-A, em razão do entendimento consagrado pela Súmula nº 278 do TST, segundo o qual "a natureza da omissão suprida pelo julgamento de embargos declaratórios pode ocasionar efeito modificativo no julgado".

Os erros materiais poderão ser corrigidos de ofício ou a requerimento de qualquer das partes, não necessitando, portanto, da apresentação de embargos de declaração. Contudo, se forem apresentados embargos de declaração que se limitem a apontar erros materiais, nem por isso vislumbramos razão para que o recurso não seja apreciado. Não se ignora aqui que, no rigor técnico, os embargos de declaração seriam recebidos apenas como um pedido de correção de erros materiais, sem o caráter de recurso. Parece-nos, contudo, um preciosismo inútil, que não se harmoniza com a simplicidade do processo do trabalho, rejeitar os embargos de declaração e, em seguida, dar uma decisão corrigindo os erros materiais, quando nenhum prejuízo advirá às partes de que a correção se faça em sede dos embargos de declaração.

Na mesma linha de entendimento, parece-nos razoável que o juiz do trabalho receba os embargos de declaração que invoquem o vício da **obscuridade,** porque rejeitá-los representa um tecnicismo exacerbado que confronta os princípios da economicidade e da celeridade processual. Considerando-se que os erros materiais podem até mesmo ser corrigidos de ofício, possibilidade que não está textualmente prevista para a hipótese de obscuridade, o não recebimento dos embargos de declaração forçaria a interposição de recurso vertical e terminaria por conduzir à anulação pela instância superior da decisão obscura e o retorno dos autos para que nova decisão fosse proferida. **A decisão obscura padece de nulidade.** Mais salutar para o processo, portanto, será a correção da obscuridade em sede de embargos de declaração.

Nos termos do § 3º do art. 897-A da CLT, "**os embargos de declaração interrompem o prazo para interposição de outros recursos, por qualquer das partes, salvo quando intempestivos, irregular a representação da parte ou ausente a sua assinatura**". Isso significa que **os Embargos de Declaração somente não são CONHECIDOS em caso de intempestividade, irregularidade de representação e ausência de assinatura,** quando, então, não provocam a interrupção do prazo para a interposição do recurso vertical.

Atenção

Há uma diferença entre NÃO CONHECER um recurso e NEGAR-LHE PROVIMENTO. Um recurso não é CONHECIDO quando lhe falta algum pressuposto recursal. Um recurso tem o seu PROVIMENTO NEGADO quando o mérito recursal é examinado e o recorrente não logra êxito na sua pretensão de ver a sentença reformada ou modificada. Fica assim perceptível, também, a diferença que existe entre CONHECER e DAR PROVIMENTO ao recurso. Todo o recurso ao qual se DEU PROVIMENTO foi, antes, CONHECIDO. As expressões DAR PROVIMENTO ou NEGAR PROVIMENTO são as mais utilizadas pelos juízes e tribunais, mas podem ser substituídas por expressões similares, a exemplo de ACOLHER ou REJEITAR, dentre outras.

Nos termos do § 2º do art. 1.026 do CPC, se os embargos de declaração forem manifestamente protelatórios, o juiz ou o tribunal, em decisão fundamentada, condenará o embargante a pagar ao embargado multa não excedente a dois por cento sobre o valor atualizado da causa e caso haja reiteração de embargos de declaração manifestamente protelatórios, o § 3º prevê que a multa será elevada a até dez por cento sobre o valor atualizado da causa, e a interposição de qualquer recurso ficará condicionada ao depósito prévio do valor da multa, à exceção da Fazenda Pública e do beneficiário de gratuidade da justiça, que a recolherão ao final.

Os juízes e tribunais trabalhistas, inclusive o TST, têm aplicado as penalidades previstas nos §§ 2º e 3º do art. 1.026 do CPC (não necessariamente condicionando a interposição do recurso ao pagamento prévio da multa), muito embora a hermenêutica jurídica, ao menos a mais tradicional, rejeite a aplicação subsidiária de preceito de caráter punitivo. Ademais, o art. 793-B, VII, considera litigante de má-fé aquele que interpuser recurso com intuito manifestamente protelatório e, sendo assim, as penalidades aplicáveis deveriam ser as previstas no art. 793-C da CLT, ou seja, a imposição de uma multa que pode ser fixada em percentual superior a 1% (um por cento) e inferior a 10% (dez por cento) do valor corrigido da causa, e, eventualmente, a indenização à parte contrária pelos prejuízos que esta sofreu, inclusive arcando com os honorários advocatícios e com todas as despesas que efetuou.

Em suma, não nos parece cabível a aplicabilidade subsidiária ao processo do trabalho do art. 1.026, § 2º e § 3º, do CPC, seja porque é princípio basilar de hermenêutica jurídica que os preceitos punitivos não devam ser interpretados de forma extensiva, seja porque atualmente não há omissão no texto consolidado, pois este prevê penalidades ainda mais graves para quem apresenta embargos de declaração que manifestamente visem somente a procrastinar o deslinde do processo. Não obstante, reconhecemos que a jurisprudência trabalhista tem marchado em direção contrária.

A **Súmula nº 184 do TST** consagra o entendimento de que **ocorre preclusão se não forem opostos embargos declaratórios para suprir omissão apontada em recurso de revista ou de embargos.**

Por fim, **é importante destacar o papel dos embargos de declaração como veículo para o prequestionamento,** quando a decisão de tribunal da qual se pretende interpor recurso vertical foi omissa a respeito de algum tema. **A Súmula nº 297 do TST consolida o entendimento de que "incumbe à parte interessada, desde que a matéria haja sido invocada no recurso principal, opor embargos declaratórios objetivando o pronunciamento sobre o tema, sob pena de preclusão".** Assim, a questão jurídica sobre a qual o Tribunal deixou de se pronunciar, mesmo após a apresentação dos embargos de declaração, será considerada prequestionada.

13.2 RECURSO ORDINÁRIO

O **recurso ordinário está sediado no art. 895 da CLT,** que prevê o seu cabimento, no prazo de 8 dias, das **sentenças definitivas ou terminativas das Varas e Juízos,** e das **decisões definitivas ou terminativas dos Tribunais Regionais, em processos de sua competência originária** (dissídio coletivo, mandado de segurança, ação rescisória etc.).

O **recurso ordinário, quando interposto das sentenças de primeiro grau** (Varas do Trabalho ou Juízes de Direito investidos de jurisdição trabalhista), **guarda correspondência com a apelação do processo civil.**[2]

Há, entretanto, de acordo com a **Súmula nº 214 do TST, uma hipótese em que será cabível o recurso ordinário de uma decisão interlocutória**, isto é, de uma decisão que tecnicamente não pode ser considerada sentença definitiva ou terminativa: **a decisão que acolhe exceção de incompetência territorial, com a remessa dos autos para Tribunal Regional distinto daquele a que se vincula o juízo excepcionado.**

As **decisões que acolhem a preliminar de incompetência em razão da matéria** terminam o feito na Justiça do Trabalho e, portanto, podem ser consideradas sentenças terminativas e, deste modo, são passíveis de impugnação por meio de recurso ordinário.

O **arquivamento do feito** pela ausência do reclamante à audiência também tem o caráter de sentença terminativa, isto é, que extingue o processo sem julgamento do mérito. Pode ser impugnado, de igual modo, por meio do recurso ordinário.

O **recurso ordinário é daqueles cuja admissibilidade está condicionada ao preparo** (pagamento das custas processuais e depósito recursal), exceto as situações de isenção previstas no texto consolidado. **O seu efeito**, seguindo a regra prevista no art. 899 da CLT, é **meramente devolutivo.** Contudo, nos termos do art. 2º-B da Lei nº 9.494/97, "**a sentença que tenha por objeto a liberação de recurso, inclusão em folha de pagamento, reclassificação, equiparação, concessão de aumento ou extensão de vantagens a servidores da União, dos Estados, do Distrito Federal e dos Municípios, inclusive de suas autarquias e fundações, somente poderá ser executada após seu trânsito em julgado**". Nas hipóteses previstas no dispositivo em questão, portanto, **o recurso ordinário terá efeito suspensivo.**

Quando se trata de dissídios individuais submetidos ao procedimento sumaríssimo, a tramitação do recurso ordinário é diferenciada, conforme prevê o § 1º do art. 895 da CLT. Neste caso, **o recurso ordinário será imediatamente distribuído e uma vez recebido no Tribunal, o relator deverá liberá-lo no prazo máximo de dez dias, cabendo à Secretaria do Tribunal ou Turma colocá-lo imediatamente em pauta para julgamento, sem revisor. Se o Ministério Público entender que é necessário o seu parecer, deverá apresentá-lo oralmente** na sessão de julgamento, sendo a manifestação do *Parquet* registrada na respectiva certidão. **O acórdão consistirá unicamente na certidão de julgamento**, com a indicação suficiente do processo e parte dispositiva, e das razões de decidir do voto prevalente. Caso a sentença seja confirmada pelos próprios fundamentos, a certidão de julgamento, registrando tal circunstância, servirá de acórdão.

---

2   No processo civil não cabe apelação de decisões do segundo grau.

Capítulo 13 • RECURSOS EM ESPÉCIE

No caso das decisões proferidas pelos Tribunais Regionais do Trabalho em dissídio coletivo e demais processos de sua competência originária,[3] o recurso ordinário será julgado pelo Tribunal Superior do Trabalho, pois o art. 895 é muito claro quando diz que o apelo será julgado pela instância superior, de modo que o regimento do TRT não poderá atribuir a sua apreciação a algum dos seus órgãos internos, nem mesmo ao plenário.

Os recursos ordinários contra decisões dos Tribunais Regionais em processos de dissídio individual de sua competência originária serão julgados pela Subseção II da Seção Especializada em Dissídios Individuais (art. 78, III, c, do RITST).

Compete, contudo, ao Órgão Especial do TST, nos termos das alíneas e, f, g do inciso I do art. 76 do Regimento Interno da Corte, **julgar os recursos ordinários:**

(i) interpostos em agravos internos contra decisões proferidas em reclamações correicionais ou em pedidos de providências que envolvam impugnação de cálculos de precatórios;

(ii) interpostos contra decisões proferidas em mandado de segurança impetrado contra ato do Presidente de Tribunal Regional em precatório;

(iii) interpostos contra decisões proferidas em reclamações quando a competência para julgamento do recurso do processo principal for a ele atribuída.

Por seu turno, o julgamento dos recursos ordinários contra as decisões proferidas pelos Tribunais Regionais do Trabalho em dissídios coletivos, em ações rescisórias, reclamações e mandados de segurança pertinentes a dissídios coletivos e em ações anulatórias de acordos e convenções coletivas compete à Seção Especializada em Dissídios Coletivos (art. 77, II, a e b, do RITST).

13.3 RECURSO DE REVISTA

O recurso de revista, cuja sede legal está nos arts. 896 e 896-A da CLT, cabe de decisões proferidas pelos Tribunais Regionais do Trabalho quando julgam recurso ordinário em dissídio individual. Sua interposição é feita perante o Presidente do Tribunal Regional do Trabalho, que, por decisão fundamentada, poderá recebê-lo ou denegá-lo.

A apreciação do recurso de revista compete às turmas do TST e, por se tratar de recurso que visa primordialmente à uniformização da jurisprudência trabalhista nacional, **tem como objeto apenas matéria de direito. Não haverá no julgamento do recurso de revista reexame de matéria de fato e nem a reapreciação de provas, sendo este o entendimento preconizado pela Súmula nº 126 do TST.**[4,5]

---

3   Nos termos do parágrafo único do art. 245 do RITST, o recurso ordinário será cabível das decisões proferidas pelos Tribunais Regionais do Trabalho em: I - Ação anulatória; II - Ação para obtenção de tutela provisória em caráter antecedente; III - Ação declaratória; IV - Agravo interno; V - Ação rescisória; VI - Dissídio coletivo; VII - *Habeas corpus*; VIII - *Habeas data*; IX - Mandado de segurança; X - Reclamação.

4   Súmula nº 126 do TST - RECURSO. CABIMENTO. Incabível o recurso de revista ou de embargos (arts. 896 e 894, "b", da CLT) para reexame de fatos e provas.

5   Por essa razão, a Súmula nº 102 do TST expressa, no verbete I, o entendimento de que "a configuração, ou não, do exercício da função de confiança a que se refere o art. 224, § 2º, da CLT, dependente da prova das reais atribuições do empregado, é insuscetível de exame mediante recurso de revista ou de embargos".

O exame da matéria fática do dissídio individual tem como limite o recurso ordinário. Isso significa que, **ao julgar recurso de revista, a turma do TST partirá da pressuposição inafastável de que são verdadeiros os fatos firmados no julgamento do recurso ordinário.**

Nem toda decisão proferida pelos Tribunais Regionais do Trabalho em grau de recurso ordinário pode ser impugnada mediante recurso de revista. Consoante estabelece o art. 896 da CLT, somente cabe recurso de revista das decisões que:

a) **derem ao mesmo dispositivo de lei federal interpretação diversa da que lhe houver dado outro Tribunal Regional do Trabalho, no seu Pleno ou Turma, ou a Seção de Dissídios Individuais do Tribunal Superior do Trabalho, ou contrariarem súmula de jurisprudência uniforme dessa Corte ou súmula vinculante do Supremo Tribunal Federal.**

b) **derem ao mesmo dispositivo de lei estadual, Convenção Coletiva de Trabalho, Acordo Coletivo, sentença normativa ou regulamento empresarial de observância obrigatória em área territorial que exceda a jurisdição do Tribunal Regional prolator da decisão recorrida, interpretação divergente, na forma da alínea a.**

c) **proferidas com violação literal de disposição de lei federal ou afronta direta e literal à Constituição Federal.**

Além disso, há um requisito adicional para que o recurso de revista seja conhecido: **a transcendência.** Conforme estabelece o art. 896-A da CLT, o Tribunal Superior do Trabalho, no recurso de revista, somente apreciará o mérito do recurso de revista se, num exame prévio, considerar que a causa oferece transcendência com relação aos reflexos gerais de natureza econômica, política, social ou jurídica.

Algumas circunstâncias são apontadas pelo texto consolidado como indicadoras de transcendência (art. 896-A, § 1º, da CLT), embora sua enumeração seja exemplificativa. O elevado valor da causa é indicador da **transcendência econômica.** O desrespeito da instância recorrida à jurisprudência sumulada do Tribunal Superior do Trabalho ou do Supremo Tribunal Federal, por sua vez, é indicador da **transcendência política.** A postulação, por reclamante-recorrente, de direito social constitucionalmente assegurado serve como indicador da **transcendência social.** A existência de questão nova em torno da interpretação da legislação trabalhista indica **a transcendência jurídica.**

Cumpre notar, neste passo, que **o juízo de admissibilidade do recurso de revista é exercido inicialmente pela Presidência dos Tribunais Regionais do Trabalho** (atribuição que, em algumas cortes regionais, tem sido delegada ao Vice--Presidente[6]), **mas esta primeira análise se limitará aos pressupostos intrínsecos**

---

6   Como já decidiu o TST, "o fato do art. 896, § 1º, da CLT consignar que o recurso de revista será apresentado ao Presidente do Regional, não significa que a competência não pode ser delegada ao Vice-Presidente, o que, aliás, é praxe na Justiça do Trabalho. Assim, efetuado o primeiro juízo de admissibilidade do recurso de revista, por autoridade competente, e aplicável os pressupostos extrínsecos e intrínsecos, mediante fundamentação, não há qualquer ilicitude a ser declarada" (AIRR-64040-87.2002.5.15.0095, 3º Turma, Rel. Juiz Convocado Ricardo Alencar Machado, *DEJT* 02.03.2007).

e extrínsecos do apelo, não abrangendo o critério da transcendência das questões nele veiculadas (art. 896-A, § 6º, da CLT). Em suma, **o exame prévio da transcendência compete exclusivamente ao TST**, pelo relator, monocraticamente, ou pela turma à qual o recurso de revista foi distribuído.

O relator, como afirmado, poderá, monocraticamente, fazer o seu exame prévio da transcendência e, não a tendo como demonstrada, negar seguimento ao recurso de revista. De sua decisão caberá agravo para a turma (art. 896-A, § 2º, da CLT), permitindo-se ao recorrente que realize sustentação oral sobre a questão da transcendência, durante cinco minutos, na sessão do colegiado (art. 896-A, § 3º, da CLT). **A decisão da turma que mantiver o voto do relator, da qual será lavrado acórdão com fundamentação sucinta, será irrecorrível no âmbito do TST** (art. 896-A, § 4º, da CLT).

De igual modo, é irrecorrível a decisão monocrática do relator que, em agravo de instrumento em recurso de revista, considerar ausente a transcendência da matéria. Por outras palavras, se a Presidência do Tribunal Regional do Trabalho, ao exercitar o juízo de admissibilidade no recurso de revista, negar-lhe seguimento (o que fará sem adentrar o exame da transcendência, que não lhe compete), caberá ao ministro relator do eventual agravo de instrumento interposto da decisão denegatória examinar previamente a transcendência da matéria e, caso não a considere presente, poderá não conhecer do agravo. Se isso ocorrer, é o fim de linha para o recurso de revista.

O § 1º do art. 896 da CLT explicita que **o recurso de revista terá efeito meramente devolutivo, regra que, nos termos do art. 899, vale para todos os recursos verticais interpostos na Justiça do Trabalho,** como já afirmado.

Para que o recurso de revista seja conhecido, isto é, para que seja viável o exame do mérito do recurso, **é necessário que o recorrente: (I) indique o trecho da decisão recorrida que consubstancia o prequestionamento da controvérsia objeto do recurso de revista; (II) indique, de forma explícita e fundamentada, contrariedade a dispositivo de lei, súmula ou orientação jurisprudencial do Tribunal Superior do Trabalho que conflite com a decisão regional; (III) exponha as razões do pedido de reforma, impugnando todos os fundamentos jurídicos da decisão recorrida, inclusive mediante demonstração analítica de cada dispositivo de lei, da Constituição Federal, de súmula ou orientação jurisprudencial cuja contrariedade aponte; (IV) transcreva na peça recursal, no caso de suscitar preliminar de nulidade de julgado por negativa de prestação jurisdicional, o trecho dos embargos declaratórios em que foi pedido o pronunciamento do tribunal sobre questão veiculada no recurso ordinário e o trecho da decisão regional que rejeitou os embargos quanto ao pedido, para cotejo e verificação, de plano, da ocorrência da omissão** (art. 896, § 1º-A, da CLT).

Todavia, **a divergência jurisprudencial que permite a interposição do recurso de revista deve ser atual,** ou seja, não pode ter sido ultrapassada por súmula do Tribunal Superior do Trabalho ou do Supremo Tribunal Federal, ou superada por iterativa e notória jurisprudência do Tribunal Superior do Trabalho, nos termos do § 7º do art. 896 da CLT.

Quando o recurso de revista fundar-se em dissenso de julgados (hipóteses previstas nas alíneas *a* e *b* do art. 896 da CLT), **cabe ao recorrente o ônus de produzir prova da divergência jurisprudencial,** mediante certidão, cópia ou citação do repositório de jurisprudência, oficial ou credenciado, inclusive em mídia eletrônica, em que houver sido publicada a decisão divergente, ou ainda pela reprodução de julgado disponível na internet, com indicação da respectiva fonte, mencionando, em qualquer caso, as circunstâncias que identifiquem ou assemelhem os casos confrontados, conforme previsto no § 8º do art. 896 da CLT.

O recurso de revista não será conhecido se a decisão recorrida resolver determinado item do pedido por diversos fundamentos e a jurisprudência transcrita não abranger a todos, conforme entendimento consagrado pela **Súmula nº 23 do TST.**

As hipóteses de cabimento do recurso de revista, **nas demandas sujeitas ao procedimento sumaríssimo,** são mais restritas. Neste caso, **somente se admitirá o recurso de revista por contrariedade a súmula de jurisprudência uniforme do Tribunal Superior do Trabalho ou a súmula vinculante do Supremo Tribunal Federal e por violação direta da Constituição Federal.**

Frise-se que, por expressa disposição legal (art. 896, § 2º, da CLT), **não cabe recurso de revista das decisões proferidas pelos Tribunais Regionais do Trabalho ou por suas Turmas, em execução de sentença,** inclusive em processo incidente de embargos de terceiro, **exceto quando verificada ofensa direta e literal de norma da Constituição Federal.** Neste sentido, a Súmula nº 266 do TST consagra o entendimento de que **o recurso de revista é cabível de acórdão proferido em agravo de petição, na liquidação de sentença ou em processo incidente na execução, inclusive embargos de terceiro, somente quando for demonstrada inequívoca violência direta à Constituição Federal.** Não obstante, nas **execuções fiscais e nas controvérsias da fase de execução que envolvam a Certidão Negativa de Débitos Trabalhistas (CNDT),** criada pela Lei nº 12.440, de 7 de julho de 2011, **caberá recurso de revista por violação à lei federal, por divergência jurisprudencial e por ofensa à Constituição Federal** (art. 896, § 10, da CLT).

O recurso de revista que contiver defeito formal que não se repute grave poderá ser conhecido pelo Tribunal Superior do Trabalho, que examinará o seu mérito, desconsiderando o defeito ou mandando que seja sanado (art. 896, § 11, da CLT).

Monocraticamente, o seguimento do recurso de revista tanto pode ser negado pelo Presidente do Tribunal Regional do Trabalho (ou pelo desembargador a quem ele delegou tal atribuição) **quanto por seu relator no TST, nas hipóteses de intempestividade, deserção, irregularidade de representação ou de ausência de qualquer outro pressuposto extrínseco ou intrínseco de admissibilidade** (art. 896, § 14, da CLT).

Caso seja negada a admissibilidade do recurso de revista, o recorrente poderá interpor agravo, no prazo de 8 (oito) dias (art. 896, § 12, da CLT).

A **Súmula nº 337 do TST** firma alguns entendimentos que se aplicam ao **recurso de revista** e ao recurso de embargos ao TST e que são **apresentados, na verdade, como regras que devem ser cumpridas pelo recorrente para que o seu apelo seja conhecido:**

(I) A comprovação da divergência jurisprudencial exigirá do recorrente que (a) junte certidão ou cópia autenticada do acórdão paradigma ou cite a fonte oficial ou repositório autorizado em que foi publicado, bem como que (b) transcreva, nas razões recursais, as ementas e/ou trechos dos acórdãos trazidos à configuração do dissídio, demonstrando o conflito de teses que justifique o conhecimento do recurso, ainda que os acórdãos já se encontrem nos autos ou venham a ser juntados com o recurso.

(II) A concessão de registro de publicação como repositório autorizado de jurisprudência do TST torna válidas todas as suas edições anteriores

(III) A mera indicação da data de publicação, em fonte oficial, de aresto paradigma é inválida para comprovação de divergência jurisprudencial, nos termos do item I, "a", da súmula, quando a parte pretende demonstrar o conflito de teses mediante a transcrição de trechos que integram a fundamentação do acórdão divergente, uma vez que só se publicam o dispositivo e a ementa dos acórdãos.

(IV) É válida para a comprovação da divergência jurisprudencial justificadora do recurso a indicação de aresto extraído de repositório oficial na internet, desde que o recorrente: (a) transcreva o trecho divergente; (b) aponte o sítio de onde foi extraído; e (c) decline o número do processo, o órgão prolator do acórdão e a data da respectiva publicação no Diário Eletrônico da Justiça do Trabalho.

(V) A existência do código de autenticidade na cópia, em formato PDF, do inteiro teor do aresto paradigma, juntada aos autos, torna-a equivalente ao documento original e também supre a ausência de indicação da fonte oficial de publicação.

Por fim, ratificando a função uniformizadora de jurisprudência inerente ao recurso de revista, **quando houver uma multiplicidade de recursos de revista fundados em idêntica questão de direito, a questão poderá ser afetada à Seção Especializada em Dissídios Individuais ou ao Tribunal Pleno,** por decisão da maioria simples de seus membros, mediante requerimento de um dos ministros que compõem a Seção Especializada, considerando a relevância da matéria ou a existência de entendimentos divergentes entre os Ministros dessa Seção ou das Turmas do Tribunal (art. 896-C). Sobre o incidente em questão trataremos no último capítulo deste livro.

13.4 EMBARGOS NO TRIBUNAL SUPERIOR DO TRABALHO

Os **embargos no TST** (que não devem ser confundidos com os embargos de declaração) **são cabíveis, no prazo de 8 (oito) dias, das decisões que atendem às hipóteses previstas no art. 894 da CLT, dispositivo legal no qual o recurso está sediado.** Tanto a decisão recorrida quanto a decisão que julga os embargos são proferidas por órgãos fracionários do TST (Turmas ou Seção Especializada em Dissídios Coletivos).

Os embargos no TST são de duas espécies: infringentes e de divergência. Tais nomenclaturas, porém, não provêm do texto consolidado, que se refere apenas a Embargos no TST, genericamente. A doutrina é que tradicionalmente distingue as duas espécies com base nas hipóteses de cabimento e, no particular, costuma ser seguida pelos regimentos internos dos Tribunais Trabalhistas, incluindo o TST.

13.4.1 Embargos Infringentes (art. 894, I, *a*, CLT)

Os embargos infringentes cabem de decisões não unânimes proferidas pela Seção Especializada em Dissídios Coletivos. Tais decisões são aquelas que conciliam, julgam ou homologam conciliação em dissídios coletivos da competência originária do TST, bem como as que estendem ou promovem a revisão das sentenças normativas do Tribunal Superior do Trabalho, nos casos previstos em lei.[7]

Nos termos do inciso II do art. 77 do Regimento Interno do Tribunal Superior do Trabalho (RITST), **o julgamento dos embargos infringentes compete à Seção Especializada em Dissídios Coletivos.**

Os embargos infringentes serão restritos à cláusula em que há divergência, e, se esta for parcial, ao objeto da divergência, nos termos do parágrafo único do art. 262 do RITST.

Se as exigências legais aplicáveis ao cabimento dos embargos infringentes não forem atendidas, caberá ao relator denegar seguimento ao recurso, mas desta decisão pode ser interposto agravo interno, conforme se depreende do § 4º do art. 894 da CLT e do art. 264 do RITST.

13.4.2 Embargos de Divergência (art. 894, II, da CLT)

Os embargos de divergência (denominados pelo Regimento Interno do TST "Embargos para a Subseção I da Seção Especializada em Dissídios Individuais") **objetivam uniformizar a jurisprudência e cabem das decisões das Turmas do TST** que:

    (a) **divergirem entre si;**

    (b) **divergirem das decisões proferidas pela Subseção I da Seção Especializada em Dissídios Individuais;**[8] ou

---

7   Dissídios coletivos da competência originária do TST, como será visto no capítulo alusivo aos dissídios coletivos, são os que excedem a competência territorial dos Tribunais Regionais do Trabalho, ressalvados aqueles que abrangem apenas as jurisdições do TRT2 e do TRT15, cujo julgamento compete ao primeiro, por força do disposto no art. 12 da Lei nº 7.520/86.

8   Conquanto o art. 894 da CLT refira-se à divergência com as decisões da Seção Especializada em Dissídios Individuais, como um todo, o Regimento Interno do TST, no seu art. 258, refere-se especificamente

(c) sejam contrárias a súmula ou orientação jurisprudencial do Tribunal Superior do Trabalho ou súmula vinculante do Supremo Tribunal Federal.

Como a denominação atribuída pelo Capítulo IV do RITST já denuncia, **a competência para o julgamento dos embargos de divergência incumbe à Subseção I da Seção Especializada em Dissídios Individuais do TST** (art. 78, II, *a*, do RITST).

À semelhança do que ocorre com o recurso de revista, a divergência apta a ensejar os embargos deve ser atual, ou seja, não pode ter sido ultrapassada por súmula do Tribunal Superior do Trabalho ou do Supremo Tribunal Federal, ou superada por iterativa e notória jurisprudência do Tribunal Superior do Trabalho. Tal como o recurso de revista, ademais, **os embargos de divergência somente podem ter como objeto matéria jurídica,** nos termos do entendimento cristalizado pela já referida Súmula nº 126 do TST, que não permite a sua utilização para reexame de fatos e provas.

Caso a decisão recorrida esteja em consonância com súmula da jurisprudência do Tribunal Superior do Trabalho ou do Supremo Tribunal Federal, ou com iterativa, notória e atual jurisprudência do Tribunal Superior do Trabalho, o ministro relator, indicando-a, denegará seguimento aos embargos. Deverá, também, denegar seguimento ao recurso nas hipóteses de **intempestividade, deserção, irregularidade de representação ou de ausência de qualquer outro pressuposto extrínseco de admissibilidade.** Da decisão denegatória dos embargos caberá agravo, no prazo de 8 (oito) dias (art. 894, § 4º, da CLT).

O recurso de embargos contra acórdão de Turma em Recurso de Revista em fase de execução condiciona-se à demonstração de divergência jurisprudencial entre Turmas ou destas e a Seção Especializada em Dissídios Individuais do Tribunal Superior do Trabalho em relação à interpretação de dispositivo constitucional (Súmula nº 433 do TST).

Compete ao Presidente da Turma, vale dizer, do órgão que proferiu a decisão recorrida, exercer o juízo de admissibilidade dos embargos de divergência (art. 260 do RITST).

Os embargos não serão conhecidos se a decisão recorrida resolver determinado item do pedido por diversos fundamentos e a jurisprudência transcrita não abranger a todos, conforme entendimento expresso na citada Súmula nº 23 do TST.

Conquanto os embargos de divergência não sejam, em regra, cabíveis de decisão de Turma proferida em agravo, a Súmula 353 do TST traz algumas exceções, permitindo o seu cabimento:

a) **da decisão que não conhece de agravo de instrumento ou de agravo pela ausência de pressupostos extrínsecos;**

à Subseção I. Isso se dá pelo fato de que, por conta da divisão de competência entre as duas Subseções da SDI, estabelecida pelo Regimento Interno do TST, a natureza das decisões proferidas pela Subseção II não comporta tal divergência.

b) da decisão que nega provimento a agravo contra decisão monocrática do relator, em que se proclamou a ausência de pressupostos extrínsecos de agravo de instrumento;

c) para revisão dos pressupostos extrínsecos de admissibilidade do recurso de revista, cuja ausência haja sido declarada originariamente pela Turma no julgamento do agravo;

d) para impugnar o conhecimento de agravo de instrumento;

e) para impugnar a imposição de multas previstas nos arts. 1.021, § 4º, ou 1.026, § 2º, do CPC de 2015 (arts. 538, parágrafo único, ou 557, § 2º, do CPC de 1973);

f) contra decisão de Turma proferida em agravo em recurso de revista, nos termos do art. 894, II, da CLT.

Da decisão que negar seguimento aos embargos cabe agravo interno (art. 894, § 4º, da CLT, e art. 261, parágrafo único, do RITST).

Por fim, é importante registrar que **os embargos de divergência também são admitidos nas causas sujeitas ao procedimento sumaríssimo, quando demonstrada a divergência jurisprudencial entre Turmas do TST, fundada em interpretações diversas acerca da aplicação de mesmo dispositivo constitucional ou de matéria sumulada.** É o que diz a **Súmula nº 458 do TST**, editada numa época em que a redação do § 6º do art. 896 da CLT impunha limite à admissibilidade do recurso de revista no procedimento sumaríssimo e, por isso, pairavam dúvidas também sobre o cabimento dos embargos de divergência. O § 6º, porém, teve a sua redação alterada e, posteriormente, com o advento da Reforma Trabalhista, foi revogado, deixando de ter existência no mundo jurídico.

13.5 AGRAVO DE INSTRUMENTO

O agravo de instrumento, no processo do trabalho, é um recurso cuja hipótese de cabimento é bem restrita. Nos termos da alínea *a* do art. 897 da Consolidação das Leis do Trabalho, **cabe, no prazo de 8 (oito) dias, tão somente dos despachos** (na verdade, decisões) **que denegarem a interposição de recursos.** Deste modo, não deve ser confundido com o seu homônimo do processo comum. Isso porque o agravo de instrumento previsto no CPC é utilizado para impugnar decisões interlocutórias e estas no processo trabalhista são irrecorríveis de imediato.

Por outras palavras, **no processo do trabalho, o agravo de instrumento é um recurso que visa a destrancar outro recurso cuja interposição tenha sido negada quando do exame de sua admissibilidade,** permitindo que o recurso inadmitido suba à apreciação da instância superior (juízo *ad quem*). Assim, se alguém interpõe recurso ordinário, recurso de revista ou agravo de petição e o juízo *a quo*, ao examinar a sua admissibilidade, negar seguimento ao apelo, o recorrente que deseja impugnar a decisão denegatória terá que se valer do agravo de instrumento.

Capítulo 13 • RECURSOS EM ESPÉCIE

Essencialmente, portanto, o que se discute no agravo de instrumento é a justeza da decisão denegatória da interposição de um recurso, ou seja, se a avaliação dos pressupostos de admissibilidade do recurso interposto foi feita corretamente.

Nos termos do § 4º do art. 897 da CLT, **o agravo de instrumento será julgado pelo mesmo Tribunal** (melhor seria dizer, órgão jurisdicional, porque a competência usualmente é atribuída a órgãos fracionários e não ao tribunal como um todo) **que seria competente para conhecer o recurso cuja interposição foi denegada.** Assim, se o apelo denegado foi o recurso de revista, o agravo de instrumento será julgado por uma das turmas do TST, pois são estes órgãos jurisdicionais os competentes para o julgamento do recurso de revista.

Atenção

Há uma hipótese na qual o agravo de instrumento poderá ter, mesmo na Justiça do Trabalho, outra utilidade que não o destrancamento de um recurso. Trata-se da hipótese prevista no art. 7º, § 1º, da Lei nº 12.016/2009, que prevê o cabimento do agravo de instrumento contra decisão de juiz de primeiro grau que conceder ou denegar liminar em mandado de segurança. Nesse caso, porém, estamos falando de um procedimento especial, que não está sediado na legislação processual trabalhista, e podemos interpretar que se cuida da aplicabilidade excepcional na Justiça do Trabalho de uma espécie de agravo de instrumento distinta daquela prevista no texto consolidado.

A nomenclatura *instrumento* deriva do fato de que para a sua interposição **é obrigatório que a parte agravante instrua o agravo com cópias dos documentos indicados no inciso I do § 5º do art. 897 da CLT,** que, no seu conjunto e eventualmente acrescidas das peças juntadas pelo agravado, formam o denominado "instrumento" do agravo, que possibilita, caso provido, o imediato julgamento do recurso denegado.

Os **documentos cujas cópias formam o instrumento e devem obrigatoriamente acompanhar a petição de interposição do agravo** são os seguintes:

a) a decisão agravada;
b) a certidão da respectiva intimação;
c) as procurações outorgadas aos advogados do agravante e do agravado;
d) a petição inicial;
e) a contestação;
f) a decisão originária.

Tratando-se de reclamado que não seja beneficiário da gratuidade de justiça, deverá juntar, também, **cópias do comprovante do depósito recursal referente ao recurso que se pretende destrancar, do comprovante do recolhimento das custas e do depósito recursal previsto especificamente para o agravo de instrumento** (art. 899, § 7º, da CLT), o qual corresponde a 50% (cinquenta por cento) do valor do depósito do recurso ao qual se pretende destrancar. O agravante pode, facultativamente, juntar outras peças que repute úteis.

Atenção

Quando interposto de decisão que nega seguimento a Recurso Extraordinário para o Supremo Tribunal Federal, não há que se falar em depósito recursal, pois para a interposição do recurso extraordinário são aplicáveis as regras do Código de Processo Civil e não as da CLT.

O processamento do agravo de instrumento é simples. Uma vez interposto, o agravado será intimado para oferecer resposta ao agravo e ao recurso principal, instruindo-a com as peças que considerar necessárias ao julgamento de ambos os recursos (art. 897, § 6º, da CLT).

Atenção

A linguagem forense tem suas peculiaridades e jargões. Quando se trata especificamente de agravo, costuma-se usar as expressões minutar e contraminutar, que não são utilizadas nos demais recursos. Por isso, o recorrido responde ao recurso ordinário e ao recurso de revista por meio das contrarrazões. No agravo, porém, a parte recorrida (agravado) responde por meio da contraminuta.

A aplicabilidade subsidiária, em caso de omissão do texto consolidado, de dispositivos do CPC que versam sobre o agravo de instrumento, quando compatíveis com as regras e princípios processuais trabalhistas, não é objeto de discórdia. É que, do ponto de vista procedimental, o agravo de instrumento previsto no CPC e o previsto no texto consolidado partilham de raízes históricas em comum, são estruturalmente semelhantes e visam a atacar uma decisão que não tem o caráter de sentença.

Assim é que, aplicando-se ao processo do trabalho o disposto no art. 1.016 do CPC, **o agravo de instrumento será endereçado ao órgão jurisdicional competente (juízo *ad quem*), por meio de petição que deverá conter os seguintes requisitos:**

a) **nomes das partes;**
b) **a exposição do fato e do direito;**
c) **razões do pedido de reforma ou de invalidação da decisão e o próprio pedido;**
d) **o nome e o endereço completo dos advogados constantes do processo.**

O agravo de instrumento, nos termos do § 2º do art. 1.017 do CPC, **poderá ser apresentado perante o juízo que proferiu a decisão denegatória do recurso ou diretamente no tribunal competente para julgá-lo.** Poderá, ainda, ser interposto por via postal, sob registro, com aviso de recebimento, por transmissão de dados tipo fac-símile ou por qualquer outra forma prevista em lei.

Caso o recurso seja interposto por sistema de transmissão de dados tipo fac-símile ou similar, as peças devem ser juntadas no momento de protocolo da petição original (art. 1.017, § 4º, do CPC).

Nos termos do art. 1.018 do CPC, "o agravante poderá requerer a juntada, aos autos do processo, de cópia da petição do agravo de instrumento, do comprovante de sua interposição e da relação dos documentos que instruíram o recurso".

Se o relator constatar a **falta da cópia de qualquer peça ou a existência de algum outro vício que comprometa a admissibilidade do agravo de instrumento, deverá, antes de considerar inadmissível o recurso, conceder ao recorrente o prazo de 5 (cinco) dias para que seja sanado o vício ou complementada a documentação exigível** (art. 1.017, § 3º, do CPC).

Tratando-se do Processo Judicial Eletrônico (PJE), aplicando-se subsidiariamente o § 5º do art. 1.017 do CPC, o agravante estará dispensado de juntar as peças referidas no § 7º do art. 899 da CLT, podendo, contudo, anexar outros documentos que entender que são úteis para a compreensão da controvérsia.

O prazo para o agravado contraminutar o agravo é o mesmo prazo para a interposição do recurso, ou seja, 8 (oito) dias.

Provido o agravo, a Turma deliberará sobre o julgamento do recurso principal, observando-se, se for o caso, daí em diante, o procedimento relativo a esse recurso (art. 897, § 7º, da CLT).

Vale registrar que **o agravo de instrumento interposto contra o despacho (decisão) que não receber agravo de petição não suspende a execução da sentença** (art. 897, § 2º, da CLT).

O agravo de instrumento comporta o chamado juízo de retratação (ou de reconsideração), de modo que o juiz que denegou seguimento ao recurso agravado poderá rever a decisão impugnada e determinar a subida do recurso principal. Se o agravo de instrumento foi protocolado perante o órgão jurisdicional competente para julgá-lo (juízo *ad quem*), basta que o magistrado que proferiu a decisão denegatória do recurso principal comunique que reformou inteiramente a decisão para que o relator considere prejudicado o agravo de instrumento.

13.6 AGRAVO DE PETIÇÃO

Sediado no art. 897, "a", da CLT, **o agravo de petição é recurso específico para as decisões judiciais proferidas na execução trabalhista. O prazo para a sua interposição, bem como para que o agravado a contraminute, é de 8 (oito dias).**

A noção de decisão, com certeza, não se confunde com a de despacho. Entretanto, como o dispositivo que prevê o agravo de petição refere-se às decisões do Juiz na execução genericamente e estas podem ter diversas naturezas e se referir a vários assuntos, nem sempre será fácil aferir se a hipótese é ou não de cabimento do recurso.[9]

Não há qualquer dúvida quanto ao cabimento do agravo de petição da **sentença que julga os Embargos à Execução, da decisão que, na fase de execução, julga o incidente de desconsideração da personalidade jurídica** (art. 855-A, II, da CLT), **da decisão que rejeita o pedido de habilitação de sucessores do exequente falecido** e da **decisão que, acolhendo a exceção de pré-executividade, ponha fim à execução.**

Há, porém, outras tantas decisões proferidas pelo juiz, no curso da execução, que deixam dúvidas quanto ao cabimento do agravo de petição. Por exemplo, uma sentença que homologue conciliação, na fase de execução, entre o sindicato (substituto processual) e a empresa executada, pode ser impugnada mediante agravo de petição por um dos trabalhadores substituídos? Caberá agravo de petição de uma decisão que determine a liberação em favor do exequente de valores bloqueados do executado, considerados incontroversos pelo juízo da execução? Outros casos polêmicos existem, como o da decisão que suspende a execução em razão das condições econômicas do executado ou a que defere o parcelamento da dívida sem a anuência do exequente. É possível encontrar julgados que admitem e que rejeitam a interposição do agravo de petição em tais casos.[10]

Por outro lado, vale lembrar que **no processo do trabalho não cabe recurso da sentença de liquidação,** conquanto seja possível encontrar um ou outro julgado que, excepcionalmente, o admita. A liquidação é um procedimento prévio à execução e, portanto, **a decisão ali proferida ainda não é uma decisão <u>na</u> execução.**[11] Por razões semelhantes, **não tem sido admitida a interposição de agravo de petição da decisão que rejeita a exceção (ou objeção) de pré-executividade.**

É imprescindível ressaltar que o **agravo de petição somente será recebido quando o agravante delimitar justificadamente as matérias e os valores impugnados, a fim de que se permita a execução imediata da parte remanescente.**

13.7 AGRAVO REGIMENTAL

No exercício da competência privativa que lhes atribui o art. 96, I, da Constituição da República, **os tribunais do trabalho, ao dispor sobre a competência e o funcionamento dos respectivos órgãos jurisdicionais e administrativos, têm a prerrogativa de criar recursos internos,** os quais devem observar os princípios e

---

9 Na visão de Rodrigues Pinto, o agravo de petição cabe das decisões definitivas, em processo de execução trabalhista, e das decisões interlocutórias que envolvem matéria de ordem pública capaz de justificar o novo exame de seu conteúdo (PINTO, José Augusto Rodrigues. *Execução trabalhista:* estática, dinâmica, prática.11. ed. São Paulo: LTr, 2006, p. 407)

10 É certo que muitas situações poderão motivar a impetração de mandado de segurança quando houver manifesta violação de um direito líquido e certo da parte. Mas nem sempre essa violação é evidente.

11 Embora referindo-se ao recurso de revista, a Súmula nº 266 do TST parece sugerir que o agravo de petição seria cabível na liquidação de sentença, quando firma o entendimento de que "a admissibilidade do recurso de revista interposto de acórdão proferido em agravo de petição, **na liquidação de sentença** ou em processo incidente na execução, inclusive os embargos de terceiro, depende de demonstração inequívoca de violência direta à Constituição Federal" (destaquei).

as regras gerais deduzidas do ordenamento jurídico processual brasileiro e, em especial, as garantias processuais das partes.

O agravo regimental é justamente o recurso previsto nos regimentos internos dos tribunais do trabalho para a impugnação de decisões proferidas por seus órgãos jurisdicionais e administrativos. O uso da palavra **agravo** para designar essa espécie de recurso é fruto de uma longa tradição jurídica brasileira. Por isso, até mesmo o texto consolidado faz referência ao agravo regimental no § 1º do art. 709.[12]

Conquanto também encontre previsão nos regimentos internos dos tribunais para a impugnação de decisões administrativas, a exemplo daquelas que se referem à gestão de pessoal e aos contratos administrativos, **interessa-nos aqui, por óbvio, o agravo regimental apenas enquanto recurso contra decisões judiciais.**

O atual Regimento Interno do Tribunal Superior do Trabalho prefere a expressão *agravo interno* **e não utiliza em momento algum a expressão agravo regimental,** o que também ocorre no texto atual do Regimento Interno do TRT da 10ª Região. Os Tribunais Regionais, em sua maioria, mantêm nos seus regimentos a terminologia tradicional ***agravo regimental*** (por exemplo, TRT1, TRT3, TRT4, TRT5, TRT6, TRT7). Os regimentos internos dos tribunais regionais da 2ª Região e da 15ª Região **distinguem entre agravo interno e agravo regimental, que podem, assim, ser vistos como espécies do agravo regimental** *lato sensu.*

Como afirmado em outro item, os tribunais têm fixado em oito dias o prazo para a interposição do agravo regimental (ou interno). A título de exemplo, este é o prazo fixado nos Regimentos dos Tribunais Regionais do Trabalho da 1ª, 2ª, 3ª, 4ª, 5ª, 6ª, 7ª, 8ª, 15ª e da 20ª Regiões. De igual modo, o agravo interno no âmbito do TST pode ser interposto no prazo de 8 (oito) dias (art. 265 do RITST).

As hipóteses de cabimento do agravo regimental em cada tribunal do trabalho devem ser consultadas no respectivo regimento interno. Lá também serão encontradas as regras atinentes ao seu processamento e julgamento. Em linhas gerais, contudo, se pode dizer que **é um recurso bastante restrito e, na maioria dos casos, cabe de despachos ou decisões monocráticas, especialmente as que denegam o seguimento de recursos ou as que concedem ou denegam medida liminar em mandado de segurança.**

No âmbito do TST, o agravo interno cabe contra decisão dos Presidentes do Tribunal e das Turmas, do Vice-Presidente, do Corregedor-Geral da Justiça do Trabalho ou de relator, nos termos da legislação processual, no prazo de 8 (oito) dias úteis, desde que não haja recurso próprio ou decisão de caráter irrecorrível, nos termos do Regimento ou da lei (art. 265 do RITST).

---

12 "Art. 709. Compete ao Corregedor, eleito dentre os Ministros togados do Tribunal Superior do Trabalho: I – Exercer funções de inspeção e correição permanente com relação aos Tribunais Regionais e seus presidentes; II – Decidir reclamações contra os atos atentatórios da boa ordem processual praticados pelos Tribunais Regionais e seus presidentes, quando inexistir recurso específico; § 1º – Das decisões proferidas pelo Corregedor, nos casos do artigo, caberá o **agravo regimental**, para o Tribunal Pleno" (destaquei).

O procedimento para a apreciação e julgamento do agravo interno no TST está previsto no art. 266 do seu Regimento Interno. Assim, **o agravo interno será concluso ao prolator da decisão monocrática, que, após intimar o agravado para manifestar-se sobre o recurso no prazo de 8 (oito) dias úteis, poderá reconsiderá-la, exercitando, assim, o juízo de retratação.**

Se o relator não reconsiderar a decisão impugnada pelo agravo, deverá determinar a sua inclusão em pauta a fim de que seja apreciado pelo Colegiado competente para o julgamento da ação ou do recurso em que a decisão agravada foi proferida. Desta regra, porém, excetua-se o agravo interno interposto contra a decisão do Presidente de Turma que denegar seguimento a embargos à Subseção I da Seção Especializada em Dissídios Individuais, o qual deverá ser diretamente distribuído entre os demais integrantes desta Subseção.

O Presidente do Tribunal, o Vice-Presidente e o Corregedor-Geral da Justiça do Trabalho serão os próprios relatores dos agravos internos contra ato ou decisão que proferirem, desde que interpostos no período do respectivo mandato. Os agravos internos interpostos após o prolator do ato ou decisão ter terminado sua investidura no cargo serão conclusos ao ministro sucessor.

Caso o ministro relator seja vencido no resultado do agravo interno ou quanto ao fundamento determinante da decisão, mesmo que prevalecente o resultado, será designado redator do acórdão o ministro prolator do primeiro voto vencedor, ao qual devem ser redistribuídos os embargos, promovendo-se a compensação.

Quando o agravo interno for declarado manifestamente inadmissível ou improcedente em votação unânime, o órgão colegiado, em decisão fundamentada, condenará o agravante a pagar ao agravado multa fixada entre 1 e 5% (um e cinco por cento) do valor atualizado da causa. Neste caso, **a interposição de qualquer outro recurso pelo agravante vencido estará condicionada ao depósito prévio do valor da multa,** à exceção da Fazenda Pública e do beneficiário da gratuidade da justiça, que farão o pagamento ao final.

13.8 RECURSO ADESIVO

O recurso adesivo não é uma espécie de recurso, mas uma modalidade especial de interposição de recurso prevista no art. 997 do Código de Processo Civil, cuja aplicabilidade na Justiça do Trabalho é incontroversa desde a edição da **Súmula nº 196 do TST,** que consagra o entendimento de que "o recurso adesivo é compatível com o Processo do Trabalho, onde cabe, no prazo de oito dias, no recurso ordinário, na revista, nos embargos para o Pleno e no agravo de petição".

A apresentação de recurso adesivo pressupõe necessariamente que a decisão recorrida tenha julgado parcialmente procedente a ação trabalhista ou tenha dado provimento parcial ao recurso anteriormente interposto. Por outras palavras, o recurso adesivo somente será possível quando as partes forem ao mesmo tempo, vencedoras e vencidas, de modo que qualquer delas teria interesse para recorrer.

Assim, **quando uma das partes recorre, a outra, que não apresentou recurso, além de responder ao recurso, contrarrazoando ou contraminutando, poderá <u>aderir</u> ao recurso principal.** Registre-se, porém, que o recurso adesivo (como o próprio nome sugere) é acessório em relação ao recurso principal, ao qual se subordina quanto aos requisitos formais. Assim, o recurso adesivo seguirá a sorte do principal. Se o recurso principal não subir em razão da ausência de algum pressuposto recursal (por exemplo, a tempestividade), o adesivo também não subirá.

O recurso adesivo é um expediente processual que, pelo simples fato de estar legalmente previsto, favorece a que as partes se resignem ao pronunciamento do juiz que dá solução à lide em que estiveram envolvidas. Refere-se a situações em que nenhuma das partes está plenamente satisfeita com a decisão judicial, mas há a disposição em acatá-la desde que a outra parte não interponha recurso.

O raciocínio da parte que recorre adesivamente pode ser coloquialmente apresentado da seguinte forma: não estou satisfeito com a decisão, mas podia ter sido pior para mim. Assim, não irei recorrer, a menos que a outra parte recorra, pois no julgamento do recurso que ela vier a interpor a minha situação poderá piorar. Portanto, se ela não se resignar à decisão judicial, devo aproveitar a oportunidade para aderir ao seu recurso, impondo-lhe, também, o risco de ver a sua sucumbência ampliada, a menos que ela venha a desistir do seu recurso.

13.9 RECURSO EXTRAORDINÁRIO

O recurso extraordinário está sediado no art. 102, III, da Constituição da República, que atribui ao Supremo Tribunal Federal a competência para julgar, por meio dele, **as causas decididas em única ou última instância, quando a decisão recorrida:**

(a) contrariar dispositivo da Constituição;

(b) declarar a inconstitucionalidade de tratado ou lei federal;

(c) julgar válida lei ou ato de governo local contestado em face da Constituição;

(d) julgar válida lei local contestada em face de lei federal.

Por seu turno, o § 3º do art. 102 do texto constitucional prevê que, **para que o recurso extraordinário tenha a sua admissão examinada, o recorrente tem que demonstrar a repercussão geral das questões constitucionais discutidas no caso, nos termos da lei.** O STF somente poderá negar admissibilidade ao recurso extraordinário se houver a manifestação contrária de dois terços de seus membros. Por outras palavras, o recurso somente será recusado caso dois terços dos integrantes da corte não reconheçam que as questões discutidas sejam de repercussão geral.

De logo, a partir do texto constitucional, é possível dizer que **o recurso extraordinário tem como pressupostos específicos:**

a) **uma causa já decidida em única ou última instância pelo Poder Judiciário,** o que implica, inclusive, a necessidade de exaurir instâncias;

b) **uma decisão que verse sobre questão constitucional e/ou matéria federal,** isto é, que contrarie dispositivo da Constituição, declare a inconstucionalidade de tratado ou lei federal, julgue válida lei ou ato de governo local contestado em face da Constituição ou julgue válida lei local contestada em face de lei federal;

c) **a repercussão geral das questões constitucionais discutidas na causa, isto é,** que a matéria debatida extrapole os interesses subjetivos da causa e, por conta de sua relevância econômica, política, social ou jurídica, seja de interesse geral.

Provenientes do STF, a **Súmula nº 400** (decisão que deu razoável interpretação à lei, ainda que seja a melhor, não autoriza recurso extraordinário pela letra "a") e a **Súmula nº 454** (simples interpretação de cláusulas contratuais não dá lugar a recurso extraordinário) revelam que **a contrariedade a dispositivo constitucional invocada para justificar o uso do recurso extraordinário deve ser interpretada restritivamente.** Trata-se, ademais, de recurso que versa apenas sobre matéria jurídica. Por isso, a **Súmula nº 279 do STF** estabelece que "**para simples reexame de prova não cabe recurso extraordinário**".

As regras previstas no Código de Processo Civil acerca do recurso extraordinário são, em princípio, aplicáveis à Justiça do Trabalho, até mesmo porque o texto consolidado é silente quanto ao tema. O Regimento Interno do TST traz, também, nos arts. 324 a 327, algumas regras que devem ser seguidas para a interposição do recurso extraordinário. No particular, as regras do CPC e do Regimento Interno devem ser lidas de forma combinada.

Assim, **no âmbito da Justiça do Trabalho, as decisões que desafiam a interposição do recurso extraordinário são aquelas proferidas pelo Tribunal Superior do Trabalho, em única ou última instância.**

Ao elaborar o seu regimento interno, o TST optou por atribuir ao seu vice-presidente o exame da admissibilidade do recurso.

O recurso será interposto em petição fundamentada, no prazo de 15 (quinze) dias úteis da publicação do acórdão ou de suas conclusões no órgão oficial. Para que seja considerada fundamentada, **a petição deverá conter,** nos termos do art. 1.029 do CPC, **a exposição do fato e do direito, a demonstração do cabimento do recurso interposto** e as **razões do pedido de reforma ou de invalidação da decisão recorrida.**

A simples interposição do recurso extraordinário não terá efeito suspensivo. Não obstante, o recorrente poderá formular pedido de concessão de efeito suspensivo dirigido:

a) ao próprio TST, no período compreendido entre a publicação da decisão de admissão do recurso e sua distribuição, ficando prevento para julgá-lo o relator designado;

b) ao ministro relator, se o recurso já foi distribuído no STF;

c) ao vice-presidente do TST, no período compreendido entre a interposição do recurso e a publicação da decisão de admissão do recurso, assim como no caso de o recurso ter sido sobrestado, nos termos do art. 1.037 do CPC.

Observe-se, contudo, que **se for reconhecida pelo STF a repercussão geral, o ministro relator determinará a suspensão do processamento de todos os processos pendentes, individuais ou coletivos, que versem sobre a questão e tramitem no território nacional.** Pode-se dizer, assim, que um amplo efeito suspensivo será concedido ao recurso extraordinário a partir do momento em que for reconhecida pelo STF a repercussão geral. Neste caso, porém, o interessado (aquele que viu, em seu prejuízo, ser sobrestado o processo trabalhista do qual é parte) poderá requerer ao Vice-Presidente do TST que exclua da decisão de sobrestamento e inadmita o recurso extraordinário que tenha sido interposto intempestivamente, tendo o recorrente o prazo de 5 (cinco) dias para manifestar-se sobre esse requerimento.

Conforme estabelece o § 1º do art. 1.029 do CPC, "quando o recurso fundar-se em dissídio jurisprudencial, o recorrente fará a prova da divergência com a certidão, cópia ou citação do repositório de jurisprudência, oficial ou credenciado, inclusive em mídia eletrônica, em que houver sido publicado o acórdão divergente, ou ainda com a reprodução de julgado disponível na rede mundial de computadores, com indicação da respectiva fonte, devendo-se, em qualquer caso, mencionar as circunstâncias que identifiquem ou assemelhem os casos confrontados".

Recebida a petição do recurso pela secretaria do TST, o recorrido deverá ser intimado para apresentar contrarrazões no prazo de 15 (quinze) dias. Concluído esse prazo, os autos serão conclusos ao Vice-Presidente do TST, que **deverá denegar seguimento ao apelo:**

a) **quando o Supremo Tribunal Federal não tenha reconhecido a existência de repercussão geral da questão discutida;**

b) **quando o acórdão impugnado pelo recurso extraordinário esteja em conformidade com entendimento do Supremo Tribunal Federal exarado no regime de repercussão geral;**

c) **quando o acórdão impugnado pelo recurso extraordinário esteja em conformidade com entendimento do Supremo Tribunal Federal, exarado no regime de julgamento de recursos repetitivos** (art. 1.030, I, do CPC).

O recurso extraordinário admite o juízo de retratação quando versa sobre divergência entre o acórdão recorrido e o entendimento do Supremo Tribunal Federal exarado nos regimes de repercussão geral ou de recursos repetitivos, de modo que caberá ao vice-presidente do TST, nesta hipótese, encaminhar o processo ao órgão julgador para que tenha a oportunidade de reconsiderar a sua decisão (art. 1.030, II, do CPC).

Ao vice-presidente do TST também competirá **sobrestar o recurso que versar sobre controvérsia de caráter repetitivo em matéria constitucional ainda não decidida pelo Supremo Tribunal Federal** (art. 1.030, III, do CPC).

A petição do recurso extraordinário será juntada aos autos após transcorrido o prazo legal sem a interposição de recurso de competência do Tribunal Superior do Trabalho. Imediatamente após a juntada, será concedida vista dos autos à parte contrária para apresentação de contrarrazões no mesmo prazo de 15 (quinze) dias úteis (art. 324, § 2º, do RITST). Transcorrido o prazo das contrarrazões, os autos serão conclusos ao vice-presidente do Tribunal para exame da admissibilidade do recurso (art. 325 do RITST).

O Supremo Tribunal Federal poderá desconsiderar vício formal de recurso tempestivo ou determinar sua correção, desde que não o considere grave.

Enquanto o prazo de interposição do recurso extraordinário para o Supremo Tribunal Federal estiver correndo, os processos julgados pelo Tribunal Superior do Trabalho não serão restituídos à instância originária. Por outras palavras, somente serão devolvidos à instância originária quando tal prazo findar (art. 326 do RITST).

O procedimento previsto no Código de Processo Civil para o julgamento dos recursos extraordinário e especial repetitivos é aplicável aos recursos extraordinários interpostos perante o Tribunal Superior do Trabalho, cabendo ao seu Presidente selecionar um ou mais recursos representativos da controvérsia e encaminhá-los ao Supremo Tribunal Federal, sobrestando os demais até o pronunciamento definitivo desta Corte, na forma prevista naquele diploma legal (art. 327 do RITST c/c art. 1.036, § 1º, do CPC).

Por fim, é importante registrar que **da decisão denegatória do recurso extraordinário cabe agravo, no prazo de 15 (quinze) dias úteis,** contados de sua publicação no órgão oficial, **salvo quando fundada na aplicação de entendimento firmado em regime de repercussão geral ou em julgamento de recursos repetitivos** (art. 328, *caput*, do RITST). A petição do agravo será dirigida ao vice-presidente do Tribunal Superior do Trabalho e independe do pagamento de custas e despesas postais, aplicando-se a ela o regime de repercussão geral e de recursos repetitivos, inclusive quanto à possibilidade de sobrestamento e do juízo de retratação (art. 328, parágrafo único, do RITST).

13.10 RECLAMAÇÃO AO CORREGEDOR (RECLAMAÇÃO CORREICIONAL OU CORREIÇÃO PARCIAL)

Eventualmente um magistrado trabalhista pode praticar um ato atentatório à boa ordem processual ou funcional e, diante da sua irrecorribilidade, a parte corre o risco de sofrer um prejuízo irreparável. Para situações como essas, o art. 709, II, da CLT (no âmbito do TST) e os regimentos internos dos tribunais trabalhistas preveem a possibilidade de que a parte que se sinta prejudicada apresente reclamação perante o Corregedor, que a decidirá monocraticamente e poderá, no seu pronunciamento, determinar que o ato reputado como atentatório à boa ordem processual ou funcional seja revisto. Em suma, **a reclamação correicional, também denominada correição parcial ou meramente de reclamação ao corregedor, exige a coexistência de dois pressupostos:**

Capítulo 13 • RECURSOS EM ESPÉCIE

a) a prática de ato judicial atentatório à boa ordem processual;

b) a inexistência de recurso específico para impugná-lo.

A natureza recursal da correição parcial é controversa. Para alguns seria apenas uma providência administrativa. Há, ainda assim, argumentos que favorecem o entendimento de que a reclamação correicional tem natureza recursal:

a) a sua aptidão para alterar a decisão impugnada;

b) o fato de que a autoridade judicial que apreciará, o Corregedor, ocupa posição hierárquica superior ao magistrado que praticou o ato impugnado;

c) a referência, no art. 709, II, da CLT, à inexistência de recurso específico, que parece sugerir que se trata de um recurso inespecífico;

d) a fixação, no Regimento Interno da Corregedoria-Geral da Justiça do Trabalho, de prazo em dobro para a Fazenda Pública e para o Ministério Público do Trabalho.

No TST, compete ao Corregedor Geral da Justiça do Trabalho decidir reclamações contra os atos atentatórios da boa ordem processual praticados pelos Tribunais Regionais e seus presidentes, quando inexistir recurso específico (art. 709, II, da CLT). O Regimento Interno da Corregedoria-Geral da Justiça do Trabalho, de modo mais detalhado, prevê que a Correição Parcial é cabível para corrigir erros, abusos e atos contrários à boa ordem processual e que importem em atentado a fórmulas legais de processo, quando para o caso não haja recurso ou outro meio processual específico.

Nos tribunais regionais, a reclamação correicional é cabível contra atos atentatórios da boa ordem processual praticados no primeiro grau de jurisdição, isto é, por Juízes Substitutos e Titulares de Varas do Trabalho. Os respectivos regimentos internos estabelecem como será processada a reclamação correicional, cabendo-lhes, inclusive, a fixação do prazo para a sua apresentação. Como o Regimento Interno da Corregedoria-Geral da Justiça do Trabalho fixa o prazo de cinco dias para a apresentação do pedido de correição parcial, os tribunais regionais, nos seus regimentos, costumam reproduzi-lo.

Em linhas gerais, uma vez apresentada a petição, que deve ser fundamentada, o magistrado cujo ato é impugnado será notificado para que se manifeste sobre o pedido do reclamante (no caso da correição parcial no TST o prazo é de dez dias) e preste as informações necessárias, podendo, ainda, exercitar o juízo de retratação e rever o ato praticado, hipótese em que a correição parcial perderá o seu objeto. Em seguida, conclusos os autos, o corregedor julgará a reclamação, proferindo decisão fundamentada e conclusiva, da qual, como regra, caberá agravo regimental ou interno.

13.11 PEDIDO DE REVISÃO

O recurso denominado "pedido de revisão" está previsto nos §§ 1º e 2º do art. 2º da Lei nº 5.584/70, diploma legal que instituiu o rito de alçada (procedimento sumário). Tem como objeto o reexame da decisão do Juiz de primeiro grau que rejeita a impugnação formulada por qualquer das partes ao valor por ele fixado para a determinação da alçada. É um recurso que praticamente caiu em desuso, sobretudo depois que o ajuizamento da reclamação submetida ao procedimento ordinário passou a exigir a indicação do valor dos pedidos.

Outrora, quando a indicação do valor dos pedidos não era exigida no procedimento ordinário e nem existia o procedimento sumaríssimo, uma vez proposta a conciliação, e não havendo acordo, caberia ao Juiz, antes de passar à instrução da causa, fixar o valor para a determinação da alçada, se fosse indeterminado no pedido (art. 2º, *caput*, Lei nº 5.584/70). Por outras palavras, o juiz decidiria se o valor dos pedidos era superior ou não a dois salários mínimos, estabelecendo, deste modo, se a reclamação deveria ser submetida ao procedimento sumário ou ao procedimento ordinário. O potencial para que tal decisão causasse prejuízo às partes sempre residiu no fato de que a sentença proferida no rito sumário é irrecorrível.

Em tese, ainda será possível, em caráter excepcional, raríssimo mesmo, que o juiz fixe o valor da causa para efeito de alçada. Isso poderá ocorrer, por exemplo, quando o reclamante desde a petição inicial escolhe o rito sumário e atribui à causa valor igual ou inferior a dois salários mínimos e o juiz, verificando que os pedidos foram incorretamente avaliados, fixa-lhes valor superior ao de alçada, sujeitando a reclamação ao procedimento ordinário ou ao sumaríssimo. Neste caso, em audiência, ao aduzir razões finais, qualquer das partes poderá impugnar o valor fixado e, caso o Juiz o mantenha, a parte que teve a sua impugnação rejeitada poderia pedir revisão da decisão, no prazo de 48 (quarenta e oito) horas, ao Presidente do Tribunal Regional (art. 2º, § 1º, Lei nº 5.584/70).

O pedido de revisão não terá efeito suspensivo e deverá ser instruído com a petição inicial e a Ata da Audiência, sendo julgado em 48 (quarenta e oito) horas, a partir do seu recebimento pelo Presidente do Tribunal Regional (art. 2º, § 2º, da Lei nº 5.584/70).

TUTELA PROVISÓRIA NO DIREITO PROCESSUAL DO TRABALHO

14

O processo, como já vimos, não foi desenhado para se eternizar, daí por que é informado pelo princípio da duração razoável ou da celeridade.

Mesmo que o processo trabalhista tenha a reputação, notadamente na fase de conhecimento, de ser célere, há situações em que aguardar o seu regular desfecho, ou seja, o exaurimento da cognição e a decisão final de mérito, sem antecipar a satisfação do direito postulado pelo reclamante (ou, eventualmente, pelo reclamado, na reconvenção ou nas ações dúplices[1]) implicará a perpetuação desnecessária de uma injustiça, uma vez que a pretensão apresentada ao Judiciário se faz acompanhar de prova robusta que demonstra de logo a sua probabilidade de êxito, isto é, a altíssima possibilidade de que seja acolhida.

Noutras situações, ainda que não haja fundamento para a antecipação da prestação jurisdicional, a decisão final do processo será ineficaz se a autoridade judicial não determinar previamente alguma providência para garantir o seu resultado útil.

Em qualquer das situações descritas, aguardar a solução judicial definitiva, sem um pronunciamento judicial prévio, trará à parte que procurou o Judiciário prejuízo irremediável, seja de ordem processual, seja de ordem material.

Para obviar os efeitos deletérios do tempo sobre o processo e sobre o próprio direito substancial de quem busca satisfazê-lo pela via judicial, o ordenamento jurídico processual prevê que, nas hipóteses legalmente previstas, de ofício ou atendendo a requerimento do interessado, o Judiciário está autorizado a proferir decisão de caráter provisório relacionada a um conflito de interesses que foi, é ou será submetido à sua apreciação e julgamento. Isto é, em síntese, o que se chama de tutela provisória, que, nas precisas palavras de Elpídio Donizetti, corresponde "ao provimento jurisdicional que visa a adiantar os efeitos da decisão final no processo ou assegurar o seu resultado prático".[2]

A tutela provisória tem o seu regramento contido nos arts. 294 a 311 do CPC, que são aplicáveis na Justiça do Trabalho, exceto naquilo que for incompatível com os princípios que informam o processo do trabalho. O texto consolidado é omisso quanto à matéria, embora preveja algumas poucas medidas que têm

---

1 Ação dúplice é aquela em que o réu pode apresentar pedido contraposto na própria contestação sem a necessidade de oferecer reconvenção. O exemplo típico no processo do trabalho é o Inquérito para Apuração de Falta Grave.

2 Ob. cit., p. 403-404.

inequívoca feição de tutela provisória. Por exemplo, a possibilidade de concessão de medida liminar, até decisão final do processo, em reclamações trabalhistas que visem a tornar sem efeito transferência disciplinada pelos parágrafos do art. 469 da CLT, ou que visem a reintegrar no emprego dirigente sindical afastado, suspenso ou dispensado pelo empregador (arts. 659, IX e X, da CLT).

Registre-se que há alguns procedimentos especiais que, por força de lei, já contemplam na sua dinâmica alguma modalidade de tutela provisória, como é o caso das ações possessórias (arts. 554 a 568 do CPC), do mandado de segurança (Lei nº 12.016/2009) e da ação civil pública (Lei nº 7.347/85). Ainda assim, as regras previstas nos arts. 294 a 311 do CPC se aplicam a tais procedimentos de forma subsidiária.

No texto consolidado, a palavra tutela, com o sentido processual de provimento judicial provisório, somente será encontrada no § 2º do art. 855-A, incluído pela Reforma Trabalhista, que dispõe que a instauração do Incidente de Desconsideração da Personalidade Jurídica suspenderá o processo, sem prejuízo de concessão da tutela de urgência de natureza cautelar.

A tutela provisória, nos termos do *caput* do art. 294 do CPC, pode fundamentar-se em urgência ou evidência. Por outras palavras, duas são as modalidades de tutela provisória: a **tutela de urgência** e a **tutela da evidência**. A primeira espécie exige o perigo na demora da prestação jurisdicional, requisito cuja demonstração é dispensada na tutela da evidência, embora neste caso se possa dizer que o perigo está contido na própria noção de evidência, pois negar ao interessado a possibilidade de gozar imediatamente de um direito que se apresenta evidente significa submetê-lo ao risco de jamais poder fazê-lo, na medida em que a duração da vida humana é imprevisível.

A tutela provisória de urgência comporta duas naturezas, a cautelar e a antecipada. Em ambos os casos, poderá ser requerida **em caráter antecedente** ou em **caráter incidental.**

O art. 295 do CPC diz que a tutela provisória requerida em caráter incidental independe do pagamento de custas. A regra se aplica na Justiça do Trabalho, mas vale observar que, **não sendo a tutela requerida em caráter incidental,** a regra que se aplica é a contida no § 1º do art. 789 da CLT, de modo que **as custas serão pagas pelo vencido, após o trânsito em julgado da decisão,** sendo que **no caso de recurso, as custas serão pagas e comprovado o recolhimento dentro do prazo recursal.**

Embora conserve sua eficácia na pendência do processo, isto é, enquanto não foi ainda proferida a decisão final, a tutela provisória pode, a qualquer tempo, ser revogada ou modificada. Não sendo revogada ou modificada, a eficácia da tutela provisória se mantém até mesmo durante o período em que o processo está suspenso, salvo se houver decisão judicial em contrário.

Tanto a revogação quanto a modificação da tutela provisória podem ocorrer na sentença ou antes que esta seja proferida.

Para que a tutela provisória seja revogada é necessário que surjam novos elementos probatórios que demonstrem que o perigo ou a probabilidade do direito invocado não estão mais presentes ou nunca estiveram.

A modificação da tutela provisória pode ocorrer em diversas situações. Por exemplo, quando o juiz entender que outras medidas acautelatórias trarão um melhor resultado prático para que o direito reivindicado seja protegido ou quando considerar que uma medida menos gravosa atingirá o mesmo resultado que a medida veiculada pela tutela provisória concedida.[3]

A decisão adotada na sentença, construída a partir do exaurimento da cognição, substitui a decisão da tutela provisória, seja revogando-a, seja modificando-a, seja confirmando-a. Em qualquer circunstância valerá o que foi decidido na sentença, ressalvando-se, é claro, a hipótese de reversão da decisão no julgamento de recurso dela interposto.

Atenção

> O CPC prevê a possibilidade de que a tutela provisória seja estabilizada, isto é, se torne permanente, nos termos do art. 303. Neste caso, não há que se falar em substituição da tutela provisória pela sentença. O que ocorre, então, é que a tutela provisória, por natureza instável, obtém a qualidade estabilizante própria da sentença.

O juiz poderá determinar as medidas que considere adequadas para efetivar a tutela provisória, conforme previsão do *caput* do art. 297 do CPC. A efetivação da tutela provisória rege-se pelas mesmas regras que se aplicam ao cumprimento provisório da sentença (na linguagem do processo do trabalho, execução provisória), no que couber.

A decisão que concede, nega, modifica ou revoga a tutela provisória deve ser fundamentada, impondo-se ao juiz que demonstre de modo claro e preciso a motivação do seu convencimento.

Se o pedido principal já é objeto de processo em andamento, o pedido de tutela provisória será requerido ao juízo da causa. Se, contudo, o pedido de tutela provisória é antecedente, deverá ser dirigido ao juízo competente para conhecer do pedido principal.

A menos que haja disposição especial em sentido contrário, quando se tratar de ação de competência originária de tribunal, bem como nos recursos, a tutela provisória deverá ser requerida ao órgão jurisdicional competente para apreciar o mérito.

---

3 Ainda há na doutrina quem discuta se é possível a revogação ou modificação da tutela provisória de ofício. Cremos que o espírito do processo do trabalho, onde o princípio inquisitivo é inegavelmente mais forte que no processo comum, favorece ao entendimento de que a decisão que revoga ou modifica a tutela provisória pode ser tomada de ofício. Ademais, quem pode o mais, pode o menos. Ora, se o juiz de ofício, em razão do poder geral de cautela, pode conceder tutela provisória, por que não poderia revogá-la?

A concessão, denegação ou modificação da tutela provisória antes da sentença é irrecorrível de imediato no processo do trabalho, por se tratar de decisão interlocutória, o que não impede a possibilidade de que seja atacada por meio de Mandado de Segurança, quando vulnerar direito líquido e certo da parte, ou por meio de Reclamação Correicional (Correição Parcial), quando constituir um ato atentatório à boa ordem processual.

O mais comum é que a tutela provisória, tanto a de urgência quanto a da evidência, seja concedida antes mesmo que a parte contrária à requerente seja ouvida. É o que se deduz da leitura do art. 9º do CPC, em especial do seu parágrafo único, que excepciona as situações em que o juiz poderá não observar o contraditório, vale dizer, a regra segundo a qual não se proferirá decisão contra uma das partes sem que ela seja previamente ouvida. No entanto, **não há vedação alguma a que a tutela provisória seja concedida somente após a manifestação da parte contrária.**

Há situações em que a concessão da tutela provisória não ocorrerá sem que o contraditório tenha sido aberto. Na tutela da evidência, a hipótese prevista no inciso I do art. 311 do CPC pressupõe justamente que o contraditório tenha sido estabelecido, porque somente a partir desse momento será possível ao demandado abusar do seu direito de defesa, usando-o para protelar a solução do processo. De igual modo, a hipótese prevista no inciso IV do mesmo artigo, que se refere à situação em que, instaurado o contraditório, o réu não apresentou prova capaz de gerar dúvida quanto à suficiência da prova documental juntada pelo autor com a inicial. Em ambos os casos, portanto, a concessão da tutela provisória depende da prévia abertura do contraditório.

Nos termos do art. 1.059 do CPC, **quando se tratar de tutela provisória requerida contra a Fazenda Pública, aplica-se o disposto nos arts. 1º a 4º da Lei nº 8.437/92 e no art. 7º, § 2º, da Lei nº 12.016/2009.** Tais regras põem limites à concessão ou a efetivação da tutela provisória em certas hipóteses, algumas das quais podem ocorrer na Justiça do Trabalho.

Assim é que **não se admite medida liminar contra atos do Poder Público toda vez que providência semelhante não puder ser, por vedação legal, concedida em ações de mandado de segurança.** Por exemplo, o § 2º do art. 7º da Lei nº 12.016/2009 (Lei do Mandado de Segurança) veda a concessão, em sede de mandado de segurança, de medida liminar que tenha por objeto a reclassificação ou equiparação de servidores públicos e a concessão de aumento ou a extensão de vantagens ou pagamento de qualquer natureza. Eventualmente, quando o ente público adotar o regime celetista, poderá ser apresentado à Justiça do Trabalho pedido de tutela provisória em caráter liminar com esse objeto. Ao juiz do trabalho, contudo, está vedado concedê-la.

Contra a Fazenda Pública, ademais, não será cabível:

a) a concessão de tutela provisória de natureza cautelar, no juízo de primeiro grau, quando for impugnado ato de autoridade sujeita, na via de mandado de segurança, à competência originária de tribunal;

b) a concessão de medida liminar que esgote, no todo ou em qualquer parte, o objeto da ação.

Por fim, é importante advertir que, nos termos do art. 4º da Lei nº 8.437/92, **compete ao presidente do tribunal, ao qual couber o conhecimento do respectivo recurso, suspender, em decisão fundamentada, a execução da liminar nas ações movidas contra o Poder Público ou seus agentes,** a requerimento do Ministério Público ou da pessoa jurídica de direito público interessada, **em caso de manifesto interesse público ou de flagrante ilegitimidade, e para evitar grave lesão à ordem, à saúde, à segurança e à economia públicas.**

14.1 TUTELA DE URGÊNCIA

Nos termos do art. 300 da CLT, **a concessão da tutela de urgência requer a existência nos autos de elementos que evidenciem a probabilidade do direito e o perigo de dano ou o risco ao resultado útil do processo.** Por outras palavras, é necessário que o juiz, em cognição sumária, verifique (a) que o requerente é provavelmente titular do direito material invocado e (b) que a demora na prestação jurisdicional o exporá a dano ou trará risco ao resultado útil que ele espera do processo.

Os dois requisitos têm que coexistir para que a tutela de urgência seja concedida. Somente a necessidade de prevenir o perigo não justifica a concessão da tutela de urgência. É imprescindível, antes, que o direito reivindicado seja provável.

A probabilidade do direito deve ser demonstrada por elementos probatórios consistentes, capazes, por si sós, de fazer com que o juiz se convença de que o requerente é realmente titular do direito invocado. **A análise do pedido de tutela de urgência pode ser feita em sede liminar, isto é, antes mesmo que o contraditório seja aberto com a citação do réu (reclamado), ou em qualquer momento superveniente.** Eventualmente, os elementos trazidos aos autos ainda não são suficientes para que o juiz se convença da probabilidade do direito e, deste modo, a tutela provisória não será concedida. Todavia, o que se cuida aqui é de uma cognição sumária, vale dizer, um juízo provisório, de modo que nada impede que a probabilidade do direito se torne evidente após a instrução probatória, autorizando, então, a concessão da tutela de urgência.

Por se tratar de juízo provisório, pode ocorrer que, após o contraditório, o magistrado venha a adquirir uma convicção que diverge daquela que o motivou a conceder a tutela. Isto se dá porque não se exige do juiz, para a concessão da tutela provisória, que os elementos probatórios juntados aos autos lhe tragam a **certeza do direito,** mas sim **a certeza da probabilidade do direito,** o que é uma coisa diferente. Ainda assim, o juízo sobre a probabilidade do direito não é uma mera crença. É um juízo provisório baseado na demonstração prévia, por meio de elementos probatórios consistentes, de que o direito invocado por quem pleiteia a tutela de urgência não é fictício, mas real, e que pertence ao requerente.

Quanto ao **outro requisito para a concessão da tutela de urgência, que se traduz no perigo na demora da prestação jurisdicional definitiva** (o chamado *periculum in mora*), isto é, o perigo de que o requerente sofra dano ou de que o resultado útil do processo não seja alcançado, **não é, de igual modo, suficiente a simples alegação.** Faz-se necessário que haja elementos nos autos que permitam ao juiz, numa análise *prima facie*, se convencer de que o perigo é concreto e não uma mera ilação.

A tutela provisória de urgência pode ser, quanto à sua finalidade, cautelar ou antecipada.

A tutela de urgência cautelar busca eliminar ou reduzir a possibilidade de que o resultado útil do processo não seja alcançado, ou seja, visa a salvaguardar os efeitos práticos da decisão futura, de caráter satisfativo.

A tutela de urgência antecipada adianta os efeitos satisfativos da decisão futura, isto é, confere imediatamente ao requerente a satisfação total ou parcial de sua pretensão, que normalmente somente poderia ser obtida após o provimento judicial definitivo.

A tutela provisória de urgência, quanto ao momento em que é requerida, pode ser antecedente ou incidental. É **antecedente** quando requerida antes da propositura da ação principal ou na própria petição inicial desta. É **incidental** quando requerida no curso do processo (arts. 294, parágrafo único, e 303 do CPC).

O § 1º do art. 300 do CPC prevê que **para a concessão da tutela de urgência pode o juiz, conforme o caso, determinar que o requerente preste caução real ou fidejussória, mas a caução poderá ser dispensada se a parte economicamente hipossuficiente não puder oferecê-la.**

A **caução real**, que está prevista no art. 1.419 do Código Civil, ocorre quando um bem é dado em garantia e fica sujeito, por vínculo real, ao cumprimento da obrigação (exemplo: penhor e hipoteca). Deste modo, caso o juiz assim o determine, a parte que requereu a tutela de urgência terá que oferecer um bem em garantia para ressarcir eventuais danos que a outra parte possa vir a sofrer em razão da concessão da medida.

A **caução fidejussória**, por seu turno, trata-se de garantia pessoal e não real, sendo prestada por um terceiro, que, em lugar da parte beneficiária da tutela provisória, assume a responsabilidade pelo ressarcimento de danos eventualmente sofridos pela parte adversa.

Como regra, quem requer a tutela provisória no processo do trabalho é o trabalhador hipossuficiente, de modo que dificilmente a exigência de caução não será dispensada. Todavia, não é impossível que a caução seja exigida mesmo no processo do trabalho. Por exemplo, quando a tutela provisória for requerida por uma empresa que tenha a capacidade econômica para oferecê-la.

A **tutela de urgência pode ser concedida liminarmente ou após justificação prévia** (art. 300, § 2º, do CPC). A justificação prévia se faz em audiência designada pelo juiz com a finalidade específica de permitir ao requerente da tutela provisória que o convença, por meio de prova oral, que os requisitos para a concessão da medida estão presentes. Importante destacar que a **realização de justificação prévia somente é prevista legalmente para as tutelas provisórias de urgência, não sendo cabível, portanto, no caso de tutela da evidência**. A necessidade de justificação prévia nesta espécie de tutela provisória já demonstra a falta de evidência do direito material reivindicado.

Diz o § 3º art. 300 do CPC que **a tutela de urgência de natureza antecipada não será concedida quando houver perigo de irreversibilidade dos efeitos da decisão.**

A irreversibilidade dos efeitos da decisão como obstáculo à concessão da tutela provisória, mesmo que limitada à tutela de urgência antecipada, exige um esforço interpretativo do juiz para não permitir a perpetuação de um dano que necessite de correção imediata.

No nosso sentir, **o juiz do trabalho, ponderando no caso concreto o perigo de irreversibilidade dos efeitos da decisão e a emergência do requerente, poderá aplicar o princípio da proporcionalidade e chegar à conclusão de que o perigo da irreversibilidade dos efeitos da tutela é insignificante diante do perigo de dano sofrido pelo requerente.** Um exemplo que não é de impossível ocorrência pode ilustrar a situação. Suponha-se que, em decorrência de um acidente de trabalho (uma explosão numa caldeira), o empregado esteja na UTI de um hospital, entre a vida e a morte, e, por meio de seu advogado, ingresse com pedido de tutela antecipatória pedindo ao juiz que determine que a empresa arque com os custos da transferência do obreiro para outro hospital, providência recomendada pela equipe médica para que o paciente tenha chance de sobreviver, uma vez que as condições do local onde está internado são inadequadas e ele necessita de uma UTI especializada. O pedido se faz acompanhar de demonstração clara da probabilidade do direito e do perigo imediato e concreto de que o requerente não sobreviva se a transferência não for logo efetuada. Outros ingredientes poderiam ser acrescentados à ilustração. O hospital para onde o paciente precisa ser transferido poderia ser particular, o único na localidade com UTI de queimados e não estar credenciado pelo plano de saúde empresarial. Numa ponderação de interesses, com o uso do princípio da proporcionalidade, o magistrado trabalhista não estaria obrigado a negar a tutela de urgência antecipatória apenas porque os seus efeitos (o pagamento de despesas hospitalares de alta monta) são irreversíveis.

O art. 301 do CPC estabelece que "**a tutela de urgência de natureza cautelar pode ser efetivada mediante arresto, sequestro, arrolamento de bens, registro de protesto contra alienação de bem e qualquer outra medida idônea para asseguração do direito**". O dispositivo em questão é a mais completa tradução daquilo que a doutrina processual convencionou denominar "**poder geral de cautela**" do juiz.

Outrora, na vigência do CPC revogado, havia medidas cautelares típicas, dotadas de procedimento específico, a exemplo do arresto e do sequestro, de modo que a expressão "poder geral de cautela" destacava o poder conferido ao juiz para decretar medidas cautelares atípicas. No novo CPC, as medidas exemplificadas e quaisquer outras que sejam idôneas para assegurar o direito invocado podem efetivar a tutela de urgência de natureza cautelar, inserindo-se numa noção mais ampla de poder geral de cautela.

É importante registrar, contudo, que a tutela de urgência traz também riscos para quem dela se beneficia. Assim é que, **independentemente da reparação por danos processuais, a parte que requereu a tutela de urgência responde pelo eventual prejuízo que a sua efetivação causar à parte adversa quando:**

a) **a sentença lhe for desfavorável;**

b) **não fornecer os meios necessários para a citação do requerido no prazo de cinco dias após ter obtido liminarmente a tutela em caráter antecedente;**

c) **ocorrer a cessação da eficácia da medida em qualquer hipótese legal;**

d) **o juiz acolher a alegação de decadência ou prescrição da pretensão do autor.**

A indenização, inclusive, será, sempre que possível, liquidada nos autos em que a medida tiver sido concedida (art. 302 do CPC).

Não é demais lembrar que a citação (notificação inicial) no processo do Trabalho é feita pela Secretaria, não dependendo de que a parte forneça outros meios que não a indicação do endereço correto do demandado. A expressão "meios necessários para a citação do requerido" traduz-se na Justiça do Trabalho como a informação do seu correto endereço.

14.1.2 TUTELA DE URGÊNCIA ANTECIPADA REQUERIDA EM CARÁTER ANTECEDENTE

A **tutela de urgência antecipada,** como afirmado anteriormente, visa a adiantar os efeitos satisfativos da decisão futura. O **procedimento da tutela de urgência antecipada requerida em caráter antecedente é disciplinado pelos arts. 303 e 304 do CPC.**

Se a urgência que justifica a concessão da tutela provisória se faz presente quando a ação é ajuizada ou, como diz o *caput* do art. 303 do CPC, é contemporânea à propositura da ação, o **autor pode (trata-se de faculdade, portanto) limitar-se na petição inicial a requerer a tutela antecipada e a indicar o pedido de tutela final, expondo a lide, o direito que busca realizar e o perigo de dano ou do risco ao resultado útil do processo.** Neste caso, a petição inicial deverá conter a indicação do valor da causa, que deve levar em consideração o pedido de tutela final, e o autor deve também indicar que está se valendo do benefício previsto no referido dispositivo, ou seja, o de apresentar na petição inicial apenas o requerimento da tutela antecipada e a indicação do pedido de tutela final, sem a argumentação completa.

Caso a tutela antecipada seja concedida, o autor deverá, em 15 (quinze) dias ou em prazo maior que o juiz fixar, aditar a petição inicial, complementando a

sua argumentação, confirmando o pedido de tutela final e, se necessário, juntando novos documentos. Se o aditamento não for realizado, o processo será extinto sem resolução do mérito.

Se o órgão jurisdicional entender que não há elementos para a concessão de tutela antecipada, determinará que o autor emende a petição inicial em até 5 (cinco) dias, sob pena de ser indeferida e de o processo ser extinto sem resolução de mérito.

Ainda que, em tese, **a tutela de urgência antecipada requerida em caráter antecedente** tenha cabimento na Justiça do Trabalho, há a necessidade de adaptar o procedimento previsto no CPC à sistemática processual trabalhista, onde o procedimento comum (ordinário, sumário ou sumaríssimo) não comporta a designação de audiência prévia de conciliação ou de mediação e, muito menos, de que o prazo para a contestação seja contado a partir de sua realização. A tentativa de conciliação integra obrigatoriamente o procedimento trabalhista, sendo desnecessária a designação de audiência com esta finalidade e, por outro lado, o reclamado tem até o momento da realização da audiência para apresentar a sua contestação.

Além disso, **não cabe no processo do trabalho recurso da decisão que nega ou concede a tutela de urgência antecipada, diante do princípio da irrecorribilidade imediata das decisões interlocutórias (art. 893, § 1º, da CLT)**. Tanto isso é verdade que o **verbete II da Súmula nº 414 do TST** consagra o entendimento de que "**no caso de a tutela provisória haver sido concedida ou indeferida antes da sentença, cabe mandado de segurança, em face da inexistência de recurso próprio**".

Entendemos que são inaplicáveis ao processo do trabalho as regras contidas nos incisos II e III do § 1º do art. 303, uma vez que pressupõem a designação de audiência de conciliação e mediação, que não integra o procedimento comum trabalhista (ordinário, sumário ou sumaríssimo), bem como as regras previstas no *caput* e §§ 1º a 5º do art. 304 do CPC, que pressupõem a recorribilidade da decisão interlocutória que concede a antecipação de tutela, não se compatibilizando, portanto, com o disposto no § 1º do art. 893 da CLT. Também consideramos inaplicável ao processo do trabalho o § 6º do art. 304 do CPC, exceto quando estatui que a decisão que concede a tutela não fará coisa julgada.

Adaptada à sistemática processual trabalhista, **a tutela de urgência antecipada requerida em caráter antecedente funcionaria assim**:

a) na petição inicial, o autor (reclamante) poderá requerer a tutela antecipada apenas indicando o pedido de tutela final, expondo a lide, o direito que busca realizar e o perigo de dano ou do risco ao resultado útil do processo;

b) ao apreciar o pedido do autor, o juiz do trabalho concederá ou negará a tutela requerida;

c) caso o juiz do trabalho conceda a tutela requerida pelo autor (reclamante), deverá intimá-lo em 15 (quinze) dias ou em prazo maior, ao seu prudente arbítrio, para que adite a petição inicial, complementando a sua argumentação, confirmando o pedido de tutela final e, se necessário, juntando novos documentos, sob pena de extinção do processo sem julgamento do mérito;

d) caso o juiz do trabalho negue a tutela requerida pelo autor (reclamante), determinará que este emende a petição inicial em até 5 (cinco) dias, sob pena de ser indeferida e de o processo ser extinto sem resolução de mérito;

e) emendada a petição inicial pelo autor (reclamante), o réu (reclamado) deverá ser citado (notificado) normalmente para comparecer à audiência em que a sua contestação será recebida (ainda que protocole em momento anterior), momento no qual será tentada a conciliação, seguindo-se, a partir daí, o procedimento trabalhista comum. Deste modo, a estabilização da tutela de urgência antecedente só ocorrerá mesmo com a sua confirmação pela decisão final, esta sim passível de ser impugnada mediante recurso.

Em suma, o único benefício que o requerente terá no processo do trabalho é o de poder se limitar na petição inicial a apresentar o requerimento da tutela antecipada e a indicar o pedido de tutela final, sem a argumentação completa, deixando para complementar a petição inicial em momento posterior. Dependendo da situação de urgência que autorize a concessão da tutela, por exemplo o risco imediato de morte do autor, não é um benefício que deva ser ignorado. Trata-se, contudo, de faculdade e, portanto, **a tutela de urgência antecipada poderá ser requerida com a apresentação da petição inicial em todos os seus termos, sem que a parte autora vá necessitar de aditá-la posteriormente.** Isto é o que ocorre – e certamente continuará a ocorrer – com maior frequência no processo do trabalho.

14.1.2 TUTELA DE URGÊNCIA CAUTELAR REQUERIDA EM CARÁTER ANTECEDENTE

A **tutela de urgência cautelar**, como afirmamos anteriormente, **visa à eliminação ou redução do risco de que o processo não alcance o resultado útil almejado, ou seja, procura proteger os efeitos satisfativos da decisão futura.** O seu procedimento está disciplinado nos arts. 305 a 310 do CPC.

A petição inicial da ação que visa à prestação de tutela cautelar em caráter antecedente indicará a lide e seu fundamento, a exposição sumária do direito que se objetiva assegurar e o perigo de dano ou o risco ao resultado útil do processo.

Caso entenda que o pedido formulado a título de tutela de urgência cautelar tem, na verdade, a natureza de tutela antecipada, o juiz observará o procedimento previsto no art. 303 do CPC, sobre o qual falamos no item anterior. Trata-se de previsão contida no parágrafo único do art. 305 do CPC que, deste modo, admite a fungibilidade entre tutela cautelar e tutela antecipada (satisfativa).

O réu (reclamado) será citado para, no prazo de 5 (cinco) dias, contestar o pedido e indicar as provas que pretende produzir. Se não oferecer contestação, presume-se que os fatos alegados pelo autor ocorreram, incumbindo ao juiz decidir o pedido de tutela dentro de 5 (cinco) dias.

Sendo o pedido contestado, observar-se-á a partir daí o procedimento comum, que, no caso, será o trabalhista, com a designação de audiência para conciliação, instrução e julgamento. Por outras palavras, o procedimento de tutela de urgência cautelar no âmbito do processo do trabalho se afastará das regras previstas no CPC após o momento em que o pedido de tutela for contestado.

A contestação do pedido de tutela deverá ser feita por escrito e recebida antes da designação da audiência. Assim, mesmo no processo do trabalho a confissão ficta do réu (reclamado) na tutela de urgência cautelar ocorrerá antes da audiência e evitará a realização do ato.

Se a tutela cautelar for efetivada, o pedido principal deverá ser formulado pelo autor no prazo de 30 (trinta) dias, caso em que será apresentado nos mesmos autos em que deduzido o pedido de tutela cautelar, não dependendo do adiantamento de novas custas processuais (como, aliás, é a regra no processo do trabalho para qualquer espécie de procedimento). **No momento de formulação do pedido principal a causa de pedir poderá ser aditada. Permite-se ao autor, ademais, que formule o pedido principal conjuntamente com o pedido de tutela cautelar.**

Observe-se, porém, que **o indeferimento da tutela cautelar não impede que a parte apresente o pedido principal, nem influi no julgamento desse, salvo se o motivo do indeferimento for o reconhecimento de decadência ou de prescrição.**

Entendemos que os §§ 3º e 4º do art. 308 do CPC não se aplicam ao processo do trabalho, pois como afirmado no item anterior, quando rejeitamos a aplicabilidade dos incisos II e III do § 1º do art. 303, o procedimento comum trabalhista não comporta a designação de audiência prévia de conciliação ou de mediação e, muito menos, de que o prazo para a contestação do pedido principal seja contado a partir de sua realização.

Por fim, **a eficácia da tutela concedida em caráter antecedente cessa, se: (I) o autor não deduzir o pedido principal no prazo legal; (II) não for efetivada dentro de 30 (trinta) dias; (III) o juiz julgar improcedente o pedido principal formulado pelo autor ou extinguir o processo sem resolução de mérito.** Em qualquer caso, será vedado à parte renovar o pedido, salvo sob novo fundamento.

14.4 TUTELA DA EVIDÊNCIA

A tutela da evidência tem o seu procedimento disciplinado pelo art. 311 do CPC. Distingue-se das tutelas de urgência principalmente por não exigir a demonstração de perigo de dano ou de risco ao resultado útil do processo. Com efeito, as tutelas de urgência (antecipada ou cautelar) exigem que o requerente promova uma demonstração dupla:

a) que é o provável titular do direito invocado;

b) que a demora na prestação jurisdicional o exporá a dano ou trará risco ao resultado útil do processo.

A tutela de evidência, contudo, exige apenas que o requerente comprove de forma inequívoca os fatos que tornam evidente o direito postulado. Nas palavras de Humberto Theodoro Junior:

> A tutela da evidência não se funda no *fato* da situação geradora do *perigo de dano*, mas no fato de a pretensão de tutela imediata se apoiar em comprovação suficiente do direito material da parte. Justifica-se pela possibilidade de aferir a *liquidez* e *certeza* do direito material, ainda que sem o caráter de definitividade, já que o debate e a instrução processuais ainda não se completaram. No estágio inicial do processo, porém, já se acham reunidos elementos de convicção suficientes para o juízo de mérito em favor de uma das partes.[4]

Tal como a tutela de urgência antecipada, a tutela da evidência tem caráter satisfativo, haja vista que ambas adiantam os efeitos da decisão final futura de mérito.

A concessão da tutela da evidência está autorizada nas seguintes hipóteses: (I) **quando ficar caracterizado o abuso do direito de defesa ou o manifesto propósito protelatório da parte adversa;** (II) **quando as alegações de fato puderem ser comprovadas apenas documentalmente e houver tese firmada em julgamento de casos repetitivos ou em súmula vinculante;** (III) **quando se tratar de pedido reipersecutório fundado em prova documental adequada do contrato de depósito, caso em que será decretada a ordem de entrega do objeto custodiado, sob cominação de multa;** (IV) **quando a petição inicial for instruída com prova documental suficiente dos fatos constitutivos do direito do autor, a que o réu não oponha prova capaz de gerar dúvida razoável.**

A hipótese prevista no inciso III será de raríssima, quase impossível, ocorrência no processo do trabalho. O cabimento de ações possessórias é indiscutível na Justiça do Trabalho (no caso de greve há até súmula vinculante neste sentido) e não é incomum que o empregado fique como depositário de produtos ou equipamentos de propriedade da empresa, mas muito dificilmente esse ajuste se fará por meio de contrato de depósito escrito.

O juiz poderá decidir liminarmente nas hipóteses dos incisos II e III do art. 311 do CPC. **Da liminar não caberá recurso, por se tratar de decisão interlocutória, de modo que a parte prejudicada somente poderá impugná-la por meio da impetração de mandado de segurança, se puder demonstrar que o seu direito líquido e certo foi violado,** conforme entendimento consolidado pelo TST no verbete II da **Súmula nº 414 do TST.**

---

4   THEODORO JÚNIOR, Humberto. *Ob. cit.*, p. 880.

Por fim, a partir da leitura do inciso I do art. 355 do CPC, parece claro que, no processo comum, quando a prova produzida pelo autor for suficiente para demonstrar a certeza dos fatos constitutivos do direito postulado, o juiz tanto poderá conceder a tutela da evidência quanto poderá julgar antecipadamente o pedido. O julgamento antecipado do pedido no processo do trabalho, contudo, por conta da sistemática processual trabalhista, não dispensa a realização da audiência em que seja oportunizada às partes a possibilidade de conciliar e de apresentar razões finais, vale dizer, não será diferente da situação em que o juiz dispensa a produção de prova oral e encerra a instrução probatória. Só faria sentido a aplicação do preceituado no inciso I do art. 355 do CPC, portanto, se fosse possível evitar a realização da audiência, o que não é da índole do processo do trabalho (exceto em situações muito excepcionais, como as vivenciadas em decorrência da pandemia do Covid-19).

EXECUÇÃO TRABALHISTA

15

15.1 VISÃO GERAL

Decisão judicial tem que ser cumprida. A expressão é utilizada normalmente para indicar que não importa o seu destinatário, se rico ou pobre, famoso ou desconhecido, empresário ou empregado, particular ou autoridade pública, todos deverão cumprir o que lhes foi ordenado pela decisão judicial. Mas há um sentido ainda mais relevante na expressão: **o desrespeito à decisão judicial não é tolerado pelo sistema jurídico, que prevê sanções para quem espontaneamente não a cumpre.**

A ideia é de suma importância quando a decisão judicial se trata de uma sentença condenatória. O Estado-Juiz, então, não se limita a reconhecer o direito de alguém, isto é, a apenas declarar que Fulano ou Sicrano tem este ou aquele direito, mas impõe à parte vencida uma obrigação a ser cumprida em benefício da parte vencedora. A parte vencedora é, assim, o credor de uma obrigação; a parte vencida, o devedor.

A sentença, nos termos acima expostos, constitui um título que permite ao credor exigir do devedor o cumprimento da obrigação nele prevista mediante a utilização pelo Estado-Juiz de meios coercitivos. Por outras palavras, não cumprindo o devedor espontaneamente a obrigação determinada na sentença, estará sujeito à execução forçada. **Diz-se, assim, que a sentença é um título com força executória, um título executivo.**

Além disso, a legislação pode atribuir a outros títulos a mesma força executória que constitui atributo da sentença condenatória. São os chamados **títulos executivos extrajudiciais,** previstos no art. 784 do CPC. O dispositivo em questão não exaure as espécies de títulos executivos extrajudiciais, prevendo que compartilham da mesma identidade os demais títulos aos quais, por disposição expressa, a lei atribuir força executiva.

O atual CPC não mais se refere à **execução da sentença** e sim **ao cumprimento da sentença.** O termo **execução,** no processo comum, passou a se referir exclusivamente aos **títulos extrajudiciais.** Sentenças são cumpridas; títulos extrajudiciais são executados.

A execução de título extrajudicial é um procedimento que segue estritamente o princípio do dispositivo. O credor deverá provocar o Judiciário por meio de uma ação própria, a ação de execução. O cumprimento da sentença é apenas uma fase do processo em que foi proferida.

15.2 CONCEITO E ESTRUTURA

A CLT denomina execução tanto a ação que busca o cumprimento de uma obrigação prevista num título extrajudicial quanto a atividade judicial que se segue ao trânsito em julgado de uma sentença condenatória visando a que o devedor seja forçado a cumpri-la. No particular, portanto, se afasta do regramento do CPC, que usa a expressão execução apenas para a ação fundada em título extrajudicial.

Pode-se dizer, portanto, que no âmbito do Direito Processual do Trabalho, a execução é a atividade pela qual o Judiciário Trabalhista, utilizando medidas coativas, torna efetivo o cumprimento de obrigação decorrente de título judicial (sentença e acordo homologado pelo órgão jurisdicional) ou de título extrajudicial.

A execução trabalhista comporta, na sua estrutura, atos de constrição e de alienação. Os atos de constrição são aqueles praticados para forçar o devedor a cumprir a obrigação imposta pelo título executivo. Os atos de alienação são aqueles praticados para tornar efetiva a expropriação do patrimônio do devedor e possibilitar que, com o resultado dessa alienação, a obrigação prevista no título executivo seja satisfeita. Não raro, contudo, a sentença condenatória não é líquida e, deste modo, antes que a execução seja iniciada faz-se necessário que sejam praticados atos de acertamento, isto é, atos que visam a conferir liquidez ao título judicial. Os atos de acertamento se manifestam por meio do procedimento denominado liquidação, sobre o qual falaremos oportunamente. Não integra propriamente a execução, da qual, contudo, é um procedimento prévio indispensável quando a sentença condenatória for ilíquida.

15.3 APLICAÇÃO SUBSIDIÁRIA DA LEI DE EXECUÇÕES FISCAIS E SUPLETIVA E SUBSIDIÁRIA DO CPC

A CLT é, naturalmente, o principal marco normativo da execução trabalhista. Em primeiro lugar, portanto, a solução de toda e qualquer questão concernente à execução trabalhista deve ser buscada no texto consolidado.

O art. 889 da CLT, contudo, prevê que os preceitos que regem o processo dos executivos fiscais para a cobrança judicial da dívida ativa da Fazenda Pública Federal são aplicáveis aos trâmites e incidentes do processo da execução trabalhista, naquilo em que não contravierem às regras previstas no texto consolidado.

Assim, quando se trata de execução trabalhista, a omissão do texto consolidado será suprida inicialmente com a aplicabilidade da Lei nº 6.830/80 (alcunhada de Lei de Execução Fiscal ou Lei dos Executivos Fiscais) e, caso seja ela também omissa, serão aplicadas as regras do Código de Processo Civil que se referem ao cumprimento da sentença ou ao processo de execução.

Por outras palavras, se o texto consolidado é lacunoso, consulta-se primeiramente a Lei dos Executivos Fiscais e apenas num segundo momento as regras do CPC. Em qualquer caso, contudo, as regras contidas na Lei de Execuções Fiscais e no CPC somente são aplicáveis subsidiariamente à execução trabalhista quando haja compatibilidade com os princípios processuais trabalhistas.

Vale observar que as regras do Código de Processo Civil aplicáveis subsidiária ou supletivamente à execução trabalhista de título judicial serão encontradas no título correspondente ao **cumprimento da sentença** (Título II, do Livro I da Parte Especial – arts. 513-538), que é a linguagem adotada pelo processo comum que corresponde à execução trabalhista de título judicial, e no livro correspondente ao **Processo de Execução** (Livro II da Parte Especial – arts. 771-925).

No que se refere à sistemática procedimental, não há no texto consolidado distinção entre a execução do título executivo judicial e a execução do título extrajudicial. As regras do CPC que correspondem ao cumprimento da sentença ou ao processo de execução podem ser indistintamente utilizadas na execução trabalhista, muito embora se deva **dar preferência às regras pertinentes ao processo de execução, quando se tratar da execução trabalhista de título extrajudicial,** e **às regras pertinentes ao cumprimento de sentença, quando se tratar da execução trabalhista de títulos judiciais.**

15.4 TÍTULOS JUDICIAIS E EXTRAJUDICIAIS

Nos termos do art. 876 da CLT, **os títulos executivos judiciais são:** as **sentenças transitadas em julgado,** as **sentenças cujos recursos não têm efeito suspensivo** e os **acordos, quando não cumpridos.** Tais títulos têm dupla eficácia executiva, uma vez que, nos termos do parágrafo único do mesmo artigo, a Justiça do Trabalho executará, de ofício, as contribuições sociais previstas na alínea *a* do inciso I e no inciso II do *caput* do art. 195 da Constituição Federal, e seus acréscimos legais, **relativas ao objeto da condenação constante das sentenças que proferir e dos acordos que homologar.** Por outras palavras, o título judicial tanto servirá para a execução da dívida trabalhista quanto para a execução da dívida previdenciária, neste último caso, de ofício.

A sentença cujo recurso não tem efeito suspensivo é a sentença que ainda não transitou em julgado, pois pende da apreciação de recurso, embora com caráter meramente devolutivo, como é a regra no sistema recursal trabalhista.

A expressão "acordos" no referido dispositivo legal abrange tanto os acordos celebrados por meio da conciliação judicial quanto os acordos extrajudiciais homologados pelo juiz no procedimento de jurisdição voluntária previsto nos arts. 855-B a 855-E da CLT (processo de jurisdição voluntária para homologação de acordo extrajudicial). Embora ajustado extrajudicialmente, o acordo em questão somente tem eficácia quando recebe a chancela do Judiciário, formando, assim, título executivo de caráter judicial (art. 515, III, do CPC).

Os títulos executivos extrajudiciais que podem ser executados na Justiça do Trabalho, segundo o mesmo dispositivo, são o **Termo de compromisso de Ajustamento de Conduta (TAC) firmado perante o Ministério Público do Trabalho** e o **Termo de Conciliação firmado perante a comissão de conciliação prévia.**

Entendemos, todavia, que o catálogo apresentado pelo art. 876 da CLT não é exaustivo, mas exemplificativo, conquanto haja respeitáveis opiniões em contrário.

No nosso sentir, **há que se reconhecer também à sentença arbitral a qualidade de título executivo perante a Justiça do Trabalho**, aplicando-se subsidiariamente o disposto no art. 515, VII, do CPC, uma vez que, com a inclusão do art. 507-A na CLT pela Lei nº 13.467/2017 (Reforma Trabalhista), a arbitragem poderá ser convencionada por meio de cláusula compromissória nos contratos individuais de trabalho cuja remuneração seja superior a duas vezes o limite máximo estabelecido para os benefícios do Regime Geral de Previdência Social. **Não faria sentido permitir a arbitragem e não conferir força executiva à sentença arbitral.** Registre-se, inclusive, que, nos termos do disposto no art. 515, VII, do CPC, **a sentença arbitral é considerada título executivo judicial.**

De igual modo, **a Certidão da Dívida Ativa da União também deve ser reconhecida como título executivo extrajudicial no processo trabalhista**, ante a possibilidade de Execução Fiscal objetivando a cobrança de multas impostas pelo órgão de fiscalização do trabalho, uma vez que o art. 114 da Constituição da República, com a redação trazida pela Emenda Constitucional nº 45/2004, atribui à Justiça do Trabalho, no seu inciso VII, competência para julgar "ações relativas às penalidades administrativas impostas aos empregadores pelos órgãos de fiscalização das relações de trabalho".

15.5 LEGITIMIDADE

15.5.1 Ativa

O art. 878 da CLT dispõe que "**a execução será promovida pelas partes, permitida a execução de ofício pelo juiz ou pelo Presidente do Tribunal apenas nos casos em que as partes não estiverem representadas por advogado**".

Antes do advento da Lei nº 13.467/2017 (Reforma Trabalhista) a execução de ofício da sentença era possível em qualquer caso, o que constituía, inclusive, uma singularidade do processo trabalhista. Agora, **se o credor estiver representado por advogado não mais será possível a execução de ofício.** A execução de título extrajudicial, porém, sempre necessitou e continua a necessitar de provocação da parte interessada por meio da ação própria.

Partes não são apenas os credores, isto é, aqueles que se beneficiam do cumprimento da obrigação fixada no título. O Ministério Público do Trabalho e o Sindicato, quando atuam como substitutos processuais, também se identificam como partes.

São também ativamente legitimados para promover a execução, nos termos do art. 778 CPC):

a) **o espólio, os herdeiros ou os sucessores do credor, sempre que, por morte deste, lhes for transmitido o direito resultante do título;**

b) **o cessionário, quando o direito resultante do título executivo lhe for transferido por ato entre vivos; e**

c) **o sub-rogado, nos casos de sub-rogação legal ou convencional.**

A cessão e a sub-rogação do crédito trabalhista devem ser restringidas ao máximo, considerando-se a vulnerabilidade do trabalhador, que na maioria das vezes é o credor da obrigação prevista no título executório. A jurisprudência do TST, no particular, impõe ressalvas à aceitação das duas figuras. Registre-se, porém, que a Lei nº 11.101/2005 (Lei de Falências) permite, no art. 83, § 4º, que o crédito trabalhista seja cedido a terceiros, perdendo, porém, a condição de crédito privilegiado e se tornando simples crédito quirografário.

15.5.2 Passiva

A Lei nº 6.830/80 (Lei de Execuções Fiscais) prevê que **a execução pode ser movida contra o devedor, o fiador, o espólio, a massa, o responsável tributário e os sucessores a qualquer título.**

O legislador trabalhista não teve a preocupação de detalhar quem está legitimado a figurar no polo passivo da execução. Usa os vocábulos "devedor" e "executado" como sinônimos. Quem está obrigado a cumprir a prestação prevista no título executivo, ainda que não conste originariamente dele, é o devedor. Por outras palavras, para o texto consolidado o devedor é quem, em virtude da execução trabalhista, terá que pagar, ainda que o seu nome não figure inicialmente no título executório.

Na maioria das vezes quem figura como devedor é o empregador, mas o trabalhador também pode ser sujeito passivo de uma execução trabalhista. Os sócios contra os quais a execução é dirigida em virtude do incidente de desconsideração da pessoa jurídica, a massa falida, o espólio e o responsável subsidiário, quando chamados para satisfazer a obrigação prevista no título executivo, tornam-se devedores.

15.6 COMPETÊNCIA

Nos termos do art. 877 da CLT, **é competente para a execução das decisões o juiz ou presidente do Tribunal que tiver conciliado ou julgado originariamente o dissídio.**

Quando se trata da execução de título executivo extrajudicial, por sua vez, será competente o juiz que teria competência para o processo de conhecimento relativo à matéria (art. 877-A da CLT). Por exemplo, **a competência para a execução do termo de conciliação firmado perante a Comissão de Conciliação Prévia é do juiz que teria competência para julgar a reclamação trabalhista correspondente.**

15.7 OBJETO

A execução pode ter por objeto obrigação de fazer, obrigação de não fazer, obrigação de entregar coisa certa, obrigação de entregar coisa incerta. Contudo, a mais comum no processo do trabalho, é mesmo a execução de obrigação de pagar quantia certa.

15.8 EXECUÇÃO PROVISÓRIA E EXECUÇÃO DEFINITIVA

15.8.1 Execução provisória

Como visto em item anterior, **dentre os títulos executivos judiciais encontra--se a sentença condenatória que, pendente de recurso sem efeito suspensivo, ainda não transitou em julgado.** Nesta hipótese, é cabível a **execução provisória** que, nos termos da parte final do art. 899 da CLT, **é permitida até a penhora, isto é, comporta atos de constrição, mas não comporta atos de alienação.**

A execução provisória não se aplica aos títulos executivos extrajudiciais e nem aos acordos homologados pelo juiz. Apenas à sentença que ainda não transitou em julgado e da qual foi interposto recurso sem efeito suspensivo, efeito que, em regra, não acompanha os recursos trabalhistas.

A execução provisória, ainda que o credor não se encontre representado por advogado, não pode ser promovida *de ofício* **pelo juiz.** Sempre terá que ser promovida pelo interessado, submetendo-se, deste modo, ao princípio do dispositivo.

O texto celetista refere-se à execução provisória apenas no art. 899, dispositivo que se limita a admiti-la no processo do trabalho. Diante da omissão da CLT, aplica-se à execução provisória trabalhista o disposto nos arts. 520 a 522 do Código de Processo Civil (Capítulo II do Título II do Livro I da Parte Especial do CPC, sob a rubrica "Do cumprimento provisório da sentença que reconhece a exigibilidade de obrigação de pagar quantia certa").

O art. 520 do CPC prevê que "o cumprimento provisório da sentença impugnada por recurso desprovido de efeito suspensivo será realizado da mesma forma que o cumprimento definitivo". Assim, **a execução provisória trabalhista será realizada da mesma forma que a execução definitiva, observando, contudo, o limite definido pelo texto consolidado, que é o da penhora (expressão que deve ser compreendida como se referindo aos atos constritivos em geral).** Em princípio, portanto, tudo o que se disser aqui sobre a execução definitiva trabalhista valerá para a execução provisória até o momento em que o juízo de execução estiver garantido pela efetivação dos atos constritivos (penhora, por exemplo).

No entanto, a execução provisória gozará, nos termos do já citado art. 520 do CPC, de um regime diferenciado cujas regras estão estabelecidas nos seus incisos. Assim é que:

a) a execução provisória corre por iniciativa e responsabilidade do exequente, que se obriga, se a sentença for reformada, a reparar os danos que o executado haja sofrido;

b) a execução provisória fica sem efeito, sobrevindo decisão que modifique ou anule a sentença objeto da execução, restituindo-se as partes ao estado anterior e liquidando-se eventuais prejuízos nos mesmos autos;

c) se a sentença objeto de cumprimento provisório for modificada ou anulada apenas em parte, somente nesta ficará sem efeito a execução;

d) o levantamento de depósito em dinheiro e a prática de atos que importem transferência de posse ou alienação de propriedade ou de outro direito real, ou dos quais possa resultar grave dano ao executado, dependem de caução suficiente e idônea, arbitrada de plano pelo juiz e prestada nos próprios autos.

A aplicabilidade de tais regras à execução trabalhista, contudo, reclama algumas adaptações e/ou limitações, em sua maioria relacionadas com o fato de que os créditos trabalhistas têm natureza alimentar e de que o seu titular normalmente é o hipossuficiente. Mas há, também, as hipóteses de colisão frontal com o texto consolidado.

Segundo o texto consolidado, a execução provisória é permitida até a penhora. Portanto, a possibilidade de levantamento de depósito em dinheiro e, deste modo, a prática de atos que importem transferência de posse ou alienação de propriedade ou de outro direito real não será admitida na execução provisória trabalhista, seja com caução, seja sem caução. Ao menos é o que se deduz da literalidade do art. 899, *caput* e § 1º, da CLT.

O entendimento dominante no TST é o de que **não cabe a liberação de valores ao exequente quando a execução é provisória, até mesmo porque nem mesmo a liberação do depósito recursal é permitida sem o trânsito em julgado da sentença.** Na verdade, **a jurisprudência do TST referente à execução provisória tem sido restritiva até no que concerne aos atos constritivos, não admitindo a penhora de dinheiro ou o bloqueio de contas bancárias no curso da execução provisória, com base no argumento de que a execução provisória deve ser menos gravosa para o executado que a execução definitiva.**

Não nos parece necessário e nem adequado recorrer a malabarismos hermenêuticos para atender a eventuais situações emergenciais que justifiquem o afastamento da regra que impede a liberação de valores ao exequente quando a execução é provisória. Para isso existe a tutela provisória de urgência em caráter incidental.

Por outro lado, a imposição da multa referida nos §§ 2º e 3º do art. 520 do CPC pressupõe a adoção do procedimento previsto no art. 523 do mesmo diploma legal, que estatui que **"no caso de condenação em quantia certa, ou já fixada em liquidação, e no caso de decisão sobre parcela incontroversa, o cumprimento definitivo da sentença far-se-á a requerimento do exequente, sendo o executado intimado para pagar o débito, no prazo de 15 (quinze) dias, acrescido de custas, se houver".**

Ocorre, contudo, que **a execução trabalhista tem regras próprias para compelir o devedor a pagar a dívida, prevendo que ele deverá ser citado para fazê-lo em 48 horas ou garantir a execução, sob pena de penhora** (arts. 880, 882 e 883 da CLT). A rigor, portanto, **não há no texto consolidado omissão que justifique a aplicação subsidiária do art. 523 do CPC.** A aplicabilidade à execução trabalhista da regra ali contida significa afastar regras previstas no texto consolidado e substituí-las, o que tecnicamente não configura aplicação subsidiária e nem supletiva, exceto para os defensores da chamada lacuna ontológica, que constitui um argumento que tem servido para fortalecer o decisionismo judicial, não cabendo aqui adentrar a discussão acerca do seu efeito positivo ou negativo na execução trabalhista.

De um modo geral, **os tribunais trabalhistas têm admitido a aplicabilidade do procedimento previsto no *caput* do art. 523 da CLT, com fundamento na ausência de prejuízo e no benefício que pode trazer à efetividade da execução trabalhista.** Contudo, a aplicabilidade das penalidades que acompanham o dispositivo em questão, inclusive a multa referida nos §§ 2º e 3º do art. 520 do CPC, não têm sido admitida, uma vez que a aplicação subsidiária de preceito punitivo viola regras basilares de hermenêutica jurídica.

Vale referir, também, que **a impugnação da execução pelo devedor se faz, no processo trabalhista, por meio dos Embargos à Execução e, como regra, depois de garantida a execução,** de modo que não há omissão no texto consolidado para justificar a aplicabilidade subsidiária do § 1º do art. 520 do CPC, que permite ao executado impugnar a execução no prazo de 15 (quinze) dias, independentemente de penhora. Ademais, a aplicabilidade subsidiária de tal dispositivo não traz benefício algum à execução trabalhista.

O disposto no § 4º do art. 520 do CPC é, também, inaplicável à execução provisória trabalhista, haja vista que esta não permite atos de alienação (por exemplo, a liberação de valores), indo somente até a penhora, ressalvada, em casos excepcionalíssimos, a possibilidade de concessão de tutela provisória de urgência em caráter incidental com tal finalidade.

Nos termos do § 5º do citado artigo, **as regras aplicáveis à execução provisória da obrigação de pagar quantia certa também se aplicam à obrigação de fazer, de não fazer ou de dar coisa, no que couber.**

O art. 521 do CPC prevê as hipóteses em que o levantamento de depósito em dinheiro e a prática de atos que importem transferência de posse ou alienação de propriedade ou de outro direito real, ou dos quais possa resultar grave dano ao executado, pode ter a caução dispensada. A caução poderá ser dispensada, de acordo com o inciso I, quando o crédito for de natureza alimentar, independentemente de sua origem. A hipótese parece vir a calhar na execução trabalhista, pois os créditos trabalhistas têm normalmente caráter alimentar. Há que se lembrar, porém, que a execução provisória trabalhista não permite, como regra, atos de alienação, daí por que o eventual levantamento de depósito em dinheiro ou a alienação de bens constritos somente poderia ocorrer em sede de tutela de urgência antecipada incidental (satisfativa), sob condições excepcionalíssimas.

Ainda assim, o inciso I do art. 521 do CPC pode ser útil à execução provisória trabalhista, na medida em que apresenta o fundamento legal para a dispensa da caução em prol do hipossuficiente trabalhador quando da concessão da tutela de urgência antecipada, considerando-se que, nos termos do parágrafo único do art. 297 do CPC, a efetivação da tutela provisória se rege pelas mesmas regras que se aplicam ao cumprimento provisório da sentença (na linguagem processual trabalhista, execução provisória).

A execução provisória será processada por meio de carta de sentença, ou seja, por um conjunto de cópias de documentos extraídos do processo no qual foi proferida a sentença exequenda. **Os documentos cujas cópias formarão a carta de sentença** são:

a) **a decisão exequenda;**
b) **a certidão de interposição do recurso sem efeito suspensivo;**
c) **procurações outorgadas pelas partes;**
d) **decisão de habilitação, se for o caso.**

O inciso V do art. 522 do CPC, ademais, faculta ao credor juntar cópias de outras peças processuais que considere necessárias para demonstrar a existência do crédito.

Ao contrário do que ocorre no processo comum, **a carta de sentença na execução provisória trabalhista é necessária mesmo quando os autos forem eletrônicos (PJE).** O art. 789-B, inclusive prevê o pagamento de emolumento para a formação das cartas de sentença, fixando-os no valor de R$ 0,55 (cinquenta e cinco centavos de real) por folha, conquanto tal cobrança só faça sentido quando se trata de autos físicos.

15.8.2 Execução definitiva

A execução definitiva comporta tanto atos de constrição quanto atos de alienação e, deste modo, **opera efetivamente a entrega ao exequente do direito outorgado pelo título executivo.** Pressupõe, ao menos, uma das seguintes hipóteses:

a) **o trânsito em julgado da sentença condenatória;**
b) **o descumprimento de acordo judicial ou extrajudicial homologado pelo juiz do trabalho;**
c) **descumprimento de conciliação firmada perante as Comissões de Conciliação Prévia;**
d) **descumprimento de Termo de Ajustamento de Conduta (TAC) firmado perante o MPT;**
e) **o não recolhimento das contribuições sociais previstas na alínea *a* do inciso I e no inciso II do *caput* do art. 195 da Constituição Federal, e seus acréscimos legais,** relativas ao objeto da condenação constante das sentenças que proferir e dos acordos que homologar.

É possível sustentar, ainda, notadamente a partir da edição da Lei nº 13.467/2017, que o descumprimento da sentença arbitral dará margem à execução trabalhista definitiva, havendo decisões jurisprudenciais neste sentido até mesmo anteriores à Reforma Trabalhista, muito embora a matéria ainda seja objeto de polêmica.[1] De igual modo, a ausência de pagamento de penalidade

---

1 "EXECUÇÃO DE SENTENÇA ARBITRAL. COMPETÊNCIA DA JUSTIÇA DO TRABALHO. A Justiça do Trabalho é competente para promover a execução de sentença arbitral. Inteligência dos arts. 876 e 877-A da CLT

administrativa pecuniária imposta aos empregadores pelos órgãos de fiscalização das relações de trabalho, consubstanciada em Certidão da Dívida Ativa da União, também poderá ensejar execução definitiva, ante a competência atribuída à Justiça do Trabalho pelo inciso VII do art. 114 da Constituição da República. A possibilidade de execução trabalhista em ambos os casos descritos tem a ver, sobretudo, com o reconhecimento ou não da taxatividade do rol de títulos executivos apresentado no art. 876 da CLT.

15.9 LIQUIDAÇÃO DA SENTENÇA

A sentença que condena ao pagamento de quantia certa, por diversas razões (ausência de elementos suficientes nos autos, natureza do pedido etc.), nem sempre é proferida de forma líquida, ou seja, indicando logo o montante devido pelo sucumbente. Nesse caso, para que seja possível executá-la será necessário antes proceder-se à sua liquidação.

A liquidação da sentença, portanto, trata-se de um procedimento, prévio à execução, que visa a determinar o valor devido ao credor, convertendo a decisão judicial num título executivo líquido e exigível. Nos termos do art. 509 do CPC, somente tem cabimento nas obrigações de pagar quantia certa. As sentenças que condenam o vencido à obrigação de fazer ou de não fazer não necessitam de liquidação.

O art. 879 da CLT distingue três espécies de liquidação: **liquidação por cálculo, por arbitramento e por artigos.**

O regramento da liquidação da sentença no texto consolidado apresenta diferenças importantes em relação ao regramento do CPC, que somente admite duas modalidades de liquidação: a liquidação por arbitramento e a liquidação pelo procedimento comum, correspondendo esta última àquela espécie que o texto consolidado denomina liquidação por artigos.

Para o § 2º do art. 509 do CPC, "quando a apuração do valor depender apenas de cálculo aritmético, o credor poderá promover, desde logo, o cumprimento da sentença", vale dizer, não será necessário o procedimento prévio de

---

e do art. 31 da Lei nº 9.307/1996" (Processo TRT/SP nº º 0011700-07.2009.5.02.0315 - Rel. Des. Dóris Ribeiro Torres Prina - 7ª Turma - DOe 17.06.2016). "ACORDO HOMOLOGADO POR TRIBUNAL ARBITRAL. EXECUÇÃO. COMPETÊNCIA DA JUSTIÇA DO TRABALHO. A dinâmica das relações sociais não comporta interpretação taxativa ao art. 876, conforme se infere do disposto no art. 877-A da CLT: 'É competente para a execução de título executivo extrajudicial o juiz que teria competência para o processo de conhecimento relativo à matéria'" - (Processo TRT/SP nº 01868007320095020315 - Rel. Des. Rosana de Almeida Buono - DOe 16.01.2012). "Execução de sentença arbitral. Validade do título executivo. A ação monitória destina-se à constituição de título executivo e, se for o caso, à sua posterior execução. Detentora a reclamante de título que autorize desde logo a execução, proveniente do Tribunal de Arbitragem do Estado de São Paulo, não tem a parte interesse em constituir outro, consequência natural do ajuizamento de ação monitória. Correto, portanto, o procedimento da obreira ao ingressar diretamente com ação de execução. Recurso a que se dá provimento para anular o *decisum* de origem, que extinguiu o feito sem resolução de mérito (Rel. Maria Aparecida Duenhas, acórdão nº 20070581236, processo nº 03305-2005-028-02-00-0, 2007, 11ª Turma]".

liquidação da sentença. O cálculo aritmético do valor devido já integra, então, a fase da execução.

No processo trabalhista, porém, **a apuração do valor por cálculo aritmético deverá ser feita por meio da liquidação de sentença, ou seja, somente após a realização desse procedimento preparatório é que a execução poderá ter início.** Por outro lado, a diferença de nomenclatura entre a liquidação por artigos (CLT) e a liquidação pelo procedimento comum (CPC), que possuem idêntica natureza, não constitui empecilho a que as regras previstas no estatuto processual civil concernentes à última sejam aplicadas subsidiariamente à primeira.

Por fim, é crucial registrar que **na liquidação é vedado modificar, ou inovar, a sentença liquidanda e discutir matéria pertinente à causa principal,** nos termos do § 1º do art. 879 da CLT.

15.9.1 Liquidação por cálculo

A liquidação por cálculo é, de longe, a mais utilizada na Justiça do Trabalho, **e tem lugar quando a determinação do montante devido pelo sucumbente necessita apenas da elaboração de cálculo aritmético, pois todos os elementos necessários à quantificação já se encontram nos autos.**

O procedimento está previsto nos §§ 1º-B a 4º e 6º do art. 879 da CLT.

Assim, **as partes deverão ser previamente intimadas para a apresentação do cálculo de liquidação, inclusive da contribuição previdenciária incidente.** Deste modo, tanto o credor quanto o devedor podem promover a liquidação da sentença.

Elaborada a conta e tornada líquida, o juiz deverá abrir às partes o prazo comum de oito dias para impugnação fundamentada com a indicação dos itens e valores objeto da discordância, sob pena de preclusão (art. 879, § 2º). Se a conta foi apresentada por uma das partes, obviamente não lhe será dado o prazo para a impugnação, pois não faria sentido que a parte pudesse impugnar o próprio cálculo que elaborou. Apenas a parte contrária poderá fazê-lo. Se a conta for elaborada pelos órgãos auxiliares da Justiça do Trabalho (em regra, o calculista) é que as partes na sua totalidade deverão ser intimadas para impugná-la. Independentemente de quem tenha apresentado o cálculo, isto é, qualquer das partes ou o calculista do Juízo, a União deverá ser intimada para se manifestar no prazo preclusivo de 10 dias.

Esgotados os prazos indicados, com ou sem a apresentação de impugnação ao cálculo elaborado pelo calculista do juízo ou pela parte, o juiz proferirá decisão (sentença de liquidação) que é irrecorrível, haja vista que somente poderá ser impugnada nos Embargos à Penhora, nos termos do § 3º do art. 884 da CLT. Deste modo, o devedor que queira discutir a correção do cálculo na instância superior deverá oferecer, no momento processual próprio, os Embargos à Execução e, se for novamente vencido, interpor agravo da petição da decisão que negar procedência a seus embargos. Isto, é claro, somente será viável quando apresentou a sua impugnação à conta no prazo fixado pelo § 2º do art. 879 da CLT. Caso não o tenha feito, a preclusão operou-se, de modo que não mais poderá discutir a incorreção do cálculo.

Há, ainda, a possibilidade de que o juiz, quando os cálculos de liquidação forem complexos, nomeie perito para a sua elaboração, cabendo-lhe fixar, depois da conclusão do trabalho, o valor dos respectivos honorários com a observância dos critérios de razoabilidade e proporcionalidade, dentre outros (§ 6º do art. 879).

Por fim, é digno de nota que o § 7º do art. 879 da CLT, que previa a utilização da Taxa Referencial (TR) para a atualização dos créditos decorrentes de condenação judicial, foi declarado inconstitucional pelo Supremo Tribunal Federal. Os ministros da Corte, por maioria de votos, decidiram que, enquanto o Poder Legislativo não deliberar sobre a questão, devem ser aplicados o Índice Nacional de Preço ao Consumidor Amplo Especial (IPCA-E), na fase pré-judicial, e, a partir da citação, a taxa Selic.

15.9.2 Liquidação por artigos

A liquidação por artigos, que corresponde no CPC à liquidação pelo procedimento comum (art. 509, II), **será realizada quando houver necessidade de alegar e provar fato novo, isto é, fato que, embora não tenha sido suficientemente esclarecido na fase cognitiva anterior à sentença condenatória, revela-se indispensável para que o montante da condenação seja fixado.** Por exemplo, a sentença reconhece que o trabalhador laborou em domingos sem qualquer compensação e condena o reclamado ao pagamento em dobro da remuneração correspondente ao labor em tais dias, mas não traz elementos que permitam saber com exatidão a quantidade de domingos em que houve o labor. O fato novo, neste caso, será a quantidade de domingos laborados.

O art. 511 do CPC prevê que na liquidação pelo procedimento comum o juiz determinará a intimação do requerido, na pessoa de seu advogado ou da sociedade de advogados a que estiver vinculado, para que, querendo, apresente contestação no prazo de 15 (quinze) dias, observando-se, a seguir, no que couber, o disposto no Livro I da Parte Especial do CPC, pretendendo referir-se, certamente, às regras do procedimento comum ali inseridas.

Entendemos, contudo, que **no processo do trabalho a liquidação por artigos deve, depois de concedido o prazo para a contestação, observar o procedimento ordinário previsto no texto consolidado, com a realização de audiência de instrução, se necessária, sendo neste caso de bom alvitre a tentativa de conciliação, que é inerente à sistemática processual trabalhista e pode antecipar a liquidação do julgado.** Retornando ao exemplo anterior, se as partes controvertem quanto à quantidade de domingos laborados em cada mês (o reclamante diz que eram três e o reclamado admite apenas um) não haverá empecilho a que entrem num acordo e fixem um número intermediário (no exemplo, dois domingos por mês).

Os artigos de liquidação são julgados por sentença provados ou não provados. Como já afirmamos, não cabe recurso da sentença de liquidação, em nenhuma das suas modalidades. Deste modo, a sentença que julga os artigos de liquidação somente poderá ser impugnada pelo devedor por meio de embargos à execução, podendo o credor impugná-la no mesmo prazo que o executado tem para oferecer tais embargos.

15.9.3 Liquidação por arbitramento

A **liquidação por arbitramento**, que é a mais rara de ocorrer, **será realizada em três hipóteses:**

a) **quando for determinado pela sentença;**
b) **quando as partes o convencionarem expressamente;**
c) **quando a natureza do objeto da liquidação o exigir** (art. 509, I, CPC).

De certo modo, **a necessidade da realização da liquidação por arbitramento define-se por exclusão.** Toda vez que não for possível a liquidação por cálculo e por artigos, a via que se abre para a liquidação do julgado será o arbitramento.

A liquidação por arbitramento se dá justamente quando não há fato novo a ser alegado e provado, mas os cálculos aritméticos, sejam simples ou complexos, são insuficientes para a fixação do valor do crédito outorgado pela sentença condenatória, tarefa que exigirá a intervenção de alguém com conhecimentos especializados, ou seja, que escapam à órbita sensorial das pessoas em geral. Deste modo é que se traduz a expressão "quando a natureza do objeto da liquidação o exigir", que, no final das contas, será decisiva também para que o juiz determine a liquidação por arbitramento já na sentença. Pode ocorrer, contudo, que a necessidade do arbitramento somente seja perceptível após a formação do título judicial. A convenção das partes supõe, igualmente, que haja a necessidade de que o julgado seja liquidado sob tal modalidade.

É difícil encontrar um exemplo de liquidação por arbitramento na Justiça do Trabalho que não configure uma hipótese cerebrina, ante a raridade de sua ocorrência. Por isso os exemplos oferecidos pela doutrina referem-se sempre a algumas poucas situações, como a que escolhemos apresentar aqui. Suponha-se que o juiz do trabalho, ao proferir a sentença de conhecimento, reconheça o vínculo de emprego de um operador da bolsa de valores e defira o pagamento das remunerações devidas ao longo do pacto laboral, que não lhe foram pagas sequer parcialmente. Imagine-se que o juiz não fixe o valor da remuneração que seria devida ao obreiro, por não encontrar nos autos elementos que permitam fazê-lo e por reconhecer que o valor respectivo era variável e dependia da conjugação de diversos índices e critérios que não são do domínio comum das pessoas em geral. Neste caso, haveria a necessidade do arbitramento.

O procedimento da liquidação por arbitramento é simples. O juiz intimará as partes para a apresentação de pareceres ou documentos elucidativos, no prazo que fixar, e, caso não possa decidir de plano, nomeará perito, observando-se, no que couber, o procedimento da prova pericial (art. 510 do CPC). Proferirá, então, sentença, da qual não cabe recurso.

294 Capítulo 15 • EXECUÇÃO TRABALHISTA

Repita-se mais uma vez: a sentença de liquidação, seja qual for a modalidade, é irrecorrível, ante os termos do § 3º do art. 884 da CLT, que estabelece que ela somente poderá ser impugnada pelo devedor por ocasião dos Embargos à Penhora, também apelidados de Embargos do Devedor ou Embargos à Execução. O credor também poderá impugnar a sentença de liquidação no mesmo prazo, mas a peça que se apresenta é meramente denominada impugnação. Somente o devedor pode opor Embargos à Execução.

15.10 EXECUÇÃO DA OBRIGAÇÃO DE PAGAR QUANTIA CERTA

Como já afirmamos, **as sentenças trabalhistas condenatórias mais comuns são aquelas que determinam o pagamento de quantia certa.** Assim, a execução trabalhista mais frequente será aquela que corresponde no processo civil ao "cumprimento de sentença que reconhece a exigibilidade de obrigação de pagar quantia certa".

O texto consolidado não cuida de distinguir as espécies de execução por seu objeto, isto é, pela natureza da obrigação determinada pela sentença. **As regras estabelecidas pela CLT no capítulo da execução são aplicáveis, quando cabíveis, a todas as espécies de obrigação e, quando não houver regra que atenda a uma situação específica, como visto, há que se recorrer à Lei de Execuções Fiscais e, sucessivamente, ao Código de Processo Civil.**

15.10.1 Citação do executado

Requerida a execução (ou instaurada de ofício quando a norma legal o autorize), o juiz mandará expedir mandado de citação ao executado, a fim de que, no prazo de 48 horas, pague o seu débito, inclusive as contribuições sociais devidas à União, ou garanta a execução, sob pena de penhora (art. 880 da CLT).

Como a exigência prévia da garantia ou penhora para que possam apresentar os embargos à execução é inaplicável às **entidades filantrópicas e/ou àqueles que compõem ou compuseram a diretoria dessas instituições (§ 6º do art. 884 da CLT), eles não serão citados para garantir a execução, mas apenas para pagar em 48 horas ou oferecer embargos à execução no prazo de cinco dias.**

Diferentemente do que ocorre na fase de conhecimento, **a citação executória rege-se pela pessoalidade, de modo que o oficial de justiça deverá realizá-la na pessoa do executado ou de quem tenha poderes para recebê-la.**

O mandado de citação deverá conter a decisão exequenda ou o termo de acordo não cumprido (art. 880, § 1º, da CLT).

Caso o executado, procurado por duas vezes no espaço de 48 horas, não seja encontrado, a citação será feita por edital, publicada no *Diário Oficial* ou, na falta deste, afixado na sede da Vara ou Juízo, durante cinco dias (art. 880, § 3º, da CLT).

Uma vez citado, o executado terá a oportunidade de, no prazo de 48 horas, tomar uma das atitudes seguintes:

a) **pagar o débito,** comparecendo à Secretaria da Vara, que lavrará o termo de quitação (art. 881 da CLT);

b) **depositar em juízo o valor atualizado da dívida,** com o acréscimo das despesas processuais;

c) **apresentar seguro-garantia judicial;**

d) **nomear bens à penhora,** observando a ordem preferencial do art. 11 da Lei nº 6.830/80 (Lei de Execuções Fiscais).

Efetuado o pagamento do débito e lavrado o termo de quitação, o juiz proferirá decisão declarando extinta a execução (art. 925 do CPC).

O depósito do valor da dívida, a apresentação de seguro-garantia e a nomeação de bens à penhora têm a finalidade de garantir a execução e, deste modo, permitir ao executado impugná-la pelo meio adequado (embargos à execução).

Como já afirmamos, as entidades filantrópicas e/ou àqueles que compõem ou compuseram a diretoria dessas instituições, nos termos do § 6º do art. 884 da CLT, não necessitam garantir a execução para que apresentem embargos à execução.

Quando se trata de ente público, a citação é para oferecer, querendo, embargos à execução no prazo de 30 dias (art. 1º-B da Lei nº 9.494/97), sobre o que se falará em item próprio.

15.10.2 Penhora

Nos termos do art. 883 da CLT, **se não pagar e nem garantir a execução, o executado terá penhorados os seus bens, tantos quanto forem suficientes para o pagamento do valor da condenação, acrescida de custas e juros de mora, sendo estes, em qualquer caso, devidos a partir da data do ajuizamento da reclamação.**

A penhora pode recair sobre os bens indicados pelo executado, desde que ele obedeça a ordem preferencial prevista na Lei de Execuções Fiscais (Lei nº 6.830/1980) e tenha respeitado o prazo de 48 horas para nomeá-los. Se ele não fizer a nomeação dentro do prazo legal, ocorrerá a preclusão, isto é, não mais poderá fazê-la.

Nos termos do art. 11 da Lei nº 6.830/1980, a penhora observará, preferencialmente, a seguinte ordem:

I – dinheiro;

II – título da dívida pública, bem como título de crédito, que tenham cotação em bolsa;

III – pedras e metais preciosos;

IV – imóveis;

V – navios e aeronaves;

VI – veículos;

VII – móveis ou semoventes; e

VIII – direitos e ações.

O § 1º do referido dispositivo estatui que a penhora poderá, excepcionalmente, recair sobre estabelecimento comercial, industrial ou agrícola, bem como em plantações ou edifícios em construção.

Vale anotar que o art. 835 do CPC também traz uma ordem preferencial de bens suscetíveis de penhora, que contém uma quantidade maior de itens e cuja principal diferença é a posição ocupada pelas pedras e metais preciosos, inferior àquela indicada pela Lei de Execuções Fiscais. A ordem preferencial fixada pelo art. 11 da Lei nº 6.830/80, contudo, precede à estabelecida pelo art. 835 do CPC, diante do que preceitua o art. 889 da CLT. Isso não impede que os parágrafos do art. 835 sejam aplicados à execução trabalhista nos aspectos em que há convergência entre ambas as ordens preferenciais listadas.

O § 1º do art. 835 do CPC reafirma a prioridade da penhora em dinheiro, que sempre estará em primeiro lugar na gradação dos bens penhoráveis, o que ocorre também na Lei de Execuções Fiscais, mas permite ao juiz, nas demais hipóteses, alterar a ordem de preferência de acordo com as circunstâncias do caso concreto. Por exemplo, o juiz poderia decidir, no caso concreto, que as pedras e metais preciosos devam preferir aos títulos da dívida pública, fazendo-o de forma fundamentada, se entender que a alteração será mais benéfica para a efetividade da execução. Parece-nos que tal dispositivo é plenamente aplicável à execução trabalhista.

O atendimento à gradação prevista no art. 11 da Lei nº 6.830/80 (ou a do art. 835 do CPC, para quem entender que esta é que deve ser aplicada à execução trabalhista) obriga apenas ao executado que pretende nomear bens à penhora, mas não vincula o exequente, o Juízo e nem o Oficial de Justiça, que poderá penhorar qualquer bem que encontrar.

O art. 848 do CPC prevê que **as partes poderão requerer a substituição da penhora se: (I) ela não obedecer à ordem legal; (II) ela não incidir sobre os bens designados em lei, contrato ou ato judicial para o pagamento; (III) havendo bens no foro da execução, outros tiverem sido penhorados; (IV) havendo bens livres, ela tiver recaído sobre bens já penhorados ou objeto de gravame; (V) ela incidir sobre bens de baixa liquidez; (VI) fracassar a tentativa de alienação judicial do bem; ou (VII) o executado não indicar o valor dos bens ou omitir qualquer das indicações previstas em lei.**

O **parágrafo único do art. 848, por sua vez, permite que a penhora seja substituída por fiança bancária ou por seguro garantia judicial, desde que o valor garantido não seja inferior ao valor do débito constante da inicial, acrescido de trinta por cento.** A expressão "inicial" no dispositivo corresponde à peça que principia a execução, cujo valor será reproduzido no mandado de citação. Para que a fiança bancária ou o seguro garantia judicial substitua a penhora, portanto, a garantia oferecida deverá ser igual ou maior que o valor do débito constante da inicial, acrescido de 30%. Por outras palavras, deverá corresponder a 130%, no mínimo, do valor que consta do mandado de citação.

A penhora é ato constritivo por excelência. Por meio dela, os bens do executado são objeto de apreensão judicial a fim de que sejam levados à hasta pública e alienados, destinando-se o produto da alienação à satisfação do crédito do exequente. Trata-se, assim, do passo inicial de um procedimento expropriatório, isto é, que culminará com a perda pelo devedor da propriedade dos bens contritos.

A penhora será efetuada onde os bens se encontrarem, mesmo que estejam sob a posse, detenção ou guarda de terceiros (art. 845 do CPC).

A realização da penhora será documentada mediante a lavratura de auto ou de termo, que conterá: (I) a indicação do dia, do mês, do ano e do lugar em que foi feita; (II) os nomes do exequente e do executado; (III) a descrição dos bens penhorados, com as suas características; (IV) a nomeação do depositário dos bens (art. 838 do CPC).

Conforme preceituado no art. 840 do CPC:

a) **o dinheiro em espécie, os papéis de crédito e as pedras e os metais preciosos, quando objetos da penhora, serão preferencialmente depositados no Banco do Brasil, na Caixa Econômica Federal ou em banco do qual o Estado ou o Distrito Federal possua mais da metade do capital social integralizado,** ou, na falta desses estabelecimentos, em qualquer instituição de crédito designada pelo juiz;

b) **os móveis, os semoventes, os imóveis urbanos e os direitos aquisitivos sobre imóveis urbanos ficarão em poder do depositário judicial, mas se não houver depositário judicial, os bens ficarão em poder do exequente;**

c) **os imóveis rurais, os direitos aquisitivos sobre imóveis rurais, as máquinas, os utensílios e os instrumentos necessários ou úteis à atividade agrícola ficarão, mediante caução idônea, em poder do executado.**

Nos casos de difícil remoção ou quando o exequente anuir, isto é, manifestar a sua concordância, **os bens poderão ser depositados em poder do executado.**

As joias, as pedras e os objetos preciosos deverão ser depositados com registro do valor estimado de resgate.

Ao depositário cabe a guarda e a conservação dos bens penhorados, respondendo pelos prejuízos que, por dolo ou culpa, causar a qualquer das partes. O depositário infiel responde civilmente pelos prejuízos causados, sem prejuízo de sua responsabilidade penal e da imposição de sanção por ato atentatório à dignidade da justiça. Contudo, **não mais está sujeito à prisão civil prevista no art. 5º, inciso LXVII, da Constituição da República,** pois **a Convenção Americana de Direitos Humanos (Pacto de San José da Costa Rica), ratificada pelo Brasil, proíbe a prisão por dívida, exceto a de pensão alimentícia,** e por ter caráter supralegal prevalece sobre a legislação brasileira que operacionaliza tal medida coercitiva, conforme decidiu o STF. Assim, embora a prisão do depositário infiel conste do texto constitucional, a sua operacionalização não será possível, uma vez que somente poderia advir de norma infraconstitucional que, por ser hierarquicamente inferior ao Pacto de San José da Costa Rica, não pode ser aplicada.

Uma vez formalizada a penhora por qualquer dos meios legais, dela será imediatamente intimado o executado (art. 841 do CPC) **na pessoa de seu advogado ou da sociedade de advogados da qual este faça parte,** mas, caso não tenha advogado constituído nos autos, o executado será intimado pessoalmente, de preferência por via postal. Se a penhora se realiza na presença do executado, porém, ele se reputa imediatamente intimado.

Nos termos do art. 851 do CPC, **não se procederá a uma segunda penhora, exceto quando (I) a primeira for anulada; (II) executados os bens, o produto da alienação não for suficiente para o pagamento do credor; (III) o exequente desistir da primeira penhora, por serem litigiosos os bens, ou por estarem submetidos a outra constrição judicial.**

15.10.2.1 Bens impenhoráveis

Nem todos os bens podem ser objeto de penhora. O art. 833 do CPC apresenta um extenso catálogo de bens impenhoráveis, que reproduzimos na íntegra:

I – os bens inalienáveis e os declarados, por ato voluntário, não sujeitos à execução;

II – os móveis, os pertences e as utilidades domésticas que guarnecem a residência do executado, salvo os de elevado valor ou os que ultrapassem as necessidades comuns correspondentes a um médio padrão de vida;

III – os vestuários, bem como os pertences de uso pessoal do executado, salvo se de elevado valor;

IV – os vencimentos, os subsídios, os soldos, os salários, as remunerações, os proventos de aposentadoria, as pensões, os pecúlios e os montepios, bem como as quantias recebidas por liberalidade de terceiro e destinadas ao sustento do devedor e de sua família, os ganhos de trabalhador autônomo e os honorários de profissional liberal, ressalvado o § 2º;

V – os livros, as máquinas, as ferramentas, os utensílios, os instrumentos ou outros bens móveis necessários ou úteis ao exercício da profissão do executado;

VI – o seguro de vida;

VII – os materiais necessários para obras em andamento, salvo se essas forem penhoradas;

VIII – a pequena propriedade rural, assim definida em lei, desde que trabalhada pela família;

IX – os recursos públicos recebidos por instituições privadas para aplicação compulsória em educação, saúde ou assistência social;

X – a quantia depositada em caderneta de poupança, até o limite de 40 (quarenta) salários mínimos;

XI – os recursos públicos do fundo partidário recebidos por partido político, nos termos da lei;

XII – os créditos oriundos de alienação de unidades imobiliárias, sob regime de incorporação imobiliária, vinculados à execução da obra.

A lista é extensa, mas não é exaustiva, pois deve ser acrescida da hipótese prevista no art. 1º da Lei nº 8.009/90, que considera impenhorável o imóvel residencial próprio do casal, ou da entidade familiar, compreendendo o imóvel sobre o qual se assentam a construção, as plantações, as benfeitorias de qualquer natureza e todos os equipamentos, inclusive os de uso profissional, ou móveis que guarnecem a casa, desde que quitados, salvo nas hipóteses previstas na própria lei.

O bem de família não responde por qualquer tipo de dívida, seja civil, comercial, fiscal ou trabalhista, mas os veículos de transporte, obras de arte e adornos suntuosos estão excluídos da impenhorabilidade (art. 2º da Lei nº 8.009/90).

Outrora uma das exceções à impenhorabilidade do bem de família era a execução de crédito trabalhista do empregado doméstico, mas a Lei Complementar nº 50/2015 revogou o dispositivo que previa a possibilidade de penhora neste caso.

Importa ressaltar que, quando se trata da execução de créditos trabalhistas, considerando o seu caráter alimentar, **a jurisprudência trabalhista tem se inclinado a interpretar o disposto no inciso IV do art. 833 do CPC em conjunto com o § 2º do mesmo artigo, em face do caráter alimentar dos créditos trabalhistas.** Assim, vem sendo admitida a penhora das verbas indicadas naquele inciso para o pagamento de créditos trabalhistas a partir da ponderação entre o direito de subsistência do credor e o do devedor, com o uso do princípio da proporcionalidade. Neste caso, é bastante comum encontrar julgados que permitem a penhora de um percentual do salário, vencimento ou provento do devedor. Tal percentual é, em geral, módico e não costuma ultrapassar 30%. Também com fundamento no § 2º do art. 833 do CPC, quando se trata das verbas indicadas nos incisos IV e X daquele artigo, será sempre possível a penhora sobre as importâncias excedentes a 50 (cinquenta) salários mínimos mensais.

O § 3º do art. 833 do CPC, ademais, esclarece que **a impenhorabilidade prevista no inciso V do art. 833 abrange também os equipamentos, os implementos e as máquinas agrícolas pertencentes a pessoa física ou a empresa individual produtora rural,** exceto quando tais bens tenham sido objeto de financiamento e estejam vinculados em garantia a negócio jurídico ou quando respondam por dívida de natureza alimentar, trabalhista ou previdenciária.

Os frutos e os rendimentos dos bens inalienáveis também poderão ser penhorados à falta de outros bens (art. 834 do CPC).

Vale destacar, ainda, que **embora o Decreto-Lei nº 167/67 preveja no art. 69 que os bens objeto de hipoteca constituídos pela cédula de crédito rural não serão penhorados por outras dívidas do emitente ou do terceiro empenhador ou hipotecante,** a jurisprudência trabalhista entende que "diferentemente da cédula de crédito industrial garantida por alienação fiduciária, na cédula rural pignoratícia ou hipotecária o bem permanece sob o domínio do devedor (executado), não constituindo óbice à penhora na esfera trabalhista" (OJ nº 226, SBDI-I TST).

O entendimento que prevalece na jurisprudência trabalhista, em linhas gerais, é o de que, **diante do privilégio especialíssimo concedido por lei ao crédito trabalhista** (art. 449, § 1º, da CLT e art. 186 do CTN), **o credor hipotecário não tem assegurado o direito de impugnar a penhora na execução trabalhista do bem imóvel recebido em garantia, mas permanece com o direito de preferir, no pagamento, a outros credores** (art. 1.422, parte final, do Código Civil), **à exceção do credor trabalhista.** Em suma, o seu direito de preferência no recebimento do crédito hipotecário, quando o bem penhorado for alienado em hasta pública, está garantido, desde que primeiro seja satisfeito o crédito trabalhista.

15.10.2.2 Penhora on-line – SISBAJUD e RENAJUD. Inscrição do executado em cadastros de inadimplentes

Os atos constritivos podem ser realizados por meio de ordem judicial eletrônica, com a utilização do SISBAJUD e do RENAJUD. A ordem judicial eletrônica enviada pelo SISBAJUD que determina o bloqueio de ativos do executado ou a restrição de veículo é usualmente apelidada de "penhora on-line". A penhora on-line tem sido amplamente utilizada pela Justiça do Trabalho com enormes ganhos para a efetividade da execução trabalhista.

O SISBAJUD constitui-se num sistema que interliga a Justiça ao Banco Central e às instituições financeiras permitindo a agilização da solicitação de informações e do envio de ordens judiciais ao Sistema Financeiro Nacional, via internet. Substitui o antigo BacenJud, incluindo novas e importantes funcionalidades.

O SISBAJUD não apenas permite o envio eletrônico de ordens de bloqueio e requisições de informações básicas de cadastro e saldo, como já ocorria com o BacenJud. Permite requisitar informações detalhadas sobre extratos em conta-corrente no formato esperado pelo sistema SIMBA do Ministério Público Federal e, ainda, que os juízes possam emitir ordens solicitando das instituições financeiras informações dos devedores tais como: cópia dos contratos de abertura de conta-corrente e de conta de investimento, fatura do cartão de crédito, contratos de câmbio, cópias de cheques, além de extratos do PIS e do FGTS. Por meio da utilização do SISBAJUD podem ser bloqueados valores em conta-corrente e ativos mobiliários, a exemplo de títulos de renda fixa e ações.

O RENAJUD é um sistema on-line de restrição judicial de veículos criado pelo Conselho Nacional de Justiça (CNJ), que interliga o Judiciário ao Departamento Nacional de Trânsito (Denatran) e permite, deste modo, que o juiz, em tempo real, consulte a base de dados do Registro Nacional de Veículos Automotores (Renavam) e envie ordens de restrições de veículos pertencentes ao devedor.

Por meio do RENAJUD, o juiz poderá pesquisar a existência de veículos automotores em nome do executado em todo território nacional e, os encontrando, verificar se estão gravados com alguma restrição ou impedimento. **Poderá, ademais, impor restrições à transferência, ao licenciamento e à circulação do veículo, além de proceder ao registro da penhora sobre o bem.**

Por fim, o art. 782 do CPC dispõe que "a requerimento da parte, o juiz pode determinar a inclusão do nome do executado em cadastros de inadimplentes" (§ 3º) e "a inscrição será cancelada imediatamente se for efetuado o pagamento, se for garantida a execução ou se a execução for extinta por qualquer outro motivo" (§ 4º). Ambos os parágrafos se aplicam à execução definitiva de título judicial (§ 5º) e, por força do contido no art. 883-A da CLT, introduzido pela Lei nº 13.467/2017 (Reforma Trabalhista), valem também na Justiça do Trabalho.

15.11 MEIOS IMPUGNATIVOS NA EXECUÇÃO

A citação que se faz ao devedor, na fase executória, é para que "cumpra a decisão ou o acordo no prazo, pelo modo e sob as cominações estabelecidas ou, quando se tratar de pagamento em dinheiro, inclusive de contribuições sociais devidas à União, para que o faça em 48 (quarenta e oito) horas ou garanta a execução, sob pena de penhora" (art. 880, *caput*, da CLT), e não para que se defenda, como ocorre na fase de conhecimento. Assim, se o devedor não atende à ordem judicial expressa no mandado executivo, não incorre em revelia, mas sim reafirma a sua condição de inadimplente.

Isso não significa, porém, que não será permitido ao executado se opor legitimamente à execução. Para tanto, o ordenamento jurídico coloca à sua disposição alguns meios processuais, dos quais o principal é a ação denominada de Embargos à Execução. O credor também dispõe de alguns instrumentos processuais que lhe permitem impugnar alguns atos ou decisões judiciais proferidas na fase de execução que considere prejudiciais aos seus interesses.

O terceiro, que teve os seus bens constritos em execução na qual não figura como parte, tem à sua disposição os embargos de terceiro, ação que será examinada no capítulo destinado ao exame das ações cíveis admissíveis no processo do trabalho.

15.11.1 Embargos à execução

Os embargos à execução são a ação proposta pelo executado com o objetivo de obter um pronunciamento judicial que o libere, parcial ou totalmente, do cumprimento da prestação que lhe está sendo exigida por meio da execução forçada e/ou julgue insubsistente a penhora que recaiu sobre os seus bens. Também é conhecida com outras denominações (**embargos do executado, embargos do devedor**). A própria CLT, inclusive, utiliza a expressão "embargos à penhora" para designá-la (art. 884, § 3º), o que constitui impropriedade técnica, na medida em que há situações em que os Embargos à Execução são oponíveis mesmo quando não há penhora (execução contra a Fazenda Pública, por exemplo).

O conceito apresentado compreende tanto a execução da obrigação de pagar quantia certa quanto as execuções de obrigação de fazer, de não fazer ou de entregar coisa, haja vista que os embargos à execução são, também, o meio próprio para que o executado possa impugná-las. Também se aplica à execução contra a Fazenda Pública, observando-se, contudo, quanto a esta, que o procedimento respectivo não comporta penhora, não havendo que se falar, portanto, em subsistência ou insubsistência do ato constritivo.

Limitando-se ao âmbito da execução de obrigação de pagar quantia certa, que é a mais frequente no processo do trabalho, é possível dizer que **os embargos à execução são a ação proposta pelo executado com o objetivo de obter um pronunciamento judicial que o exonere do pagamento da dívida em execução, total ou parcialmente, e/ou julgue insubsistente a penhora que recaiu sobre os seus bens.**

Quase tudo o que se falará aqui aplica-se apenas à execução de obrigação de pagar quantia certa. Basta dizer que o art. 884 da CLT, ao tratar dos embargos à execução, dispõe que a sua apresentação somente se dará após garantida a execução ou penhorados os bens, medidas que não fazem sentido nas execuções de obrigação de fazer, de não fazer ou de entregar coisa.

15.11.1.1 Legitimação

O principal legitimado a opor embargos à execução é o devedor, sujeito passivo originário da execução forçada. Todavia, **terceiros com responsabilidade executiva, a exemplo do sócio e do fiador, também poderão propor a ação, desde que a execução tenha sido redirecionada contra eles.**

O terceiro, que não figura como parte na execução, mas em razão dela tem os seus bens constritos judicialmente, terá nos **embargos de terceiro** a ação própria para liberá-los da constrição.

Se há pluralidade de executados, ainda que a penhora recaia apenas sobre os bens de um deles, a legitimidade para opor embargos à execução é estendida a todos. Este é o entendimento dominante na jurisprudência trabalhista.

15.11.1.2 Pressuposto específico: garantia da execução

Como regra, a oposição de embargos à execução no processo trabalhista, diferentemente do que ocorre no processo comum, exigirá que a execução esteja garantida, isto é, que se encontre à disposição do juízo dinheiro ou bens suficientes para a satisfação do crédito do exequente.

A exigência da garantia ou penhora, contudo, não se aplica às entidades filantrópicas e/ou àqueles que compõem ou compuseram a diretoria dessas instituições, nos termos do § 6º do art. 884 da CLT, como já dissemos anteriormente, e nem à execução contra a Fazenda Pública.

15.11.1.3 Prazo para oferecimento dos embargos e para a impugnação (resposta) do exequente

Nos termos do art. 884 da CLT, "garantida a execução ou penhorados os bens, terá o executado 5 (cinco) dias para apresentar embargos, cabendo igual prazo ao exequente para impugnação".

Em regra, portanto, **o prazo para o executado embargar é de cinco dias** e começa **a contar do depósito da importância da condenação, da apresentação de seguro-garantia judicial ou da assinatura do termo de penhora dos bens oferecidos ao gravame ou da penhora de bens levada a efeito pelo oficial de justiça avaliador (ciência da penhora).

A Fazenda Pública, contudo, terá o prazo de 30 dias (art. 1º-B da Lei nº 9.494/97), a contar de sua citação.

Uma vez oferecidos os embargos à execução, o prazo para que o exequente apresente impugnação (resposta) é de cinco dias, a contar da intimação.

Atenção

No capítulo "Da Execução", o texto consolidado utiliza a palavra "impugnação" para se referir a três remédios processuais que não devem ser confundidos.

1º] A impugnação a que se refere a parte final do art. 844 da CLT, à qual se poderia dar o nome de "resposta", "contestação" ou "defesa" do embargado [exequente], é apresentada como resposta aos embargos à execução opostos pelo executado.

2º] A impugnação referida nos §§ 3º e 4º do art. 844 da CLT, por sua vez, é o meio de que o credor dispõe para se insurgir contra a sentença de liquidação e, embora o seu prazo seja o mesmo que o executado terá para oferecer os embargos à execução, independe de que o executado o faça. Em suma, a primeira impugnação pressupõe que foram oferecidos embargos à execução. A segunda, contudo, pode ser apresentada sem que o executado venha a oferecer embargos à execução.

3º] A impugnação referida no § 2º do art. 879 da Consolidação das Leis do Trabalho representa a oportunidade para que as partes se manifestem sobre os cálculos de liquidação no prazo comum de oito dias [ou pelo menos para que uma delas, a que não juntou os cálculos, se manifeste].

15.11.1.4 Forma

Os embargos à execução são opostos sempre por meio de petição escrita, dirigida ao juiz da execução. A petição inicial dos embargos deverá observar, no que couber, os requisitos previstos no art. 840, § 1º, da CLT, e no art. 319 do Código de Processo Civil.

15.11.1.5 Matéria de Defesa

O § 1º do art. 884 da CLT, referindo-se especificamente aos Embargos à Execução, preceitua que "a matéria de defesa será restrita às alegações de cumprimento da decisão ou do acordo, quitação ou prescrição da dívida", o que parece sugerir que nenhuma outra questão poderia ser objeto dos embargos. Mas não é bem assim.

O § 1º do art. 884 da CLT não deve ser objeto de interpretação meramente literal, mas sistemática. Claramente, a sua finalidade é coibir a discussão, em sede de execução, de matéria que já foi decidida na sentença de conhecimento, impedindo que os Embargos de Execução veiculem questões de fato e de direito

Capítulo 15 • EXECUÇÃO TRABALHISTA

que já foram superadas pela sentença exequenda, o que atentaria contra a própria efetividade da execução trabalhista. Entender de forma diferente seria relegar à inutilidade o § 5º do mesmo artigo, que considera inexigível o título judicial fundado em lei ou ato normativo declarados inconstitucionais pelo Supremo Tribunal Federal ou em aplicação ou interpretação tidas por incompatíveis com a Constituição Federal.

Ora, por que, justamente no artigo que trata dos embargos à execução, o § 6º aponta a inexigibilidade do título judicial na situação ali reportada? Porque essa é uma matéria que poderá ser objeto dos embargos à execução. Seguindo essa linha interpretativa, o § 1º do art. 884 da CLT não será empecilho a que os embargos à execução versem sobre outras questões supervenientes à formação do título executivo que sejam capazes de torná-lo inexigível ou que configurem erro de procedimento.

Dentre as questões que não estão indicadas no rol do § 1º do art. 884 da CLT e que são passíveis, no nosso sentir, de ser veiculadas por meio dos Embargos à Execução, podemos citar **a inexequibilidade do título ou inexigibilidade da obrigação, a penhora incorreta ou avaliação errônea, o excesso de execução e a incompetência do juízo da execução** (art. 917 do CPC) e a alegação pelo executado de **nulidade da sentença, por falta ou nulidade da citação,** quando a ação correu à sua revelia. Registre-se que o último exemplo trata de matéria de ordem pública, o que, por si só, já justificaria a sua apreciação em sede de embargos à execução, na medida em que há um interesse superior que deve prevalecer sobre o interesse do exequente.

Por fim, é importante anotar que **a prescrição referida no § 1º do art. 884 da CLT não é aquela que poderia ter sido reconhecida na fase de conhecimento e sim a prescrição da execução, vale dizer, a que ocorre após a formação do título executivo judicial.**

15.11.1.6 Procedimento

O procedimento dos embargos à execução é simples.

Recebidos os embargos, o juiz verificará se a hipótese é de rejeição liminar.

O juiz poderá rejeitar liminarmente os embargos, isto é, antes mesmo de ordenar a citação do exequente:

a) **quando intempestivos;**

b) **nos casos de indeferimento da petição inicial e de improcedência liminar do pedido;**

c) **quando forem manifestamente protelatórios.**

Nesta última hipótese a apresentação dos Embargos é considerada conduta atentatória à dignidade da justiça (art. 918 do CPC).

Não sendo o caso de rejeição liminar dos embargos, o **exequente (embargado) será citado para impugná-los no prazo de 5 dias (30 dias, se for a Fazenda Pública).**

Caso o embargado em sua defesa (impugnação) tenha arrolado testemunhas e o juiz julgue necessário ouvi-las, designará audiência a ser realizada dentro de 5 dias (prazo que presumivelmente se conta a partir do recebimento da defesa do embargado).

Se entender desnecessária a audiência, o juiz imediatamente proferirá sentença julgando o pedido.

Caso tenha sido designada audiência, finda a instrução os autos serão conclusos ao juiz para que, no prazo legal de 30 dias, profira a sentença, que julgará subsistente ou insubsistente a penhora (arts. 884 e 885 da CLT c/c art. 920 do CPC).

Da sentença que julga os embargos à execução caberá agravo de petição para o TRT, no prazo de 8 dias.

15.11.1.7 Parcelamento do débito do executado

Nos termos do *caput* do art. 916 do Código de Processo Civil, **o executado poderá, no prazo para embargos, reconhecendo o crédito do exequente, requerer o parcelamento da dívida em até seis prestações mensais, acrescidas de correção monetária e de juros de um por cento ao mês.** Para que o seu requerimento possa ser apreciado, contudo, o executado deverá previamente comprovar o depósito de 30% do valor em execução, acrescido de custas e de honorários de advogado.

A aplicabilidade do art. 916 do Código de Processo Civil na Justiça do Trabalho gera controvérsias. Os seus opositores sustentam que, favorecendo ao credor, desrespeitaria o tratamento jurídico privilegiado do crédito trabalhista e, ademais, nos exatos termos do seu § 7º, o parcelamento não se aplicaria ao cumprimento de sentença, expressão usada pelo CPC para designar aquilo que no processo do trabalho corresponde à execução trabalhista de títulos judiciais.

Há, contudo, farta jurisprudência trabalhista admitindo o parcelamento nos moldes do dispositivo legal em apreço, sob o fundamento de que a regra não traria prejuízo ao exequente, pois este terá o seu crédito atualizado com juros e correção monetária e, além disso, o reconhecimento da dívida tem como contrapartidas a renúncia ao direito de opor embargos à execução, o que favorece a celeridade do processo, e a sujeição do executado ao pagamento de multa de 10%, em caso de descumprimento. Há que se registrar, ainda, que, embora menos frequente, o executado poderá eventualmente ser o empregado, de modo que não se pode dizer que o parcelamento somente beneficiaria a parte que detém superioridade socioeconômica no contrato de trabalho.

Por outro lado, **o juiz não está obrigado a deferir a proposta de parcelamento formulada pelo exequente.** Nos termos do preceito legal em exame, **o executado tem a faculdade de fazer a proposta de parcelamento da dívida, mas não o direito a que seja deferida.** É o que se deduz da expressão "que lhe seja permitido" contida no *caput* do art. 916 do CPC.

Há uma margem de discricionariedade judicial, ao menos para a apreciação da razoabilidade da proposta. Por exemplo, suponha-se que uma poderosa empresa multinacional, que lucre anualmente bilhões de reais, proponha o parcelamento de uma dívida trabalhista cujo valor é de R$ 1.000,00. De logo será possível ao juiz perceber que a proposta foge a qualquer parâmetro de razoabilidade e lhe será fácil indeferir o requerimento.

Ao que nos parece, a flexibilização do § 7º do art. 916 do CPC com a consequente aplicabilidade do parcelamento na Justiça do Trabalho, somente se justifica nos casos em que comprovadamente o executado passa por dificuldades financeiras para honrar o pagamento da dívida de uma só vez ou, independentemente de qualquer situação, quando o exequente se manifesta favoravelmente à proposta.

De qualquer modo, conforme preceitua o § 1º do artigo em apreço, **o juiz somente poderá apreciar o requerimento do executado após intimar o exequente para que se manifeste sobre o preenchimento dos pressupostos do *caput*.** Transcorrido o prazo para a manifestação do exequente, o juiz terá 5 (cinco) dias para decidir se defere ou não o requerimento.

Enquanto o requerimento não for apreciado pelo juiz, o executado terá de depositar as parcelas vincendas, facultado ao exequente seu levantamento (art. 916, § 2º, CPC). Uma vez **deferido o requerimento, o exequente levantará a quantia depositada, e serão suspensos os atos executivos** (art. 916, § 3º, do CPC). **Caso o juiz indefira a proposta, os atos executivos terão prosseguimento,** mantendo-se o depósito, que será convertido em penhora (art. 916, § 4º, do CPC).

Se a proposta de parcelamento for deferida pelo juiz e houver o descumprimento de qualquer das parcelas, as subsequentes serão automaticamente consideradas vencidas, prosseguindo-se o processo com o imediato reinício dos atos executivos e a imposição ao executado do pagamento de multa de 10% sobre o valor das prestações não pagas (art. 916, § 5º, do CPC).

Como já mencionado anteriormente, **a opção pelo parcelamento importa renúncia ao direito de opor embargos** (art. 916, § 6º, do CPC).

15.11.2 Impugnação do credor exequente

Nos termos do § 3º do art. 884 da CLT, "**somente nos embargos à penhora poderá o executado impugnar a sentença de liquidação, cabendo ao exequente igual direito e no mesmo prazo**". Isso significa, como já dissemos, que a sentença de liquidação é irrecorrível.

Contudo, tal como ocorre frequentemente com o devedor, pode ser que o credor não fique satisfeito com a sentença de liquidação. Por exemplo, o credor poderá considerar que o valor fixado pela sentença de liquidação é inferior ao realmente devido e, deste modo, a decisão afrontaria a coisa julgada, vale dizer, a sentença de conhecimento transitada em julgado.

O executado que pretende impugnar a sentença de liquidação, como já vimos, tem à sua disposição os embargos à execução. **O exequente, contudo, não poderá se valer dos embargos à execução, pois se trata de ação que somente pode ser proposta pelo executado. Terá, assim, que atacar a sentença de liqui-**

dação por meio da impugnação prevista no § 3º do art. 884 da CLT, que deverá ser apresentada no mesmo prazo concedido ao executado para oferecer os seus embargos à execução.

O juiz julga, na mesma sentença, os embargos do devedor e a impugnação do credor, inclusive o previdenciário (art. 884, § 4º, da CLT). Não obstante, a impugnação do credor possui vida própria em relação aos embargos à execução. **Se o executado não oferecer os seus embargos, nem por isso a impugnação deixará de ser apreciada e julgada pelo juiz da execução.**

Já destacamos, mas nunca é demais repetir, que **essa impugnação não se confunde com aquela que o credor-exequente apresenta, a título de defesa, em face dos embargos opostos pelo devedor-executado** (art. 884, *caput*), **nem tampouco com a impugnação aos cálculos de liquidação, prevista no § 2º do art. 879 da Consolidação das Leis do Trabalho.**

O prazo de cinco dias para que o credor (exequente) impugne os cálculos de liquidação inicia a sua contagem no dia em que toma ciência inequívoca da garantia da execução, da penhora, ou do pagamento. O levantamento pelo credor-exequente, autorizado pelo juiz, do depósito em dinheiro do montante da execução, não prejudica o seu direito de impugnar a liquidação, desde que observe o prazo legal.

Registre-se, todavia, que **se o exequente é intimado, nos termos do § 2º do art. 879 da CLT, para apresentar impugnação fundamentada aos cálculos de liquidação, sob pena de preclusão, e deixa transcorrer o prazo de oito dias sem se pronunciar** (*in albis*, como se diz no jargão jurídico), **não lhe será mais lícito impugnar a sentença de liquidação.** A preclusão cominada operou-se. No particular, aliás, o entendimento jurisprudencial trabalhista praticamente uníssono é o de que, **se o devedor e o credor não se manifestam, quando têm vista dos cálculos, opera-se a preclusão do direito de opor embargos à execução e de impugnar a sentença de liquidação.**

15.11.3 Exceção de pré-executividade

Já dissemos que, **na execução para pagamento de quantia certa, a garantia patrimonial do juízo constitui exigência prévia para o oferecimento dos embargos à execução, da qual somente escapam a Fazenda Pública e as entidades filantrópicas e/ou aqueles que compõem ou compuseram a diretoria dessas instituições.**

Os bens públicos são inalienáveis e, por conseguinte, não podem ser objeto de penhora, daí por que a execução contra a Fazenda Pública se fará por meio de precatório. Quanto às entidades filantrópicas e/ou àqueles que compõem ou compuseram a sua diretoria, o § 6º do art. 884 da CLT, incluído pela Lei nº 13.467, de 2017 (Reforma Trabalhista), estabelece que **a exigência da garantia ou penhora não lhes será aplicável.**

Os demais devedores terão que garantir o juízo para que estejam aptos a oferecer embargos à execução. Ocorre, contudo, que há situações em que negar ao executado a possibilidade de impugnar a execução antes de sua garantia poderá chancelar uma manifesta violação a norma de ordem pública ou acarretar grave e injusto prejuízo de difícil ou impossível reparação.

Assim, **a doutrina e a jurisprudência trabalhista têm, em situações excepcionais, permitido que o executado, antes mesmo de ver os seus bens constritos, demonstre a inexigibilidade do título executivo ou a nulidade absoluta da execução,** fazendo uso de um meio de defesa atípico ao qual a doutrina convencionou denominar de **exceção de pré-executividade** ou **objeção de pré-executividade.** Trata-se de defesa executiva atípica porque, embora reconhecida pela doutrina e pela jurisprudência, não está especificamente prevista no texto consolidado e nem mesmo no CPC.

É certo, porém, que o parágrafo único do art. 803 do CPC refere-se à possibilidade de que o juiz pronuncie a nulidade da execução, de ofício ou a requerimento da parte, independentemente de embargos à execução:

(a) quando o título executivo extrajudicial não corresponder a obrigação certa, líquida e exigível;

(b) quando o executado não for regularmente citado; e

(c) quando a execução for instaurada antes de se verificar a condição ou de ocorrer o termo.

O dispositivo em questão abre, assim, uma brecha para que, ao menos nas hipóteses ali descritas, a execução possa vir a ser impugnada independentemente de embargos do devedor, antes mesmo que o prazo legal para a sua oposição se inicie. Nenhum problema há em que tal impugnação seja denominada de exceção ou objeção de pré-executividade. Por outro lado, não vislumbramos incompatibilidade do parágrafo único do art. 803 do CPC com a sistemática processual trabalhista.

De qualquer modo, é possível dizer, com amparo na doutrina e na jurisprudência, que no âmbito processual trabalhista **a exceção ou objeção de pré-executividade constitui um meio de defesa do executado que visa a atacar o título executivo, independentemente da garantia do juízo, nos casos em que a execução é nula por violação de norma de ordem pública ou em que a exigência de prévia garantia representará um óbice insuperável à defesa do executado.**

Não obstante, é importante alertar que **as hipóteses de admissibilidade da exceção de pré-executividade no processo do trabalho devem ser restringidas ao máximo, a fim de que a regra da prévia garantia para a discussão não se torne uma exceção,** o que certamente causaria danos à efetividade e à celeridade da execução.

Tratando-se de um construto doutrinário e jurisprudencial, a exceção de pré-executividade não dispõe de um regramento específico que preveja as hipóteses de seu cabimento. Em linhas gerais, contudo, o que se observa é que a doutrina e a jurisprudência têm admitido a sua utilização nas hipóteses de **nulidade ou inexigibilidade do título executivo, excesso de execução, pagamento da dívida, incompetência absoluta do juízo da execução e nulidade do processo por ausência de citação na fase de conhecimento.**

As situações indicadas acima constituem as hipóteses mais aceitas de admissibilidade da exceção de pré-executividade, mas como há uma margem de subjetividade do magistrado na definição das matérias que podem ser veiculadas pelo instituto, outras hipóteses são referidas pela doutrina e pela jurisprudência.

Quanto ao procedimento, a primeira observação a se fazer é a de que não há prazo para o oferecimento da exceção de pré-executividade. Basta que seja apresentada antes de garantida a execução.

O executado (excipiente) apresentará a exceção de pré-executividade mediante petição escrita dirigida ao juiz da execução, instruindo-a com os documentos indispensáveis à prova de suas alegações. A petição será juntada aos próprios autos em que a execução se processa.

Recebida a exceção, o juiz, observando o princípio do contraditório, intimará o exequente (excepto) para que responda aos seus termos, não lhe sendo vedado, é claro, **rejeitá-la liminarmente quando verificar que a hipótese ventilada pelo excipiente é descabida ou o seu intento é manifestamente protelatório,** caso em que estará configurada a conduta atentatória à dignidade da justiça (art. 774, II, e, por extensão, art. 918, parágrafo único, do CPC).

Uma vez que a Fazenda Pública e as entidades filantrópicas e/ou aqueles que compõem ou compuseram a diretoria dessas instituições não precisam garantir o juízo para que possam opor embargos à execução, não lhes é permitido valer-se da exceção de pré-executividade.

A exceção de pré-executividade não comporta o pagamento de custas. Trata-se, a rigor, de um mero incidente da execução e, portanto, **o pronunciamento judicial que a rejeita terá a natureza de decisão interlocutória e não poderá ser objeto de recurso,** não obstante o executado possa vir a discutir a matéria objeto da exceção quando vier a oferecer os embargos à execução. Todavia, **a decisão que, acolhendo a exceção, ponha fim à execução** desafiará a utilização do **agravo de petição.**

15.12 EXPROPRIAÇÃO DOS BENS DO DEVEDOR

O § 2º do art. 886 da CLT dispõe que **"julgada subsistente a penhora, o juiz, ou presidente, mandará proceder logo à avaliação dos bens penhorados".** Os arts. 887 e 888 também se referem à avaliação dos bens como um momento posterior ao julgamento dos embargos à execução e/ou da impugnação do credor-exequente à sentença de liquidação.

No entanto, as regras veiculadas pelos dispositivos citados não mais têm aplicabilidade na execução trabalhista, haja vista que atualmente a avaliação dos bens é feita pelo Oficial de Justiça quando realiza a penhora, já que no Judiciário Trabalhista ele também cumula a função de avaliador, nos termos do art. 721 da CLT. Vale dizer, a avaliação dos bens penhorados antecede ao pronunciamento judicial que declara a penhora subsistente.

Nada impede, contudo, que, excepcionalmente, o juiz determine a expedição de mandado de reavaliação dos bens, objetivando conhecer o seu valor real no momento da expropriação judicial, quando decorreu longo tempo entre a penhora e o trânsito em julgado da decisão dos embargos à execução e/ou da impugnação pelo exequente da sentença de liquidação.

Julgada subsistente a penhora, então, "**seguir-se-á a arrematação, que será anunciada por edital afixado na sede do juízo ou tribunal e publicado no jornal local, se houver, com a antecedência de vinte (20) dias**", nos termos do art. 888 da CLT.

A palavra "arrematação" no texto do art. 888 da CLT não identifica apenas o ato de arrematar. Utilizada num sentido extensivo, refere-se à hasta pública, que constitui o momento em que os bens são licitados, isto é, oferecidos aos potenciais arrematantes, podendo ou não ser arrematados.

Registre-se, contudo, que **a expressão "hasta pública" não é encontrada no texto consolidado, na Lei de Execuções Fiscais e nem no atual Código de Processo Civil.** Trata-se de expressão que, até o advento da Lei nº 11.382/2006, **constou do texto do CPC revogado e doutrinariamente compreendia duas modalidades, a Praça e o Leilão,** que se diferenciavam porque a primeira visava à expropriação de bens imóveis e a segunda, de bens móveis. **A palavra *praça*, inclusive, é utilizada no texto consolidado (art. 888, § 4º, da CLT) para referir-se à hasta pública. Já a Lei de Execuções Fiscais refere-se, unicamente, ao leilão, o que também ocorre com o atual Código de Processo Civil.**

A distinção entre praça e leilão como modalidades da hasta pública, portanto, não existe no processo executivo fiscal e há muito deixou de existir no processo comum. Ainda faz algum sentido na execução trabalhista, na medida em que o texto consolidado utiliza as palavras *praça* e *arrematação*, indistintamente, para designar a hasta pública, mas também se refere à possibilidade de que o juiz, quando não houver licitantes, nomeie leiloeiro para vender os bens do devedor (art. 888, § 3º, da CLT, parte final). O leilão, portanto, serviria para designar a hasta pública realizada por leiloeiro nomeado por juiz. Há que se reconhecer, contudo, que a jurisprudência trabalhista não é tecnicamente muito rigorosa quanto ao uso das palavras praça e leilão.

15.12.1 Hasta pública (praça ou leilão) e arrematação

De início, há que se ressaltar que **a CLT não trata da alienação por iniciativa particular.** No texto consolidado a expropriação dos bens do devedor se dá mesmo é na hasta pública (praça). Parece-nos que não seria incompatível admitir a alienação por iniciativa particular na execução trabalhista, mas desde que exauridas as possibilidades de sucesso na hasta pública e desde que o exequente não desejasse adjudicar os bens penhorados.

O art. 888 da CLT, atendendo ao princípio da publicidade, determina que a arrematação (leia-se "hasta pública" ou "praça", seguindo-se a terminologia da CLT) será anunciada por edital afixado na sede do juízo ou tribunal e publicado no jornal local, se houver, com a antecedência de 20 (vinte) dias. **A publicação do edital, portanto, constitui requisito formal indispensável para a validade da hasta pública (praça) e da arrematação.** O seu descumprimento ensejará a nulidade da hasta (leilão) e, consequentemente, da expropriação dos bens do devedor.

O edital de praça, aplicando-se à hipótese o quanto preceituado no art. 886 do CPC, **deverá conter: (I) a descrição do bem penhorado,** com suas características, e, tratando-se de imóvel, sua situação e suas divisas, com remissão à matrícula e aos registros; (II) **o valor pelo qual o bem foi avaliado, o preço mínimo pelo qual poderá ser alienado, as condições de pagamento** e, se for o caso, **a comissão do leiloeiro designado;** III – o lugar onde estiverem os móveis, os veículos e os semoventes e, tratando-se de créditos ou direitos, a identificação dos autos do processo em que foram penhorados; IV – o sítio, na rede mundial de computadores, e o período em que se realizará o leilão, salvo se este se der de modo presencial, hipótese em que serão indicados o local, o dia e a hora de sua realização; V – **a indicação de local, dia e hora de segundo leilão presencial,** para a hipótese de não acudir nenhum interessado ao primeiro; VI – **menção da existência de ônus, recurso ou processo pendente sobre os bens a serem leiloados.**

Não há no texto consolidado regra impondo que o executado seja intimado de que a praça será realizada. A doutrina entende que há aí uma omissão que justifica a aplicação subsidiária do art. 889 do CPC, que dispõe que o executado deverá ser cientificado da alienação judicial, com pelo menos 5 dias de antecedência, por meio de seu advogado ou, se não tiver procurador constituído nos autos, por carta registrada, mandado, edital ou outro meio idôneo.

O CPC, referindo-se ao leilão judicial, prevê duas modalidades: a presencial e a eletrônica. Como vimos, leilão no CPC equivale à praça no texto consolidado. Conquanto o texto consolidado não se refira à praça eletrônica, nada obsta a sua realização, até porque a aplicação subsidiária do CPC, neste caso, favorecerá à efetividade da execução trabalhista.

A hasta pública (arrematação ou praça, na linguagem da CLT) será realizada em dia, hora e lugar anunciados e os bens serão vendidos pelo maior lanço, nos termos do disposto no § 1º do art. 888 da CLT.

A arrematação consiste, portanto, no ato processual pelo qual o Estado-Juiz vende em hasta pública (praça ou leilão) os bens do executado visando à satisfação do crédito do exequente.

Nos termos do art. 891 do CPC, aplicável subsidiariamente à execução trabalhista, **não será aceito lance que ofereça preço vil,** considerando-se como tal o preço inferior ao mínimo estipulado pelo juiz e constante do edital ou, não tendo sido fixado preço mínimo, o preço inferior a cinquenta por cento do valor da avaliação.

O arrematante deverá garantir o lance com o sinal correspondente a 20% (vinte por cento) do seu valor. Se, porém, ele ou seu fiador, não pagar dentro de 24 horas o preço da arrematação, perderá o sinal dado em benefício da execução e os bens executados voltarão à praça. Caso não haja licitante e o exequente não

Capítulo 15 • EXECUÇÃO TRABALHISTA

requeira a adjudicação dos bens penhorados, estes poderão ser vendidos por leiloeiro nomeado pelo juiz da execução.

15.12.2 Adjudicação

Nos termos do § 1º do art. 888 da CLT, **o exequente tem, sobre a arrematação, preferência para a adjudicação do bem.** O texto consolidado pressupõe que a adjudicação ocorre durante ou após a realização da hasta pública, diferentemente do CPC, que prevê que o exequente deverá formalizar o seu pedido de adjudicação antes da realização da alienação por iniciativa particular ou do leilão.

Na execução trabalhista, a adjudicação é, em princípio, o ato processual pelo qual o exequente, por sua própria iniciativa, incorpora ao seu patrimônio os bens penhorados do executado que foram levados à hasta pública, oferecendo preço não inferior à avaliação.

No entanto, **embora o texto consolidado refira-se apenas ao exequente como detentor do direito à adjudicação, o CPC (art. 876, § 5º) indica outras pessoas que, excepcionalmente, terão legitimidade para requerê-la** (os credores concorrentes que tenham penhorado o mesmo bem; o cônjuge, o companheiro, os descendentes ou ascendentes do executado; as pessoas indicadas no art. 889, incisos II a VIII, do CPC).

O § 1º do art. 876 do CPC estabelece que "**requerida a adjudicação, o executado será intimado do pedido**".

Quando o valor do crédito for inferior ao dos bens, o requerente da adjudicação terá que depositar de imediato a diferença, que ficará à disposição do executado. **Quando o valor do crédito for superior ao dos bens, por sua vez, a execução prosseguirá pelo saldo remanescente.**

A adjudicação considera-se perfeita e acabada com a lavratura e a assinatura do auto pelo juiz, pelo adjudicatário, pelo escrivão ou chefe de secretaria, e, se estiver presente, pelo executado, expedindo-se: (I) a carta de adjudicação e o mandado de imissão na posse, quando se tratar de bem imóvel; (II) a ordem de entrega ao adjudicatário, quando se tratar de bem móvel (art. 877, § 1º, do CPC).

Tratando-se de bem imóvel, a carta de adjudicação conterá a sua descrição. com remissão à sua matrícula e aos seus registros, a cópia do auto de adjudicação e a prova de quitação do imposto de transmissão (art. 877, § 1º, do CPC).

Por fim, quando for realizada a hasta pública ou tentada a alienação particular e os bens não encontrarem quem os adquira, o exequente terá nova oportunidade para requerer a adjudicação, quando também poderá pleitear a realização de nova avaliação (art. 878 do CPC).

15.12.3 Alienação por iniciativa particular

O art. 880 do CPC prevê que "**não efetivada a adjudicação, o exequente poderá requerer a alienação por sua própria iniciativa ou por intermédio de corretor ou leiloeiro público credenciado perante o órgão Judiciário**". Não vislumbramos incompatibilidade do instituto com a execução trabalhista, desde que seja observada a ordem procedimental estabelecida pelo texto consolidado, que principia pela realização da hasta pública. No nosso sentir, a alienação por iniciativa particular na execução trabalhista será útil quando as tentativas de expropriação por iniciativa judicial forem frustradas.

Admitindo-se a sua aplicabilidade à execução trabalhista, a alienação por iniciativa particular será requerida pelo exequente por meio de petição escrita. O juiz, ao recebê-la, fixará o prazo em que a alienação deva ser efetivada, a forma de publicidade, o preço mínimo, as condições de pagamento, as garantias e, se for o caso, a comissão de corretagem.

A alienação será formalizada por meio de termo que será juntado aos autos e conterá a assinatura do juiz, do exequente, do adquirente e, se estiver presente, do executado, expedindo-se: (I) **a carta de alienação e o mandado de imissão na posse, quando se tratar de bem imóvel; (II) a ordem de entrega ao adquirente, quando se tratar de bem móvel.**

15.12.4 Remição

Nos termos do art. 826 do CPC, **"antes de adjudicados ou alienados os bens, o executado pode, a todo tempo, remir a execução, pagando ou consignando a importância atualizada da dívida, acrescida de juros, custas e honorários advocatícios".**

A remição consiste no ato processual pelo qual o executado efetua o pagamento total da dívida em execução, acrescida de juros, custas e honorários advocatícios, liberando da constrição, assim, os seus bens.

A possibilidade dada ao executado de remir a execução constitui uma oportunidade para que a execução lhe seja menos gravosa, pois pode evitar que os seus bens sejam alienados por valor inferior ao total da dívida, o que traria como consequência a quitação apenas parcial do débito e o prosseguimento da execução com a possibilidade de constrição e alienação de outros bens que lhe pertençam.

O texto consolidado somente se refere à remição para tratar das custas processuais devidas pelo auto e pela carta de remição (arts. 789-A e 789-B) **e a outra norma processual trabalhista que trata do instituto é a Lei nº 5.584/70, cujo art. 13 prevê que "em qualquer hipótese, a remição só será deferível ao executado se este oferecer preço igual ao valor da condenação".** Assim, aplicam-se subsidiariamente à execução trabalhista as regras relativas ao instituto contidas nos arts. 826 e 877, § 3º, do CPC.

A remissão será formalizada por meio da lavratura do respectivo auto. Seguir-se-á, então, o pronunciamento judicial extinguindo a execução.

15.12.5 Impugnação à arrematação e à adjudicação

De início, cumpre assinalar que, com o advento do novo CPC, **muito embora a arrematação e a adjudicação ainda sejam passíveis de impugnação, não mais existem as figuras dos embargos à arrematação e dos embargos à adjudicação. A** denominação "embargos à arrematação", porém, ainda resiste no texto consolidado (art. 789-A, V), de modo que poderá ser utilizada, no processo do trabalho, para designar a provocação referida no § 2º do art. 903 do CPC.

Uma vez assinado o respectivo auto, a arrematação será considerada perfeita, acabada e irretratável. A irretratabilidade da arrematação vale até mesmo quando os embargos à execução são julgados procedentes (algo que somente em circunstâncias muito excepcionais poderia ocorrer após a hasta pública) **ou quando o executado ajuíza ação autônoma para invalidar a arrematação e obtém sucesso.**

Contudo, a irretratabilidade da arrematação comporta a exceção contida no § 1º do art. 903 do CPC, que prevê que ela poderá ser: (I) **invalidada,** quando realizada por preço vil ou com outro vício; (II) **considerada ineficaz,** se não observado o disposto no art. 804; (III) **resolvida,** se não for pago o preço ou se não for prestada a caução.

O juiz somente decidirá pelo desfazimento da arrematação nas hipóteses descritas acima se for provocado pelo interessado em até 10 (dez) dias após o aperfeiçoamento da arrematação, ou seja, após a assinatura do respectivo auto. Deste modo, esgotado o referido prazo sem que seja levada ao conhecimento do juiz da execução qualquer das situações apontadas no § 1º do art. 903 do CPC, será expedida a carta de arrematação e, conforme o caso, a ordem de entrega ou mandado de imissão na posse.

Após a expedição da carta de arrematação ou da ordem de entrega, **a invalidação da arrematação poderá ser pleiteada por ação autônoma,** em cujo processo o arrematante figurará como litisconsorte necessário (art. 903, § 4º, do CPC).

O arrematante poderá desistir da arrematação, sendo-lhe imediatamente devolvido o depósito que tiver feito (art. 903, § 5º, CPC): (I) **se provar, nos 10 (dez) dias seguintes, a existência de ônus real ou gravame não mencionado no edital;** (II) **se, antes de expedida a carta de arrematação ou a ordem de entrega, o executado alegar alguma das situações previstas no § 1º ;** (III) **se for citado para responder à ação autônoma de que trata o § 4º deste artigo,** desde que apresente a desistência no prazo de que dispõe para responder a essa ação.

Quanto à adjudicação, deduz-se do art. 877 que será possível impugnar o respectivo requerimento até 5 dias após a última intimação, antes da lavratura do auto, portanto. Após a lavratura do auto, que torna a adjudicação perfeita e acabada, não se prevê a possibilidade de impugnação.

15.13 EXPEDIÇÃO DE CERTIDÃO DE CRÉDITO

Mesmo não havendo previsão expressa na lei, a expedição de certidão de crédito trabalhista vinha sendo adotada no âmbito de diversos Tribunais Regionais do Trabalho quando todas as tentativas lícitas e possíveis para a satisfação do crédito do exequente resultavam infrutíferas. Após a expedição da certidão, o processo era arquivado, mas de posse dela o credor poderia pleitear a reabertura da execução caso viesse a encontrar bens do devedor.

A título de exemplo, o TRT da 17ª Região editou em janeiro de 2012 a Súmula nº 20, firmando entendimento no sentido da constitucionalidade da certidão de crédito trabalhista, considerando que "a expedição da certidão de crédito trabalhista é medida eficaz que atende aos princípios da celeridade e da duração razoável do processo, diminuindo o elevado gasto público com a manutenção dos locais e serviços destinados ao arquivamento de cadernos processuais, além de não revelar qualquer prejuízo para o exequente que, encontrando bens do devedor e de posse da referida certidão, poderá pleitear a reabertura da execução e buscar a satisfação do seu crédito".

A expedição de certidão de crédito foi – e ainda tem sido – objeto de muitas discussões quanto à sua legalidade e constitucionalidade. Contudo, **a Consolidação dos Provimentos da Corregedoria-Geral da Justiça do Trabalho, na sua versão atualizada e sistematizada em fevereiro de 2016, regulamentou, nos arts. 87 a 94, a prática.**

A Certidão de Crédito Trabalhista será expedida quando exauridos em vão os meios de coerção do devedor, sendo precedida da atualização dos dados cadastrais das partes e da situação do devedor no Banco Nacional de Devedores Trabalhistas (art. 87 da CPCGJT).

A Certidão de Crédito Trabalhista deverá conter: **I – o nome e o endereço das partes, incluídos eventuais corresponsáveis pelo débito, bem como o número do respectivo processo; II – o número de inscrição do credor e do devedor no Cadastro de Pessoas Físicas (CPF) e no Cadastro Nacional de Pessoas Jurídicas (CNPJ) da Receita Federal do Brasil; III – os títulos e os valores integrantes da sanção jurídica, imposta em sentença condenatória transitada em julgado, e os valores dos recolhimentos previdenciários, fiscais, dos honorários, advocatícios e/ou periciais, se houver, das custas e demais despesas processuais; IV – cópia da decisão exequenda e da decisão homologatória da conta de liquidação, já transitada em julgado, para posterior incidência de juros e atualização monetária** (art. 88da CPCGJT).

O credor deverá ser comunicado sobre a obrigatoriedade de comparecimento à Secretaria da Vara do Trabalho para, no prazo de 30 (trinta) dias, retirar a Certidão de Crédito Trabalhista e os documentos de seu interesse, cabendo ao órgão criar arquivo, preferencialmente digital, para manutenção permanente das Certidões de Créditos Trabalhistas originais não entregues aos exequentes e das demais certidões expedidas (art. 89 da CPCGJT).

15.14 A PRESCRIÇÃO NO CURSO DA EXECUÇÃO (PRESCRIÇÃO INTERCORRENTE)

O art. 11-A da CLT, introduzido pela Lei nº 13.467/2017 (Reforma Trabalhista), prevê no seu *caput* que a prescrição intercorrente no processo do trabalho ocorre no prazo de dois anos.

A celeuma doutrinária e jurisprudencial em torno do cabimento da prescrição intercorrente no processo trabalhista é antiga. A disputa, inclusive, sempre colocou em polos antagônicos o STF e o TST.

O STF, por meio da Súmula nº 327, consolida o entendimento de que "o direito trabalhista admite a prescrição intercorrente". Por seu turno, a Súmula nº 114 do TST, que ainda não foi cancelada, consagra o entendimento de que a prescrição intercorrente é inaplicável na Justiça do Trabalho. Aparentemente a Súmula do TST terá de ser revista, a menos que seja declarada a inconstitucionalidade do art. 11-A da CLT, o que, ao menos no âmbito do STF, é improvável.

Aplicando-se o art. 11-A da CLT, a declaração da prescrição intercorrente poderá ser requerida ou declarada de ofício em qualquer grau de jurisdição e a fluência do prazo prescricional inicia-se quando o exequente deixa de cumprir determinação judicial no curso da execução. Trata-se, portanto, de prescrição que somente ocorre no curso da execução.

15.15 FRAUDE À EXECUÇÃO

Não raro, executados maliciosos tentam escapar ao cumprimento da prestação a que estão obrigados por força do título exequendo, alienando ou onerando bens integrantes do seu patrimônio, com o intuito de evitar que sirvam de garantia para a satisfação do crédito do exequente e eventualmente possam ser expropriados, isto é, alienados judicialmente.

O art. 792 do CPC estabelece que a alienação ou a oneração de bem será considerada fraude à execução nas seguintes hipóteses: (I) quando sobre o bem pender ação fundada em direito real ou com pretensão reipersecutória, desde que a pendência do processo tenha sido averbada no respectivo registro público, se houver; (II) quando tiver sido averbada, no registro do bem, a pendência do processo de execução, na forma do art. 828 do CPC; (III) quando tiver sido averbado, no registro do bem, hipoteca judiciária ou outro ato de constrição judicial originário do processo onde foi arguida a fraude; (IV) quando, ao tempo da alienação ou da oneração, tramitava contra o devedor ação capaz de reduzi-lo à insolvência; (V) nos demais casos expressos em lei.

Faltando à Justiça do Trabalho competência para apreciar ação fundada em direito real ou com pretensão reipersecutória, **a primeira hipótese (inciso I) não se aplica ao processo do trabalho.**

As hipóteses previstas nos incisos II e III, embora em tese sejam aplicáveis ao processo do trabalho, dificilmente ocorrerão na prática, pois pressupõem a realização pelo credor de atos que não são obrigatórios e que o expõem ao risco indesejado de ter de indenizar a parte contrária.

Com efeito, o art. 828 do CPC permite ao exequente que obtenha certidão de que a execução foi admitida pelo juiz, com identificação das partes e do valor da causa, para fins de averbação no registro de imóveis, de veículos ou de outros bens sujeitos a penhora, arresto ou indisponibilidade (*caput*). Todavia, o exequente deverá comunicar ao juízo as averbações efetivadas, no prazo de 10 (dez) dias de sua concretização (§ 1º). Ademais, uma vez formalizada penhora sobre bens suficientes para cobrir o valor da dívida, o exequente providenciará, também no prazo de 10 (dez) dias, o cancelamento das averbações relativas àqueles não penhorados (2º).

O problema é que, **se a averbação a que se refere o art. 828 do CPC for manifestamente indevida** ou, se uma vez formalizada a penhora sobre bens suficientes para cobrir o valor da dívida, **o exequente não providenciar, no prazo de 10 (dez) dias, o cancelamento das averbações relativas àqueles bens não penhorados,** terá que indenizar a parte contrária, processando-se o incidente em autos apartados (art. 828, § 5º, do CPC).

De igual modo, **a averbação da hipoteca judiciária,** facultada ao credor pelo art. 495, § 2º, do CPC, poderá resultar na sua responsabilização, independentemente de culpa, pelos danos que a outra parte tiver sofrido em razão da constituição da garantia, caso a decisão que impôs o pagamento de quantia venha a ser reformada ou invalidada (art. 495, § 5º, do CPC).

Ora, como afirmado em item anterior, a constituição da hipoteca judiciária é usualmente pouco prática quando o vencido na reclamação trabalhista for o empregador, porque a preferência do crédito trabalhista sobre qualquer outro, inclusive o tributário, já grava o patrimônio da empresa (e eventualmente o patrimônio pessoal do sócio) com uma espécie de direito de sequela, pelo qual o reclamante (empregado) poderá perseguir os bens do devedor onde quer que estejam. Os riscos da constituição da hipoteca judiciária, portanto, dificilmente valerão a pena.

O inciso IV, que prevê que a alienação ou a oneração de bem será fraudulenta quando realizada ao tempo em que tramitava contra o devedor ação capaz de reduzi-lo à insolvência, é, de longe, o mais utilizado no processo do trabalho.

A alienação em fraude à execução é ineficaz em relação ao exequente.

No caso de aquisição de bem não sujeito a registro, o terceiro adquirente tem o ônus de provar que adotou as cautelas necessárias para a aquisição, mediante a exibição das certidões pertinentes, obtidas no domicílio do vendedor e no local onde se encontra o bem.

Na hipótese de desconsideração da personalidade jurídica, a fraude à execução verifica-se a partir da citação da parte cuja personalidade se pretende desconsiderar. Antes de declarar a fraude à execução, o juiz deverá intimar o terceiro adquirente, que, se quiser, poderá opor embargos de terceiro, no prazo de 15 (quinze) dias.

15.16 EXECUÇÃO DE OBRIGAÇÃO DE FAZER, DE NÃO FAZER OU DE ENTREGAR COISA

Embora, como já dissemos, na Justiça do Trabalho a execução de maior incidência seja a para pagamento de quantia certa fundada em título judicial, **há casos em que a execução tem por objeto obrigação de fazer** (por exemplo, efetuar

Capítulo 15 • EXECUÇÃO TRABALHISTA

anotações na CTPS, reintegrar o empregado ou designar-lhe o gozo de férias), **de não fazer** (por exemplo, abster-se de transferir o empregado para outra localidade) ou **de entregar coisa** (por exemplo, entregar ao empregado, devidamente preenchido, o documento denominado Perfil Profissiográfico Previdenciário PPP.

As regras genéricas da execução trabalhista previstas na CLT se aplicam mesmo quando o objeto da execução for uma dessas obrigações. Contudo, como há, no particular, muitas lacunas no texto consolidado, abre-se um vasto campo para **a aplicação subsidiária das regras previstas no capítulo do CPC que tratam do cumprimento de sentença que reconheça a exigibilidade de obrigação de fazer, de não fazer ou de entregar coisa** (arts. 536 a 538).

15.17 EXECUÇÃO DE TÍTULO EXTRAJUDICIAL

O texto consolidado prevê que **é competente para a execução de título executivo extrajudicial o juiz que teria competência para o processo de conhecimento relativo à matéria** (art. 877-A), mas não estabelece um regramento próprio para a execução do título extrajudicial, de modo que, de início, **são aplicáveis à hipótese as regras da CLT referentes à execução em geral, sempre que cabíveis.** Há, entretanto, um enorme espaço para a aplicabilidade subsidiária das regras contidas no CPC, em especial das referentes ao denominado "Processo de Execução".

A execução de título extrajudicial jamais será promovida de ofício pelo juiz. Necessitará de provocação da parte. Ao contrário da execução de título judicial, que se dá nos autos do processo em que o título exequendo (sentença ou acordo) se formou e, portanto, constitui fase de um processo que teve início com a cognição, a execução de título judicial é, por si mesma, um processo próprio, autônomo. Trata-se, assim, de uma ação que requer, para que seja apreciada, a apresentação de petição inicial.

Apresentada a petição inicial, que deverá ser instruída com o título exequendo, o processo de execução seguirá, sempre que possível, os passos previstos para a execução trabalhista em geral, observando-se, contudo, as nuances relacionadas com a espécie de obrigação a ser cumprida (de pagar, de fazer, de não fazer, de entregar coisa) e a aplicabilidade subsidiária da Lei de Execuções Fiscais e, sucessivamente, do CPC. **Tudo o que foi dito neste capítulo a respeito da execução de título judicial valerá, no que couber, para a execução do título extrajudicial, inclusive quanto aos atos constritivos e expropriatórios.**

15.18 EXECUÇÃO CONTRA A FAZENDA PÚBLICA: PRECATÓRIO E REQUISIÇÃO DE PEQUENO VALOR (RPV)

Tratando-se de execução para pagamento de quantia certa contra a Fazenda Pública, como os seus bens são inalienáveis e, portanto, impenhoráveis, o procedimento se diferenciará daquele aplicável aos demais devedores. Ainda assim, **as regras genéricas previstas para a execução no texto consolidado também incidem sobre a execução contra a Fazenda Pública, quando cabíveis.** Aplicam-se, subsidiariamente, ademais, os arts. 534 e 535 do Código de Processo Civil, sediados no capítulo daquele estatuto que versa sobre o cumprimento de sentença que reconheça a exigibilidade de obrigação de pagar quantia certa pela Fazenda Pública (Capítulo V do Título II do Livro I da Parte Especial). Importante, ainda, destacar as disposições contidas nos arts. 100 e §§ da Constituição da República, e nos arts. 86, 87 e 97 do Ato das Disposições Constitucionais Transitórias (ADCT).

Vale aqui lembrar que, nos termos do art. 12 do Decreto-Lei nº 509/69, **a Empresa Brasileira de Correios e Telégrafos equipara-se à Fazenda Pública, gozando do privilégio da impenhorabilidade de seus bens, rendas e serviços,** não obstante, como toda empresa pública, seja dotada de personalidade jurídica de direito privado. Tal equiparação tem repercussão direta na execução judicial das suas dívidas, que se submeterá à mesma sistemática processual aplicada à Fazenda Pública.

A execução poderá ser iniciada de ofício quando o credor não estiver representado por advogado (art. 878 da CLT). Não sendo este o caso, **o exequente deverá apresentar petição pedindo ao juiz que inicie os atos executivos contra a Fazenda Pública.**

A Fazenda Pública não será citada para pagar em 48 horas e sim para oferecer, querendo, Embargos à Execução no prazo de 30 dias (art. 1º-B da Lei nº 9.494/97).

Ressalte-se que o CPC, **tratando do cumprimento de sentença,** estabelece no art. 535 que a "Fazenda Pública será **intimada** na pessoa de seu representante judicial, por carga, remessa ou meio eletrônico, para, querendo, no prazo de 30 (trinta) dias e nos próprios autos, impugnar a execução",[2] mas, cuidando da execução fundada em título extrajudicial, prevê no art. 910 que a Fazenda Pública será **citada** para opor embargos em trinta dias. Refere-se no primeiro caso, portanto, à **intimação** e no segundo caso à **citação da Fazenda Pública.**

O texto consolidado, como vimos, não distingue entre **cumprimento de sentença** e **execução de título extrajudicial.** Há apenas uma figura: **a execução trabalhista,** que pode se fundar tanto em título judicial quanto em título extrajudicial e o chamamento do devedor será por meio da **citação,** pois não faz sentido, nos termos do art. 876 da CLT, distinguir entre execução de título extrajudicial e cumprimento de sentença, conclusão a que se chega, também, pelo fato de que a Lei nº 9.494/97, ao dispor no seu art. 1º-B que o prazo a que se refere o *caput* do art. 884 da CLT é de trinta dias, aponta para os **Embargos à Execução,** que estão inseridos dentro do capítulo que disciplina a execução trabalhista. Assim, no máximo será possível e até conveniente adotar na citação da Fazenda Pública a remessa ou o meio eletrônico como modos para a sua efetivação, mas não há que se falar em **intimação para impugnar a execução** e sim em **citação para oferecer embargos à execução.**

---

2   Curiosamente utiliza no regramento do cumprimento de sentença a palavra "execução", que é reservada no estatuto para a ação executória fundada em título extrajudicial.

Os embargos à execução opostos pela Fazenda Pública serão recebidos e processados do mesmo modo que ocorre com os embargos à execução apresentados pelos executados que não são entes públicos. A distinção reside, basicamente, no fato de que para a Fazenda Pública não haverá exigência de garantia ou penhora e, além disso, o prazo para a apresentação dos embargos será maior. Ademais, não haverá, por óbvio, julgamento de subsistência da penhora.

Não havendo embargos ou rejeitados os embargos oferecidos pela Fazenda Pública, expedir-se-á, por intermédio do presidente do tribunal do trabalho competente, **precatório** em favor do exequente, observando-se o disposto na Constituição República, cujo art. 100 prevê que "**os pagamentos devidos pelas Fazendas Públicas Federal, Estaduais, Distrital e Municipais, em virtude de sentença judiciária, far-se-ão exclusivamente na ordem cronológica de apresentação dos precatórios e à conta dos créditos respectivos, proibida a designação de casos ou de pessoas nas dotações orçamentárias e nos créditos adicionais abertos para este fim**".

No âmbito da Justiça do Trabalho, os procedimentos para a expedição de Precatórios e Requisições de Pequeno Valor foram uniformizados pela Instrução Normativa nº 32, aprovada pelo Órgão Especial do Tribunal Superior do Trabalho, por meio da Resolução nº 145, de 19 de dezembro de 2007.

O precatório nada mais é do que **a requisição dirigida à Fazenda Pública (União, Estado, Municípios e suas autarquias ou fundações) para que pague a quantia da qual é reconhecida devedora por decisão definitiva proferida em processo judicial.**

A Empresa Brasileira de Correios e Telégrafos, em virtude de sua equiparação à Fazenda Pública, já que goza do privilégio da impenhorabilidade de seus bens, rendas e serviços (art. 12 do Decreto-Lei nº 509/69), também deverá ser executada pelo sistema do precatório. Este entendimento é pacífico no STF[3] e, inclusive, tem sido estendido a outras empresas públicas e a sociedades de economia mista que, à semelhança dos Correios, não explorem atividade econômica, independentemente da existência de regra legal específica atribuindo-lhes a impenhorabilidade de bens, rendas e serviços.

---

3   Cf. RECURSO EXTRAORDINÁRIO. CONSTITUCIONAL. EMPRESA BRASILEIRA DE CORREIOS E TELÉGRAFOS. IMPENHORABILIDADE DE SEUS BENS, RENDAS E SERVIÇOS. RECEPÇÃO DO ART. 12 DO DECRETO-LEI N. 509/69. EXECUÇÃO.OBSERVÂNCIA DO REGIME DE PRECATÓRIO. APLICAÇÃO DO ART. 100 DA CONSTITUIÇÃO FEDERAL. 1. À empresa Brasileira de Correios e Telégrafos, pessoa jurídica equiparada à Fazenda Pública, é aplicável o privilégio da impenhorabilidade de seus bens, rendas e serviços. Recepção do art. 12 do Decreto-Lei nº 509/69 e não incidência da restrição contida no art. 173, § 1º, da Constituição Federal, que submete a empresa pública, a sociedade de economia mista e outras entidades que explorem atividade econômica ao regime próprio das empresas privadas, inclusive quanto às obrigações trabalhistas e tributárias. 2. Empresa pública que não exerce atividade econômica e presta serviço público da competência da União Federal e por ela mantido. Execução. Observância ao regime de precatório, sob pena de vulneração do disposto no art. 100 da Constituição Federal. Recurso extraordinário conhecido e provido" (RE 220.906, Rel. Min. Maurício Corrêa, Plenário, DJ 14.11.2002).

Nas execuções processadas nas Varas do Trabalho, o precatório será encaminhado ao presidente do Tribunal Regional do Trabalho da jurisdição, que o dirigirá, mediante ofício, à autoridade competente ou entidade requisitada (art. 340 do Regimento Interno do TST).

O precatório, contudo, será dispensado quando se tratar de pagamento de obrigação de pequeno valor, caso em que o próprio juiz da execução emitirá ordem, dirigida à autoridade na pessoa de quem o ente público foi citado para o processo, **para que o pagamento da obrigação de pequeno valor seja realizado no prazo de 2 meses contado da entrega da requisição,** mediante depósito na agência de banco oficial mais próxima da residência do exequente (art. 535, § 3º, II, do CPC).

Nos termos do art. 3º da Instrução Normativa nº 32 do TST, **reputa-se de pequeno valor o crédito cuja importância atualizada, por beneficiário, seja igual ou inferior a: (I) 60 (sessenta) salários mínimos, se a devedora for a Fazenda Pública Federal; (II) 40 (quarenta) salários mínimos, ou o valor estipulado pela legislação local, se as devedoras forem as Fazendas Públicas Estadual e Distrital; e (III) – 30 (trinta) salários mínimos, ou o valor estipulado pela legislação local, se a devedora for a Fazenda Pública Municipal.** Os limites estabelecidos pelo TST para a Fazenda dos Estados e do Distrito Federal e para a Fazenda dos Municípios obedecem ao quanto determinado pelo art. 87 do Ato das Disposições Constitucionais Transitórias. Já o limite do RPV para a Fazenda Pública Federal foi fixado com base no disposto no art. 17, § 1º, da Lei nº 10.259, de 12 de julho de 2001.

PROCEDIMENTOS ESPECIAIS TRABALHISTAS NO PRIMEIRO GRAU

16

Além dos procedimentos ordinário, sumário e sumaríssimo, que podem ser classificados como espécies do procedimento comum, o texto consolidado prevê outros procedimentos que, por sua especificidade, são considerados especiais quando comparados com aqueles, se bem que tal terminologia não seja referida na CLT.

Um dos procedimentos especiais, o dissídio coletivo, é da competência dos tribunais e não será tratado aqui. Será objeto de outro capítulo.

Os procedimentos especiais previstos na CLT que tramitam no primeiro grau são a **ação de cumprimento**, o **inquérito para apuração de falta grave** e o denominado **processo de jurisdição voluntária para homologação de acordo extrajudicial**.

16.1 INQUÉRITO PARA APURAÇÃO DE FALTA GRAVE

O inquérito para apuração de falta grave herdou este nome da época em que a Justiça do Trabalho era uma instância administrativa integrante do Ministério do Trabalho. A utilização da palavra *inquérito* para referir-se a uma espécie de ação não é a mais apropriada, mas é assim que o texto consolidado denomina o procedimento.

Trata-se o inquérito para apuração de falta grave de uma ação de natureza constitutiva ajuizada pelo empregador em face do empregado portador de estabilidade, visando à resolução do contrato do trabalho, isto é, a que seja decretada a extinção do contrato de trabalho em razão da prática pelo obreiro de ato faltoso incompatível com a continuidade da relação laboral.

Não são todos os tipos de estabilidade que conferem ao seu portador, quando lhes for imputada alguma falta grave, o benefício de somente terem o seu contrato de trabalho extinto por meio do ajuizamento pelo empregador do inquérito para apuração de falta grave. **Os empregados estáveis cuja extinção do contrato por falta grave exige decisão judicial proferida no Inquérito são:**

a) os empregados não optantes do FGTS que já haviam adquirido a **estabilidade decenal** antes da data de promulgação da CF/88;

b) *dirigentes sindicais* (CF, art. 8º, VIII, e Súmula nº 197 do STF).

c) servidores públicos celetistas, que contavam com cinco ou mais anos de serviço público contínuo na data de promulgação da CF/88;

Capítulo 16 • PROCEDIMENTOS ESPECIAIS TRABALHISTAS NO PRIMEIRO GRAU

d) *representantes dos trabalhadores no Conselho Curador do FGTS* (Lei nº 8.036/90, art. 3º § 9º);

e) *dirigente de Cooperativa de Empregados* (Lei nº 5.764/1971, art. 55);

f) *representantes dos trabalhadores nas Comissões de Conciliação Prévia* (CLT, art. 625-B, § 1º).

g) *representantes dos trabalhadores no Conselho Nacional de Previdência Social* (Lei nº 8.213/1991, art. 3º, § 7º).

Há, ainda, julgados que entendem pela necessidade do inquérito para a extinção do contrato de trabalho de **empregado público concursado, que adquire a estabilidade após três anos de efetivo exercício.** Outros, contudo, sustentam que basta para tanto a instauração de procedimento administrativo em que lhe seja assegurado o contraditório e a ampla defesa.

Atenção

O inquérito não se aplica aos trabalhadores portadores das seguintes estabilidades: gestante, acidentária e CIPA. O empregador, assim, poderá despedi-los por justa causa e para que a validade do ato despeditório seja discutida o empregado é que terá que ajuizar reclamação trabalhista.

O procedimento do inquérito para apuração de falta grave está disciplinado nos arts. 853 a 855 da CLT.

A reclamação será necessariamente apresentada por escrito, no prazo de 30 dias contados da suspensão do empregado (réu ou reclamado). Trata-se de prazo decadencial. Não sendo cumprido, o inquérito será julgado improcedente, pois a decadência é matéria que integra o mérito da causa.

Como o empregador não está obrigado a suspender o empregado, **os doutos discutem sobre qual prazo terá o empregador para ajuizar o inquérito quando a punição disciplinar (suspensão) não for aplicada. Para alguns** (Bezerra Leite, v.g.) **o prazo será de dois anos,** contados a partir da data em que o empregador tomou ciência da falta cometida pelo obreiro. **Para outros o prazo será de cinco anos.** A demora, todavia, poderá redundar no reconhecimento pelo juiz do perdão tácito e, assim, ainda que ele rejeite a arguição de decadência (prejudicial de mérito), ao prosseguir para a análise da questão meritória principal, terminará por negar a pretensão do empregador.

O número máximo de testemunhas no Inquérito é de seis, por cada parte. No que tange ao pagamento de custas, não há diferença entre o Inquérito e os demais procedimentos que tramitam no primeiro grau. **As custas serão pagas pelo vencido após o trânsito em julgado da decisão, e, se houver recurso, deverão ser pagas e ter comprovado o seu recolhimento dentro do prazo recursal.** Anteriormente à Lei nº 10.537/2002, contudo, as custas relativas ao inquérito tinham que ser pagas antes do julgamento da causa.

O inquérito tem natureza dúplice. Independentemente de qualquer pedido do obreiro, se o pedido de resolução contratual for julgado improcedente, ou seja, se for reconhecida a inexistência de falta grave praticada pelo empregado (reclamado ou réu), o empregador (autor ou reclamante) ficará obrigado a reintegrá-lo no emprego e a pagar-lhe os salários e demais vantagens a que teria direito no período de afastamento.

A reintegração, portanto, não exige qualquer pedido do empregado. Ele não precisa reconvir nem ajuizar outra ação para ser reintegrado e nem mesmo formular pedido contraposto. Isso é o que caracteriza a natureza dúplice do inquérito.

Embora o texto consolidado utilize a expressão "readmiti-lo no serviço" (art. 495 da CLT), cuida-se aí de reintegração e não de readmissão. As duas figuras jurídicas não se confundem. Como observa José Cairo Junior, "a reintegração segue acompanhada da condenação ao pagamento dos salários devidos durante todo o período em que o empregado permaneceu sem trabalhar, no aguardo da decisão da Justiça do Trabalho (sentença condenatória, ainda que não haja pedido nesse sentido)".[1] Já a readmissão, nas palavras de Luciano Martinez, "pressupõe um procedimento válido de desligamento e uma nova admissão".[2]

Por outras palavras, a sentença que julga improcedente o inquérito tem caráter condenatório em relação ao autor, sem necessidade de reconvenção, com a execução ocorrendo no mesmo processo.

Contudo, quando a reintegração do empregado estável for desaconselhável, dado o grau de incompatibilidade resultante do dissídio, especialmente se o empregador for pessoa física, o texto consolidado prevê que o juiz do trabalho poderá converter a obrigação de fazer (reintegrar) em obrigação de indenizar (art. 496 da CLT).

A indenização corresponderá ao dobro dos valores que seriam devidos ao empregado caso fosse despedido sem justa causa nos contratos por tempo indeterminado (art. 497 da CLT).

Quando a estabilidade que autoriza a instauração do inquérito judicial for de caráter provisório, a reintegração poderá ser convertida em indenização, tanto na situação descrita no art. 496 da CLT quanto na hipótese de exaurimento do período estabilitário.

16.2 AÇÃO DE CUMPRIMENTO

Tradicionalmente, a linguagem jurídico-processual não empregava a expressão "cumprimento" para referir-se à atividade judicial que visava a compelir o vencido a cumprir o que estava determinado na sentença, como o Código de Processo Civil atualmente o faz. Por isso fazia sentido dizer que enquanto a sentença proferida nos dissídios individuais era executada, linguagem ainda utilizada no processo do trabalho, a sentença normativa era cumprida, à semelhança das leis.

---

1 CAIRO JUNIOR, José. *Curso de direito do trabalho.* 17. ed. Salvador: JusPodivm, 2021, p. 1087.
2 MARTINEZ, Luciano. *Curso de direito do trabalho.* 11. ed. São Paulo: Saraiva Educação, 2020, p. 867.

De fato, **a eficácia da sentença normativa é semelhante à das demais normas jurídicas de caráter geral e abstrato, como as leis.** Cabe aos seus destinatários cumpri-la espontaneamente, com a mesma naturalidade com que os cidadãos devem observar as normas legais.

Quando as regras impostas pela sentença ou decisão normativa não são espontaneamente observadas pelo empregador, a forma para que este seja compelido a cumpri-las é a propositura da chamada "ação de cumprimento", que poderá ser movida pelo empregado ou por seu sindicato. A sentença normativa não será, portanto, passível de execução, mas servirá de base para o ajuizamento de ação individual que culminará na prolação de uma sentença com efeitos concretos. Esta, sim, caso condene o empregador, constituirá título que permitirá a execução forçada.

A **legitimidade ativa para propor a ação de cumprimento pertence apenas ao empregado e ao seu sindicato profissional,** isto é, o empregador não poderá ajuizá-la, exatamente o contrário do que ocorre com o inquérito para apuração de falta grave, sobre o qual se falou no item anterior, que somente poderá ser promovido pelo empregador.

Assim é que o art. 872 da CLT diz que **"celebrado o acordo, ou transitada em julgado a decisão, seguir-se-á o seu cumprimento, sob as penas estabelecidas neste Título"** (*caput*) e que **"quando os empregadores deixarem de satisfazer o pagamento de salários, na conformidade da decisão proferida, poderão os empregados ou seus sindicatos, independente de outorga de poderes de seus associados, juntando certidão de tal decisão, apresentar reclamação à Junta ou Juízo competente, observado o processo previsto no Capítulo II deste Título, sendo vedado, porém, questionar sobre a matéria de fato e de direito já apreciada na decisão"** (parágrafo único).

De início, cabe observar que o **texto consolidado não usa a expressão "ação de cumprimento".** Trata-se de denominação utilizada pela doutrina. Por outro lado, o **dispositivo em questão está localizado no capítulo que disciplina os dissídios coletivos. A palavra "acordo",** portanto, refere-se à **conciliação homologada no dissídio coletivo, que é denominada pela doutrina "decisão normativa"** para distingui-la da sentença normativa proferida quando do julgamento do dissídio.

Assim, **originariamente a ação de cumprimento seria um procedimento utilizado tão somente no caso de inobservância das decisões e sentenças normativas.** Todavia, **atentando para o fato de que os instrumentos coletivos negociados têm a mesma eficácia das decisões e sentenças normativas, não se justificando tratá-los diferenciadamente, a jurisprudência trabalhista, por meio de uma intepretação extensiva, passou a admitir a ação de cumprimento também na hipótese de inobservância de convenção ou acordo coletivo de trabalho.** Neste sentido, a Súmula nº 286 do TST firmou o entendimento de que **"a legitimidade do sindicato para propor ação de cumprimento estende-se também à observância de acordo ou de convenção coletivos".** Ademais, o objeto da ação de cumprimento tem sido ampliado pela jurisprudência para incluir outros direitos trabalhistas que não meramente os salários.

Diante da evolução jurisprudencial, portanto, é possível dizer que **quando os empregadores deixarem de satisfazer o pagamento de salários ou de qualquer outro direito trabalhista, na conformidade da sentença normativa, convenção ou acordo coletivo, poderão os empregados ou seus sindicatos, independentemente de outorga de poderes de seus associados, comprovando a existência e vigência da norma coletiva, apresentar reclamação perante a Vara do Trabalho (1º grau de jurisdição), sendo vedada, porém, discussão sobre a matéria de fato e de direito já apreciada na decisão ou sentença normativa ou firmada pelo instrumento coletivo negociado.** É como deve ser interpretado atualmente o parágrafo único do art. 872 da CLT.

Com os contornos atribuídos pela jurisprudência, **a ação de cumprimento tornou-se o meio adequado para tornar concretos os direitos abstratamente outorgados por instrumentos normativos coletivos, quando o empregador deixa de satisfazê-los por não observar as cláusulas respectivas.**

No caso específico da sentença normativa, a sua inobservância poderá dar causa ao ajuizamento da ação de cumprimento a partir do 20º (vigésimo) dia subsequente ao do julgamento, salvo quando o presidente do Tribunal Superior do Trabalho conceder efeito suspensivo ao recurso dela interposto (Lei nº 7.701/88, art. 7º, § 6º).[3]

O trânsito em julgado da sentença normativa é dispensável para a propositura da ação de cumprimento, nos termos do entendimento consolidado pela Súmula nº 246 do TST. Daí decorre que **a coisa julgada produzida na ação de cumprimento é atípica, uma vez que está sujeita a uma condição resolutiva,** isto é, a de que a sentença normativa cujo cumprimento se requer não venha a ser modificada no julgamento do recurso eventualmente interposto.

Assim, se **a sentença normativa for modificada pelo TST, com a consequente extinção do processo, sem julgamento do mérito, a execução da sentença proferida na ação de cumprimento será extinta, haja vista que a norma sobre a qual o título exequendo se apoiava desapareceu do mundo jurídico** (OJ nº 277, SDI-1, do TST).

16.3 PROCESSO DE JURISDIÇÃO VOLUNTÁRIA PARA HOMOLOGAÇÃO DE ACORDO EXTRAJUDICIAL

O denominado **Processo de Jurisdição Voluntária para Homologação de Acordo Extrajudicial** foi instituído pela Lei nº 13.467/2017 (Reforma Trabalhista), que incluiu no texto consolidado os arts. 855-B a 855-E, formando um capítulo dedicado especificamente ao procedimento. O uso da palavra "processo" em

---

3 Lei nº 7.701/88, art. 7º, "§ 6º A sentença normativa poderá ser objeto de ação de cumprimento a partir do 20º (vigésimo) dia subsequente ao do julgamento, fundada no acórdão ou na certidão de julgamento, salvo se concedido efeito suspensivo pelo Presidente do Tribunal Superior do Trabalho."

vez de "procedimento" para designar a nova figura revela a falta de apuro técnico do legislador, mas não gera qualquer obstáculo à sua aplicabilidade.

Trata-se de um procedimento bastante simples, que apresenta as seguintes características:

a) terá início por petição conjunta, sendo obrigatória a representação das partes por advogado;

b) as partes não poderão ser representadas pelo mesmo advogado;

c) o trabalhador poderá ser assistido pelo advogado do sindicato de sua categoria;

d) a petição de homologação de acordo extrajudicial suspende o prazo prescricional da ação quanto aos direitos nela especificados, o qual voltará a fluir no dia útil seguinte ao do trânsito em julgado da decisão que negar a homologação do acordo;

e) o juiz terá o prazo de quinze dias, a contar da distribuição da petição, para analisar o acordo;

f) não é obrigatória a realização de audiência, mas se o juiz entender necessário poderá designá-la;

g) o procedimento será extinto por sentença, que poderá homologar o acordo, e valerá, assim, como título executivo judicial, ou poderá negar a homologação, caso em que será cabível a interposição de recurso ordinário. Como toda decisão judicial, a sentença que homologa ou nega homologação ao acordo deverá ser fundamentada, conquanto a decisão homologatória possa ter uma fundamentação sucinta, limitada à confirmação de que os requisitos legais foram cumpridos.

h) o acordo extrajudicial não prejudica o prazo de dez dias, contados a partir do término do contrato, para que o empregador entregue ao empregado os documentos que comprovem a comunicação da extinção contratual aos órgãos competentes e efetue o pagamento dos valores constantes do instrumento de rescisão ou recibo de quitação (art. 477, § 6º) e nem afasta a aplicação da multa prevista no § 8º art. 477 desta Consolidação. O descumprimento do referido prazo sem a inclusão da multa correspondente, portanto, pode fundamentar a recusa do juiz a homologar o acordo.

AÇÕES CÍVEIS ADMITIDAS NA JUSTIÇA DO TRABALHO

17

O processo do trabalho, seja pela necessidade de suprir omissões do texto consolidado, seja pela necessidade de buscar instrumentos que o tornem mais célere e efetivo, é bastante receptivo à incursão das ações e procedimentos cíveis.

Em alguns casos, a admissibilidade de ações cíveis foi construída ao longo do tempo pela jurisprudência trabalhista. Em outros casos, foi determinada pelo legislador, algumas vezes convertendo em regra legal entendimento que já vinha sendo adotado pelos tribunais trabalhistas.

Vale registrar que, **nos termos da Instrução Normativa nº 27/2005 do TST, as ações que, por disciplina legal expressa, estejam sujeitas a rito especial, a exemplo da ação rescisória e da ação de consignação em pagamento, não se submetem ao procedimento comum trabalhista.** Não obstante, parece-nos que **mesmo as ações com rito especial devem ser adaptadas às técnicas e peculiaridades do procedimento comum trabalhista, quando estas tornam o processo mais célere e efetivo.** Por exemplo, a citação, em regra, não será pessoal e nem necessitará de requerimento do autor. Ademais, quando necessária a produção de provas em audiência, o seu desenrolar deverá observar a sequência dos atos adotada no processo do trabalho, inclusive com a tentativa de conciliação, quando cabível.

Trataremos aqui das principais ações cíveis admitidas na Justiça do Trabalho. A lista apresentada, portanto, não é exaustiva.

17.1 AÇÃO DE CONSIGNAÇÃO EM PAGAMENTO

A ação de consignação em pagamento está prevista nos arts. 539 a 549 do Código de Processo Civil. Ajuizada pelo devedor ou por terceiro, **tem como objeto a extinção do débito ou a entrega da coisa devida por meio do depósito judicial.**

As hipóteses que autorizam o ajuizamento da ação de consignação em pagamento estão previstas no art. 335 do Código Civil. Portanto, será admitida: **(I) quando o credor não puder receber o pagamento ou dar quitação na devida forma; (II) quando, sem justa causa, o credor recusar receber o pagamento ou dar quitação; (III) quando o credor não for, nem mandar receber a coisa no lugar, tempo e condição devidos; (IV) quando o credor for incapaz de receber, for desconhecido, declarado ausente, ou residir em lugar incerto ou de acesso perigoso ou difícil; (V) se ocorrer dúvida sobre quem deva legitimamente receber o objeto do pagamento; (VI) quando pender litígio sobre o objeto do pagamento.**

A ação de consignação em pagamento é frequentemente utilizada na Justiça do Trabalho pelo empregador que pretende não incorrer em mora no pagamento das verbas rescisórias e, deste modo, evitar a incidência da multa prevista no § 8º do art. 477 da CLT, nos casos em que há a recusa do empregado desligado a recebê-las ou, quando extinto o contrato de trabalho por falecimento do obreiro, haja dúvida quanto a quem deva receber os créditos.

Podemos dizer, assim, que, aplicando-se subsidiariamente o disposto nos arts. 539 a 548 do Código de Processo Civil, **caso o trabalhador se recuse a receber o importe de suas verbas rescisórias ou haja dúvida sobre quem deva legitimamente receber o pagamento de qualquer crédito trabalhista, o empregador poderá** (a fim de evitar a incidência de multa, por exemplo a prevista no art. 477, § 8º, da CLT) **requerer o depósito da quantia correspondente, com a consequente extinção da obrigação, mediante ação de consignação em pagamento.**

Todavia, **o empregado também poderá se valer da ação de consignação em pagamento,** já que eventualmente figura na condição de devedor. Por exemplo, quando estiver obrigado contratualmente, caso peça demissão antes de certo prazo, a **restituir parte do valor investido pelo empregador no patrocínio de um curso de capacitação acadêmico-profissional realizado no exterior. Eventualmente, a ação de consignação poderá vir a ser utilizada por outros devedores que não os sujeitos do contrato de emprego (por exemplo, os sindicatos), desde que a relação obrigacional esteja inserida na competência material da Justiça do Trabalho.**

Além disso, de acordo com o disposto no art. 304, *caput* e parágrafo único, do Código Civil c/c o art. 539 do CPC, **o terceiro também possui legitimidade ativa para propor a ação de consignação em pagamento:** tanto o terceiro juridicamente interessado na extinção da dívida (fiador, sócio etc.), quanto o terceiro não interessado, neste último caso se o fizer em nome e à conta do devedor, desde que este não se oponha.

A petição inicial deverá, por óbvio, ser instruída com os documentos comprobatórios da existência da obrigação e, conforme o caso, da recusa do réu a receber seu crédito. Ademais, nos termos do art. 542 do CPC, o autor requererá na petição inicial o depósito da quantia ou da coisa devida, a ser efetivado no prazo de 5 (cinco) dias contados do deferimento, e a citação do réu para levantar o depósito ou oferecer contestação. Se no prazo fixado em lei o depósito não for realizado, o processo será extinto sem resolução do mérito.

Na Justiça do Trabalho, o mais rotineiro é que a ação de consignação em pagamento se adapte ao procedimento comum trabalhista. **Neste sentido, a citação será automática, independentemente de que haja requerimento do autor, e, ademais, não terá como objetivo apenas o levantamento do depósito ou o oferecimento da contestação, mas também o comparecimento à audiência, ocasião em que será promovida pelo juiz a tentativa de conciliação e, não havendo acordo, a contestação será recebida e o processo, se necessário, será instruído com a colheita da prova oral.** Mas há também juízes que preferem seguir com maior rigor o procedimento previsto no CPC, de modo que a contestação não será recebida em audiência. Não havendo manifesto prejuízo às partes, as eventuais diferenças procedimentais não geram nulidade ao processo.

Se o réu não contestar a ação de consignação e lhe for aplicada a confissão ficta, o juiz julgará procedente o pedido, declarará extinta a obrigação e o condenará ao pagamento de custas e honorários advocatícios.

Tratando-se de prestações periódicas, uma vez consignada a primeira, poderá o devedor continuar a consignar, no mesmo processo e sem mais formalidades, as que se forem vencendo, desde que os depósitos sejam efetuados até cinco dias, contados da data do vencimento.

Caso o objeto da prestação seja coisa indeterminada e a escolha caiba ao credor, este será citado para exercer o direito dentro de 5 (cinco) dias, se outro prazo não constar de lei ou do contrato, ou para aceitar que o devedor a faça, devendo o juiz, ao despachar a petição inicial, fixar lugar, dia e hora em que se fará a entrega, sob pena de depósito (art. 543 do CPC).

O réu poderá alegar na contestação que:

a) **não houve recusa ou mora em receber a quantia ou a coisa devida** (por exemplo, o empregado-consignado, credor de parcelas rescisórias, pode afirmar que se encontra, por motivo de saúde, impedido de se locomover e que solicitara à empresa que efetuasse o depósito em sua conta bancária, em vez do pagamento em espécie);

b) **a recusa foi justa** (por exemplo, o empregado-consignado pode alegar que recusou receber a quantia devida porque a empresa condicionou o pagamento à assinatura de uma falsa declaração na qual reconheceria ter causado prejuízos de ordem material à empresa);

c) **o depósito não foi feito no prazo ou no lugar do pagamento** (por exemplo, o empregado-consignado pode alegar que a empresa depositou o valor devido a título de parcelas em conta bancária que não seria da titularidade dele, mas sim de sua ex-esposa);

d) **o depósito não é integral** (por exemplo, o empregado-consignado pode alegar que o valor a título de parcelas rescisórias depositado pela consignante foi maliciosamente calculado, porque utilizou como base de cálculo apenas a remuneração fixa e desprezou a remuneração variável, que correspondia a cinco vezes o valor daquela).

A alegação de que o depósito não é integral somente será admissível se o réu indicar o montante que entende devido. Ainda assim, será permitido ao autor que complete o depósito em 10 (dez) dias, salvo se corresponder a prestação cujo inadimplemento acarrete a rescisão do contrato. Neste caso, o réu poderá levantar, desde logo, a quantia ou a coisa depositada, com a consequente liberação parcial do autor, prosseguindo o processo quanto à parcela controvertida.

A sentença que concluir pela insuficiência do depósito determinará, sempre que possível, o montante devido e valerá como título executivo, facultado ao credor executá-la nos mesmos autos, após liquidação, se necessária.

Julgado procedente o pedido, o juiz declarará extinta a obrigação e condenará o réu ao pagamento de custas e honorários advocatícios. Proceder-se-á do mesmo modo se o credor receber e der quitação.

No exemplo já citado, do empregador que promove ação de consignação em pagamento em face de empregado que se recusar a receber as verbas rescisórias, **será possível a este propor reconvenção, caso entenda que é credor de outras obrigações trabalhistas.** Neste caso, após regular instrução, **a reconvenção será decidida em conjunto com a ação consignatória.** A sentença que reconhecer a insuficiência do depósito realizado e condenar o consignante-reconvindo ao pagamento de créditos trabalhistas valerá como título executivo (judicial, subentende-se).

Quando o ajuizamento da ação de consignação fundar-se na dúvida sobre quem deva legitimamente receber o pagamento, o autor requererá o depósito e a citação dos possíveis titulares do crédito para provarem o seu direito. Se nenhum pretendente comparecer, o depósito será convertido em arrecadação de coisas vagas. Se comparecer apenas um, o juiz decidirá de plano. Se comparecerem mais de um pretendente, o juiz declarará efetuado o depósito e extinta a obrigação, continuando o processo a correr unicamente entre os presuntivos credores, isto é, os pretendentes, observando-se o procedimento comum.

Síntese

Autor: devedor (empregador, empregado etc.) ou terceiro (seja interessado ou não interessado)

Réu: credor

Objeto (pedido): extinção da dívida (usualmente obrigação de pagar, mas também a obrigação de restituir coisa devida.

Regramento: arts. 539 a 548 do CPC.

Causa de pedir (fundamentos): recusa do credor ou dúvida a respeito de quem detém a condição de credor.

Utilização na Justiça do Trabalho: principalmente, quando o empregado se recusa a receber as verbas rescisórias ou quando o contrato de trabalho é extinto por morte do trabalhador e o empregador não sabe com certeza quem são seus dependentes ou sucessores. Eventualmente, consignação de chaves; consignação de ferramenta de trabalho, carro, equipamentos.

17.2 AÇÃO DE EXIGIR CONTAS

A ação de exigir contas, outrora denominada ação de prestação de contas, **está prevista nos arts. 550 a 553 do CPC.** A sua utilização na Justiça do Trabalho, desde que a causa de pedir se vincule a uma relação trabalhista, não é objeto de controvérsia, embora não seja frequente. Os exemplos recorrentes na doutrina estão relacionados com empregados que exercem externamente a função de vendedor ou de cobrador. Bezerra Leite cita especificamente o caso do vendedor-empregado que labora externamente, retirando mercadorias para vendê-las fora da estrutura física da empresa.[1]

Nos termos do art. 550 do CPC, **aquele que afirmar ser titular do direito de exigir contas requererá a citação do réu para que as preste ou ofereça contestação no prazo de 15 (quinze) dias.** O fato de que a citação não é somente para contestar, mas antes para que preste contas, é uma peculiaridade da ação de exigir contas.

Não há, no momento inicial do procedimento, necessidade de adaptá-lo à sistemática processual trabalhista determinando que o réu seja citado para comparecer à audiência. A inclusão do feito em pauta proveito algum trará à celeridade e à economia processual perseguidas pelo processo do trabalho, já que não se sabe de antemão se o réu vai prestar as contas ou apresentar contestação. Ora, se ele vier a prestar as contas, a designação de audiência, além de inútil para o próprio processo, terminará por impedir que o horário da pauta seja ocupado por outro processo no qual a audiência realmente seja necessária.

O autor deverá especificar na petição inicial, detalhadamente, as razões pelas quais exige as contas. Se existirem documentos que comprovem a necessidade de exigir as contas, ele deverá juntá-los com a petição inicial.

Uma vez citado, abre-se para o réu a oportunidade de prestar as contas ou, caso considere que não está juridicamente obrigado a prestar as contas que lhe são exigidas, contestar o pedido do autor.

Se o réu contestar a ação, entendemos que a ação deverá prosseguir na conformidade com o procedimento comum trabalhista, de modo que o juiz designará audiência, na qual tentará a conciliação e, não sendo esta bem-sucedida, permitirá às partes a produção de prova oral, caso julgue necessário. Após encerrada a instrução, as partes poderão apresentar as suas razões finais, seguindo-se, então, a renovação da proposta conciliatória. Repetindo-se o insucesso da tentativa de conciliação, o juiz deverá proferir decisão.

Se o réu não presta as contas e nem contesta a pretensão do autor, o juiz julgará antecipadamente o pedido, na forma do art. 355 do CPC.

Em qualquer caso, **julgando procedente o pedido do autor, o juiz condenará o réu a que preste as contas no prazo de 15 (quinze) dias, sob pena de não lhe ser lícito impugnar as que o autor apresentar.** Trata-se aí, no nosso sentir, de decisão interlocutória, uma vez que o processo terá continuidade, passando agora para uma nova etapa em que se examinará o mérito das contas. Não sendo hábil à extinção do processo, tal decisão é desprovida do caráter de sentença e dela não caberá recurso algum.

---

1   Bezerra Leite, ob. cit., p. 1676.

Como tem decidido o STJ, o prazo de 15 dias para que o réu cumpra a condenação na primeira fase do procedimento de exigir contas começa a correr automaticamente quando a defesa é intimada da decisão condenatória.[2]

O juiz, contudo, poderá extinguir o processo sem resolução do mérito, apreciando as questões processuais preliminares, ou poderá julgar improcedente o pedido do autor. De ambas as decisões caberá recurso ordinário, pois, na medida em que tendem a pôr um ponto final no processo, é inequívoco que possuem a natureza jurídica de sentença.

Se o réu prestar as contas, o autor terá 15 (quinze) dias para se manifestar. A partir de então, conforme preceituado no § 2º do art. 550 do CPC, deverão ser observadas as regras processuais pertinentes ao julgamento conforme o estado do processo, que dispensa a realização de audiência. Pensamos que, neste caso, **mesmo na Justiça do Trabalho será desnecessária a realização de audiência, haja vista que a prestação de contas pelo réu faz desaparecer o único motivo que tornaria necessária a realização de audiência, isto é, a discussão sobre se o réu teria ou não a obrigação de prestar contas.** O mérito das contas é questão que se resolve apenas com prova documental ou, eventualmente, pericial, não sendo cabível a prova oral.

Ao impugnar as contas apresentadas pelo réu, o autor deverá fazê-lo de modo fundamentado e específico, referindo-se expressamente ao lançamento questionado.

Caso o réu não apresente as contas no prazo de 15 dias fixado pelo § 5º do art. 550 do CPC, o próprio autor, em prazo de igual duração, deverá apresentá-las, podendo o juiz determinar a realização de exame pericial, caso entenda necessário.

Caberá ao réu apresentar as suas contas na forma adequada, especificando as receitas, a aplicação das despesas e os investimentos, se houver.

Se o autor formular impugnação específica e fundamentada às contas apresentadas pelo réu, o juiz fixará prazo razoável para que este apresente os documentos justificativos dos lançamentos individualmente impugnados.

As contas apresentadas pelo autor em virtude da omissão do réu em prestá-las deverão observar a forma adequada e ser instruídas com os documentos justificativos, com a especificação das receitas, da aplicação das despesas e dos investimentos, se houver, bem como do respectivo saldo.

A sentença do juiz que aprecia o mérito das contas apurará o eventual saldo existente e constituirá título executivo judicial. Dela, por óbvio, caberá recurso ordinário, já que extingue o procedimento da ação de exigir contas, podendo o apelante, então, impugnar até mesmo a primeira decisão, de caráter interlocutório.

O saldo devedor apurado por sentença tanto pode favorecer o autor quanto o réu. Por outras palavras, se a dívida apurada for do réu, este será condenado a

---

2   Recurso Especial nº 1.847.194-MS (2019/0225825-4), 3ª Turma, Rel. Min. Marco Aurélio Bellizze, data do julgamento: 16 de março de 2021.

pagá-la ao autor; se a dívida apurada for do autor, este será condenado a pagá-la ao réu. Neste sentido, diz-se que a ação de exigir contas tem natureza dúplice.

17.3 EMBARGOS DE TERCEIRO

Eventualmente, **alguém que não figura como parte no processo sofre constrição ou ameaça de constrição sobre bens que possua ou sobre os quais tenha direito incompatível com o ato constritivo. Os embargos de terceiro, então, serão o remédio processual adequado para que possa obter o desfazimento ou a inibição da constrição.** Trata-se de uma ação de conhecimento que tem o seu regramento sediado nos arts. 674 a 681 do CPC e cuja admissibilidade na Justiça do Trabalho é indisputada. O texto consolidado, inclusive, estipula o valor das custas correspondentes ao procedimento (art. 789-A, V).

O terceiro legitimado a apresentar tais embargos poderá ser o proprietário, inclusive fiduciário, ou o possuidor. São considerados terceiros, para o fim de ajuizar os embargos: (I) o cônjuge ou companheiro, quando defende a posse de bens próprios ou de sua meação, ressalvado o disposto no art. 843 do CPC; (II) o adquirente de bens cuja constrição decorreu de decisão que declara a ineficácia da alienação realizada em fraude à execução; (III) quem sofre constrição judicial de seus bens por força de desconsideração da personalidade jurídica, de cujo incidente não fez parte; (IV) o credor com garantia real para obstar expropriação judicial do objeto de direito real de garantia, caso não tenha sido intimado, nos termos legais dos atos expropriatórios respectivos.

Os embargos de terceiro tanto podem ser opostos na fase de conhecimento quanto na fase ou no processo de execução. Na Justiça do Trabalho o mais comum é que sejam opostos na execução. Nada impede, contudo, que um ato de constrição seja ordenado pelo juiz do trabalho na fase de conhecimento, por exemplo, deferindo pedido de tutela de urgência cautelar (arresto, bloqueio de contas etc.). Neste caso, parece-nos nítida a possibilidade de oposição de embargos de terceiro.

Na fase de conhecimento, os embargos de terceiro podem ser opostos a qualquer tempo enquanto não transitada em julgado a sentença. Na execução, a sua oposição pode ocorrer até 5 (cinco) dias depois da adjudicação, da alienação por iniciativa particular ou da arrematação, desde que a respectiva carta não tenha sido assinada.

Se o juiz identificar a existência de terceiro titular de interesse em embargar o ato, mandará intimá-lo pessoalmente.

Na medida em que se relacionam com outro processo, no qual a constrição foi ordenada, **os embargos de terceiro serão distribuídos por dependência para o juízo respectivo e autuados em apartado.**

Quando o ato de constrição foi realizado por carta precatória, os embargos serão oferecidos no juízo deprecado, salvo se o bem constrito foi indicado pelo

Capítulo 17 • AÇÕES CÍVEIS ADMITIDAS NA JUSTIÇA DO TRABALHO

juízo deprecante ou se já devolvida a carta. Neste sentido, inclusive, é a **Súmula nº 419 do TST**, confirmando o que consta do art. 676, parágrafo único, do CPC.

Tem legitimidade passiva, isto é, pode figurar como embargado, **tanto o sujeito a quem o ato de constrição aproveita quanto o seu adversário no processo principal,** mas neste último caso apenas quando foi este quem indicou o bem para a constrição judicial.

A petição inicial dos embargos de terceiro deverá estar acompanhada de documentos que façam a prova sumária de sua posse ou de seu domínio, bem como da qualidade de terceiro, valendo observar que o possuidor direto pode alegar, além da sua posse, o domínio alheio.

Não obstante o CPC estabeleça que o embargante deverá apresentar na petição inicial o rol de testemunhas, não nos parece que essa regra deva prevalecer na Justiça do Trabalho. Para nós, **o procedimento comum que deve ser seguido após a contestação dos embargos de terceiro (art. 679 do CPC), se necessária a produção de prova oral, será o trabalhista, no qual, almejando-se a celeridade, as testemunhas comparecem à audiência independentemente de notificação ou intimação** (art. 825 da CLT),

O juiz, se entender necessário, poderá designar audiência preliminar para permitir que o embargante faça a prova da sua posse. Caso o embargado não tenha procurador constituído nos autos da ação principal, a citação será pessoal.

Entendendo o juiz que está suficientemente provado o domínio ou a posse, com ou sem a realização da audiência preliminar, proferirá decisão suspendendo as medidas constritivas sobre os bens litigiosos objeto dos embargos e determinando a manutenção ou a reintegração provisória da posse, caso o embargante a tenha requerido. O juiz, contudo, poderá condicionar a ordem de manutenção ou de reintegração provisória de posse à prestação de caução pelo requerente, ressalvada a impossibilidade da parte economicamente hipossuficiente.

Os embargos poderão ser contestados no prazo de 15 (quinze) dias, findo o qual, caso seja necessária a produção de prova oral, se seguirá o procedimento comum que, no nosso sentir, será o trabalhista, como afirmamos anteriormente. Se desnecessária a produção da prova oral, parece-nos que não há razão para a adoção do procedimento comum trabalhista, uma vez que a designação de audiência apenas para tentativa de conciliação e apresentação de razões finais conspiraria contra a celeridade tão desejada pela Justiça do Trabalho.

Se o embargado não contesta, incorre em revelia e, por conseguinte, confissão quanto à matéria de fato alegada pelo embargante, muito embora tal efeito possa vir a não ser produzido nas situações descritas nos incisos do § 4º do art. 844 da CLT, incluído pela Lei nº 13.467/2017 (Reforma Trabalhista).

Esgotado o prazo para a contestação, seja ou não revel o embargado, ou encerrada a instrução em audiência, quando realizada, os autos serão conclusos ao juiz para proferir sentença.

Caso acolha o pedido inicial, o ato de constrição judicial indevido será cancelado, com o reconhecimento do domínio, da manutenção da posse ou da reintegração definitiva do bem ou do direito ao embargante.

Da sentença que julga os embargos de terceiro na execução caberá agravo de petição.

17.4 AÇÕES POSSESSÓRIAS

As ações possessórias estão previstas nos arts. 554 a 568 do Código de Processo Civil e visam, em síntese, a assegurar a posse que sofre ou está ameaçada de sofrer esbulho ou turbação.

O esbulho ocorre quando alguém se vê privado da posse de um bem ou, por outras palavras, quando o ofensor lhe retira injustamente a posse.

A turbação ocorre quando, embora não tenha sido despojado da posse, o possuidor está sendo impedido de exercê-la plenamente por causa de atos praticados pelo ofensor.

São três os tipos de ação possessória:

a) **ação de manutenção da posse,** que tem como objetivo afastar a turbação;
b) **ação de reintegração de posse,** que visa à recuperação da posse esbulhada;
c) **interdito proibitório,** que tem por finalidade afastar a ameaça de turbação ou esbulho, vale dizer, prevenir a sua ocorrência.

Vale aqui lembrar que **a posse e a propriedade não se confundem.** Nos termos do art. 1.196 do Código Civil, **considera-se possuidor todo aquele que tem de fato o exercício, pleno ou não, de algum dos poderes inerentes à propriedade** (usar, gozar e dispor da coisa, bem como o direito de reavê-la do poder de quem quer que injustamente a possua ou detenha, como preceitua o art. 1.228 do mesmo estatuto). Por exemplo, o inquilino tem a posse do imóvel que lhe foi locado, o que significa que, mesmo não sendo de sua propriedade, poderá usá-lo. Fala-se, ademais, em posse direta e indireta. **Quem tem o poder de usar o bem, detém a posse direta. Quem tem os demais poderes inerentes à propriedade do bem, mas não pode usá-lo, é detentor da posse indireta.**

O cabimento das ações possessórias na Justiça do Trabalho é indiscutível desde a edição da **Súmula Vinculante nº 23 do STF,** segundo a qual "a Justiça do Trabalho é competente para processar e julgar ação possessória ajuizada em decorrência do exercício do direito de greve pelos trabalhadores da iniciativa privada".

As situações que permitem a utilização das ações possessórias na Justiça do Trabalho, contudo, não se restringem apenas àquelas surgidas em virtude do exercício do direito de greve. Um dos exemplos mais reportados pela doutrina é o do empregador que pretende reivindicar a posse do imóvel oferecido ao empregado como salário-utilidade (art. 458, §§ 3º e 4º, da CLT). Pode-se apontar como exemplo, também, a situação de empregado que trabalha com o seu próprio automóvel e, ao ser despedido, o empregador retém o veículo e por qualquer motivo não permite ao obreiro retirá-lo do estacionamento da empresa.

O CPC admite a fungibilidade entre as ações possessórias. **A propositura de uma ação possessória em vez de outra não impedirá que o juiz conheça do pedido e outorgue a proteção legal correspondente àquela cujos pressupostos estejam provados** (art. 554 do CPC). Por exemplo, se a ação possessória adequada for o interdito proibitório e o autor ingressa com ação de manutenção de posse, o juiz receberá o pedido como se fosse de interdito proibitório.

Na ação de reintegração ou de manutenção da posse, ao apresentar a petição inicial, o autor deverá comprovar a posse, a turbação ou o esbulho praticado pelo réu e a data de sua ocorrência, além de cumprir os requisitos exigidos pelo art. 319 do CPC. **Na ação de manutenção, deverá comprovar, ademais, que continua na posse do bem turbado. Na ação de reintegração, por sua vez, deverá comprovar a perda da posse** (art. 561 do CPC).

O autor poderá cumular ao pedido possessório o de:

a)   **condenação em perdas e danos;**

b)   **indenização dos frutos** (art. 555 do CPC).

Poderá requerer, ainda, a imposição de medida necessária e adequada para: (a) **evitar nova turbação ou esbulho ou** (b) **cumprir-se a tutela provisória ou final.**

Nos termos do art. 562 do CPC, **estando a petição inicial devidamente instruída, o juiz deferirá, sem ouvir o réu** (*inaudita altera partem* como se costuma dizer) **a expedição do mandado liminar de manutenção ou de reintegração.** Se entender necessário, porém, determinará que o autor justifique previamente o alegado, citando-se o réu para comparecer à audiência que for designada. **Contra as pessoas jurídicas de direito público jamais será deferida a manutenção ou a reintegração liminar sem prévia audiência dos respectivos representantes judiciais** (art. 562, parágrafo único, do CPC).

Se o juiz considerar suficiente a justificação, determinará de imediato a expedição do mandado de manutenção ou de reintegração.

Concedido ou negado o mandado liminar de manutenção ou de reintegração, o autor promoverá, nos 5 (cinco) dias subsequentes, a citação do réu para, querendo, contestar a ação no prazo de 15 (quinze) dias. Adaptando-se o procedimento à sistemática processual trabalhista, "promover a citação" significa tão somente indicar o correto endereço do réu. Nada mais.

Conforme preceitua o parágrafo único do art. 564 do CPC, o prazo para contestar, quando for ordenada a justificação prévia, será contado da intimação da decisão que deferir ou não a medida liminar.

O réu poderá, na contestação, alegando que foi ele quem sofreu ofensa na sua posse, requerer a proteção possessória e a indenização pelos prejuízos resultantes da turbação ou do esbulho cometido pelo autor. Por outras palavras, se o réu se considera o legítimo possuidor do bem, poderá na contestação formular pedido de reintegração ou de manutenção da posse em seu favor. Diz-se, por isso, que a ação possessória tem natureza dúplice.

Enquanto a ação possessória estiver pendente nem o autor e nem o réu poderão propor, um contra o outro, ação de reconhecimento do domínio. Além disso, a alegação de propriedade ou de outro direito sobre a coisa não impede a manutenção ou a reintegração de posse.

O interdito proibitório, nos termos do art. 567 do CPC, é ação possessória que pressupõe o justo receio do possuidor direto ou indireto de ser molestado na posse, isto é, de ter a sua posse turbada ou esbulhada. Por outras palavras, cabe quando o possuidor sofre uma ameaça concreta que justifica o receio de iminente turbação ou esbulho. Neste caso, requererá ao juiz a expedição de mandado proibitório em que se comine ao réu determinada pena pecuniária caso transgrida o preceito, isto é, descumpra a ordem judicial.

O interdito proibitório tem sido bastante utilizado na Justiça do Trabalho por empregadores quando se sentem ameaçados de sofrer turbação ou esbulho na sua posse por conta da ação de grevistas. Já se discutiu se a competência funcional originária para o apreciar seria da Vara do Trabalho ou dos Tribunais, ante o fato de que o exercício do direito de greve surge num conflito coletivo e os dissídios coletivos escapam à competência do primeiro grau de jurisdição. Todavia, o TST tem adotado o entendimento que a ação possessória deve ser mesmo julgada nas Varas do Trabalho. Neste sentido, reproduz-se aqui o seguinte aresto:

> RECURSO DE REVISTA – PRELIMINAR DE NULIDADE – AÇÃO DE INTERDITO PROIBITÓRIO PREVENTIVO – DIREITO DE GREVE – INCOMPETÊNCIA FUNCIONAL DO JUÍZO DE 1º GRAU – MULTA POR DESCUMPRIMENTO DE DECISÃO JUDICIAL 1. Nos termos do art. 114, II, da Constituição e da Súmula Vinculante nº 23 do STF, insere-se na competência originária das Varas do Trabalho julgar o Interdito Proibitório se a causa de pedir decorrer de movimento grevista, na medida em que se trata de ação civil de natureza possessória, conforme ao art. 932 do CPC (art. 567 do NCPC), e não de dissídio coletivo de natureza econômica ou de greve, em que a Justiça do Trabalho exerce o poder normativo, de competência originária dos Tribunais Regionais, nos termos do art. 678, I, "a", da CLT. 2. A determinação para assegurar um percentual mínimo de ônibus em circulação durante o período de greve, sob pena de multa diária, é matéria de dissídio de greve, de competência dos Tribunais, e extrapola a natureza do Interdito Proibitório, cujo escopo é a proteção da posse, de direito real do autor, a fim de impedir que seja molestada. Jugados. Recurso de Revista conhecido e provido (RR-5066-95.2010.5.12.0051, 8ª Turma, Rel. Min. Maria Cristina Irigoyen Peduzzi, *DEJT* 10.03.2017).

Por fim, é relevante registrar que **o procedimento aplicável à ação possessória e à ação de manutenção será diferente caso a sua propositura se dê ou não dentro do período de até um ano e um dia do esbulho ou turbação.** Quando a

340 Capítulo 17 • AÇÕES CÍVEIS ADMITIDAS NA JUSTIÇA DO TRABALHO

ação é proposta dentro desse período se diz que é ação de **força nova** e, deste modo, seguirá o procedimento especial previsto nos arts. 560 a 568 do CPC. Quando a ação é proposta após extrapolado o período em questão, diz-se que a ação é de **força velha** e, assim, seguirá, desde o início, o **procedimento comum**, que no caso da Justiça do Trabalho será o ordinário, o sumário ou o sumaríssimo. Continuam, contudo, preservando o seu caráter de ação possessória.

17.5. AÇÃO RESCISÓRIA

No ordenamento jurídico brasileiro, a importância da coisa julgada pode ser medida a partir do disposto no inciso XXXVI do art. 5º da Constituição da República, que deixa claro que nem mesmo a lei poderá desrespeitá-la.

A força da coisa julgada se deve ao fato de que os pronunciamentos do Judiciário que dirimem os conflitos concretos visam, em última análise, a um propósito superior, que é a manutenção da paz social. Deste modo, é imprescindível que as soluções judiciais adquiram estabilidade, sob pena de que os conflitos sociais aumentem em quantidade e/ou violência.

Em princípio, a coisa julgada é intocável. Todavia, o pronunciamento judicial que transitou em julgado poderá padecer de vícios que, por sua gravidade, ofendem a ordem pública, de modo a justificar que se garanta ao vencido ou a terceiros legitimados, em caráter excepcional, a possibilidade de rescindi-lo ou, por outras palavras, de desconstituir a coisa julgada.

Prevista nos arts. 966 a 975 do CPC, a ação rescisória é justamente o remédio processual que permite a rescisão da decisão de mérito que transitou em julgado.

Trata-se de uma ação e não de um recurso, mesmo porque somente será possível o seu ajuizamento quando as possibilidades de recurso contra uma decisão de mérito forem esgotadas, formando-se, assim, a coisa julgada material.

A admissibilidade da ação rescisória na Justiça do Trabalho está expressamente autorizada pelo art. 836 da CLT.

É importante ressaltar neste passo, ainda, que, nos termos do art. 969 do CPC, "**a propositura da ação rescisória não impede o cumprimento da decisão rescindenda, ressalvada a concessão de tutela provisória**". Por outras palavras, a menos que seja concedida ao autor da ação rescisória tutela provisória suspendendo o cumprimento da decisão rescindenda, a execução em curso prosseguirá normalmente.

17.5.1. Objeto

Em regra, a coisa julgada que pode ser desconstituída por meio da ação rescisória é a coisa julgada material, isto é, produzida por uma decisão de mérito. **Excepcionalmente,** contudo, **a decisão que extingue o processo sem resolução do mérito poderá ser objeto de ação rescisória, quando impeça que a demanda seja novamente proposta** ou que o recurso correspondente seja admitido (art. 966, § 2º, do CPC).

As decisões que podem ser desconstituídas por meio da ação rescisória são a sentença e o acórdão. O termo de conciliação, por possuir a mesma natureza de uma sentença irrecorrível (art. 831, parágrafo único, da CLT), **somente será impugnável por meio de ação rescisória,** conforme entendimento consagrado pela **Súmula nº 259 do TST.**

À primeira vista, acreditamos que a sentença homologatória proferida no denominado processo de homologação de acordo extrajudicial também será impugnável pela ação rescisória, porque o acordo, embora firmado pelas próprias partes, tem a sua validade e eficácia subordinadas à decisão homologatória do juiz, que, inclusive, poderá negá-la.

Quanto à decisão que nega a homologação do acordo, não há dúvida quanto à sua aptidão para formar coisa julgada material, de acordo com o disposto no parágrafo único do art. 855-E da CLT. O empregador poderia, em tese, ter interesse em ajuizar ação rescisória da decisão que nega a homologação do acordo quando, já tendo efetuado o pagamento parcial ou total do valor acordado, sobreveio a decisão judicial denegatória, que veio posteriormente a transitar em julgado, de modo que a quitação ajustada com o empregado não foi obtida.

17.5.2. Cabimento

As hipóteses de cabimento da ação rescisórias estão listadas no art. 966 do CPC. A lista é exaustiva, mas as situações descritas não podem ser interpretadas de forma elástica, devendo, ao contrário, ser objeto de interpretação restritiva. Nos termos do artigo em questão, a decisão de mérito poderá ser desconstituída quando:

I – se verificar que foi proferida por força de prevaricação, concussão ou corrupção do juiz;

II – for proferida por juiz impedido ou por juízo absolutamente incompetente;

III – resultar de dolo ou coação da parte vencedora em detrimento da parte vencida ou, ainda, de simulação ou colusão entre as partes, a fim de fraudar a lei;

IV – ofender a coisa julgada;

V – violar manifestamente norma jurídica;

VI – for fundada em prova cuja falsidade tenha sido apurada em processo criminal ou venha a ser demonstrada na própria ação rescisória;

VII – obtiver o autor, posteriormente ao trânsito em julgado, prova nova cuja existência ignorava ou de que não pôde fazer uso, capaz, por si só, de lhe assegurar pronunciamento favorável;

VIII – for fundada em erro de fato verificável do exame dos autos.

As hipóteses, quando cabíveis, valem também para a decisão transitada em julgado que, embora não seja de mérito, impeça a nova propositura da demanda ou a admissibilidade do recurso correspondente (art. 966, § 2º, do CPC).

De todas as hipóteses listadas a que inspira maior cuidado é a do inciso V (violação manifesta da norma jurídica), haja vista que é a mais suscetível ao risco de interpretação equivocada.

A violação manifesta da norma jurídica não deve ser interpretada como se autorizasse o órgão jurisdicional que apreciará a ação rescisória a possibilidade de reexaminar os fatos e as provas do processo em que foi proferida a decisão rescindenda, vale dizer, não constitui uma nova chance para a análise e solução da lide originária. Nos exatos termos do entendimento firmado pela **Súmula nº 410 do TST**, "a ação rescisória calcada em violação de lei não admite reexame de fatos e provas do processo que originou a decisão rescindenda".

Por outro lado, **a violação manifesta da norma jurídica deve pressupor ausência de controvérsia quanto à interpretação do texto normativo cuja violação é apontada.** Neste sentido é que a **Súmula nº 83 do TST** consagra o entendimento de que "**não procede pedido formulado na ação rescisória por violação literal de lei se a decisão rescindenda estiver baseada em texto legal infraconstitucional de interpretação controvertida nos Tribunais**" (verbete I), esclarecendo, ademais, que "**o marco divisor quanto a ser, ou não, controvertida, nos Tribunais, a interpretação dos dispositivos legais citados na ação rescisória é a data da inclusão, na Orientação Jurisprudencial do TST, da matéria discutida**" (verbete II). A expressão "violação literal de lei" remonta ao CPC revogado, correspondendo à hipótese descrita no inciso V do art. 966 do CPC atual (violar manifestamente norma jurídica).

Nos termos do § 5º do art. 966 do CPC, **viola manifestamente norma jurídica a decisão baseada em enunciado de súmula ou acórdão proferido em julgamento de casos repetitivos que não tenha considerado a existência de distinção entre a questão discutida no processo e o padrão decisório que lhe deu fundamento** (*distinguishing*). Neste caso, caberá ao autor demonstrar, fundamentadamente, tratar-se de situação particularizada por hipótese fática distinta ou de questão jurídica não examinada, a impor outra solução jurídica (*overrruling*), sob pena de inépcia (art. 966, § 6º, do CPC).

Quanto ao erro de fato, o § 1º do art. 966, para espancar qualquer dúvida, esclarece que ele **ocorrerá quando a decisão rescindenda admitir fato inexistente ou quando considerar inexistente fato efetivamente ocorrido, sendo indispensável, em ambos os casos, que o fato não represente ponto controvertido sobre o qual o juiz deveria ter se pronunciado.**

17.5.3. Competência

A ação rescisória jamais será julgada por órgão jurisdicional de primeiro grau. A competência funcional para apreciar e julgar a ação rescisória em matéria trabalhista é cometida ao Tribunal que houver examinado o mérito da causa em última instância ou, quando o trânsito em julgado se deu na Vara do Trabalho ou perante o Juiz de Direito investido de jurisdição trabalhista, ao Tribunal Regional do Trabalho ao qual estão vinculados.

Os Tribunais Regionais do Trabalho e o TST estabelecem nos respectivos regimentos internos a qual ou a quais órgãos integrantes da sua estrutura se incumbe o julgamento das ações rescisórias. Nos tribunais regionais menores, que não são divididos em seções ou subsecções, as ações rescisórias são julgadas pelo Tribunal Pleno. Os tribunais que se subdividem em seções e subseções costumam atribuir-lhes a competência para o julgamento das rescisórias.

No TST, **compete originariamente à Seção Especializada em Dissídios Coletivos (SDC)** julgar as **ações rescisórias propostas contra suas sentenças normativas** (art. 77, I, *d*, do RITST) e à **Subseção II da Seção Especializada em Dissídios Individuais** julgar as **ações rescisórias propostas contra suas decisões, as da Subseção I e as das Turmas do Tribunal** (art. 78, III, *a*, do RITST).

17.5.4. Fundamentos de admissibilidade

A legitimidade para propor a ação rescisória não se limita à parte que foi vencida na decisão rescindenda ou ao seu sucessor. Também têm legitimidade ativa, nos termos do art. 967 do CPC, o **terceiro juridicamente interessado**, o **Ministério Público**, bem como **aquele que não foi ouvido no processo em que lhe era obrigatória a intervenção.**

O Ministério Público poderá ajuizar ação rescisória:

a) **quando não foi ouvido no processo em que lhe era obrigatória a intervenção;**

b) **quando a decisão rescindenda é o efeito de simulação ou de colusão das partes, a fim de fraudar a lei;**

c) **em outros casos em que se imponha sua atuação.**

A propositura da ação rescisória, está sujeita ao depósito prévio de 20% (vinte por cento) do valor da causa (até o limite de mil salários mínimos, nos termos do art. 836 da CLT c/c § 1º do art. 968 do CPC), **exceto quando o autor for:**

a) **beneficiário da gratuidade da Justiça** (art. 836, parte final, da CLT);

b) **a Fazenda Pública** (União, Estados, Distrito Federal, Municípios e suas respectivas autarquias e fundações de direito público);

c) **o Ministério Público;**

d) **a Defensoria Pública.**

Não se aplica a alçada em ação rescisória (Súmula nº 365 do TST) ou, por outras palavras, o valor da causa não interfere no procedimento da ação rescisória, diferentemente do que ocorre com as reclamações trabalhistas submetidas ao procedimento sumário.

17.5.5. Juízo rescindente e juízo rescisório

Ao apreciar a ação rescisória, **o tribunal exercitará duas espécies de juízo:**

a) o **juízo rescindente** (*jus rescindens*), inerente a toda e qualquer ação rescisória, em virtude do qual poderá rescindir (desconstituir) a coisa julgada;

b) o **juízo rescisório** (*jus rescissorium*), em razão do qual, desde que requerido pelo autor, poderá proferir nova decisão a respeito do tema. Por

344 Capítulo 17 • AÇÕES CÍVEIS ADMITIDAS NA JUSTIÇA DO TRABALHO

isso, diz-se, também que a sentença que julga procedente a ação rescisória sempre terá o efeito rescindente e, desde que haja requerimento do autor, poderá vir a ter o efeito rescisório.

17.5.6. Prazo para propositura

O direito de propor ação rescisória sujeita-se ao prazo decadencial de dois anos, contados do trânsito em julgado da decisão (CPC, art. 975).

A Súmula nº 100 do TST uniformiza o entendimento a respeito da contagem do prazo de decadência para o ajuizamento da ação rescisória no âmbito da Justiça do Trabalho, estabelecendo as seguintes diretrizes:

I – O prazo de decadência, na ação rescisória, conta-se do dia imediatamente subsequente ao trânsito em julgado da última decisão proferida na causa, seja de mérito ou não.

II – Havendo recurso parcial no processo principal, o trânsito em julgado dá-se em momentos e em tribunais diferentes, contando-se o prazo decadencial para a ação rescisória do trânsito em julgado de cada decisão, salvo se o recurso tratar de preliminar ou prejudicial que possa tornar insubsistente a decisão recorrida, hipótese em que flui a decadência a partir do trânsito em julgado da decisão que julgar o recurso parcial.

III – Salvo se houver dúvida razoável, a interposição de recurso intempestivo ou a interposição de recurso incabível não protrai o termo inicial do prazo decadencial.

IV – O juízo rescindente não está adstrito à certidão de trânsito em julgado juntada com a ação rescisória, podendo formar sua convicção através de outros elementos dos autos quanto à antecipação ou postergação do *dies a quo* do prazo decadencial.

V – O acordo homologado judicialmente tem força de decisão irrecorrível, na forma do art. 831 da CLT. Assim sendo, o termo conciliatório transita em julgado na data da sua homologação judicial.

VI – Na hipótese de colusão das partes, o prazo decadencial da ação rescisória somente começa a fluir para o Ministério Público, que não interveio no processo principal, a partir do momento em que tem ciência da fraude.

VII – Não ofende o princípio do duplo grau de jurisdição a decisão do TST que, após afastar a decadência em sede de recurso ordinário, aprecia desde logo a lide, se a causa versar questão exclusivamente de direito e estiver em condições de imediato julgamento.

VIII – A exceção de incompetência, ainda que oposta no prazo recursal, sem ter sido aviado o recurso próprio, não tem o condão de afastar a consumação da coisa julgada e, assim, postergar o termo inicial do prazo decadencial para a ação rescisória.

IX – Prorroga-se até o primeiro dia útil, imediatamente subsequente, o prazo decadencial para ajuizamento de ação rescisória quando expira em férias forenses, feriados, finais de semana ou em dia em que não houver expediente forense. Aplicação do art. 775 da CLT.

X – Conta-se o prazo decadencial da ação rescisória, após o decurso do prazo legal previsto para a interposição do recurso extraordinário, apenas quando esgotadas todas as vias recursais ordinárias.

17.5.7. Procedimento

Distribuída a ação rescisória a um relator (que será, sempre que possível, um juiz que não tenha participado do julgamento rescindendo), caberá a este verificar se a petição inicial preenche os requisitos legais e se foi efetuado o depósito prévio previsto no art. 832 da CLT.

Verificando o relator que a petição inicial não preenche os requisitos legais ou que apresenta defeitos e irregularidades capazes de dificultar o julgamento de mérito, determinará que o autor, no prazo de 15 (quinze) dias, a emende ou a complete, indicando com precisão o que deve ser corrigido ou completado (art. 321, *caput*, do CPC). Caso o autor não cumpra a diligência, o relator indeferirá a petição inicial (art. 321, parágrafo único, do CPC).

A petição inicial será indeferida, também, quando:

a) for inepta;

b) faltar ao autor legitimidade ou interesse processual;

c) o depósito prévio, nos casos em que for exigível, não houver sido efetuado.

Não sendo indeferida a petição inicial, o relator ordenará a citação do réu, designando-lhe prazo, nunca inferior a 15 (quinze) dias nem superior a 30 (trinta) dias, para, querendo, apresentar resposta.

Findo o prazo para a apresentação da resposta, com ou sem contestação do réu, será observado, no que couber, o procedimento comum. No caso da Justiça do Trabalho, o procedimento comum a ser observado, quando cabível, será o previsto no texto consolidado, com os detalhamentos eventualmente estatuídos pelo regimento interno do tribunal competente para julgar a ação rescisória. As regras procedimentais aplicáveis à ação rescisória, portanto, serão inicialmente aquelas que constam do regramento previsto nos arts. 966 a 975 do CPC e o procedimento comum trabalhista somente será aplicado após findo o prazo para a apresentação da resposta do réu e, mesmo assim, naquilo que for cabível.

Quando os fatos alegados pelas partes dependerem de prova, o relator designará audiência para a colheita da prova oral, mas poderá delegar tal competência ao órgão que proferiu a decisão rescindenda, fixando prazo de 1 a 3 meses para a devolução dos autos.

Concluída a instrução, será aberta vista ao autor e ao réu para razões finais, sucessivamente, pelo prazo de 10 (dez) dias. Os autos serão, em seguida, conclusos ao relator, procedendo-se ao julgamento pelo órgão competente.

Julgando procedente o pedido, o tribunal rescindirá a decisão (*jus rescindens*), proferirá, se for o caso, novo julgamento *(ius rescissorium)* e determinará a restituição ao autor do depósito prévio.

Caso o Tribunal, por unanimidade, considere inadmissível ou improcedente o pedido, determinará a reversão, em favor do réu, da importância do depósito.

17.5.8. Recurso

Da decisão proferida em ação rescisória pelos Tribunais Regionais do Trabalho caberá recurso ordinário para o Tribunal Superior do Trabalho. Quando a ação rescisória for pertinente a dissídio coletivo o julgamento do recurso ordinário competirá à Seção de Dissídios Coletivos (art. 77, II, *b*, RITST). Quando a ação rescisória for pertinente a dissídios individuais, o julgamento do apelo caberá à Subseção II da Seção de Dissídios Individuais (art. 78, III, *c*).

17.6. AÇÃO CIVIL PÚBLICA

A ação civil pública constitui instrumento processual disponibilizado ao Ministério Público e a outros legitimados coletivos, indicados no art. 5º da Lei nº 7.347/85 e no art. 82 da Lei nº 8.078/90, para a proteção de interesses (direitos) difusos, coletivos em sentido estrito ou individuais homogêneos.[3,4]

Conquanto faça parte do ordenamento jurídico nacional desde a edição da Lei Complementar nº 40/81 (Lei Orgânica do Ministério Público revogada), a ação civil pública passou a integrar o texto constitucional com o advento da atual Constituição da República, que estabelece, no inciso III do art. 129, que é função institucional do Ministério Público "promover a ação civil pública, para a proteção do patrimônio público e social, do meio ambiente e de outros interesses difusos e coletivos", dispondo, ainda, o § 1º do mesmo artigo que "a legitimação do Ministério Público não impede a de terceiros, nas mesmas hipóteses, segundo o disposto na Constituição e na lei".

---

3   Há processualistas que julgam a expressão "ação civil pública" equivocada. O processualista gaúcho José Tesheiner deplora o uso da expressão "ação civil pública" e mesmo da expressão "ações coletivas" para designar o conjunto das ações a que se refere o art. 81, parágrafo único, do Código de Defesa do Consumidor (ações relativas a interesses ou direitos difusos, coletivos e individuais homogêneos). Prefere chamar de "ações transindividuais" as ações relativas a interesses ou direitos difusos e coletivos *stricto sensu*, "baseando-nos no fato de que a lei aponta a transindividualidade como característica dessas duas ações", e de "ações homogeneizantes" as relativas a direitos individuais homogêneos, "que não são coletivas em sentido estrito, mas visam a dar tratamento igual a direitos individuais controvertidos no que tange a alguma questão de fato ou de direito comum" (TESHEINER, José Maria Rosa. *Processos coletivos:* ações transindividuais e homogeneizantes. Porto Alegre: Edição do Autor, 2015, p. 2, texto disponibilizado pelo próprio autor no endereço eletrônico <https://www.academia.edu/16330987/Processos_coletivos_a%C3%A7%C3%B5es_transindividuais_e_homogeneizantes?email_work_card=view-paper>).

4   Não se fará aqui qualquer distinção entre direito e interesse. Segue-se, no particular, a doutrina de Rizzatto Nunes, para quem, no âmbito da Ação Civil Pública, "tem que se entender ambos os termos como sinônimos, na medida em que 'interesse' semanticamente em todos os casos, tem o sentido de prerrogativa e esta é exercício de direito subjetivo. Logo, direito e interesse têm o mesmo valor semântico: direito subjetivo ou prerrogativa, protegidos pelo sistema jurídico" (NUNES, Luiz Antônio Rizzatto. *Curso de direito do consumidor.* São Paulo: Saraiva, 2004, p. 688).

Na Justiça do Trabalho, o procedimento adotado para a ação civil pública será o comum, segundo os ritos ordinário e sumaríssimo, aplicando-se, porém, em caráter subsidiário o que dispõem a Lei nº 7.347/85 (Lei da Ação Civil Pública) e a Lei nº 8.078/90 (Código de Defesa do Consumidor).

17.6.1. Competência material e territorial da Justiça do Trabalho

A competência da Justiça do Trabalho para a apreciação e julgamento da Ação Civil Pública tornou-se indiscutível após a promulgação da Lei Complementar nº 75/93, que dispõe sobre a organização, as atribuições e o estatuto do Ministério Público da União, cujo art. 83, III, fixa a competência do Ministério Público do Trabalho para "promover a ação civil pública no âmbito da Justiça do Trabalho, para defesa de interesses coletivos, quando desrespeitados os direitos sociais constitucionalmente garantidos".

Ora, se o Ministério Público do Trabalho somente atua perante a Justiça do Trabalho, será desta a competência para julgar ação civil pública por ele proposta. Ademais, a violação de direitos sociais constitucionalmente garantidos em prejuízo de trabalhadores é, indubitavelmente, matéria afeta às reações de trabalho, inserindo-se, assim, na competência material fixada pelo art. 114 da Constituição da República.

Quanto à competência territorial, conforme Orientação Jurisprudencial nº 130, da SBDI-2 do Tribunal Superior do Trabalho:

a) a competência para a Ação Civil Pública fixa-se pela extensão do dano;

b) em caso de dano de abrangência regional, que atinja cidades sujeitas à jurisdição de mais de uma Vara do Trabalho, a competência será de qualquer das varas das localidades atingidas, ainda que vinculadas a Tribunais Regionais do Trabalho distintos;

c) em caso de dano de abrangência suprarregional ou nacional, há competência concorrente para a Ação Civil Pública das Varas do Trabalho das sedes dos Tribunais Regionais do Trabalho;

d) estará prevento o juízo ao qual a primeira ação houver sido distribuída.

17.6.2. Legitimidade

Além do Ministério Público, estão legitimados à propositura da ação civil pública, nos termos do art. 5º da Lei nº 7.347/85 e do art. 82 da Lei nº 8.078/90:

a) a União;

b) os Estados;

c) os Municípios;

d) o Distrito Federal;

e) as autarquias, fundações públicas, empresas públicas e sociedades de economia mista;

f) as associações constituídas há pelo menos um ano e que incluam entre seus fins institucionais a defesa dos interesses transindividuais;[5]

g) as entidades e órgãos da Administração Pública, Direta ou Indireta, ainda que sem personalidade jurídica, especificamente destinados à defesa dos interesses e direitos metaindividuais.

A legitimidade dos sindicatos para a propositura da ação civil pública já foi objeto de divergências na doutrina e na jurisprudência. Como não há um dispositivo legal expresso neste sentido, **tudo gira em torno da interpretação do inciso V do art. 5º da Lei nº 7.347/85** (incluído pela Lei nº 11.448, de 2007), **que confere legitimidade** para a propositura da ação civil pública às **associações constituídas há pelo menos um ano, nos termos da lei civil, que incluam, entre suas finalidades institucionais, a defesa de determinados interesses transindividuais.**[6] O dispositivo em questão poderia comportar uma interpretação ampla, incluindo os sindicatos, ou restritiva, afastando-os.

O fato de que os sindicatos se distinguem das associações civis poderia afastar a interpretação ampla do inciso V do art. 5º da Lei nº 7.347/85. De fato, as duas figuras são distintas. Primeiro, porque os sindicatos defendem não apenas o interesse dos associados, mas os de toda a categoria profissional. Segundo, porque os sindicatos gozam de um estatuto jurídico diferenciado, que reclama, inclusive, prévio registro no Ministério do Trabalho para que sua personalidade sindical seja reconhecida. Terceiro, porque os sindicatos são tratados na dogmática jurídica como uma figura associativa apartada das associações civis, à semelhança do que ocorre com as igrejas, as cooperativas e os partidos políticos. Assim, no sentido restrito, o sindicato não seria propriamente uma associação.

Outro argumento contrário à legitimidade do sindicato residiria no fato de que o rol das funções institucionais dos entes sindicais não é tão amplo a ponto de incluir a proteção ao meio ambiente, ao consumidor, à ordem econômica, à livre concorrência ou ao patrimônio artístico, estético, histórico, turístico e paisagístico, que são as funções referidas no dispositivo legal.

Contra tais argumentos, contudo, é possível dizer que:

a) as associações civis constituem gênero do qual são espécies os sindicatos;

b) a legitimação do sindicato assegura a paridade de armas no embate judicial, atenuando certa desigualdade substancial das partes do contrato de trabalho por meio da presença de seres coletivos nos polos da relação jurídico-processual;

c) as funções institucionais referidas no dispositivo legal são exemplificativas, porque o inciso III do art. 129 da Constituição Federal, que atribui ao Ministério Público a função institucional de promover a ação civil

---

5 Podendo ser dispensado pelo magistrado o requisito temporal quando haja manifesto interesse social evidenciado pela dimensão ou característica do dano, ou pela relevância do bem jurídico a ser protegido.

6 Proteção ao meio ambiente, ao consumidor, à ordem econômica, à livre concorrência ou ao patrimônio artístico, estético, histórico, turístico e paisagístico.

pública, coloca como finalidade desse instrumento a proteção do patrimônio público e social, do meio ambiente e de outros interesses difusos e coletivos, e o § 1º do mesmo artigo preceitua que a legitimação do Ministério Público não impede a de terceiros, nas mesmas hipóteses, segundo o disposto na Constituição e na lei.[7]

Ora, se a Lei Complementar nº 75/93, no seu art. 83, III, atribuiu ao Ministério Público do Trabalho competência para "promover a ação civil pública no âmbito da Justiça do Trabalho, para **defesa de interesses coletivos, quando desrespeitados os direitos sociais constitucionalmente garantidos**", os sindicatos, **concorrentemente, também estariam legitimados a perseguir, por meio da ação civil pública, os mesmos objetivos,** considerando-se a sua missão constitucional de defender os interesses coletivos da categoria que representam (art. 8º, III, da CF), os quais, no caso dos trabalhadores, costumam coincidir com os direitos sociais constitucionalmente garantidos.

É importante ressaltar, porém, que **embora no direito brasileiro os sindicatos possam representar categorias econômicas** (sindicatos patronais) **ou profissionais** (sindicatos obreiros), **a discussão em torno da legitimidade para a propositura de ação civil pública está limitada ao ente sindical que representa os trabalhadores.**

A jurisprudência trabalhista, inclusive a do TST, vem admitindo a legitimidade do sindicato obreiro para a propositura da ação civil pública, na condição de substituto processual, em defesa de direitos coletivos da respectiva categoria profissional. De acordo com a jurisprudência, portanto, os sindicatos profissionais são legitimados à propositura da ação civil pública visando à tutela jurisdicional de interesses coletivos ínsitos à categoria profissional que representam.

Por fim, importa registrar que há importante doutrina sustentando que deve ser reconhecida também à Defensoria Pública da União legitimidade concorrente e disjuntiva com o Ministério Público do Trabalho e com os sindicatos para o ajuizamento de ação civil pública perante a Justiça do Trabalho em defesa dos direitos ou interesses metaindividuais dos trabalhadores, hipótese em que atuaria como substituta processual, visando à facilitação do acesso coletivo à Justiça do Trabalho.[8]

17.6.3. Interesses tutelados

Os interesses individuais homogêneos, os interesses coletivos em sentido estrito e os interesses difusos, cuja proteção se faz mediante o ajuizamento da ação civil pública, **constituem espécies do gênero** *interesses coletivos em sentido amplo,* que alguns doutrinadores preferem chamar de **interesses metaindividuais.**[9]

---

7 Neste sentido, a argumentação desenvolvida pelo Ministro João Oreste Dalazen quando funcionou como relator no julgamento pela 1ª Turma do Tribunal Superior do Trabalho do RR – 330004-12.1996.5.17.5555.

8 Neste sentido, LEITE, Carlos Henrique Bezerra, ob. cit., p. 546.

9 Por exemplo, LEITE, Carlos Henrique Bezerra, ob. cit. p. 204. Acerca dos conceitos de direitos ou interesses metaindividuais (difusos, coletivos e individuais homogêneos), cf. também do mesmo autor: LEITE, Carlos Henrique Bezerra. *Ação civil pública na perspectiva dos direitos humanos.* 2. ed. São Paulo: LTr, 2008.

As três espécies são definidas pelo art. 81 da Lei nº 8.078/90 (Código de Defesa do Consumidor). **Difusos,** nos termos do inciso I, **são os interesses transindividuais, de natureza indivisível, de que sejam titulares pessoas indeterminadas e ligadas por circunstâncias de fato.** Coletivos *stricto sensu*, nos termos do inciso II, **são os interesses transindividuais de natureza indivisível de que seja titular grupo, categoria ou classe de pessoas ligadas entre si ou com a parte contrária por uma relação jurídica base. Individuais homogêneos,** nos termos do inciso III, **são os decorrentes de origem comum.**

Os traços característicos dos **interesses difusos** são a **indeterminação dos sujeitos,** a **indivisibilidade do objeto,** a **larga conflituosidade** e a **inexistência de vínculo entre os titulares do direito.**[10]

Embora os **interesses coletivos em sentido estrito** tenham igualmente objeto indivisível e abranjam um número de indivíduos indeterminados, **os seus titulares são determináveis, seja pela relação jurídica base que os une, seja por meio do vínculo jurídico que os liga à parte adversa.**

Daí por que se diz que os seus traços característicos seriam:

a) **titulares identificáveis ou determináveis;**
b) **indivisibilidade;**
c) **relação jurídica base, ligando os seus titulares entre si ou com a parte contrária, de modo a configurar um grupo, categoria ou classe.**

Não há maiores controvérsias a respeito da primeira característica apontada. É suficiente dizer que, **no que tange à determinabilidade dos titulares, os interesses coletivos são assemelhados aos individuais homogêneos e diferem dos difusos. Quanto à indivisibilidade,** todavia, não há um consenso doutrinário, e como os limites do presente estudo não recomendam que a questão seja tratada com mais vagar, **opta-se aqui por acompanhar a doutrina de Eduardo Saad:**

> A indivisibilidade, no artigo em estudo, significa, em última análise, que, no interesse difuso ou coletivo, a satisfação de um único credor (consumidor) exige a satisfação de todos. Vislumbramos nesse dispositivo a indivisibilidade por determinação legal. Nos termos do Código do Consumidor, é indivisível a obrigação que tenha como fonte interesse difuso ou coletivo; essa qualidade não tem o interesse homogêneo.[11]

A terceira característica reclama uma observação. A doutrina majoritária entende que **a existência de grupo, categoria ou classe não se dá apenas quando existe uma relação jurídica vinculando as pessoas entre si, pois há, também, a possibilidade de que as pessoas que compõem o grupo não estejam ligadas entre si, mas com a parte contrária, por meio de uma relação jurídica base.**[12]

---

10   SARAIVA, Renato. *Processo do trabalho.* São Paulo: Método, 2007, p. 437.
11   SAAD, Eduardo Gabriel. *Comentários ao código de defesa do consumidor.* 2. ed. São Paulo: LTr, 1997, p. 533.
12   GRINOVER, Ada Pellegrini; WATANABE, Kazuo... et al. *Código Brasileiro de Defesa do Consumidor comentado pelos autores do anteprojeto.* 4. ed. Rio de Janeiro: Forense Universitária, 1995, p. 505.

Por sua vez, **os interesses individuais homogêneos traduzem, na verdade, um feixe de interesses individuais que compartilham da mesma causa, sendo seus titulares perfeitamente identificáveis e individualizáveis.**[13] Referem-se tais interesses a grupo, categoria ou classe de pessoas, não obstante, diferentemente dos interesses coletivos em sentido estrito, sejam divisíveis e suponham origem de fato comum.[14]

Há que se observar, ainda, que **a diferença entre as três espécies de interesses (ou direitos) não se apresenta no fato que fundamenta a pretensão, mas na natureza da tutela jurisdicional pretendida.** Por outras palavras, **de uma mesma situação fática será possível deduzir pretensões difusas, coletivas e individuais homogêneas.** Neste sentido, trazemos aqui um exemplo extraído de obra anterior do autor, que, embora verse especificamente sobre o tema da liberdade religiosa no contrato de trabalho, traz luz ao que foi dito acima.

> Suponha-se que uma grande indústria, com centenas de empregados, tenha em janeiro de 2009 determinado que, a partir daquele ano, fosse obrigatório o comparecimento de todos os seus funcionários a uma missa católica a ser celebrada anualmente no dia do aniversário da empresa, sob a cominação de punição disciplinar, fato que veio a ser do conhecimento do Ministério Público do Trabalho somente em 2013. Uma ação civil pública que formulasse um pedido cominatório, no sentido de que a empresa se abstenha no próximo aniversário a obrigar os seus empregados a que participem do culto estaria atendendo a *interesses coletivos em sentido estrito* de titularidade do grupo de trabalhadores que integram atualmente o seu quadro de pessoal. Se o mesmo instrumento processual fosse utilizado para buscar a reparação por danos morais para os empregados que, constrangidos, tiveram que participar da missa nos anos de 2009, 2010 e 2011, postulando uma indenização a ser revertida para cada um deles, cuidar-se-ia aí da defesa de interesses individuais homogêneos. No mesmo exemplo, se formulada uma pretensão cominatória visando à proteção dos futuros empregados da empresa – sujeitos indeterminados, portanto – os interesses aí defendidos seriam difusos.[15]

Por fim, vale salientar que, **no âmbito da Justiça do Trabalho, por força da sua competência material, a propositura da ação civil pública exige pertinência temática.** Somente serão objeto da ação civil pública os interesses coletivos cuja violação traduza desrespeito a direitos sociais garantidos constitucionalmente em favor dos trabalhadores. E há muitas condutas lesivas praticadas pelo empregador que podem autorizar o ajuizamento de ação civil pública. Por exemplo, a sub-

---

13 *Idem*, p. 439.
14 MAZZILLI, Hugo Nigro. *A defesa dos interesses difusos em juízo:* meio ambiente, consumidor e outros interesses difusos e coletivos. 8. ed. São Paulo: Saraiva, 1996, p. 10.
15 SANTOS JUNIOR, Aloisio Cristovam dos. *Liberdade religiosa e contrato de trabalho.* Niterói, RJ: Impetus, 2013, p. 438.

missão dos empregados a condições degradantes de trabalho, o não pagamento de adicional de periculosidade aos empregados que trabalham sob risco de explosão, a não concessão à generalidade dos empregados do intervalo intrajornada, a redução salarial da totalidade dos trabalhadores não ajustada em negociação coletiva, a discriminação racial ou religiosa na contratação de pessoal etc.

17.6.4. Objeto

Nos termos do art. 3º da Lei nº 7.347/85, **a ação civil poderá ter por objeto a condenação em dinheiro ou o cumprimento de obrigação de fazer ou não fazer.** Nada obsta, porém, que sejam cumulados na mesma ação civil pública pedidos de condenação em dinheiro e em obrigação de fazer ou não fazer. Tem sido até muito frequente que as ações civis públicas cumulem pedido de indenização por danos morais ou materiais coletivos com o pedido de obrigação de fazer ou não fazer, especialmente quando versam sobre o meio ambiente do trabalho.

17.6.5. Substituição processual

A ação civil pública configura um caso típico de substituição processual, na medida em que os seus legitimados não defenderão interesses (ou direitos) **próprios, mas de terceiros** (indeterminados, determináveis ou determinados) **que compõem uma coletividade.**

17.6.6. Condenação genérica e liquidação

Consoante previsto no art. 95 da Lei nº 8.078/90 (CDC), **na ação civil pública que versa sobre direitos individuais homogêneos será possível ao juiz proferir sentença condenatória genérica, vale dizer, deferir o pedido a todos aqueles que se enquadram na situação apontada pelo autor como fato gerador do direito cuja proteção jurisdicional requer.** Isto ocorre quando o juiz não tem elementos para determinar quem são especificamente os beneficiários de sua decisão.

Nesse caso, nos termos do art. 97 do CDC, **a liquidação e a execução poderão ser promovidas pelos legitimados coletivos** (art. 82 do CDC) **ou, individualmente, pelos beneficiários da sentença genérica (substituídos).** Por outras palavras, tanto o autor (substituto processual), a exemplo do Ministério Público do Trabalho e do Sindicato, quanto os substituídos, individualmente, poderão dar início à execução da sentença condenatória genérica.

Quando a execução for promovida pelos beneficiários (substituídos), caberá a eles habilitar-se à liquidação da sentença, demonstrando que se enquadram na situação tipo descrita na decisão, e quantificar o montante da indenização que lhes é devida.

17.6.7. Coisa julgada e litispendência. Efeitos

Em virtude da natureza metaindividual (coletiva) dos interesses tutelados, a coisa julgada formada na ação civil pública se distingue da coisa julgada formada nos dissídios individuais. Primeiro, porque a sentença proferida na ação civil pública extrapola os limites formais subjetivos da lide, isto é, não se limita ao autor e ao réu, na medida em que alcança pessoas que não figuram no processo como partes, o que, aliás, é um traço característico da substituição processual. Segundo, porque a eficácia da sentença é diferenciada, conforme o pedido seja julgado procedente ou improcedente e, neste último caso, se o motivo da rejeição foi ou não a insuficiência de provas. Terceiro, a formação da coisa julgada na ação civil pública também varia de conformidade com as espécies de interesses coletivos tutelados, vale dizer, se são difusos, coletivos em sentido estrito ou individuais homogêneos.

A formação da coisa julgada nas ações civis públicas é disciplinada no art. 16 da Lei nº 7.347/85 (Lei da Ação Civil Pública) e nos arts. 103 e 104 da Lei nº 8.078/90 (Código de Defesa do Consumidor).

Dos referidos dispositivos legais, é possível deduzir que as sentenças proferidas nas ações civis públicas se submetem às seguintes regras:[16]

a) **quando se tratar de interesses (direitos) difusos, a eficácia da coisa julgada será *erga omnes*,** isto é, valerá para todos os indivíduos da coletividade e impedirá o ajuizamento de nova ação, **exceto quando a sentença julgar improcedente o pedido por insuficiência de provas. Neste caso, será possível a qualquer legitimado ajuizar outra ação com a mesma causa de pedir, mas com a apresentação de nova prova;**

b) **quando se tratar de interesses (direitos) coletivos em sentido estrito, a eficácia da coisa julgada será *ultra partes*,** isto é, alcançará todos os integrantes do coletivo em favor do qual a ação foi ajuizada, mas como ocorre com a ação civil que versa sobre direitos difusos, **a sentença que julgar improcedente o pedido por insuficiência de provas também não será empecilho a que qualquer legitimado possa ajuizar outra ação, apresentando nova prova. Ademais, a sentença que julga improcedente o pedido, mesmo que não seja motivada pela insuficiência de provas, não impedirá que os integrantes do coletivo ajuízem ações individuais visando à reparação dos danos pessoais suportados;**

c) **quando se tratar de interesses (direitos) individuais homogêneos, a eficácia da coisa julgada será *erga omnes* quando a sentença julgar procedente o pedido,** de modo que todas as vítimas e seus sucessores poderão promover a liquidação e a execução individual do título judicial. **Se o pedido for julgado improcedente, porém, seja qual for o motivo da rejeição, os integrantes do coletivo poderão ajuizar ações individuais visando à reparação dos danos pessoais suportados, desde que não tenham intervindo como litisconsortes ativos na ação civil pública.**

Por fim, **a ação civil pública não induz litispendência para as ações trabalhistas individuais.** O fato de estar em curso uma ação civil pública não impede a propositura, tramitação e julgamento da reclamação trabalhista individual. Todavia, a eficácia *erga omnes* ou *ultra partes* produzida pela coisa julgada na

---

16 Cf. sobre o assunto a excelente abordagem de Renato Saraiva (ob. cit., p. 448/450).

Capítulo 17 • AÇÕES CÍVEIS ADMITIDAS NA JUSTIÇA DO TRABALHO

ação civil pública não beneficiará o reclamante individual se ele não requerer a suspensão do processo em que é autor no prazo de 30 dias contados da ciência nos autos do ajuizamento da ação coletiva, conforme preceituado no art. 104 da Lei nº 8.078/90 (Código de Defesa do Consumidor).

17.7. AÇÃO MONITÓRIA

A ação monitória está prevista nos arts. 700 a 702 do Código de Processo Civil. A sua admissibilidade no processo do trabalho não tem sido objeto de discórdia.

Trata-se de ação de conhecimento que pode ser proposta por quem, com base em prova escrita sem eficácia de título executivo, afirme ter direito de exigir do devedor capaz:

a) o pagamento de quantia em dinheiro;
b) a entrega de coisa fungível ou infungível ou de bem móvel ou imóvel; ou
c) o adimplemento de obrigação de fazer ou de não fazer.

A prova oral documentada, obtida por meio do procedimento da produção antecipada da prova, é considerada prova escrita, para fins de propositura da ação monitória.

Além de se submeter aos requisitos previstos no art. 319 do CPC, a petição inicial deverá, sob pena de indeferimento, explicitar:

a) a importância devida, quando o seu objeto for o pagamento de quantia em dinheiro;
b) o valor atual da coisa reclamada, quando o seu objeto for a entrega de coisa;
c) o conteúdo patrimonial em discussão ou o proveito econômico persegui-do, quando o seu objeto for o adimplemento de obrigação de fazer ou de não fazer.

A explicitação da importância devida será acompanhada de memória de cálculo.

A petição inicial será, também, indeferida nas hipóteses do art. 330 do CPC.

Quando houver dúvida quanto à idoneidade de prova documental apresentada pelo autor, o juiz deverá intimá-lo para, querendo, emendar a petição inicial, adaptando-a ao procedimento comum, o que implica dizer que, na Justiça do Trabalho, se tornará uma reclamação comum submetida aos ritos ordinário, sumaríssimo ou sumário.

A ação monitória poderá ser proposta até mesmo em face da Fazenda Pública.

O réu, nos termos do art. 7º do art. 700 do CPC, poderá ser citado por qualquer dos meios permitidos para o procedimento comum. Entendemos, no particular, que devem ser utilizadas as regras previstas no texto consolidado para a citação do reclamado (registro postal, impessoalidade, desnecessidade de requerimento etc.), com a possibilidade sempre presente de que, se necessário, seja diligenciada por oficial de justiça, aplicando-se subsidiariamente o CPC, como já ocorre frequentemente na Justiça do Trabalho.

Se o juiz considerar evidente o direito do autor, deferirá a expedição de mandado de pagamento, de entrega de coisa ou para execução de obrigação de fazer ou de não fazer, concedendo ao réu prazo de 15 (quinze) dias para o cumprimento e o pagamento de honorários advocatícios de cinco por cento do valor atribuído à causa. Caso cumpra o mandado no prazo, o réu ficará isento do pagamento de custas processuais. Poderá, contudo, no mesmo prazo, independentemente de prévia segurança do juízo, opor embargos à ação monitória.

Os embargos são, por assim dizer, a resposta do réu à ação monitória e podem se fundar em qualquer matéria que poderia ser alegada como defesa no procedimento comum, permitindo, assim, a cognição plena. Diferentemente do que ocorre com os Embargos à Execução, os embargos na ação monitória não têm "natureza jurídica de ação", assemelhando-se mais à contestação. Quando os embargos à execução são opostos já existe um título judicial ou extrajudicial, ao passo que quando os embargos à ação monitória são apresentados ainda não se constituiu o título executivo. O réu poderá, também, junto com os embargos, apresentar reconvenção, sendo vedado, porém, ao autor oferecer reconvenção à reconvenção.

Alegando o réu que o autor pleiteia quantia superior à devida, deverá logo declarar o valor que entende correto, apresentando demonstrativo discriminado e atualizado da dívida. Não apontando o valor que entende correto ou não apresentando o demonstrativo, os embargos do réu serão liminarmente rejeitados se esse for o único fundamento de defesa apresentado. Se houver outro fundamento, os embargos serão processados, mas o juiz deixará de examinar a alegação de que o valor cobrado é excessivo.

A oposição dos embargos suspende, até o julgamento em primeiro grau, a eficácia da decisão inicial que estabeleceu a expedição de mandado determinando ao réu que cumprisse no prazo de 15 dias a obrigação objeto da ação monitoria.

Os embargos, a critério do juiz, serão autuados em apartado e, se forem parciais, estará constituído de pleno direito o título executivo judicial em relação à parcela incontroversa.

Uma vez opostos os embargos, o autor será intimado para responder no prazo de 15 (quinze) dias.

Caso os embargos sejam rejeitados, constituir-se-á de pleno direito o título executivo judicial, prosseguindo-se a execução nos próprios autos. O mesmo ocorrerá quando o réu, no prazo inicial de 15 dias, não realizar o pagamento e nem apresentar os embargos.

Da sentença que acolhe ou rejeita os embargos caberá recurso ordinário.

Constatado que o autor propôs indevidamente e de má-fé a ação monitória, o juiz o condenará ao pagamento, em favor do réu, de multa de até dez por cento sobre o valor da causa. Se a má-fé, ao contrário, se revelar na oposição de embargos à ação monitória, o réu é que será condenado ao pagamento de multa de até 10% sobre o valor atribuído à causa, em favor do autor.

A sentença proferida contra a Fazenda Pública, mesmo quando deixa de oferecer os embargos à ação monitória, estará sujeita à remessa necessária, desde que atendidos os pressupostos exigidos pelo art. 496 do CPC.

AÇÕES CONSTITUCIONAIS ADMITIDAS NA JUSTIÇA DO TRABALHO

18

No que se refere às ações constitucionais, a sua admissibilidade na Justiça do Trabalho tem previsão no inciso IV do art. 114, que lhe atribui **a competência para processar e julgar os mandados de segurança, *habeas corpus* e *habeas data*, quando o ato questionado envolver matéria sujeita à sua jurisdição.**

18.1. MANDADO DE SEGURANÇA

O **mandado de segurança integra o catálogo de direitos individuais e coletivos veiculado pelo art. 5º da Constituição da República.** Nos termos do seu inciso LXIX, "**conceder-se-á mandado de segurança para proteger direito líquido e certo, não amparado por *habeas corpus* ou *habeas data*, quando o responsável pela ilegalidade ou abuso de poder for autoridade pública ou agente de pessoa jurídica no exercício de atribuições do Poder Público**". Constitui, assim, direito fundamental da maior relevância no Estado Democrático, uma vez que, possibilitando a rápida correção de ilegalidade cometida por quem exerce autoridade pública, protege os cidadãos do arbítrio do Estado.

Conforme se deduz do texto constitucional, **o mandado de segurança pressupõe:**

a)   **a existência de direito líquido e certo;**

b)   **não amparado por *habeas corpus* ou *habeas data*;**

c)   **que sofra lesão ou ameaça de lesão;**

d)   **causada por ato de autoridade pública ou agente de pessoa jurídica no exercício de atribuições do Poder Público;**

e)   **praticado com ilegalidade ou abuso de poder.**

O **mandado de segurança é, pois, uma ação constitucional que visa à proteção de direito líquido e certo, não amparado por *habeas corpus* ou *habeas data*, que sofreu lesão ou ameaça de lesão em razão do cometimento de ilegalidade ou abuso de poder por autoridade pública ou agente de pessoa jurídica no exercício de atribuições do Poder Público.**

Trata-se de uma ação de conhecimento com natureza mandamental, pois o seu objeto é obter uma ordem judicial que determine à autoridade coatora que cesse de imediato a prática do ato que lesiona ou ameaça lesionar o direito líquido e certo do impetrante.

Capítulo 18 • AÇÕES CONSTITUCIONAIS ADMITIDAS NA JUSTIÇA DO TRABALHO

As regras do procedimento do mandando de segurança estão previstas na Lei nº 12.016/2009 e, por se tratar de ação com rito especial, não se aplicará o procedimento comum trabalhista, nos termos do art. 1º da Instrução Normativa nº 27/2005 do TST.

O mandado de segurança pode ser individual ou coletivo, conforme a tutela pretendida se refira a interesse individual ou coletivo. Em linhas gerais, o procedimento é o mesmo para as duas modalidades. Por conta da natureza coletiva dos interesses tutelados, porém, o mandado de segurança coletivo apresenta algumas peculiaridades que serão examinadas oportunamente.

18.1.1. Prazo para impetração

Nos termos do art. 23 da Lei nº 12.016/2010, o direito de requerer mandado de segurança extinguir-se-á decorridos 120 (cento e vinte) dias, contados da ciência, pelo interessado, do ato impugnado.

18.1.2. Competência

O mandado de segurança já era admitido na Justiça do Trabalho antes mesmo da edição da EC nº 45/2004, que, ao alterar a redação do art. 114 da Constituição da República, atribuiu expressamente ao Judiciário trabalhista a competência para o seu processamento e julgamento quando o ato questionado envolver matéria sujeita à sua jurisdição. Até então, todavia, a sua impetração se dava apenas perante os tribunais trabalhistas e com a finalidade de corrigir atos praticados por magistrados trabalhistas com ilegalidade ou abuso de poder que não podiam ser coibidos pronta e eficazmente por meio de recurso com efeito suspensivo.

Com a ampliação da competência da Justiça do Trabalho advinda da EC nº 45/2004, os juízes de trabalho do primeiro grau (Varas do Trabalho) passaram também a ter competência para julgar mandados de segurança, na medida em que atos potencial ou efetivamente violadores de direito líquido e certo que envolvem matéria sujeita à jurisdição da Justiça do Trabalho não são apenas praticados por magistrados, mas também pelas autoridades que integram os órgãos de fiscalização das relações de trabalho.

Quando o ato questionado pelo mandado de segurança for praticado por magistrados trabalhistas, a competência originária para julgar a ação constitucional será do Tribunal Regional do Trabalho se a ilegalidade ou abuso de poder é atribuída a juiz de primeiro grau ou juiz de 2º grau (desembargador).

Caso o ato questionado tenha sido praticado por ministro do TST, a competência originária para apreciar o mandado de segurança será do próprio TST:

a) por meio do Órgão Especial contra atos do presidente ou de qualquer ministro do Tribunal, ressalvada a competência das Seções Especializadas (art. 76, I, *b*, do RITST);

b) por meio da Subseção II da Seção Especializada em Dissídios Individuais contra ato praticado pelo presidente do Tribunal, ou por qualquer dos ministros integrantes da Seção Especializada em Dissídios Individuais, nos processos de sua competência (art. 78, III, *a*, do RITST).

O Tribunal Superior do Trabalho não tem competência para apreciar, originariamente, mandado de segurança impetrado em face de decisão do TRT, nos termos da **Orientação Jurisprudencial nº 4 do Tribunal Pleno do TST.**

18.1.3. Direito líquido e certo

À falta de um conceito legal de direito líquido e certo, a doutrina incumbiu-se da tarefa de defini-la. A definição doutrinária que obteve a maior consagração e se tornou clássica é da autoria do professor Hely Lopes Meirelles. Nas suas palavras, **considera-se líquido e certo o direito que se apresenta <u>manifesto na sua existência, delimitado na sua extensão</u> e <u>apto a ser exercido no momento da impetração</u>.**[1]

Nem sempre, porém, é fácil identificar em abstrato tais características no direito apontado pelo impetrante como tendo sido lesionado ou ameaçado de lesão por ato ilegal da autoridade pública, daí por que a identificação de sua liquidez e certeza vai se dar no exame da situação concreta. Por isso é relevante consultar a jurisprudência uniforme do Tribunal Superior do Trabalho, que consagra alguns entendimentos a respeito do tema. Reproduzimos a seguir orientações jurisprudenciais e súmulas do TST que devem ser observadas por quem pretende manejar o mandado de segurança.

SUM-416 MANDADO DE SEGURANÇA. EXECUÇÃO. LEI Nº 8.432/92. ART. 897, § 1º, DA CLT. CABIMENTO
Devendo o agravo de petição delimitar justificadamente a matéria e os valores objeto de discordância, não fere direito líquido e certo o prosseguimento da execução quanto aos tópicos e valores não especificados no agravo.

SUM-417 MANDADO DE SEGURANÇA. PENHORA EM DINHEIRO
I – Não fere direito líquido e certo do impetrante o ato judicial que determina penhora em dinheiro do executado para garantir crédito exequendo, pois é prioritária e obedece à gradação prevista no art. 835 do CPC de 2015 (art. 655 do CPC de 1973).
II – Havendo discordância do credor, em execução definitiva, não tem o executado direito líquido e certo a que os valores penhorados em dinheiro fiquem depositados no próprio banco, ainda que atenda aos requisitos do art. 840, I, do CPC de 2015 (art. 666, I, do CPC de 1973).

SUM-418 MANDADO DE SEGURANÇA VISANDO À HOMOLOGAÇÃO DE ACORDO
A homologação de acordo constitui faculdade do juiz, inexistindo direito líquido e certo tutelável pela via do mandado de segurança.

---

1   MEIRELLES, Hely Lopes; WALD, Arnoldo; MENDES, Gilmar Ferreira. *Mandado de segurança e ações constitucionais.* 38. ed. São Paulo: Malheiros, 2019.

OJ-SDI2-56 MANDADO DE SEGURANÇA. EXECUÇÃO. PENDÊNCIA DE RECURSO EXTRAORDINÁRIO

Não há direito líquido e certo à execução definitiva na pendência de recurso extraordinário, ou de agravo de instrumento visando a destrancá-lo.

OJ-SDI2-64 MANDADO DE SEGURANÇA. REINTEGRAÇÃO LIMINARMENTE CONCEDIDA

Não fere direito líquido e certo a concessão de tutela antecipada para reintegração de empregado protegido por estabilidade provisória decorrente de lei ou norma coletiva.

OJ-SDI2-65 MANDADO DE SEGURANÇA. REINTEGRAÇÃO LIMINARMENTE CONCEDIDA. DIRIGENTE SINDICAL

Ressalvada a hipótese do art. 494 da CLT, não fere direito líquido e certo a determinação liminar de reintegração no emprego de dirigente sindical, em face da previsão do inciso X do art. 659 da CLT.

OJ-SDI2-67 MANDADO DE SEGURANÇA. TRANSFERÊNCIA. ART. 659, IX, DA CLT

Não fere direito líquido e certo a concessão de liminar obstativa de transferência de empregado, em face da previsão do inciso IX do art. 659 da CLT.

OJ-SDI2-91 MANDADO DE SEGURANÇA. AUTENTICAÇÃO DE CÓPIAS PELAS SECRETARIAS DOS TRIBUNAIS REGIONAIS DO TRABALHO. REQUERIMENTO INDEFERIDO. ART. 789, § 9º, DA CLT

Não sendo a parte beneficiária da assistência judiciária gratuita, inexiste direito líquido e certo à autenticação, pelas Secretarias dos Tribunais, de peças extraídas do processo principal, para formação do agravo de instrumento.

OJ-SDI2-92. MANDADO DE SEGURANÇA. EXISTÊNCIA DE RECURSO PRÓPRIO.

Não cabe mandado de segurança contra decisão judicial passível de reforma mediante recurso próprio, ainda que com efeito diferido.

OJ-SDI2-137 MANDADO DE SEGURANÇA. DIRIGENTE SINDICAL. ART. 494 DA CLT. APLICÁVEL

Constitui direito líquido e certo do empregador a suspensão do empregado, ainda que detentor de estabilidade sindical, até a decisão final do inquérito em que se apure a falta grave a ele imputada, na forma do art. 494, *caput*, e parágrafo único, da CLT.

OJ-SDI2-142 MANDADO DE SEGURANÇA. REINTEGRAÇÃO LIMINARMENTE CONCEDIDA

Inexiste direito líquido e certo a ser oposto contra ato de Juiz que, antecipando a tutela jurisdicional, determina a reintegração do empregado até a decisão final do processo, quando demonstrada a razoabilidade do direito subjetivo material, como nos casos de anistiado pela Lei nº 8.878/94, aposentado, integrante de comissão de fábrica, dirigente sindical, portador de doença profissional, portador de vírus HIV ou detentor de estabilidade provisória prevista em norma coletiva.

OJ-SDI2-153 MANDADO DE SEGURANÇA. EXECUÇÃO. ORDEM DE PENHORA SOBRE VALORES EXISTENTES EM CONTA SALÁRIO. ART. 649, IV, DO CPC DE 1973. ILEGALIDADE

Ofende direito líquido e certo decisão que determina o bloqueio de numerário existente em conta salário, para satisfação de crédito trabalhista, ainda que seja limitado a determinado percentual dos valores recebidos ou a valor revertido para fundo de aplicação ou poupança, visto que o art. 649, IV, do CPC de 1973 contém norma imperativa que não admite interpretação ampliativa, sendo a exceção prevista no art. 649, § 2º, do CPC de 1973 espécie e não gênero de crédito de natureza alimentícia, não englobando o crédito trabalhista.

18.1.4. Autoridade coatora

Considera-se coatora a autoridade, seja de que categoria for e sejam quais forem as funções que exerça, que ordena ou pratica o ato questionado pelo mandado de segurança ou, nos termos do inciso LXIX do art. 5º da Constituição da República, a autoridade pública ou agente de pessoa jurídica no exercício de atribuições do Poder Público que pratica a ilegalidade ou abuso de poder.

Dentre **os agentes equiparados à autoridade pública** encontram-se "os representantes ou órgãos de partidos políticos e os administradores de entidades autárquicas, bem como os dirigentes de pessoas jurídicas ou as pessoas naturais no exercício de atribuições do poder público, somente no que disser respeito a essas atribuições" (art. 1º, § 1º, Lei nº 12.016/2009).

Atos de gestão comercial praticados pelos administradores de empresas públicas, de sociedades de economia mista e de concessionárias de serviço público **não podem ser impugnados por meio de mandado de segurança.**

Na Justiça do Trabalho a autoridade coatora será, na maioria das vezes, o magistrado trabalhista, pois a impetração do mandado de segurança em face de ilegalidade ou abuso de poder cometido por autoridade fiscalizadora das relações de trabalho é pouco frequente.

18.1.5. Petição inicial

A partir do disposto no art. 6º da Lei nº 12.016/2009, **a petição inicial deverá observar os requisitos essenciais do art. 840 da CLT c/c o art. 319 do CPC e será**

Capítulo 18 • AÇÕES CONSTITUCIONAIS ADMITIDAS NA JUSTIÇA DO TRABALHO

apresentada em 2 (duas) vias, indicando, além da autoridade coatora, a pessoa jurídica que esta integra, à qual se acha vinculada ou da qual exerce atribuições. Os documentos que instruírem a primeira via deverão ser reproduzidos na segunda via.

No caso em que o documento necessário à prova do alegado se ache em repartição ou estabelecimento público ou em poder de autoridade que se recuse a fornecê-lo por certidão ou de terceiro, o juiz ordenará, preliminarmente, por ofício, a exibição deste em original ou em cópia autêntica e marcará, para o cumprimento da ordem, o prazo de 10 (dez) dias (art. 6º, §1º, da Lei nº 12.016/2009).

O Diretor de Secretaria extrairá cópias do documento para juntá-las à segunda via da petição. **O mandado de segurança não admite dilação probatória, ou seja, toda a prova deve estar pré-constituída e instruindo a petição inicial.** Nos termos do entendimento consagrado pela **Súmula nº 415 do TST**, inclusive, não será cabível conceder ao autor prazo para que emende ou complete a petição inicial quando verificada a ausência de documento indispensável ou de sua autenticação.

Havendo urgência, é permitido, observados os requisitos legais, impetrar mandado de segurança por telegrama, radiograma, fax ou outro meio eletrônico de autenticidade comprovada (Lei nº 12.016/2009, art. 4º, *caput*). Neste caso, o texto original da petição deverá ser apresentado nos cinco dias úteis seguintes.

18.1.6. Providências iniciais e apreciação liminar do pedido

Nos termos do art. 7º da Lei nº 12.016/2009, **recebida a petição inicial o juiz a despachará ordenando** que:

a) a autoridade coatora seja notificada do seu conteúdo, enviando-lhe a segunda via apresentada com as cópias dos documentos, a fim de que, no prazo de 10 (dez) dias, preste as informações;

b) se dê ciência do feito ao órgão de representação judicial da pessoa jurídica interessada, enviando-lhe cópia da inicial sem documentos, para que, querendo, ingresse no feito;

c) se suspenda o ato que deu motivo ao pedido, quando houver fundamento relevante e do ato impugnado puder resultar a ineficácia da medida, caso seja finalmente deferida, sendo facultado exigir do impetrante caução, fiança ou depósito, com o objetivo de assegurar o ressarcimento à pessoa jurídica.

Contudo, **quando o juiz verificar que não é o caso de mandado de segurança, que falta à petição inicial algum dos requisitos legais ou que o prazo legal para a impetração já se esgotou, poderá de logo indeferi-la por decisão motivada** (art. 10 da Lei nº 12.016/2009). Neste caso, **se a decisão é de juiz do primeiro grau (Vara do Trabalho) caberá recurso ordinário ao Tribunal Regional do Trabalho.** Caso se trate de decisão do relator em mandado de segurança da competência dos tribunais, o recurso cabível será o agravo previsto no respectivo regimento interno.

No processo civil, a decisão do juiz de primeiro grau que conceder ou denegar a liminar no mandado de segurança poderá ser impugnada por meio de recurso, no caso o agravo de instrumento. **Na Justiça do Trabalho, contudo, não caberá qualquer recurso dessa decisão, uma vez que as decisões interlocutórias são irrecorríveis.** Deste modo, seguindo-se o entendimento veiculado pelo verbete II da Súmula nº 414 do TST, **a rejeição ou concessão de liminar somente poderá ser impugnada mediante a impetração de outro mandado de segurança.** Neste caso, **a superveniência da sentença, nos autos do mandado de segurança originário, fará perder o objeto do mandado de segurança que impugnava a concessão da liminar,** conforme apontado pelo verbete III da mesma súmula.

No caso dos mandados de segurança de competência originária dos tribunais, contudo, **os respectivos regimentos preveem o cabimento de agravo interno ou regimental da decisão monocrática do relator que conceder ou denegar a medida liminar.**

Os efeitos da medida liminar, salvo se revogada ou cassada, persistirão até a prolação da sentença (art. 7º, § 3º, da Lei nº 12.016/2009).

Uma vez deferida a medida liminar, o processo terá prioridade para julgamento, só não ficando à frente do *habeas corpus*.

Quando, após concedida a medida, o impetrante criar obstáculo ao normal andamento do processo ou deixar de promover, por mais de três dias úteis, os atos e as diligências que lhe cumprirem, será decretada, *ex officio* ou a requerimento do Ministério Público, a **perempção ou caducidade da medida liminar.** O texto legal, neste caso, visa a evitar que o beneficiário da liminar dê causa à procrastinação do julgamento da segurança.

O § 2º do art. 22 da Lei nº 12.016/2009, que estabelecia que no mandado de segurança coletivo a liminar só poderia ser concedida após a audiência do representante judicial da pessoa jurídica de direito público, foi considerado inconstitucional pelo Supremo Tribunal Federal no julgamento da ADI 4.296 ajuizada pelo Conselho Federal da Ordem dos Advogados do Brasil – OAB, por restringir o poder geral de cautela do magistrado.[2]

A requerimento de pessoa jurídica de direito público interessada ou do Ministério Público e para evitar grave lesão à ordem, à saúde, à segurança e à economia públicas, o presidente do tribunal ao qual couber o conhecimento do respectivo recurso poderá suspender, em decisão fundamentada, a execução da liminar e da sentença (Lei nº 12.016/2009, art. 15).

A decisão suspensiva caberá ao Presidente do TST quando a liminar ou a decisão concessiva de mandado de segurança for proferida pelos Tribunais Regionais do Trabalho (art. 308 do RITST). **Caberá, todavia, ao Presidente do Tribunal Regional do Trabalho quando a liminar ou a decisão concessiva de mandado de segurança for proferida por juiz do trabalho de primeiro grau (Vara do Trabalho).** De qualquer modo, da decisão do Presidente do Tribunal caberá agravo, sem efei-

---

2   Data de Julgamento: 09.06.2021 (Sessão realizada por videoconferência).

to suspensivo, no prazo de 5 (cinco) dias, sendo o recurso levado a julgamento na sessão seguinte à sua interposição.

18.1.7. Parecer do MP e decisão judicial

Findo o prazo de dez dias para que a autoridade coatora preste as suas informações, o juiz ouvirá o representante do Ministério Público, que opinará, dentro do prazo improrrogável de 10 (dez) dias (art. 12, *caput*, da Lei nº 12.016/2009).

Com ou sem o parecer do Ministério Público ou defesa, os autos serão conclusos ao juiz, para a decisão, a qual deverá ser necessariamente proferida em trinta dias (art. 12, parágrafo único, da Lei nº 12.016/2009).

A decisão denegará ou concederá a segurança, valendo observar que de modo algum será cabível a condenação ao pagamento de honorários advocatícios, muito embora as sanções cominadas à litigância de má-fé sejam aplicáveis (art. 25 da Lei nº 12.016/2009).

18.1.8. Comunicação e cumprimento da decisão

Concedido o mandado, o juiz transmitirá em ofício, por intermédio do oficial do juízo, ou pelo correio, mediante correspondência com aviso de recebimento, o inteiro teor da sentença à autoridade coatora e à pessoa jurídica interessada (art. 13 da Lei nº 12.016/2009). Em caso de urgência, a transmissão poderá dar-se por telegrama, radiograma, fax ou outro meio eletrônico de autenticidade comprovada.

O não cumprimento das decisões proferidas em mandado de segurança configura crime de desobediência (art. 330 do Código Penal) e a autoridade desobediente também estará sujeita a sofrer as sanções administrativas pertinentes, como se extrai do art. 26 da Lei nº 12.016/2009.

18.1.9. Peculiaridades do mandado de segurança coletivo

A tutela coletiva por meio de mandado de segurança tem sede constitucional no art. 5º, LXX, mas a sua regulamentação ocorreu mesmo foi com o advento da Lei nº 12.016/2009.

Nos termos do art. 21 do aludido diploma legal, os sujeitos que têm legitimidade para impetrar o mandado de segurança coletivo são o partido político com representação no Congresso Nacional, a organização sindical, a entidade de classe e a associação legalmente constituída e em funcionamento há, pelo menos, 1 (um) ano.

Na Justiça do Trabalho, contudo, não será possível a impetração do mandado de segurança por partido político, na medida em que os interesses legítimos relativos a seus integrantes ou à finalidade partidária que justificariam o uso do remédio constitucional não constituem matéria sujeita à jurisdição trabalhista.

Poderão, contudo, impetrar mandado de segurança coletivo perante a Justiça do Trabalho a organização sindical, a entidade de classe e a associação legalmente constituída e em funcionamento há, pelo menos, 1 (um) ano, toda vez que o ato questionado envolver matéria trabalhista, em defesa de direitos líquidos e certos da totalidade, ou de parte, dos seus membros ou associados, na forma dos seus estatutos e desde que pertinentes às suas finalidades, dispensada, para tanto, autorização especial.

Por outro lado, **a coisa julgada produzida pela sentença proferida no mandado de segurança coletivo estará limitada aos membros do grupo ou categoria substituídos pelo impetrante.**

Vale registrar, ainda, que **o mandado de segurança coletivo não induz litispendência para as ações individuais.** Deste modo, **os membros do grupo ou categoria substituídos pelo impetrante poderão ajuizar as suas ações individuais e o seu processamento e julgamento não serão afetados pela existência do mandado de segurança coletivo.** Todavia, **os efeitos da coisa julgada não beneficiarão o impetrante a título individual se não requerer a desistência de seu mandado de segurança no prazo de 30 (trinta) dias a contar da ciência comprovada da impetração da segurança coletiva.**

18.1.10. Recurso cabível e reexame necessário

Da decisão que denegar ou conceder a segurança caberá, na Justiça do Trabalho, recurso ordinário. Quando se tratar de sentença proferida pelo Juiz de primeira instância (Vara do Trabalho), o recurso ordinário será interposto perante o respectivo Tribunal Regional do Trabalho. Quando se tratar de decisão do Tribunal Regional do Trabalho o recurso ordinário será interposto perante o Tribunal Superior do Trabalho (Súmula nº 201 do TST).

O direito de recorrer estende-se à autoridade coatora.

À semelhança do que ocorre com a ação rescisória, não se aplica a alçada em mandado de segurança (Súmula nº 365 do TST). Deste modo, o valor da causa não interfere no seu procedimento, diferentemente do que ocorre no caso das reclamações trabalhistas submetidas ao procedimento sumário.

O § 1º do art. 14 da Lei nº 12.016/2009 prevê textualmente que, **concedida a segurança, a sentença estará sujeita obrigatoriamente ao duplo grau de jurisdição,** dispositivo que se refere, na verdade, ao reexame necessário.

Cabe ressaltar, contudo, que de acordo com o entendimento cristalizado pelo verbete IV da Súmula nº 303 do TST **somente caberá reexame necessário no mandado de segurança se, na relação processual, figurar pessoa jurídica de direito público como parte prejudicada pela concessão da ordem.** Diz, também, a mesma súmula que **não caberá reexame necessário quando figurar no feito como impetrante e terceiro interessado pessoa de direito privado, ressalvada a hipótese de matéria administrativa.**

A sentença que conceder o mandado de segurança pode ser executada provisoriamente, salvo nos casos em que for vedada a concessão da medida liminar.

Síntese

O prazo para ajuizamento é de 120 dias. A petição inicial observará o disposto no art. 319 do CPC c/c art. 840 da CLT. Por se tratar de direito líquido e certo, a prova documental deve estar pré-constituída e acompanhar a petição inicial, pois o procedimento não admite dilação probatória. É possível a concessão de liminar. A autoridade coatora terá o prazo de 10 dias para prestar informações. O Ministério Público será ouvido, pelo prazo de dez dias, e em seguida o órgão jurisdicional terá 30 dias para proferir decisão. Da decisão proferida por juiz de primeiro grau ou por Tribunal Regional do Trabalho caberá recurso ordinário, no prazo de 8 dias. No primeiro caso, o recurso ordinário será interposto perante o TRT respectivo. No segundo caso, será interposto perante o TST.

18.2. *HABEAS CORPUS*

Nos termos do inciso LXVIII do art. 5º da Constituição da República, "**conceder-se-á** *habeas corpus* **sempre que alguém sofrer ou se achar ameaçado de sofrer violência ou coação em sua liberdade de locomoção, por ilegalidade ou abuso de poder**". Trata-se de ação constitucional de caráter mandamental que se sujeita a rito especial previsto nos arts. 647 a 667 do Código de Processo Penal.

A competência da Justiça do Trabalho para o processamento e julgamento de *habeas corpus* **passou a constar do texto constitucional com o advento da EC nº 45/2004, que alterou a redação do art. 114.** Antes mesmo, contudo, **a Justiça do Trabalho já se considerava competente para julgar** *habeas corpus*, **os quais, na sua quase totalidade, estavam relacionados à prisão ou ameaça de prisão do depositário infiel.**

Como, a partir da ratificação pelo Brasil do Pacto de San José de Costa Rica ou, com maior precisão, da edição pelo STF da Súmula Vinculante nº 25, a prisão do depositário infiel não é mais possível, os casos de *habeas corpus* na Justiça do Trabalho se tornaram raros.

Ainda é possível, todavia, imaginar situações que, em tese, poderiam desafiar a impetração de *habeas corpus*, sempre lembrando que a liberdade de locomoção (liberdade de ir e vir, como também se diz) não é violada apenas quando há uma ordem de prisão. Por exemplo, a decisão de juiz do trabalho, no curso de execução, que determina a retenção de passaporte do devedor como medida indutiva para assegurar a satisfação do crédito do exequente, pode motivar a impetração de *habeas corpus*.[3]

---

3   No ano de 2012, tornou-se célebre decisão proferida pelo eminente ministro do Tribunal Superior do Trabalho Guilherme Caputo Bastos concedendo liminar em *habeas corpus* impetrado em favor do jogador de futebol Oscar, que estava impedido de exercer a sua profissão atuando pelo Internacional de Porto Alegre por força do regramento da CBF que mantinha o seu vínculo desportivo com o São Paulo Futebol Clube. De lá para cá, porém, a tendência da jurisprudência do TST é de negar a concessão de *habeas corpus* nessas situações, entendendo que a liberdade de exercício de profissão não se insere na liberdade de

A Subseção II Especializada em Dissídios Individuais (SBDI-2) do TST, inclusive, já adotou o entendimento de que a retenção de passaporte viola a liberdade de locomoção, tendo concedido, em benefício do sócio de uma empresa executada, ordem de *habeas corpus* determinando a devolução do documento, que havia sido retido por juiz trabalhista em sede de execução (RO-8790-04.2018.5.15.0000).

O *habeas corpus* pode ser preventivo, também denominado salvo-conduto, ou repressivo, também denominado liberatório. No primeiro caso, a liberdade de locomoção está sob a ameaça de cerceamento. No segundo caso, o cerceamento da liberdade de locomoção já ocorreu.

Na linguagem jurídica, o beneficiário do *habeas corpus*, que não necessariamente será o impetrante, denomina-se paciente.

As ações de *habeas corpus* são gratuitas (art. 5º, LXXVII, da CF).

Além das regras procedimentais previstas no Código de Processo Penal, os regimentos internos dos tribunais trabalhistas costumam trazer disposições que, em linhas gerais, complementam o procedimento previsto naquele estatuto e adaptam-no às peculiaridades da Justiça do Trabalho, onde o *habeas corpus* não tem a natureza de recurso e nem trata de matéria penal.

O *habeas corpus* poderá ser impetrado por qualquer pessoa, em seu favor ou de outrem, bem como pelo Ministério Público (art. 654 do CPP).

A petição de *habeas corpus* conterá:

(a) o nome da pessoa que sofre ou está ameaçada de sofrer violência ou coação e o de quem exerce a violência, coação ou ameaça;

(b) a declaração da espécie de constrangimento ou, em caso de simples ameaça de coação, as razões em que funda o seu temor;

(c) a assinatura do impetrante, ou de alguém a seu rogo, quando não souber ou não puder escrever, e a designação das respectivas residências (art. 654, § 1º, do CPP).

Os juízes e os tribunais têm competência para expedir de ofício ordem de *habeas corpus*, quando no curso de processo verificarem que alguém sofre ou está na iminência de sofrer coação ilegal (art. 654, § 2º, do CPP).

Tendo a petição cumprido os requisitos legais, a autoridade indicada como coatora será notificada para apresentar as suas informações por escrito (art. 662 do CPP). Recebidas as informações, ou dispensadas, o *habeas corpus* será julgado na primeira sessão, podendo, entretanto, adiar-se o julgamento para a sessão seguinte.

A decisão será tomada por maioria de votos. Havendo empate, se o presidente não tiver tomado parte na votação, proferirá voto de desempate; no caso contrário, prevalecerá a decisão mais favorável ao paciente (art. 664, parágrafo único, do CPP).

---

locomoção (a notícia publicada pelo TST pode ser lida no endereço eletrônico: <https://www.tst.jus.br/noticias/-/asset_publisher/89Dk/content/tst-concede-hc-ao-jogador-oscar-que-podera-trabalhar-onde--desejar-atualizada->. Acesso em: 13 ago. 2021).

Se os documentos que instruírem a petição evidenciarem a ilegalidade da coação, o juiz ou o tribunal ordenará que o constrangimento seja imediatamente cessado (art. 660, § 2º, do CPP).

Quando a ordem de *habeas corpus* for concedida para evitar ameaça de violência ou coação ilegal, dar-se-á ao paciente salvo-conduto assinado pelo juiz (art. 660, § 4º, do CPP).

18.3. *HABEAS DATA*

Conforme preceitua o inciso LXXII do art. 5º da Constituição da República, conceder-se-á *habeas data:*

a) para assegurar o conhecimento de informações relativas à pessoa do impetrante, constantes de registros ou bancos de dados de entidades governamentais ou de caráter público;

b) para a retificação de dados, quando não se prefira fazê-lo por processo sigiloso, judicial ou administrativo.

Trata-se de ação constitucional de natureza mandamental cuja competência é atribuída à Justiça do Trabalho, nos termos do art. 114 da Constituição da República, quando o ato questionado envolver matéria sujeita à sua jurisdição.

O rito processual do *habeas data* está disciplinado na Lei nº 9.507/97, aplicando-se de forma supletiva e subsidiária, as regras previstas na Lei nº 12.016/2009 e no Código de Processo Civil.

Tanto a pessoa física quanto a pessoa jurídica poderão impetrar *habeas data*, desde é claro que as informações e dados que pretendam acessar se refiram ao próprio impetrante, uma vez que, diferentemente do que ocorre com o *habeas corpus*, o *habeas data* não pode ser impetrado por terceiros.

Tem legitimidade passiva, isto é, pode figurar como impetrado no *habeas data* tanto entidade governamental quanto entidade particular. Basta que seja depositária de registro ou banco de dados de caráter público.

Nos termos do parágrafo único do art. 1º da Lei nº 9507/97, "considera-se de caráter público todo registro ou banco de dados contendo informações que sejam ou que possam ser transmitidas a terceiros ou que não sejam de uso privativo do órgão ou entidade produtora ou depositária das informações".

A petição inicial deverá observar os requisitos essenciais do art. 840 da CLT c/c o art. 319 do CPC e será apresentada em duas vias. Os documentos que instruírem a primeira via deverão ser reproduzidos na segunda via.

A impetração do *habeas data* pressupõe que o órgão ou entidade depositária do registro ou banco de dados de caráter público tenha recusado ao impetrante o acesso às informações relativas à sua pessoa.

Ao despachar a inicial, o juiz ordenará que se notifique o coator do conteúdo da petição, entregando-lhe a segunda via apresentada pelo impetrante, com as cópias dos documentos, a fim de que, no prazo de dez dias, preste as informações que julgar necessárias (art. 9º da Lei nº 9507/97).

A inicial será desde logo indeferida, quando não for o caso de *habeas data*, ou se lhe faltar algum dos requisitos previstos na Lei nº 9507/97 (art. 10). Desta decisão caberá, na Justiça do Trabalho, recurso ordinário.

Feita a notificação, o serventuário em cujo cartório corra o feito, juntará aos autos cópia autêntica do ofício endereçado ao coator, bem como a prova da sua entrega a este ou da recusa, seja de recebê-lo, seja de dar recibo (art. 11 da Lei nº 9.507/97).

Findo o prazo de dez dias para que o coator preste as suas informações, o representante do Ministério Público será ouvido dentro de cinco dias e, em seguida, os autos serão conclusos ao juiz para proferir decisão em cinco dias (art. 12 da Lei nº 9.507/97). Desta decisão, o recurso cabível também será o ordinário.

DISSÍDIO COLETIVO

19

19.1. CONCEITO

Uma das peculiaridades do sistema processual trabalhista, que deriva tanto do texto consolidado quanto do texto constitucional, é o denominado **poder normativo** outorgado aos tribunais, isto é, a autorização para que, por meio de sentença, estabeleçam normas gerais e abstratas que criem ou modifiquem as condições de trabalho de determinada categoria profissional.

O poder normativo é exercido pelos tribunais do trabalho no julgamento do dissídio coletivo, procedimento especial que se destina à resolução de conflitos coletivos de trabalho. A expressão "poder normativo" é enganosa, porque poderia sugerir que toda norma tem caráter genérico e abstrato, o que não é verdade. Mesmo uma sentença no dissídio individual constitui norma, embora de efeito concreto. O vocábulo "normativo" identifica, neste caso, a norma geral e abstrata assemelhada às leis produzidas pelo legislador.

Dissídio coletivo é, assim, o procedimento especial de competência dos tribunais trabalhistas que, tendo por objetivo a resolução de conflitos coletivos de trabalho, suscita pronunciamento judicial que veicula normas gerais e abstratas que criam e modificam condições de trabalho ou dirimem dúvidas em torno da interpretação de normas coletivas preexistentes.

A Constituição da República refere-se expressamente ao dissídio coletivo nos parágrafos 2º e 3º do art. 114.

O § 2º do art. 114 dispõe que "recusando-se qualquer das partes à negociação coletiva ou à arbitragem, é facultado às mesmas, de comum acordo, ajuizar dissídio coletivo de natureza econômica, podendo a Justiça do Trabalho decidir o conflito, respeitadas as disposições mínimas legais de proteção ao trabalho, bem como as convencionadas anteriormente".

O § 3º do art. 114, por sua vez, estabelece que "em caso de greve em atividade essencial, com possibilidade de lesão do interesse público, o Ministério Público do Trabalho poderá ajuizar dissídio coletivo, competindo à Justiça do Trabalho decidir o conflito".

19.2. CLASSIFICAÇÃO

Tradicionalmente **dois critérios têm sido utilizados pela doutrina para classificar os dissídios coletivos. O principal deles leva em consideração a natureza dos interesses coletivos tutelados. O outro leva em consideração a prévia existência de normatização coletiva aplicável à categoria profissional representada no dissídio.**

Ainda que possam ser encontrados na doutrina outros critérios classificatórios, os dois apontados correspondem às espécies de dissídio coletivo referidas no art. 241 do Regimento Interno do Tribunal do TST, o que lhes confere maior importância.

Segundo o primeiro critério, que diz respeito à natureza dos interesses coletivos tutelados, **os dissídios coletivos podem ser:**

a) **de natureza econômica;**
b) **de natureza jurídica;**
c) **de greve.**

Dissídio de natureza econômica, também denominado **dissídio de interesse, é o que visa à instituição de normas e condições de trabalho.** Trata-se, sem dúvida, da espécie mais importante. **Tem natureza constitutiva.**

Dissídio de natureza jurídica, também denominado **dissídio de direito, é o que visa à interpretação de cláusulas de normas coletivas (por exemplo, sentenças normativas, acordos e convenções coletivas), de disposições legais particulares de categoria profissional ou econômica e de atos normativos. Tem natureza declaratória.** Não é cabível quando se pretende interpretar **norma legal** de caráter geral para toda a classe trabalhadora (OJ nº 7 SDC-TST).

Dissídio coletivo de greve é o que visa à declaração da abusividade ou não da paralisação do trabalho decorrente de greve. Como regra, tem natureza declaratória, mas se o **tribunal não se limitar a reconhecer a legalidade da greve e julgar procedentes os pedidos que constam da pauta reivindicatória dos grevistas, terá natureza constitutiva** e, neste caso, se diz que é um **dissídio misto.**

De acordo com o segundo critério, que considera a prévia existência de normatização coletiva aplicável à categoria profissional representada no dissídio, os dissídios coletivos podem ser:

a) **originários;**
b) **de revisão.**

Dissídio coletivo originário é aquele instaurado quando não há ou não estão em vigor normas e condições especiais de trabalho decretadas em sentença normativa.

Dissídio coletivo de revisão ou revisional é aquele que se destina a reavaliar normas e condições coletivas de trabalho preexistentes que, por força da modificação das circunstâncias que determinaram a sua criação, se tornarem injustas ou ineficazes (arts. 873 a 875 da CLT).

19.3. COMUM ACORDO

Nos termos do § 2º do art. 114 da Constituição da República, **a instauração de dissídio coletivo de natureza econômica exige que as partes estejam "de comum acordo".** Por outras palavras, basta que uma das partes não concorde com a propositura do dissídio coletivo de natureza econômica que o tribunal deverá extinguir o processo, sem resolução do mérito. **A exigência não vale para os dissídios de natureza jurídica ou interpretativa.**

19.4. COMPETÊNCIA

A competência funcional para processar, conciliar e julgar originariamente os dissídios coletivos é atribuída aos tribunais do trabalho. Os juízes de trabalho com atuação no primeiro grau (Varas do Trabalho) não possuem competência funcional para apreciar dissídio coletivo, seja qual for a sua espécie. Nem mesmo quando seu objeto está limitado à declaração da abusividade de uma greve.

A competência territorial, por sua vez, fixa-se pela extensão do dissídio.

Os Tribunais Regionais do Trabalho serão competentes para apreciar os dissídios coletivos que não excedem a sua jurisdição. Por exemplo, se o dissídio coletivo se restringe a um ou mais municípios do Estado de Minas Gerais, a competência originária será do TRT da 3ª Região, com sede em Belo Horizonte.

O Tribunal Superior do Trabalho, por sua vez, será competente para apreciar os dissídios coletivos que excedem a jurisdição de um Tribunal Regional do Trabalho. Por exemplo, se o dissídio coletivo abrange Municípios que se situam nos Estados da Bahia e de Sergipe, a competência originária será do TST.

Há, contudo, uma exceção. Nos termos do art. 12 da Lei nº 7.520/86, que criou a 15ª Região da Justiça do Trabalho, "**compete exclusivamente ao Tribunal Regional do Trabalho da 2ª Região processar, conciliar e julgar os dissídios coletivos nos quais a decisão a ser proferida deva produzir efeitos em área territorial alcançada, em parte, pela jurisdição desse mesmo Tribunal e, em outra parte, pela jurisdição do Tribunal Regional do Trabalho da 15ª Região**". Em suma, **competirá originariamente ao TRT da 2ª Região, sediado na capital do Estado de São Paulo, e não ao TST, julgar o dissídio coletivo que abranja a sua jurisdição e simultaneamente a jurisdição do TRT da 15ª Região, sediado em Campinas.**

A competência para o julgamento do dissídio coletivo será das seções especializadas em dissídios coletivos nos tribunais que as possuem (por exemplo, TST, TRT1, TRT2, TRT3). **Nos tribunais que não possuem seção especializada a competência será do Tribunal Pleno** (por exemplo, TRT20, TRT23).

19.5. INSTAURAÇÃO

19.5.1. Partes

Partes, nos dissídios coletivos, não são as categorias profissionais ou econômicas envolvidas no conflito, mas sim as entidades sindicais que as representam, observando-se, porém, que o empregador, isoladamente considerado, também está legitimado a figurar como parte no dissídio coletivo.

A presença do sindicato patronal no dissídio coletivo não é obrigatória, mas apenas a do sindicato profissional. Deste modo, **pelo lado dos trabalhadores, a parte será sempre o ente sindical.** Já do lado dos empregadores poderá ser parte

Capítulo 19 • DISSÍDIO COLETIVO

tanto o ente sindical patronal quanto, diretamente, a empresa interessada. Nos Dissídios Coletivos as partes são denominadas **Suscitante** e **Suscitado**.

> **Atenção**
>
> Nos termos do § 3º do art. 114 da Constituição da República, o Ministério Público do Trabalho poderá ajuizar dissídio coletivo em caso de greve em atividade essencial com possibilidade de lesão do interesse público. Mas ele não é parte. Atuará na defesa da ordem pública provocando a manifestação do Judiciário Trabalhista. As partes se integrarão obrigatoriamente ao dissídio por força da atuação do MPT.

O vocábulo "sindicato" no art. 616, § 2º, da CLT, não deve ser interpretado como se somente pudesse figurar como parte no dissídio coletivo o ente sindical de primeiro grau. Nos termos do parágrafo único do art. 857 da CLT, "quando não houver sindicato representativo da categoria econômica ou profissional, poderá a representação ser instaurada pelas federações correspondentes e, na falta destas, pelas confederações respectivas, no âmbito de sua representação". O mesmo entendimento deve ser adotado quando o sindicato existe, mas se abstém de conduzir a negociação coletiva e este encargo se transfere a uma entidade sindical de grau superior.

Os servidores públicos, mesmo quando celetistas, não têm, como regra, direito à instauração de dissídio coletivo. Nem mesmo lhes é permitida a negociação coletiva, haja vista que suas condições de trabalho somente podem ser alteradas por norma legal, já que a relação com o poder público, ainda que de caráter contratual, rege-se estritamente pelo princípio da legalidade. Os aumentos de salários, bem como todas e quaisquer vantagens econômicas do servidor público celetista, somente podem ser fixados por lei.

A regra, porém, não é absoluta. Ante a ratificação pelo Brasil, por meio do Decreto Legislativo nº 206/2010, da Convenção nº 151 da Organização Internacional do Trabalho, **a Seção de Dissídios Coletivos do TST editou a OJ nº 5** consagrando o entendimento de que "**em face de pessoa jurídica de direito público que mantenha empregados, cabe dissídio coletivo exclusivamente para apreciação de cláusulas de natureza social**". Em suma, não será cabível dissídio coletivo para a apreciação de cláusulas com conteúdo econômico, mas nada impede que o dissídio seja instaurado para a apreciação de cláusulas meramente sociais.

Os sindicatos de trabalhadores domésticos também podem instaurar dissídio coletivo, uma vez que a possibilidade de contratação coletiva prevista no art. 7º, inciso XXVI, da Constituição lhes foi estendida por meio da Emenda Constitucional nº 72/2013.

A permissão constante do art. 856 para que o presidente do Tribunal instaure de ofício o dissídio coletivo de greve foi derrogada pela Lei nº 7.783/89 (Lei de Greve), que outorgou tal prerrogativa apenas ao MPT. Este é o entendimento da doutrina, respaldado também pelo § 2º do art. 114 da Constituição da República, com a redação dada pela EC nº 45/2004, que igualmente atribui ao Ministério Público tal incumbência e não se refere ao presidente do Tribunal.

19.5.2. Prazo

Nos termos do § 3º do art. 616 da CLT, "**havendo convenção, acordo ou sentença normativa em vigor, o dissídio coletivo deverá ser instaurado dentro dos 60 (sessenta) dias anteriores ao respectivo termo final, para que o novo instrumento possa ter vigência no dia imediato a esse termo**".

O prazo em questão não tem caráter preclusivo e nem prescricional. O seu cumprimento é necessário apenas para que a sentença normativa possa vigorar a partir do dia imediato ao termo final da última normatização coletiva em vigor. Neste caso, mesmo que haja demora no julgamento do dissídio coletivo, a eficácia da sentença normativa retroagirá ao dia imediato ao do término da vigência do instrumento normativo, isto é, retroagirá à assim denominada **data-base da categoria**.

Por outras palavras, **o dissídio instaurado após o término do prazo será processado e julgado normalmente. No entanto, a sentença normativa não terá a sua vigência iniciada no dia imediato ao do término da vigência do instrumento normativo anterior, mas sim a partir da publicação do acórdão,** criando-se, assim, um hiato temporal no qual a categoria profissional não se beneficia da normatização coletiva. Em suma, a categoria perderá a sua data-base.

19.5.3. Condições da ação e/ou pressupostos processuais

De início, como mencionamos em outra parte deste livro, a categoria "condição da ação" não é referida no atual Código de Processo Civil. Assim, o interesse processual e a legitimidade *ad causam,* para boa parte da doutrina, se inserem dentre os pressupostos processuais,[1] embora haja ainda importantes doutrinadores que os tratem como condições da ação, rendendo homenagens à concepção clássica que era acolhida pelo CPC revogado.[2]

Não nos preocuparemos aqui com a distinção entre condições da ação e pressupostos processuais. Seguiremos a doutrina que considera o interesse processual e a legitimidade como pressupostos processuais.

O interesse de agir, no dissídio coletivo, se manifesta claramente quando a negociação coletiva prévia é frustrada e quando a norma coletiva não mais tem vigência ou está prestes a perdê-la. Por outras palavras, o interesse processual é demonstrado a partir de duas exigências legais: **a negociação coletiva prévia** e **a inexistência de norma coletiva em vigor.**

---

1 Neste sentido, Fredie Didier, que entende a categoria dos "pressupostos processuais" como guarda-chuva que abrange todos os requisitos de admissibilidade de um processo (*Curso de direito processual civil:* introdução ao direito processual civil, parte geral e processo do conhecimento. 21. ed. Salvador: JusPodivm, 2019, p. 403), e Donizetti (ob. cit., p. 128-144).

2 Neste sentido, Humberto Theodoro Júnior, ob. cit., p. 196-199.

A instauração do dissídio coletivo, portanto, requer a **comprovação de que as tentativas de negociação coletiva foram esgotadas**, sob pena de que **o processo seja extinto sem resolução do mérito.**

Por outro lado, **a existência de norma coletiva (acordo coletivo, convenção coletiva, sentença normativa) em vigor no período em relação ao qual se busca a normatização coletiva por via judicial constitui obstáculo ao ajuizamento do dissídio coletivo.** De igual modo, **resultará na extinção do processo sem resolução do mérito.** A instauração de dissídio de greve, contudo, foge à regra, como se pode deduzir do disposto no art. 14, parágrafo único, da Lei nº 7.783/89.

A existência do comum acordo, sobre o que já falamos anteriormente, **pode ser considerada um pressuposto processual específico do dissídio coletivo de natureza econômica, mas não deixa de estar conectada à legitimidade para a instauração do processo.** Significa que **haverá uma legitimidade conjunta, inseparável, das partes.** Ambas estarão legitimadas se houver mútuo acordo. Nenhuma delas estará legitimada se inexistir o comum acordo.

Pressuposto processual indiscutível, até porque é exigido nos procedimentos processuais em geral, **a petição inicial, que na linguagem do texto consolidado é chamada de "representação", deverá ser obrigatoriamente escrita** (art. 856 da CLT) **e preencher os requisitos previstos no art. 858 da CLT.**

A petição inicial (representação) do dissídio coletivo deverá, assim, conter:

a) **a designação da autoridade competente** (presidente do TRT ou TST);

b) **a qualificação dos reclamantes (suscitantes) e reclamados (suscitados),** que inclui, dentro outros elementos, a delimitação territorial de representação das entidades sindicais e a indicação das categorias profissionais e econômicas que representam;

c) **a indicação da natureza do estabelecimento ou do serviço;**

d) **os motivos do dissídio,** ou seja, as razões econômicas e sociais que justificam a criação de novas condições de trabalho ou a alteração de condições legais e convencionais preexistentes.

e) **as bases da conciliação,** isto é, as condições que o sindicato deseja ver veiculadas pelas cláusulas da normatização coletiva, identificando-se em geral com a **pauta de reivindicações** da categoria profissional representada pelo sindicato obreiro.

A petição inicial (representação) no dissídio coletivo deverá se fazer acompanhar dos documentos indispensáveis à propositura da ação, que são os aptos a comprovar que:

a) **a instauração do dissídio foi aprovada pela assembleia geral da categoria da qual tenham participado os associados interessados na solução do dissídio coletivo,** nos termos do art. 859 da CLT. Os documentos que se prestam a tal prova são, em geral, o edital de convocação, a ata e a lista de presença da assembleia geral da categoria;

b) **as tentativas de negociação coletiva se esgotaram e foram frustradas. Qualquer documento serve para provar tal fato,** a exemplo de correspondência, registros e atas referentes a negociação coletiva tentada ou realizada diretamente ou mediante a intermediação do órgão competente do Ministério do Trabalho;

c) **que há uma norma coletiva anterior, caso o dissídio seja revisional,** o que pode ser comprovado com a juntada do instrumento normativo respectivo;

d) **que o advogado que subscreve a representação tem poderes para tanto,** o que se comprova com a juntada da procuração outorgada pelo presidente do ente sindical ou da empresa suscitante;

e) **que as partes estão de comum acordo,** o que pode ser comprovado pela juntada de manifestação escrita da parte que não oferece a representação concordando com a instauração do dissídio.

A ausência da documentação indispensável à instauração do dissídio conduzirá à extinção do processo sem que o mérito seja apreciado. Contudo, aplicando-se subsidiariamente o disposto no art. 321 do CPC, **deverá ser concedido ao suscitante o prazo de quinze dias para que regularize o vício.** Somente após esgotado o prazo é que deverá ser o dissidio coletivo extinto sem julgamento do mérito.

19.5.4. Procedimento

O procedimento do dissídio coletivo está regulado pelos arts. 856 a 875 da CLT, mas há também nos regimentos dos tribunais regras complementares que devem ser observadas. Ademais, a aplicação subsidiária do CPC será possível quando as normas processuais trabalhistas forem omissas.

Instaurado o dissídio coletivo, o presidente do tribunal observará se a petição inicial (representação) preenche os requisitos legais e está instruída com os documentos indispensáveis à propositura da ação. Em caso positivo, **designará audiência de conciliação, dentro do prazo de 10 dias.** As partes interessadas serão comunicadas da data e do horário da audiência por via postal ou qualquer outro meio válido.

No TST a tarefa de designar e presidir audiências de conciliação e instrução de dissídio coletivo de competência originária do Tribunal incumbe ao Vice-Presidente, nos termos do art. 42, III, do seu Regimento Interno.

Quando o dissídio ocorrer fora da sede do Tribunal, poderá o presidente do Tribunal (ou o vice-presidente, no caso do TST) delegar a juiz titular da Vara do Trabalho que tenha jurisdição sobre a localidade do dissídio, as atribuições relativas à fase conciliatória. Nesse caso, não havendo conciliação, a autoridade delegada encaminhará o processo ao Tribunal, fazendo exposição circunstanciada dos fatos e indicando a solução que lhe parecer conveniente (art. 866 da CLT)

O empregador pode se fazer representar na audiência pelo gerente, ou por qualquer outro preposto que tenha conhecimento do dissídio, e por cujas declarações será sempre responsável (art. 861 da CLT).

Na audiência, comparecendo as partes ou seus representantes, o presidente do Tribunal (ou da seção especializada, conforme o caso) as convidará para que se pronunciem sobre as bases da conciliação. Se as bases propostas não forem aceitas, o presidente do Tribunal ou da seção especializada proporá a solução que lhe pareça capaz de resolver o dissídio. Se houver acordo, ele o submeterá à homologação do Tribunal na primeira sessão. O acordo homologado é designado pela doutrina como decisão normativa, a fim de distingui-lo da sentença normativa, que resulta do julgamento do dissídio.

Caso não haja acordo, porque as partes não conciliaram ou não se fizeram presentes, em sua totalidade, na audiência de conciliação, o presidente do tribunal ou da seção levará o processo a julgamento, não sem antes realizar as diligências que entender necessárias e ouvir o Ministério Público do Trabalho (art. 864 da CLT).

A sequência de atos no julgamento é disciplinada pelos regimentos internos. Em linhas gerais, designa-se um relator, que apresentará uma síntese da demanda, e proferirá o seu voto, encaminhando o texto para o revisor, que poderá, inclusive, sugerir correções. Após a manifestação do revisor, será designada a sessão de julgamento.

19.6. SENTENÇA NORMATIVA

Denomina-se sentença normativa o pronunciamento dos tribunais (TRT ou TST) quando julgam o dissídio coletivo.

19.6.1. Conteúdo

As sentenças normativas nos dissídios coletivos de natureza econômica (ou dissídios de interesse), cuja natureza é constitutiva, contemplam uma série de cláusulas, que a doutrina costuma classificar em quatro grupos:

a) **cláusulas econômicas,** que têm como objeto a criação, preservação ou alteração de vantagens ou benefícios com conteúdo remuneratório ou indenizatório, a exemplo de reajustes salariais, fixação de piso normativo, estipulação de adicional de horas extras;

b) **cláusulas sociais,** que têm como objeto a criação, preservação ou alteração de condições de trabalho desprovidas de conteúdo econômico, no sentido de que não representam diretamente ingresso de crédito remuneratório ou indenizatório em favor dos trabalhadores, embora possam melhorar a sua qualidade de vida, a exemplo de abono de faltas, preservação do meio ambiente de trabalho, estabilidade pré-aposentável etc.;

c) **sindicais,** que têm como objeto regular as relações entre os sindicatos ou entre estes e as empresas que figuram no dissídio coletivo, a exemplo da fixação de contribuições assistenciais a serem descontadas em folha, a proteção da atividade sindical por meio da concessão de licença especial etc.;

d) **obrigacionais,** que têm como objeto a fixação de penalidade pecuniária (multa) em desfavor das partes do dissídio ou mesmo das empresas representadas pelo sindicato patronal quando descumpridas as cláusulas da sentença normativa.

19.6.2. Vigência

O Tribunal fixará o prazo de vigência da sentença normativa, que de modo algum poderá ser superior a 4 (quatro) anos (art. 868, parágrafo único, da CLT).

Como regra, a sentença normativa terá a sua vigência iniciada na chamada "data-base" da categoria profissional, isto é, o dia seguinte ao término da vigência da última norma coletiva (convenção, acordo coletivo ou sentença normativa), conforme preceituado na alínea *b* do art. 867 da CLT. Não obstante, para que incida a regra é necessário que o dissídio coletivo seja instaurado dentro do prazo de sessenta dias, anteriores ao termo final da vigência da norma coletiva anterior, fixado pelo art. 616, § 3º, da CLT.

Quando o prazo referido for desrespeitado haverá a perda da data-base e a vigência da sentença normativa terá início na data da publicação do acórdão (art. 867, parágrafo único, *a*, da CLT), o que significará que haverá um vazio de normatização coletiva no interregno entre a data de término da vigência da norma coletiva anterior e a data em que for publicada a decisão do dissídio coletivo.

As regras acima levam em consideração a existência e vigência de normatização coletiva anterior, isto é, vale para os dissídios coletivos revisionais. Todavia, pode ser que o dissídio coletivo seja originário. Neste caso, o termo inicial será a data do ajuizamento do dissídio coletivo (art. 867, parágrafo único, *a*, parte final, CLT).

19.6.3. Efeitos e coisa julgada

Os efeitos da sentença normativa, bem como da decisão normativa, são *erga omnes,* vale dizer, alcançarão todos os integrantes das categorias profissional e econômica representadas no dissídio, sejam ou não associados aos entes sindicais, aplicando-se como normas gerais às relações individuais de trabalho.

Quanto à coisa julgada, a doutrina e a jurisprudência divergem quanto à eficácia da sentença normativa. Para alguns, ela somente faria coisa julgada formal. Para outros, ela também faria coisa julgada material. O fato de que cabe ação rescisória para rescindir as sentenças normativas constitui indicativo de que o último posicionamento é o mais acertado.

19.6.4. Recursos

Quando a sentença normativa é proferida por Tribunal Regional, cabe recurso ordinário para o TST.

Quando a sentença normativa é proferida pela Seção de Dissídios Coletivos do TST, caberão embargos infringentes a serem julgados pelo mesmo órgão, mas apenas quando a decisão não for unânime. Mesmo que a decisão não seja unânime, porém, tal recurso não será admitido se a decisão estiver em consonância com precedente jurisprudencial do TST ou súmula. Só restará, então, a quem estiver insatisfeito com a decisão apresentar embargos de declaração ou recurso extraordinário ao STF, neste caso se houver violação ao texto constitucional.

O recurso ordinário, bem como os embargos infringentes, quando for o caso, **terão efeito meramente devolutivo**, mas será possível que o presidente do Tribunal Superior do Trabalho lhe conceda efeito suspensivo por meio de tutelar cautelar (art. 14 da Lei nº 10.192/2001).

19.6.5. Extensão da sentença normativa

Nos termos do art. 868 da CLT, **quando apenas uma fração de empregados de uma empresa está representada no dissídio coletivo, o Tribunal poderá, ao proferir a sentença normativa, estender as condições de trabalho estipuladas aos demais empregados da empresa que forem da mesma profissão.** Basta que o Tribunal entenda que tal providência é justa e conveniente.

Permite-se ao tribunal, ainda, que estenda as condições de trabalho fixadas pela sentença normativa a todos os integrantes da categoria profissional compreendida na sua jurisdição. O tribunal poderá fazê-lo de **ofício** ou a requerimento:

a) **de um ou mais empregadores, ou de qualquer sindicato destes;**
b) **de 1 (um) ou mais sindicatos de empregados;**
c) **do Ministério Público do Trabalho.**

Para tanto, **será necessária a concordância de ¾ dos empregadores e de ¾ dos empregados ou respectivos sindicatos.**

A extensão da sentença normativa ocorrerá em julgamento pelo Tribunal (art. 870, § 2º), **após ouvido o Ministério Público do Trabalho.**

19.6.6. Revisão da sentença normativa

É possível que as condições de trabalho fixadas na sentença normativa venham a se tornar injustas ou mesmo o seu cumprimento se tornar inviável por conta de uma modificação brutal das circunstâncias socioeconômicas que foram decisivas para que o tribunal se pronunciasse daquele modo no julgamento do dissídio coletivo. Caso isso aconteça, **a sentença normativa poderá ser objeto de revisão desde que decorrido mais de um ano de sua vigência** (art. 873 da CLT).

A revisão da sentença normativa poderá ser promovida pelo próprio Tribunal, pelo Ministério Público do Trabalho ou por interessados no cumprimento da decisão (sindicatos e/ou empregadores).

19.7. PRECEDENTES NORMATIVOS DA SEÇÃO DE DISSÍDIOS COLETIVOS DO TST SOBRE MATÉRIA PROCESSUAL

A seguir, um quadro com os precedentes normativos produzidos pela Seção de Dissídios Coletivos do TST sobre matéria processual.

PN-10 BANCO DO BRASIL COMO PARTE EM DISSÍDIO COLETIVO NO TRT

Os Tribunais Regionais do Trabalho são incompetentes para processar e julgar Dissídios Coletivos em que sejam partes o Banco do Brasil S.A. e entidades sindicais dos bancários.

PN-29 GREVE. COMPETÊNCIA DOS TRIBUNAIS PARA DECLARÁ-LA ABUSIVA

Compete aos Tribunais do Trabalho decidir sobre o abuso do direito de greve.

PN-37 DISSÍDIO COLETIVO. FUNDAMENTAÇÃO DE CLÁUSULAS. NECESSIDADE

Nos processos de dissídio coletivo só serão julgadas as cláusulas fundamentadas na representação, em caso de ação originária, ou no recurso.

PN-120 SENTENÇA NORMATIVA. DURAÇÃO. POSSIBILIDADE E LIMITES

A sentença normativa vigora, desde seu termo inicial até que sentença normativa, convenção coletiva de trabalho ou acordo coletivo de trabalho superveniente produza sua revogação, expressa ou tácita, respeitado, porém, o prazo máximo legal de quatro anos de vigência.

INFLUXOS DA JURISPRUDÊNCIA NO PROCESSO TRABALHISTA

20

A jurisprudência sempre desempenhou um papel importante na formação e no desenvolvimento do direito material e processual do trabalho. Basta dizer que há súmulas editadas pelo TST que não se limitam a interpretar o direito legislado, mas chegam mesmo a criar obrigações não previstas em lei ou, ainda, a afastar a incidência de regra legal mesmo quando não esteja em jogo o controle de constitucionalidade. Podemos citar dois exemplos: a Súmula 291, que criou, sem qualquer previsão legal, uma indenização em favor do empregado que tem suprimidas as horas extras, e a Súmula 425, que limitou o *ius postulandi* das partes às Varas do Trabalho e aos Tribunais Regionais do Trabalho, contrariando o texto do art. 791 da CLT, que expressamente assegura a capacidade postulatória do empregado e do empregador em todas as instâncias da Justiça do Trabalho.

A expansão da força normativa da jurisprudência é um fenômeno que vem se intensificando nos países democráticos do mundo ocidental desde a segunda metade do século XX,[1] mesmo naqueles que não estão inseridos na tradição do *Common Law*.[2]

A referência ao *Common Law* reclama algumas breves notas. Os dois principais sistemas jurídicos contemporâneos são o *Common Law* e o *Civil Law*. O direito brasileiro, na esteira do direito continental europeu, se filia ao *Civil Law*. Inglaterra, Estados Unidos e alguns outros países que foram colonizados pelos ingleses se filiam à tradição do *Common Law*. As diferenças existentes entre o *Common Law* e o *Civil Law* repercutem no grau, nos modos, nos limites e na discussão sobre a legitimidade da criação judicial do direito.[3]

---

1   Sobre o assunto, cf. FACCHINI, Eugênio. O Judiciário no mundo contemporâneo. *Revista da AJURIS*, v. 34, n. 108, dez. 2007, p. 139-165.

2   Como afirma com muita precisão François Rigaux, "por maior que pareça a diferença entre os países com direito escrito e os de direito comum (*Common Law*), a função criadora da jurisprudência não se limita aos países do segundo grupo, embora seja aí mais tradicional do que nos países do primeiro" (RIGAUX, François. *A Lei dos Juízes*. Colecção Direito e Deveres do Homem. Lisboa: Instituto Piaget, 2000, p. 143).

3   Não deve ser desconsiderado, contudo, que as diferenças entre os sistemas da *Common Law* e romano-germânico têm diminuído. Como adverte o prof. Facchini (Estrutura e funcionamento da Justiça Norte-Americana, *Revista da Ajuris*, Edição nº 213, 2009): "O estudo do direito comparado costuma apontar para uma tendência de diminuição de diferenças, entre os sistemas da *Common Law* e do chamado direito romano-germânico. Dentre os sinais dessa aproximação entre os dois grandes sistemas de direito contemporâneo, está o fato de que aumenta cada vez mais o fenômeno da legislação no âmbito dos países de *Common Law*, ao passo que nos países de origem romano-germânica cada vez mais a jurisprudência opera como verdadeira fonte de direito (o fenômeno das súmulas vinculantes em nosso país poderia ser

Capítulo 20 • INFLUXOS DA JURISPRUDÊNCIA NO PROCESSO TRABALHISTA

A ideia de **direito comum** (***Common Law***) identifica justamente o conjunto de regras derivadas das decisões dos juízes,[4] em contraposição ao ***Statute Law***, que identifica o direito produzido pelo legislador.[5]

O sistema do *Common Law* se funda na doutrina do ***stare decisis***, também conhecida como **doutrina do precedente vinculante** (*Doctrine of Binding Precedent*). A denominação em latim vem do tempo em que esta era a língua comum do mundo científico, inclusive o jurídico. A expressão completa é ***stare decisis et non quieta movere***, que significa literalmente "estar com as coisas decididas e não mover as coisas quietas". A ideia é a de que **os juízes e tribunais inferiores devem *estar* com as decisões da Corte superior e *não mover* as decisões pacificadas, de modo que a jurisprudência pacífica terá efeito vinculante.**[6]

De acordo com a doutrina do *stare decisis*, para além da função de dirimir o conflito posto perante o Juízo, a decisão judicial adquire também o valor de precedente vinculante. Por outras palavras, uma decisão de um tribunal que solucionou determinado caso concreto será adotada nos casos idênticos que vierem a ser julgados pelos órgãos jurisdicionais inferiores ou pela mesma Corte.[7] **Deste modo, a decisão judicial, à semelhança do que ocorre com a norma editada pelo legislador, regulará situações futuras.**

Como os magistrados são os principais protagonistas da doutrina do *stare decisis*, ela também é conhecida como *judge-made law* (direito construído pelo juiz).

Em razão da doutrina do *stare decisis*, os precedentes judiciais no *Common Law* constituem o foco das discussões doutrinárias e jurisprudenciais. O debate dos advogados costuma se dar em torno da interpretação/aplicação dos precedentes judiciais aos novos casos em julgamento pelos juízes e tribunais.

Ressalte-se, por fim, que **a doutrina do *stare decisis* decorre tão somente da tradição. Não foi criada pelo legislador.** As razões apontadas pelos estudiosos do direito comparado para a justificação e prevalência da doutrina do *stare decisis* dizem com a igualdade, a previsibilidade, a economia e o respeito à autoridade judicial.[8]

---

indicado como um sinal dessa tendência). Outros sinais dessa tendência seriam o aumento da importância da jurisdição constitucional em todos os países ocidentais, uma certa padronização de institutos do direito comercial (a nova *lex mercatoria*), a difusão do modelo das agências regulatórias, dentre outros".

4   Nas palavras de Antonin Scalia, "the common law is not really common law, except insofar as judges can be regarded as common. That is to say, it is not "customary law," or a reflection of the people's practices, but is rather law developed by the judges" (SCALIA, Antonin. *A matter of interpretation: federal courts and the law: an essay*; with commentary by Amy Gutmann, editor . . . [et al.]. Princeton, New Jersey, Princeton University Press, 1997, p. 4).

5   Sobre o assunto, cf. MACIEL, Adhemar Ferreira. Apontamentos sobre o judiciário americano. *Informativo Jurídico da Biblioteca Ministro Oscar Saraiva*, v. 6, n. 1, p. 39-46, jan./jun. 1994.

6   BARROS, Sérgio Resende de. Simplificação do controle de constitucionalidade. Artigo disponível em: <http://www.srbarros.com.br/artigos_fullprint.php?TextID=76>. Acesso em: 11 set. 2009

7   BIN, Marino. *Il precedente giudiziario: valore e interpretazione*. Padova, Cedam, 1995, p. 41.

8   Cf. FARNSWORTH, E. Allan. *Introdução ao Sistema Jurídico dos Estados Unidos*. Rio de Janeiro: Forense, 1963, p. 62.

No sistema do *Civil Law* há um maior protagonismo do legislador. O juiz, como regra, limita-se a solucionar os casos concretos que são levados à sua apreciação sem vincular-se a decisões judiciais anteriores. O papel do juiz é, sobretudo, aplicar o direito positivo elaborado pelo legislador, daí por que já houve um tempo em que se afirmava que o juiz era meramente a "boca da lei" (*bouche de la loi*), concepção, contudo, que foi deixada de lado quando se percebeu que mesmo no sistema do *Civil Law* o juiz também cria o direito, não se limitando apenas a aplicar o direito preexistente.

Apesar das diferenças existentes entre os dois grandes sistemas jurídicos contemporâneos, **não há como negar que o papel do Judiciário na criação do direito, mesmo na tradição do *Civil Law*, tem se expandido para além da fixação de regras aplicáveis à solução de cada caso concreto que lhe é apresentado, sobretudo em função do avanço da legislação e constitucionalização dos direitos sociais.**

Tal fenômeno não se dá sem certos sobressaltos, considerando-se que **a linha ideal que separa a atuação legisferante da atividade judicial nem sempre é muito nítida,** daí por que são numerosos os conflitos suscitados pela inexistência de parâmetros confiáveis para medir com exatidão o campo que caberia a cada um dos Poderes, o que fez com que a teoria de Montesquieu não escapasse de uma releitura crítica.

20.1. SISTEMA DE PRECEDENTES

O direito brasileiro, embora se insira no *Civil Law*, tem recebido influência do *Common Law*, o que, como dissemos, não é privilégio nosso. Na verdade, nas últimas décadas tem havido certa convergência entre os dois principais sistemas jurídicos do mundo ocidental, de modo que, em nome da segurança jurídica, países que integram a tradição jurídica do *Civil Law* vêm adotando alguns institutos que surgiram no *Common Law*. De igual modo, a atividade legisferante tem adquirido maior relevância nos países que seguem a tradição do *Common Law*.

Assim é que, com o objetivo manifesto de conferir maior previsibilidade e respeitabilidade às decisões judiciais, atendendo a valores como a segurança jurídica, a celeridade e a economicidade, **o atual Código de Processo Civil, incorporando alguns traços da doutrina do *stare decisis* à sistemática jurídico-processual brasileira, adota um sistema de precedentes vinculantes, como se deduz da conjugação dos arts. 489 e 926.**

O inciso VI do § 1º do art. 489 do CPC estabelece que **não se considerará fundamentada qualquer decisão judicial, seja ela interlocutória, sentença ou acórdão, que deixar de seguir enunciado de súmula, jurisprudência ou precedente invocado pela parte sem demonstrar a existência de distinção no caso em julgamento ou a superação do entendimento.** Por outras palavras, confere força vinculante aos enunciados de súmula, jurisprudência ou precedentes que tratem de casos idênticos. Para que possa decidir de modo diverso, o juiz terá que demonstrar, por meio de uma análise comparativa (*distinguishing*), que o caso é distinto ou, então, que o precedente invocado foi superado (*overrruling*).

O art. 926 do CPC, por sua vez, estabelece que os tribunais devem uniformizar sua jurisprudência e mantê-la estável, íntegra e coerente (*caput*) e, ademais, deverão editar enunciados de súmula correspondentes a sua jurisprudência dominante (§ 1º), atendo-se às circunstâncias fáticas dos precedentes que motivaram sua criação (§ 2º).

Outrora, portanto, as súmulas, orientações jurisprudenciais e precedentes no direito processual brasileiro serviam apenas para orientar a interpretação jurídica. Não impunham ao juiz o dever de adotar os seus fundamentos quando fosse apreciar caso idêntico. Isso mudou.

Em linhas gerais, pode-se dizer que **garantir que casos idênticos, isto é, com o mesmo fundamento jurídico, tenham soluções idênticas é o objetivo da adoção do sistema de precedentes,** que pretende, assim, inibir o uso excessivo de recursos e a exacerbação do número de demandas, desafogando o Judiciário.

É importante ressaltar que **o precedente é formado pela razão de decidir (*ratio decidendi*) do julgado ou, por outras palavras, pelos fundamentos jurídicos da decisão.** São eles que podem ser invocados nas demandas posteriores. As circunstâncias fáticas não tornam vinculante a decisão. De igual modo, também não formam o precedente **as observações ou argumentos secundários que, mesmo úteis para a compreensão da decisão, não oferecem fundamentação jurídica para a solução da causa,** que são apelidados de *obter dictum.* **Muito menos as razões do voto vencido ou os fundamentos que não foram aprovados pela maioria do órgão colegiado.**

Os juízes devem ter muito cuidado ao aplicar os precedentes vinculantes. O **caso concreto deve ser rigorosamente cotejado com a *ratio decidendi* do precedente, observando-se se as situações são realmente idênticas nas suas particularidades.** Por outras palavras, o juiz deverá verificar se há distinção entre o caso concreto submetido à apreciação do juiz e a situação regulada pelo precedente, processo que, na tradição jurídica anglo-saxônica é denominado *distinguishing* e conduzirá à inaplicabilidade da decisão anterior se for constatado que as situações não são idênticas.

O magistrado não estará vinculado ao julgamento anterior caso não haja correspondência entre os fatos debatidos na demanda e o fundamento jurídico que formou o precedente ou, também, **na hipótese de que haja uma particularidade no caso atual que afaste a aplicação da *ratio decidendi* do precedente.**

20.2. INCIDENTE DE RESOLUÇÃO DE DEMANDAS REPETITIVAS

O novo CPC criou o **Incidente de Resolução de Demandas Repetitivas,** cuja aplicabilidade na Justiça do Trabalho está prevista na IN n. 39/2016 do TST. Com efeito, a referida instrução normativa dispõe expressamente no seu art. 8º que se aplicam ao Processo do Trabalho as normas dos arts. 976 a 986 do CPC que regem o incidente de resolução de demandas repetitivas (IRDR).

Como ressalta Bezerra Leite, "o IRDR pode ser instaurado em recurso ordinário, agravo de petição, agravo de instrumento, remessa necessária ou processo de competência originária de onde se originou o incidente".[9]

O procedimento do incidente de resolução de demandas repetitivas (IRDR) deve obedecer às disposições contidas nos arts. 976 a 986 do CPC e às diretrizes sobre o tema estabelecidas pela já citada IN n. 39/2016 do TST.

O novo instituto processual é cabível quando coexistirem três requisitos ou pressupostos de admissibilidade: (a) a existência de processos repetidos que contenham controvérsia sobre uma mesma questão exclusivamente de direito (que tanto pode ser de direito material quanto de direito processual); (b) o risco de ofensa à isonomia; (c) o risco de ofensa à segurança jurídica (art. 976, CPC). Todavia, ainda que presentes simultaneamente os três requisitos indicados, não será cabível o incidente "quando um dos tribunais superiores, no âmbito de sua respectiva competência, já tiver afetado recurso para definição de tese sobre questão de direito material ou processual repetitiva" (art. 976, § 4º, CPC).

À falta de qualquer dos requisitos estabelecidos pelo art. 976 do CPC, não será cabível a instauração do incidente. No entanto, se o IRDR não for admitido por ausência de qualquer de seus pressupostos de admissibilidade, nada impede que, uma vez satisfeito o requisito, seja o incidente novamente suscitado (art. 976, § 3º, CPC).

Por outro lado, mesmo que haja a desistência ou o abandono do processo, o incidente, uma vez instaurado, prosseguirá até que o seu mérito seja examinado. O Ministério Público tem legitimidade para requerer a sua instauração, mas se não for o requerente deverá intervir obrigatoriamente no incidente e, inclusive, assumir a sua titularidade em caso de desistência ou de abandono (art. 976, §§ 1º e 2º, CPC).

O incidente de resolução de demandas repetitivas é gratuito, isto é, não exige o pagamento de custas processuais (art. 976, § 5º, CPC).

Nos termos do art. 977 do CPC, o pedido de instauração do incidente será dirigido ao presidente de tribunal: I – pelo juiz ou relator, por ofício; II – pelas partes, por petição; III – pelo Ministério Público ou pela Defensoria Pública, por petição.

O ofício ou a petição será instruído com os documentos necessários à demonstração do preenchimento dos pressupostos para a instauração do incidente. O seu julgamento caberá ao órgão colegiado indicado pelo regimento interno dentre aqueles responsáveis pela uniformização de jurisprudência do tribunal, ao qual incumbirá julgar o incidente, fixar a tese jurídica prevalecente e, além disso, julgar o recurso, a remessa necessária ou o processo de competência originária de onde se originou o incidente (art. 978, CPC).

---

9   Ob. cit., p. 1223.

Consoante estabelecido pelo art. 979 do CPC, "a instauração e o julgamento do incidente serão sucedidos da mais ampla e específica divulgação e publicidade, por meio de registro eletrônico no Conselho Nacional de Justiça" (*caput*), "os tribunais manterão banco eletrônico de dados atualizados com informações específicas sobre questões de direito submetidas ao incidente, comunicando-o imediatamente ao Conselho Nacional de Justiça para inclusão no cadastro" (§ 1º) e "para possibilitar a identificação dos processos abrangidos pela decisão do incidente, o registro eletrônico das teses jurídicas constantes do cadastro conterá, no mínimo, os fundamentos determinantes da decisão e os dispositivos normativos a ela relacionados (§ 2º).

É importante salientar que, de acordo com o art. 980 do CPC, "o incidente será julgado no prazo de 1 (um) ano e terá preferência sobre os demais feitos, ressalvados os que envolvam réu preso e os pedidos de *habeas corpus*" (*caput*) e "superado o prazo previsto no *caput*, cessa a suspensão dos processos prevista no art. 982, salvo decisão fundamentada do relator em sentido contrário" (parágrafo único).

De acordo com o art. 981 do CPC, distribuído o incidente, o órgão colegiado competente para julgá-lo procederá ao seu juízo de admissibilidade, considerando a presença simultânea dos pressupostos ou requisitos previstos no art. 976 do CPC.

Se o relator admitir o incidente, (I) suspenderá o julgamento dos processos pendentes, individuais ou coletivos, que tramitam na Região, no tocante ao tema objeto de IRDR, sem prejuízo da instrução integral das causas e do julgamento dos eventuais pedidos distintos e cumulativos igualmente deduzidos em tais processos, inclusive, se for o caso, do julgamento antecipado parcial do mérito; (II) poderá requisitar informações a órgãos em cujo juízo tramita processo no qual se discute o objeto do incidente, que as prestarão no prazo de 15 (quinze) dias; (III) intimará o Ministério Público do Trabalho para, querendo, manifestar-se no prazo de 15 (quinze) dias (art. 982, *caput*, CPC, c/c art. 8º, § 1º, da IN 39/2016 do TST).

A suspensão será comunicada aos órgãos jurisdicionais competentes e, enquanto persistir, o eventual pedido de tutela de urgência deverá ser dirigido ao juízo onde tramita o processo suspenso (art. 982, §§ 1º e 2º, CPC).

Nos termos do art. 983 do CPC, "o relator ouvirá as partes e os demais interessados, inclusive pessoas, órgãos e entidades com interesse na controvérsia, que, no prazo comum de 15 (quinze) dias, poderão requerer a juntada de documentos, bem como as diligências necessárias para a elucidação da questão de direito controvertida, e, em seguida, manifestar-se-á o Ministério Público, no mesmo prazo" (*caput*) e, "para instruir o incidente, o relator poderá designar data para, em audiência pública, ouvir depoimentos de pessoas com experiência e conhecimento na matéria" (§ 1º), sendo que "concluídas as diligências, o relator solicitará dia para o julgamento do incidente" (§ 2º).

Quando do julgamento do incidente, observar-se-á a seguinte ordem: (I) o relator fará a exposição do objeto do incidente; (II) poderão sustentar suas razões, sucessivamente: a) o autor e o réu do processo originário e o Ministério Público, pelo prazo de 30 (trinta) minutos; b) os demais interessados, no prazo de 30 (trinta) minutos, divididos entre todos, sendo exigida inscrição com 2 (dois) dias de antecedência (art. 984, *caput*, CPC), sendo que, "considerando o número de inscritos, o prazo poderá ser ampliado" (art. 984, § 1º, CPC).

Conforme preceitua o art. 985 do CPC, o conteúdo do acórdão abrangerá a análise de todos os fundamentos suscitados concernentes à tese jurídica discutida, sejam favoráveis ou contrários. (art. 984, § 2º, CPC) e, uma vez julgado o incidente, a tese jurídica será aplicada: (I) a todos os processos individuais ou coletivos que versem sobre idêntica questão de direito e que tramitem na área de jurisdição do respectivo tribunal, inclusive àqueles que tramitem nos juizados especiais do respectivo Estado ou região; (II) aos casos futuros que versem idêntica questão de direito e que venham a tramitar no território de competência do tribunal, salvo revisão na forma do art. 986.

Quando a tese adotada no incidente não for observada, caberá reclamação (art. 985, § 1º, CPC).

Do julgamento do mérito do incidente caberá recurso de revista para o Tribunal Superior do Trabalho, dotado de efeito meramente devolutivo, nos termos dos arts. 896 e 899 da CLT (art. 8º, § 2º, da IN 39/2016 do TST). Apreciado o mérito do recurso, a tese jurídica adotada pelo Tribunal Superior do Trabalho será aplicada no território nacional a todos os processos, individuais ou coletivos, que versem sobre idêntica questão de direito (art. 8º, § 3º, da IN 39/2016 do TST).

20.3. JULGAMENTO DE RECURSOS DE REVISTA E RECURSOS EXTRAORDINÁRIOS REPETITIVOS

Sob a inspiração dos mesmos valores que animaram a adoção de um sistema de precedentes, isto é, a segurança jurídica, a celeridade e a economicidade, a Lei nº 11.418/2006 e a Lei nº 11.672/2008 acresceram ao CPC de 1973, respectivamente, os arts. 543-B e 543-C, estabelecendo regras para o julgamento de recursos extraordinários (STF) e recursos especiais (STJ) repetitivos. Tais regras, por determinação do art. 896-B da CLT, acrescido pela Lei nº 13.015/2014, deveriam ser aplicadas, no que coubessem, ao recurso de revista.

No novo CPC, as regras que devem ser subsidiariamente aplicáveis ao julgamento dos recursos de revista repetitivos estão sediadas principalmente nos arts. 1.036 a 1.041. A matéria é regulada, também, pelos arts. 896-C e 896-D da CLT, que foram introduzidos no texto consolidado pela já referida Lei nº 13.015/2014, e pelos arts. 280 a 297 do Regimento Interno do TST.

Havendo um grande número de recursos de revista fundados na mesma questão de direito, a Seção Especializada em Dissídios Individuais ou o Tribunal

Pleno, por decisão da maioria simples de seus membros, poderá, atendendo a requerimento de um dos Ministros que compõem a Seção Especializada, tomar para si a incumbência de julgá-los, caso considere que a matéria é relevante ou existam entendimentos divergentes entre os Ministros daquela Seção ou das Turmas do Tribunal.

Neste caso, o Presidente da Turma ou da Seção Especializada, por indicação dos relatores, afetará ao julgamento da Seção Especializada em Dissídios Individuais ou do Tribunal Pleno um ou mais recursos representativos da controvérsia, expedindo comunicação aos demais Presidentes de Turma ou de Seção Especializada, que poderão, também, encaminhar outros processos que versem sobre a mesma questão para que sejam conjuntamente julgados, permitindo que o órgão julgador tenha uma visão global da questão.

O Presidente do Tribunal Superior do Trabalho deverá, então, oficiar os Presidentes dos Tribunais Regionais do Trabalho a fim de que sejam suspensos os recursos interpostos em casos idênticos aos afetados como recursos repetitivos, até que o TST emita um pronunciamento definitivo sobre a questão jurídica controvertida.

O presidente do Tribunal Regional do Trabalho de onde os recursos de revista repetitivos se originam deverá admitir um ou mais recursos representativos da controvérsia, encaminhando-os ao Tribunal Superior do Trabalho, enquanto os demais recursos de revista ficarão suspensos até que a Corte Superior se pronuncie em caráter definitivo sobre a questão.

O relator no Tribunal Superior do Trabalho também poderá determinar a suspensão dos recursos de revista ou de embargos que tenham como objeto controvérsia idêntica à do recurso afetado como repetitivo.

O recurso repetitivo será distribuído a um relator e a um revisor, dentre os ministros membros da Seção Especializada ou do Tribunal Pleno. O relator, caso julgue necessário, poderá solicitar aos Tribunais Regionais do Trabalho informações a respeito da controvérsia, que deverão ser prestadas no prazo de 15 dias.

O relator ouvirá as partes e os demais interessados, inclusive pessoas, órgãos e entidades com interesse na controvérsia, que, no prazo comum de 15 (quinze) dias, poderão requerer a juntada de documentos, bem como as diligências necessárias para a elucidação da questão de direito controvertida, e, em seguida, manifestar-se-á o Ministério Público do Trabalho, no mesmo prazo.

Transcorrido o prazo para o Ministério Público e remetida cópia do relatório aos demais ministros, o processo será incluído em pauta na Seção Especializada ou no Tribunal Pleno, devendo ser julgado com preferência sobre os demais feitos.

Publicado o acórdão do Tribunal Superior do Trabalho, os recursos de revista repetitivos sobrestados na origem, isto é, aqueles que foram suspensos antes mesmo de chegarem ao Tribunal Superior do Trabalho: (i) terão seguimento denegado na hipótese de o acórdão recorrido coincidir com a orientação do Tribunal Superior do Trabalho; ou (ii) serão novamente examinados pelo Tribunal de origem na hipótese de o acórdão recorrido divergir da orientação do **Tribunal Superior do Trabalho.** No segundo caso, se o Tribunal de origem mantiver a decisão divergente, far-se-á o exame de admissibilidade do recurso de revista.

Quando a questão afetada e julgada sob o rito dos recursos repetitivos também contiver matéria constitucional, a decisão proferida pelo Tribunal Pleno não impedirá que os eventuais recursos extraordinários sejam apreciados especificamente no tocante à matéria constitucional.

Por fim, cabe ressaltar que **o incidente de julgamento de recursos repetitivos também se aplica aos recursos extraordinários interpostos perante o Tribunal Superior do Trabalho.** Neste caso, caberá ao Presidente do Tribunal Superior do Trabalho selecionar um ou mais recursos representativos da controvérsia e encaminhá-los ao Supremo Tribunal Federal, sobrestando os demais até o pronunciamento definitivo da Corte.

O presidente do Tribunal Superior do Trabalho poderá oficiar os Tribunais Regionais do Trabalho e os presidentes das Turmas e da Seção Especializada do Tribunal para que suspendam os processos idênticos aos selecionados como recursos representativos da controvérsia e encaminhados ao Supremo Tribunal Federal, até que este se pronuncie definitivamente.

A decisão firmada em recurso repetitivo não será aplicável aos casos em que se demonstre que a situação de fato ou de direito é distinta daquela veiculada na demanda julgada sob o rito do incidente de resolução de demandas repetitivas.

A decisão firmada em julgamento de recursos repetitivos poderá sofrer revisão quando a situação econômica, social ou jurídica for alterada, hipótese em que será respeitada a segurança jurídica das relações firmadas sob a égide da decisão anterior, permitindo-se ao Tribunal Superior do Trabalho modular os efeitos da decisão que a tenha alterado, vale dizer, restringir os seus efeitos retroativos.

20.4. INCIDENTE DE ASSUNÇÃO DE COMPETÊNCIA

O Código de Processo Civil prevê no art. 947 o **Incidente de Assunção de Competência, cabível quando o julgamento de recurso, de remessa necessária ou de processo de competência originária envolver relevante questão de direito, com grande repercussão social, sem repetição em múltiplos processos.**

Nos termos do § 1º do art. 947 do CPC, "ocorrendo a hipótese de assunção de competência, o relator proporá, de ofício ou a requerimento da parte, do Ministério Público ou da Defensoria Pública, que seja o recurso, a remessa necessária ou o processo de competência originária julgado pelo órgão colegiado que o regimento indicar". Neste caso, o órgão colegiado julgará o recurso, a remessa necessária ou o processo de competência originária se reconhecer interesse público na assunção de competência (art. 947, § 2º, CPC). O acórdão proferido em assunção de competência vinculará todos os juízes e órgãos fracionários, exceto se houver revisão de tese (art. 947, § 3º, CPC). Por fim, o incidente de assunção de competência é aplicável quando ocorrer relevante questão de direito a respeito da qual seja conveniente a prevenção ou a composição de divergência entre câmaras ou turmas do tribunal (art. 947, § 4º, CPC).

A aplicabilidade do Incidente de Assunção de Competência na Justiça do Trabalho é indiscutível, uma vez que o Regimento Interno do TST trata expressamente do incidente no seu art. 298, conquanto se refira apenas à hipótese prevista no § 13 do art. 896 da CLT (incluído pela Lei nº 13.015/2014), isto é, ao julgamento do recurso de embargos à Subseção I da Seção Especializada em Dissídios Individuais.

O que se questiona, portanto, é se o incidente estaria, no âmbito do processo do trabalho, limitado à hipótese dos embargos à Subseção I da Seção Especializada em Dissídios Individuais. No particular, acompanhando o magistério de Bezerra Leite, entendemos que é possível a aplicação supletiva e subsidiária do incidente de assunção de competência previsto no art. 947 do CPC no julgamento do recurso ordinário ou do agravo (de petição, de instrumento ou interno), de remessa necessária ou de processo de competência originária, uma vez que há lacuna da CLT e inexiste qualquer incompatibilidade do incidente com a principiologia do direito processual do trabalho. Suas doutas lições merecem reprodução aqui:

> [...] no processo do trabalho o incidente de assunção de competência poderá ser instaurado no julgamento do recurso ordinário ou do agravo (de petição, de instrumento ou interno), de remessa necessária ou de processo de competência originária quando:
> • envolver relevantes questões de direito e com grande repercussão social, sem repetição em múltiplos processos (CPC, art. 947, *caput*); e/ou
> • ocorrer relevante questão de direito a respeito da qual seja conveniente a prevenção ou a composição de divergência entre câmaras ou turmas do tribunal (CPC, art. 947, § 4º).
> Caberá ao relator (ou outro órgão julgador), verificando que a adoção de tese jurídica acerca da questão de direito discutida no processo é conveniente para prevenir ou compor divergência jurisprudencial em relevantes questões de direito, propor ao órgão fracionário ao qual pertence o deslocamento da competência funcional para o Pleno ou órgão equivalente julgar o recurso.
> Se na Turma for acolhida a proposta do relator, será lavrada simples certidão pela Secretaria, sendo os autos encaminhados ao Tribunal Pleno (ou órgão equivalente previsto no regimento interno). Tal decisão turmária é irrecorrível, mormente no processo do trabalho (CLT, art. 893, § 1º).
> No Tribunal Pleno, será relator do feito o relator originário da Turma.
> Se o Tribunal Pleno reconhecer a relevância da questão jurídica e a grande repercussão social do julgamento de maior amplitude, processará e julgará todo o recurso, lavrando-se o correspondente acórdão que, nos

termos do § 3º do art. 947 do CPC, "vinculará todos os juízes e órgãos fracionários, exceto se houver revisão de tese". [10]

No âmbito do TST, conforme preceitua o art. 298 do seu regimento interno, "quando o julgamento dos embargos à Subseção I da Seção Especializada em Dissídios Individuais envolver relevante questão de direito, com grande repercussão social, sem repetição em múltiplos processos, mas a respeito da qual seja conveniente a prevenção ou a composição de divergência entre as turmas ou os demais órgãos fracionários do Tribunal Superior do Trabalho, poderá a Subseção I da Seção Especializada em Dissídios Individuais, por iniciativa de um de seus membros e após a aprovação da maioria de seus integrantes, afetar o seu julgamento ao Tribunal Pleno".

---

10 Bezerra Leite, Ob. cit., p. 1209/1210.

O PROCESSO DO TRABALHO EM TEMPOS DE PANDEMIA E A REALIZAÇÃO DE AUDIÊNCIAS E SESSÕES POR MEIO DE TELECONFERÊNCIA

21

A necessidade de isolamento social, ditada pelo risco elevado de contágio e de morte decorrente da pandemia do Covid-19, afetou profundamente o funcionamento dos tribunais, trazendo sensíveis mudanças à prática judiciária.

No caso específico da Justiça do Trabalho, a Presidente, o Vice-Presidente do Tribunal Superior do Trabalho e do Conselho Superior da Justiça do Trabalho e o Corregedor-Geral da Justiça do Trabalho editaram o **ATO CONJUNTO N. 1/ CSJT.GP.VP.CGJT, de 19 de março de 2020, suspendendo a prestação presencial de serviços no âmbito da Justiça do Trabalho de 1º e 2º graus e estabelecendo protocolo para a prestação presencial mínima e restrita aos serviços essenciais ao cumprimento das atribuições finalísticas da Justiça do Trabalho de 1º e 2º graus como medida de emergência para prevenção da disseminação do Novo Coronavírus (Covid-19).** Posteriormente, em 17 de abril de 2020, as mesmas autoridades editaram o **ATO CONJUNTO CSJT.GP.GVP.CGJT Nº 5, mantendo suspensas as audiências e as sessões presenciais, mas permitindo que ambas pudessem ser realizadas por meio virtual ou telepresencial.**

A fim de evitar que as demandas se prolongassem indefinidamente no tempo, com grave prejuízo para as partes, notadamente para o hipossuficiente que busca em juízo créditos de natureza alimentar, tornou-se necessário o sacrifício, pelo menos momentâneo, de alguns postulados básicos do processo do trabalho, a exemplo da oralidade. Algumas regras do texto consolidado tiveram que ser deixadas temporariamente de lado em nome da efetividade e da celeridade do processo do trabalho, sendo substituídas na prática por regras previstas no CPC. Neste sentido, a Corregedoria-Geral da Justiça do Trabalho (TST) editou o Ato nº 11/GCGJT,[1] de 23 de abril de 2020, prorrogado e atualizado pelo Ato nº 19/ GCGJT, de 19 de novembro de 2020,[2] cujo texto atualizado até o fechamento da edição deste livro é o seguinte:

---

1 Disponível em: <https://hdl.handle.net/20.500.12178/171013>. Acesso em: 15 jul. 2021.
2 Disponível em: <https://hdl.handle.net/20.500.12178/179193>. Acesso em: 15 jul. 2021.

ATO Nº 11/GCGJT, DE 23 DE ABRIL DE 2020.

Regulamenta os prazos processuais relativos a atos processuais que demandem atividades presenciais, assim como a uniformização dos procedimentos para registro e armazenamento das audiências em áudio e vídeo e fixa outras diretrizes.

O MINISTRO CORREGEDOR-GERAL DA JUSTIÇA DO TRABALHO, no uso das atribuições legais e regimentais,

CONSIDERANDO o disposto no art. 6º do Ato Conjunto CSJT.GP.CGJT nº 5, de 17 de abril de 2020, que prorrogou as medidas de prevenção ao contágio pelo novo coronavírus (Covid-19), e dispôs sobre a suspensão de prazos processuais no âmbito da Justiça do Trabalho de 1º e 2º graus;

CONSIDERANDO o disposto nas Resoluções nºs 313/20 e 314/20 do Conselho Nacional de Justiça;

CONSIDERANDO as informações prestadas pelo Conselho Nacional de Justiça quanto à viabilidade técnica de uso da plataforma CISCO – WEBEX, bem como a possibilidade de armazenamento das gravações de som e imagem das audiências e sessões de julgamento na plataforma PJe-Mídias;

CONSIDERANDO a necessidade de extraordinária adaptação do processo à realidade vivida por força da pandemia decorrente do Covid-19, de modo a minimizar seus impactos, e as possíveis dificuldades de acesso às plataformas de realização dos atos telepresenciais.

RESOLVE

Artigo 1º Ressalvada a prática dos atos processuais por meio telepresencial a que se refere o art. 4º do Ato Conjunto CSJT.GP.CGJT nº 5, fica vedada, expressamente, durante a vigência do regime de trabalho diferenciado, a designação de atos presenciais, tais como audiências, depoimentos, tradição e assinatura de documentos físicos determinados por decisão judicial.

Parágrafo único. Os atos cujo cumprimento possa ser prejudicado pelas circunstâncias epidemiológicas, a exemplo de reintegração de posse, diligências de verificação, demais atos executórios ou atos de citação, intimação ou notificação por oficiais de justiça, poderão ter o prazo para cumprimento prorrogado, caso a caso, em decisão fundamentada pelo Juiz ou Desembargador natural, conforme art. 139, VI, do CPC.

Artigo 2º O registro das audiências e sessões telepresenciais dar-se-á preferencialmente na Plataforma Emergencial de Videoconferência para Atos Processuais, instituída pela Portaria nº 61, de 31 de março de 2020, do Conselho Nacional de Justiça, ou, a critério de cada Tribunal Regional do Trabalho, com a utilização de outra plataforma compatível com o sistema de armazenamento do PJe-Mídias, ou outro a cargo do próprio Regional, e que não implique necessidade de obtenção de licença a título oneroso.

§ 1º Nas sessões por meio de videoconferência fica assegurado aos advogados das partes a realização de sustentações orais, a serem requeridas com antecedência mínima de 24 (vinte e quatro) horas (CPC, art. 937, § 4º).

§ 2º Nas sessões virtuais, havendo requerimento para sustentação oral, deverá o feito ser incluído em sessão telepresencial;

§ 3º Ao final de cada videoconferência deverá ser promovido o registro dos atos praticados em ata, pelo sistema AUD, bem como da forma de acesso à gravação, se houver.

§ 4º Os registros dos processos submetidos às sessões de julgamento telepresenciais e virtuais deverão ser realizados por meio hábil a permitir a captura de dados pelo sistema e-gestão.

§ 5º A ata de audiência e o registro da videoconferência deverão ser imediatamente disponibilizados no andamento processual.

§ 6º Independentemente da plataforma a ser utilizada, deve ser assegurada a publicidade da audiência por videoconferência e das sessões de julgamento, por meio de transmissão em tempo real ou qualquer outro meio hábil a possibilitar o acompanhamento por terceiros estranhos ao feito, vedada sua manifestação, sendo lícita a exigência de cadastro prévio.

Artigo 3º Deverá haver o armazenamento das audiências telepresenciais gravadas no sistema PJe-Mídias (Portaria nº 61, de 31 de março de 2020, do Conselho Nacional de Justiça), ou no sistema local compatível com o Repositório Nacional de Mídias para o Sistema PJe ou PJeMídias (Resolução CNJ nº 105/2010).

Parágrafo 1º. Faculta-se aos Tribunais Regionais o armazenamento das sessões de julgamento telepresenciais, na mesma forma do caput, ficando dispensado o seu armazenamento em caso de transmissão ao vivo da sessão de julgamento, como por exemplo, por meio da plataforma YouTube.

Parágrafo 2º As gravações das audiências em que não haja a tomada de depoimentos poderão ser descartadas, sem prejuízo da redução a termo em ata e sua inserção no sistema PJe.

Artigo 4º Os depoimentos de partes e testemunhas poderão ser realizados, tal como previsto nos arts. 385 e 453 do Código de Processo Civil, por meio de videoconferência, devendo os depoentes identificar-se.

Artigo 5º Os atos processuais que eventualmente não puderem ser praticados pelo meio eletrônico ou virtual, por absoluta impossibilidade técnica ou prática a ser apontada por qualquer dos envolvidos no ato, devidamente justificada nos autos, deverão ser adiados após decisão fundamentada do magistrado.

Parágrafo único. Se a impossibilidade técnica for de qualquer uma das testemunhas, poderá o juiz prosseguir com o interrogatório das partes.

Artigo 6º Preservada a possibilidade de as partes requererem a qualquer tempo, em conjunto (art. 190 do CPC), a realização de audiência conciliatória, fica facultado aos juízes de primeiro grau a utilização do rito processual estabelecido no art. 335 do CPC quanto à apresentação de defesa, inclusive sob pena de revelia, respeitado o início da contagem do prazo em 4 de maio de 2020.

§ 1º Na hipótese do caput, deverá o(a) magistrado(a) possibilitar vista à parte autora dos documentos apresentados com a(s) defesa(s), e assinalar prazo para que as partes especifiquem as provas que pretendem produzir, sua pertinência e finalidade, para então proferir julgamento conforme o estado do processo ou decisão de saneamento e, se necessário, audiência de instrução.

§ 2º Os prazos processuais para apresentação de contestação, impugnação a sentença de liquidação, embargos à execução, inclusive quando praticados em audiência, e outros que exijam a coleta prévia de elementos de prova somente serão suspensos se, durante a sua fluência, a parte informar, e comprovar, a impossibilidade de prática do ato, de modo que o prazo será suspenso em decisão fundamentada do juízo. (Redação dada pelo Ato nº 19/ GCGJT, de 19 de novembro de 2020)

§ 3º Na hipótese do parágrafo anterior, poderá o Juízo, ainda que rejeite o pedido de suspensão formulado, em havendo verossimilhança na alegação, restituir o prazo à parte requerente; (Incluído pelo Ato nº 19/GCGJT, de 19 de novembro de 2020)

Artigo 7º As cartas precatórias para oitiva de testemunhas pelo sistema de videoconferência conterão os requisitos legais, com a fixação do dia e da hora da audiência pelo juízo deprecante, a quem competirá a tomada do depoimento, observadas as demais diretrizes do presente Ato.

Capítulo 21 • O PROCESSO DO TRABALHO EM TEMPOS DE PANDEMIA

Parágrafo único. As cartas precatórias já expedidas se adaptarão ao disposto no caput.

Artigo 8º Nos termos do § 1º do art. 4º do Ato Conjunto CSJT.GP.GVP.CGJT nº 5, de 17 de abril de 2020, caberá a cada Tribunal Regional do Trabalho regulamentar o conjunto dos procedimentos administrativos e técnicos necessários para a retomada das audiências, observada:

I – a necessidade de regular e eficaz comunicação às partes, advogados, testemunhas e Ministério Público, conforme o caso, mediante, preferencialmente, a publicação e imediata disponibilização no Diário de Justiça Eletrônico para os atos que assim o permitam, observadas as peculiaridades locais relativamente às medidas de isolamento e precauções necessárias para os atos excepcionais que demandem diligência presencial;

II – a possibilidade de justificativa ao não comparecimento, equivalente a não participação em videoconferência, das partes, advogados, testemunhas e Ministério Público, conforme o caso, segundo as peculiaridades locais relativamente às medidas de isolamento e precauções necessárias, mormente para aqueles que fazem parte de grupo considerado de risco à COVID-19;

III – a possibilidade de realização de atos executórios e de pregão eletrônico, segundo a regulamentação regional existente, capazes de garantir a transparência, publicidade, legalidade e validade dos ditos atos, na forma da lei;

Artigo 9º Deverão ser observadas as diretrizes constantes na Recomendação nº 6 da CGJT, de 23 de março de 2020, em consonância com o § 5º do art. 6º, da Resolução 314/2020 do CNJ, relativamente aos prazos previstos no art. 226, II e III do CPC, para Juízes e Desembargadores.

Artigo 10 Para a realização dos atos das audiências e sessões telepresenciais, fica dispensado o uso de vestes talares, mas recomenda-se o uso de vestimentas condizentes com o decoro e a formalidade dos referidos atos.

Artigo 11 O presente Ato entra em vigor na data de sua publicação, pelo prazo de 180 (cento e oitenta) dias, podendo ser revisto a qualquer tempo, caso sejam alteradas substancialmente as condições extraordinárias da pandemia que lhe deram origem.

Publique-se. Ministro

ALOYSIO CORRÊA DA VEIGA
Corregedor Geral da Justiça do Trabalho

Dentre as alterações introduzidas no sistema processual trabalhista pelo referido ato, destacam-se:

a) a permissão para que os juízes de primeiro grau utilizem o rito processual estabelecido no art. 335 do CPC quanto à apresentação de defesa, inclusive sob pena de revelia (art. 6º);

b) a autorização para que os depoimentos de partes e testemunhas possam ser realizados, tal como previsto nos arts. 385 e 453 do Código de Processo Civil, por meio de videoconferência (art. 4º).

Na prática, é possível dizer que, **nos tempos da pandemia, a sistemática processual trabalhista teve que ceder espaço às regras previstas no Código de Processo Civil, de modo que a designação de audiência nem sempre será necessária nas lides trabalhistas e, quando o for, em vez de ser necessariamente presencial, como** é característico no processo do trabalho, o ato poderá ser realizado por meio de videoconferência.

Assim, **o juiz, em vez de designar audiência inaugural, poderá determinar que o reclamado seja citado para apresentar contestação, no prazo de 15 dias.** Quando figurar no polo passivo entes de direito público (União, Estados, Municípios, autarquias e fundações de direito público) e empresas públicas que gozam dos mesmos privilégios processuais (Correios etc.), contudo, o prazo para contestar será em dobro (30 dias).

Em qualquer caso, **o prazo para a defesa deverá contar a partir do recebimento da notificação, de acordo com as regras processuais trabalhistas, não valendo o termo inicial fixado pelo CPC.** Parece-nos recomendável, a fim de viabilizar a conciliação, oportunizar às partes, no mesmo despacho que determinar a citação, que formulem proposta de acordo, querendo. De qualquer modo, fica preservada a possibilidade de as partes requererem a qualquer tempo, em conjunto (art. 190 do CPC), a realização de audiência conciliatória.

A revelia se configurará com a não juntada tempestiva da contestação, uma vez que não haverá audiência inaugural.

Contestada a reclamação, a parte autora terá a oportunidade para se manifestar sobre as preliminares processuais e sobre a documentação apresentadas pelo reclamado.

Nos termos do Ato nº 11/GCGJT, de 23 de abril de 2020 (art. 6º, § 1º), **transcorrido o prazo para a manifestação da parte autora, o juiz deverá assinalar prazo para que as partes especifiquem as provas que pretendem produzir, sua pertinência e finalidade, para então proferir julgamento conforme o estado do processo ou decisão de saneamento e, se necessário, audiência de instrução.**

Entendemos, contudo, que o juiz não está obrigado a assinalar prazo para que as partes especifiquem as provas que pretendem produzir em audiência, caso entenda de logo que não há fato relevante, pertinente ou controverso que exija a dilação probatória. Bastará que, de modo fundamentado, profira decisão dispensando a audiência e, declarando encerrada a instrução, conceda às partes prazo para que apresentem razões finais escritas e, novamente, para que apresentem proposta de acordo, querendo. Não haverá qualquer nulidade se a decisão judicial não causar manifesto prejuízo processual às partes e este somente ocorrerá se efetivamente havia fatos que demandavam a produção de prova oral. A título de exemplo, por que deveria o juiz assinalar às partes prazo para especificação de provas quando a matéria controvertida nos autos é mera questão jurídica ou requer apenas prova documental, sabendo que todos os documentos necessários ao exame da postulação das partes, cujo valor probante é incontroverso, já residem nos autos? Neste caso, a assinalação de prazo pelo magistrado representaria uma diligência inútil e implicaria flagrante e desnecessária violação aos princípios da eficiência e da celeridade processual.

Vale registrar, ademais, que mesmo que ambas as partes demonstrem o desejo de produzir prova oral, o juiz não estará obrigado a atendê-los quando constatar que não há fatos relevantes, pertinentes ou controversos que reclamem a oitiva das partes e/ou de testemunhas.

Um tema cuja relevância extrapola os limites temporais da pandemia é o da realização de audiências e sessões por teleconferência, matéria regulamentada pela Resolução nº 354, de 19 de novembro de 2020, do CNJ, que se aplica a todas as unidades jurisdicionais de primeira e segunda instâncias da Justiça dos Estados, Federal, Trabalhista, Militar e Eleitoral, bem como aos Tribunais Superiores, à exceção do Supremo Tribunal Federal.

A fim de viabilizar a aplicação da resolução no âmbito da Justiça do Trabalho, o Ministro Corregedor-Geral da Justiça do Trabalho baixou o Provimento CGJT nº 01, de 16 de março de 2021, que regulamenta, no âmbito da Justiça do Trabalho, a utilização de videoconferência para a tomada de depoimentos fora da sede do juízo no 1º e 2º graus de jurisdição. O citado provimento sofreu acréscimos e alterações ditados pelo Provimento CGJT nº 3, de 21 de setembro de 2021, que trata especificamente da utilização do Sistema de Designação de Oitiva de Testemunhas por Videoconferência (SISDOV) para designação de audiência pelo juízo deprecante para a oitiva de partes e testemunhas por videoconferência.

Alguns aspectos do Provimento CGJT nº 01, de 16 de março de 2021, merecem ser aqui destacados.

O Provimento adota o termo "videoconferência" para designar a comunicação à distância realizada em ambientes de unidades judiciárias e o termo "telepresenciais" para designar as audiências e sessões realizadas a partir de ambiente físico externo às unidades judiciárias. A expressão Sistema de Designação de Oitiva de Testemunhas por Videoconferência (SISDOV), por seu turno, designa o sistema disponibilizado aos Tribunais para agendamento e marcação de audiências diretamente pelo juízo deprecante para oitiva de partes e/ou testemunhas no juízo deprecado.

O Provimento estabelece, no seu art. 3º, que as audiências telepresenciais serão determinadas pelo juízo (a) a requerimento das partes, se conveniente e viável; (b) de ofício, nas seguintes hipóteses: urgência; substituição ou designação de magistrado com sede funcional diversa; mutirão ou projeto específico; conciliação ou mediação; e indisponibilidade temporária do foro, calamidade pública ou força maior. A parte até poderá se opor à realização de audiência telepresencial, mas deverá fazê-lo de modo fundamentado, pois a oposição se submete ao controle judicial.

Ressalvadas as hipóteses do art. 3º do Provimento, os depoimentos pessoais, a oitiva de testemunhas, a acareação e o depoimento dos auxiliares do juízo prestados fora da sede do juízo serão tomados por videoconferência, somente utilizando-se de outro meio quando não houver condições para tanto. A oitiva das próprias partes por videoconferência ocorrerá: (a) nas situações de dificuldade de comparecimento à audiência de instrução na circunscrição do Juiz da causa, inclusive em razão de residência fora da jurisdição; (b) nas instruções da exceção de incompetência territorial, na forma do art. 800, § 3º, da CLT.

Nos termos do provimento, a residência fora da jurisdição do juízo é motivo suficiente para autorizar que o depoimento de testemunhas e auxiliares do juízo seja tomado por meio de videoconferência e, ademais, o comparecimento espontâneo do depoente à sede do Juízo na audiência de instrução, ainda que residente em outra jurisdição, não impede sua oitiva.

Não deixando dúvida quanto à validade da prova oral obtida à distância, o provimento prevê que as oitivas telepresenciais ou por videoconferência serão equiparadas às presenciais para todos os fins legais, asseguradas a publicidade dos atos praticados e as prerrogativas processuais de advogados, membros do Ministério Público, defensores públicos, partes e testemunhas. Frise-se que os depoimentos por videoconferência serão prestados na sala de audiências do Juízo deprecado, ou, se houver, em outra sala do fórum especialmente designada e preparada para este fim.

Vale lembrar que a realização de audiências telepresenciais e a utilização de videoconferência não estão restritas ao período de pandemia. Todavia, enquanto se fizerem necessárias medidas sanitárias para evitar o contágio pela Covid-19, a unidade judiciária deverá zelar pela observância das orientações dos órgãos de saúde, especialmente o distanciamento mínimo de 1,5m (um metro e cinquenta centímetros) entre os presentes e a desinfecção de equipamentos após a utilização.

Importante ressaltar, ainda, que, **na hipótese da prova oral produzida fora da sede do juízo por meio de videoconferência, a presença de magistrado na sala de audiência do juízo deprecado não é obrigatória, uma vez que a oitiva será presidida pelo juízo deprecante.** Não obstante, deve estar presente, a todo momento, um servidor indicado pelo juízo deprecado para acompanhar o ato.

Por outro lado, **a opção do advogado pela presença no juízo deprecante ou deprecado não serve de justificativa, por si só, ao adiamento da oitiva da parte ou testemunha no caso da ausência daquele.** Permite-se, outrossim, o acompanhamento da audiência por advogado fisicamente presente tanto no juízo deprecante como no deprecado, mas, havendo mais de um advogado representando a mesma parte em dois locais distintos, a manifestação caberá tão somente a um deles, de livre indicação, devendo tal circunstância ser registrada antes do início da tomada do depoimento. A parte que pretender participar da audiência por videoconferência deverá apresentar petição devidamente fundamentada ao juiz da causa com a antecedência necessária à preparação do ato, valendo a mesma regra quando pretender participar da oitiva de testemunha ou de auxiliar fora da sede do Juízo.

Os tribunais poderão instalar salas de videoconferência nos fóruns com a finalidade específica de permitir a tomada dos depoimentos pelos juízos deprecantes, destacando servidores para acompanhamento do ato por indicação dos gestores de cada unidade.

Nos termos do art. 8º do Provimento, o Juízo deprecante deverá:

I – formalizar Carta Precatória ao Juízo deprecado para solicitar o uso de sala de audiências e eventual intimação de parte(s), testemunha(s) ou de auxiliar(es) do juízo, devendo fornecer sua completa qualificação;

II – utilizar o Sistema de Designação de Oitiva de Testemunhas por Videoconferência (SISDOV) para designar dia e hora da audiência de acordo com a pauta disponibilizada pelo juízo deprecado, com estimativa de duração do ato;

III – conferir os dados de qualificação do depoente, no que será auxiliado por servidor do juízo deprecado, tomar compromisso legal e decidir sobre eventuais incidentes e contraditas, tal como se o depoimento estivesse sendo colhido presencialmente;

IV – inquirir diretamente a parte, testemunha ou auxiliar do juízo;

V – dispensar o depoente;

VI – providenciar o arquivamento de sons e imagens do(s) depoimento(s), facultada sua redução a termo, devendo o arquivo audiovisual ser juntado aos autos ou disponibilizado em repositório oficial de mídias indicado pelo CNJ (PJe Mídia) ou pelo tribunal;

VII – registrar nos autos principais que se trata de depoimento tomado por videoconferência, consignando a gravação do ato e eventual redução a termo de depoimento;

VIII – informar ao juízo deprecado, pelo meio mais célere, tal como o contato telefônico, os casos de dispensa de testemunha, de redesignação e de cancelamento da audiência.

Por seu turno, o Juízo deprecado deverá, nos termos do art. 9º do provimento:

I – disponibilizar pauta para agendamento e marcação de audiências pelos Juízos deprecantes no Sistema de Designação de Oitiva de Testemunhas por Videoconferência (SISDOV);

II – assegurar o adequado funcionamento dos equipamentos necessários a prática do ato;

III – intimar a(s) parte(s), a(s) testemunha(s) e os auxiliar(es) do juízo, bem como proceder à sua condução coercitiva, se houver requerimento;

IV – identificar o servidor que acompanhará a audiência;

V – o servidor da unidade deprecada atenderá às solicitações do juízo deprecante, e deverá relatar qualquer anormalidade como, por exemplo, uso de anotações adrede preparadas ou intervenções de terceiros que porventura acompanhem o ato;

VI – em caso de interrupção da transmissão, deverá o servidor entrar em contato com o Juízo deprecante e seguir suas instruções;

VII – identificar a parte e/ou testemunha por meio de documento hábil, que deverá ser exibido para a câmera;

VIII – receber e digitalizar eventuais documentos, inclusive os de representação, se assim decidir o juízo deprecante;

IX – zelar para que as testemunhas que ainda não depuseram não ouçam os depoimentos das demais, na forma do art. 456, caput, do CPC, informando ao Juízo deprecante, ainda no curso da audiência, qualquer incidente, e procedendo ao registro, em certidão, a ser encaminhada ao Juízo deprecante;

X – fornecer atestado de presença àqueles que compareceram ao ato para prestar depoimento, quando requerido;

XI – dispensar o depoente após expressamente autorizado pelo juízo deprecante.

As varas do trabalho deverão disponibilizar pauta para marcação de audiências solicitadas pelos juízos deprecantes em quantidade suficiente para atender com celeridade à demanda (art. 10, *caput*).

Por fim, os juízos deverão, obrigatoriamente, utilizar-se do Sistema de Designação de Oitiva de Testemunhas por Videoconferência (SISDOV) para disponibilização de pauta e agendamento das audiências (art. 10, § 1º).

Existem, é claro, alguns entraves para que a cultura da videoconferência se imponha no processo trabalhista. A par das dificuldades de acesso à tecnologia digital por algumas partes e procuradores, há quem alegue que a justeza e legitimidade do processo é prejudicada pela suposta impossibilidade de manter a incomunicabilidade das testemunhas quando a audiência é telepresencial. O argumento, porém, parte da presunção de que os partícipes da audiência não estão de boa-fé, invertendo a lógica de que se deve presumir a boa-fé, que constitui princípio fundamental do Direito. Demais disso, o magistrado consegue obviar tais riscos se for cuidadoso no modo de formular as perguntas e se estiver atento aos gestos e aos olhares dos depoentes. De qualquer modo, há também a possibilidade de audiência semipresencial, na qual qualquer das partes ou das testemunhas comparece às dependências do fórum, onde, sob a supervisão de um servidor da justiça, prestará o seu depoimento perante o Juiz, que presidirá a audiência à distância, mas terá o controle do ato por meio do servidor que estará sob suas ordens.

Muitos estudiosos têm afirmado que a audiência telepresencial veio para ficar, mesmo após ultrapassado o tempo da pandemia. Os termos do Provimento CGJT nº 01, de 16 de março de 2021, parecem reforçar essa expectativa. Não nos parece, contudo, que, findo o período pandêmico, a modalidade se tornará a regra, a menos que haja alterações na legislação processual trabalhista neste sentido.

Pensamos até que há situações que justificarão, mesmo após a pandemia, a realização de audiência por videoconferência, por exemplo quando uma das partes ou das testemunhas estiver no estrangeiro ou hospitalizado, sem poder se locomover. Aliás, no que se refere à prova testemunhal produzida fora dos limites territoriais da jurisdição onde o processo tramita, o uso da teleconferência será de grande proveito para evitar que as testemunhas sejam ouvidas por juiz que não julgará a causa. Neste sentido, inclusive, o Provimento CGJT nº 01, de 16 de março de 2021, já dispõe no seu art. 5º, que, embora os depoimentos por videoconferência sejam prestados nas dependências do Juízo deprecado, a presença de magistrado na sala de audiência do juízo deprecado nem mesmo é obrigatória, uma vez que a oitiva será presidida pelo juízo deprecante. Nossa expectativa é de que a teleconferência elimine de vez a necessidade de que a testemunha seja ouvida por juiz diverso daquele que julgará o processo.

Por outro lado, se os litigantes consensualmente demonstrarem o interesse em que a audiência seja realizada sob tal modalidade, independentemente de que haja um motivo especial para isso, parece-nos que se trata de um negócio processual que poderá contar com a aquiescência do juízo, na medida em que não causará nulidade alguma ao processo, já que fica afastada a eventual arguição pelas partes de prejuízo processual a partir do momento em que a escolha do método telepresencial partiu delas próprias. O princípio da duração razoável do processo justificará, em muitos casos, a adoção da modalidade telepresencial de audiência.

APÊNDICE - ROTEIRO DO PROCEDIMENTO ORDINÁRIO (FLUXOGRAMA)

Para melhor visualização acesse o Qr Code.

REFERÊNCIAS BIBLIOGRÁFICAS

ALMEIDA, Ísis de. *Manual de direito processual do trabalho*. 5. ed. atual. e ampl. De acordo com a Constituição de 1988. São Paulo, LTr, 1993, v. 2.

ASSIS, Araken de. *Doutrina e Prática do Processo Civil Contemporâneo*. São Paulo: RT, 2001.

BARBOSA, Ruy. *Oração aos moços*. Brasília: Senado Federal, Conselho Editorial, 2019.

BARROS, Sérgio Resende de. *Simplificação do controle de constitucionalidade*. Artigo disponível no endereço eletrônico: <http://www.srbarros.com.br/artigos_fullprint.php?TextID=76>. Acesso em: 11 set. 2009.

BARROS DIAS, Francisco. *Instituições de direito processual civil*, v. II. São Paulo: Saraiva, 1965.

BARTLETT, Robert. *Trial by Fire and Water:* The medieval judicial ordeal. Oxford: Clarendon, 1986.

BERNARDES, Felipe. *Manual de processo do trabalho*. 3. ed. Salvador: JusPodivm, 2021.

BIN, Marino. *Il precedente giudiziario:* valore e interpretazione. Padova, CEDAM, 1995.

BRANDÃO, Cláudio Mascarenhas. *Reclamação constitucional no processo do trabalho*. São Paulo: LTr, 2017.

BRASIL. Ministério Público do Trabalho. Procuradoria Regional do Trabalho da 5ª Região. Disponível em: <https://www.prt5.mpt.mp.br/mpt-ba/memorial-prt5/menu-memorial-mpt>. Acesso em: 29 maio 2021.

BRASIL. SUPREMO TRIBUNAL FEDERAL. EMB. DECL. NA AÇÃO DIRETA DE INCONSTITUCIONALIDADE 3.460 DISTRITO FEDERAL, Rel. Min. Teori Zavascki, Brasília, DF, 12 de fevereiro de 2015, DJe 11.03.2015. Disponível em: <https://redir.stf.jus.br/paginadorpub/paginador.jsp?docTP=TP&docID=7993717>. Acesso em: 25 jul. 2021.

BRASIL. Tribunal Superior do Trabalho. Resolução Administrativa nº 1937, de 20 de novembro de 2017. *Diário Eletrônico da Justiça do Trabalho:* caderno Judiciário do Tribunal Superior do Trabalho, Brasília, DF, nº 2364, p. 1-48, 30 nov. 2017. Republicação 1.

BUENO FILHO, Edgard Silveira. *Amicus curiae* – A democratização do debate nos processos de controle de constitucionalidade. *Revista Diálogo Jurídico*, nº 14, jun./ago., Salvador, 2002.

REFERÊNCIAS BIBLIOGRÁFICAS

CAIRO JR. José. *Curso de direito processual do trabalho*. 14. ed. revista, atualizada e ampliada. Salvador: JusPodivm, 2021.

_____ *Curso de direito do trabalho*. 17. ed. Salvador: JusPodivm, 2021.

CALMON DE PASSOS, José Joaquim. *Inovações no código de processo civil*: exegese e análise sistemática, das Leis nº 8.898, de 26.06.1994, liquidação da sentença por cálculo, 8.950, recursos, 8.951, ação de consignação em pagamento e usucapião, 8.952, processo de conhecimento e cautelar, e 8.953, processo de execução de 13.12.1994. Rio de Janeiro, Forense, 1995.

CÂMARA, Alexandre Freitas. *O novo processo civil brasileiro*. 6. ed., rev. e atual. São Paulo, Atlas, 2020.

CAMBI, Eduardo. Teoria das cargas probatórias dinâmicas (distribuição dinâmica do ônus da prova) – Exegese do art. 373, §§ 1.º e 2.º do NCPC. *Revista de Processo*, v. 246, ago. 2015.

CARVALHO, Augusto César Leite de Carvalho. *Garantia de indenidade no Brasil:* o livre exercício do direito fundamental de ação sem o temor de represália patronal. São Paulo: LTr, 2013.

CAVALCANTE, Jouberto de Quadros Pessoa; JORGE NETO, Francisco Ferreira. *Direito processual do trabalho*. 8 ed. São Paulo: Atlas. 2018.

CISNEIROS, Gustavo *Direito do trabalho sintetizado*. Rio de Janeiro: Forense; São Paulo: MÉTODO, 2016.

COELHO, Fábio Ulhoa. *Manual de direito comercial*: direito de empresa. 24. ed. São Paulo: Saraiva, 2012.

DI PIETRO, Maria Sylvia Zanella. *Direito administrativo*. 33. ed. Rio de Janeiro: Forense, 2020.

DIDIER JR., Fredie. *Curso de direito processual civil*: introdução ao direito processual civil, parte geral e processo do conhecimento. 21. ed. Salvador: JusPodivm, 2019, v. 1.

_____ A distribuição legal, jurisdicional e convencional do ônus da prova no novo código de processo civil brasileiro. *Revista Direito Mackenzie*, v. 11, nº 2, 2017, p. 129-155, p 131. Disponível em: <http://editorarevistas.mackenzie.br/index.php/rmd/article/view/11050/6823>. Acesso em: 2 ago. 2021.

DIDIER JR., Fredie; CUNHA, Leonardo José Carneiro da. *Curso de direito processual civil:* o processo civil nos tribunais, recursos, ações de competência originária de tribunal e querela nullitatis, incidentes de competência originária de tribunal. 13. ed. reform. Salvador: JusPodivm, 2016.

DINAMARCO, Cândido Rangel. *Fundamentos do processo civil moderno*. 5. ed. São Paulo: Malheiros Editores, 2010.

_____ *Litisconsórcio*. 8. ed. rev. e atual. São Paulo: Malheiros, 2009.

_____ *Instituições de direito processual civil*. São Paulo: Malheiros, 2001.

DONIZETTI, Elpídio. *Curso de direito processual civil*. 24. ed. São Paulo: Atlas. 2021.

FACCHINI, Eugênio. O Judiciário no mundo contemporâneo. *Revista da AJU-RIS*, v. 34, nº 108, dez. 2007, p. 139-165.

_____ Estrutura e funcionamento da justiça norte-americana. *Revista da Ajuris*, Edição nº 213, 2009.

FARIA, Cristiano Chaves de. *Direito civil:* teoria geral. 8. ed. Rio de Janeiro: Lumen Juris, 2005.

FARNSWORTH, E. Allan. *Introdução ao sistema jurídico dos Estados Unidos.* Rio de Janeiro: Forense, 1963.

FERRARI, Irany. NASCIMENTO, Amauri Mascaro. MARTINS FILHO, Ives Gandra da Silva. *História do trabalho, do direito do trabalho e da justiça do trabalho.* 3. ed. São Paulo: LTr, 2011.

GAGLIANO, Pablo Stolze; PAMPLONA FILHO, Rodolfo. *Manual de direito civil.* Volume único. São Paulo: Saraiva, 2017.

GARCIA, Gustavo Filipe Barbosa. *Curso de direito processual do trabalho.* 8. ed. Rio de Janeiro: Forense, 2019.

GASPAR, Danilo Gonçalves; VEIGA, Fabiano Aragão. *Manual da Justiça Gratuita e dos Honorários (Periciais e Advocatícios) na Justiça do Trabalho:* Teoria e Prática. Salvador: JusPodivm, 2020.

GIGLIO, Wagner D. *Direito processual do trabalho.* 15. ed. São Paulo: Saraiva, 2005.

GRAU, Eros Roberto. *Ensaio e discurso sobre a interpretação/aplicação do direito.* 3. ed. São Paulo: Malheiros, 2005.

GRINOVER, Ada Pellegrini; WATANABE, Kazuo... [et al.]. *Código brasileiro de defesa do consumidor comentado pelos autores do anteprojeto.* 4. ed. Rio de Janeiro: Forense Universitária, 1995.

JORGE NETO, Francisco Ferreira e CAVALCANTE, Jouberto de Quadros Pessoa. *Direito Processual do Trabalho.* 8. ed. São Paulo: Atlas, 2019.

_____ *Direito do trabalho.* 9. ed. São Paulo: Atlas, 2019.

LACERDA, Rosangela Rodrigues Dias de. *Ministério Público do Trabalho.* Enciclopédia jurídica da PUC-SP. Celso Fernandes Campilongo, Álvaro de Azevedo Gonzaga e André Luiz Freire (coords.). Tomo: Direito do Trabalho e Processo do Trabalho. Pedro Paulo Teixeira Manus e Suely Gitelman (coord. de tomo). São Paulo: Pontifícia Universidade Católica de São Paulo, 2017. Disponível em: <https://enciclopediajuridica.pucsp.br/verbete/389/edicao-1/ministerio-publico-do-trabalho>.

LEITE, Carlos Henrique Bezerra. *Curso de direito processual do trabalho.* 19. ed. São Paulo: Saraiva Educação, 2021.

_____. *Ação civil pública na perspectiva dos direitos humanos.* 2. ed. São Paulo: LTr, 2008.

LIEBMAN, Enrico Tullio. *Eficácia e autoridade da sentença e outros escritos sobre coisa julgada.* Tradução de Alfredo Buzaid e Benvindo Aires, tradução dos textos posteriores à edição de 1945 com notas relativas ao direito brasileiro vigente de Ada Pellegrini Grinover. 4. ed. Rio de Janeiro: Editora Forense, 2007.

REFERÊNCIAS BIBLIOGRÁFICAS

LUDWIG, Guilherme Guimarães. *Processo trabalhista eficiente*. São Paulo: LTr, 2012.

MACIEL, Adhemar Ferreira. Apontamentos sobre o judiciário americano. *Informativo Jurídico da Biblioteca Ministro Oscar Saraiva*, v. 6, nº 1, p. 39-46, jan./jun. 1994.

MAIOR, Jorge Luiz Souto. *História do direito do trabalho no Brasil*: curso de direito do trabalho, volume I: parte II. São Paulo: LTr, 2017.

MALTA, Christovão Piragibe Tostes. *Prática do processo trabalhista*. 33. ed. São Paulo: LTr, 2005.

MARINONI, Luiz Guilherme; ARENHART, Sérgio Cruz; MITIDIERO, Daniel. *Curso de processo civil*: teoria do processo civil. 6. ed. São Paulo: Ed. RT, 2021. v. 1.

MARTINEZ, Luciano. *Curso de direito do trabalho*. 11. ed. São Paulo: Saraiva Educação, 2020.

MARTINS, Sergio Pinto. *Direito processual do trabalho*. 43. ed. São Paulo: Saraiva, 2021.

MAZZILLI, Hugo Nigro. *A defesa dos interesses difusos em juízo*: meio ambiente, consumidor e outros interesses difusos e coletivos. 8. ed. São Paulo: Saraiva, 1996.

MEIRELLES, Hely Lopes; WALD, Arnoldo; MENDES, Gilmar Ferreira. *Mandado de segurança e ações constitucionais*. 38. ed. São Paulo: Malheiros, 2019.

NASCIMENTO, Amauri Mascaro. *Curso de direito processual do trabalho*. 28. ed. São Paulo: Saraiva, 2013.

NEVES, Daniel Amorim Assumpção. *Manual de direito processual civil – volume único*. 13 ed. Salvador: JusPodivm, 2021.

NUNES, Rizzatto. *Curso de direito do consumidor*. São Paulo: Saraiva, 2004.

_____ *Comentários ao Código de Defesa do Consumidor*. 8. ed. rev., atual. e ampl. São Paulo: Saraiva, 2015.

PAMPLONA FILHO, Rodolfo; SOUZA, Tercio Roberto Peixoto. *Curso de direito processual do trabalho*. 2. ed. São Paulo: Saraiva Educação, 2020.

PEREIRA, Leone. *Manual de processo do trabalho*. 5. ed. São Paulo: Saraiva, 2018.

PINHO, Humberto Dalla Bernardina de. *Manual de direito processual civil contemporâneo*. 2. ed. São Paulo: Saraiva Educação, 2020.

PINTO, José Augusto Rodrigues. *Processo trabalhista de conhecimento*. 7. ed. São Paulo: LTr, 2005.

_____ *Execução trabalhista*: estática, dinâmica, prática. 11. ed. São Paulo: LTr, 2006.

PINTO, Raymundo Antonio Carneiro. *Guia prático de linguagem forense*. São Paulo: LTr, 2004.

PRITSCH, Cesar. *Precedentes no processo do trabalho*. Material didático do curso de formação continuada "Precedentes no Processo do Trabalho", promovido pela Enamat (Escola Nacional de Formação e Aperfeiçoamento de Magistrados do Trabalho.

RAMOS, Armando Dias. *A prova digital em processo penal:* o correio eletrônico. Lisboa: Chiado Editora, 2014.

REQUIÃO, Rubens, Abuso de direito e fraude, através da personalidade jurídica: disregard doctrine, *Revista dos Tribunais, São Paulo, 1970.*

RIGAUX, François. *A lei dos juízes* – Colecção Direito e Deveres do Homem. Lisboa: Instituto Piaget, 2000.

SAAD, Eduardo Gabriel. *Comentários ao código de defesa do consumidor.* 2. Ed. São Paulo: LTr, 1997.

SANTOS JUNIOR, Aloisio Cristovam dos. *Liberdade religiosa e contrato de trabalho.* Niterói, RJ: Impetus, 2013.

SANTOS, Edilton Meireles de Oliveira; BORGES, Leonardo Dias. *Primeiras linhas de processo do trabalho.* São Paulo: LTr, 2009.

SANTOS, Enoque Ribeiro dos; HAJEL FILHO, Ricardo Antonio Bittar. *Curso de direito processual do trabalho.* 4. ed. São Paulo: Atlas, 2020.

SANTOS, Moacyr Amaral. *Primeiras linhas de direito processual civil.* 21. ed. São Paulo, Saraiva, 2003.

SANTOS, Ronaldo Lima dos. Notas sobre a impossibilidade de depoimento pessoal de membro do ministério público nas ações coletivas. *Rev. Fac. Direito UFMG,* Belo Horizonte, nº 58, p. 291-310, jan./jun. 2011.

SARAIVA, Renato. *Processo do trabalho.* São Paulo: Método, 2007.

SARLET, Ingo Wolfgang; MARINONI, Luiz Guilherme, MITIDIERI, Daniel. *Curso de direito constitucional.* 7. ed. São Paulo: Saraiva Educação, 2018.

SCHIAVI, Mauro. *Manual de direito processual do trabalho:* de acordo com a Reforma Trabalhista – Lei nº 13.467/2017, IN nº 41/2018 do TST e a Lei da Liberdade Econômica – Lei nº 13.874/2019. 16. ed. São Paulo: LTr, 2020.

SOUTO, João Carlos. *Suprema Corte dos Estados Unidos:* principais decisões. 2. ed. São Paulo: Atlas, 2015.

SOUTO MAIOR, Jorge Luiz. *Direito processual do trabalho:* efetividade, acesso à justiça e procedimento oral. São Paulo: LTr, 1998.

TEIXEIRA, Sérgio Torres. Evolução do modelo processual brasileiro: o novo perfil da sentença mandamental diante das últimas etapas da reforma processual. In: DUARTE, Bento Herculano e DUARTE, Ronnie Preuss (coord.). *Processo Civil:* aspectos relevantes. v. 1. Estudos em homenagem ao Prof. Ovídio A. Baptista da Silva. São Paulo: Método, 2006.

TEIXEIRA FILHO, Manoel Antônio. *A prova no processo do trabalho.* 11. ed. (de acordo com o Novo CPC). São Paulo: LTr, 2017.

TESHEINER, José Maria Rosa. *Elementos para uma teoria geral do processo.* São Paulo: Saraiva, 1993.

_____ *Processos coletivos:* ações transindividuais e homogeneizantes. Porto Alegre: Edição do Autor, 2015.

THEODORO JÚNIOR, Humberto. *Curso de direito processual civil* – Teoria geral do direito processual civil, processo de conhecimento e procedimento comum. v. I. 58. ed. rev., atual. e ampl. Rio de Janeiro: Forense, 2017.

ANOTAÇÕES

ANOTAÇÕES

ANOTAÇÕES

ANOTAÇÕES

Rua Alexandre Moura, 51
24210-200 – Gragoatá – Niterói – RJ
Telefax: (21) 2621-7007

www.impetus.com.br

Esta obra foi impressa em papel offset 75 grs./m^2